普通高中课程育人探索

主编　吕向东

中国·武汉

内容简介

课程育人是普通高中新课程改革、新高考改革背景下立德树人根本任务实化、细化、具体化的主渠道和时代新要求，是构建德智体美劳“五育并举”的教育体系和培养体系的关键切入点，是完善全员、全程、全方位育人的重要抓手。本书是迄今为止全国第一本以武汉英勇抗疫为背景，深挖普通高中课程蕴含的育人元素和育人价值，包含各学科育人实施建议、评价和教学实践案例的著述。希望本书能够为广大教育工作者，特别是一线教师提供有益的帮助和借鉴。

图书在版编目(CIP)数据

普通高中课程育人探索/吕向东主编. —武汉：华中科技大学出版社，2020.8
(学校文化探索丛书)
ISBN 978-7-5680-6460-6

Ⅰ.①普… Ⅱ.①吕… Ⅲ.①高中-课程建设-研究 Ⅳ.①G632.3

中国版本图书馆 CIP 数据核字(2020)第 149649 号

普通高中课程育人探索 吕向东 主编
Putong Gaozhong Kecheng Yuren Tansuo

策划编辑：曾　光
责任编辑：张　娜
封面设计：曾垂武
责任监印：朱　玢
出版发行：华中科技大学出版社(中国·武汉) 电话：(027)81321913
武汉市东湖新技术开发区华工科技园 邮编：430223
录　　排：华中科技大学惠友文印中心
印　　刷：湖北新华印务有限公司
开　　本：787mm×1092mm 1/16
印　　张：29.25 插页：1
字　　数：698 千字
版　　次：2020 年 8 月第 1 版第 1 次印刷
定　　价：96.00 元

编　委　会

主编：吕向东

编委会成员：

胡正茂　柯汉阳　伍代雁　肖　毅　刘　飞　肖建锋　李　荣
殷卫国　彭维清　康雪松　王家太　皮佳荔　陈俊才　张尊健
李　葳

编写人员（按姓氏笔画排序）：

王　华　王　玲　王　罡　王海玉　王家太　尤奇志　叶向阳
付嘉碧　成伶利　朱光春　邬　晗　刘　波　刘　萍　刘　巍
刘国新　刘明刚　刘海艳　齐　琳　杜小波　李　杏　李　荣
李　葳　李祎琳　李绵勇　杨　晖　杨桂香　肖建锋　汪　涛
张　丹　张　凤　张　娟　张　靓　张　琛　张宗炳　张尊健
陆　航　陈卫东　陈俊才　罗　艳　罗义生　罗秀芳　岳露丽
周　镜　周晓雯　周智金　周嘉静　郑文兵　郑华强　郑国伟
胡　贝　胡慎友　段银枝　姜　洁　聂　勉　夏　艳　钱淑君
徐　方　徐智勇　殷卫国　高　婕　高礼斌　郭彦希　唐　慧
唐健梅　陶红兵　黄佳玮　黄慧敏　曹　非　望　明　彭自来
彭维清　彭富红　曾　珍　曾垂武　雷　玲　蔡红斌　薛国凤
魏刚毅

序一

2020年，被世界卫生组织（WHO）认定为“全球大流行”的新冠肺炎（COVID－19）肆掠全球。武汉是我国疫情防控斗争的重中之重和决胜之地，在湖北保卫战、武汉保卫战取得决定性成果，全国疫情防控阻击战取得重大战略成果之际，我细读了吕向东校长主编的《普通高中课程育人探索》一书的样稿，被其深深地打动。疫情虽重，育人没有空窗期！武汉市第四十九中学作为湖北省示范高中，在落实立德树人根本任务中所表现出的“只争朝夕、真抓实干”的劲头，化“危”为“机”，注重德育实效性和针对性的做法，正是“问津求真，追求卓越，立德树人”的武汉教育精神的生动写照。

从十八大到十九大，从2016年全国高校思想政治工作会议到2018年全国教育大会，习近平总书记多次强调，要坚持把立德树人作为教育的根本任务，要“用好课堂教学这个主渠道，要提升思想政治教育亲和力和针对性，其他各门课都要守好一段渠、种好责任田，各类课程都要与思想政治理论课同向同行，形成协同效应”。这是从党和国家教育事业发展的全局出发，以高远的历史站位、宽广的国际视野、深邃的战略眼光，对党和国家教育事业规律性认识的进一步深化。

目前，新一轮的课程改革正进入全面深化阶段，如何落实好立德树人这一根本任务，是课程改革的核心。“学科课程内存着道德价值、学科教学内生着教育的道德追求”，课堂教学是学校教育的中心，也是德育的主阵地，是实化、细化、具体化立德树人根本任务的主渠道，是学生全面、个性发展的基本环节。因此，课程育人是时代的新要求，是学校课程教学的应有之义。

普通高中实施课程育人，是构建德智体美劳“五育并举”的教育体系和人才培养体系的有效切入点，也是完善全员、全程、全方位的“三全育人”的重要抓手，有利于提升立德树人的针对性和实效性。

近几年，武汉市大力推进“有效德育”建设工程和“高效课堂”建设工程，将育人与课堂教学紧密联系起来，不断探索立德树人新模式，夯实教育内涵发展之基。武汉市第四十九中学厚植教育情怀、肩负育人的时代重任，一直在普通高中课程育人建设方面进行着有益的探索和实践。特别是新冠肺炎疫情期间，该校面对“抗击疫情的伟大实践”这个育人资源宝库，眼光敏锐，挖掘抗疫视角下的课程育人资源；学校行动迅速，紧扣战疫题材的育人研讨课达40余节，参与编写本书的干部、教师有70余人。他们将育人小课堂同社会大课堂相结合，突出了育人时效，取得了育人的阶段性成果，为全市教育系统全面推进育人工程做了很好的示范。

该书依据教育部印发的《中小学德育工作指南》（教基〔2017〕8号），立足于普通高中课程方案和语文等学科课程标准（2017年版2020年修订），以武汉英勇抗疫为背景，以高中课程为载体，深挖各学科蕴含的育人元素和育人价值，提出了课程育人实施建议，构建了育人评价体系并收录了大量育人探索案例。

武汉市第四十九中学在湖北省启动新课程改革、新高考改革之初，由吕向东校长带领干部、教师编写的《高中学生学业生涯规划导读》如期出版，在指导学生学会正确选择人生发展道路的相关知识等方面起了重要作用，在武汉市乃至全国基础教育界产生了较广泛的影响。在当前湖北保卫战、武汉保卫战取得决定性成果，全国疫情防控阻击战取得重大战略成果的背景下，作为它的姊妹篇《普通高中课程育人探索》也相应出版发行，我衷心期待本书在后疫情时期能为全体教育工作者增强全员育人意识、提升课程育人能力，在让教学回归育人本位和落实大中小学"课程思政"目标一体化构建等方面发挥积极作用。

是为序。

武汉市教育局党委书记：徐宝斌

2020 年 7 月

序二

高中教育改革一直是社会各界长期关注的热点，而新时代普通高中教育转型发展的关键在于育人模式变革。随着基础教育改革的不断深化，高中教育改革越来越聚焦于课程、教材、教学、评价等一系列关系教育教学质量的关键环节，聚焦于人才培养模式、育人方式的变革与创新。当教育指向核心素养，“知识核心时代”必然向“核心素养时代”转型，高中教育的任务不再是一味灌输知识，而是应体现新时代党的教育方针对人才培养的总体要求。学校应围绕“立德树人”的总体目标，突出育人关键环节，培养学生的核心素养，实现“学科教学”向“学科教育”转向，“育分”向“育人”转向，提升学生面向未来的关键能力，促进学生全面而有个性的发展。

《普通高中课程方案(2017 年版 2020 年修订)》提出：“基础教育课程承载着党的教育方针和教育思想，规定了教育目标和教育内容，是国家意志在教育领域的直接体现，在立德树人中发挥着关键作用。”课程建设是高中教育教学活动的基本依据，直接影响人才培养的质量，是育人模式建构的重要内容。在育人方式变革的完整环节中，如何有效拓展学科课程的育人价值，发挥课堂教学在育人方面的主渠道作用，是普通高中学校改革发展面临的重要课题。作为湖北省首批省级示范高中，湖北省及武汉市高中课程改革样本校，武汉市第四十九中学将主体间性教育理念作为学校发展的方法论思想，注重在学科课程教学中挖掘德育资源，积极探索全员育人、全程育人、全方位育人的校本化途径，尤其在学科育人的课程建设、学科融通、资源开发等方面取得了丰硕成果，形成了鲜明特色。

第一，建构以“育人”为中心的课程体系。建构多样、丰富、可选择的课程体系是普通高中的重要使命，语文、数学、外语、思想政治、历史、地理、物理、化学、生物学、技术(含信息技术和通用技术)、艺术(或音乐、美术)、体育与健康科目和综合实践活动、劳动等国家课程，以及校本课程建设等必须围绕培养人的必备品格和关键能力展开，形成内容丰富、生动鲜活、优质多元、尊重个性、分类分层的完整的课程体系。课程建设不仅要关注学科知识体系，更要关注学科所蕴含的情感态度和价值观。武汉市第四十九中学围绕“立德树人”的根本任务，将“立什么样的德、树什么样的人”作为课程改革的核心，聚焦学科课程育人价值，积极建构以“育人”为中心的课程体系。学校注重结合学科思想发展、学科过程方法、学科情感态度等目标要素开发课程资源，优化教学设计，总结创新案例，成功打造了一批具有区域辐射效应的精品育人课程。

第二，融通课程整体育人的协同路径。传统的课程教学容易出现学科内容的“教”与学生内心的道德、精神、人格的“育”二者之间的分离，导致学科课程内容严重固化，跨学科融合、与现实生活融合、与学生生活经验融合等明显不足。武汉市第四十九中学根据教育部 2017 年印发的《中小学德育工作指南》有关“充分发挥课堂教学的主渠道作用，将中小学德育内容细化落实到各学科课程的教学目标之中，融入渗透到教育教学全过程”要求，通过深度开发不同学科课程的育人价值，使“教”与“育”在学科常规教学中得以真正融通，有目的、有计划地把影响学生成长的诸多要素加以调节整合，并在学科教学中将相关育人要素融合互通，协调配合，以规范化、多样化、模块化的课程形态支撑学生全面发展核心素养，从而实现育人效益的最大化。

第三，深化课程实践育人的时代内涵。国务院《关于新时代推进普通高中育人方式改革的指导意见》，以及教育部《普通高中课程方案(2017 年版 2020 年修订)》明确要求：要突出德育的时代性，坚持把立德树人融入思想道德教育、文化知识教育、综合实践活动和劳动教育各环节；要拓宽综合实践活动和劳动教育渠道，因地制宜打造学生社会实践大课堂。中小学课程发展具有综合性、活动性、实践性、开放性、选择性等特点，立德树人更要重视实践育人，重视社会实践活动和劳动教育。学科课程内容从来不是抽象的理论和冰冷的知识，而是与现实生活和经济社会发展密不可分。在学科教学中应重视情境创设，要求学生理论联系实际，学以致用。

文章合为时而著，歌诗合为事而作。2020 年伊始，在以习近平同志为核心的党中央的坚强领导下，全国人民投入到一场全面抗击新冠肺炎疫情的人民战争、总体战、阻击战之中，涌现出了无数可歌可泣的英雄，彰显了中华民族共克时艰的磅礴伟力。武汉市第四十九中学领导及教师因地制宜、因势利导，聚焦疫情防控主战场，深入挖掘抗疫题材中的德育内涵，将其有机地融合到学科教学之中，充分彰显抗疫精神所蕴含的育人价值，引导学生“学会思考、学会敬畏、学会尊重”，将抗疫故事升华为“培养学生爱国情怀、使命意识和奉献精神的育人教材”，极大地提高了学科课程育人的时代性、亲和力和感染力。

教育的意义不只是在未来，还在于当下引领生命成长的丰富的学校活动之中。我相信，这本《普通高中课程育人探索》，不仅是武汉市第四十九中学在课程育人方面的探索成果，也为新时代普通高中的转型发展提供了有益的借鉴和鲜活的案例。武汉市第四十九中学分享了自己成功的校本实践经验，一定能启示大家回望过去、思考今天、展望未来，真正探索出变革普通高中育人方式的创新之路。

武汉市教育科学研究院党委书记、院长：

2020 年 7 月

前言

在武汉“疫情防控保卫战”取得决定性胜利、全国“疫情防控阻击战”取得重大战略成果的背景下，我们历时半年编写打磨的《普通高中课程育人探索》一书，终于出版发行了。这本专著凝聚着我校干部、教师的汗水与心血，有着鲜明的时代特色。

一、以立德树人为根本进行课程育人探索是本书的亮点

本书以立德树人为根本，与学科内容有机结合进行课程育人，旨在努力实现习近平同志所要求的“青年一代有理想、有本领、有担当，国家就有前途，民族就有希望”的目标，旨在努力实现课程方案和课程标准对新时代普通高中课程育人内容和方式进行改革的要求。

探索课程育人是落实立德树人、培养社会主义接班人的要求。党的十八大报告首次把立德树人明确为我国教育的根本任务。习近平同志在党的十九大及全国教育大会上进一步指出：要全面贯彻党的教育方针，落实立德树人根本任务，培养德智体美劳全面发展的社会主义建设者和接班人。据此，2017 年教育部印发《中小学德育工作指南》强调课程育人是中小学德育实施的第一途径，并指出要充分发挥课堂教学的主渠道作用，将中小学德育内容细化落实到各学科课程的教学目标之中，融入渗透到教育教学全过程之中。为此，我们力图把宏观的国家育人目标落实到普通高中教学一线中，充分挖掘各学科课程教学在贯彻教育方针、落实立德树人根本任务中的独特育人价值。

探索课程育人是落实新课程标准、培养学生核心素养的要求。基础教育课程承载着党和国家的教育方针和教育指导思想，体现了教育目标和教育内容，是国家意志在教育领域的直接体现，在立德树人中发挥着关键作用。当普通高中进入全面深化课程改革阶段以后，课程改革的核心就是落实好立德树人的根本任务。而课堂教学是学校教育的中心，是实化、细化、具体化立德树人根本任务的主渠道，是学生全面、个性发展的主战场，本书编写期间，正值教育部普通高中课程方案和语文等学科课程标准(2017 年版 2020 年修订)出台之际，我们借此契机积极探索新形势下学科课程育人的新方法和新途径，在教育实践中培养学生核心素养，贯彻新课程理念，提升课程的思想性、科学性、时代性和系统性。

探索课程育人是促进干部、教师队伍专业化发展的要求。今年是“十三五”规划收官之年，根据学校“十三五”规划所提出的为教师搭建学习和培训平台，促进干部、教师专业化发展的要求，学校近年有计划地组织干部、教师学习课程育人相关理论，在教育教学过程中挖掘学科育人价值、探索学科育人的途径和方法，总结出 15 门学科、综合实践活动、劳动等国家课程以及部分校本课程育人的典型做法和成功经验。近年来，学校在《高中学生学业生涯规划导读》一书编写、出版的基础上，又启动了《普通高中课程育人探索》的编写工作，组织动员了 70 余名干

部和骨干教师参与该书的编写工作，该书的正式出版必将成为学校干部、教师在新课程改革背景下专业化发展的重要标志。

二、以武汉英勇抗疫为事例进行课程育人探索是本书的特色

本书以武汉英勇抗疫为例，与普通高中开设的国家课程和校本课程有机结合进行育人教育，旨在把爱国主义、集体主义和社会主义精神熔铸为新时代青年的思想底色，用政治觉悟、责任意识和奋斗精神激励新时代青年投身民族复兴大业，让科学思维、道德情怀和实践理性成为新时代青年增长才干的必然选择。特别是在后疫情时期，我们更应加强课程与现实生活的联系，让抗击疫情的点点滴滴成为普通高中重要的课程资源和学生成长过程中的宝贵精神财富。

将抗疫精神融入课程育人是党中央、国务院关于坚决打赢新冠肺炎疫情防控阻击战决策部署的重要组成部分。2020 年 2 月 3 日，习近平总书记在中央政治局常委会会议研究应对新型冠状病毒肺炎疫情工作时指出："要生动讲述防疫抗疫一线的感人事迹，讲好中国抗击疫情故事，展现中国人民团结一心、同舟共济的精神风貌，凝聚众志成城抗疫情的强大力量。"习近平总书记多次强调指出，在新冠肺炎疫情防控斗争中，我们坚定信心、同舟共济、科学防治、精准施策所展现出的中国精神，成为众志成城、共克时艰的力量之本、信心之源，凝聚起了抗击疫情的强大力量。湖北省委书记应勇在武汉市调研学校复学复课准备、疫情防控等工作情况时也指出，要创新方式方法，上好开学第一课，讲好湖北、武汉抗疫故事，帮助学生更好地成长。为此，我们要高度重视抗击疫情所展现的精神力量，把它作为一本鲜活的教科书，激励和教育新时代青年学生。

将抗疫精神融入课程育人也是教育部关于做好疫情防控背景下教育教学工作的要求。2020 年 3 月 6 日，教育部印发了《教育部办公厅关于深入做好中小学"停课不停学"工作的通知》（教基厅函〔2020〕4 号）。通知指出："各校要充分认识疫情防控背景下'停课不停学'的特殊意义，抓住当前特定有利时机，充分利用党领导人民战'疫'这部活教材，大力宣传在疫情防控一线中涌现出来的先进典型，引导学生正确认识人与社会、人与自然的关系，尊重客观世界，培养学生爱党爱国爱人民爱社会主义的思想情感，确保疫情防控延期开学期间中小学德育工作'不断线'。注重科学知识与防疫知识的有效结合，不能重知识轻防疫，要双管齐下。"3 月 17 日，教育部印发的《教育部办公厅关于做好 2020 年春季学期中小学教育教学工作的通知》（教基厅函〔2020〕5 号）再次强调"要充分用好疫情防控人民战争、总体战、阻击战形成的宝贵教育资源，针对学生年龄特点，注重教育效果，给学生上好一堂人生成长大课"。可见，这次抗击疫情积蓄的精神力量已转化成中华民族的宝贵精神财富，并将成为广大教育工作者在各类教育教学活动中助力青年学生健康成长的宝贵思想资源。

将抗疫精神融入课程育人我们在行动。世界观、人生观、价值观教育对于青少年的健康成长意义重大。抗击疫情的生动实践为学校开展"三观"教育提供了大量生动的素材，我们应当利用好这些内容丰富的教育资源，对学生开展基于真实抗疫案例的"三观"教育，帮助他们扣好人生的第一粒扣子，形成正确的理想信念，涵养积极的价值情感，不断提升他们的科学判断和选择能力。

无论是线上教学还是复学复课期间的面对面教学，我校各学科教师在课程教学中都力图体现"坚定信心、同舟共济"的中国精神。教师将发生在身边的一个个鲜活的抗疫事例恰当而

巧妙地融入各学科教学活动中，让同学们真切感受到武汉英勇战“疫”时每一级组织、每一级单位、每一个社区都遵循党中央、国务院的战略部署，各司其职精准防疫的行动。在全民抗击新冠肺炎疫情过程中，人人都是战士，处处都是战场。朴实的菜农连夜采摘蔬菜，捐赠武汉疫区；暖心的小学生用压岁钱买来口罩，捐赠给医护人员和民警；电力、钢铁、石化等部门坚守岗位，全力保障供应；社区工作人员、志愿者扎根街头、社区，维护封闭管理秩序；海外华人高价包机，向国内运送防护物资；广大教师坚持线上教学，学生自觉完成学业等案例在学科教学中随处可见。

无论是线上教学还是复学复课期间的面对面教学，我校各学科教师在课程教学中都力图体现全民抗疫中绽放出来的“科学防治、精准施策”的中国精神。在全民抗疫过程中，同学们切身感受到医护人员就是全民抗疫背景下的英雄。面对狡猾的病毒，科研人员执着探索，昼夜攻关，开发并改进检测试剂，加紧研制新冠疫苗；危急关头医疗单位打破壁垒，团结协作，深入探索中西医结合诊疗方案；钟南山、李兰娟、张伯礼等医学专家的影响力、号召力，唤起同学们对科学创新精神的无比崇敬；像我校涂宇恒同学这样的无数中小学生将这些白发苍苍的科学家当作偶像，纷纷为他们画像、给他们写信，表达了向科学家学习、长大后为国家和人类造福的赤诚心愿。

本书酝酿和编写期间，得到了武汉大学、华中师范大学等高校教授和武汉市教育科学研究院等教科研单位专家的热情帮助与精心指导，得到了武汉市教育局、青山区委区政府、青山区委宣传部、青山区教育局等主要领导和分管领导的高度重视与大力支持，在此我谨代表全校干部、教师对他们一并致以崇高的敬意和衷心的感谢！

希望本书的出版能够为我国基础教育领域课程改革背景下的课程育人探索做出积极贡献，同时也希望本书能够为广大教育工作者特别是一线教师提供有益的帮助和借鉴。

武汉市第四十九中学校长：吕向东

2020 年 7 月

目录

第一章 普通高中课程育人探索总论

中共中央、国务院印发的《中国教育现代化2035》提出了推进教育现代化基本理念之一就是要更加注重以德为先,并指出发展中国特色世界先进水平的优质教育必须全面落实立德树人根本任务。在教育现代化进程中,普通高中要以育人为根本,突出德育时代性,着力推进内容完善、学段衔接、载体丰富、有序开展的德育工作体系,通过课程育人、文化育人、活动育人、实践育人、管理育人和协同育人等途径,努力形成全员育人、全程育人、全方位育人的德育工作新格局,让每一所学校真正培养出优秀的时代新人。本书力图以武汉英勇抗疫为例,深入理解普通高中课程改革要求,从课程方面积极探索普通高中育人的途径与方法,更加注重培养学生核心素养,促进教、学、考、评有机衔接,形成国家课程和校本课程育人合力,高质量完成立德树人的根本任务。

第一节 课程育人价值的再认识与探索

2019年6月,国务院办公厅印发的《关于新时代推进普通高中育人方式改革的指导意见》强调,要坚持以习近平新时代中国特色社会主义思想为指导,全面贯彻党的教育方针,落实立德树人根本任务,要突出育人时代性,把立德树人融入思想道德教育、文化知识教育、社会实践教育各环节,而《中小学德育工作指南》明确了高中学段德育目标是教育和引导学生热爱中国共产党、热爱祖国、热爱人民,拥护中国特色社会主义道路,弘扬民族精神,增强民族自尊心、自信心和自豪感,增强公民意识、社会责任感和民主法治观念,学习运用马克思主义基本观点和方法观察问题、分析问题和解决问题,学会正确选择人生发展道路的相关知识,具备自主、自立、自强的态度和能力,初步形成正确的世界观、人生观和价值观。

新形势下,高中教师要增强课程育人的意识和能力。习近平总书记提出:"好老师应该懂得,选择当老师就选择了责任,就要尽到教书育人、立德树人的责任,并把这种责任体现到平凡、普通、细微的教学管理之中"。作为教师,仅从学科专业完成知识传授和技能提升显然不够,必须从学科知识的立场走向育人的立场,才能真正认识到要用好课堂教学这个育人主渠道,才能各自守好一段渠、种好责任田,形成课程育人的协同效应。普通高中课程育人是构建德智体美劳全面培养的教育体系和人才培养体系的有效切入点,也是完善全员、全程、全方位"三全育人"的重要抓手,有利于提升立德树人的针对性和实效性。

一、课程育人的内涵

2017年8月,教育部印发的《中小学德育工作指南》指出,要构建课程育人、文化育人、活动育人、实践育人、管理育人、协同育人的六大育人体系,可见,《中小学德育工作指南》把课程育人作为中小学德育工作实施的首选途径。课程育人是普通高中育人的主要方式,教育部《普通高中课程方案(2017年版2020年修订)》指出,普通高中开设语文、数学、外语、思想政治、历史、地理、物理、化学、生物学、技术(含信息技术和通用技术)、艺术(或音乐、美术)、体育与健康科目和综合实践活动、劳动等国家课程以及校本课程。课程育人的基本内涵可以概括为:教师在教育教学实践中,通过国家课程和自主开发的校本课程,落实各学科课程标准,培养学生学科核心素养,实现育人目标的过程。

首先,课程育人的课程是《普通高中课程方案(2017 年版 2020 年修订)》中所指的全部课程,必须全面实施。在开齐开足国家课程基础上,有条件的学科还可以自主开发校本课程。其次,落实课程育人的主要承担者是学科教师,即专业技术教师。最后,课程育人贯穿于教育教学的全过程,尤其是课堂教学和综合实践活动环节,不是时有时无,而是具有连续性。

由于课程育人的主体是教师,因此教师是课程育人的关键因素。在教学实践中,教师要紧扣课程标准和课程目标,运用内容丰富、生动鲜活、优质多元、个性选择、分类分层的课程内容,关注课程所蕴含的思想和价值观,突出课程育人价值,培养学生课程学习的情感、态度和价值观。

课程育人以实现课程目标,提高学生学科核心素养为主要目标。核心素养指的是学生应具备的适应终身发展和社会发展需要的必备品格和关键能力,它关注的是学生的主体性发展(见图 1-1)。学科核心素养是以学科知识技能为基础,整合了情感、态度或价值观而形成的综合性的、内在的品质或能力,在解决复杂问题的过程中更能体现学生的核心素养水平。教育部 2020 年修订的普通高中课程方案和语文等学科课程标准进一步强化了课程的育人功能,首次凝练地提出学科核心素养,将党的教育方针关于人的全面发展要求具体化、细化到各学科课程之中,明确学生学习该课程后应形成的正确价值观念、必备品格和关键能力;同时提出学业质量要求,改变过去单纯关注知识和技能的掌握程度,引导教学更加关注育人目的,把立德树人任务落到实处。新课程标准的制定为课程育人提供了可操作的路径,帮助学生建构核心价值观,增强文化力量,进而用价值观引领学生发展。

课程育人的主渠道是课堂教学。每个课程都有自己独特的研究对象,都有相应的思维方式以及一套知识体系。该体系包含三个层面(见图 1-2):外显的符号化层面,如语言、符号、公式、图表、现象、实物、模型;中间的意义性层面,如意义、概念、原理、程序、法则、旋律、画面;内隐的价值观层面,如严谨、公正、质疑、批判、对话、合作、诚信、关爱。在课堂教学活动中,教师应依据课程知识体系的三个层面,一是向学生传授课程知识;二是激发学生对课程的学习兴趣,指导学生的学习方法;三是引领学生全面发展。

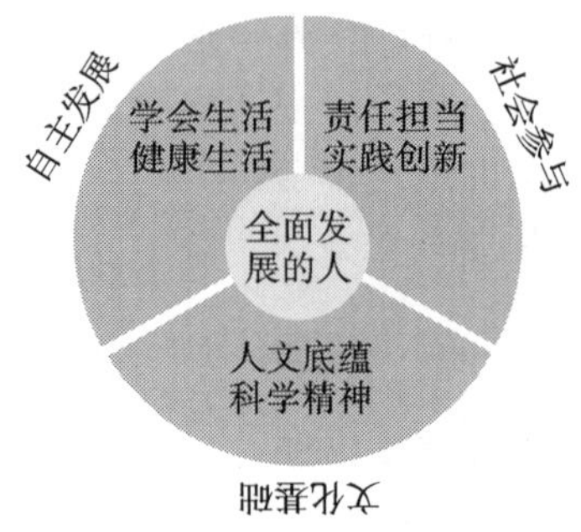

图 1-1 中国学生的核心素养

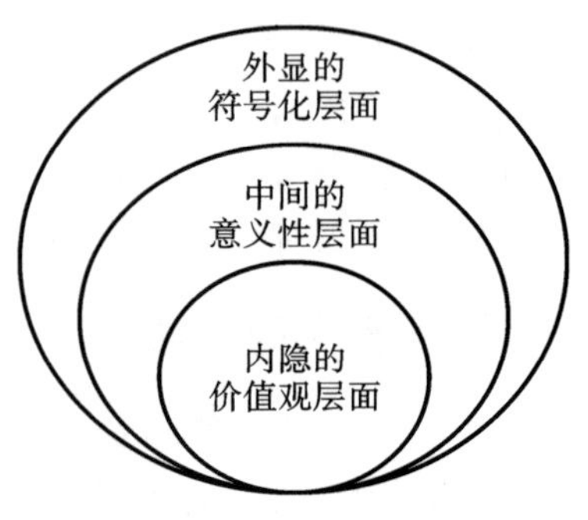

图 1-2 课程知识体系

课程育人的总目标是培养德智体美劳全面发展的时代新人。习近平总书记指出，培养什么人，是教育的首要问题。普通高中教育发展进入到以内涵发展、提高质量为重点的发展新阶段，推进课程育人，必须以习近平总书记在全国教育大会上的讲话精神为根本遵循，全面贯彻党的教育方针，培养德智体美劳全面发展的社会主义建设者和接班人，把立德树人融入思想道德教育、文化知识教育、社会实践教育各环节，围绕立德树人设计教学体系、教材体系、管理体系等，并强调要促进普通高中多样化有特色发展。

二、课程育人的时代价值

“培养什么人，是教育的首要问题”。与传统的把思政课作为育人主渠道、以班主任作为育人主力军的观念不同，课程育人是将所有课堂作为育人主渠道，旨在将思想政治教育有机融入各门课程的教学和改革，充分发挥所有课程的育人功能，实现知识传授与价值引领的有效结合，实现立德树人的润物无声，进而实现培养社会主义建设者和接班人，培养一代又一代拥护中国共产党领导和我国社会主义制度、立志为中国特色社会主义奋斗终身的有用人才的根本任务。

课程育人是建设德智体美劳“五育并举”全面育人体系的重要体现。长期以来，普通高中“应试”行为偏失，重智而轻其他，学生超越学科和知识的通用能力即核心素养和关键能力不够，难以适应社会转型发展和人才竞争的需要。进入新时代，中共中央、国务院在颁布育人方式改革等一系列教育创新举措之后，又于 2020 年 3 月，颁发了《关于全面加强新时代大中小学劳动教育的意见》，进一步强化了劳动教育在育人体系的重要地位。据此，教育部于 2020 年 5 月发布的《普通高中课程方案(2017 年版 2020 年修订)》中将劳动列入国家课程，并赋予 6 个学分。至此，课程育人真正做到涵盖所有学科、所有课程，是“五育并举”全面育人的重要体现，其总体目标是提升学生核心素养和关键能力，培养德智体美劳全面发展的社会主义接班人。课程育人以课堂教学为切入点，以教师作为育人工作的最活跃要素，着力优化课程设置，完善教学设计，把育人贯通于教学环节、教材环节、管理环节等，充分体现“五育并举”的可能与价值。

课程育人是完善全员、全过程、全方位“三全育人”的重要方面。全员育人是基础，需要全体教师把育人责任形成自己的思想和行动自觉。学校育人不是哪一门课或哪一个部门的事情，而是一项为党育人、为国育才的系统工程，它强调包括思想政治课在内的所有课程都有育人功能，所有教师都有育人职责。推进课程育人建设是全体教职工的共同责任，涉及教育教学全过程各方面，纵向需要层层激发动力、形成共识，横向需要多部门协同配合、互相支持，客观上有利于带动“三全育人”格局的形成。

三、课程育人的现状

《中小学德育工作指南》指出，要充分发挥课堂教学的主渠道作用，将中小学育人方式内容细化落实到各学科课程的教学目标之中，融入渗透到教育教学全过程。要围绕课程目标联系学生生活实际，挖掘课程思想内涵，充分利用时政媒体资源，精心设计教学内容，优化教学方法，发展学生道德认知，注重学生的情感体验和道德实践。要构建课程育人、文化育人、活动育人、实践育人、管理育人、协同育人的六大育人体系。

近年来，普通高中学校按照《中小学德育工作指南》要求，不断探索课程育人的有效途径，尤其是语文、思想政治、历史、地理、心理健康等部分学科充分挖掘学科育人资源，提升了学生核心素养。有少数学科还开发了校本课程，拓宽育人渠道，实现育人目标。但是，从整体上看，课程育人还存在不全面、不均衡等问题，主要表现为以下三个方面。

1. 课程育人理念未普遍植入人心

有的教师认为，学校育人是思想政治学科的事或者是班主任的事，与自己的学科关系不大，自己应承担的学科教学任务是传授知识和技能，学生的学习成绩好了，思政觉悟自然也就提高了。从学生层面上看，高中学段的第一目标是通过自身努力学习去实现升学和就业，对中华民族伟大复兴的中国梦、“四个自信”、“四个意识”和“两个维护”等方面的认识很抽象、很模糊，正确价值观及其形成处于自发状态。可见，当前课程育人理念处于浅层次的状态，还未能深入人心。

2. 实施课程育人系统性实践探索还处于起步阶段

在新课程改革和新高考改革背景下，部分学校已着手创新育人方式，开始系统性实施课程育人的实践探索。他们更新课程观、育人观，着眼课程目标，挖掘课程育人资源，精心设计课堂方案，在传授学科知识与技能的同时，潜移默化地影响学生的思想、行为和价值选择，提升学生核心素养。但是，由于系统性推进课程育人实践探索毕竟刚刚起步，要掌握其中的规律还有很长的路要走。

3. 课程育人的体制机制还不够完善

普通高中探索课程育人旨在进一步完善教书育人的教育体系，这是一项系统工程。目前，大部分学校尚未有效建立课程育人机制，这就需要我们下一阶段努力健全和完善课程育人的教育教学管理机制、运行机制、指导评价机制和激励机制，加快形成育人合力。

四、课程育人的基本方法

育人是教育的根本使命，是教师的根本职责，是学科教学的根本价值。课程育人的基本方法有以下几种：

1. 课程思想育人

课程思想是各学科固有的本质属性，是课程教学之精髓和灵魂。传统教学只重视课程知识传授，导致学生陷入庞杂、零散且缺乏整合的知识学习，只注重机械式训练学生的解题技巧，难以提高学生的创新能力。所以，教师要让学生把握课程思想，使课程学习思维化和系统化，让课程教学更有效，更优质。

2. 课程文化育人

文化是教育的根，文化之于教育，有着强大的化人作用，对人的思想、行为、认知、情感、习惯、生活和价值观等都具有潜移默化的影响。课程文化育人就是凝练课程的专业文化，从文化的视角构建课程教研组，引领教师和学生共同创造基于课程特性、师生特点和学校实际的课程文化，从而实现育人的目的。通过文化的力量来焕发学生自我约束的自律力、自我反思的成长力和自我成长的生命力。

3. 课程知识育人

课程知识是课程本质属性的客观反映，属于理性知识。在课程知识育人中，教师需要做的不是让学生死记硬背知识，而是培育学生的认知和感知，借助知识教育学生从学会走向会学，甚至乐学，从而提高他们的能力、悟性和修为。

4. 课程技能育人

课程技能是发展学生综合能力的重要组成部分，课程教学的主要目的在于传授知识的同时灵活发展学生的智力，培养他们的能力。比如，语文和英语等语言类学科的语言表述技巧（听、说、读、写等方面的技能），数学学科的运算技巧和数学方程解答技巧，生物学科中显微镜正确使用的技能和玻片标本的制作技巧等。

5. 课程实践育人

课程教学从本质上来说是学生在教师指导下进行的有目的、有计划的认知过程，这个过程是由活动串联而成。教师要积极创造活动条件，让学生主动参与课程教学活动，在活动中发现自我、成长自我和超越自我，从而形成正确的人生观、价值观和世界观，培养高尚的品质和健全的人格。

6. 课程生活育人

教师通过生活化的教学思路和教学策略，帮助学生实现课程生活化。在思路上，依据学生所经历的真实生活及取得的生活经验组织课程教学，使课程教学深深扎根于现实生活，深度融入现实生活，最大限度服务于现实生活；在方法上，课程教学要根植于当地、本校师生的生活方式、习惯和现状等实际情况，引导学生过一种有意义、有意思、有品质的人生。

总之，课程思想、课程文化、课程知识、课程技能、课程实践和课程生活育人彼此之间不是孤立的，而是相互关联和相互交融的，共同构成课程教学的全过程，以育人为价值追求和根本目的，真正做到立德树人。

第二节　新课程改革背景下的课程育人

课程是教育强国建设的重要抓手，课程和教学改革是教育强国与教育现代化的应有之义。2018 年 1 月 5 日，教育部印发《普通高中课程方案（2017 年版）》和语文等学科课程标准（2017 年版）（教材〔2017〕7 号），2018 年 08 月 25 日，教育部发布《关于做好普通高中新课程新教材实施工作的指导意见》（教基〔2018〕15 号）。2020 年 6 月，教育部对《普通高中课程方案和语文等学科课程标准（2017 年版）》进行了修订并发布《普通高中课程方案（2017 年版 2020 年修订）》和语文等学科课程标准（2017 年版 2020 年修订）（教材〔2020〕3 号）。随着教育部一系列文件的发布，课程改革新征程已经开启，以培育核心素养为目标的新课程实施与评价也相应地进入了全面启动阶段。这是一个历史性的突破，意味着我国基础教育课程改革正在走向未来，形成中国特色基础教育课程方案。

“立什么样的德、树什么样的人”是此次新课程改革的核心。此次课程修订尤为重视课程内容的与时俱进，将党的十八大、十九大提出的重要思想、重要观点、重大判断、重大举措等，将各类课程的性质和特点，与课程内容有机融合，努力呈现政治、经济、文化、科技、社会、生态等发展的新成就、新成果。学科课程标准也更加突出“立德树人”，新课程强调学科课程必须围绕培养人的必备品格和关键能力展开，构建内容丰富、生动鲜活、优质多元、个性选择、分类分层的学科课程内容体系。

学科课程不仅要关注学科知识体系，更要关注学科所蕴含的价值观念，强化育人功能。学科思想发展、学科过程方法、学科情感态度等在学科教学中的地位更加突出，这就需要在秉承学科教学体系不变的宗旨下，增加更多课程育人内容，充分研究立德树人的政策方向，选择更多结合课程内容的育人案例，突出课程育人价值，培养学生学科学习的情感、态度和价值观。

一、新课程改革的历史背景

1. 国际背景

当今世界所处的时代，是一个科学技术突飞猛进、知识经济高速发展、新一轮产业革命蓬勃兴起的时代，知识更新、技术更新和产品更新的速率越来越快。一个国家的强盛，从来没有像今天这样依赖其自主创新能力、对经济发展和生产过程中关键知识和关键技术的掌握程度。一个国家知识创新和科技创新的能力，不仅影响其经济增长和国际竞争力，而且会从根本上影响其国运兴衰。从当前各国的科技战略布局与创新能力对比不难看出，今天的时代特征就是，谁在自主创新方面具有优势，谁就在国际竞争中掌握了战略主动权。因此，世界各主要国家都十分重视增强自身的创新能力，而真正的创新需要从基础教育开始，重视对创新思维和创新能力的培养。课程作为基础教育教学活动的核心依据，集中体现了基础教育思想和教育观念，是创新能力培养的关键，所以，基础教育课程改革是教育改革的主要内容，其在世界范围内受到了前所未有的重视。

联合国教科文组织在2015年发表的工作文件中明确提出："如今课程的定位应该是从单纯的技术问题转向国家教育发展的核心要素"。世界许多国家特别是一些发达国家，无论是反思本国的教育弊端，还是对教育发展提出新的目标和要求，往往都是从基础教育课程改革入手，通过调整课程、调整人才培养目标、改变人才培养模式，提高人才培养的质量。这些国家都把基础教育课程改革作为增强国力、积累未来国际竞争力的战略措施加以推行。

2. 国内背景

现今，世界各国普遍把基础教育课程改革作为一项重要的、增强综合国力的战略举措，面对步伐加快的经济全球化，面对日趋激烈的国际竞争，面对实现中华民族伟大复兴的重任，面对建设人力资源强国和创新型国家的历史使命，我国教育从总体上讲，还不适应全面建设小康社会的新要求，教育发展仍面临着诸多困难和问题。在基础教育领域，教育发展方式仍然有待进一步转变，全面实施素质教育，学生创新精神和实践能力的培养仍然没有落到实处。所有这一切，都要求我们不断提高基础教育的现代化水平，通过教育改革和制度创新，进一步转变人才培养模式，为造就数以亿计的高素质劳动者、数以千万计的专门人才和一大批拔尖创新人才奠定基础。在这样的背景下，国家推出了新一轮基础教育课程改革，在人才培养目标、模式和课程内容等方面进行积极尝试与探索，以期更好地推进素质教育、深化教育改革，实现我国教育事业的新发展。

普通高中课程标准修订是时代的要求。党的十八大明确提出："把立德树人作为教育的根本任务"。党的十九大进一步强调："要全面贯彻党的教育方针，落实立德树人根本任务，发展素质教育，推进教育公平，培养德智体美全面发展的社会主义建设者和接班人"。党中央、国务院把课程教材建设作为国家长治久安的一项战略性工程。2017年，国家教材委员会成立，教育部设立了教材局，明确了教材建设是国家事权。课程标准是教材、教学、考试、评价的龙头，落实党和国家的重大决策，体现国家意志，确保培养对象成为社会主义合格的建设者和可靠的接班人，成为普通高中课程标准修订的时代要求。

普通高中课程标准修订是深化教育改革的重大举措。20 世纪 70 年代以来，学校课程改革大致经历了三个阶段：拨乱反正阶段（1977—1984 年），恢复完善统编制；全面改革阶段（1985—2013 年），建立教材审定制；深化改革阶段（2014 年至今），统编与审定并行。2014 年，《教育部关于全面深化课程改革落实立德树人根本任务的意见》出台，国家事权的概念开始明确。同时，政治、语文、历史教材由国家统编。这次普通高中课程修订做到了全面贯彻党的教育方针，全面落实立德树人根本任务，全面提高学生综合素质，做到了“德育为魂，能力为重，基础为先，创新为上”。“三全”“四为”是修订课程的原则。这些论述和举措，都彰显了深化改革阶段的特点。

全国人大代表、中国教育学会副会长、华中师范大学教授、长江教育研究院院长周洪宇在 2020 年 5 月召开的十三届全国人大三次会议中提出议案建议，建议科学编制国家教育事业发展“十四五”规划，全面落实立德树人的根本任务，应把立德树人融入思想政治教育、文化知识教育、社会实践教育各环节，加强系统谋划和顶层设计。

二、新课程改革的核心思想

1. 一切为了每一位学生的发展

“一切为了每个学生的发展”，这是新课程改革的宗旨和核心理念，其根本目的是促进教育的健康发展，使人才培养更加符合社会和时代发展的需要。《普通高中课程方案（2017 年版 2020 年修订）》明确指出要“面向全体学生，依据学生发展核心素养，精选学生终身发展必备的基础知识和基本技能，打牢学生成长的共同基础。注重培养学生的学习兴趣、学习能力和探索精神，注重培养分析问题、解决问题的能力”。

新课程要求面向每位学生，认清每个学生的优势，开发学生的潜能，培养学生的特长，使每位学生能够发挥自己的潜能，让他们拥有应该具备的技能，使每位学生走上不同的成才之路，成长为不同层次、不同规格的人才，从而适应我国发展的要求。

2. 要关注每一位学生的发展

关注人是新课程的核心理念，是“一切为了每一位学生的发展”在教学中的具体体现。作为一种全新的学生观，新课程认为，学生是一个有血有肉、充满生命活力的个体，每一位学生都是生动活泼的人、发展的人、有尊严的人，要求教师在运用教学资源教学的过程中一定要关注学生的情感生活和情绪体验。教学情境的创设，选择的材料要新颖，表述富有震撼力，能够激发学生美好的、积极的情绪体验，既能帮助学生建构新知，又能培养健康的情感，从而充分关注学生的全面发展。

要关注学生的个性发展需要。新课程指出要“反映先进的教育思想和理念，关注信息化环境下的教学改革，关注学生个性化、多样化的学习和发展需求，促进人才培养模式的转变，着力发展学生的核心素养。”在此基础上进一步优化课程结构，一是保留原有学习科目，调整外语规划语种；二是将课程类别调整为必修课程、选择性必修课程和选修课程，在保证共同基础的前提下，为不同发展方向的学生提供有选择的课程；三是进一步明确各类课程的功能定位，选择性必修课程根据学生个性发展和升学考试需要设置，选修选考；选修课程由学校根据实际情况统筹规划开设，学生自主选择修习，学而不考或学而备考，为学生就业和高校招生录取提供参考。

要关注学生的终身发展需求。针对长期以来存在的片面追求升学率的倾向，新修订的课程方案强调，普通高中教育不只是为上大学做准备，还要为学生适应社会生活和职业发展做准备，"为学生的终身发展奠定基础"。这一核心理念对教师观、教材观、学生观、学习观等方面提出了新的要求，比如提倡自主、合作、探究，重视学生的自主体验、感悟，重视学生获取知识的过程。

要关注学生的道德生活和人格养成。课堂不仅是传递知识的地方，更是人性养育的圣殿。新课程指出要"加强法治意识、国家安全、民族团结、生态文明和海洋权益等方面的教育，培养良好政治素质、道德品质和健全人格"，这就要求教师不仅要充分挖掘和展示教学中的各种道德因素，还要积极关注和引导学生在教学活动中的各种道德表现和道德发展，从而使教学过程成为学生的一种高尚的道德生活和丰富的人生体验。

三、落实课程育人是新课程改革的重要内容

1. 落实课程育人是教育部《中小学德育工作指南》的明确要求

党的十八大以来，习近平总书记系列重要讲话，对加强党的领导，全面贯彻党的教育方针，坚持立德树人，加强理想信念教育、社会主义核心价值观教育和中华优秀传统文化教育等提出了一系列明确要求，对中小学培养什么人、如何培养人以及为谁培养人指明了方向。特别是2016年12月，习近平总书记在全国高校思想政治工作会议上的重要讲话，对做好中小学德育工作具有十分重要的指导意义。中小学德育工作必须深入贯彻落实习近平总书记系列重要讲话精神，因时而进、因势而新，坚持党的领导，坚持德育为先、立德树人，全面实施素质教育，引导激励学生自觉把个人的理想追求融入国家和民族的事业中，树立为中国特色社会主义共同理想而奋斗的信念和信心。

2017年8月22日，教育部颁发了《中小学德育工作指南》(教基〔2017〕8号)，明确指出：充分发挥课堂教学的主渠道作用，将中小学德育内容细化落实到各学科课程的教学目标之中，融入渗透到教育教学全过程。发挥其他课程德育功能，要围绕课程目标联系学生生活实际，挖掘课程思想内涵，充分利用时政媒体资源，精心设计教学内容，优化教学方法，发展学生道德认知，注重学生的情感体验和道德实践。普通高中在上好思想政治课的同时，语文、历史、地理等课要利用课程中语言文字、传统文化、历史地理常识等丰富的思想道德教育因素，潜移默化地对学生进行世界观、人生观和价值观的引导。数学、科学、物理、化学、生物等课要加强对学生科学精神、科学方法、科学态度、科学探究能力和逻辑思维能力的培养，促进学生树立勇于创新、求真求实的思想品质。音乐、体育、美术、艺术等课要加强对学生审美情趣、健康体魄、意志品质、人文素养和生活方式的培养。外语课要加强对学生国际视野、国际理解和综合人文素养的培养。综合实践活动课要加强对学生生活技能、劳动习惯、动手实践和合作交流能力的培养。要因地制宜开发校本德育课程，引导学生了解本土历史文化、自然环境、人口状况和发展成就，培养学生爱家乡、爱祖国的感情，树立维护祖国统一、加强民族团结的意识。构建课程育人、文化育人、活动育人、实践育人、管理育人、协同育人的六大育人体系。

2. 落实课程育人是《普通高中课程方案》的核心内容

2020年6月，教育部发布《普通高中课程方案(2017年版2020年修订)》和语文等学科课

程标准(2017 年版 2020 年修订)(教材〔2020〕3 号),方案明确指出:中国学生发展核心素养是党的教育方针的具体化、细化。为建立核心素养与课程教学的内在联系,充分挖掘各学科课程教学对全面贯彻党的教育方针、落实立德树人根本任务、发展素质教育的独特育人价值,各学科基于学科本质凝练了本学科的核心素养,明确了学生学习该学科课程后应达成的正确价值观念、必备品格和关键能力,对知识与技能、过程与方法、情感态度价值观三维目标进行了整合。

在此次普通高中课程标准修订中,首次凝练提出学科核心素养,将党的教育方针关于人的全面发展要求具体化、细化到各学科课程之中。各学科课程标准明确指出,学科核心素养是学科课程育人价值的集中体现,是学生基于学科知识的学习而逐步形成的正确价值观念、必备品格和关键能力。可以看出,学科核心素养所强调的是学科能力素养导向,关注的是正确价值观念、必备品格和关键能力的养成。同时提出学业质量要求,明确学业质量是对学生多方面发展状况的综合衡量,研制了学业质量标准,建立新的质量观,改变过去单纯看知识、技能的掌握程度,引导教学更加关注育人目的,把立德树人任务落到实处。

核心素养是学科课程育人价值的集中体现,进一步完善了我国基础教育阶段的教育目标体系,真正实现"立德树人"根本任务的贯彻落实。核心素养是对教育总体目标的具体化,核心素养是个体应对或解决未来社会生活中复杂的、不确定的现实问题过程中表现出来的综合性品质,是个体适应未来社会需求、实现个性发展的必要基础。一方面,通过对不同核心素养的内涵、构成、表现特征和发展过程的系统阐述,核心素养将原本抽象概括的教育总体目标转化成一个系统的、与基础教育阶段学生发展水平密切结合的理论体系。另一方面,核心素养在内涵上又是个体在具体学科以及跨学科的知识和技能、思维模式和探究方式、态度或价值观的整合。对各个学科核心素养内涵和表现特征的界定,实际上是对基础教育各个学科的育人目标提出了超越学科知识和技能的要求。因此,构建和形成系统的学科核心素养,是连接我国基础教育总体目标和学科教育目标的关键环节,为审视各学科本质观和育人价值,建立和完善以学生素养发展为主线的教育目标体系提供了理论基础。同时,这一目标体系的建立,也是制定课程标准、课程设计和管理、教学、评价以及教师专业发展的重要基础和依据,为真正贯彻落实"立德树人"根本任务提供保障。

第三节　武汉市第四十九中学课程育人方案

课程育人是中小学德育工作的重要内容,是学校实施素质教育的重要组成部分,它贯穿于学校教育教学的全过程和学生日常生活的各个方面。为增强全体教职工课程育人意识,在学科教学、综合实践活动和校本课程中挖掘德育资源,将德育内容有机渗透到教育教学全过程,最终实现全员育人、全过程育人、全方位育人,特制定本方案。

一、指导思想

全面贯彻党和国家的教育方针政策,以立德树人为根本任务,以国家课程和校本课程建设为载体,充分挖掘和提炼学科知识、综合实践活动和校本课程所具有的育人内涵,将德育与学科知识教学、综合实践活动和校本课程有机融合。制定科学合理的课程育人评价体系,挖掘课程育人评价的功能。促进全体教职工参与课程德育，强化所有课程的德育功能和所有教职工的德育职责，形成具有武汉市第四十九中学特色的课程育人模式，发挥课程育人的最大效益，实现全员育人、全过程育人、全方位育人，为中国特色社会主义事业培养合格建设者和可靠接班人。

二、基本原则

1. 方向性原则

旗帜鲜明地坚持社会主义办学方向，着力培育和弘扬社会主义核心价值观，确保正确的政治方向。以教育部《中小学德育工作指南》的相关要求为行动指南，以教育部《普通高中课程方案(2017年版2020年修订)》以及语文等学科课程标准(2017年版2020年修订)的具体要求为行为准则，全面贯彻党的教育方针，落实立德树人的根本任务。

2. 课程性原则

不同课程(国家课程和校本课程)的教学有不同的特点和规律，在课程育人过程中，切忌把课程教学都变成思想品德课程。在各课程教学中，必须首先遵循本课程教学的规律，然后根据课程特点，挖掘本课程显性的、隐性的课程育人素材，与课程知识教学有机融合。

3. 浸润性原则

课程教学与课程育人有机融合，做到把课程育人有机融入学科课堂教学、综合实践活动、劳动以及校本课程的不同环节之中，根据课程特点，在组织形式、教学环节、教学内容、实践活动与劳动的形式和过程上寻找最佳结合点，不是生搬硬套，不是贴标签式的为了课程德育而课程德育，真正实现"润物细无声"。

4. 真实性原则

各教研组在制定课程育人目标时，要充分考虑课程资源、学生实际情况，实事求是地进行课程育人渗透，不盲目夸大某一个课程、某一节课、某一次实践活动、某一次劳动的课程育人功能。

三、实施方案

学科教学、综合实践活动、劳动和校本课程教学是进行育人教育的主要途径，它对培养学生思想政治、道德品质、个性心理素质和能力具有重要的作用。因此，全体教职工均要做到教书育人，寓育人于各学科教学的教学内容和教学过程之中，寓育人于综合实践活动、劳动以及校本课程实施的具体环节之中，把在课程教学中渗透育人看作是自己的一项重要任务。

(一) 课程育人的总目标

《普通高中课程方案(2017年版2020年修订)》指出：普通高中的培养目标是进一步提升学生综合素质，着力发展核心素养，使学生具有理想信念和社会责任感，具有科学文化素养和终身学习能力，具有自主发展能力和沟通合作能力。《普通高中课程方案(2017年版2020年修订)》是对高中阶段"落实立德树人根本任务"的具体阐述，是高中阶段课程育人价值的总体描述，是高中学校落实立德树人根本任务的具体行动准则。

课程是落实立德树人教育目标的重要载体，学校课程是国家意志和教育理念转化为学校具体教育思想和办学理念的缩影。因此，要发挥国家课程和校本课程的教育价值，各门课程都要“守好一段渠，种好责任田”，提升课程育人的针对性和亲和力，将课程中蕴含的德育元素与思想政治教育功能融入课堂教学环节、综合实践活动、劳动以及校本课程实施过程，在实现课程价值引领与知识传授统一的基础上，发挥德育的全程育人、全方位育人功能。

由此可见，课程育人将狭义的德育工作由“点”上升到“面”，形成了学校全课程育人的“大德育”格局。因此，思想引领与知识传授的有机统一构成了课程育人的总目标。

（二）课程育人的实施途径

1．教研组学年度计划和备课组小专题研究计划体现课程育人

全体教职工在教育教学活动中要自觉地、不断地增强课程育人观念。教研组、备课组在制定教学计划及小专题研究计划时，均应按照《中小学德育工作指南》、《普通高中课程方案(2017年版2020年修订)》、语文等学科课程标准(2017年版2020年修订)等纲领性文件的具体要求，结合课程特点，认真落实在教学中渗透课程育人的要求、内容及实施措施。

各教研组均要把“课程知识教学渗透课程育人”作为教学研究的课题之一，制定切实可行的教研计划，认真进行教学实践，及时总结交流经验，努力提高课程育人实效。

2．教学目标书写体现课程育人

在教学目标的书写上，坚持知识目标、素养目标与课程育人目标有机结合。全体教师在备课、设计综合实践活动或劳动过程中，要深入挖掘本课程的育人内涵和育人元素，结合教学实践，做好课程育人的设计，明确课程育人的具体节点、基本内容和基本方式。

3．教学内容体现课程育人

在教学内容上，注重知识内容与课程育人内容相互渗透。教师在授课、组织综合实践活动或劳动过程中，要结合课程特点与实际情况，注重课程育人内容的鲜活性，选择能够有效体现课程育人目标要求、学生喜闻乐见的育人素材，采用生动活泼、操作性强、学生喜闻乐见的课程育人实施方式，把思想引导和价值观塑造融入国家课程和校本课程的教学之中，实现知识教育与思想政治教育有效融合。

4．教学方法体现课程育人

在教学方法上，加强授课方式的灵活性。通过“理论讲授”等方式，帮助学生建立起完善的课程育人知识结构；通过“情境讨论”等方式，引导学生通过思考，培养健康的德育情感和道德判断能力；通过“实践体悟”等方式，引导学生养成正确的道德行为习惯。

5．教学评价体现课程育人

教师在随堂评价、作业评价、纸笔测验评价、综合素质评价以及劳动素养评价等各项评价过程中，不仅要聚焦学生学习知识的效果，还要聚焦学生的学习习惯、心理状态、世界观、人生观、价值观、思想品质、人文素养、科学素养、科学探究能力、生活方式等系列课程育人效果。

（三）课程育人的制度保障

在学校党委、行政统一领导下，成立课程育人领导小组，由学术委员会牵头，根据本实施方案要求，组织协调推进全校各类课程(国家课程和校本课程)的育人工作，切实把教书育人要求落到实处。

重视教职工专业知识与师德素养的提升，加强教职工的学习培训、交流活动，努力建设一支具有较高政治素质、良好文化素养的教职工队伍，不断提高我校课程育人的工作能力。

把课程育人工作纳入教职工考核，作为考核教职工履行岗位职责的一项重要内容，要求全校教职工都是课程育人工作者。把课程育人评价作为优秀教职工、教学能手、市区优青、市区学科带头人、特级教师及各级教学名师申报或职称申报、评聘、晋级的基本要求，提高教职工教书育人的自觉性和责任感，实现教书与育人的统一。

组织教师围绕“在学科教学、综合实践活动、劳动课程、校本课程教学中如何进行课程育人”进行研讨，根据各课程的特点，找出结合点，使课程育人具有一定的规范性和保持经常性。

组织学科教学、综合实践活动、劳动课程、校本课程教学的课程育人公开课、研讨课，通过听课、评课活动，研究育人的方法，提高课程育人效果。

四、评价方案

内部质量监控体系建设是保证学校教育教学质量的重要举措，随着课程育人的不断深入，构建与之相适应的课程评价体系势在必行。通过构建比较完善的课程育人评价体系，可以进一步落实新课程标准要求，提高课程育人的有效性，更好地实现课程教学目标与课程育人目标，促进学生学习与道德品质的有效发展，促进教职工教育与教学专业能力的发展。

（一）课程育人评价的定义和功能

1. 定义

评价是对价值的评判。从哲学上讲，评价是一定价值关系的主体对这一价值关系的现实结果或可能后果的反映，是人类活动中无时无刻不表现出来的精神活动内容。

课程育人评价就是指在一定教育价值观的指导下，依据确立的教育目标，通过使用一定的技术和方法，对课堂教学、综合实践活动、劳动过程中渗透育人价值的相关教育活动、教育过程和教育结果等有关问题做出价值判断的过程。

2. 功能

一般来说，科学的课程育人评价具有鉴定、导向、激励等功能。

1）鉴定功能

课程育人评价的鉴定功能是指课程育人评价认定、判断评价对象合格与否、优劣程度、水平高低等实际价值的功效和能力。由于课程育人评价是依据一定的标准进行的，这就决定了课程育人评价具有对评价对象鉴定优劣、区分等级、排列名次、评选先进、资格审查等鉴定功能。

2）导向功能

课程育人评价的导向功能是由其评价标准的指向性所决定的。就一般而言，社会的教育观、质量观和人才观会直接影响教学目标和育人目标的确定，而教学目标和育人目标又是制定课程育人评价标准的主要依据。因此，课程育人评价实质上就是评价者按照社会的教育观、质量观和人才观，来引导和约束被评价者的发展方向。全面开展课程育人评价，就是要发挥其导向功能，端正教育教学思想，培养全面发展的人才，使教育真正适应社会的发展需要，更好地为社会主义建设服务。

3）激励功能

课程育人评价的激励功能是指合理有效运用课程育人评价，激发和维持评价对象的内在动力，调动被评价者的内部潜力，提高其工作的积极性和创造性，从而达到教育管理的目的。

因为恰如其分的评价结果能给人以心理上的满足感，从而激励人们不断进取。对于先进的单位和个人来说，评价的结果是对自己过去成绩的肯定与表扬，会强化成功的经验，使被评价者更加努力、更加主动，以保持或取得更大的成绩；对于落后者则是一种有力的鞭策，如果仍不努力，差距就会更大。

（二）课程育人评价的实施途径

课程育人评价可从教研组、备课组、教师三个维度进行评价。教研组课程育人评价主要集中在本学科国家课程和校本课程等相关课程育人的总体方案和规划，对本学科教职工的课程育人教育具有明确的要求和具体的指导，且可操作性强，充分彰显学科特色和学科育人价值；备课组课程育人评价主要体现在本学科本年级国家课程和校本课程等相关课程育人的具体规划，具有课程育人有关的小专题研究，科学合理，操作性强，能充分体现特定学段课程特色和育人价值，备课组集体备课记录中有课程育人相关记录等；教师层面的评价可从教案、学科课堂教学以及校本课程教学等方面进行评价，从教学目标、内容、过程、形式、氛围等内容，具体评价所执教的国家课程与校本课程教学与育人融合的整合性及有效性，结合整节课来评价其创新性。

学科课程育人评价要与学科课程教学评价融为一体，校本课程育人评价要与校本课程教学评价融为一体，综合实践活动课程与劳动课程的育人评价要融合综合素质评价的相关指标，构建新的课程评价体系。其具体途径有以下几个方面。

(1) 常规检查。在学期初、学期中和学期末的教学常规检查中，增加课程育人检查项目，要求在教研组、备课组的工作计划以及教师的教案中体现课程育人内容。

(2) 推门听课。每学期的常规推门听课中，不仅要听国家课程，还要听校本课程，在听课后的评价中，既有教学评价，又有育人评价。

(3) 优质课、优秀教案、优秀案例、优秀综合实践活动评比。举办国家课程和校本课程的课程育人优质课、优秀教案、优秀案例和优秀综合实践活动等评比活动，在评比活动中督促和引导全校教职工投身课程育人教学实践。

(4) 优秀班集体、优秀教研组、优秀备课组、优秀个人评比。在学校原有的优秀班集体、优秀教研组、优秀备课组和优秀个人的评价方案中增加课程育人评价内容，将课程育人纳入学校的优秀班集体、优秀教研组、优秀备课组、优秀个人评价体系。适时推出一批在课程育人方面有突出成绩的优秀班集体、优秀教研组、优秀备课组和优秀个人。

(5) 评教评学活动。在学校原有的评教评学体系中增加课程育人的评价内容，掌握教职工在日常教学中落实课程育人的基本情况，为学校进一步推动课程育人提供依据。

(6) 专题研讨会，形成论文集。适时召开课程育人研讨会，让那些在课程育人方面有突出成绩的优秀班集体、优秀教研组、优秀备课组和优秀个人进行展示交流。同时聘请专家进行思想引领，促进全校教职工在理论指导下实践，在实践中总结，在总结中升华。最终将课程育人内化为教职工的自觉行为。

（三）课程育人评价的具体内容

无论是学科课程，还是综合实践活动、劳动课程与校本课程，课程育人评价均可以从思想的引领性、教学或活动过程的育人性、课程传授的育人价值、课程育人的效果等方面进行评价。

1. 思想的引领性

思想引领是课程育人的关键，因此，思想的引领性是课程育人评价的关键。在评价学科课程、综合实践活动、劳动课程和校本课程的思想引领性时，可以从课程或活动的人生意义、价值判断和世界观念等方面进行评价，即在课程传授或活动过程中结合课程或活动内容引导学生在人生意义、价值判断和世界观念等方面形成正确的三观。

2. 教学或活动过程的育人性

教学或活动过程是课程育人的主要途径。在评价教学或活动过程的育人性时，可从教育者素质、教学或活动方法、教学或活动理念等方面进行评价。教育者自身知识、能力和思想道德素质足以满足为人师表的要求；教学或活动方法能够结合课程或活动实际，有效传递教育信息和育人价值；教学或活动理念保持先进的同时，牢牢把握育人的最终目的。

3. 课程传授的育人价值

课程传授包含知识、能力和思维三个指标，是课程育人的工具。在评价课程传授的育人价值时，可从知识、能力和素养等方面的育人价值进行评价。

4. 课程育人的效果

课程育人的最终效果是课程育人评价的核心，是课程育人评价的最终目的。在评价学科课程、综合实践活动、劳动课程和校本课程的育人效果时，可以从学生的身心及人格素质培养、社会稳定发展等维度进行评价。身心及人格素质培养是课程育人的核心，可从身体健康、心理健康和人格品质等方面进行评价；在课程讲授或活动过程中，帮助学生关注和维护身心健康，培育学生优良的人格品质，做一个人格健全的人。社会稳定发展是课程育人的目标，可从方针政策、社会责任和社会和谐等方面进行评价。

第四节　抗疫视角下的课程育人

2020 年春，中国被一场突如其来的新型冠状病毒性肺炎(简称“新冠肺炎”)打破了正常秩序。全国人民众志成城打响了一场疫情防控的人民战争、总体战，不仅医疗系统奋战在第一线，各行各业也都严阵以待，共同投入疫情防控之中，通过两个月奋战取得了实质性成果。在这场全国人民抗击疫情的战斗中，涌现出一批又一批感人的事迹和战斗英雄。这场没有硝烟的战斗无疑是一堂震撼人心的德育课。作为学校教育工作者，要充分挖掘疫情防控期间涌现的抗疫精神和题材，将其有机融入各种教学活动之中，上好课程德育课，引导学生学会思考、学会敬畏、学会尊重，使抗疫的立体工作成为培养学生爱国情怀、使命意识和奉献精神的育人教材，进而极大地提高课程育人建设的时代性、感染力和实效性。

一、将抗疫精神和题材融入课程育人是党和国家的重大部署

在新课程改革的背景下，将课程育人与现实生活有机结合起来，这对于增强课程育人的亲和力、针对性有重要意义。要实现这一点，就要求课程育人要因事而化、因时而进、因势而新。

2020 年 2 月 3 日，习近平总书记在中央政治局常委会研究应对新型冠状病毒性肺炎疫情工作中指出：“让群众更多知道党和政府正在做什么、还要做什么，对坚定全社会信心、战胜疫情至为关键。要深入宣传党中央重大决策部署，充分报道各地区各部门联防联控的措施成

效。”“要生动讲述防疫抗疫一线的感人事迹，讲好中国抗击疫情故事，展现中国人民团结一心、同舟共济的精神风貌，凝聚众志成城抗疫情的强大力量”。

2020 年 2 月 23 日，习近平总书记在统筹推进新冠肺炎疫情防控和经济社会发展工作部署会议上进一步强调：“要广泛宣传一线医务工作者、人民解放军指战员、公安干警、基层干部、志愿者等的感人事迹，在全社会激发正能量、弘扬真善美，推动社会主义精神文明建设”。

二、将抗疫精神和题材融入课程育人是教育主管部门的具体要求

将抗疫精神融入课程育人不仅是党中央、国务院关于坚决打赢新冠肺炎疫情防控阻击战的决策部署的重要组成部分，也是国家及地方教育主管部门的要求。

2020 年 2 月 20 日，教育部办公厅发布了《关于开展“共抗疫情、爱国力行”主题宣传教育和网络文化成果征集展示工作的通知》(教思政厅函〔2020〕2 号)。通知指出：以“共抗疫情、爱国力行”为主题，围绕疫情防控这一重点，结合“青春告白祖国”系列工作，以学习宣传贯彻落实《新时代爱国主义教育实施纲要》为抓手，在教育系统广大干部师生中开展广泛、深入、持久的爱国主义教育。通知还指出：充分体现教育系统抗击疫情的担当作为，把教育系统广大干部师生共同抗击疫情斗争作为推进学校思想政治教育的重要实践和生动教材，大力选树宣传在疫情防控一线中涌现出的先进典型，生动讲述驰援武汉抗击疫情的高校附属医院医务人员发扬“逆行者”精神，坚守一线、不怕牺牲、救死扶伤、无私奉献的英雄故事；专家教授勇挑重担、聚焦科技攻关、求真务实、扎实工作的励志故事；党员干部身先士卒、不畏艰险、冲锋在前、全力守好“责任田”、护好“一校人”的担当故事；心理咨询教师加强心理援助，及时守护师生心理健康、疏导心理困惑的暖心故事；专业教师、一线辅导员不忘师者初心、守土有责，停课不停教、同心聚力前行的育人故事；莘莘学子从我做起、加强自律、为社区服务、为群众分忧的青春故事，凝聚起教育系统众志成城、共克时艰的强大力量。

2020 年 3 月 17 日，教育部印发了《关于做好 2020 年春季学期中小学教育教学工作的通知》(教基厅函〔2020〕5 号)。该通知明确指出：普遍开展战“疫”专题教育，要充分用好疫情防控人民战争、总体战、阻击战形成的宝贵教育资源，认真组织开展以“普及防疫知识、弘扬抗疫精神”为主题的战“疫”专题教育，针对学生年龄特点，注重教育效果，给学生上好一堂“人生成长大课”，加强防疫知识和生命教育，增强学生防护意识和能力；加强战‘疫’先进典型教育，增强学生社会责任感和奉献精神；加强爱国主义和民族精神教育，增强学生家国情怀和民族自豪感；让广大师生深刻认识到在以习近平同志为核心的党中央坚强领导下，疫情防控所展现出的中国力量、中国速度、中国精神和中国担当，充分激发爱党爱国爱人民爱社会主义的思想情感。

三、将抗疫精神和题材融入课程育人，教育工作者责无旁贷

不惧风险、勇于担当，抗疫一线的鲜活事迹，成为教育广大中小学生的最好素材。疫情发生以来，全国多地的教育部门和教育工作者积极关注抗疫形势，因势利导地从战“疫”中发掘爱国主义、集体主义、社会主义制度优势、生命教育、生态文明教育、健康教育、亲情教育、团结互助等育人素材，将其融入课程教学当中，使学生更加深刻地认识社会主义核心价值观的内涵，自觉强化道德认同、提升文化自信。

“人民教育家”于漪：万众一心奋战新冠肺炎疫情的艰苦卓绝的斗争，给人的教育与启迪极

其深刻、极其丰富；我这名老教师强烈地感受到我们的立德树人必须站牢社会主义伟大祖国和全人类生存发展的制高点上，竭尽全力培养学生的大视野、大情怀、大担当，积极有效地冲破目光短浅、分数至上、一己之力的藩篱，引领学生把国家安全昌盛、人民幸福安康、人类命运共同体的理想追求镌刻于心，立志一辈子锲而不舍落实到行动中。

河南省教育厅党组书记、厅长郑邦山：疫情期间的点点滴滴，凝集成特殊时期的国家记忆，这对正处在拔节孕穗期成长阶段的青少年学生而言，是一套特殊的成长教材，是一段浓烈的青春记忆；把灾难当教材，与祖国共成长，及时面对青年学生开展生命教育、道德教育、科学教育和信念教育，是我们义不容辞的责任和义务；要利用好这段特殊教材，努力化疫情危机为教育契机，教育引导青年学生树立正确的世界观、人生观和价值观，在人生成长的道路上播下真善美的种子，为培养德智体美劳全面发展的建设者和接班人，为培养担当民族复兴大任的时代新人，做出我们教育人的贡献，这是教育工作者的初心使命，也是我们的历史责任。

甘肃省教育厅党组书记、厅长王海燕：强化教育提升人民群众应对突发重大公共卫生事件的能力和水平，需要进一步坚守教育根本，把中国精神、中国价值、中国力量的教育贯穿国民教育全过程，强化生命教育、科学教育、道德教育、社会教育和公民责任教育，培养有理想、有本领、有担当的时代新人，热爱生命、崇尚科学、敢于挑战，让教育的目标任务成为青年学生奉献社会的价值追求；需要进一步深化教育教学改革，增强学生、教师、教材在教育教学过程中的相对自主性和完整性，减少“现场教育”和线上教育的差异性，增强信息技术供给教育的人文化、个性化、生活化，延长教育的“触角”，拓宽学习的“入口”，提升“互联网＋教育”的互补性、融合性、效能性，优化在线教、学、导、评、管“五位一体”的信息化教育体系，形成面向人人、人人可学的现代化教学模式。

山东省教育厅党组书记、厅长邓云锋：疫情过后，留给我们的不应该只是思考，而应该是担当、是行动，是矢志不渝的作为；在即将到来的“后疫情”时代，我们需要认真总结经验、吸取教训，把灾难当作教材，进一步强化爱国主义教育，厚植爱国主义情怀，补短板、堵漏洞、强弱项，全面完善教育治理体系，提升教育治理能力，在民族复兴的大业中更好履行教育的担当。

山东省青岛第二中学校长孙先亮：后疫情时代，首先是生命教育，要做尊重学生生命的教育，让教育从尊重学生出发；做提升价值教育，让学生对于生命的尊重和敬畏在教育过程获得体验和升华；其次是思考课程建设，中医文化不只是为了身体健康的“术”，更是中华文明的“道”，传承文化，启迪哲学思维，都需要让中医进入课程；再次是教学方式反思，传统的“灌输”与“盯人”的教学方式已经不适应互联网时代的师生交流与教育资源共享，只有改变才能为学生的学习能力、思维能力和创新能力培养提供支持。

北京师范大学资深教授顾明远：这次抗疫战斗对深化教育改革、加强科学教育提出了新要求，第一，要加强科学教育，普及科学知识，提高国民的科学素养；第二，要教育青少年拒绝残害野生动物的陋习，过文明的生活；第三，要培养讲究个人卫生的好习惯；第四，要全面贯彻党的教育方针，德智体美劳五育并举，减轻学生课业负担，保证学生有足够的睡眠时间；第五，要科学地应用信息技术，改变教学模式，线上学习不是课堂搬家，而是要以学生为主体，培养学生自学能力、思考能力、线上沟通能力。

清华大学教授艾四林：立足中国抗击疫情的具体实践，引导学生深化对马克思主义基本理论的认识、深化对马克思主义中国化最新成果的认识。

中国教育学会副会长、北京市东城区史家教育集团校长王欢：疫情不仅让我们深刻认识培养孩子基于科学精神和现代人科学素养的生存能力的重要意义，更让我们从“立什么德、树什么人”的角度整体思考立德树人根本任务的丰富内涵和深厚意蕴。

四川省特级教师李镇西的网课主题就是爱国和社会责任，钟南山院士、彭银华医生、快递小哥汪勇……李镇西讲述着一个个战疫英雄的故事；河南省洛阳市第四十八中学组织“共抗疫情，爱国力行”线上主题班会，“云班会”气氛依然热烈；青海省治多县的师生们，以在家自行录制、剪辑视频的方式，给武汉加油；山东省日照市金海岸小学的孩子们绘制精美的手抄报，表达对祖国的祝福。

教育工作者将抗疫精神和题材融入课程育人，引导学生树立社会主义核心价值观。

四、将武汉英勇抗疫精神融入课程育人，武汉市第四十九中学在行动

近年来，武汉市第四十九中学始终坚持以人为本，将立德树人贯彻到课堂教学全过程、全方位、全员之中，推动德育课程与课程德育协同前行、相得益彰，构筑育人大格局，相关教育教学成果得到人民日报、新华社、中国教育报、中国教师报、长江日报等媒体报道。

面对突如其来的新冠肺炎疫情，武汉市第四十九中学积极应对，主动迎接这场“大考”，将战疫的难忘瞬间转化为有价值的教育资源，将其非常自然地融入各类学科课程教学之中，成绩斐然。如，语文研讨课“在诗文中领略一座英雄的城市”，通过一组疫情纪录片让学生了解当前的武汉，感受武汉的城市英雄，连线本班医护子女分享其创作的《抗疫难》，让学生们零距离感受武汉的城市英雄；数学研讨课“离散型随机变量的均值”，引导学生从数学模型的角度了解武汉市“封城”这一决策的科学性和武汉人民所承担的巨大压力，从理性上认识武汉市无愧是一个英雄的城市；历史研讨课“从历史长河探寻武汉抗疫必胜因素”，充分整合时政热点和新课程资源，引导学生从制度演进思中国抗疫、从中医发展析中国抗疫、从英雄人物看中国抗疫、从人民作用观中国抗疫四个主题探究，对学生进行爱国主义教育。还有英语、化学、生物等学科也以阅读研讨、项目学习、知识竞赛等丰富形式，引导学生关注抗击疫情的鲜活素材，感受其中的文化内涵。以上课例得到中国教育在线、湖北省广播电视台、武汉教育微博等平台的宣传报道。

在学校开设的中外文学、艺术等校本课程实践中，通过语文组、英语组教师精心指导，高一(4)班学生以英文配音完成的微视频《十年后，我在武汉的春天等你》，呈现师生与时代同频共振、关注人类共同抗击疫情的国际视野，受人民日报融媒体等平台报道；音乐组师生聚焦疫情创作录制的MV作品《我们不孤单》，被新华社、学习强国等媒体报道；在美术组老师指导下，高二(9)班的学生，用15 000个“武汉加油”“中国加油”字样拼绘、致敬钟南山院士的《武汉加油》肖像素描爆红网络，迅速登上热搜榜第一名，被人民日报、央视新闻、光明网、环球网等多家主流媒体相继报道，仅央视新闻就有4.1亿人次阅读，讨论5.4万次，转发3万次，点赞56万次。还有不少学生自发集体创作的《愿我江城无恙》等歌曲登上楚天都市报、今日头条等媒体平台。类似的将抗疫精神与课程育人进行有机融合的成果还有很多，截止到2020年4月中旬，国家及地方主流媒体的相关报道就达90余篇。

2020年，教育部新修订的课程方案已明确把党团活动列入国家课程之一综合实践活动之中。战“疫”时期，党旗所指、团旗所向，2020年4月4日下午，武汉市第四十九中学与山东省

青岛第九中学等学校的共青团员、入团积极分子以及学生会社团联合会的百余名青年学子共聚“空中课堂”，共同开展“缅怀先烈，致敬英雄”线上主题团日活动，用实际行动致敬抗疫英雄，传承时代精神。5月2日下午，武汉市第四十九中学、青岛第九中学、青岛第二十四中学、青岛第三十七中学、青岛第四十七中学以及青岛外事服务职业学校联合开展“绽放战疫青春，坚定制度自信”线上主题团日活动。活动中六校学子齐唱国歌，重温入团誓词，观看五四爱国教育短片，讲述武汉英勇抗疫故事，学习习近平总书记给北京大学援鄂医疗队全体“90后”党员的回信精神。这些探索实践在讲好中国抗疫故事的同时，也为综合实践课程育人深入推进带来新的尝试。

第二章 普通高中语文课程育人探索

教育部《中小学德育工作指南》要求，高中语文要利用课程中语言文字、传统文化常识等丰富的思想道德教育因素，潜移默化地对学生进行世界观、人生观和价值观的引导。同时，发展思辨能力，提升思维品质，培育社会主义核心价值观，培养高尚的审美情趣，积累丰厚的文化底蕴，理解文化多样性，结合地方民族特色、传统文化以及历史名人等，因地制宜开发地方和学校德育课程，培养学生爱家乡、爱祖国的感情，树立维护祖国统一、加强民族团结的意识。《普通高中语文课程标准(2017 年版 2020 年修订)》指出语文课程是一门学习祖国语言文字运用的综合性、实践性课程。工具性与人文性的统一，是语文课程的基本特点。语文课程应引导学生在真实的语言运用情境中，通过自主的语言实践活动，积累言语经验，把握祖国语言文字的特点和运用规律，加深对祖国语言文字的理解与热爱，培养运用祖国语言文字的能力。

第一节 语文课程的育人价值

课程建设是新课程改革的重头戏，语文课程的三类教材始终围绕一个基本点：立德树人。语文课堂设计也必须充分挖掘各主题单元的育人价值。新冠肺炎疫情发生以来，在中央统一部署指挥下，全国各地全面行动起来，团结一心，众志成城，组织力量开展疫情防控，遏制疫情蔓延势头，坚决打赢疫情防控阻击战。语文教育是时代的风向标，值此危难之际，语文课程也为打赢疫情防控阻击战做出积极反应，在新冠肺炎疫情防控期间通过线上语文教学，进一步凸显语文课程的育人价值。

一、高中语文课程的地位和特点

语文课程是一门学习祖国语言文字运用的综合性、实践性课程，工具性和人文性的统一是其基本特点。中学语文学科的研究对象是学生学习语文知识(中国语言文学的研究成果)的过程，又是文学、教育学、心理学交叉研究的对象，其目的在于认识语文教学现象，揭示语文教学规律，指导语文教学实践，促进学生在知识、技能、品质等方面的综合发展。新冠肺炎疫情防控期间，语文课程的人文性特点得以凸显，线上语文教学通过语文教学素材，提振学生的家国情怀与爱国情感，进而关注国家危难、关心民生疾苦，积极为打赢疫情防控阻击战贡献力量。

1. 课程地位

中学语文是基础教育中的必修课程之一，语文是语言和文字、语言和文章、语言知识和文化知识的简约式统称，是人文社会科学的一门重要学科，是人们相互交流思想的汉字及汉语工具，语文能力是学习其他学科的基础。语文兼具工具性与人文性、实践性与综合性，在专业学科中具有不可替代的重要地位和作用。

语文课程在中学教育中占有重要地位。它是贯彻德、智、体、美、劳全面发展的方针，培养有理想、有道德、有文化、有纪律的一代新人的重要途径之一，对提高青少年的思想道德素质和科学文化素质，增强民族自信心和自豪感有着不可替代的积极作用。语文课程的四个重要作用：促进语言交际作用；提升思想道德素质；提升文化素养；增长知识，培养智能，完善人格。在疫情防控期间，语文学科在课程教学中通过提高学生的思想道德素质和科学文化素质，增强民族自信心与自豪感，使学生满怀爱国情感，坚信祖国必定能打赢这次疫情防控阻击战。

2. 课程特点

1）工具性

工具性是语文课程的基本性质。语文课程的工具性着眼于培养学生语文运用能力的实用功能和课程的实践性特点。语文是思维的工具，语文课程是通过言语来学习语言，通过课文等具有汉语典范性的文学作品来学习语言，语文老师指导学生进行听说读写训练，实际上在指导学生形成有条理的思维模式和清晰的语言逻辑；语文是交际的工具，语言文字是人与人交流必不可少的工具，现代信息技术传播速度的提高和范围的扩大，使语文的交际功能达到新高度；语文是学生学习其他学科的基础和工具，对于其他学科来讲，语文学科具有基础性和工具性，学生只有具备一定的语文知识基础，掌握了必备的语法知识，才有条件去学习其他学科。

2）人文性

语文课程的人文性着眼于对学生思想感情熏陶感染的文化功能和课程所具有的人文学科特点。语文课程的人文性，强调语文学习的过程，要求学生实现自我成长，激发创造力与生命力，培养知、情、意等方面的人文精神，使学生的人格、情感、意志、性格、思想品质等方面有所提升。新冠肺炎疫情防控期间，语文学科教学要把学生人文精神的全面培养作为课程目标的价值取向，以此来制定特定的语文课程目标和选择性利用语文课程资源，培养学生具备积极抗击疫情的知识能力、情感认知和意志品质等；新冠肺炎疫情防控期间，语文课程教学还要凸显教师的人文关怀，使学生受到为抗击疫情奉献爱心的“白衣天使”、志愿者等先进人物的典型事迹的真善美的熏陶，自身的独特体验受到保护和尊重；语文教师要在关注学生语文知识、能力发展的同时，更加关心学生的情感态度和价值观塑造，注重人文关怀和语文教育的感染熏陶作用，实现人文性和工具性的统一。

3）统一性

语文是最重要的交际工具，是人类文化的重要组成部分。工具性与人文性的统一，是语文课程的基本特点。在疫情防控期间的语文教学过程中，教师既要培养学生的阅读能力、认知水平，丰富学生的基础知识，还要让学生通过语言文字理解语文教材所包含的思想感情、价值观、人格品质等方面的人文内涵。

4）创造性

按照语文新课程改革要求，教学要进行探究性学习，在实践中学习、运用语文，培养学生的创新精神。语文学科教学需要激发学生的学习兴趣，启发学生的思维，带领学生去探讨、去研究、去创造。学生学习的过程就是探究的过程，也是创造性思考的过程。

5）时代性

语文和其他基础学科一样，与人们的思想意识紧密联系，紧跟时代步伐，与时俱进，不断丰富和创新课程体系。语文课程具有很强的时代性，属于先进文化的载体，因此，在新冠肺炎疫情防控期间，语文学科课程教学要与时俱进，结合疫情防控的最新指示精神和抗击疫情过程中体现的新事迹、新思想、新品格，及时更新课程知识体系。这个特定历史时期的宝贵精神财富，是引导人们奋勇前进的不竭动力。

二、高中语文课程的育人要素

1. 语文课程承载着中华文明

语言文字作为中华民族思想文化的载体，承续着历史的脉络，彰显着文明的递嬗。汉字经由象形文字等阶段凝练为抽象的符号化形态，呈现出深厚的历史底蕴与“中和”的审美特质，这其中蕴含的正是中华民族的思维方式与价值观念。作为记录汉语言的书写符号系统，汉字有着形音义结合的特征，不仅具有复杂的表意功能，更能由此察知古往今来广大人民群众的心声：无论是圣人先贤的微言大义，抑或文人墨客的遣兴抒怀，还是耕读传家的自在坦然，都能从中得以观览。汉字的绵延与发展不仅在传承者心中形成了深刻的文化认同，更由此让个体与家国有了文化的联结。汉语言文字系于中华文明之根脉，其科学性、艺术性、历史性、民族性和国际性，代表着中华民族的先进文化，是国家根基所在。

2. 语文课程积淀着中华文化

悠久的历史文化，璀璨的华夏文明，唐诗、宋词、元曲、明清小说都蕴藏在语文课本中，新冠肺炎疫情防控期间，语文学科教学通过弘扬中华优秀传统文化，结合抗击疫情过程中涌现的先进人物和感人事迹，对学生进行深刻的爱国主义教育。语文学科教学的重要任务之一，就是要将中华优秀传统文化的精华和价值展示出来，帮助学生了解祖国博大精深的文明瑰宝和优秀文化精髓，使学生认识到疫情防控期间伟大祖国的强大文化软实力，激发学生的爱国之情、报国之志，从而树立起自强不息的民族精神。

3. 语文课程涵盖着道德与价值标准

语文新课标在基本理念部分中指出：“应使学生获得基本的语文知识和能力，培养良好的品德和健全的人格。”我们应广泛搜集文学形象中的优秀典范和抗击疫情中的先进人物案例，通过鲜活的文学形象和典型的人物事迹，加以栩栩如生的阐述，发掘文学作品和先进人物的精神和品格，充分发挥其特有而深刻的教育功能，让学生在轻松学习语文知识的同时产生情感的共鸣，接受心灵的洗礼，感悟人格的震撼，不断对学生进行人格熏陶和激励。

4. 语文课程蕴含着家国情怀

家国情怀是中华优秀传统文化的基本内涵之一，是个体对共同体的一种认同，并促使个体发展的思想和理念。家国情怀的基本内涵包括家国同构、共同体意识和仁爱之情。语文课程中，无论是《礼记》里修身齐家治国平天下，还是《岳阳楼记》中“先天下之忧而忧，后天下之乐而乐”等大任担当，或是陆游“家祭无忘告乃翁”的忠诚执着，从来都不只是摄人心魄的文学书写，更抒发了人们内心的精神归属。《孟子》有言：“天下之本在国，国之本在家，家之本在身。”家国情怀在增强民族凝聚力、建设幸福家庭、提高公民意识等方面都有重要的时代价值。

三、高中语文课程的育人价值

1. 语文学科核心素养

学科核心素养是指学生在接受某一学科教育过程中，以学科知识技能为基础，整合了情感、态度或价值观在内的，逐步形成的适应个人终生发展和社会发展需要的正确的价值观、必备品格和关键能力。学科核心素养不是简单的知识或技能，而是既包括一般意义上的知识与能力，又包括情感、态度、价值观。可以说，学科核心素养，是学生学习该学科（或特定学习领域）之后所形成的、具有学科特点的关键成就。

语文学科核心素养包括语言构建与运用、思维发展与提升、审美鉴赏与创造、文化传承与理解等素养，是语文课程的总目标，是学生发展核心素养在语文课程学习中的具体体现。《普通高中语文课程标准（2017年版2020年修订）》对学科核心素养做了明确界定："学科核心素养是学科育人价值的集中体现，是学生通过学科学习而逐步形成的正确价值观、必备品格和关键能力。"语文学科核心素养蕴含了德育的育人价值功能。学生学习语文课程后应树立什么样的价值观，应具有什么样的必备品格和关键能力，这些问题是我们在认识和理解语文学科核心素养时必须加以明确的，也是语文课程德育育人价值的体现。

2. 语文课程培养的价值观念

价值观念是基于人一定的思维感官之上做出的认知、理解、判断或抉择，是人们认定事物、辨别是非的一种思维或取向，体现出人、事、物一定的价值或作用。在今天，在新冠肺炎疫情防控期间，我们应确立什么样的价值观念，这涉及高中语文教育培养什么人的问题，也涉及教师在课程教学中的价值取向问题。当下的高中语文学科教育，必须服务于新时代中国特色社会主义事业，我们要培养社会主义事业的合格建设者和接班人，必须认真培育和践行社会主义核心价值观以及疫情防控期间国家大力弘扬与倡导的意识形态。

富强、民主、文明、和谐，自由、平等、公正、法治，爱国、敬业、诚信、友善，是社会主义核心价值观的基本内容。学生在学习语文知识、鉴赏文学作品、进行文学创作的过程中，必须以自由平等、诚信友善、爱国敬业等社会主义核心价值观为正确的价值取向，明辨是非，扬善去恶。在评价一个国家的文学发展成就时，当以富强、民主、文明、和谐为价值目标；评价一定社会历史阶段的文学发展状况时，当以自由、平等、公正、法治为价值取向；鉴赏一部文学作品或评价一个文学人物时，当以爱国、敬业、诚信、友善为价值准则。

3. 语文课程培养的必备品格

新冠肺炎疫情防控期间，高中语文教育亟待培养的必备品格包含政治思想品质、道德人格和人文素养三方面。高中语文课程必须贯彻党和国家在疫情防控期间所倡导的社会主流意识形态，要求学生通过语文课程学习，在政治思想上认同伟大祖国，认同中华民族，认同中华优秀文化，认同中国共产党的领导，认同中国特色社会主义，培养这个特定时期的家国情怀等先进思想品质和健全的人格。高中语文是人文学科，培养学生的道德人格和人文素养是应有的教育目标。在道德人格上，必须让学生学会做人做事的道德准则，培养健全的人格。

综上所述，《普通高中语文课程标准（2017年版2020年修订）》关于学科核心素养目标的提出，对学科核心素养内涵的定义，即学科核心素养是学生通过学科学习而逐步形成的正确价值观、必备品格和关键能力，体现了党和国家对基础教育育人目标的新要求，是高中语文课程落实党的立德树人根本任务的具体体现，使语文学科核心素养高度契合德育的育人价值。

第二节　语文课程育人实施建议

相较于其他学科，语文学科的思想性往往是隐性和间接的，而非显性和直接的。其思想与主题往往寄寓在形象、情感、审美和文化之中。语文学科实施思政教育课程育人，主要通过阅读与鉴赏、表达与交流、梳理与探究等学习实践活动来进行，侧重于熏陶渐染、潜移默化地对学生进行世界观、人生观和价值观的引导。

高中语文课程包括必修、选择性必修和选修三类课程。课程以语文学科核心素养为纲，以学生的语文实践为主线，设计了若干个语文“学习任务群”。在教学中，教师应针对不同学习任务群的特点，统筹安排，有针对性、有重点地开展思政教育课程育人，体现不同任务群在思政教育课程育人上的独特性与差异性。

一、高中语文必修课程

高中语文必修课程共安排了 7 个学习任务群："整本书阅读与研讨""当代文化参与""跨媒介阅读与交流""语言积累、梳理与探究""文学阅读与写作""思辨性阅读与表达""实用性阅读与交流"。

（一）学习任务群 1：整本书阅读与研讨

1. 课标要求

本任务群旨在通过阅读整本书，拓展阅读视野，养成良好的阅读习惯，促进学生对中华优秀传统文化、革命文化、社会主义先进文化的深入学习和思考，形成正确的世界观、人生观和价值观。

本任务群的学习贯穿必修、选择性必修和选修三个阶段。

2. 育人目标

通读全书，整体把握书中的重要观点和作品的价值取向，从作品中汲取营养，丰富自己的精神世界，逐步形成正确的世界观、人生观和价值观。

3. 实施建议

(1) 注意所选作品的正确价值导向。

教师在指定阅读作品时，应注意作品语言的典范性、内涵的丰富性，要注重考量作品的思想水平和文化价值，选择反映中华优秀传统文化、革命文化和社会主义先进文化的作品。

(2) 组织学生做好阅读笔记，记下自己思考、探索、研究的心得，教师及时批阅与反馈。

(3) 组织小组讨论，就阅读过程中的难点问题进行交流，在讨论与争辩中碰撞思想的火花。

(4) 组织读书交流会，教师要善于发现、保护和支持学生阅读中的独到见解。

(5) 组织观看与该书有关的影视剧，结合影视剧中塑造的人物形象，组织学生进行主题讨论，深化对作品的理解。

（二）学习任务群 2：当代文化参与

1. 课标要求

本任务群旨在引导学生关注和参与当代文化生活，学习剖析、评价文化现象，积极参与中国特色社会主义先进文化的传播和交流，增强文化自信。

本任务群的学习贯穿必修、选择性必修和选修三个阶段。

2. 育人目标

引导学生关注当代文化生活，聚焦特定文化现象，学习和传播社会主义核心价值观、弘扬中华文化精神、反映中国人的审美追求。

3. 实施建议

(1) 聚焦新冠疫情,开展社会调查。要求学生结合本次新冠疫情,确定调查主题,编制调查提纲,访问调查对象,记录调查内容,完成调查报告。

(2) 关注"武汉战疫",学习英雄人物。搜集整理此次武汉抗击新冠肺炎疫情过程中涌现出来的英雄人物事迹,以校刊、班报、展板、小报等形式进行宣传学习,增强弘扬社会主义核心价值观的自觉性。

(3) 建立健全各类语文学习共同体(如文学社团、新闻社、读书会等),在阅读、表达中探析有关文化现象,拓宽视野,培养多方面的语文能力。

(4) 积极开展各级各类语文学习活动,如读书交流、习作分享、辩论演说、诗歌朗诵、戏剧表演等,通过社会调查、观看演出、参与文化公益活动等,丰富语文学习方式,积极参与当代文化生活。

(5) 利用家庭资源以及学校图书馆、校史馆、档案馆等,研究社会生活中的文化现象;利用图书馆、博物馆、纪念馆、文化馆、美术馆、音乐厅、影剧院、名人故居、革命遗址、名胜古迹,以及其他文化遗产等,通过实地考察,深化对某一文化现象的认识。

(三) 学习任务群3:跨媒介阅读与交流

1. 课标要求

本任务群旨在引导学生学习跨媒介的信息获取、呈现与表达,提高理解、辨析、评判媒介传播内容的水平,以正确的价值观审视信息的思想内涵,培养求真求实的态度。

本任务群的学习贯穿必修、选择性必修和选修三个阶段。

2. 育人目标

引导学生关注当代网络文学和网络文化,坚持正确的价值导向,辩证分析网络对语言、文学乃至文化的影响,形成独立的思考判断能力。

3. 实施建议

(1) 搜集不同媒介形式对此次抗击新冠肺炎疫情的报道,比较其呈现与表达方式的差异。

(2) 到报社、电视台、广播电台、网络平台等媒体参观访问,实地考察了解不同媒体的独特特点和操作流程。

(3) 通过在学校创办班报、班刊,同时利用好校报、校刊、班报、班刊、校广播电台、校电视台、校园网等平台,在实践中加深对跨媒介阅读与交流的了解。

(四) 学习任务群4:语言积累、梳理与探究

1. 课标要求

本任务群旨在培养学生丰富语言积累、梳理语言现象的习惯,在观察和探索语言文字现象、发现语言文字运用问题的过程中,感受祖国语言文字的独特魅力,增强热爱祖国语言文字的感情。

本任务群的学习贯穿必修、选择性必修和选修三个阶段。

2. 育人目标

在语文活动中,体会汉字、汉语与中华传统文化的关系及汉语的民族特性,增强热爱祖国

语言文字的感情。

3. 实施建议

（1）搜集整理抗击新冠肺炎疫情中涌现出的文学作品、主流媒体社论、英雄语录、习近平总书记金句等。

（2）准备语言积累本，积累文言字词、成语典故、美言佳句、格言警句、古典诗词、优美段落。

（3）尝试撰写语言札记，随时记录点滴素材。

（4）开展"咬文嚼字"征文，赏析语言文字的韵味。

（5）开展给报纸杂志挑错别字、病句和标点符号的不规范使用等专题活动，提高语言规范使用的意识。

（6）开展年度汉字的评选工作，将汉字运用与生活实际相结合。

（7）举行校园或班级"诗词大会"，感受祖国语言的音韵之美。

（五）学习任务群 5：文学阅读与写作

1. 课标要求

本任务群旨在引导学生阅读古今中外诗歌、散文、小说、剧本等不同体裁的优秀文学作品，使学生在感受形象、品味语言、体验感情的过程中提升文学鉴赏能力，并尝试文学写作，撰写文学评论，借以提高审美鉴赏能力和表达交流能力。课内阅读篇目中，中国古代优秀作品应占一半。

2. 育人目标

通过精读古今中外优秀的文学作品，获得审美体验，认识作品的美学价值，发现作者独特的艺术创作，提高审美鉴赏和创造的能力。

3. 实施建议

（1）组织开展一次关于"抗击新冠肺炎疫情"的创作征文。

（2）举办诗歌朗诵会，感受诗歌的音韵美和意境美。

（3）举办读书报告会，通过读书报告，加深对作品的理解与体验。

（4）组织开展课本剧、话剧表演，在文学实践活动中感受作品的独特魅力。

（5）通过举行校园诗歌大赛、小说大赛、剧本创作比赛、影评征文、撰写文学评论等活动，在实际写作中，提高文学审美鉴赏和创造的能力。

（六）学习任务群 6：思辨性阅读与表达

1. 课标要求

本任务群旨在引导学生学习思辨性阅读和表达，发展实证、推理、批判与发现的能力，增强思维的逻辑性和深刻性，认清事物的本质，辨别是非、善恶、美丑，提高理性思维水平。课内阅读篇目中，中国古代优秀作品不少于二分之一。

2. 育人目标

通过阅读古今中外论说名篇、近期重要时事评论，把握作者的观点、态度，通过分析质疑，进行多元解读，培养思辨能力。

3. 实施建议

（1）阅读古今中外典型的思辨性文本，学习并梳理论证方法。

(2) 举行关于抗击新冠肺炎疫情的专题辩论赛，能理性、有条理地表达自己的观点，有针对性、有风度、有礼貌地进行辩驳。

(3) 举行主题演讲比赛，在同题异构中开拓视野，拓展思维。

(4) 模拟开展论文答辩，在质询与应询中提升思辨能力。

(七) 学习任务群7：实用性阅读与交流

1. 课标要求

本任务群旨在引导学生学习当代社会生活中的实用性语文，丰富学生的生活经历和情感体验，增强适应社会、服务社会的能力。

2. 育人目标

帮助学生掌握当代社会常用的实用文本，丰富学生的生活经历和情感体验，增强适应社会、服务社会的能力。

3. 实施建议

(1) 举办模拟会谈、谈判等活动，撰写活动策划书、计划、制度，学做会议纪要。

(2) 举行模拟应聘面试活动，撰写求职简历、面试策划书、应聘预案等。

(3) 举行模拟竞选省、市卫健委主任等活动，撰写竞选稿，发表竞选演说。

(4) 学习撰写新闻、通讯、调查报告等。

(5) 模拟对武汉金银潭医院院长张定宇等抗疫英雄的现场访谈，撰写采访提纲。

(6) 开展主持人大赛，学习撰写开场白、串词等。

(7) 开展知识性读物专题读书活动，如复杂的说明文、科普读物、社会科学类通俗读物等，并进行读书交流与分享。

二、高中语文选择性必修课程

高中语文选择性必修课程设置了9个学习任务群："整本书阅读与研讨""当代文化参与""跨媒介阅读与交流""语言积累、梳理与探究""中华传统文化经典研习""中国革命传统作品研习""中国现当代作家作品研习""外国作家作品研习""科学与文化论著研习"。

其中，"整本书阅读与研讨""当代文化参与""跨媒介阅读与交流""语言积累、梳理与探究"等任务群在必修课程板块已经论及，此处不再赘述。

(一) 学习任务群8：中华传统文化经典研习

1. 课标要求

本任务群旨在引导学生通过阅读中华传统文化经典作品，培养民族审美趣味，增进对中华优秀传统文化的理解，提升对中华民族文化的认同感、自豪感，增强文化自信，更好地继承和弘扬中华优秀传统文化。

2. 育人目标

(1) 通过阅读中国文化史上不同时期、不同类型的一些代表性作品，体会其精神内涵、审美追求和文化价值，以客观、科学、礼敬的态度，认识作品对中国文化发展的贡献。

(2) 通过从一个或多个角度讨论传统文化经典作品，撰写评论，加深对中华传统文化的理解与认同。

3. 实施建议

(1) 开展国学经典诵读大赛。

(2) 组织主题单元学习，引导学生合理运用精读、略读的方式，由点到面地体会中华传统文化的丰富精神，初步认识所读作品在中国文化史上的贡献。

(3) 组织学生展开专题交流和讨论，就传统文化的历史价值、时代意义和局限等问题，用历史和现代的观念进行审视，表达自己的看法。

(4) 在阅读时，学做旁批、眉批，综合运用多种评点方法，记录自己的感受和见解。

(5) 撰写读书札记，加深对作品的理解，提出自己的独特见解，不断提高独立阅读能力。

（二）学习任务群9：中国革命传统作品研习

1. 课标要求

本任务群旨在阅读和研讨语言典范、时代精神突出的革命传统作品，深入体会革命志士以及广大群众为民族解放事业英勇奋斗、百折不挠的革命精神和革命人格；学习在中国特色社会主义建设过程中涌现的英雄事迹，感受其无私无畏的爱国精神；陶冶性情，坚定志向，形成正确的世界观、人生观和价值观。

2. 育人目标

(1) 深入体会革命志士以及广大群众为民族解放事业英勇奋斗、百折不挠的革命精神和革命人格。

(2) 感受和体会革命先辈崇高的革命情怀，培养博大的家国情怀和无私无畏的爱国主义精神。

3. 实施建议

(1) 诵读革命先辈的诗作名篇，体会其崇高的革命情怀。

(2) 精读反映革命传统的优秀文学作品，特别注意选择反映党领导人民进行革命、建设、改革伟大历程的作品，感受作品中革命志士和英雄人物的艺术形象，弄清作品的时代背景，把握作品的内涵，理解作者的创作意图，获得审美体验。结合自己的生活经验和阅读写作经历，发挥想象，加深对作品的理解，力求有自己的独到认识。

(3) 阅读阐发革命精神的优秀论文与杂文，分析其中论证的逻辑性和深刻性，体会革命理论著作将严密逻辑和崇高精神有机结合的特点，提高理性思维水平。

(4) 阅读关于革命传统的新闻、通讯、报告、演讲、访谈、述评等实用性文体的优秀作品，联系实际和亲身见闻，以正确的价值观，深入理解其内容，学习其写作手法。

(5) 针对学生思想实际，开展热门话题研讨活动。

(6) 邀请革命先辈、战斗英模、相关专家到校讲座。

(7) 进行革命传统实地考察、人物访谈等课外活动，获取真实资料。

(8) 撰写读书笔记，整理采访记录，撰写学习体会和感想，加深对革命活动背景和英雄人物思想境界的深刻理解。

(9) 观看革命影视剧，通过更直观形象的方式研习中国革命传统作品。

(10) 可与历史课、地理课结合，组织跨学科的学习活动，提高学生的思想水平。

（三）学习任务群10：中国现当代作家作品研习

1. 课标要求

本任务群研习中国现当代代表性作家作品，包括反映改革开放以来社会主义先进文化的作品，以正确的价值观鉴赏文学作品，把握中国现当代文学作品思想性、艺术性、观赏性有机统一的价值取向。

2. 育人目标

（1）精读代表性作家作品，把握其精神内涵与艺术价值，把握时代脉搏，培养具有时代性的价值取向。

（2）通过撰写读书笔记、读后感、文学评论，加深对作品精神文化内涵的理解，形成自己的见解，培养独立思考的意识。

3. 实施建议

（1）至少选读10位现当代代表性作家的诗歌、散文、小说、戏剧等方面的作品，大体了解现当代文学的发展概貌，把握其精神内涵与艺术价值。

（2）可让学生根据自己的兴趣，选择喜欢的文学体裁，练习创作短篇作品。

（3）养成撰写读书笔记的习惯，选择喜欢的作品，从不同角度撰写作品评论，发表自己的见解。

（4）朗诵不同流派或作家的诗歌、散文，体悟作品的情感特点和语言风格。

（5）阅读当代剧作家的剧本，把握戏剧冲突，并选择片段尝试表演。

（6）制作一份“现当代作家作品研读情况”调查问卷。

（7）组织观看由现当代作家作品改编的影视剧，并撰写评论或观后感。

（四）学习任务群11：外国作家作品研习

1. 课标要求

本任务群旨在引导学生研习外国文学名著名篇，了解若干国家和民族不同时期的社会文化面貌，感受人类精神世界的丰富，培养阅读外国经典作品的兴趣和开放的文化心态。

2. 育人目标

阅读外国文学经典作品，认识所读作品的地位和价值，并尝试探讨不同民族、不同国家文学之间的共同话题和文化差异，尊重文化多样性，提升文化鉴别力。

3. 实施建议

（1）引导学生广泛阅读不同时期、不同国家的优秀文学作品。整体把握作品的情感基调与思想内涵。

（2）调动学生关于世界历史、地理以及不同民族文化的知识，促进对外国文学作品中的社会生活及心灵世界的理解。

（3）开展某一外国作家的作品研讨活动，交流阅读和写作的体会与感悟。

（4）举行读书报告会，推荐一部外国作家作品，并说明理由。

（五）学习任务群12：科学与文化论著研习

1. 课标要求

本任务群研习自然科学和社会科学论文、著作，旨在开阔学生视野，培养他们求真务实的科学态度和勇于探索创新的精神。

2. 育人目标

培养学生求真务实的科学态度和创新精神。

3. 实施建议

(1) 选择阅读简明易懂的自然科学和社会科学类论文、著作(节选),尤其是关于抗击新冠肺炎疫情的小论文,培养科学态度和创新精神。

(2) 撰写内容提要和读书笔记,学习体验概括、归纳、推理、实证等科学思维方法,把握科学与文化论著观点明确、逻辑严密、语言准确精练等特点,培养求真精神。

三、高中语文选修课程

高中语文选修课程共设置了9个学习任务群:“整本书阅读与研讨”“当代文化参与”“跨媒介阅读与交流”“汉字汉语专题研讨”“中华传统文化专题研讨”“中国革命传统作品专题研讨”“中国现当代作家作品专题研讨”“跨文化专题研讨”“学术著作专题研讨”。前文已经论述过的学习任务群,此处不再赘述。

(一) 学习任务群13:汉字汉语专题研讨

1. 课标要求

本任务群是在必修课程和选择性必修课程“语言积累、梳理与探究”的基础上,就汉字或汉语的某一问题加以归纳、梳理,旨在加深学生对汉字、汉语的理性认识,加深对祖国语言文字的热爱。

2. 育人目标

加深对祖国语言文字的理解,传承中华文化,培养民族自信和文化自信。

3. 实施建议

(1) 学习《汉字源流》等文章,了解汉字诞生与流变的历史,加深对汉字背后所蕴含的历史文化的了解。

(2) 结合《笠翁对韵》等文学经典,了解汉语的韵律特点,体会汉语的音韵之美。

(3) 欣赏书法作品,如《兰亭集序》,在感受“书圣”王羲之“天下第一行书”飘逸之美的同时,体会作者对好景不长、盛筵难再、生死无常的感慨和豁达的人生态度。

(4) 开展书法比赛,在实践中体会汉字的线条结构之美。

(5) 针对生活中的语言现实问题,例如网络语言与汉语规范问题、方言与普通话关系问题、成语典故运用问题等,阅读相关论著,整理事实与数据,对社会上出现的语言热点问题展开讨论,用正确的观点与方法分析问题,得出结论,在实际语言运用中努力促进祖国语言文字健康发展。

(二) 学习任务群14:中华传统文化专题研讨

1. 课标要求

本任务群是在“中华传统文化经典研习”的基础上选择中华优秀传统文化的内容组成专题进行深入探讨,旨在加深对传统文化的认识和理解,增强传承、弘扬中华优秀传统文化的自信心、责任感。

2. 育人目标

通过研习中华传统文化经典，增进对中华文化核心思想理念和中华人文精神的认识和理解，增强传承、弘扬中华优秀传统文化的自信心、责任感。

3. 实施建议

(1) 选读体现传统文化思想精华的代表作品，参阅相关的研究论著，确定专题，进行研讨。

(2) 邀请专家来校做关于中华传统文化的报告、讲座。

(3) 组织观看《百家讲坛》等与中华传统文化有关的电视节目，撰写评论或观后感。

(4) 进入博物馆，参观考察传统文化的实物载体。

(5) 开展戏曲进校园活动，观看、学习本地戏曲唱腔、选段。

(6) 调查本地非物质文化遗产的保存状况。

(7) 请本地非遗传承人到学校做讲座，并尝试学习本地非物质文化遗产。

（三）学习任务群15：中国革命传统作品专题研讨

1. 课标要求

本任务群在“中国革命传统作品研习”的基础上，选择反映中国革命传统的代表性作品，设置相关研究专题进行深入学习，旨在进一步认识中国革命、建设和改革的历程，加深对中国革命传统的认识和理解，激发热爱中国共产党、热爱社会主义祖国的情感。

2. 育人目标

通过相关专题的深入学习研究，进一步认识中国革命、建设和改革的历程，加深对中国革命传统的认识和理解，激发热爱中国共产党、热爱社会主义祖国的情感。

3. 实施建议

(1) 精读一部老一辈无产阶级革命家的诗文专集，如毛泽东、董必武、陈毅等的作品，参阅他们的传记和相关研究文献，深入理解老一辈无产阶级革命家的革命精神和人格品质。

(2) 精读一部反映党领导人民进行革命、建设、改革等伟大历程的长篇文学作品，如柳青的《创业史》，参阅相关研究文献，理解作品的时代背景、思想内涵和艺术特点。

(3) 阅读《红岩》等红色经典，把握其中的革命英雄形象、理想信念等。

(4) 组织观看红色经典影视剧，尝试撰写影评。

(5) 组织学生参观爱国主义教育基地、革命博物馆，访问革命前辈、英雄模范人物等活动，深化学生对中国革命历程的切身体验，撰写观后感。

(6) 结合具体作品，选择一两个角度，撰写文学评论，组织专题研讨会，深入理解革命志士以及广大群众为民族解放事业英勇奋斗、百折不挠的革命精神和革命人格，学习在中国特色社会主义建设中涌现的英雄事迹，感受其无私无畏的爱国精神。

（四）学习任务群16：中国现当代作家作品专题研讨

1. 课标要求

本任务群在“中国现当代作家作品研习”的基础上，就我国现当代作家作品的若干专题深入研讨，进一步培养理性思维与探究能力，提高学生对现当代文学的理解和认识，提升鉴赏品位，把握时代精神和时代走向。

2. 育人目标

通过研读，引领学生更深入地把握时代精神和时代走向。

3. 实施建议

(1) 专题所涉及的作家不宜过多,角度可以多样。

(2) 反映社会主义先进文化的作品要占一定比例。

(五) 学习任务群 17：跨文化专题研讨

1. 课标要求

本任务群是在“外国作家作品研习”的基础上,深入研讨外国文学名著和文化经典的若干专题,旨在引导学生思考丰富多样的人类文化,汲取人类思想精华,培养开放的文化心态,发展批判性思维,增强文化理解力。

2. 育人目标

通过研读,引导学生思考丰富多样的人类文化,汲取人类思想精华,培养开放的文化心态,发展批判性思维,增强文化理解力。

3. 实施建议

(1) 研讨不同时期、不同国家与民族的文学、文化经典作品,增进对人类文明史上多样文化并进的事实及全球化背景下文化多样性的理解。

(2) 选读一本外国文学理论名著,了解世界文学批评中某一流派的基本主张和文学解读方法。

(3) 观看外国影视作品,间接了解异域文化。

(4) 开展对外文化交流,如组织学生利用社会实践参与跨文化的对外交流活动或利用假期组织对外游学,实地感受和体会不同国家、不同民族的文化。

(六) 学习任务群 18：学术著作专题研讨

1. 课标要求

本任务群旨在引导有学术追求的学生阅读学术著作,体验学者发现问题、探索问题、解决问题的路径,以及陈述学术见解的思维过程和表述方式,尝试写作小论文。

2. 育人目标

培养学生务实求真的科学精神和学术研究的钻研精神。

3. 实施建议

(1) 学术著作选读,应在“科学与文化论著研习”的基础上,结合“整本书阅读与研讨”进行,以学生自主研读为主。

(2) 学术著作专题研讨在研读著作的基础上进行,由参与这项学习的学生各自报告阅读心得,交流研讨,也可以围绕与所读学术著作相关或相近的话题组织研讨。学术著作专题研讨倡导平等对话、学术自由,坚持学术规范,表达观点有理有据,符合逻辑。

(3) 坚持学术规范,不作假,不抄袭,不强词夺理。尊重他人研究成果,引用资料应注明出处,文末应注明参考书目。

文学作品的思想主题很多时候都寄蕴在形象身上,这也决定了语文课程育人不是直接的,而是润物细无声的、浸润式的。通过对文学作品的研读、探讨,于潜移默化中让学生树立正确的世界观、人生观,是语文课程育人得天独厚的优势。

第三节　语文课程育人评价初探

2020年新修订的普通高中课程标准再次强调，语文课程具有基础性、工具性、人文性等特点。从语文成为一门独立的课程开始，就与育人结合在一起，古代的“文以载道”“文道统一”，如今的“立德树人”、社会主义核心价值观就是最好的证明。抗击新冠病毒疫情期间，全国各地中小学按照教育部“停课不停学”的要求，一方面组织开展空中课堂教学活动，另一方面以各种形式开展抗击疫情宣传活动，同时代共呼吸，与国家同命运，充分体现了教育的育人功能。由于应试教育的冲击，语文课程的化人功能一定程度上被弱化甚至剥离，出现了“为考而教”“为分而教”的功利主义教学倾向，极大地削弱了语文课程的育人功能。随着新课程、新高考的实施，特别是近期课程标准修订版的出台，国家、社会乃至教育界自身对世俗化的语文教育提出质疑与挑战，重新认识语文课程育人的意义，明确语文课程育人的基本原则，制定语文课程育人的评价指标，成为每一个语文教育工作者必须面对的课题。

一、高中语文课程育人评价的意义

如何评价一节语文课、评价一位语文教师？往往见仁见智。但是，我们还得有一把尺子：一个全社会共同秉持的语文教学价值观。时代在进步，社会在发展，教育技术手段、水平在提高，因而对语文教学的要求也在提高。曾经一度风靡全国的“高效课堂”，一下子成为教育主管领导们的口头禅、计量器，可事实上，在很多领导、专家眼里，“高效”被异化为“高分”，最终成为束缚、阻碍素质教育推进的绊脚石。

为什么要对课程育人做出评价？评价的意义是什么？对此，我们认为，评价一节语文课、一位语文教师，应该从是否有利于促进素质教育，是否有利于推动新高考、新课程改革，是否有利于培养学生的综合素养等方面考虑。

1. 有利于传承并弘扬中华优秀传统文化

教材是语文课程的重要载体之一，教材又是中国文化的载体。五千年的传统文明、文化都沉淀在诗词歌赋、散文戏曲小说之中。因此，任何一次教育改革，无不从教材改革入手。此次语文课程改革的最大亮点就是教材改革。它吸收了传统教材的许多优点，又推陈出新，打破文体限制，突破时代局限，以传承中华优秀传统文化为核心和灵魂，并以此建构教材单元。认识且理解这一点，有助于语文教师更好地确定教学目标，制定教学策略。

2. 有利于推进、深化新课程改革

新课程改革已经有十多年历史，为什么举步维艰？原因之一就是配套的教学评价，课程建设、教材改革不到位、不彻底。本轮教材改革就是要旗帜鲜明地强化语文课程育人功能。在教材类型上，减少了必修课程，增加了选择性必修课程，当然也包括地方性课程和校本课程。在教材内容上，明显扩充了育人方面的内容。这种育人渗透，正是深化新课程改革的需要。

3. 有利于贯彻国家立德树人教育思想、全面落实学科核心素养

评价语文课程育人实效性目的就在于让语文教师有课程育人意识：“为谁培养人？培养怎样的人？”立德树人是语文教学的核心，语文学科核心素养则是具体体现。王锋在《高中语文教学中如何实施立德树人》一文中谈道：“利用作文练笔，落实立德树人的任务。利用语文课外活

动，承担立德树人的任务。语文教师要坚持这一思想并贯彻落实到教育教学各个环节，以课堂教学为主渠道，充分利用作文课和语文课外活动实施育人，把学生培养成为有知识、有素质的人才。”他的这番表述十分恰当地阐明了语文课程育人评价的现实意义。不少青年教师在此次线上教学中进行了有益的成功的探索。

4. 有利于促进语文课程自身建设与发展

提出且推进语文课程育人评价必将有利于语文课程自身的建设与发展。建国七十年来，语文课程一路上磕磕碰碰，并不顺利，有过迷惘，有过彷徨，也有过迷失。语文姓什么？语文教什么？语文的学科构造是什么？语文的价值体系如何？这些问题并没有得到真正解决。此次，顺应新高考新课程改革之潮流，对中学语文的重新审视，无疑是一次大好契机。作为一门中学基础学科，语文有其自身发展的规律，重视并遵循这些规律，必将促进语文课程的建设与发展。

5. 有利于培养中国特色社会主义的建设者与接班人

在教育这一大范畴下，讨论一切问题都不能回避这样一个事实：育人，也就是培养人。《普通高中语文课程标准(2017 年版 2020 年修订)》中强调语文课程应培育学生热爱祖国语文的思想感情，指导学生正确地理解和运用祖国语文，丰富语言的积累，培养语感，发展思维，使他们具有适应实际需要的识字写字能力、阅读能力、写作能力、口语交际能力。语文课程还应重视提高学生的品德修养和审美情趣，使他们逐步形成良好的个性和健全的人格，促进德智体美的和谐发展。新课程标准明确规定了中学语文教学的根本任务，培养当代中国社会所必需的全面发展的建设者与接班人。

二、高中语文课程育人评价的原则

如何评价语文课程育人成果，需要坚持一些最基本的原则，否则会出现两个极端：要么强行介入，贴标签；要么脱离文本，无限上纲，把语文课异化为政治课。在教学实践中，经常会出现类似的现象。评价一节语文课是否坚持社会主义教育方针，是否体现了“立德树人”，就必须遵循育人评价的一些基本原则。

1. 注重文本阅读指导与人的发展相结合

《普通高中语文课程标准(2017 年版 2020 年修订)》指出，引导学生鉴赏文学作品时，不只是满足于对作品的理解与接受，而要有自己的评价，通过鉴赏活动形成正确的价值观，有追求高尚审美情趣和审美品位的意愿。所以，无论是阅读教学，还是写作教学，或是高三复习指导，都不应该只是“教书”，而是立足于“育人”，语文教育的本质就是人的教育。面对教学内容与教学对象，首先要明确教学的出发点与落脚点，否则就可能出现方向性问题。前些年，主体教育风行一时(主体教育并非不好)，有些年轻人一味强调主体，任由学生无边界拓展，以致学生一无所获。反之，照本宣科，机械训练，把本来灵动的语文课堂变成枯燥乏味的分数加工厂。这两种极端，要么夸大文本的作用，要么专注于人本的价值，都是不可取的。

2. 坚持阅读自我体验与小组合作交流相结合

奇文共欣赏，疑义相与析。课程标准提出，要教会学生乐于与他人分享自己的学习经验，主动吸收他人成功的经验。信息社会拉近了人与人之间的关系，人类命运共同体、经济共同体应运而生。同样，也带来了学校学习方式的革命，即学习共同体的形成。高中语文课程作为人文学科，更加适应这种方式。在合作学习中培养集体主义观念，形成理解、宽容的人格，学会与人沟通、交往，对于培养全面发展的综合性人才，起着关键性作用。然而，语文学习也是个体性、经验性的学习，不可能忽略个体对于学习内容的感知、理解、反思。因此，评价一节课是否具有良好"润物细无声"的效果，就必须看执教者能否遵循"合作与自主相结合"的原则。

3. 认识语文教学中"出书"比"入书"更重要

"学而不思则罔，思而不学则殆"作为古训在今天仍然有启发价值。学思结合体现在哪里？能在阅读和表达交流中探析有关文化现象，具有文化批判和反思的意识；能结合具体作品，从多角度、多层面分析、论述相关的文化现象和观念；能主动参与语言文化问题的讨论和相关的社会实践活动；能综合运用所学的知识，对生活中自己感兴趣的某些语言、文学、文化现象及社会热点问题进行专题探究，写相关调查报告或专题研究报告，组织专题讨论和报告会；尝试用历史眼光和现代观念，辩证地审视和评论古今中外语言文学作品的内容和思想倾向，对当代文化建设发表自己的见解。

以阅读教学为例，如果在教学过程中教师没有给予学生充分感知文本的时空，没有引导学生发现问题、提出问题，没有指导学生借助文本"反求诸己"，那么，学生就会拘泥于书本走不出来，成为书呆子。所以，要引导学生在学习中思考，在思考中学习，最终走出书本，成为知识的主人。作为课堂外的观察者、评价者，不能只是把眼光盯在教师身上，更要关注语文课堂上学生的参与度、兴奋度、思维度，这样的评价才更科学、客观、中肯。高中生的思考不能停留于事物的表象，不能驻足于浅层思维，发展学生的求异、求深思维，需要教师的科学引导。

4. 领会关注人生比关注语文本身更重要

关注语言与文化的关系，有探究文化问题的意识；有比较、分析古今中外各类作品所反映的文化现象、文化观念的意识，能根据语文课程学到的内容，对阅读和表达交流中涉及的有关文化现象展开讨论，有依据、有逻辑地阐明自己的观点。关心当代语言文化现象，积极参与多种实践活动，通过调查访问、辩论演讲、专题讨论等活动发展自己的文化理解与探究能力。大约十年前，甚至更早些，有专家提出"大语文教学观"。现在看来，依然没有过时。语文教学的根在哪儿？在历史文化，在现实生活。一旦离开了教学之本，语文教学就成为无本之木，成为空中楼阁，成为漫天诵经。

随着网络空间不断拓宽，学生获取知识的途径增加，传统的课堂学习模式必将受到严峻挑战。习惯了在狭窄时空中教学的教师们应该换一种眼光，吸纳全新的教学方式。育人渗透也不只是局限在课堂教学中，一本优秀的课外读物可能改变学生的某种价值观，一部贺岁片可能激发学生的爱国热情，一次旅游可能让学生受到大自然的启迪，一次同学聚会可能教会学生如何与人交往……评价一名语文教师是否是"人师"，不一定仅仅聚焦于学校、课堂，还要看他是否具备深厚的教育情怀与广阔的教育视野。

三、高中语文课程育人评价的指标

语文课程教学评价与语文课程育人评价是相互联系又各有侧重的两种评价体系，因此，在许多方面出现重合。不过，语文课程育人评价更关注知识与能力以外的东西，它包括个性心理、情感态度、价值观与世界观、审美体验、文化素养等。高中语文课程育人评价的指标具体有以下几种。

1. 文本体验与自我反思

知识具有普遍性与共识性，是人类某一方面生活经验、情感经验的结晶，选入教材的每一个文本亦是如此。譬如《荷塘月色》最初可能是朱自清个人的一段生活、情感经历，一旦作为作品流传，就成为人类共有的"知识"。不过，我们教学的目的不是单纯地复活它、复制它，而是借助这一"知识"唤醒每个生命个体的自我生命体验，引导学生"反求诸己"，进行自我反思，从而让"知识"转化、内化，形成个体对于自然、人生的独特认知、体验。所以，评价一节语文课，要看学生个体在整个学习过程中是否真正参与，是否有自我反思。

2. 语言建构与表达

语言是载体，是工具，看似与育人无关，事实并非如此。从某种角度看，语言也是"育人"的一部分。汉字是语言最基本的单位，你能说汉字中就没有价值判断、道德精神，没有文化基因吗？表面上看句式似乎只是表达技巧，是很"工具"的东西，实则不然，汉语独特句式中包含了汉民族独特的思维方式与文明修养，语言表达绝不仅仅是知识和能力，还是与精神修养、人生境界息息相关的东西。2019 年高考语文全国一卷的作文，要求考生写一篇演讲稿，是考查学生对时代的关注与理解，对劳动的认知与体验，对学习与生活关系的理解、态度等。

3. 语文思维培养与提升

思维品质反映了每个个体智力或思维水平的差异，主要包括深刻性、灵活性、独创性、批判性、敏捷性和系统性六个方面。语文课程是学生学习运用祖国语言文字的课程，重在培养学生听说读写等多项综合的实践能力。而要在实践中体会、把握运用语文的规律本身就是一个很艰难的过程，因为汉语的内部结构和所包含的信息都很复杂，语言的实践离不开思维的拓展。时下，语文教学或者传统语文教学最大的弊端就是忽视学生的批判性思维、辩证思维、逆向思维的培养，线性思维、固化思维严重影响语文教学实效。

4. 传统道德形成与固化

"文以载道"曾一度遭到质疑甚至批判，当然这只是历史发展中一小股逆流而已。之所以如此，源于对"道"内涵的不同解读。现在，国家层面强调"立德树人"，而道与德是紧密关联的。语文教学的目的之一就是促进学生养成中华传统道德观。作为语文课程育人评价，自然也要将其作为重要的评价指标。如果在小学、初中只是体验与认知道德，那么，进入高中就需要借助文本，促使学生建构完整的道德价值体系，使之成为他们生命的一部分。

5. 文学审美与创造

文学艺术是美的创造，引导学生欣赏古今中外的文学作品是高中语文教学的重要组成部分。培养审美情趣、审美能力，从而指导有兴趣、有特长的学生创作优秀的文学艺术作品，是语文教学的任务之一。它包括两个方面：审美和创造美，前者是重点。面对当前复杂多元的社会背景，课堂阅读指导固然重要，课外阅读也不可忽视(包括网络阅读、影视作品欣赏)。如何评价一节阅读鉴赏指导课，如何评价一个优秀的语文教师，必须看他以何种立场，运用什么眼光，鉴别、选择什么样的文学作品；看他给学生传递了怎样的审美价值观；看他是否对学生的健康发展负责。

6. 文化理解与传承

文化是一个民族的记忆，也是有别于其他民族的标签。语文教材的文本观，其中最突出的就是文化文本观。如果说，一首诗、一篇散文或者小说戏剧是文化的化石，教学的目的就是把这些化石激活，让它具有契合于这个时代的新鲜价值与意义。评价一节语文课，就需要文化这把尺子。理解并传承中国传统文化，是中学语文教学义不容辞的责任与义务，语文教师要让自己的课堂有一定的文化含量和文化品位，而不是只有冷冰冰的“知识与能力”，甚至是“僵死”的分数与名次。

7．人生境界与文化视野

语文作为人文学科，要旗帜鲜明地培养社会主义事业的建设者与接班人。不仅立足点要高，而且人生境界也要高，否则教育出来的要么是知识的奴隶，要么是精致的利己主义者。面对文本，我们必须思考：文本价值是什么？对于学生的成长有哪些促进作用？唯有如此，才能有效地吸收文本的文化内涵。同理，评价一节课，要看教师课堂上体现的文化高度，当然，也并不是主张生拉硬扯，把语文变成“文化篓子”。

语文的教学视野也不能忽视，邓小平同志的“三个面向”今天仍有现实意义。人教版教材中有一组文章“短文三篇”，选择的是《父母与孩子之间的爱》《人是一根能思想的苇草》《信条》。教学中，很多教师偏重于对文意的解读，而忽略了三则短文的内外联系，以及教材编写者的良苦用心——开拓中学生的国际视野。

高中语文课程育人评价量表如表 2-1 所示。

表 2-1　高中语文课程育人评价量表

评价项目	评价内容	分值	得　分
育人目标	唤醒学生的自我体验，促进学生自主发展。教学中要关注学生语文学习的提前量，观察学生学习的情绪状态，衡量学生自控时间量，考查教师是否给予学生反思、自省、自结的时空	10	
育人内容	借助文本，以语言建构为载体，培养学生对中国语言文字以及中国文学的热爱之情，培养学生阅读文学作品所必须具备的形象思维能力，提高学生运用祖国语言文字、鉴赏文学的能力，最终使学生理解和传承中国文化，形成正确的审美价值观、人生观	25	
育人过程	精心设计导语，充分利用各种教学手段与教学资源，创造性地设计学习活动，给予学生充分的话语权，挖掘作品的文化内涵以及教育价值，引导学生在鉴赏文本的基础上审视自己，关照人生，以促进自我发展	25	
育人方法	高效地指导学生诵读，在诵读中潜移默化地学习；借助教师的精讲提高学生对语文的浓厚兴趣，掌握鉴赏作品的方法，从而受到文化熏陶与文化滋养；组织语文课堂活动，拓展语文学习空间，培养学生学科核心素养；在每节课结束时预留五分钟，让学生自我反刍，自我消化	20	
育人效果	看“五度”，即学生的兴奋度（情绪状态）、参与度（自主学习时间）、思维度（创造性学习、发现）、生成度（是否实效、高效）、发展度（审美观、价值观、人生观）	20	
总分		100	

第四节　语文课程育人探索案例

案例一　折射时代　以文化人
——“疫情下的中国”素材积累课例

一、案例说明

1. 目标阐释

2014 年 10 月 15 日，习近平总书记在全国文艺工作座谈会上讲到：“每到重大历史关头，文化都能感国运之变化、立时代之潮头、发时代之先声，为亿万人民、为伟大祖国鼓与呼。”其实，自古以来，中国人就一直很重视文章承载的力量。无论是唐代韩愈的“文以明道”，还是宋代周敦颐的“文以载道”，都强调了文章重要的文化意义——“以文化人”。

延续至今，中国人的“文章情节”演变成对高考作文的关注。从命题来看，高考作文就是时代棱镜的窗口：恢复高考后 1977 年的作文题《我在这战斗的一年里》、1978 年的《速度问题是一个政治问题》是“文化大革命”结束后社会政治文化生活的反映；1979 年的高考作文是将《第二次考试》改写成一篇《陈伊玲的故事》，反映了如何对待个人、集体与国家关系的问题；1980 年高考“达·芬奇画蛋”的材料中说“要知道，一千个蛋当中从来没有两个是形状完全相同的；即使是同一个蛋，只要变换一下角度去看，形状也就不同了”，更是为当时多元化和个体化表达摇旗呐喊。

近五年高考全国卷作文题目同样集中反映出时代命题：2015 年的风采人物、2016 年的创业故事、2017 年的老外眼中的中国关键词、2018 年的改革开放三部曲、2019 年的热爱劳动。作文命题背后的社会话题，以其春风化雨的润物无声，滋养着走向成人的万千学子的精神世界。

2020 庚子年伊始，新冠肺炎疫情成为中国乃至世界的焦点。如何借助这场社会性的大事件，通过写作引导和完善学生的人格素养，举精神之旗、立精神支柱、建精神家园，是摆在语文教师面前的一个重要课题。

2. 实施路径

1）第一阶段

（1）教师：准备写作的题目——战疫情，假如我是________。

（2）学生：在校内利用信息技术课程、研究性学习时间，课余利用周末，一周内各自完成相关素材的积累与拓展。

2）第二阶段

（1）学生：以主题为导引，完成素材的二次整理。

（2）教师：提供相关主题的素材，并讲解作文要一料多用。

（3）学生：组建网络学习小组，对主题进行分类整合，添加个性化解读，为课堂即时学习造势。

（4）教师：研读学生的素材成稿，准备相关教学流程。

二、案例描述

1. 片段一：青山一道同云雨，明月何曾是两乡

(1) 教师：疫情当前，为什么火了一句唐诗？（见图 2-1）

图 2-1 京都府舞鹤市送给友好城市大连的物资

资料展示：只是一句唐诗，让不少人在铺天盖地的所谓“硬核”的口号中，看到了一种文明感，而这种文明感，又恰是疫情发展到当下，急需强调之事。

引入第一个主题——文心雅意，化成天下。

(2) 小组 A：“穿越”之巧合——相隔一个世纪的鞠躬，日本的长屋亲王与鉴真大师的四句偈语。

育人契合点：

命运与共召唤责任与共、担当与共。构建人类命运共同体，需要的是一方有难、八方支援的慷慨大义，需要的是超越肤色、种族、国别、社会制度、意识形态的大爱情怀。本环节引导学生深刻认识中华民族历来讲求“天下一家”，主张民胞物与、协和万邦、天下大同的意义所在，向往“大道之行，天下为公”的美好世界。

2. 片段二：国有战，召必回，战必胜

(1) 教师：最美逆行的平凡者。（见图 2-2）

引入第二个主题——事不避难，义不逃责。

(2) 小组 B：搜集小说《白雪乌鸦》、电影《战狼》、钟南山院士、中国女篮、火神山医院等素材。

育人契合点：

苏洵有言：“贤者不悲其身之死，而忧其国之衰。”本次“疫情下的中国”素材积累课，实现了学校教育和社会教育的有效衔接，牢固树立起学生“强国才能保家”“富国才能安家”的核心理念，进而让家国情怀迎“疫”升腾。

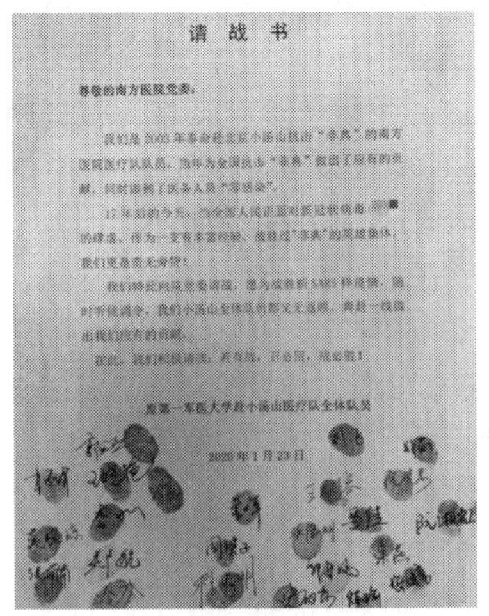

请战书

尊敬的南方医院党委：

2020年1月23日

图 2-2 南方医院医生的请战书

3. 片段三：读书是门槛最低的高贵

(1) 教师：昔有凿壁借光，今有蹭网上课。（见图 2-3）

资料展示：2020 年 2 月 6 日，一个平凡的男孩冲上微博热点，抢占了头条。

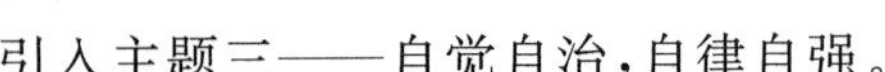

引入主题三——自觉自治，自律自强。

(2) 小组 C：联系普希金“波尔金诺之秋”、洛杉矶凌晨四点的太阳、方舱中的“清流”等素材。

育人契合点：

董卿说过：不读书，换来的是一生的卑微和底层。决定你成绩上限的不是天赋，而是自律。拥有自律，弯道超车，将上演逆袭好戏。古语有云：凡善怕者，必身有所正，言有所规，行有所

图 2-3　《新京报》微博号截图

止，偶有逾矩，亦不出大格。这就是读书教给我们的人生信条。通过学习本环节的榜样人物，教育学生要敬畏知识，因为只有知识才能改变未来；要敬畏未来，因为未来的模样就藏在今天的努力中。

三、案例反思

《普通高中语文课程标准(2017 年版 2020 年修订)》指出，语文教学应"发展思辨能力，提升思维品质，培育社会主义核心价值观，培养高尚的审美情趣。"本次课程借助语文写作这一广阔的平台，切实践行这一育人理念：首先，命题紧扣当下，把握时代脉搏；其次，主题广深兼备，拓宽学生思维；最后，情境具体生动，加强育人力度。课程设计始终体现着"让写作成为时代棱镜的窗口"的核心精神。

课程局限：囿于课堂时间的有限性，"疫情下的中国"更为广阔的主题没能在课堂上尽展；同时，教师的引导性较明显，束缚了学生畅所欲言、思维碰撞的可能；作为写作素材积累环节，半命题作文的内容填写，也缺乏明确的方法指导。

解决方案：完善反思固化课程教学成果的课后环节，具体方法如下：

(1) 开具相关书单，让学生深入了解疫情和人类发展史的关系。

①[美]卡尔·齐默著，刘旸译，《病毒星球》，广西师范大学出版社 2020 年版。

②[美]理查德·普雷斯顿著，姚向辉译，《血疫：埃博拉的故事》，上海译文出版社 2016 年版。

③[美]威廉·麦克尼尔著，余新忠等译，《瘟疫与人》，中信出版集团 2018 年版。

④[美]芭芭拉·纳特森-霍洛威茨等著，陈筱宛译，《共病时代》，三联书店 2017 年版。

⑤[美]内森·沃尔夫著，沈捷译，《病毒来袭》，浙江人民出版社 2014 年版。

(2) 录制微课视频《半命题作文拟题方法》。

(3) 完成一篇周记《我看"疫情下的中国"》。

(4) 主办网络班会"战'疫'之花别样红"。

案例二　疫情之下，我读懂了英雄的抉择
——借《项羽之死》探索高中史传类文言文教学的育人契合点

一、案例说明

1. 目标阐释

史传类文言文主要是指史书中记叙的有关历史事件与历史人物的文言文作品。高中语文教材所选的史传类文言文都是古典名篇佳作，展示了古汉语的风韵，彰显了人物的人格魅力，闪耀着思想的光辉。《项羽之死》记叙的是项羽一生中的最后阶段，由垓下被围到乌江自刎，是《项羽本纪》中最具悲剧性的一幕。人物身上的多愁善感、知耻重义、侠者风范、勇猛刚强等特点使得人物形象熠熠生辉，乌江自刎的生死选择更是折射出活出尊严的精神内核，体现了为人的信仰与原则。借此引导学生联系当下防疫抗疫英雄的抉择，以期更深刻地理解作品、思考人生，从而提高个人道德修养、传承优秀民族文化。

2. 实施路径

在教授《项羽之死》时，既讲解文言词汇和句子翻译等基础知识，同时注重文章的思想道德的有效渗透。本节课通过分角色朗读、配乐朗读，调动学生情感；通过播放视频，创设情境；通过自主赏析，解读人物形象；通过质疑思辨，理解人物精神。本节课的重难点放在探究人物生死选择所折射出的精神上，联系当下防疫抗疫中的人物事迹，感受古今英雄的抉择震慑人心的力量。

二、案例描述

1. 片段一：品文本，知形象

(1) 检查预习成果，疏通字词。

(2) 学生分角色朗读课文。

(3) 教师：伴随刚才的朗读大家跟随项羽一起经历了作歌悲泣、快战敌军、拒渡自刎的生命历程；一路行来，可谓步步惊心，回顾这篇文章，谈谈哪个情节触动了你？

(4) 学生自主赏析、发言，教师点译。

(5) 小结：通过品读，我们渐渐明白了司马迁塑造了一个至刚至柔、侠肝义胆，具有儿女情、丈夫心、英雄气的项羽形象。

育人契合点：

项羽在作歌悲泣时的多愁善感，在东城快战中体现出的勇猛刚强，在拒渡乌江时表现出的知耻重义，在宝马送亭长、头颅赠故人彰显出的侠者气概都具有巨大的人格魅力，尤其是他身上不可征服、不甘挫折的意志力量和强烈的英雄意识，使得人物十分有感染力。学生在一步步走进人物的过程中，受到影响与感化。

2. 片段二：悟精神，明情怀

(1) 学生观看视频《项羽之死》片段，更直观地感受情境。

(2) 讨论：

教师：项羽被围垓下，本可以选择从容死去，但他选择了奋力突围；乌江边上，本可以选择

东渡求生，但他却选择了死，你如何看待项羽的生死抉择？

学生：思考，各自发表自己的见解（或认为可敬、或认为可惜、或认为可叹）。

（3）拓展延伸：引入材料探讨司马迁为什么对项羽之死浓墨重彩。

材料一：黄帝崩，葬桥山。

——《史记·五帝本纪第一》

材料二：孔子病，子贡请见。孔子方负杖逍遥于门，曰："赐，汝来何其晚也？"孔子因叹，歌曰："太山坏乎！梁柱摧乎！哲人萎乎！"因以涕下。谓子贡曰："天下无道久矣，莫能宗予。夏人殡于东阶，周人于西阶，殷人两柱间。昨暮予梦坐奠两柱之间，予始殷人也。"后七日卒。

——《史记·孔子世家》

材料三："仆以口语遇遭此祸，重为乡党戮笑，以污辱先人，亦何面目复上父母之丘墓乎？虽累百世，垢弥甚耳！是以肠一日而九回，居则忽忽若有所亡，出则不知其所往。每念斯耻，汗未尝不发背沾衣也！"

"假令仆伏法受诛，若九牛亡一毛，与蝼蚁何以异？而世又不与能死节者比，特以为智穷罪极，不能自免，卒就死耳。何也？素所自树立使然也。人固有一死，或重于泰山，或轻于鸿毛，用之所趋异也。"

——司马迁《报任安书》

司马迁的《史记》里，写过很多人的死，"黄帝崩""孔子卒"都是一笔带过，引导学生思考：为什么在项羽之死上他要浓墨重彩。学生可以结合材料三知道司马迁遭受宫刑、备受耻辱，但他选择活下去，这是对自我生命的尊重，是对自我价值的挖掘。司马迁对项羽有英雄相惜的感慨，项羽身上投射了作者的生死观——生要生得其所，死也要死得其所。

（4）小结：在常人认为可以死的时候，项羽没有选择懦弱放弃，这是英雄的不屈；在常人认为可以活的时候，项羽没有选择苟活，这是英雄的自尊；项羽的死不是结束，而是自尊不屈的永生，司马迁的生不是苟活，而是自我价值的创造。

育人契合点：

"英雄一去豪华尽，唯有青山似洛中。"学生在发表对项羽的生死选择的看法时，或钦佩不已、或扼腕叹息、或同情、或批评等。在争论思辨中感受项羽之死的悲剧之美，从项羽与司马迁的生死抉择中让学生认识到每一个个体生命都要顽强不屈，通过探讨，理解人类生命的意义，实现学生对生命价值认识的超越。

3. 片段三：联系现实，反思人生

（1）教师：人，需要信仰，需要为人的原则，项羽的选择如此，司马迁的选择如此，古今多少人物的选择尽是如此，说一说疫情面前哪些人的选择令你动容？

（2）学生发言。

（3）展示抗疫相关图片。（见图 2-4）

（4）小结：疫情之下，面对抉择时，有人正是不计得失、不论生死，为着自己的信仰选择了义无反顾，这些人身上那震慑人心的气概是一样的，他们是我们这个时代的英雄。

育人契合点：

司马迁说："古者富贵而名摩灭，不可胜记，唯倜傥非常之人称焉。"现在的我们，很多时候太注重现实的得失，反而容易忘记自己为何出发，要去往何处。结合项羽的生死抉择，以及抗

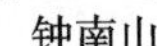

钟南山　　外省援鄂医疗队　　解放军援鄂医疗队

图 2-4　抗疫新闻图片

疫中钟南山院士、主动请战的医护人员、驰援武汉的解放军和普通志愿者他们义无反顾的选择，引导学生认识到人生不只有是非成败，还有原则，还有信仰。

三、专家点评

湖北省特级教师喻宜发老师认为，该课采用主体间性智慧网络课堂模式，学生互动精彩，老师点拨画龙点睛，课堂充满活力，注重学生自主探究能力和合作探究能力的协调发展；课堂情感饱满，英雄主义感人至深，结合抗疫进行学科思政，增强了学生的人文情怀，加深了学生对生命价值的认识。

案例三　同舟共济　以诗抗疫
——谈诗育人途径方法探索

一、案例说明

1. 目标阐释

诗歌是对人生智慧的思考、对情感经典的传递、对强烈个性的张扬，在这个全民抗疫的春天里，成为不少人表达情感的载体。有来自“山川异域，风月同天”的古诗温暖，也有“借问瘟君欲何往，纸船明烛照天烧”的必胜决心……

孔子也认为诗和道德修养有不可分割的联系，他把诗看成伦理道德修养的教科书。所以进行诗歌教育，培养学生的诗歌鉴赏能力与写作能力，有助于提高学生的人文素养和审美情趣，有利于学生世界观、人生观、价值观的形成，是语文课程育人教育走入学生心灵的又一条途径。

2. 实施路径

(1) 要详解略读结合，重点诗篇详解精读，同时配合略读以扩大阅读面。

(2) 要学会声情并茂地朗读诗歌，从观看朗读视频，到自主揣摩朗读，提升感悟能力。

(3) 要模仿创作衔接，先立足于仿，从形仿到神仿，再自然过渡到“创”。

(4) 要读诗写诗一体，在读了一定量的诗后，适时提出“写”的要求，读诗多了，给写诗准备了条件，会写后，能进一步提高“读”的速度和质量。

二、案例描述

1. 片段一：领袖胸怀

鉴赏毛泽东《七律二首・送瘟神》。

其　一

绿水青山枉自多，华佗无奈小虫何。
千村薜荔人遗矢，万户萧疏鬼唱歌。
坐地日行八万里，巡天遥看一千河。
牛郎欲问瘟神事，一样悲欢逐逝波。

其　二

春风杨柳万千条，六亿神州尽舜尧。
红雨随心翻作浪，青山着意化为桥。
天连五岭银锄落，地动三河铁臂摇。
借问瘟君欲何往，纸船明烛照天烧。

这是以民生问题、医疗事业为主题写作的作品。毛泽东心系百姓，情注民生，彰显了为人民抒写、为人民抒情、为人民抒怀的领袖情怀。

《送瘟神》的第一首，写旧中国瘟神猖獗、人民遭殃的悲惨景象，表达了对劳动人民命运的深切关怀和对旧社会的强烈愤恨。

《送瘟神》的第二首，描写新中国劳动人民在社会主义制度下，精神振奋，斗志昂扬，战胜瘟神，征服自然，使祖国出现欣欣向荣的景象。作品情绪热烈、语调高亢，与第一首感情抑郁、语气哽咽形成了鲜明对比。

育人契合点：

在《送瘟神》诗的后记中，毛泽东写道："就血吸虫所毁灭我们的生命而言，远强于过去打过我们的一个或者几个帝国主义。八国联军、抗日战争，就毁人一点来说，都不及血吸虫。……主要是党抓起来了，群众大规模发动起来了。党组织、科学家、人民群众，三者结合起来，瘟神就只好走路了。"从这段后记中我们可以看出，"灭疫"是场大仗，要把群众大规模发动起来，党组织、科学家、人民群众，三者要结合起来。

通过鉴赏学习，学生既能感受到人民领袖的忧民之心、爱民之情、为民之举，也了解到在抗击疫情的战役中，人人都是英雄。通过这种育人渗透，进一步树立和塑造学生正确的世界观、人生观、价值观，培养学生坚忍不拔、从容不迫的奋斗精神和赤诚仁爱、胸怀天下的家国情怀。在灾难和不幸面前，让他们学会与祖国一起成长，让灾难见证坚定成长的足迹，将不幸转化为通向幸福的桥梁！

2. 片段二：教师担当

鉴赏我校教师"抗疫"诗作。

网上开学典礼感言

武汉市第四十九中学校长　吕向东

向阳花开待春来，东轩雨滴仍岁寒。
与君成城战疫情，您我加油克险难。
同城虽已不相往，舟车送来八方暖。
共在线上探新知，济胜相约学校还。

破阵子·江城战疫情

武汉市第四十九中学语文教师　王海玉

庚子何来疫气？江南江北营营。三镇里狼烟四逼，忽啦啦喧警笛声，雷火天降兵。

同济协和告急，方舱迭出频惊。众志成城纾国难，何计生前身后名。春风百草生。

第一首是藏头诗，将每句诗开头的第一个字连在一起，就是“向东与您同舟共济”。第一联点出季节和天气，暗示时局危艰，但充满希望。第二联应承危局，突出患难与共之情，齐心协力之志，克难攻坚之勇。第三联以武汉封城之冷清，与八方支援之温暖对比，既表现了武汉人民的顾全大局，也表现了全国人民的凝心聚力。尾联回扣题目，点明新的开学方式和教学方式，需要师生共同探索，取得特殊情境下的共同胜利。

第二首词上阕连用叠词，让人感受到了新冠病毒的可怕，它突如其来地拉开了战争的帷幕，猝不及防地席卷全城。但这恶魔，却被“雷”“火”阻隔。末句简短有力，气势逼人，给人信心。下阕写病毒袭来的同时，白衣天使、人民警察、人民军队、社区工作者、志愿者、快递员以及每一个守望相助的人，都不惧生死，不计得失，奉献出了自己的力量。每一股力量汇聚起来，凝聚成风，便吹出一派生机的春天。

育人契合点：

学校的校长、身边的老师都拿起了笔，展现了自己的责任与担当。知识和本领是力量，良知和人格才是方向，学生需要和所处的时代同频共振。新冠疫情给国人、也给孩子上了一节关于责任担当的课，关于敬畏自然的课，关于人格底线的课，关于应对危机的课，关于独立思考的课。这个世界不缺有钱人，不缺有文化的人，缺的是那些真心、正义、勇敢和善良的人。

3. 片段三：书生意气

点评学生创作“抗疫”诗。

寄武汉疫情之夜

高一(6)班　刘禹峥

放眼西风奔东去，雾埃茫茫漫青河。
可怜梦回除夕夜，人人对愁事无多。
祭鸟无音寒风立，鸡鸣犬吠遥夜远。
但使江城好风景，来年春色满枝柯。

祈　望

高二(3)班　谭丽君

和风摧枯叶，暮色染苍天。
病疫行中国，愁烦上眉尖。
何时人尽出，但愿景皆鲜。
日暖开笑颜，同歌太平年。

面对突发的新冠肺炎疫情，面对这场疫情阻击战，面对医生护士冒死逆行奔赴疫区，面对解放军大年三十从四面八方紧急结集武汉，面对全国上下众志成城的一线抗击者及人民大众助力武汉支援武汉的斗争精神，人们的情感受到了强烈的刺激，心灵被激活，激情找到了释放基点，灵魂得到了绽放。一曲战歌，吹响在武汉的上空，更萦绕在第四十九中学每一位学生的心头，他们纷纷以笔为戈，以纸为戎，书生意气，挥斥方遒。

育人契合点：

在这个特殊时期，我们进行深刻的育人教育，目的是让学生珍爱生命，敬畏自然，崇尚道德，敬畏规则，学会爱与感恩。让学生在灾难面前看到人性的光辉，看到责任与担当，从而激发他们学习的内驱力，将所思所想用诗的形式表达出来，就是一种成长！

三、案例反思

在诗歌教学中，将诗歌知识的传授与思想品质、道德情操的教育和熏陶有机结合起来，是推进语文学科课程育人的有效之路。鉴于此，教师要根据古诗词以形感人、以情动人的特点，充分发挥诗歌在对学生进行意志品质的砥砺、道德情操的陶冶等方面得天独厚的优势，把道德教育适时适度地渗透到诗歌教学中，以收到春风化雨、润物无声的效果，使学生在掌握诗词知识的同时，受到良好的思想道德的熏陶，从而为培养德才兼备的人才奠定思想道德基础。

具体如何让“诗教”与育人融为一体，使“诗教”成为进一步加强学校思政工作，探索增强学校育人实效性的新途径，我校语文组有以下几点反思：

(1) 注重用典雅的诗意文化潜移默化影响学生心灵，春诗秋情，诗意成长；

(2) 注重想象力的自由驰骋，让学生对现实永远保持一种新鲜活泼的情感体验，学会用诗意的眼光审视周围的世界，优化道德品质，升华道德境界；

(3) 注重抓住生活中真实的情境，提高学生感受社会脉搏的能力；

(4) 注重学生学习过程中的情感体验，关注学生个人的终身发展，不能脱离生活、脱离现实、脱离社会，强调实践性、社会性。

第三章 普通高中数学课程育人探索

教育部《中小学德育工作指南》指出，数学课程要加强对学生科学精神、科学方法、科学态度、科学探究能力和逻辑思维能力的培养，促进学生树立勇于创新、求真求实的思想品质。《普通高中数学课程标准（2017 年版 2020 年修订）》要求，高中数学课程要注意引导、启发及培育学生的育人品质、丰富学生的精神生活、提升学生高尚的道德情操，尤其是要将学科育人目标潜移默化地融入现实教学实践之中。

第一节　数学课程的育人价值

高中数学课堂中的运算、分析、推理等教学活动似乎与育人“弱相关”，但这仅仅只是表面现象，数学教育中的育人是深层次的。《普通高中数学课程标准（2017 年版 2020 年修订）》提出，数学教育帮助学生掌握现代生活和进一步学习所必需的数学知识、技能、思想和方法；提升学生的数学素养，引导学生会用数学眼光观察世界，会用数学思维思考世界，会用数学语言表达世界；促进学生思维能力、实践能力和创新意识的发展，探寻事物变化规律，增强社会责任感；在学生形成正确人生观、价值观、世界观等方面发挥独特作用。

一、高中数学课程的地位和特点

数学课程对培育学生的正确价值观、必备品格、关键能力的贡献就是发展学生的数学学科核心素养，数学教育承载着落实立德树人根本任务、发展素质教育的功能。

1. 课程地位

数学是研究数量关系和空间形式的一门科学。数学源于对现实世界的抽象，基于抽象结构，通过符号运算、形式推理、模型构建等，理解和表达现实世界中事物的本质、关系和规律。数学与人类生活和社会发展紧密关联，数学不仅是运算和推理的工具，还是表达和交流的语言。数学承载着思想和文化，是人类文明的重要组成部分。数学是自然科学的重要基础，并且在社会科学中发挥着越来越大的作用，数学的应用已渗透到现代社会及人们日常生活的各个方面。随着现代科学技术特别是计算机科学、人工智能的迅猛发展，人们获取数据和处理数据的能力都得到很大的提升，伴随着大数据时代的到来，人们常常需要对网络、文本、声音、图像等反映的信息进行数字化处理，这使数学的研究领域与应用领域得到极大拓展。数学直接为社会创造价值，推动社会生产力的发展。

数学在形成人的理性思维、科学精神和促进个人智力发展的过程中发挥着不可替代的作用。数学素养是现代社会每一个人都应该具备的基本素养。

2. 课程特点

1）高度抽象性

数学的抽象，在对象上、程度上都不同于其他学科的抽象，数学是借助于抽象建立起来并借助于抽象发展的。数学的抽象撇开了对象的具体内容，而仅仅保留数量关系和空间形式。如代数中的“集合”“函数”等概念，立体几何中的“点”“线”“面”等概念，解析几何中通过方程来展现曲线的性质都淋漓尽致地体现了数学的抽象性。

2）严密逻辑性

数学具有严密的逻辑性，任何数学结论都必须经过逻辑推理的严格证明才能被承认。任何一门科学，都要应用逻辑工具，都有它严谨的一面。但数学对逻辑的要求不同于其他科学，因为数学的研究对象是具有高度抽象性的数量关系和空间形式，是一种形式化的思想材料。如立体几何中公理化体系，两条直线位置关系的确定，不等式的证明，函数的单调性、奇偶性、周期性等，数学运算、数学推理、数学证明、数学理论的正确性等，不能像自然科学那样借助可重复的实验来检验，而只能借助严密的逻辑方法来实现。

3）广泛应用性

数学作为一种工具或手段，几乎在任何一门科学技术及一切社会领域中都被运用。各门科学的“数学化”，是现代科学发展的一大趋势。我国著名数学家华罗庚教授曾指出：“宇宙之大，粒子之微，火箭之速，化工之巧，地球之变，生物之谜，日用之繁，无处不用数学”。

高中数学教学以发展学生数学学科核心素养为导向，创设合适的教学情境，启发学生思考，引导学生把握数学内容的本质。提倡独立思考、自主学习、合作交流等多种学习方式，激发学生学习数学的兴趣，养成良好的学习习惯，促进学生实践能力和创新意识的发展；注重信息技术与数学课程的深度融合，提高教学的实效性；不断引导学生感悟数学的科学价值、应用价值、文化价值和审美价值。

二、高中数学课程的育人要素

1. 理性思维和科学精神

数学的理性思维代表着一种追求真理的态度，数学的科学精神具有逻辑严密和思想深邃的科学特征，是一切科学研究的核心精神。理性思维和科学精神是数学抽象、逻辑推理、数学建模、直观想象、数学运算、数据分析六个数学学科核心素养的灵魂。教师要转变教育价值观，数学教学的真正目的并非单纯掌握数学的基本知识技能，而是将数学基本思想方法、思维能力、核心素养、理性精神等内化成理性思维；使学生树立敢于质疑、善于思考、严谨求实的科学精神，自主自觉地用数学眼光与思维意识去认识世界和改造世界。正如日本著名学者米山国藏说：“在学校所学到的数学知识，毕业之后若没什么机会去用，在一两年后，便很快就忘掉了。然而，不管他们从事什么工作，深深铭刻在心中的数学的精神、数学的思维方法、研究方法、推理方法和看问题的着眼点等东西，却随时随地发生作用，使他们终身受益无穷。”

2. 应用价值和人文精神

数学源于现实生活，并服务于现实生活，比如概率模型中的博彩抓阄，博弈论模型中的游戏闯关，统计模型中的问卷调查，排列组合模型中的密码设置等。数学涉及自然科学、社会科学和人文科学等诸多领域，包括社会人口环境、经济投资、日常生活、信息科技发展等都与数学密切相关。随着时代发展的步伐，数学的应用会更加广泛，因此，教学内容及方式要适时地开阔学生的数学视野，让学生从现实生活应用中感受数学的人文价值。挖掘数学潜在的人文价值有助于塑造与陶冶学生的道德情操、理解与欣赏数学、完善与提升学生人格品质。从中国的开方术、勾股术、圆周率、祖暅原理、杨辉三角、同余式求解、高次方程求解到西方的欧式几何、解析几何、射影几何、欧拉公式、三角数理、微积分、大数定理，跨越时空让学生感受中西方数学发展的差异性与广阔性。

拓展数学人文价值的内涵需要平日多观察社会生活，培养数学应用意识，提升学生的思维水平和学习意志力，让科学殿堂里的数学回归现实生活。任何真理都是相对的，数学科学的发展历程亦是如此。譬如欧氏几何的第五公设问题、判别式判断二次方程的实数根问题、史上三次数学危机等都说明了真理是相对的，所以要辩证地看待数学科学的发展历程。让学生感受数学的论证与思辨形式，追求高度抽象与严密逻辑，探索数学结构与逻辑体系的数学格局。人的非智力因素也影响着数学学习情形，如个人兴趣、意志、情感、性格、动机、信念等因素都会对数学学习产生重要的影响，尤其是以人文价值为内涵的数学精神。数学精神影响人的数学能力及数学思维的形成，它更关乎人们是否能够应用数学知识技能所内化出的数学格局、数学意识、数学世界观去优化自身的潜能，开拓未来，并创造属于自己的一片时空。正因如此，数学课程教师需要潜心挖掘数学的应用价值和人文价值内涵，去熏陶感染以及激励鼓舞学生，营造一种学生热爱数学、学好数学、会用数学的人文气息。

3. 辩证唯物主义观念

恩格斯曾言："数学知识是辩证法的一个辅助工具与表现形式，哪怕是初等数学也充满着矛盾。"数学的创造发展源于社会课程与实践，并且是社会实践的先导。它既反映客观世界的空间形式与数量变化规律，又体现着人类理性思维的主观能动性。它的发展历程是一个曲折前进的过程，期间经历了三次重大危机，这些都体现了数学的哲学特征。教师教学中要用辩证的数学观熏陶引导学生，这样既能拓宽学生的知识面与视野，又有助于学生塑造正确的人生观与价值观。

三、高中数学课程的育人价值

1. 数学学科核心素养

学科核心素养是育人价值的集中体现，是学生通过学科学习而逐步形成的正确价值观念、必备品格和关键能力。数学在形成人的理性思维、科学精神和促进个人智力发展的过程中发挥着不可替代的作用。数学素养是现代社会每一个人应该具备的基本素养。数学学科核心素养是数学课程目标的集中体现，是具有数学基本特征的思维品质、关键能力以及情感、态度与价值观的综合体现，是在数学学习和应用的过程中逐步形成和发展的。理性思维和科学精神是数学抽象、逻辑推理、数学建模、直观想象、数学运算、数据分析六个数学学科核心素养的灵魂，所以发展学生的数学学科核心素养就是立德树人的具体化。

2. 数学课程培育的价值观念

数学与人类生活和社会发展紧密关联，对于人类社会的发展有着重要的作用，数学教学对于学生发展有着独特价值。学生通过对数学特有的逻辑系统的学习和思考，在与现实生活沟通的过程中，在感受和践行前人的数学智慧的过程中，把数学智慧转化为自身的生命成长和发展的力量。在数学学习的过程中，学生通过数学知识的学习，了解发现的视角和形成猜想的意识；通过数学问题的解决与形成知识的过程，产生丰富的体验和形成有意义的认识；通过数学独特的符号语言表达的实践，学会抽象的思考和形成准确、严谨的表达能力；通过数学内在的结构关系与规律的揭示，产生主动探究的欲望和形成学习数学的内驱力；通过发现事物数量、数形关系及转换的不同路径和思维策略的选择，感悟渗透其中的数学方法与思想，建立判断与选择的自觉意识，形成基本的数学素养。

3. 数学课程养成的必备品格

优秀的数学文化，有着源远流长的历史，把数学与数学家的思想和人格魅力联系起来，从而大大增加数学的人文精神和文化品位，使数学的文化价值得到充分的体现。数学文化可以激发爱国心，唤起民族魂。方程这个名词，最早见于我国古代算书《九章算术》；祖冲之运用刘徽的"割圆术"，把圆周率精确到小数点后七位，领先欧洲一千多年；商高定理即勾股定理，比西方毕达哥拉斯定理的提出早近千年；负数的使用，比埃及、印度早六七百年，比欧洲早一千多年；秦九韶完善的中国剩余定理，国外落后了554年才由高斯建立；当代数学家陈景润关于"哥德巴赫猜想"的研究成果；吴文俊的"计算机几何证明"等，都值得炎黄子孙自豪。

古希腊的希帕索斯发现了无理数，且敢于坚持真理，被自己的学派抛入了大海，献出了生命，这与意大利的布鲁诺维护哥白尼的日心说，坚持真理被烧死异曲同工。了解这些历史事件非常有利于培养学生执着探索、勇于发现、百折不挠、献身科学的精神。欧拉的谦逊、真诚，高斯的刚毅、严谨，华罗庚自学成才，陈省身放弃国外优厚的物质待遇毅然返乡、报效祖国。通过学习了解这些品德、情操高尚的著名数学家的故事，引导学生形成高尚的人格。

高中数学教育承载着落实立德树人根本任务、发展素质教育的功能。高中数学课程以学生发展为本，培养学生的理性思维和科学精神，体现社会发展的需求、数学课程的特征和学生的认知规律，强调数学与生活以及其他学科的联系，提升学生应用数学解决实际问题的能力，同时注重数学文化的渗透，不断引导学生感悟数学的科学价值、应用价值、文化价值和审美价值，从而树立正确的学习观念，培养浓厚的学习兴趣和顽强的学习毅力，形成足够的学习信心、实事求是的科学态度，以及独立思考、勇于探索的创新精神。

第二节　数学课程育人实施建议

依据《普通高中数学课程标准(2017年版2020年修订)》，高中数学教育承载着落实立德树人的根本任务，发展素质教育的功能、提升学生的核心素养为关键。下面分别从必修课程、选择性必修课程和选修课程有计划、有重点地开展育人实践。

一、高中数学必修课程

(一) 主题1：函数的概念、性质及应用

1. 课标要求

学习本主题，建立完整的函数概念，把函数理解为刻画变量之间依赖关系的数学语言和工具；能用代数运算和函数图像揭示函数的主要性质；利用函数模型解决实际问题和数学问题。

2. 育人目标

通过学习，教师引导学生从变量之间的依赖关系、实数集合之间的对应关系、函数图像的几何直观等角度整体认识函数的概念。指导学生从概念、定理、公式中抓住事物的关键要素，从具体事物中抽象出事物的本质、关系和规律，形成去粗取精、去伪存真、辩证分析的意识和习

惯。通过梳理函数的单调性、周期性、奇偶性(对称性)、最大(最小)值等,认识函数的整体性质,能在数学观念指导下思考和解决问题,培养学生勇于探索、严谨求实的理性精神。

3. 实施建议

1)创造和谐的课前准备

关注学生的心理变化,创设对学生有挑战性或者激发学生学习兴趣的问题情境.比如指数函数引入“细菌分裂”“对折纸片”等耳熟能详的事例着手,激发学生学习热情。设置问题必须满足:反映内容的本质;在学生思维最近发展区内;可持续发展,能使学生从模仿过渡到自主提问。比如,从已学的指数函数过渡到对数函数,用类比、迁移的手法分析对数函数的图像及性质,找出联系和差别。

2)创造和谐的教学生成

设计教学活动要顺应知识的生成过程,做到水到渠成。函数的定义→函数的图像→函数的性质(定点、单调性、最值等)→函数的应用,循序渐进。学生从独立思考、自主探究到合作交流、团结协作,培养学生逻辑连贯地阐明观点和以理服人的行为习惯。

3)创造和谐的课堂环境

创造和谐、民主、轻松的课堂氛围,从熟悉的一次、二次、反比例函数开始体会两个变量的依赖关系和与实数的对应关系,感悟数学的抽象层次。建立新型的师生关系,以学生为主体,教师适当引导点拨,让学生养成借助函数的图像直观理解概念,进行逻辑推理的能力。组织学生自主学习和小组合作学习相结合,理解函数的图像和性质,培养学生团结协作的能力以及独立思考、合作交流的良好学习习惯。从幂、指数、对数函数到三角函数,运用哲学原理和系统思维,从整体性、联系性、层次性等角度分析和把握函数的性质及其内在关系,找出共性及个性,能进行创造性的活动。对学生进行人文主义关怀,理性对待学生回答问题、思考问题中的错误,从多角度、多方面积极正面评价学生的得与失,培养学生自信大方、严谨求实的科学品质。引导学生从函数的知识、过程、方法进行交流总结,同时关注学生的情感诉求,锻炼理性思维的同时愉悦精神,享受学习中的乐趣和自我满足感。

4)创造和谐的课后拓展

(1)绘制“思维导图”,研究幂函数、指数函数和对数函数的联系和区别,养成从图形、单调性、值域等多方面多角度分析问题、归纳总结的好习惯。

(2)搜集指数函数“爆炸”含义的现实意义,比如兔子的繁殖、人口增长、房屋存款贷款等问题,发挥“爆炸”的优势,抑制“爆炸”的劣势,形成生活智慧。

(3)布置积极的班级文化墙“$0.99^{365}\approx 0.03, 1.01^{365}\approx 37.8$”,体会每天退步一点点,一年过后是跨不过去的鸿沟;每天进步一点点,一年后将是跨越式的大发展。

(4)用信息技术比对指数爆炸、对数增长、幂函数直线上升的变化快慢,从感性直观猜想到理性实践操作,体会实践是检验真理的唯一标准。

(5)阅读并搜集函数的形成、发展的历史资料,论述函数的发展过程、重要结果、主要任务、关键事件,制作一份《函数发展史》展报,激励学生学习数学家追求真理的百折不挠、踏实肯干的品质,肩负起文化传统的传承。

（二）主题2：立体几何

1. 课标要求

学生通过本主题的学习认识和理解空间点、直线、平面的位置关系；运用数学语言表述有关平行、垂直的性质与判定，并对结论进行论证。了解简单几何体的表面积、体积的计算方法，形成立体空间观念。

2. 育人目标

立体几何研究现实世界中物体的形状、大小和位置。引导学生运用直观感知、操作确认、推理论证、度量计算等方法认识和探索空间图形的性质，培养学生有条理、有逻辑的思维习惯。

3. 实施建议

（1）观察生活中的几何体，区分棱柱、棱锥、棱台和圆柱、圆锥、圆台及球。感知多面体和旋转体的不同，培养学生敏锐的观察能力。

（2）动手制作几何模型“魔方”“万花筒”等，“从整体到局部，从具体到抽象”，感受几何体的形状及内部结构。

（3）用折叠卡纸表示平行、垂直等现象，体验从感性认识到理性认识的过程。由表及里、由浅入深、由线到面，养成观察事物间联系转化的辩证思维。

（4）浏览不同时期的建筑物，体会建筑的内部结构，欣赏建筑的图形美、构造美、线条美，培养学生对美的深刻认识，陶冶情操。

（5）上网查阅我国战国时期思想家墨翟的《墨经》，以及“东方第一几何学家”苏步青等名人故事，体会数学的奥妙，激发学生学习数学的热情及勇于探索的创新精神。

（三）主题3：数学建模与数学探究活动

1. 课标要求

数学建模活动是对现实问题进行数学抽象，用数学语言表达问题、用数学方法构建模型解决问题的过程。

2. 育人目标

通过学习，发现和提出有意义的数学问题，猜测合理的数学结论，提出解决问题的思路和方案，通过自主探索、合作研究论证数学结论。培养学生认识事物、提出问题、探索方法、解决问题的能力。

3. 实施建议

（1）利用学校资源、企业资源、社区资源搜集整理资料，找出有意义的、贴合实际的数学问题，引领学生对信息进行分辨、捕捉、提取、整合的能力。

（2）采用调查、走访、问卷等形式，确定研究计划和研究方案。在调查过程中及时大胆质疑、调控思维，把握有效信息。

（3）建立平台，让学生展示学习成果。培养学生自信、积极向上的精神风貌。

（4）邀请校外专家、社会精英对此活动做出点评，学生互评。启发学生做事情要不畏困难、积极思考、循序渐进，以动态的眼光看待事物，具体问题具体分析。

二、高中数学选择性必修课程

（一）主题1：数列

1. 课标要求

了解数列的概念，探索并掌握等差数列和等比数列的变化规律，建立通项公式和前n项和公式；用数列解决简单的实际问题，感受数学模型的现实意义与应用；了解数列与函数的共性和差异，运用函数解决数列问题，体会函数的完整性。

2. 育人目标

帮助学生通过对日常生活中实际问题的分析，抽象归纳出等差数列和等比数列的特点，归纳出定义。感悟数列是可以用来刻画现实世界中一类具有递推规律事物的数学模型。从特殊事物中归纳出数列的一般公式并解决实际问题。

3. 实施建议

（1）调查房屋贷款、放射性物质的衰变、人口增长等实际问题，理解数列的概念及变化特点，体会数学来源于生活、抽象于生活并且指导生活。

（2）数列是一个特殊的函数，感受用函数的模型去解决数列问题。观察图像、运用性质，体会数列和函数的和谐与统一。

（3）启发学生类比等差数列推导等比数列的定义及性质，体会其中的相同和不同之处，感受事物既矛盾又和谐统一的辩证思想。

（4）组织学生搜集并阅读数列方面的研究成果，特别是我国古代的优秀研究成果。比如“杨辉三角”、《四元玉鉴》等，感受古人在数列方面巨大成就的同时激发学生的民族自豪感。

（5）撰写《数列发展史》小论文，论述数列发展的过程、重要结果、主要人物、重大事件，阐述他们对人类文明的贡献，感受我国古代数学的辉煌成就。

（二）主题2：平面解析几何

1. 课标要求

帮助学生在平面直角坐标系中认识直线、圆、椭圆、抛物线、双曲线的几何特征，建立标准方程。运用代数方法进一步认识圆锥曲线的性质，并运用平面解析几何方法解决简单的数学问题和实际问题。

2. 育人目标

根据具体情境特点，建立平面直角坐标系。依据几何问题和图形特点，用代数语言把几何问题转化成代数问题，探索解决问题的思路。用代数方法得出结论，合理解释几何问题，指导学生把动态图形变成静态的代数运算，理解数形结合等思想方法。

3. 实施建议

（1）用天文望远镜观察星空，了解行星的运行轨道，明白圆锥曲线的背景，激发学生的直观想象和探索宇宙的欲望。

（2）在探索圆锥曲线有关性质的过程中，组织学生用道具（绳子、拉链）演示圆锥曲线的生成过程，引导学生经历观察、操作、猜想、论证等过程，帮助学生感受圆锥曲线的性质。

（3）组织学生搜集和阅读平面解析几何的形成与发展的历史资料，撰写小论文，体会数学家在重重困难下如何坚定自己的决心，激发学生一定要学好数学的信心。

（4）搜集“冷却塔”“鸟巢”“水立方”等建筑图片，体会圆锥曲线的“形体美”。“数缺形时少直观，形少数时难入微”数形结合是学习圆锥曲线的重要方法，是联系宏观和微观的桥梁，也是动静相结合的体现。

（三）主题3：概率

1. 课标要求

帮助学生了解概率的定义及运算；感悟离散型随机变量的定义及分布列的含义；掌握二项分布、超几何分布及正态分布，并用随机变量和分布列解决简单的实际问题。

2. 育人目标

通过典型的实际案例，引导学生感悟随机变量与随机事件的关系；通过二项分布、超几何分布和正态分布的学习，理解随机变量及分布；体会由特殊到一般，由部分到整体的思想；引导学生用所学概率知识解决实际问题，体会用数学语言精准描述、严密推理解决实际问题的思想方法。

3. 实施建议

（1）思考“天气预报”“买彩票”“发球权”“生日问题”等现象，理解概率的定义和概率在生活中的简单应用，用概率知识服务生活。

（2）动手实践“抛硬币”“抛骰子”“布丰投针”等，理解概率的随机性和稳定性，体会事物中偶然与必然、量变引起质变的辩证关系。

（3）利用计算机模拟“抛硬币”“棣莫弗试验”“伯努利试验”等，体会随机变量分布的原理，培养学生按照客观规律办事的习惯和严谨求实的科学态度。

（4）查询有关概率的“贝叶斯法则”，体会它在医疗诊断、法庭断案中的作用，激励学生增强必备概率常识，培养应用数学的意识。

（5）搜集概率在遗传学、信息学、生物学、通信工程等其他学科的应用，做一份《概率与妙趣生活》简报，体会数学是与社会生产实践联系最为紧密的学科之一，激励学生学好数学、热爱数学。

三、高中数学选修课程

（一）逻辑推理初步

1. 课标要求

通过本模块的学习，能以数学推理为主线，将相关逻辑知识与数学推理有机融合，进一步认识逻辑推理的本质，体会数学在推理、论证中的作用；能运用相关数学逻辑知识正确表述自己的思想，解释生活中的现象，提高逻辑思维能力，发展逻辑推理素养。

2. 育人目标

结合数学知识和生活实例，感受推理在解决实际问题中的作用与价值，懂得具体问题具体分析，形成全面分析问题的意识。在推理过程中培养学生严谨求实、条理有序、一丝不苟地追求真理的学习习惯。

3. 实施建议

（1）了解经济数学模型（贷款问题、凯恩斯模型）、社会数学模型（平均数模型、人口增长模型),熟悉中国国情,为祖国的繁荣昌盛贡献自己的力量。

(2) 阅读诺贝尔经济学的资料,观看诺贝尔学家的故事,激发学生的民族自尊心和自信心。

(3) 组织学生查阅资料进行社会调查,分析我国经济状况,用有效的抽样设计,辅以严密的逻辑推理知识和数据,整理分析我国经济问题,找出解决方案及建议。培养学生尊重客观事实、言必有据、实事求是的科学态度。

(二) 美与数学

1. 课标要求

通过本模块的学习,尝试从数学的角度审美。主要从美与数学的简洁、美与数学的对称、美与数学的周期、美与数学的和谐等角度去陶冶情操,提升学生审美水平。

2. 育人目标

通过本模块的学习,使学生对美的感受从感性走向理性,提升有志于从事艺术、体育事业学生的审美情趣和审美能力,在形象思维的基础上增强理性思维的能力,学会从不同角度去发现生活中的美。

3. 实施建议

(1) 组织学生参观博物馆、美术馆,欣赏绘画、雕塑、工艺美术、建筑艺术、书法及篆刻。体会作品中蕴含的数学思想,体会数学在美术中的作用,提升直观想象和数学抽象素养。

(2) 组织学生观看大型音乐表演,欣赏乐曲包含的内在情感。体会乐曲音律的制作、乐曲的高潮点、乐曲调性的转换点带来的不同情感感受,使数学思维成为追求真善美的美好资源。

(3) 亲密接触大自然,体会四季循环、昼夜交替、潮起潮落,扩大视野,欣赏祖国的大好河山,树立爱国情怀。

(4) 积极组织学生观看各项体育赛事,体会运用数学方法合理安排赛事,提升教练的指挥策略。用图论、运筹学分析体育赛事的规律,提高生活智慧。

总而言之,把握数学的整体性、逻辑的连贯性、思想的一致性、方法的普适性、思维的系统性。学会“用数学的眼光看待问题”,抓住事物的本质,以简驭繁、有理有据、逻辑连贯地阐明观点,解决问题是我们的终极目标。

第三节 数学课程育人评价初探

数学课程育人评价是指依据一定的数学课程育人目标,运用可行的方法和技术,对数学课程育人的过程与效果做出价值上的考查、判断,是学校教育评价的一项内容,是学校育人工作的基本环节。其目的在于探索育人工作的客观规律,完善此项工作的控制系统,有效促进受教育者的思想品质向预期目标发展。按评价对象,数学课程育人评价可分为宏观与微观两种,前者以一个国家、地区或学校为评价对象,后者以教育者的育人工作和受教育者的思想品德为评价对象。

一、高中数学课程育人评价的意义

数学课程育人评价的目的是在对数学课程育人工作的全面考察、判断和论证的基础上,探索和掌握数学课程育人工作的客观规律，完善育人工作的控制系统，以便更加有效地改进和加强学校育人工作，为促进学生思想品德的健康发展服务。

数学课程育人评价，符合新时代育人的发展趋势。党中央将“立德树人”确立为教育的根本任务，这对教育工作者提出了更高的要求。“结合数学教学内容和学生实际对学生进行思想品德教育，逐步树立科学的世界观和人生观是数学教学的一项重要任务。”因此，建立科学高效的育人评价体系，既符合新时代的发展要求，又能够从根本上保证育人工作的效率，帮助学生形成良好的思想品德，为学生的成长奠定基础。

数学课程育人评价，有利于提高学生的认知水平和自我评价能力。建立一套独特的数学课程育人评价体系，让学生先进行自我育人评价，再随机让学生相互之间进行育人评价，让学生清晰地了解自己的优点和不足及他人对自己的看法认知，并在教师或者同学的帮助下及时弥补不足。这样有利于学生提高自我评价的能力，更加完整清晰地认识自己。

数学课程育人评价，有利于促进育人工作者提高自我修养。近几年来，在国家高速发展的背景下，教育体系也在不断更新变化，这对于教育工作提出了更高的要求。教育工作者需不断提升自身的育人修养，将正确的数学思想观念传递给学生，帮助他们树立正确的思想道德观念。

二、高中数学课程育人评价的原则

新课标指出，数学课程评价的主要目的是全面了解学生的数学学习历程，激发学生学习和教师改进教学方法。科学的课程评价不仅可以激发学生学习数学的热情，点燃学生心灵智慧的火花，还能帮助学生建立足够的自信心，形成积极向上的人生观，从而促进学生的全面发展。按照新课程标准和育人教学目标的要求，根据数学课程自身的特点，教师在数学教学中要创设愉悦的教学情境，注重言传身教，陶冶学生的高尚情操；坚持以学生发展为本，提升学生的学习能力，促进学生良好品质的形成；教师应以积极的态度促进学生不断发展。高中数学课程育人评价应遵循以下原则。

1．注重学生数学学科核心素养的达成

数学评价要以数学学科核心素养的达成作为评价的基本要素。高中数学学科核心素养主要包括：数学抽象、逻辑推理、数学建模、直观想象、数学运算、数据分析。

数学学科核心素养是主线，形成性评价与总结性评价都要围绕这一主线来组织和开展。因此，评价工具应摆脱对知识点面面俱到考量的传统思维逻辑，由当下过于注重解题的技能与技巧的偏执做法逐步向通性、通法领悟的理性过渡。因为，“通性”的理解、“通法”的运用方能与核心素养产生实质的联系。通性、通法贯通了数学思想方法脉络，数学思想方法又为数学学科核心素养的达成提供了最基本的营养。

2．注重评价的整体性与阶段性

数学学科核心素养的达成是循序渐进的，基于内容主线对数学的理解与把握也是日积月累的。因此，应当把教学评价的总目标合理分解到日常教学评价的各个阶段，关注评价的阶段性。既要关注数学知识技能的达成，更要关注相关的数学学科核心素养的提升；还应依据必修、选择性必修和选修课程内容的主线和主题，整体把握学业质量与数学学科核心素养水平。

3．注重过程评价

日常评价不仅要关注学生当前的数学学科核心素养水平，更要关注学生成长和发展的过程；不仅要关注学生的学习结果，更要关注学生在学习过程中的发展和变化。过程性评价往往伴随着教学活动展开，通过动态的方式而非完全静态的方式把握学生认知生长特征和学习态度变化。

4. 关注学生的学习态度

良好的学习态度是学生形成和发展数学学科核心素养的必要条件，也是最终形成科学精神的必要条件。在日常评价中应把学生的学习态度作为教学评价的重要目标。

在对学生学习态度的评价中，应关注学生是否能够主动学习、认真思考、积极交流、集中精力并形成坚毅执着、严谨求实的良好品质。与其他目标不同，学习态度是随时表现出来的、与心理因素有关的，又是日积月累的、可以变化的。在日常教学活动中，教师要关注每一个学生的学习态度，对于特殊的学生给予重点关注。

形成良好的学习态度，需要对学生提出合适的要求，更需要教师的引导与鼓励、同学的帮助与支持，还需要良好学习氛围的激励与熏陶，需要数学教师与班主任以及其他学科教师的协同努力。

在评价的过程中，如果教师把学生的考试成绩进行排列，然后得出学生的学习情况，未免过于简单。因为教育的功能不在于区分、甄别学生的优劣，而在于让不同层面的、不同程度学习能力的学生更好地发挥自己的潜能，在自己原有的基础上得到提升。

三、高中数学课程育人评价的指标

数学课程育人评价以教学目标、内容、过程、形式、氛围、效果为纬，以整合性、有效性、创新性为经，构建学科教学与育人融合的评价体系。从一节课的教学目标、内容、过程、形式、氛围等基本内容，具体评价学科教学与育人融合的整合性、有效性和创新性。具体评价指标包括以下几项：

1. 育人目标

依据数学课程标准所强调的价值观念，明确提出符合学科特点的育人目标。依据具体教学内容，提出有针对性的课堂育人目标，准确定位，把握课堂育人的预期效果。高中数学育人目标主要有三个方面：

其一，以数学知识为基础，传承中华文化教育。育人在高中数学中的渗透是通过数学知识去传达的，所以，教师需要以数学知识为基础，让学生了解中国数学的伟大存在，以此增强学生的爱国情怀，为传承中华文化而努力。

其二，通过数学背景知识，提升学生的爱国情感。教师在教学过程中，为了能够提高学生的爱国主义与社会责任感，可以在传达数学知识的基础上，向学生讲述我国伟大数学家的励志故事，让学生在熟悉数学背景的过程中，提升道德素养。

其三，理论联系实际，促进学生育人发展。育人教育都是在无形中影响学生发展的，所以教师可以在课堂之间通过小组合作学习、理论联系实际的方法，促进学生的育人发展。

高中数学教学中育人的根本目的在于使教学真正为新世纪培养合格的人才服务。在数学教学中不仅要体现数学的科学价值、应用价值、美学价值，还要充分认识到数学对理性精神的养成与发展具有重要意义。特别是从数学知识的探索、论证、发展等方面，我们可以引导学生体会数学家优良的精神品质，以及数学内容所折射的社会优良品德。可以说，数学教学中的育人渗透是对学校育人的一种补充和延续。数学与育人有着密不可分的联系，数学教育是科学教育与育人的统一体。高中数学教师只有在传授知识、培养能力的同时，注重教学中的育人，才能真正实现完整数学教育的价值。

2. 育人内容

遵循数学课程自身的教学规律、育人规律和青少年成长规律，准确把握学科教学和育人内容的结合点。合理把握教育内容，充分挖掘学科教学中蕴含的育人资源，结合学生生活实际，根据学生的认知水平、身心特点，找准育人的渗透点。把握好育人渗透的角度和层次，做到育人内容和教学内容的有机融合，在组织好数学课程教学内容的同时，组织好育人内容。

在选择设计育人渗透点时，教师充分挖掘教材中的育人因素，努力促进学科知识教学和育人的有机结合，寓育人于教育教学活动的始终，做到既教书又育人。数学应用的广泛性是数学课程的基本特征之一，加强数学与实际的应用联系，强化应用已逐渐成为人们的共识，这不仅在于数学应用教学可以培养学生的应用意识和应用能力，而且还可以对学生进行思想教育。数学是一门系统严谨、论证严格的学科，要求运筹有章、计算有法、应用有方、分析有规，始终要求学生不可违背数学的科学规范。在数学教学中，应着意引导学生分析、推理、概括、遵循一定的逻辑规律，做到步步有据可依、有理可推。数学蕴含着极其丰富的辩证思想，它较其他学科更为具体和广泛，这是数学课程的一大特点。在讲授相应课程的同时，适时地、恰当地渗透辩证唯物主义思想教育，促进学生对数学知识的深刻理解和对数学方法的熟练掌握，促进学生形成良好的思维品质和科学的世界观。

3. 育人过程

在数学课程教学活动过程中形成良好的人际关系和课堂氛围，促进学生良好思想品德的形成。通过设计合理的活动，如师生互动、生生互动，让学生在学习活动中合作探究，共同探索，积极交流。在民主的、彼此尊重的课堂氛围中学会合作、学会倾听、学会分享，对他们良好人格的形成起到潜移默化的作用。

数学课程育人过程是教师与学生双方一起实现育人目标的活动，教师作为施教的一方，施教过程包括设计、寓德、检测评估和强化、矫正四个阶段；学生作为受教育的一方，相对应的心理反应过程包括起始、迁移、自我评价和逐步内化四个阶段。为完成知识教学、能力培养的任务，在教学实践中不仅要运用一定的方法、技巧，同时也要根据教材内容，对学生进行理想教育和爱国主义教育。例如，在某些定理、公式的教学中，可适当补充发明者及发明过程的简介。在勾股定理教学时，向学生介绍我国古代书籍中最早关于勾股定理的记载，要比欧洲人的发现早几百年；在学习圆时，向学生推荐我国古代科学家祖冲之是世界上第一位将圆周率算到小数点后第七位的人，这比西方国家早近千年。通过这些背景知识使学生了解我国古代科学技术的发展水平，激发学生的民族自尊心和自豪感，从而树立学习科学、探索科学奥妙的理想和信念。

4. 育人方法

以学生为行为主体，发挥学生的主动性、积极性，以育人渗透点设置情境，引导学生进入情境，让学生主动在情境中活动，积极体验和感悟，形成正确的情感、态度和价值观。

充分发挥教师在教学中的人格魅力。为了上好一堂数学课，教师需要做大量准备，采取灵活多样的教学手段。这样学生不仅学得很愉快，而且会产生一种对教师的敬佩之情，并从教师身上体会到一种责任感，对以后的学习、工作有巨大的推动作用。充分利用教材挖掘育人素材，在课堂教学中进行育人渗透。阐释数学概念时，采用矛盾分析法对学生进行辩证唯物主义教育；在讲授数学方法时，采用史料激励法对学生进行爱国主义教育；在解答数学习题时，采用实例引申法对学生进行国情教育；在进行数学教学时，采用“以美启智”法对学生进行审美教育；充分利用数学的研究性学习课题，采用知行统一法对学生进行品德教育。

5. 育人效果

数学课程育人效果可以从学生的思想品质、道德行为、个性心理几个方面来考察。

思想品质是指一个人的意识形态、思维活动、行为和作风所显示的思想、道德修养、品性、认识等实质。在一定的范围下，思想品质起着很大的作用。优良思想品质的培养，对于造就具有开拓精神的现代人具有十分重要的意义。而数学思想方法是思想品质培养的有力工具，有利于促进学生优良思想品质的形成和发展。因此，可以从学生的思想品质来考察育人效果。

道德行为是在一定的道德意识支配下表现出来的对待他人和社会的有道德意义的活动。它是人的品德的外在具体表现，是实现道德动机的手段，与“非道德行为”相对。中学数学教学大纲中数学教育的目的，指出把学生接受数学知识的过程放到思想层面、情感层面进行剖析，数学教学中隐含着德育的功能，也存在实现规范道德的途径。数学教学活动不仅是一种智力活动，也是一种可以规范道德行为的思想教育活动。

个性心理是在完成一般心理过程后发展起来的，没有一般心理过程的发生、发展，就不可能有个性心理的发生、发展。也可以说，一般心理过程为基础，个性心理是上层建筑。所谓个性心理包含两方面的内容：一是个性倾向性，二是个性特征。前者包括需要、动机、兴趣、理想、信念、世界观；后者包括能力、气质、性格。作为高中数学教师，既要教书又要育人，更要教会学生观察、分析、思考，还要培养学生良好的个性品质。评价育人效果时可以考察是否培养了学生积极健康的个性，是否开阔了学生的眼界，是否将数学与实际生活联系起来，让学生能学以致用，体现自我价值并体会成就感。

高中数学课程育人评价量表如表 3-1 所示。

表 3-1　高中数学课程育人评价量表

评价项目	评 价 内 容	分值	得　　分
育人目标	依据数学课程标准所强调的价值观念，明确提出符合学科特点的育人目标。依据每节课的教学内容，提出有针对性的课堂育人目标，准确定位，把握每节课渗透的预期效果	10	
育人内容	充分挖掘教材中的育人因素，加强数学与实际的应用联系，运筹有章、计算有法、应用有方、分析有规，引导学生分析、推理、概括、遵循一定的逻辑规律，适时地、恰当地渗透辩证唯物主义思想教育	25	
育人过程	教师的施教过程包括设计、寓德、检测评估和强化、矫正四个阶段；学生作为受教育的一方，相对应的心理反应过程包括起始、迁移、自我评价和逐步内化四个阶段	25	

续表

评价项目	评 价 内 容	分值	得　　分
育人方法	以学生为行为主体，发挥学生的主动性、积极性，以渗透点设置情境，激发引导学生进入情境，让学生主动在情境中活动，积极体验和感悟，形成正确的情感、态度和价值观	20	
育人效果	提升学生的理性思维水平，发展学生的科学精神，形成严谨求实的态度，提升学生的思想品质，规范学生的道德行为，锻炼和完善学生的个性心理	20	
总分		100	

第四节　数学课程育人探索案例

案例一　情境引入感同身受　新课导入融进学科育人

一、案例说明

1. 目标阐释

常常有老师感觉数学课最不容易调动学生的积极性，尤其是在高中数学课堂上，学生“鸦雀无声”“沉默是金”的现象比比皆是。在当前应试压力下，教师容易陷入急功近利的误区：上课三分钟内，概念、定理、公式一股脑儿地倒给学生，注意什么、关键是什么，事无巨细地强调一遍。这样的课堂抹杀了学生的独立思考、自主探究能力，不利于身心发展，好比教孩子走路，怕他摔了磕了，在他迈开腿之前告诉他应该怎样、不应该怎样，他无法从中体会独自走路的乐趣和道路的艰险。

2. 实施路径

课堂的导入环节最容易激发学生学习的积极性，调动学生的学习兴趣，只要教师做一个有心人，善于挖掘身边生活实例，巧妙构思、多方借鉴、合理引申，润物无声；让学生感同身受，形成较强的代入感，就容易使学生产生共鸣，激发起强烈的内驱力，主动并热衷展开对数学知识的探索与追求，从而形成数学的理性思维，体会数学的应用价值，形成对社会的责任感。

二、案例描述

“离散型随机变量的均值”一课是高中数学教学中一个很重要的内容。这节课的概念虽然抽象，但在实际生活中具有广泛的应用。课堂教学中如何形成概念？如何具体应用？以武汉抗疫为背景，设计了如下几个教学片段。

1. 片段一：封城决策问题

武汉是一座英雄的城市，在2020年新冠肺炎疫情中，武汉市从2020年1月23日上午十点开始封城，一座千万级人口的特大城市的封城，这在整个人类历史上都是罕见的，这个决策是有很大风险的。如果决定封城，武汉市可能损失 2000 亿元；如果不封城，若疫情大范围发生，武汉市的损失将可能达 10 000 亿元，若疫情没有大范围发生，武汉市正常运行将增收 3000 亿元。据估计，疫情大范围发生的概率为 0.4，疫情没有大范围发生的概率为 0.6。那么，应该如何决策呢？

育人契合点：

对"武汉封城"这一重大决策如何科学论证，这涉及数学课程的理性思维，封城对武汉市这一千万人口的特大城市而言将面临经济、民生等一系列问题；不封城也会有疫情扩散这一更为严峻的后果。在生活中，我们往往要面对类似的抉择，这时我们的选择依据是什么？从数据出发，理性分析，两害相权取其轻，"封城"还是"不封城"，让学生带着思考进入课程学习，在学习了数学期望（均值）的内容后，学会从数学期望（均值）的角度去分析问题、解决问题。对数学期望（均值）这一知识点深入了解的同时，也对武汉市是英雄的城市，武汉市民是英雄的人民有了更深刻的感受，形成数学的理性思维，认识到用科学的方法学习数学，认识世界，做出正确决策。

2. 片段二：民生保障问题

在武汉抗疫期间，为解决武汉市民的生活问题，武汉市政府决定提供单价分别为 4 元/kg、6 元/kg、36 元/kg 的大白菜、土豆、猪排骨的"特价菜套餐"，已知"特价菜套餐"中大白菜、土豆、猪排骨混合比例为 3∶2∶1，那么如何对"特价菜套餐"定价才合理？

育人契合点：

取材于武汉市抗疫期间市政府保障民生的一项举措，如果三种菜比例相同，很明显"特价菜套餐"定价就是三种菜价的算术平均值，但按 3∶2∶1 混合，应该如何定价呢？通过求 n 个样本平均数的过程，类比归纳，使学生明白从数学的加权平均的角度去思考才是合理的定价方案，这种想法抽象出来，就可以得到离散型随机变量的均值的概念。当遇到了新问题，对其中相似的情境会产生共鸣，类比移情，会不自觉地借用前人好的方法，有所发扬、有所创新和突破。在抽丝剥茧地揭示规律的过程中，体会像数学家那样分析问题、解决问题的感受。从特殊到一般，从部分到整体，学生经历了人类认识事物的一般历程，有利于探求出复杂表象下暗藏的规律，渗透了辩证唯物主义思想。这种理性思维的科学探索精神不正是我们要追求的吗？

3. 片段三：复工复产问题

武汉市于 2020 年 4 月 8 日零时起，解除离汉离鄂通道管控措施。封控 76 天后转向"重启"，在党中央的领导下以武汉为主战场的战疫已经取得阶段性胜利，对具有 1100 万人口的武汉推动自身的复工复产复市，以及带动整个湖北地区的经济复苏，有着重大意义。为了拉动经济增长，武汉市决定建一批重点工程，分为基础设施工程、民生工程和产业建设工程三类，这三类工程所含项目的数量分别占总数的 $\frac{1}{2}$，$\frac{1}{3}$，$\frac{1}{6}$，现有 3 名工人独立地从中任选一个项目参与建设。

（1）求 3 名工人选择的项目所属类别互不相同的概率。

（2）记 ξ 为 3 人中选择的项目属于基础设施工程或产业建设工程的人数，求 ξ 的分布列及数学期望。

育人契合点：

在经历 76 天的“战疫”后，武汉于 4 月 8 日正式“重启”，这座英雄城市迎来了全面复苏。解封后，要确保做好“外防输入、内防反弹”，确保武汉的生产生活平稳有序。逐步复工复产复市也提上日程，在教学中渗透劳动教育，体会胜利来之不易，劳动创造生活，形成热爱劳动和尊重劳动者的价值观念，认识到通过劳动可以创造美好生活。

这三个片段作为“离散型随机变量的均值”这一节课的导入问题，融入武汉抗疫背景，在激发学生强烈求知欲，形成数学抽象、数据分析、数学建模等数学学科核心素养的同时，学生也感受到武汉抗疫期间武汉市人民和武汉市政府所做出的艰苦努力，增强学生的社会责任感和家国情怀。

三、专家点评

数学离不开生活，从身边亲身经历的实例出发，在解决问题的同时，既感受数学的应用价值又形成理性思维和强烈的社会责任感。在高中数学教学中，在新知识的教授前，在新方法的探索前，教师应做一个有心人，通过搜集、整理并延伸身边熟悉的实例，将育人融入数学课程教学中，让学生感同身受，产生共鸣，潜移默化地引导学生乐观向上、踏实学习，在学习过程中不畏艰辛、克难奋进，力争做到理性分析、敢于创新，最终使学生形成受益终身的良好道德习惯、学习习惯和思维品质，树立正确的人生观、价值观、世界观。

案例二　数学眼光看疫情发展理性思想融入学科育人

一、案例说明

1. 目标阐释

学生在学校学到的一般是间接经验，是千百年来科学先驱、数学家呕心沥血发现、探索出来的规律性的东西。书本的知识是死的，教师的智慧是无限的。一名成功的教师善于用育人理念把学科学习与学生的生活背景有机结合，让死的知识鲜活起来。教师培养学生观察生活、勇于实践，用学到的知识认识自然、认识社会、揭示规律。教师引导学生发挥自身力量，遇到困难积极思考，做出正确的、合理的抉择，顺应规律，改造世界。面对这次严重的疫情，教师应引导学生发扬科学精神，理性地认识病毒的传播，培养学生的科学精神和辩证唯物主义思想。

2. 实施路径

新型冠状病毒的传播为什么这么迅速？面对疫情我们怎样保护自己不被感染？教师引导学生用回归分析、概率等数学知识去分析、解决问题。回归分析是一种预测性的建模技术，它研究的是因变量（目标）和自变量（预测器）之间的关系。这种技术通常用于预测分析，有很强的应用价值。回归分析是高中数学的重要内容，高中数学建立的模型比较简单，有线性回归模型、指数型回归模型等。计算概率能帮助我们估计事件发生可能性的大小，规避高风险，做出合理的决策。

二、案例描述

1. 片段一：病毒传播速度

2020 年 1 月 23 日清晨，武汉宣布当天十点开始正式封城，这是中国近几百年来首次采取的最严厉的管控措施。一时间，民众议论纷纷，武汉市民茫然失措。钟南山院士团队说：如果管控措施推迟 5 天实施，疫情规模预估将扩大至 3 倍，“在家待着就是为国家做贡献”。对此，作为身处疫情中心的武汉市民，你怎么看？教师引导学生建立数学模型对病毒传播速度进行理性分析。

育人契合点：

2019 年 12 月 8 日，武汉发现了新型冠状肺炎感染者。这是一种新病毒，人们不太了解。接诊医生把病毒样本送到上海、广州等研究所进行专业分析，院方才慢慢对它的结构有了一些认识。由于对这种新病毒预料不足，忽视了该病毒的传染性以及危害性，在疫情初期没有采取封城这样的防范措施。2020 年 1 月 18 日，武汉官方媒体首次披露，截止到 1 月 17 日 24 时，新增新冠肺炎确诊病例 62 例。在接下来的日子里，媒体每日通报确诊病例、疑似病例、死亡病例等数据，民众对这一病毒才开始进一步关注。学生并非生活在真空中，教师应引导他们关心时事，关注生活，追求真理。

专家们从数学的角度，建立了一些模型去模拟新冠病毒的发展，力求揭示它的传播规律。学生本着科学的精神，理性地分析问题。

我们可以把疫情分为三个阶段：第一阶段，无约束的爆发期；第二阶段，有意识的约束期；第三阶段，严控下的衰减期。基于现实数据以及高中数学所学知识的局限性，建立一个指数模型 $y=ca^x$，其中 c、a 为常数。第一阶段，$a>1$，第二阶段，$0<a<1$。

我们关注病毒的传播速度，暂时不考虑感染者的潜伏期，不考虑人口的迁移等因素，做一个简单的指数模型。假设一名新冠确诊者每日平均接触 7 个人，保守估计其中可能会有 1 人感染，那么第 n 天当日就会新增 2^n 人感染，总计有 $1+2+2^2+2^3+\cdots+2^n=\dfrac{1-2^{n+1}}{1\text{-}2}=2^{n\text{-}1}\text{-}1$ 人感染。这样过 10 天后，感染者累积会达到 2047 人。2020 年 1 月 22 日，武汉单日确诊病例 62 人，累计病例 437 人，如果不封城，过 5 天，累计病例会高达 27 531 人。这还没有考虑众多疑似病例后期确诊的可能以及他们的传染性。

通过建立模型预估出感染病毒人数，学生看到事物是发展变化的。而事物间也是相互联系的，只要我们能切断传播途径，就能有效地遏制事态的不良发展。在分析问题的过程中无形地渗透着辩证唯物主义思想。

2. 片段二：病毒传染概率

假设一名健康者与新型冠状病毒疑似感染者接触后被感染的概率为 0.5。2020 年春节前，有一名疑似感染者与 7 人共进了午餐，请问，这 7 人都不被感染的概率是多少？平均有多少人可能被感染？学生运用所学知识做出合理分析。

育人契合点：

设被感染的人数是 X，则 $X\sim B(7,0.5)$，这 7 人都不被感染的概率是 $0.5^7=0.0078125$，非常小，几乎是不可能的。7 人中，平均有 $7\times0.5=3.5$，一半的人会被感染。

可见，杜绝人群聚集，减少人与人接触，实施封城，封闭小区才能最大限度地减少人员流动，只有切断了病毒传播途径，才能有效控制疫情。学生以数学知识为助手，探索真理，形成了宝贵的科学精神。

3. 片段三：确诊人数何时清零

自武汉封城到三月份以来，武汉人民居家隔离，阳春三月也不下楼，深受幽闭之苦，但疫情当前,生命重于泰山。在政府强有力的应对措施下,疫情得到了有效的控制,新增确诊病例逐日递减。3 月 4 日,武汉市确诊病例 131 人;5 日,126 例;6 日,74 例;7 日,41 例;8 日,36 例。武汉什么时候确诊数清零?什么时候能还给我们一个健康的武汉?教师指导学生运用回归分析思想,建立恰当的函数模型,做出科学准确的预判。

育人契合点:

我们把指数模型 $y=ca^x$ 转化为 $\ln y=x\ln a+\ln c$,这样 $\ln y$ 是 x 的一阶线性函数,运用所学的直线回归分析,依据 3 月 4 日到 3 月 8 日的新增确诊数据,探求参数 a、c 的值,然后预测武汉单日新增新冠肺炎确诊病例什么时候减少为 0。

人类认识新型冠状病毒有一个过程,刚开始一无所知,随着疫情发展,病毒的危害让人震惊,它牵引着各行各业关注的目光。学生、教师自觉隔离,教育部要求停课不停学不停教,实施线上授课,病毒改变了我们的生活。教师引导学生从数学的角度去认识世界,用数学的知识去探索新事物,用数学的眼光去揭示事物发生发展的规律,努力得到解决问题的方法。同时,用掌握的经验、方法、规律去解决现实中的问题,最终造福人类。

在此,我们用的是指数模型,也可以引导学生尝试建立多种多样的函数模型,进行比较分析,看哪个模型拟合得更好,更符合实际。比方说,可以利用模型对疫情的发展进行科学的预估,预测要新增多少床位,要建多少方舱医院收治病人,要征集多少宾馆隔离密切接触者,由此采取科学有效的防范措施。世界上的事物不是简单单一的,处理问题的方法也不是单一的,引导学生多角度多方面看待事物、认识世界,多渠道揭示规律。

在此问题的探究中,润物无声地培养学生科学的世界观与方法论,树立执着探索、追求真理的科学精神。

三、案例反思

陶行知先生说:"教育的根本意义是生活的变化。生活无时不含有教育的意义。""做一个现代人必须得有现代的知识,学会现代的技能,感觉现代的问题,并以现代的方法发挥我们的力量"。在数学教学中,教师引领学生以数学的眼光看世界,以数学的知识分析事物,增进对数学的理解和应用数学于实际情境的信心,学会运用数学的思维方式去解决问题,形成勇于探索、创新的科学精神。数学学习可以使学生获得适应未来社会生活和进一步发展所必需的重要数学知识,以及基本的数学思想方法和必要的应用技能,努力使学生体会数学与自然及人类社会的密切联系。数学课程育人可以让学生成长为一个会思考、会钻研、会认识世界的人,成为国家的栋梁与砥柱。

案例三　直面困难勇敢向前 数学助力科学抗疫

一、案例说明

1. 目标阐释

疫情期间,面对每天早上不断刷新的数据,看到与病毒殊死搏斗的病人,从阳台上俯瞰空荡荡的街道,我们局限于百十平方米的家里,只能深深叹息、浑浑噩噩于一日三餐无所事事了吗?困难客观存在,困难之大前所未有,我们是选择在困难面前低头,还是昂首挺胸、直面正视困难？大事之下、关键时刻更能锻炼人、考验人、磨炼人。教师借此培养学生正视困难的勇气、坚毅的性格、革命乐观主义的精神，以及家国情怀和爱国主义精神。在认识与解决问题的过程中，体会数学的力量与魅力，培养学生热爱科学、热衷探索科学的精神。

2. 实施路径

新冠疫情发生后，武汉各个医院的医护人员放弃春节休息，全员上班，增调人员到急诊、呼吸等前沿科室，积极应对疫情。一方有难，八方支援，全国各地也增派医护精英紧急支援武汉、支援湖北。他们用血肉之躯奋战在抗疫一线，谱写了一曲曲英雄的赞歌。政府免除了确诊患者的医药费，为患者及隔离的疑似病人免费提供丰盛的一日三餐。身处病毒蔓延的地区，普通群众也积极行动，很多人申请当志愿者，服务于各个关卡。志愿者在雷神山医院和火神山医院播音、做饭、清理垃圾、做后勤，按统一安排搬物资，做司机接送医护人员，给小区居民运送生活必需品等，还有餐馆几乎免费为医护人员做饭送外卖。大部分人自觉隔离在家，积极开展家庭消毒，合理安排生活起居，加强营养，室内锻炼，养好身体，开展线上工作与学习，争取不给政府和医护人员添麻烦。从政府到普通群众，都直面困难，团结一心，积极抗疫。

二、案例描述

1. 片段一：中医药的疗效

研究所积极研究病毒，研发出了预防抗击病毒的中成药，免费发到各个小区居民手中。2020 年 3 月，中国疫情逐渐被控制，国外疫情爆发了，各国的医生纷纷向中方询问药方，请求中方支援。

新冠 1 号、2 号都是预防治疗新冠肺炎的两种中成药，我们用若干试验组进行对比试验，每个试验组由 4 名志愿者组成，其中 2 人服用新冠 1 号，另 2 人服用新冠 2 号，然后观察疗效. 若在一个试验组中，服用 1 号有效的志愿者人数比服用 2 号有效的多，就称该试验组为甲类组，设每位志愿者服用 1 号有效的概率为 $\frac{4}{5}$，服用 2 号有效的概率为 $\frac{1}{5}$。

(1) 求一个试验组为甲类组的概率。

(2) 观察 3 个试验组，用 ξ 表示这 3 个试验组中甲类组的个数. 求 ξ 的分布列和数学期望。

学生通过思考，科学分析中医药的疗效，感受我国传统医学的神奇魅力，同时还可让学生搜集数据，用科学的方法对各种药物疗效进行分析比较。

育人契合点：

研究结果显示：中医药治疗新冠肺炎，轻症患者病情无一加重，重型/危重型患者病亡风险降低八成多，康复患者症状改善复阳率低。治疗新冠肺炎，中医药全过程起效，彰显其独特的优势和作用，为全球抗击疫情贡献了中国智慧。在教学中引入此例，增强学生的民族自豪感，培养学生理性的科学精神，体现数学课程的育人价值。

2. 片段二：消毒液的时效

居民的卫生意识史无前例地增强，人人戴口罩，勤洗手，勤消毒，不到人群聚集地，人与人间隔 1 米外交流，快递到家消毒后再使用等。为了预防新冠肺炎，家庭用消毒液进行消毒。已知药物释放过程中，室内每立方米空气中的含药量 y(毫克)与时间 t(小时)成正比；药物释放完毕后，y 与 t 的函数关系式为 $y=\left(\frac{1}{16}\right)^{t-a}$（$a$ 为常数），如图 3-1 所示，请同学们根据图中提供的信息，回答下列问题：

（1）从药物释放开始，每立方米空气中的含药量 y（毫克）与时间 t（小时）之间的函数关系式为________。

（2）据测定，当空气中每立方米的含药量降低到 0.25 毫克以下时，人方可进入室内，那从药物释放开始，至少需要经过多少小时，人方可安全进入室内？

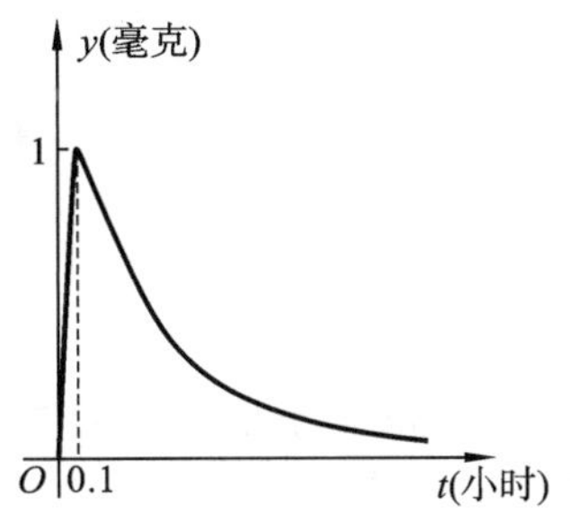

图 3-1　y 与 t 的函数关系

育人契合点：

用消毒液消毒要讲科学讲方法，不然会带来负面效果，曾发生过 84 消毒液与洁厕灵共用、全身喷洒消毒水过量中毒的事件。数学课程育人中引导学生运用数学知识科学地抗击病毒，大力培养学生的科学精神。

公共卫生是关系到一国或一个地区人民大众健康的公共事业。公共卫生的具体内容包括对重大疾病尤其是传染病（如新冠肺炎、结核、艾滋病、SARS 等）的预防、监控和医治；对食品、药品、公共环境卫生的监督管制，以及相关的卫生宣传、健康教育、免疫接种等。例如对新冠肺炎的控制、预防、治疗属于典型的公共卫生职能范畴。在抗疫的这几个月里，我们把加强公共卫生摆在了首要位置。专家预估公共卫生、医学、计算机等专业会是疫情消退后的热门专业。数学课程育人中给学生职业指导，让学生简要地了解职业的目标及内容，做好职业生涯规划。让学生在重大灾难面前思考人生，思考前进的方向。引导学生从医护工作者舍生忘死的职业精神中吸取力量，增强承担人类健康、国家发展的历史使命感。

2020 年 3 月 18 日，武汉单日新增确诊病例终于"清 0"，累计确诊 50 005 例。这期间，武汉人民深深体会了武汉城市的病痛。我们放弃了一切户外活动，当起了宅男宅女，过起了自我幽闭的生活，这需要强大的心理承受能力。同学们线上上课，从数学课程中汲取力量，直面困难，勇于承担，乐观生活。在长达两个多月的自我隔离中，数学知识转化成抗击疫情的强大力量，数学精神转化为健康乐观的良好心态，拥有积极健康乐观的生活态度会让学生受益终生。

三、案例反思

我们不是单纯地为了学习数学而学习，而是要更多地运用于实践，转变为生产力。学科学，爱科学，用科学；学数学，爱数学，用数学。教师帮助学生综合运用已有的知识和经验，经过自主探索和合作交流，解决与生活经验有密切联系的、具有一定挑战性和综合性的问题，发展学生解决问题的能力。教师创设出实际问题情境，把数学知识用于抗击疫情，让学生体会到数学的力量，发现数学的实际价值，管窥数学的魅力。数学不但帮我们解决生活中的实际问题，而且能帮助我们以严谨的、逻辑的方法分析和解决问题。数学是人类思维的重要工具，具有重要的应用价值。教师如何创设出合情合理的数学情境，需要敏锐的洞察力与较强的专业能力，这是我们要长期探索的课题。

第四章 普通高中英语课程育人探索

教育部《中小学德育工作指南》明确提出外语课堂要注重和加强对学生国际视野、国际理解和综合人文素养的培养。《普通高中英语课程标准(2017 年版 2020 年修订)》中明确指出普通高中英语课程的总目标是全面贯彻党的教育方针,培育和践行社会主义核心价值观,落实立德树人根本任务,在义务教育的基础上,进一步促进学生英语学科核心素养的发展,培养具有中国情怀、国际视野和跨文化沟通能力的社会主义建设者和接班人。

第一节 英语课程的育人价值

一、高中英语课程的地位和特点

英语课程让学生通过英语学习和实践活动,逐步掌握英语知识和技能,提高语言实际运用能力,并在这个过程中磨砺意志、发展思维、拓宽视野、丰富生活经验、发展个性和提高人文素养。

1. 课程地位

英语课程在中学教育中占有重要的地位,属于必修的基础学科之一。基于《普通高中英语课程标准(2017 年版 2020 年修订)》中明确的普通高中英语课程的总目标和课程具体目标,可以得出结论,英语学科不仅在培养学生的英语知识和技能方面不可替代,而且对于完成基础教育的使命、培养适合未来社会发展的人才具有重要意义。

语言是文化的载体,语言学习离不开对文化知识的习得,也离不开对语言所承载的文化背后的态度和价值观的分析与判断,即学生通过语言学习获得文化知识,在对语言和文化进行比较、分析、批判和评价的基础上发展逻辑思维、批判思维和创新思维,形成正确的文化认知、态度和判断力,坚定文化自信,树立正确的价值观念,做出正确的行为选择。可见,英语课程的重要作用包括但又不仅仅局限于以下几点:

第一,使学生掌握获取信息资源的工具。英语作为一种国际性的、官方的交际语言,是世界上使用范围最广泛的语言,是进行国际交往的重要工具。无论是从使用人数还是使用范围上讲,在当今信息时代,英语均是承载信息最重要的载体,不掌握英语就跟不上世界前进的脚步。

第二,使学生具备用英语理解和表达自己的能力。语言最基本的功能就是交流,提高学生语言能力就是要使学生能够在实际生活中将学习的知识进行整合并因势利导,服务于他人,服务于社会。始于 2019 年末的新冠肺炎在各地爆发期间,江苏无锡一派出所组织"涉外服务队",分别用法语、德语、日语、英语进行有效的防疫宣传;CGTN(中国国际电视台)中,武汉籍清华女生张睿茹的英文演讲《疫情后,我读懂了万众一心》,讴歌了身边的英雄,弘扬了万众一心、世界携手、共克时艰的抗疫精神。

第三，使学生开阔眼界，具有国际性视野。语言学习过程也是了解和认识世界多样性和文化多元性的过程。掌握了英语这个国际交流的语言工具，就能够更好地了解不同国家在应对同一事件的差异性，而这些差异性映射的是不同国家的历史、社会、秩序、人际关系、思维方式等诸多方面的不同。所以在中学阶段，多介绍国外文化，拓宽学生的眼界，在巩固加深学生对一门语言理解的同时，也为培养学生国际性视野夯实了基础。

第四，发展学生的思维能力。了解不同于汉语的思维方式不仅能增强学生的思辨能力，还能使学生使用多种思维方式看问题。学生多接触外国思维，在比较中，在不一样的体验中去发现不同、理解差异，使学生在学习语言的过程中培养兼收并蓄、包容开放的胸襟。

第五，使学生形成正确的世界观和价值观。有比较才有鉴别，在对比中，学生感受到不同文化国度的各种差异，经由教育工作者、家长、社会的正确有效引导，形成对是非曲直、真善美的正确认识，真正成为社会主义所需要的新型人才。

2. 课程特点

1）工具性

从语言的基本职能而言，英语是交流和传递文化的工具；就语言的功能而言，英语课程还具备发展学生认知能力和交际能力的功能。引导学生在真实的社会情境中运用英语与他人沟通交流，提高跨文化交际能力，向世界传播中华文化，把其他国家的文化介绍到国内；引导学生利用英语获取更多的学习资源和学习方法，不断提升学习能力。

2）人文性

英语教育的本质是人文教育，在培养学生语言运用能力的过程中，渗透着情感、态度、价值观的教育。英语课程承担着提高学生综合人文素养的任务，引导学生通过学习英语开阔视野、丰富生活经历，形成跨文化意识，增强爱国主义精神，发展创新能力，形成良好的品格和正确的人生观与价值观。

3）工具性和人文性的统一

英语课程首先需要培养学生的语言运用能力，其最终目的是引导学生通过英语理解它所承载的文学、历史、社会、政治、文化和精神，培养学生的文化品格。引导学生不仅要利用语言了解和掌握其他国家的文化知识，更重要的是懂得尊重不同的文化，并且汲取其他文化中的优秀成分。

二、高中英语课程的育人要素

英语学科的课程育人是指在语言知识教学和语言技能培养的过程中，教师通过自身的修养和示范，激发学生学习兴趣，帮助学生逐步养成自主学习、终身学习的习惯，在语言学习和积累的同时，强化爱国意识和民族自信心，拓展国际视野，逐步掌握跨文化交际的能力。前提是充分挖掘学科中蕴含的育人要素。

依据《普通高中英语课程标准（2017 年版 2020 年修订）》中指出的英语学科核心素养，高中英语课程所蕴含的育人要素包括以下几个方面。

1. 爱国主义教育

英语教材中，不乏描写祖国风景名胜的篇章课文。如 The Palace Museum，The Great Wall，The Mount Tai 等，教师就像一个有经验的导游，借助教材带领学生饱览名胜、探幽寻美，启发学生在祖国大自然的美景面前，升起一种崇高的敬意，热爱祖国的富饶土地、优美山川。在学习模块5第二单元 The United Kingdom 的国旗时，教师可让学生辨识不同国家的国旗，并让他们解释五星红旗的含义，介绍近百年来中国人民的英勇奋斗史，告诫他们不能忘记过去。接着模拟香港、澳门回归的景象，让他们高举香港和澳门的区旗投入祖国母亲的怀抱。同时，又可结合当前政治动态，让学生知道台湾是祖国神圣领土不可分割的一部分，在中国地图上找到台湾、香港、澳门，激发每个学生强烈的爱国之情和中国领土神圣不可侵犯的主权意识。

2. 正确的世界观、人生观、价值观

英语教材中富含可供挖掘的德育元素。模块7第一单元 Living well 的主人翁 Marty 身残志坚、积极向上的人生态度给我们上了很好的一课；模块6第三单元 A healthy life 中爷爷勉励孙子戒烟的信，无疑也是我们培养健康的生活方式，形成积极的生活态度的指路明灯；模块4第一单元 Women of achievements 中的林巧稚、第二单元 Working the land 中的袁隆平，模块5第一单元 Great scientists 中的著名中外科学家，他们孜孜不倦、数十年如一日的潜心研究，终取得累累硕果，奉献社会，造福世界人民。教材中类似的人物比比皆是，向学生传递着正确的世界观、人生观、价值观。

3. 理解与尊重

在英语课堂学习中，学生通过学习模块3第一单元 Festivals around the world，了解和对比中外传统节日的异同，探讨节日对文化认同、文化传承的价值和意义；模块2第五单元 Music 中介绍了几种国外流行音乐的发展历史，使学生有机会沉浸在风格迥异的各类音乐中，学生享受音乐的同时，无疑也潜移默化地受到熏陶，在对比中，使学生尊重和包容文化的多样性；模块6第二单元 Poems 通过对国外几种诗歌体裁的介绍，在与中国唐诗宋词的对比中，使学生坚定文化自信，主动担负起传播中华优秀传统文化的责任和使命。通过了解中外文化的差异，学生形成得体有效的跨文化交际能力，能够在繁杂的外媒传播中明辨应有的价值取向；在广泛吸收国外优秀文化成果的同时，认识人类发展的相互依赖性和共同价值，树立人类命运共同体意识。

4. 环保意识

模块1第二单元 English around the world，模块2第一单元 Cultural relics、第五单元 Music，模块3第三单元 The Million Pound Bank Note，模块6第二单元 Poems，模块8第四单元 Pygmalion 等内容所涉及的文学名著、诗歌、建筑及音乐引导学生从不同维度去感知人与社会这一主题语境下的微妙关系。模块1第三单元 Travel journal、第四单元 Earthquakes，模块2第四单元 Wildlife protection，模块3第五单元 Canada—"The True North"，模块5第二单元 The United Kingdom，模块6第四单元 Global warming、第五单元 The power of nature，模块8第一单元 A land of diversity 和模块9第三单元 Australia 都能够被我们挖掘使用，既让学生了解世界主要国家地理概况、自然环境现状、自然遗产保护情况，更唤醒了人与环境、人与动植物理应和谐共生的意识，进而激发学生去更多地了解自然科学研究成果、探索地球与宇宙奥秘的热情。

三、高中英语课程的育人价值

1. 英语学科核心素养

《普通高中英语课程标准(2017 年版 2020 年修订)》将英语学科核心素养归纳为语言能力、文化意识、思维品质和学习能力四个方面。这四个方面相互渗透、相互促进。通过提升学生的语言能力,不但可以提升学生的国际理解水平,促使他们形成积极的情感态度和正确的价值观,还可以提升他们的思维能力和自主学习能力。反过来,其他三个维度的构建也有助于学生提高自己的语言能力和学习自信,从而激发他们的学习兴趣,提高学习效率,为终身学习打下良好的基础。

英语学科核心素养蕴含了丰富的育人价值。那么,这些育人价值如何具体融入英语学科核心素养的四个方面呢?这是我们在认识和理解英语学科核心素养时必须明确的,也是指导我们实现高中英语课程目标的前提。

2. "语言能力"之育人价值

语言能力就是用语言做事的能力,涉及语言知识、语言意识和语感、语言技能、交际策略等。其中,语言意识包括对语言的形式、意义、社会功能以及学习语言对个人和国家发展的意义等方面的认识。英语模块的每个单元都有对应的话题,教学中要注意适时结合时代、时事有效利用、科学引导,充分发挥其育人功能。在学习基础知识的同时,在社会情境中,以听、说、读、看、写等方式理解和表达意义,包括在此过程中形成的语言意识和语感。英语语言能力是构成英语学科核心素养的基础。英语语言能力的提高蕴含文化品格、思维品质和学习能力的提升,有助于学生拓展国际视野和思维方式,开展跨文化交流。

3. "文化意识"之育人价值

文化意识是指要了解掌握其他国家的文化知识,更重要的是要懂得如何尊重不同的文化并且汲取其他文化的优秀方面。高中英语应该使学生了解不同国家的生活方式、传统习俗和风土人情,理解不同文化群体的文学、艺术等的不同表现形式,理解不同文化之间不同的价值观念,从本质上认识世界的多样性及文化的多元性,能够观察、分析、比较中外文化之间的异同,做出自己的评价,形成尊重、包容不同文化的多元文化素养。

使学生理解不同语言所承载的文化内涵和价值观念,理解优秀文化的精神内涵,欣赏、鉴别美好事物,形成健康的审美情趣、正确的价值观念和积极的道德情感,并从人类文明的角度认识中华文化,了解中华文化对世界文明的贡献,具有国家认同感和家国情怀。

通过丰富的实践活动,使学生形成开放、交流、和平的人本理念,能够从文化和历史角度看待不同的社会形态,增进国际理解。

4. "思维品质"之育人价值

思维品质是指在思维的逻辑性、批判性、创新性等方面所表现的能力和水平。学习语言既是英语学习的目的,也是学习中外人文和科学知识、促进学生心智发展的重要途径。学生在学习语言的同时,学习其所承载的文化,通过获取、梳理、概括、整合、比较、分析、批判、评价等体现逻辑性、批判性和创新性的思维活动,获得知识,理解含义,表达观点,树立文化自信,形成正确的价值观念。

通过学习英语,引导学生由文化表象认识文化现象形成的原因,了解不同文化的内涵和历史，丰富文化体验。在文化鉴赏力不断提高的基础上，引导学生由表及里理解文化差异，学会尊重不同文化，形成借鉴先进文化和抵制不良文化的意识，

在了解西方文化的基础上，引导学生逐步加深对祖国文化的理解，认识祖国文化的多样性和历史发展。不断提高学生的文化认同感和归属感，增强学生的民族自尊心和自信心。帮助学生逐步形成传承中华文化的意识和能力，形成弘扬中华文化的责任感。

5. “学习能力”之育人价值

学习能力指学生积极运用和主动调适英语学习策略、拓宽英语学习渠道、提升英语学习效率的意识和能力。凭借互联网，足不出户我们也可以迅速掌握瞬息万变的世界信息；通过原版阅读，我们可以享受异国他乡原汁原味的文化；听外语歌曲，领略世界上最流行的音乐。然而学习能力的发展必须基于学生对英语学习策略的有效运用和迁移，这些策略包括元认知策略、认知策略、交际策略和情感策略。帮助学生发展有效的学习策略，对提升学生学习能力、适应终身发展具有重要意义，这也促进了我们“培养什么样的人”的目标最终能够真正实现。

第二节　英语课程育人实施建议

依据《普通高中英语课程标准(2017 年版 2020 年修订)》，高中英语课程包括必修、选择性必修和选修三类课程，应有针对性、有重点地开展育人实践。

一、高中英语必修课程

（一）模块 1

1. 课标要求

通过学习这一模块，学生能够了解英美国家的人在行为举止和待人接物等方面与中国人的异同，学习如何得体地处理差异并实现有效沟通，初步感知和体验语言的美，增强对祖国大好河山的热爱；了解自然灾害对人类造成的破坏性后果，领会到人类应与大自然和谐相处，了解英美等国家的一些伟大人物及其成就和贡献，具备学习和借鉴人类文明优秀成果的意识。

2. 育人目标

通过本模块的学习，学生能够完成初高中在学习习惯和方式上的衔接，能够逐步开始以自主发展为目标的高中学习，能够促进学生的合作沟通能力，体验到用英语交流和合作的快乐；能够产生保护人类共同家园的努力方向，能够建立人类命运共同体的意识，能够增强学生的社会责任感，能够培养学生的家国情怀。

3. 实施建议

(1) 与本校位于英美等英语国家的友好学校取得联系，帮助学生建立笔友或者网友的关系，了解国内外疫情的实际情况，从而从实际生活中了解英语语言的运用，培养初步的跨文化交流意识，初步建立国际理解，打开国际视野，同时促进合作学习。

(2) 观看“Nature is Speaking”系列公益影片，倾听大自然的所知所见，倾听大自然给予人类的建议，认识大自然对于人类的重要意义，培养人与自然和谐相处的意识。

(3) 请本校知名校友英文讲述在 2020 年初新冠肺炎期间的学习和工作经历，通过了解其对社会和国家的贡献，培养学生为了中华崛起、世界和平而读书的信念。

（二）模块2

1. 课标要求

通过学习这一模块，学生能够了解世界重要历史文化现象的渊源，树立人类命运共同体意识；了解英美等国家主流体育运动，感悟中外体育精神的共同诉求；了解电脑科技的发展，培养信息素养；了解英美等国家地理概况和旅游资源，加深对于人与自然关系的理解；发现并理解西方国家的不同文化元素，增进跨文化理解。

2. 育人目标

通过本模块的学习，学生能够对人类文明和文化的发展有更深层次的理解，从而提高独立思考和判断的能力；能够注重个人身心健康发展，树立竞争与合作共存的意识，从而树立正确的人生观和价值观；能够利用信息技术获取学习资源，从而开拓视野。

3. 实施建议

(1) 组织全班参观省博物馆，了解省内、国内和世界上关于流行病的传染和抗疫等文明发展的历史，认识人类文明的优秀成果，分组用英语讨论人类文明发展的进程和成果。

(2) 围绕即将在2020年9月底举办的校体育节，写一篇英文发言稿，号召同学们积极参加各项目，通过运动提高免疫力，强身健体抵抗疾病侵袭，并发扬奥运精神。

(3) 观看TED演讲视频，上网搜索英美国家著名外刊网址，并下载近期关于各国抗疫方面的新闻，阅读并在班级里进行分享。

（三）模块3

1. 课标要求

通过学习这一模块，学生能够了解英美等国家的主要传统节日及其历史与现实意义，探讨中外传统节日的异同；了解饮食文化，树立个人身心健康意识；了解英美等国家在文学方面的发展，培养跨文化交际意识；了解生命起源，培养科学素养；了解英美等国家的主要习俗，尊重和包容文化的多样性。

2. 育人目标

通过本模块的学习，学生在对本国及英美等国家的文化有更广更深层面的理解的同时，感悟语言和文化之间的密切关系，通过探讨中外文化的异同产生文化认同的意识，了解文化传承的价值和意义，具备传播中华优秀传统文化的意识。除此之外，学生能够进一步树立健康的价值观，树立为延续中华优秀文化而在当代提升科学素养的信念。

3. 实施建议

(1) 利用“英语趣配音”等手机应用程序，选择感兴趣的文化主题，如抗疫主题的英文配音视频We are all fighters、《舌尖上的中国》的英文配音版本A Bite of China等，进行视频配音学习，在班级分享配音小视频，在配音中激起学生的社会责任感，在配音中感受美好中华美食文化，增强对幸福生活的追求。

(2) 分组排练并演出《百万英镑》高潮片段，观看《百万英镑》原版电影，了解英美国家语言以及文化的异同。

(3) 与英国友好学校的朋友取得联系，向其介绍抗疫期间中国人居家时正在进行的春节和元宵节庆祝，并了解英国家庭在接下来复活节里的居家打算。

（四）模块4

1. 课标要求

通过学习这一模块，学生能够对中外优秀女性的努力和成就有所了解，对于现代农业科技发展有所了解，能够理解语篇里的不同文化元素，能够认识英美等国家语言和非语言沟通方式的社会和文化特色，能够了解中外社会生活习惯的异同，增强国际理解，拓宽国际视野。

2. 育人目标

通过本模块的学习，学生能够通过探讨中国和英美等国家在语言、艺术、娱乐方面的异同，增进文化自信，增进对于多元文化的认知，提升跨文化交际意识，发展批判性思维；在对伟大女性的成就和农业科技发展的学习过程中，结合自己的职业生涯规划，有目标、有选择地确定自己未来的发展方向，包括眼下的选科走班。

3. 实施建议

(1) 观看查理·卓别林著名影片《淘金记》，感受默片时代的英式幽默，体会肢体语言在交际中的意义和作用，分组用英语交流观后感，小组代表选择不同层面的观后感在班级里分享。

(2) 再次阅读本校校本教材《高中学生学业生涯规划导读》，写一篇150字左右的英语作文，阐述自己初步的学业规划和选科想法。

(3) 在校生物创新创业社团进行分组学习，了解校园植物宝宝诞生全过程，了解葡萄酒和护肤品的制作及销售过程，了解循环经济园的运作原理，了解生物园地里秧苗的栽种过程，学习用英语讨论和分享以上科学方面的知识和实践，在班级里进行交流。

（五）模块5

1. 课标要求

通过学习这一模块，学生能够了解已发生的全球性灾难，从而认识到人与自然应该和谐相处；能够对人类在征服世界的过程中伟大科学家的努力和贡献有所了解，珍惜人类的优秀文明成果，并树立远大的职业理想；能够了解运用现代媒体手段的新闻传播，能够运用科学知识处理日常生活事务，能够展望基于科技发展而打造的未来生活；能够对英国这一英语国家的历史、地理、社会和文化有所了解。

2. 育人目标

通过本模块的学习，学生能够树立提升个人文化素养的理想，立志实现社会价值和彰显家国情怀；能够运用现代信息科技手段，向英美等国家人士传播中华优秀传统文化和现代化发展，在培养科技素养、锻炼沟通能力的同时进一步提升文化自信；学习并传播健康防疫知识，加强自身身心健康意识，履行社会责任。

3. 实施建议

(1) 组织一次英语空中班会。通过电子技术手段，提醒大家铭记在2020年初抗击新冠肺炎疫情期间为国家做出巨大贡献的钟南山、李兰娟等科学家，采访社区里为本次疫情倾尽己力做出贡献的普通医护人员、社区工作人员和志愿者，再次强调人与自然和谐相处的必要性，讲述防疫注意事项。

(2) 个人示范并拍摄居家卫生健康和防疫抗疫英语科普小视频，在班级分享并择优上报社区，供在本地居住的外国朋友学习。

(3) 分小组搜索英美等国家主流媒体对于新冠肺炎疫情的报道，与国外友好学校的朋友交流相关情况，并向外国朋友介绍中国疫情过后的现状。

二、高中英语选择性必修课程

（一）模块6

1. 课标要求

通过学习这一模块，学生能够对西方美术发展史和中西方文学发展史有所了解，提升个人审美情趣和文化素养；能够学习健康的生活方式，提高个人适应社会的能力，加强公民素养；进一步认识环境保护和灾害防范的重要性，强化人类命运共同体的意识。

2. 育人目标

通过本模块的学习，能够加深学生对多元文化的认识和理解，通过对比中西方历史和文化，增强对中国文化的认同和自信；能够培养更好的个人生活习惯，注重身心健康所带来的生活品质；能够认识人类与自然的关系，强化个人与社会的紧密联系，增强社会责任感，培养家国情怀。

3. 实施建议

(1) 选择中国翻译名家的作品，比如杨宪益翻译的《红楼梦》或者许渊冲翻译的《唐诗三百首新译》等，选择西方著名文学作品，比如英国莎士比亚诗歌或者美国欧·亨利短篇小说，比较中西方作品中对于瘟疫和流行病的描写，进行文学赏析，并在班级上朗诵，课后与老师、同学交流读后感，也可与国外友好学校的网友进行网络交流。

(2) 拍摄家庭及社区健康生活习惯，用英语配音和英语字幕，展示优质公民素养，供周边社区外国朋友参考。

(3) 整理模块1到模块6所提及的自然灾害，以英语作文的方式进行复述，并思考防治自然灾害阶段人与自然、个人与社会的关系。

（二）模块7

1. 课标要求

通过学习这一模块，学生能够加强对弱势群体的关注，树立坚强的人生信念，形成乐观积极的人生观；能够理解和欣赏名人传记与文学名著，感悟其精神内涵，反思自己的人生成长；能够了解英美等国家对外关系，特别是对华关系的历史和现状，加深对于祖国的热爱，捍卫国家尊严和利益。

2. 育人目标

通过本模块的学习，学生能够从国外名人经历和外国文学作品里获得积极的人生态度和价值观启示，比较英美等国家人们在行为举止和待人接物方面与中国人的异同，了解中外文化的差异和融通，在跨文化交际中初步体现交际的得体性和有效性；通过了解对外关系，树立民族自豪感，增强国家荣誉感和责任感。

3. 实施建议

(1) 自主网购英美等国家著名文学作品，选择与语文课本相应的篇章，如海明威的《老人与海》，进行对照学习和理解。

(2) 请班级中有过英语国家游学经历的同学进行游学感受演讲，感受书本之外的中外文化对比，并了解中国在国外的声望和地位。

(3) 积极申请担任国家、省市区、校级对外沟通项目或者外事活动的志愿者，锻炼英语语言能力的同时，提高主人翁意识。采访2020年初到意大利、塞尔维亚等国家担当新冠抗疫医疗志愿者的人士，了解其经历和感想，并通过志愿者加强与外籍人士的合作沟通，展示中华民族的优秀传统和迅猛发展。

（三）模块8

1. 课标要求

通过学习这一模块，学生能够了解英美等国家的地理概况、旅游资源和历史渊源，加深对人与自然关系的理解；能够了解世界前沿的科技发展，认识人类生存需要不断发展；能够初步赏析较复杂的西方文学作品，尊重世界文化的多样性。

2. 育人目标

通过本模块的学习，学生能够增进国际理解，扩大国际视野；体会语言文化对人在社会中的影响，体会积极的心理暗示的作用；能够欣赏他国文化，感受世界历史和现代文明的传承，在增强对本国文化和文明的自豪感的同时，树立人类命运共同体意识。

3. 实施建议

(1) 在成人礼即将来临之际，利用课余时间排练第四单元课文 Pygmalion 原著改编的由奥黛丽·赫本主演的经典电影《窈窕淑女》中对应片段，在成人礼上演出。

(2) 采访班级中校生物社团团员，了解并探讨校园无菌组培室里克隆植物的诞生过程，拍摄图片和视频，制作PPT，在班级英语课导入环节里进行分享，培养学生的科学意识。

(3) 赴当地科技馆实地学习，了解世界前沿科技的发展现状，了解在抗击传染病方面的科学知识，进一步树立为祖国和世界可持续性发展而努力的个人志向。

三、高中英语选修课程(模块9～11)

1. 课标要求

通过选修课程的学习，进一步增进学生对中外文化的理解，加强对优秀文化的认同，树立全球化背景下的国际理解、跨文化认知和行为取向；能够进一步学习如何做人做事，提高文明素养和社会责任感，成为具备中国情怀、国际视野和跨文化沟通能力的社会主义建设者和接班人。

2. 育人目标

通过选修课程的学习，学生能够在走向大学之际，具备高中阶段的英语学科核心素养，具备高中英语学习之后相应的语言能力、文化意识、思维品质和学习能力，主动践行社会主义核心价值观，为实现中华民族的伟大复兴贡献自己的力量。

3. 实施建议

(1) 翻译建国七十周年国庆影片《我和我的祖国》其中一个故事，邀请国外友好学校的朋友共同观赏，并且介绍其中情节和背景。

(2) 开展研究性学习，小组以区、校等地的重要企业和项目为主题，探讨文化或者科技发展，在专业老师的指导下开题并实地走访，进行合作实验和研究，小组学习成果最终呈现为一篇英语论文。

(3) 举行一次班级英语辩论，论题为“在全球新冠肺炎大流行之后，高中毕业生出国留学利大于弊还是弊大于利?”通过辩论，让学生认识到祖国和外国目前发展的相似与不同之处，了解英语作为沟通桥梁在个人发展过程中的重要作用，树立为祖国繁荣昌盛而努力的目标。

总而言之，高中英语教学要和立德树人的教育目标结合在一起，以语言教学为载体，培育学生学科核心素养，最终为社会主义现代化建设培养合格的建设者和接班人。

第三节　英语课程育人评价初探

英语课程育人评价是以《普通高中英语课程标准(2017 年版 2020 年修订)》为依据，运用有效的评价技术和手段，通过科学的方法和正确的途径，多方面搜集适当的事实性材料，对英语课程育人活动的过程及结果进行测定、分析、比较，并在事实判断的基础上给出一定意义的价值判断的过程。

一、高中英语课程育人评价的意义

高中英语课程育人评价的功能和意义是多方面的，主要体现在诊断、鉴定、导向以及激励和改进等方面。首先，以人为本的学生观要求学科教学要促进学生的德、智、体、美、劳全面发展，而思想道德素质的培养是其核心和灵魂。对高中英语课程育人进行评价使我们能够真实、全面、客观地了解和掌握学生的思想道德素质状况，从而促进学校德育工作的不断改进和完善，也能够帮助学生树立正确的世界观、人生观和价值观。其次，对高中英语课程育人价值与成败的判断是建立在对学生现实发展水平的评价之上的，无论是学校还是教师，都必须准确地把握学生发生了怎样的变化，思想道德具体发展状况如何，掌握了哪些知识与技能，对未来的发展应具备的能力强弱如何；只有做出了这些评价，才能对一定时期的英语课程育人教学成果进行总结，以便后期对教学目标、教学计划进行必要的修正与调整。因此，英语课程育人评价和教学指导应是有机结合起来的。再次，英语课程育人评价过程的一部分实际上是一个自我教育的过程，通过评价，让学生了解自己及其他人各方面的发展情况，从而帮助学生了解自我道德发展过程中的进步和不足。让学生看到自己的进步，进一步树立自己的信念和自信心，使他自始至终从内心激发一种获得成功的强烈愿望。同时，也要让学生发现别人的长处、找到自己的短处，使他在评价中受到教育，力求朝着更高的、更有利于自己发展的目标努力。最后，高中英语课程育人评价也有助于英语教师理解英语学科核心素养的内涵及其构成要素，从而在教学中培养学生的心智，通过英语教学培养学生的思维能力和思辨能力；在评价的再教育过程中帮助学生开拓国际视野，增强爱国主义精神和民族使命感，获得自我教育的机会，树立良好的自我教育观，从而促进学生各方面的健康成长。

二、高中英语课程育人评价的原则

高中英语学科有其自身独特的性质和特点，英语课程的工具性和人文性双重属性决定了其进行育人教育的先天优势，英语学科汇集了西方思想和文化的精华，承载了其他学科较难提供的独特育人价值。教师要开发利用好这些资源，站在全球化的战略高度看问题，树立人类命运共同体的理念；随时关注国际国内动态，深入解读文本，挖掘教育潜力，捕捉高中英语课程育人教育的契机，实现学科教学和学科育人的有机融合。在英语课程育人评价的过程中，应遵循以下原则：

1. 交际性原则

语言的主要功能是交际。交际性原则是指高中英语课程育人评价不仅要涉及对学科知识和能力掌握的评价，还涵盖学生运用英语这种语言从听说读写四个方面传递信息进行交际的技能，能够创造性地使用已知的语言表达较复杂的意思，并运用交际策略主动与人进行交流。教师要致力于创造一种和谐、积极、轻松的课堂氛围，提高学生用英语进行交流的积极性，为学生个性发展拓展广阔的空间。比如，在疫情期间，学生不仅要学习英语语言知识，更重要的是通过语言学习，开拓国际视野，科学认识人类命运共同体，并了解新冠肺炎和疫情防控的知识，提高日常防范意识；利用自己掌握的知识与外国笔友，以及在国外的亲朋好友交流防护知识、对疫情的看法，以及提供一些好的建议，还可以运用 E-mail 等方式分享一些信息。

2. 系统性原则

系统性原则是指高中英语课程育人评价不仅要涉及对学科知识和能力掌握的评价，还涵盖对生活方方面面的评价，要使评价标准走出“一把尺子”的误区，迈向“不拘一格”的现代教育评价意识，为学生个性发展拓展广阔的空间。比如，在疫情期间，学生不仅要学习英语语言知识，更重要的是通过语言学习，开拓国际视野，科学认识人类命运共同体并掌握疫情防控的知识。同时，线上学习的方式也给学生自主学习和自我管理能力的培养提出了极大的挑战，因此，在进行英语课程育人评价时，要系统性地涵盖到各个方面。

3. 时代性原则

现代化教育的发展，对学科育人工作的根本要求在于对人的培养和教育如何既符合人类社会的要求，又符合人类自身个体发展的要求。学科课程育人评价既应跟上时代发展的要求，又应经得住历史的考验，还应该看评价能否在育人过程中帮助学生实现自我教育。随着社会的发展和进步，文化的多元化和社会环境的复杂多样化，教育学生的方式途径越来越多样，影响学生道德品质培养的因素也越来越多。学科课程育人评价的内容要体现发展着的社会对人才的要求以及个体发展的要求，例如，在讲授人教版高中英语模块 1 第四单元 Earthquakes 时，教师不应该以老套的方式讲授以往的各种自然灾难，应该引入抗击新冠肺炎这场没有硝烟的战争，引导学生认识各国在这场战役面前都不能独善其身，疫情没有国界，世界各国是休戚与共的命运共同体，以此拓宽学生的国际视野，培养学生的思维能力和思辨能力。

4. 情境化原则

学科课程育人评价只有在一定的情境中才能发挥作用，学科课程育人过程是教、学、评三者一体化的过程。情境化原则是指在实际教学中，教师有目的地引入一段生动具体的场景，以引起学生一定的情感体验，从而帮助学生理解教学内容，并使学生的心理机能得到发展。育人评价活动应贯穿教学的全过程，寓评价活动于具体形象的情境之中，在潜移默化中实现育人目标，检测育人效果。教、学、评在情境中一体化实施，使评价不再凌驾于教学之上或游离于教学之外，而是镶嵌于教学之中，成为情境化教学的有机组成部分，力求最大限度地达成学科育人目标，切实促进学生核心素养的逐步形成与发展。

5. 多样性原则

高中英语课程育人评价重在对日常教学和学生学习过程的观察、监控、记录和评估，全面了解学生的个性特征、学习效果和发展潜能，关注学生的学习过程和成长经历中的课程育人。因此，学科课程育人评价的形式应该是多种多样的。教师要以英语学科核心素养为导向，立足于学生综合素质评价机制，将教学从课内延伸到课外，与学生共同设计形式多样的育人评价活动，比如，针对疫情期间的线上教学，教师可以开发多元主体的评价机制，利用学生居家的特殊情境，引导家庭成员参与评价。同时，还应不断开发动态持续的评价机制。

三、高中英语课程育人评价的指标

英语课程育人评价以教学目标、内容、过程、方法、效果为纬，以整合性、有效性、创新性为经，构建学科教学与育人融合的评价体系。从一节课的教学目标、内容、过程、方法、效果等基本内容，具体评价学科教学与育人融合的整合性及有效性。具体评价指标包括以下几个方面：

1. 育人目标

依据高中英语课程的总目标，制定符合英语学科特点的具体育人目标；根据不同的教学内容、教育教学规律以及学生身心发展的实际水平提出合理有效的课堂育人目标。时代在发展，英语课堂的育人评价目标也要不断改革创新，与时俱进，因时而进，因事而化，因势而新，目标的表述要准确具体，具有可实施性和可操作性。

高中英语课程育人目标主要有五个方面。其一，拓宽国际视野，使学生充分认识到人类是一个命运共同体，国与国之间必须团结合作、守望相助才能共建美好地球家园。其二，培养爱国主义精神，在全民共同战“疫”的过程中，涌现出许多身先士卒的英雄模范和先进事迹，诠释了以爱国主义为核心的民族精神；通过学习典型案例，带领学生感受爱国主义精神的力量，培养学生的家国情怀，同时要引导学生关注社会，感受个人发展与国家命运息息相关，在激扬青春、开拓人生的进程中书写无愧于时代的壮丽篇章。其三，增强社会责任感，引导学生自觉承担起社会责任，正确认识困难，要有坚韧不拔和勇于斗争的精神，以及敢讲真话、敢干实事的担当精神；在抗疫面前，青年学生要勇于担当，知行合一，做一个负责任的人，主动担负起时代责任和历史使命。其四，加强生命安全教育，在抗击疫情的过程中，要引导学生认识到人与自然的相互依存、共生共荣，教导学生学会认知生命、珍惜生命、尊重生命、热爱生命，树立珍视和热爱生命的价值观；促进学生良好品格的养成，帮助学生通过本学科学习逐步形成参与建设社会主义现代化强国以及构建人类命运共同体所必需的价值观念。其五，增强规则意识教育，引导学生崇尚法治，保持理性，分清是非，做一名遵纪守法的新时代公民；带领学生通过剖析疫情期间真实典型的案例，使学生逐渐认识到公民既是合法权利的享有者，又是法定义务的承担者，面对疫情，我们需要遵守规则，用更加理性和客观的态度去对待一切，决不能做无视规则、失去理性的事情。

高中英语课程教学目标与英语课程育人目标是相辅相成、辩证统一的。在英语教学中进行课程育人，是在语言技能、语言知识、情感态度、学习策略和文化意识培养中潜移默化、点滴浸润实现的。因此，教师应充分利用教材、课堂教学、现实生活中的育人因素，积极实施课程育人，在实现英语课程教学目标的同时实现课程育人目标。

2. 育人内容

高中英语课程教学与道德教育是紧密联系、协同发展的，因此在英语课程教学过程中，要使英语课程教学内容与育人内容有机结合，把握英语课程内容的特点和高中学生的心理特征，遵循教育教学的基本规律，充分挖掘教材及课堂中的育人因素，结合学生生活实际，创设以学生为主体的教学活动，建构指向育人的有效策略，在春风化雨、文道合一的教学过程中水到渠成地实现育人意图。

在选择和设计育人渗透点时，突出以下几个方面的育人内容。在语言学习和语言应用的过程中，结合不同话题的教学内容，灵活地联系学生实际，强调发展语以寄物、文以载道、文理兼收的综合人文素养和科学素养，使学生具有国际主义、爱国主义、集体主义精神，热爱社会主义文化，继承和发扬中华民族的优秀传统和革命传统，以全球抗击新冠肺炎为例，通过引导学生学习疫情中国内亿万人民众志成城共同抗疫的真实事件，让学生感受爱国主义生生不息的强大力量，培养民族自信心和自豪感；具有社会主义民主法制意识，遵守国家法律和社会公德，"没有规矩，不成方圆"，特别是在国家重大危难时刻，更需要学生遵守规则，保持理性，分清是非；逐步形成正确的世界观、人生观、价值观，懂得爱与感恩，以那些在抗疫中心怀大爱的逆行者们为榜样，争做一个传播爱、奉献爱、充满爱的人；更重要的是，还要通过对国际形势的分析和学习，认识到人类是一个休戚与共的命运共同体，在经济全球化时代，国际社会必须树立人类命运共同体意识，守望相助，携手应对风险挑战，共建美好地球家园。

3. 育人过程

教师根据教学目标、育人目标、教学内容等来设计各种教学活动和任务，学生在教师的指导下，通过思考、讨论、交流与合作等方式，学习和使用英语，完成学习任务，激发学习的主动性、积极性和创造性。在掌握知识、发展智能、情感体验的过程中潜移默化地影响学生思想道德的形成，从而自然和谐地达成教学和育人目标，同时还能培养学生的合作意识和团队精神。高中英语学科育人过程建立在教师、学生、教材三者和谐统一的基础上，"教师为主导，学生为主体，教材为主源"。在一节英语课堂中，教师既是英语知识的传授者，更是育人者，在充分利用教材和深入挖掘教材中德育因素的前提下，以教师自身的高尚情操影响学生，用爱去激发学生的情感世界，并时刻不忘课程育人。人教版高中英语教材涉及中西方文化、风土人情、历史地理以及生活方式等方面的话题，这些话题都比较贴近学生的实际生活，教师能够较好地帮助学生培养他们的多元文化意识和跨文化交际能力；教师在课堂上用自己的真情打动学生，激发学生学习英语的兴趣，这样，作为教学主体的学生才会以积极健康、乐观活泼的心态积极融入英语课堂，积极思考，自觉配合教师的教学和育人活动，从中受到启发，从而自主地学习英语。教师通过创造性地开展各种"以学生为主体"的教学活动，引发学生的思考和探究，形成正确认识，培养积极感情，引导学生进行自我评价，升华自我认知，得到新的启迪、感悟和收获。"独学而无友，则孤陋屋而寡闻"，《普通高中英语课程标准(2017 年版 2020 年修订)》要求学生学会学习，学会合作。因此，教师在课堂中要尽量为学生提供合作交流的机会。培养学生的团队精神和自主学习的能力，最终培养终身学习的能力。

4. 育人方法

在高中英语教学中，应从培养学生的英语学科核心素养入手，将育人融入教学中，从细节入手，抓住每一个契机对学生进行引导；同时，充分尊重学生的主观能动性和学习的主体地位，调动学生的积极性和参与意识，帮助学生在实践中提升道德素养。

首先，要整合育人资源，全方位进行渗透。在英语教学中，教师应加大育人渗透的频率，有效整合育人教学资源，促进教学与育人的融合。可从学生的日常生活资源、感兴趣的内容中选取具备育人价值的主题组织学生开展课堂讨论，帮助学生在英语交流中树立正确的价值观。其次，要拓展课外资源，丰富育人素材。教师应注意搜集有价值的课外资源，多关注社会时事热点，巧妙地将其融入高中英语教学中，提升育人的有效性，例如，在抗击疫情的战役中，教师应着重加强生命安全教育、爱国主义教育、社会责任教育、规则意识教育，把疫情变成教育素材，让学生在灾难中获得成长和历练，构建正确的世界观、人生观、价值观。尤其应关注疫情期间可歌可颂的英雄人物和事迹的相关信息，以及身边的英雄人物和志愿者们的光辉事迹，可利用这些素材引导学生在思辨过程中体会到担当、尽责和奉献精神。最后，要充分发挥学生的主观能动性，培养创新意识。在高中英语教学中开展育人活动，需要教师创新教学理念，充分尊重学生的主观能动性和学习的主体地位，引导学生通力合作、共同参与。

5. 育人效果

在英语教学中，教师努力挖掘教材因素，巧妙设计教学过程，适宜、适时、适度地进行育人渗透，使学生在掌握知识、发展智力的同时，身心健康方面也有所进步，真正得到全面发展。让学生既能运用所学知识完成任务，使所学知识得到进一步操练、巩固、连贯和提高，使学生的语言运用能力得到加强，又使他们受到良好思想的熏陶，使他们的情感得到交流、习惯得到培养、道德品质受到积极的影响。同时，还能培养学生的合作意识和团队精神。

高中英语课程育人评价量表如表 4-1 所示。

表 4-1　高中英语课程育人评价量表

评价项目	评价内容	分值	得分
育人目标	依据高中英语课程的总目标，制定符合英语学科特点的具体育人目标；根据不同的教学内容、教育教学规律以及学生身心发展的实际水平提出合理有效的课堂育人目标；目标的表述要准确具体，具有可实施性和可操作性	10	
育人内容	英语课程教学内容与育人内容有机结合，把握英语课程内容的特点和高中学生的心理特征，遵循教育教学的基本规律，充分挖掘教材及课堂中的育人因素，结合学生生活实际，创设以学生为主体的教学活动，建构指向育人的有效策略，在春风化雨、文道合一的教学过程中水到渠成地实现育人意图	25	
育人过程	教师根据教学目标、育人目标、教学内容等来设计各种教学活动和任务，学生在教师的指导下，通过思考、讨论、交流与合作等方式，学习和使用英语，完成学习任务，激发学习的主动性、积极性和创造性；在掌握知识、发展智能、情感体验的过程中潜移默化地影响学生思想道德的形成，从而自然和谐地达成教学和育人目标，同时还能培养学生的合作意识和团队精神	25	

续表

评价项目	评 价 内 容	分值	得　分
育人方法	从培养学生的英语学科核心素养入手，将育人融入教学中，从细节入手，抓住每一个契机对学生进行引导；同时，充分尊重学生的主观能动性和学生的主体地位，调动学生的积极性和参与意识，帮助学生在实践中提升道德素养	20	
育人效果	育人渗透适宜、适时、适度，使学生在掌握知识、发展智力的同时，在身心健康方面也有所进步，真正得到全面发展	20	
总分		100	

第四节　英语课程育人探索案例

案例一　保护野生动物，促进人与自然和谐发展
——*No Wildlife Trade, No Epidemic Disaster* 课例

一、案例说明

1. 目标阐释

根据调查研究，最初华南海鲜市场被认定为病毒爆发的源头，这不是一个单纯交易海鲜的市场，而是暗地里从事着野生动物交易，同时在某些野生动物身上检测到了病毒。由此看出，人们对野生动物的保护意识较为薄弱。因此，在武汉抗疫的特殊时期，更加有必要积极引导学生保护野生动物，理解人与自然和谐相处的重要性。同时，结合《普通高中英语课程标准(2017年版2020年修订)》总目标，本节课中根据学生认知能力发展的特点和学业发展的需求，在进一步发展学生综合语言运用能力的基础上，着重提高学生用英语获取信息、处理信息、分析问题和解决问题的能力，形成健全的情感、态度和价值观。

2. 实施路径

在新冠疫情背景下，这节阅读课在武汉市教育云平台开展，以新型冠状病毒的宿主，即野生动物为话题，通过阅读课外有关野生动物贸易的文章，引导学生分析野生动物贸易存在甚至繁荣的原因，培养学生尊重自然、敬畏自然的意识。同时，依托人教版英语模块2第四单元课程资源，带领学生总结抵制野生动物交易的途径，帮助学生树立抵制野生动物贸易，从而保护野生动物，避免如新型冠状病毒引发的肺炎类流行病灾难再次伤害人类，培养人与自然和谐共处的意识，实现立德树人的育人任务。这节课还要求学生能从文字材料中获取主要信息，利用上下文和句子结构猜测词义，根据上下文线索预测故事情节的发展，进行简单推理，根据不同的阅读目的使用不同的阅读策略，通过不同渠道查找所需信息，从而实现提高学生阅读技能的要求。

二、案例描述

1. 片段一：导入新课

通过头脑风暴和时事新闻导入话题。（见图 4-1）

（1）老师请学生说出近几年国内外大规模爆发的流行病；

（2）让学生听一段关于新型冠状病毒的新闻报道，写出报道中的疫情相关数据，感受疫情的严重性；

（3）学生在教师提问下总结出几种已发生流行病的共同源头——野生动物。

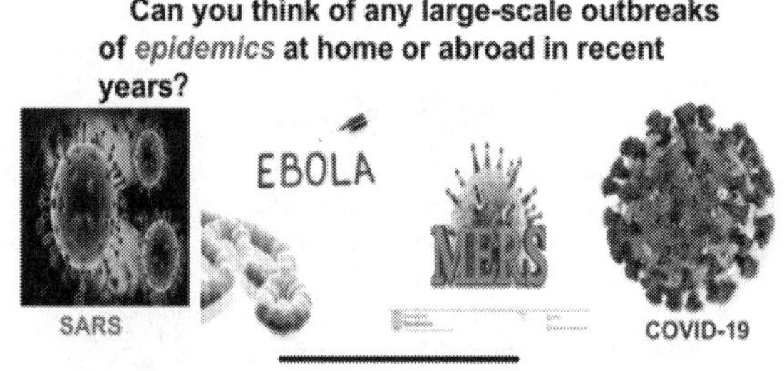

图 4-1 导入新课

育人契合点：

通过播放新闻引导学生思考传染病和野生动物交易之间的关系，启发学生反思如今肆虐全球的疫情的产生原因，认识人类活动与各种传染病之间的关系。PPT 中大量野生动物的图片极易吸引学生注意力，激活学生的知识体系，能够使学生快速进入学习状态。播放的新闻报道，用大量的数据来体现疫情的严重性，让学生从客观理性的角度感受疫情的严重，为培养学生的社会责任感和从源头遏制疫情的意识做好铺垫。

2. 片段二：时文阅读

引导学生阅读有关穿山甲贸易的文章，并完成阅读理解的相关题目。然后，学生继续阅读有关人们热衷进食野生动物的采访报道，提炼出三方面的原因。在两篇阅读完成之后，学生对于进食野生动物和健康哪一个更重要进行对比，并在老师的帮助下，通过填空题总结出本节课的主旨。最后，让学生联系人教版高中英语课本上已学的相关主题单元的阅读文章，结合时事热点，阐述杜绝野生动物贸易和保护野生动物的具体实施方法。（见图 4-2 和图 4-3）

育人契合点：

学生阅读关于时事热点的外刊文章时，能够更好地理解文字背后传达的深刻内涵。由于阅读内容贴近生活，学生能够很快地掌握相关词汇，提高阅读技能。在此基础上，学生能够了解野生动物贸易猖獗的原因，探索发现人们进食野生动物的原因；使学生树立正确的价值观，明白人类与自然环境之间的辩证关系。最后，联系所学，锻炼学生运用所学知识解决现实问题的能力，培养学生新的自然观和社会责任感。

3. 片段三：线上辩论赛

学生通过阅读输入了大量的信息之后，或多或少都会有一定的启发，想出一些野生动物保

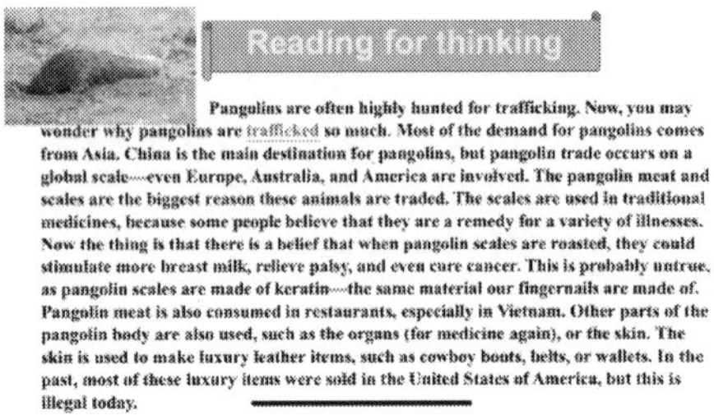

Reading for thinking

Pangolins are often highly hunted for trafficking. Now, you may wonder why pangolins are trafficked so much. Most of the demand for pangolins comes from Asia. China is the main destination for pangolins, but pangolin trade occurs on a global scale—even Europe, Australia, and America are involved. The pangolin meat and scales are the biggest reason these animals are traded. The scales are used in traditional medicines, because some people believe that they are a remedy for a variety of illnesses. Now the thing is that there is a belief that when pangolin scales are roasted, they could stimulate more breast milk, relieve palsy, and even cure cancer. This is probably untrue, as pangolin scales are made of keratin—the same material our fingernails are made of. Pangolin meat is also consumed in restaurants, especially in Vietnam. Other parts of the pangolin body are also used, such as the organs (for medicine again), or the skin. The skin is used to make luxury leather items, such as cowboy boots, belts, or wallets. In the past, most of these luxury items were sold in the United States of America, but this is illegal today.

图 4-2　外刊阅读

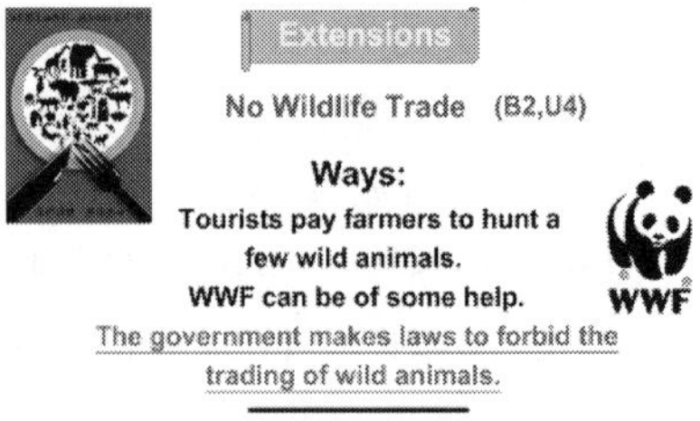

Extensions

No Wildlife Trade　(B2,U4)

Ways:

Tourists pay farmers to hunt a few wild animals.

WWF can be of some help.

The government makes laws to forbid the trading of wild animals.

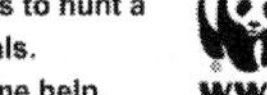

图 4-3　总结保护野生动物的方法

护策略。因此，这一环节主要交给学生，让学生通过在线连麦的功能进行在线辩论。学生分两方，每方三名成员，就“建立自然保护区和人工饲养，哪一个更有利于保护濒危野生动物”话题进行辩论。（见图 4-4）

Debate

Although our country has banned the illegal wildlife trade to eliminate the bad habits of eating wild animals, a lot more should be done to protect endangered species.

Which do you think is a better way, establishing nature reserves or artificially breeding them?

图 4-4　辩论话题

育人契合点：

在大量阅读的基础上，学生树立了健康饮食的观念，对于保护野生动物的措施也有了很多的想法。在语言输入之后，语言的输出环节必不可少。在疫情下，学生缺乏语言交流的机会，因此这一环节可以为学生创造机会，锻炼他们的语言表达和逻辑思辨能力，学会在权衡各种措施的利弊之后，合理地表达自己的想法，提出有现实意义的宝贵意见。同时，辩论赛也有利于培养学生的团队合作意识。最后，让学生主动探讨保护野生动物的措施，加深了他们对人和自然关系的认识，牢牢铭记这节课上的感悟。

三、专家点评

本节课是一节阅读课，旨在帮助学生克服阅读理解恐惧心理的同时，全面提升学生阅读技能。总体来讲，课前准备充分，材料地道新颖，课堂容量饱满、重点突出，难点有效突破，学生参与积极，课程育人体现充分。备课充分，精心选材，教学环节设计形式新颖，层层铺垫，环环相扣。材料选自原汁原味的外刊报道，为有效化解外刊语料中的词汇障碍，授课教师能充分考虑学情，适度扫除制约学生理解的超纲词汇，既有的放矢训练学生在语境中猜测词义的能力，又最大限度地保证学生对材料的理解与把握，为之后完成阅读任务提供保障。特别是导入部分的设计，听力材料处理中的挖空突出核心内容的考虑和设计无不体现出教师“以学生为本”的教学理念，也有效避免了阅读课堂上师生互动冷清的尴尬局面。

课堂活动形式多样，教学手段使用娴熟，师生互动亲切和谐，课堂氛围让人如沐春风。教育云网上课堂和 QQ 语音连线互动，二者有机结合，既克服了教育云空间互动延迟的窘境，也保证了课堂的流畅性，有效增强了互动质量和效率。循循善诱的语言和亦师亦友的课堂氛围使学生完全忘记了研讨课有人围观的担心和顾虑，真正做到德育渗透之润物细无声。

案例二　弘扬武汉抗疫精神培养社会责任意识
——*Super heroes around us* 课例

一、案例说明

1. 目标阐释

武汉这座城市被钟南山院士评价为一座"英雄的城市"，武汉人民的抗疫努力也得到了世界卫生组织的肯定。赢得这场"战疫"的胜利极大地激发了我们的民族自豪感，越来越多的人意识到，是千千万万英勇抗疫的平凡英雄缔造出抗疫之伟大成果。作为一名高中英语教师，在这段特殊的网课期间，既要引导学生学习英语中的热门词汇、关注国际抗疫形势，也要培养学生的爱国意识和社会责任意识，传承和发扬武汉的英勇抗疫精神，从而构建社会主义核心价值体系。

2. 实施路径

在英语学科的校本课程中，我们不以课本话题为基本内容，而是围绕学生需要关注和探讨的话题来开发紧跟时事和原汁原味的英语课程资源。本节课选取了中国国际电视台(CGTN)制作的纪录片和武汉籍清华大学在校生张睿茹的演讲，让学生学习当下国际热门词汇和培养英语听说能力的同时，从自己身边的英雄身上获得启发，传承和发扬英雄精神。

二、案例描述

1. 片段一：导入新课

学生分小组以 Superhero 为主题，发表主题演讲，引入本节课话题。这一环节以学生感兴趣的电影角色吸引学生注意力，激活学生知识体系，使学生能够迅速进入学习状态。

育人契合点：

学生在以小组为单位准备主题演讲的过程中，通过相互合作搜集图文资料、制作 PPT，亲身体会团结协作的重要性，培养了学生的合作精神。此外，由于所选话题是 Superhero，学生在准备这次主题演讲的过程中，真切地领会到英雄精神的深刻内涵，使他们受到英雄力量的鼓舞，在接下来的课程学习中产生更多更强烈的情感共鸣。

2. 片段二：播放《武汉战疫纪》纪录片

作为一节听说课，本节课以《武汉战疫纪》纪录片为主要的视听内容，让学生带着问题观看纪录片片段，并完成听力理解的相关题目。然后，教师引导学生学习纪录片中的关键语言知识，积累与主题相关的词汇。在此基础上，带领学生更加深刻地感受一线抗疫工作者的无私付出。(见图 4-5)

育人契合点：

借助视听材料，让学生沉浸在第二语言学习环境中，锻炼了学生的英语听力能力。视频的片段侧重于介绍武汉抗疫工作者的工作内容，以及他们工作任务的繁重程度，教学内容围绕着

图 4-5 纪录片语言知识讲解

平凡的英雄展开，让学生看到身边默默付出的社区工作者、快递员、公交车司机、建筑工人都在用平凡的行动守护着我们的城市，进而为树立学生的社会责任意识和正确的价值观奠定基础，让学生理解英雄精神的内涵，明白自己身上肩负的使命，激发他们努力为社会发展做出贡献的决心和斗志。

3. 片段三：清华大学张睿茹演讲分享

在这个教学片段中，教师剪辑了张睿茹演讲片段分享给学生，让学生理解疫情之下中国人民“万众一心”的真正含义，无论是2003年抗击“非典”，还是2008年汶川抗震救灾，再到今年抗击新冠疫情，中国人民面对挑战始终保持团结友爱，让学生感受平凡人带给我们的爱的光辉。（见图4-6）

图 4-6 张睿茹演讲分享

育人契合点：

通过演讲分享，学生体会了“万众一心”的真正含义，明白了无论在何种灾难面前，中国人民始终团结一心，共同战胜困难险阻。作为英语教师，更应该积极地向学生传递爱国情怀和民族精神，在教授英语知识的同时，引导学生勇于承担社会责任，培养学生坚韧不拔和勇于斗争的精神，期待他们都能成为自己的超级英雄。

三、案例反思

本节课是一节听说课，结合疫情当下的官方视听材料，旨在帮助学生通过精听练习，提高听力水平，学习热门词汇；在语言积累的基础上，实现语言输出，提升口语能力，培养民族自豪感、文化自信心，激励学生勇于承担社会责任。在学生口语展示环节中，可以在学案和 PPT 上打出关键词，既便于学生复习本节课的重点单词，也一定程度上降低了口语表达的难度，从而增强学生表达的自信心。

案例三　《传承武汉英雄精神致敬防疫决战胜利》诗歌朗诵活动

一、案例说明

1. 目标阐释

目前，国内的新冠疫情已经基本稳定，这离不开医护人员和全国人民的共同努力，同时也离不开社会各界以及世界各国的热心帮助。现在其他国家正饱受病毒折磨，我国也积极帮助其他国家抗疫。自 21 世纪以来，经济全球化的脚步加快，地球也被人们赋予了一个可爱的名字——地球村。没有任何一国人民是孤军奋战的，全世界人类的命运是一体的。中国在全球化的进程中也一直积极宣扬“人类命运共同体”理念，在这次全世界各国携手抗疫中更是树立了一个负责任、有担当的大国形象。以此为背景，通过英语诗歌朗诵活动，向学生传递“人类命运共同体”的理念，实现培养英语学科核心素养的目标。

2. 实施路径

疫情暴发以来，我校教师也积极参与了紧张的抗击疫情工作。2020 年 2 月 4 日，这是一个令人感动且难忘的日子，就在这一天，我们收到了来自友好学校——英国威尔士斯旺西高尔中学的问候，这深深感动了全校师生。为了传递这份温暖，同时也让学生真切地理解“人类命运共同体”的深刻内涵，帮助学生养成尊重、宽容、平等、开放的跨文化心态和客观、无偏见的跨文化观念。由语文组老师谱写了一首情真意切的诗，再由英语组老师翻译成英文，最后由同学们饱含真情地集体朗诵。作为一线英语教师，在这个抗击疫情的关键时期，我们能够做的就是积极为学生创设英语语言环境，为学生搭建国际交流的平台，提升学生的人文素养，让学生更好地理解“人类命运共同体”的理念。

二、案例描述

1. 片段一：传递“人类命运共同体”理念

2020 年初新冠疫情暴发后，武汉得到全国各地的支援；与此同时，很多国家也纷纷往中国运送防疫物资，在关键时刻给我们送来温暖。火速修建火神山、雷神山医院的工人们、奋战在抗疫一线的医生和护士、主动报名的防疫志愿者，还有宅家努力学习的同学们，都是这个特殊时期里的英雄。立春之日，在抗击疫情最紧张的时刻，我校收到了来自英国威尔士斯旺西高尔中学的慰问信，使我校全体师生感受到来自大洋彼岸的温暖。受此感染，语文组老师创作了诗歌，并由英语组老师译成英语，一同向高尔中学表示由衷的感谢，并在文字中感受中国人坚定的抗疫决心和“人类命运共同体”的深刻含义。

以下为诗歌节选：

我不会忘记，

Never will I forget that,

2020 年 2 月 4 日，

On February 4,2020,
在我们四十九中人抗击疫情最紧张的时刻,
When fighting against the epidemic at the most tense moment,
来自英国威尔士斯旺西高尔中学的致意。
the regards from Gower College Swansea we staff of Wuhan No. 49 High School received.
诚挚的问候和支持,
Its sincerest greetings and support,
温暖我们的心底。
Warmed our souls.
我不会忘记,
Never will I forget that,
2018 年初春梅姨访问武汉,
When Teresa May visited Wuhan in the early spring of 2018,
"中英灵动青春盛典"的接见中,
Interviewing her in the "UK-China Spirit of Youth Festival",
有我们的学姐向雨祺。
Was the graduate of our school Xiang Yuqi.
我不会忘记 2018 年暑期,
Never will I forget that in the summer vacation of 2018,
我们四十九中获邀访问剑桥,
Our school was invited to visit Cambridge,
进行科技与文化的深入交流;
Where we carried out in-depth exchanges in science、technology and culture;
我不会忘记,
Never will I forget that,
2019 年阳春三月,
In March,2019,
吕向东校长回访高尔中学,
Principal Lv Xiangdong paid a return visit to Gower College Swansea,
人文交流,续写友谊。
for cultural exchanges and friendship continuation.
高尔人送来的不仅仅是慰问与关切,
From Gower were sent not only greetings and concerns,
而是面对疫情的同气连枝,
but also the empathy in face of the epidemic,
命运一体。
and the community of a shared future.

育人契合点：

随着我国基础教育新课程改革的全面深入开展，借鉴国际课程与教学经验、国际交流与合作、开展国际理解教育成为高中办学模式探索的有效途径。疫情期间，我们组织了英语朗诵活动，期望达成三个育人目标"人文素养、中国情怀、国际视野"，鼓励学生积极面对困难、关注国际社会、增强学生的民族自豪感。

2. 片段二：弘扬民族文化

诗歌中融入了诗和成语，老师和学生在翻译的过程中，更加深刻地体会了中华文化的丰富内涵。

以下为诗歌节选：

"与子同裳，岂曰无衣。"

"Fear not the want of armor, for mine is also yours to wear."

"山川异域，风月同天。"

"Lands apart, sky shared."

一衣带水的日本人民，

Japanese people are our close neighbors separated only by a strip of water.

一起战斗的我们，

They are fighting with us.

一定会迎来"辽河雪融，富山花开"的美好春日。

Together, we will definitely enjoy the arrival of spring when "snow disappears along Liao River and flowers appear on Fuji Mountain".

育人契合点：

近二十年来，我们的英语教学更多地强调西方文化的输入，导致很多中国学生成为"中国文化失语者"。因此，在英语教学中，我们也肩负文化教育的使命，向学生展示西方文化的同时，填补"中国文化失语"的空白。在诗歌中，对中国诗词和成语的引用与翻译，让学生领略汉语的魅力，加强学生传播中国传统文化的意识。随着中国综合国力的不断增强，中国抗疫取得举世瞩目的成绩的背景下，学生的民族自豪感不断增强，英语教师就更有必要通过英语这一文化交流的重要工具，为学生打开世界的大门，使学生能把民族文化带出国门，推向世界。

3. 片段三：培养国际意识

诗歌中介绍了许许多多在疫情期间给予我们慷慨帮助和支援的国家，他们举全国之力，给我们加油打气，让我们感受到亲人般的温暖，也让我们知道，在抗击疫情中我们不是一个国家在战斗。

以下为诗歌节选：

山川相连的巴基斯坦与我们战斗在一起；

Pakistan, linked to us by mountains and rivers, is fighting with us.

十天三次援华，第一时间运来23吨医用物品，

They sent medical supplies weighing 23 tons to us without any hesitation and offered their help three times in ten days.

战斗民族俄罗斯与我们战斗在一起；

Russia,a warrior nation,is fighting with us.
哪怕只是100欧元,
Even if it's only 100 euros,
也是支援我们战胜疫情的拳拳心意,
it stands for their sincere concern and support for us to win the battle.
非洲科摩罗人民与我们战斗在一起。
The Comoran people in Africa are fighting with us.
是啊,"青山一道同云雨,明月何曾是两乡",
"Together with green mountains,in windy showers are you and I bathed;
lying in different parts,the same bright moon we admire along."
我们不是一个国家在战斗,
Our nation is not fighting alone,
我们身后有强大的"人类命运共同体"!
because we are backed by"the Community with Shared Future for Mankind"!

育人契合点:

学生在创作和朗诵诗歌的过程中,关注了国际时事,引领他们站在更高的角度思考问题。在全球疫情的严峻形势下,我们深刻地认识到作为人类命运共同体的一分子,唯有团结一致、共同抗敌,才能取得这场战疫的胜利,迎来更加美好的未来。在这一背景下,青年学生更加有必要开拓国际视野,培养国际意识,时刻关注国际事件,最终提高自己的人文素养,成为真正的国际化人才。

三、案例反思

这次的英语诗歌朗诵活动以弘扬武汉抗疫的英雄精神为主题,同时对英国威尔士斯旺西高尔中学的致意表示感谢。学生的朗诵温暖动人,不仅突出了武汉的地域特色,而且也结合了师生身边的案例,使学生在发展英语语言水平的同时,更加坚定打赢这场"战疫"的决心。通过合作撰写诗歌和合作朗读的形式,在特殊时期让学生感受到互相支持的力量,体会到众志成城的中国力量。最重要的是,在这个过程中,开拓了学生的国际视野,激发了学生的爱国情怀。

第五章 普通高中思想政治课程育人探索

教育部《中小学德育工作指南》要求，高中思想政治课程教育和引导学生热爱中国共产党、热爱祖国、热爱人民，拥护中国特色社会主义道路，弘扬民族精神，增强民族自尊心、自信心和自豪感，增强公民意识、社会责任感和民主法治观念，学习运用马克思主义基本观点和方法观察问题、分析问题和解决问题，学会正确选择人生发展道路的相关知识，具备自主、自立、自强的态度和能力，初步形成正确的世界观、人生观和价值观。《普通高中思想政治课程标准(2017年版 2020 年修订)》要求高中思想政治课程以立德树人为根本任务，以培育社会主义核心价值观为目的，帮助学生确立正确的政治方向、提高思想政治学科核心素养、增强社会理解和参与能力。

第一节 思想政治课程的育人价值

爱因斯坦在《论教育》中指出："从学校走出来的不应该只是一个专家，而应该首先是一个和谐的人。"可见，教育除了传授知识、培养技能以外，更重要的是对学生进行人格的塑造、情操的陶冶。2017 年，教育部印发的《中小学德育工作指南》中也明确指出，高中学段要借助思想政治课堂教学，依据课程标准，积极开发课程资源，创新教学方法，落实思想政治学科核心素养，以实现思想政治课程育人价值的最大化。

一、高中思想政治课程地位和特点

习近平总书记在全国教育大会上强调，要在党的坚强领导下，全面贯彻党的教育方针，坚持马克思主义指导地位，坚持中国特色社会主义教育发展道路，坚持社会主义办学方向，立足基本国情，遵循教育规律，坚持改革创新，以凝聚人心、完善人格、开发人力、培育人才、造福人民为工作目标，培养德智体美劳全面发展的社会主义建设者和接班人，加快推进教育现代化、建设教育强国、办好人民满意的教育。

高中思想政治课程是落实立德树人根本任务的重要渠道，新时代的高中思想政治教师要引导正处于拔节孕穗期的高中生扣好人生第一粒扣子，树立正确的世界观、人生观和价值观。

1. 课程地位

2019 年 3 月，习近平总书记主持召开学校思想政治理论课并强调：青少年是祖国的未来、民族的希望。上好思想政治课程非常必要，是培养一代又一代社会主义建设者和接班人的重要保障。

从课程定位看，高中思想政治课程是落实立德树人根本任务的关键课程，以培育社会主义核心价值观为目的，是帮助学生确立正确的政治方向、提高思想政治学科核心素养、增强社会理解和参与能力的综合性、活动型课程。从纵向看，它是小学品德与生活、品德与社会，初中思想品德与法治课程的延续,同时也为高校思想政治理论等课程的学习打下基础。从横向看,它与时事政治教育相互渗透,与高中其他课程教学和学校德育工作相互配合,共同完成思想政治教育立德树人的历史使命。

2. 课程特点

1）课程内容的综合性

高中思想政治课程内容丰富,包含必修课程四个模块,选择性必修三个模块,立足于中国特色社会主义实践,以马克思主义基本原理为指导,用马克思主义中国化成果尤其是习近平新时代中国特色社会主义思想武装学生的头脑,引导学生了解中国特色社会主义新时代的经济、政治、文化、社会、生态文明建设和党的建设成果,形成政治认同、科学精神、法治意识和公共参与等核心素养,坚定中国特色社会主义道路自信、理论自信、制度自信、文化自信,基本形成正确的世界观、人生观、价值观。

2）学校德育工作的引领性

2017 年,教育部印发的《中小学德育工作指南》中指出,德育工作要最大程度地发挥学校、家庭、社会相互补充、相互配合的育人合力。其中,学校德育对高中生的道德品质、理想信念等影响最大。高中思想政治课程作为学校课程育人的核心课程,具有鲜明的政治性,其教学内容本身就是德育渗透的优秀素材,通过引导学生理论联系实际,让学生在社会实践活动的参与中、在自主探究的思考中提高道德品质,自觉践行社会主义核心价值观。

3）课程实施的实践性

《普通高中思想政治课程标准(2017 年版 2020 年修订)》中建议,思想政治课程一是通过思维活动和社会实践活动等方式呈现,设计符合学生身心发展规律的主题活动来阐述理论观点,如每一个单元的“综合探究”栏目,旨在通过议题探究、案例分析、实地调研、撰写小论文等方式,引导学生在自主学习、自我体验、自我表达中感悟真理的力量。二是倡导探究式的教学方法,凸显课程实施的实践性和探究性,以强化实践环节和探究环节来进一步丰富教学内容、改变教学方式和学习方式,促进学生的主动发展。三是倡导开展形式多样的社会实践活动特别是劳动活动,“口说不如身临,耳闻不如目睹”高中思想政治教师组织开展的社会实践活动,应当以中学生的思维发展规律和心理特点为前提,从学生的实际生活、长远发展出发,创造有效情境,让学生亲自参与,从实践中体验学习的魅力,在开放体验中获得成功的快乐,在民主和谐的情境中使社会主义核心价值观内化为学生的精神追求,外化为学生的自觉行动。

二、高中思想政治课程的育人要素

依据《普通高中思想政治课程标准(2017 年版 2020 年修订)》和思想政治学科核心素养,高中思想政治课程所蕴含的育人要素如下:

1. 中国特色社会主义共同理想

一个国家,一个民族,要同心同德迈向前进,关键是高举理想信念的旗帜。通过学习思想政治课程必修模块 1《中国特色社会主义》,学生能够结合社会实践活动,了解人类社会发展的总趋势和基本规律;懂得资本主义终将被社会主义取代的历史趋势;认可坚持和发展中国特色社会主义,是实现中华民族伟大复兴中国梦的必由之路;了解中国特色社会主义的开创与发展，坚定中国特色社会主义道路自信、理论自信、制度自信、文化自信；树立中国特色社会主义共同理想和共产主义远大理想。例如，模块1《中国特色社会主义》第四课“只有坚持和发展中国特色社会主义才能实现中华民族伟大复兴”，教材以图片和文字的形式呈现了党的十八大以来中国特色社会主义事业取得的辉煌成就，通过引导学生分组交流对新时代的感受，使其深刻感受面对新时代、新要求，只有树立中国特色社会主义共同理想，并付诸实践，才能担负起时代重任。

2. 社会主义核心价值观

全社会共同认可的核心价值观，是一个国家、一个民族最持久、最深沉的力量。要让中国特色社会主义事业后继有人，就要把培育和践行社会主义核心价值观作为凝魂聚气、强基固本的基础工程。高中思想政治课程对学生进行道德规范教育，融合了公民基本道德规范的内涵和社会主义核心价值观的内涵，在学生的心中埋下真善美的种子。例如，高中思想政治课程必修模块4《哲学与文化》第九课“发展中国特色社会主义文化”，教材引用了管仲“四维说”，即管子主张的维系社会稳定的社会道德标准和行为规范——礼、义、廉、耻四个纲要。教材引导学生开展拓展性学习，挖掘中国优秀传统文化资源，将社会主义核心价值观和学生的生活实际紧密联系起来，发挥正确价值观的导向作用。

3. 国家意识和国家安全

国家意识即生活在同一国家的居民在长期共同的生活、生产、斗争中形成的对整个国家认知、认同等情感与心理的总和。通过学习思想政治课程选择性必修模块1《当代国际政治与经济》，学生能正确分析当前世界经济、政治发展趋势，理解各国相互联系、相互影响的程度空前加深，全球性问题呼唤构建人类命运共同体；懂得和平与发展是时代主题、国际合作不是选择而是必然；辩证看待当今国际组织在国际事务中的作用；明确国家利益和国家性质是决定国际关系的主要因素；厚植家国情怀，自觉履行维护国家统一和民族团结的义务。

4. 马克思主义哲学

再好的思维方式，如果成了思维定式，都是灾难，所以，我们要培养创新精神首先必须打破思维定式，培养科学的思维方法。例如在学习必修模块4《哲学与文化》第三课“把握世界的规律”这一内容时，教材专门列举了学生耳熟能详的成语、俗语，如“唇亡齿寒”“名师出高徒”等，引导学生思考其中蕴含的哲学道理——世界是普遍联系的。例如，为了让学生深刻感受联系的普遍性、客观性和多样性，有的教师专门借用学校的微机房，一上课就引入了“音乐与养牛”的材料，“这不是对牛弹琴嘛！”一位同学脱口而出，全班同学都笑了，教师也借此机会微笑着说：“我们文科班的同学反应真快，相信大家都知道‘对牛弹琴’的故事，但是，音乐和养牛之间真的是毫不相干吗？给大家5分钟的时间，请大家借助多媒体计算机查阅资料、合作探究。”学生立刻分组行动起来，在之后的交流展示中，不少同学都列举了“对牛弹琴”有利于奶牛增产的实例，开拓了思路，培养了创新精神及辩证唯物主义的科学思维方式。

三、高中思想政治课程的育人价值

1. 思想政治学科核心素养

学科核心素养是课程育人价值的集中体现，是学生通过课程学习逐步形成的正确价值观念、必备品格和关键能力。思想政治学科核心素养，是学生发展核心素养在思想政治课程学习中的具体体现，主要包括政治认同、科学精神、法治意识和公共参与。所谓高中思想政治课程的育人价值，即在高中思想政治课程教学中，必须贯彻党的教育方针，坚持德育为先，做到立德树人和培育学科核心素养的有机统一，培养新时代中国特色社会主义事业的合格建设者和可靠接班人。

那么，就思想政治课程而言，学生学习思想政治课程后应树立什么样的价值观念？具有什么样的必备品格和关键能力呢？

2. 思想政治课程培育的价值观念

习近平总书记在党的十九大报告中指出，社会主义核心价值观是当代中国精神的集中体现，凝结着全体人民共同的价值追求。青少年正是树立世界观、人生观、价值观的重要时期，在人生这个重要关头，对青少年进行社会主义核心价值观的教育十分必要。而德育是高中思想政治课程的显著特征和内在要求，高中思想政治课程作为学校进行社会主义核心价值观教育的主阵地，教师理应不断创新，深入挖掘课程中蕴含的社会主义核心价值观，帮助学生增强社会责任感，培养学科核心素养。

《普通高中思想政治课程标准(2017 年版 2020 年修订)》中指出，具有政治认同素养的学生，应能够明确社会主义核心价值观是公民最基本的价值标准，自觉践行社会主义核心价值观，树立共产主义远大理想和中国特色社会主义共同理想。如在教授必修模块 4《哲学与文化》第四单元“认识社会与价值选择”时，有的教师使用了该班级班主任及科任老师的图片，并让学生自己讲老师的感人事迹。可想而知，学生看到自己熟悉的老师很兴奋，课堂气氛顿时高涨起来，学生在良好的课堂氛围中懂得了人生的真正价值在于个人对社会的责任和贡献这个知识点，潜移默化中把爱国、敬业、诚信、友善的社会主义核心价值观内化为自我意识，形成了正确的人生价值观。

3. 思想政治课程养成的必备品格

必备品格不同于关键能力可看见、可衡量，它是一种隐性的、看不见、摸不着的素养，主要表现为学生的情感、态度、价值观，对学生的全面发展起着至关重要的作用。我们要求高中生通过思想政治课程学习，具备科学精神、法治意识等必备品格。

科学精神主要表现为能够运用马克思主义的科学世界观和方法论看待自己、社会和世界的发展，在纷繁复杂的生活中做出正确的价值判断和价值选择。如在教授必修 4《哲学与文化》“正确认识中华传统文化”时，为了让置身于麦当劳、好莱坞、苹果产品等外来文化中的 00 后高中生辩证地看待传统文化，领会对中华优秀传统文化进行创造性转化、创新性发展的重要意义，激发学生的思想共鸣与心灵眷念，提升学生的人文素养，树立起中华文化自信与认同。可以将学生分成几个小组，开展“寻找共同的文化记忆”交流活动，让他们课前搜集自己或父母生活的地区的风土人情、家乡风俗、家乡名人等，认识自己生活的乡土故里，点燃他们的浓浓乡情。

法治意识即引导高中生自觉知法、守法、用法，为建设社会主义法治国家贡献自己的力量。如在教授选修课程模块 1《财经与生活》时，可以“为什么要依法纳税?”为议题组织引导学生进行合作探究、小组讨论，最后全班交流。通过这一贴近学生生活的探究活动，以生活现象辅助教学，让学生的思维在生活化情境中碰撞，提炼出以下重要观点：在我国，税收是取之于民，用之于民；国家利益和个人利益在根本上是一致的，国家各项职能的实现，必须以社会各界缴纳的各种税收作为物质基础；因此，依法纳税是公民的基本义务。总之，本节课的教学设计充分挖掘生活素材，使学生自觉牢固树立依法纳税光荣的信念，以主人翁的态度监督国家对税收的征管和使用，同违反税法的行为作斗争。

"有德有才是正品，有德无才是次品，无德无才是废品，有才无德是危险品。"高中思想政治课程意识形态属性强，是国家意志和社会主义核心价值观的集中体现，具有特殊重要的育人作用。高中思想政治课程的教师理应在教学中关注本学科核心素养的培育，实现课程育人，引导学生把爱国情、强国志、报国行自觉融入坚持和发展中国特色社会主义事业、建设社会主义现代化强国、实现中华民族伟大复兴的奋斗之中。

第二节　思想政治课程育人实施建议

根据《普通高中思想政治课程标准（2017 年版 2020 年修订）》，高中思想政治课程包括必修、选择性必修和选修三类课程，必修课程是全体学生必须完成的学业，选择性必修课程是选择本课程作为学业水平等级性考试的学生必须完成的学业，选修课程是学生自主选择学习的课程，可根据学生个性化发展需要开设。新课标和新教材讲述马克思主义基本原理，讲述马克思主义中国化成果，充分体现习近平新时代中国特色社会主义思想，全面融入了社会主义核心价值观，注重培养学生的政治认同、科学精神、法治意识和公共参与等核心素养，注重落实立德树人的任务，引导学生坚定道路自信、理论自信、制度自信、文化自信，培养德智体美劳全面发展的社会主义建设者和接班人。高中思想政治课程具有自身育人的优势和特色，教师应结合学生的认知规律，有针对性地充分挖掘高中思想政治学科课程的育人特色。

一、高中思想政治必修课程

（一）模块 1：中国特色社会主义

1. 课标要求

本模块的学习着眼于人类社会的发展历程，立足于中国特色社会主义的伟大实践，明确中国特色社会主义是科学社会主义理论逻辑与中国社会发展历史逻辑的辩证统一，中国特色社会主义已进入新时代，引导学生树立为共产主义远大理想和中国特色社会主义共同理想而奋斗的信念。

2. 育人目标

通过本模块的学习，学生能透过探究不同国家和社会的发展过程，并结合实践活动，把握历史进程的统一性和多样性，了解人类社会发展的一般过程和基本规律，明确社会发展的必然趋势，分别从理论逻辑和历史逻辑层面，懂得中国特色社会主义是科学社会主义的成功实践，理解坚持和发展中国特色社会主义，是实现中华民族伟大复兴中国梦的必由之路，坚定中国特色社会主义共同理想，树立共产主义远大理想。

3. 实施建议

（1）绘制展板，标识各种社会形态，比较他们的差异，了解社会形态的更替，以树状图的形式呈现近代中国探索复兴路的历程，真正了解为什么只有社会主义才能救中国，牢固树立共产主义远大理想。

(2) 开展探究式学习，让学生搜集资料，讨论在抗击疫情的背景下，中国特色社会主义制度的优势在哪里？使学生真正体会到中国特色社会主义制度的优越性，从而增强制度自信。

(3) 开展议题式学习，以改革开放以来，用大数据信息说明中国经济、社会发展各个方面取得的成就为议题，让学生搜集资料，展示学习成果。如以小见大，以新“食”代看中国人的消费升级，从现象到问题本质。感受中国由站起来到富起来到强起来的伟大历史飞跃和中华民族伟大复兴的美好前景。

(4) 通过对比 2003 年我国应对非典型肺炎的措施和 2020 年应对新冠肺炎的措施，感受我国应对公共卫生突发事件能力的提高，增强道路自信和制度自信。

（二）模块 2：经济与社会

1. 课标要求

依据习近平新时代中国特色社会主义经济思想的基本原理，讲述我国社会主义基本经济制度，了解社会主义市场经济的基本特征，阐释指导我国经济社会发展的新理念，帮助学生理解全面深化改革的意义，更加认同社会主义市场经济体制，提升学生在新时代参与社会主义现代化建设的能力。

2. 育人目标

通过本模块的学习，学生能够结合社会实践活动，运用中国特色社会主义政治经济学的基本观点，观察和分析经济社会现象；针对一些社会经济问题提出自己的意见和建议，提高自身参与经济生活的能力；通过了解坚持社会主义市场经济和深化经济体制改革的意义，以及以人民为中心的发展思想，理解社会主义基本经济制度的优越性。

3. 实施建议

(1) 开展议题式学习，让学生通过走访当地财政部门、社会保障部门、居民等，评析政府在防控疫情期间运用再分配手段保障和改善民生的举措，感受我们的政府是人民的政府，以人民为中心的发展思想。

(2) 搜集疫情期间为保障国民经济平稳运行，国家出台的宏观经济政策资料，探究政府应如何随着宏观经济形势的变化合理运用调控手段。

(3) 就青山区转变经济发展方式的某方面情况进行调研，剖析存在的问题及其原因，提出对策建议，提高参与经济生活的能力。

(4) 以“践行社会责任，促进社会进步”为议题开展教学，在劳动中实现人生价值，让学生讲述疫情期间依旧坚守工作岗位劳动者的故事，引导学生尊重劳动、热爱劳动，并要求结合自己的实际情况，拟订学习计划和成才计划，为今后成为新时代合格的劳动者而努力。

（三）模块 3：政治与法治

1. 课标要求

以党的领导、人民当家作主、依法治国有机统一为主线，讲述党的领导是人民当家作主和依法治国的根本保证，人民当家作主是社会主义民主政治的本质特征，依法治国是党领导人民治理国家的基本方式，奠定学生政治立场与法治思维的基础。

2. 育人目标

通过本模块的学习，了解中国共产党的性质、宗旨和指导思想，明确党的执政地位是历史和人民的选择；了解中国特色社会主义政治制度的基本内容、特点和优势，从而增强制度自信；了解全面推进依法治国的总目标，理解推进国家治理体系和治理能力现代化的重要性；培养学生有序参与国家政治生活和社会公共生活的能力。

3. 实施建议

（1）组织参观烈士陵园、革命遗址、革命历史展览馆等相关教育实践基地，充分发挥武汉红色教育基地的优势，如武昌农民运动讲习所、陈潭秋故居、八七会议旧址等，在参观学习的过程中了解党史，学习中国共产党的性质、宗旨和指导思想，明确党的执政地位是历史和人民的选择。

（2）从政治的角度解读公民在抗击疫情期间可以做什么，全面解读公民参与政治生活的内容和需要把握的原则，增强学生有序参与公共生活的意识和能力。

（3）组织学生学习当下疫情期间先锋模范党员的事迹。充分理解党员的先锋模范作用，以及当下保持党的先进性和纯洁性所面临的新问题和新挑战；思考党如何在大战中践行初心使命，在大考中交出合格答卷。

（4）针对当前疫情期间的热点问题，模拟人大代表就当前人民群众关心的问题撰写提案。

（5）社区是疫情联防联控的一线，思考群众在社区联防联控一线发挥的作用，怎样体现了人民群众当家作主。

（6）开展热点问题的讨论，讨论我国政府在防控疫情期间做了什么，怎么体现政府的职能和责任，真正意义上感受我们的政府是为人民服务的政府。

（7）以如何坚持依法治疫，精准保障服务，推进国家治理体系和治理能力现代化为议题，开展议题式学习。思考中国的制度优势如何在抗疫中转化为治理效能。

（四）模块4：哲学与文化

1. 课标要求

通过学习，知道马克思主义哲学是科学的世界观和方法论，坚持实践、历史、辩证、发展的观点，在实践中认识、追求和发展真理，在社会生活和个人成长中做出价值判断和价值选择。

2. 育人目标

通过本模块的学习，学生能够结合社会实践活动，了解马克思主义哲学的基本原理；能运用马克思主义基本观点认识世界，指导自己的生活和学习，学会用实践来检验认识的真理性；培养学生在尊重世界文化多样性的基础上，继承中华优秀传统文化和革命文化，发展社会主义先进文化，增强学生的文化自信；指导学生形成正确的世界观、人生观、价值观，面临选择能做出正确的价值判断和价值选择。

3. 实施建议

（1）通过学习古代哲学天人之辩、形神之辩、理气之辩、名实之辩、心物之辩，了解哲学的基本问题，感受中国古代哲学的魅力，增加学生对中国文化的认同，增强文化自信。

（2）开展研究性学习，战胜疫情需要哲学思维，党中央对于防控疫情的全部一盘棋部署如何体现整体与部分的关系，理解抗疫中的哲学智慧。

（3）比较2003年我国应对非典型肺炎的措施和2020年应对新冠肺炎的措施，分析为什么要做到具体问题具体分析，怎样做到具体问题具体分析。

（4）开展新时代中国精神的学习活动。在抗疫期间，中国人民表现出的众志成城、守望相助的团结精神，顾全大局、爱国奉献的奉献精神，勇于担当、敢于斗争的斗争精神，尊重科学、善于创新的科学精神，团结合作、命运与共的担当精神等，都为丰富新时代中国精神添加了浓墨重彩的一笔。

(5) 围绕“前途是光明的，道路是曲折的”的议题，讨论湖北和武汉疫情防控形势的发展趋势。

二、高中思想政治选择性必修课程

(一) 模块1：当代国际政治与经济

1. 课标要求

围绕当今世界多极化与经济全球化趋势，解析不同的国家性质和国家形式，说明国际关系的主要影响因素和世界经济发展的基本特点，介绍国际组织的主要类型及其作用，引导学生在拓展国际视野的过程中，坚持总体国家安全观，坚定不移地走中国特色社会主义道路，积极贡献中国智慧和力量，推动构建人类命运共同体。

2. 育人目标

通过本模块的学习，培养学生融入国际社会的开放态度，顺应和平与发展的时代主题和世界多极化发展趋势，理解当前各国紧密联系，培养命运共同体的意识。在全球视野中观察不同国家的政治制度，从而坚定中国特色社会主义道路自信、理论自信、制度自信、文化自信，增强总体国家安全观，自觉维护国家主权、安全和利益。

3. 实施建议

(1) 列举不同国家在控制疫情中的做法，对比不同国家制度和管理方式，在全球视野中了解不同国家的政治制度，感受在抗击疫情期间，我们国家所发挥出的无可比拟的制度优势。

(2) 以“中国援外抗疫，构建共同命运”开展议题教学，搜集全球抗击疫情合作的资料，解读如何构建人类命运共同体。世界卫生组织对中国抗击疫情做出了积极评价：中国是负责任的大国，积极承担国际责任，坚决阻断疫情的传播，维护世界人民的健康与安全。让学生感受到祖国的大国担当，以及如何在国际视野下构建人类命运共同体。

(二) 模块2：法律与生活

1. 课标要求

聚焦公民依法维护合法权益的法律行为，了解婚姻家庭中的法律关系和法律责任、劳动关系的法律保障、社会纠纷的解决机制和法律程序，为学生进一步发展思想政治学科核心素养、增强法治意识，提供日常生活中的法律常识。

2. 育人目标

通过本模块的学习，学生能够结合生活实际，更加全面地认识公民的民事权利与义务；学会用调解、仲裁、诉讼等法律手段解决生活中的矛盾和纠纷，进一步提高主动学法的意愿、自觉用法的能力，做一个懂法、守法、会用法的公民。

3. 实施建议

(1) 模拟求职、招聘、应聘等活动，评议雇主和雇员之间的法律关系，说明各自的权利和义务，增加学生参与社会主义市场经济的法律常识，更加认同中国特色社会主义法治体系。

(2) 组织学生学习劳动合同法,展开讨论:疫情防控期间,劳动者哪些合法权益是必须保障的,哪些情况下用人单位是不能与劳动者解除劳动合同的,哪些情况下用人单位是可以与劳动者解除劳动合同的,当劳动者的合法权益受到侵害时,如何依法维权。让学生感受到劳动者的合法权益是有法治保障的,提高学生学法的意愿和用法的能力。

(3) 组织或者模拟商业行为,讨论合同对经济活动和社会生活的意义;引用实例,说明合同订立的基本规则;让学生明白如何通过合法的方式参与社会主义市场经济,遵守社会主义市场规则。

(三) 模块3:逻辑与思维

1. 课标要求

通过本模块的学习,让学生经历探究的过程,学会遵循思维的规律,把握辩证的思维方法,提高创新思维能力,正确运用科学思维方法去探索世界,去处理生活和学习中遇到的问题。

2. 育人目标

通过抽象思维和形象思维,知道科学思维的意义,树立科学精神。让学生学会运用辩证的思维方式去看待生活和工作中遇到的问题,以及体会人的认识都是从"感性具体—思维抽象—思维具体"途径不断深化的历程。通过本模块的学习,让学生掌握更多的思维方法,打破常规思维,提高创新思维能力,将正向思维和逆向思维、发散思维和聚合思维相结合。

3. 实施建议

(1) 组织学生辨析"飞矢不动""白马非马""人一次也不能踏进同一条河流"的论题,培养学生的逻辑思维能力,学会用辩证的思维去处理学习和生活中遇到的问题。

(2) 结合实际生活让学生学会平衡和统筹长远目标和阶段目标、整体目标和具体目标,学会运用科学的思维指导自己的学习和生活。

(3) 讨论例如"如何把梳子卖给和尚"的问题,打破常规思维,培养学生的创新思维。

三、高中思想政治选修课程

(一) 财经与生活

1. 课标要求

开设本模块的课程,是满足帮助学生更好地立足于社会主义市场经济运行和社会主义现代化建设的需要,了解经济生活的基本概念和原理,提升参与经济生活的能力,帮助学生进一步树立正确的财富观与人生观。

2. 育人目标

通过本模块的学习,让学生了解货币的发展历程和职能,了解个人的收入与支出,让学生树立正确的财富观和消费观,君子爱财,取之有道,用之有节。通过各种方式了解政府的收支情况,培养学生的公共参与精神。在参与市场经济中,培育公平、法治的价值取向和敬业、诚信的价值准则。

3. 实施建议

(1) 分享身边投资理财的实例,通过分析不同投资方式的收益与风险,知道如何合理合法安排投资组合,树立正确的财富观。

(2) 开展研究性学习，了解武汉市政府或者青山区政府财政收支的途径和渠道，明确在抗击疫情期间，政府财政部门如何落实防护物质、生活物资，落实工资待遇、临时性工资补助、卫生防疫津贴待遇，出台了哪些关心关爱一线医务人员，以及加强医疗防控物资生产、供应、调配的政策措施，为保障人民生命安全和物质生活发挥着巨大作用，从而明确依法纳税的意义。

(3) 就青山区比较具有代表性的不同企业进行案例分析，了解企业的组织结构、成本、收入与利润，及企业的经营管理模式。在此基础上，归纳出企业增强竞争力的途径。

(4) 以"迎难而上勇担当——抗疫大考中的民企答卷"为主题开展教学，民企尽己所能提供抗议保障，以"点"带"链"有序复工复产，对接服务民生需求；感悟疫情期间，民企的社会责任担当。

(5) 宣讲抗击疫情期间各个行业先进工作者的事迹，如医护工作者，学生家长中也有很多奋战在抗击疫情一线的工作人员，通过讲述他们的抗疫故事，弘扬劳模精神。

(二) 法官与律师

1. 课标要求

开设本模块的课程，目的是帮助学生更多地了解法官和律师这两种有代表性的法律职业的不同职责和共同使命，以及他们在维护公平与正义过程中发挥的巨大作用，培育法治意识。

2. 育人目标

通过本模块的学习，让学生了解法院的职责、审判程序、法官和律师的职责与道德操守。在参与建设社会主义法治文化的实践中，增强学生的法治意识和守法、护法、用法的能力。

3. 实施建议

(1) 开展实践活动，参观青山区人民法院，了解法院的机构设置，法官的职责和道德标准、权利与义务；观摩学习法院的审判过程，了解法院的审判程序，增强学生对于社会公平与正义的认识，增加学生的法治意识。

(2) 模拟法庭辩护过程，感受律师和法官的职责和义务，及其职业道德。

(三) 历史上的哲学家

1. 课标要求

开设本模块的课程，目的是帮助学生更多地了解中外历史上唯物主义与唯心主义哲学流派的代表人物及其核心思想；通过对不同哲学观点进行比较、鉴别和评价，看到哲学的时代价值及其影响历史进程的作用，更加自觉地理解和掌握马克思主义哲学原理。

2. 育人目标

通过本模块的学习，让学生了解中外哲学不同流派代表人物的哲学思想，知道中外哲学的起源、演变和发展历程；在时代背景下，对不同的哲学思想进行评价，在此过程中提高学生的思维水平，更加自觉地理解德国古典哲学的终结和马克思主义哲学的革命性转变，自觉地运用马克思主义哲学去指导自己的生活和学习，培养学生的科学精神，为学生走出学校、走向社会打下坚实的哲学基础。

3. 实施建议

(1) 开展"我最喜欢的哲学家"演讲比赛，通过演讲的方式，让学生之间交流自己所喜欢的哲学家，了解哲学家的思想和生平。

(2) 组织开展读书交流会，分享自己读哲学著作的心得和收获。

第三节 思想政治课程育人评价初探

思想政治课程育人评价就是根据一定的思想政治课程育人目标和科学的评价标准，在系统广泛地搜集信息、充分占有资料的基础上，运用现代评价技术手段，对思想政治课程育人工作所产生的或即将产生的学生行为和思想变化，进行价值上的考查、判断和评估，以确定其育人价值的活动。

一、高中思想政治课程育人评价的意义

思想政治课程是传授学科知识与育人价值的有机结合，究其本质思想政治课程是一门育人的显性学科。思想政治课程的教育对象是人，是做人的工作，引导人、帮助人、解决人的认知和思想导向问题，促进人的发展。因而，育人为本必然成为思想政治课程教育的价值理念、实践宗旨和行为指南。《普通高中思想政治课程标准(2017 年版 2020 年修订)》明确指出："高中思想政治课程紧密结合社会实践，讲授马克思主义基本原理，讲授马克思主义中国化成果特别是习近平新时代中国特色社会主义思想，引导学生经历自主思考、合作探究的学习过程，理解中国特色社会主义进入新时代的历史方位，了解新时代中国特色社会主义经济、政治、文化、社会、生态文明建设和党的建设进程，培育政治认同、科学精神、法治意识和公共参与等核心素养，逐步树立共产主义远大理想和中国特色社会主义共同理想，坚定中国特色社会主义道路自信、理论自信、制度自信、文化自信，基本形成正确的世界观、人生观、价值观。"。

思想政治课程育人评价的目的是在对思想政治课程育人工作的全面考察、判断和论证的基础上，探索和掌握思想政治课程育人工作的客观规律，完善育人工作的控制系统，以便更加有效地改进和加强学校育人工作，为促进学生思想品德的健康发展服务。

通过思想政治课程育人评价，教育者可以进一步改进育人方法，提高学生思想品德教育的实效，从而帮助学生进一步认识自己、了解自己，看到自己的个性特点，以便确定未来的发展方向。

思想政治课程育人评价的目的还在于帮助学校领导、班主任、家长客观地了解学生学科学习和思想品德的优缺点，以便更加主动、自觉地去影响学生世界观、价值观、人生观的形成，去影响学习志趣的确定和爱好的发展。

对学校来讲，思想政治课程育人评价可以让学校对本校的思想政治教学和育人工作有一个全面的了解和认识，正确评价思想政治教学和育人的得与失、成绩与缺点，以便更好地改进学校思想政治课程育人工作。

育人评价不单单是诊断，更重要的是反馈和导向，即通过评价告诉学生善恶、是非、美丑及其评价标准，引导学生将外在规范的制约转化为个体内在的道德自觉；不仅要关注学生对道德规范的遵从，更要关照学生是否已经认同和内化并使之成为个人的内在品性和生活方式。

通过多种方式的思想政治课程育人评价，还可以激励学生，如对学生的亲社会行为给予赞许和表扬使其产生积极幸福的情绪，对学生有利于集体的行为给予肯定和尊重使其获得归属感，帮助学生在道德行为中体验到自我满足和快乐，进而不断提升自我。

通过思想政治课程育人评价，更重要的是给学生提供认识事物的工具和方法，更好地引导

学生形成科学的世界观、价值观和人生观，从而提高学生的思想觉悟，铸造学生的灵魂。

二、高中思想政治课程育人评价的原则

普通高中思想政治课程以马克思列宁主义、毛泽东思想、邓小平理论、“三个代表”重要思想、科学发展观、习近平新时代中国特色社会主义思想为指导，深入贯彻党的十八大、十九大精神，全面贯彻党的教育方针，落实立德树人根本任务，发展素质教育，推进教育公平，以社会主义核心价值观统领课程改革，着力提升课程思想性、科学性、时代性、系统性、指导性，推动人才培养模式的改革创新，培养德智体美劳全面发展的社会主义建设者和接班人。

高中思想政治课程教学有自己的学科特点和规律，课程育人与思想政治课程教学融合在课堂中进行，必须遵循思想政治课程教学规律，在教学中，应该根据学科特点，挖掘显性的、隐性的思想政治育人素材，与学科知识教学有机地融合。思想政治课程育人评价要避免将课程育人评价等同于对课程知识和规范掌握程度的评价，应凸显以下几个原则。

1. 坚持正确的政治方向

坚持党的领导，坚持社会主义办学方向，充分体现马克思主义的指导地位和基本立场，充分反映习近平新时代中国特色社会主义思想，有机融入坚持和发展中国特色社会主义、培育和践行社会主义核心价值观的基本内容和要求，继承和弘扬中华优秀传统文化、革命文化，发展社会主义先进文化，加强法治意识、国家安全、民族团结、生态文明和海洋权益等方面的教育，培养良好政治素质、道德品质和健全人格，使学生坚定中国特色社会主义道路自信、理论自信、制度自信和文化自信，引导学生形成正确的世界观、人生观、价值观。

2. 坚持反映时代要求

反映先进的教育思想和理念，关注信息化环境下的教学改革，关注学生个性化、多样化的学习和发展需求，促进人才培养模式的转变，着力发展学生的核心素养。根据经济社会发展新变化、科学技术进步新成果，及时更新教学内容和话语体系，反映新时代中国特色社会主义理论和建设新成就。

3. 坚持科学论证

遵循教育教学规律和学生身心发展规律，贴近学生的思想、学习、生活实际，充分反映学生的成长需要，促进每个学生主动地、生动活泼地发展。加强调查研究和测试论证，广泛听取相关领域人员的意见建议，重大问题向权威部门、专业机构、知名专家学者咨询，求真务实，严谨认真，确保课程内容科学，表述规范。

三、高中思想政治课程育人评价的指标

高中思想政治课程在育人评价指标上，要有“育人第一位”教育理念；教学目标上，要引导学生树立正确的人生观与价值观；教学内容上，要充分挖掘蕴含在相关知识中的育人因素；教学评价上，保持育人底线。青年学生的个体需求和国家、社会对青年学生的需求是思想政治课程育人有效性评价的依据。学科育人评价指标应该让青年学生意识到肩负的社会责任，最大限度地促进学生的身心健康和人格健全，实现自觉发展。因此，构建科学的思想政治课程育人评价指标体系势在必行。

思想政治课程育人评价以教学目标、内容、过程、形式、氛围、效果为纬，以融合性、有效性、

创新性为经，构建学科教学与育人融合的评价体系。从一节课的教学目标、内容、过程、形式、氛围等基本内容，具体评价学科教学与育人教育的融合性及有效性。具体评价指标包括以下几项：

1. 育人目标

依据思想政治课程标准所强调的价值观念，明确提出符合学科特点的育人目标。依据具体教学内容，提出有针对性的课堂育人目标，准确定位，把握学科融合的预期效果。目标的表述要准确、简明。高中思想政治课程育人目标主要有四个方面：

第一，培养学生的政治认同。具有政治认同素养的学生，应能够：认同走中国特色社会主义道路是历史的必然，坚信中国特色社会主义是国家富强、民族振兴、人民幸福的根本保障，坚定中国特色社会主义道路自信、理论自信、制度自信、文化自信；拥护党的领导，领会中国特色社会主义最本质的特征是中国共产党领导，中国特色社会主义制度的最大优势是中国共产党领导，党是最高政治领导力量；明确社会主义核心价值观是公民最基本的价值标准，自觉践行社会主义核心价值观，树立共产主义远大理想和中国特色社会主义共同理想。

第二，培养学生的科学精神。具有科学精神素养的学生，应能够：用马克思主义基本立场、观点和方法，观察事物、分析问题、解决矛盾；解放思想、实事求是，对经济、政治、文化、社会和生态文明建设的实践，做出科学的解释、正确的判断和合理的选择；感悟人生智慧，过有意义的生活；以锐意进取的态度和负责任的行动促进社会和谐。

第三，培养学生的法治意识。具有法治意识素养的学生，应能够：理解法治是人类文明演进中逐步形成的先进的国家治理方式，全面依法治国是国家治理的一场深刻革命，明确建设社会主义法治国家的基本要求；树立宪法法律至上、法律面前人人平等的法治理念；懂得权利与义务的关系，养成依法办事、依法行使权利、依法履行义务的习惯；拥有法治使人共享尊严，让社会更和谐、生活更美好的认知和情感。

第四，培养学生的公共参与素养。具有公共参与素养的学生，应能够：具有集体主义精神；遵循规则，有序参与公共事务；热心公益事业，践行公共道德，乐于为人民服务；积极参与民主选举、民主协商、民主决策、民主管理、民主监督的实践，体验人民当家作主的幸福感；具备善于对话协商、沟通合作、表达诉求和解决问题的能力，勇于担当社会责任。

思想政治课程育人教学目标应实现思想政治学科与育人双效预期目标，要区分好育人目标与学科教学目标，学科教学目标应当是教师的主要目标，育人目标应当融合于其中。如果教师太过于强调育人融合，可能使育人渗透显性化，不但影响育人效果，更影响学科教学任务的完成。

2. 育人内容

遵循思想政治学科自身的教学规律、学科育人的规律和青年学生成长的规律，准确把握学科教学和育人内容的结合点。合理把握育人内容，充分挖掘学科教学中蕴含的育人资源，结合学生生活实际，根据学生的认知水平、身心特点，找准学科育人的融合点，并把握好育人融合的角度和层次，做到育人内容和教学内容的有机融合，在组织好思想政治学科教学内容的同时，组织好育人内容。

在选择和设计育人融合点时，突出以下几个方面的育人内容：通过学习，理解并运用辩证唯物主义和历史唯物主义分析社会生活问题；通过学习形成正确的国家观，形成主人翁责任感，认同中国共产党的领导，认同社会主义核心价值观，认同中国特色社会主义道路，树立道路自信、理论自信、制度自信和文化自信；理解民族精神的核心就是爱国主义；通过学习汲取哲学智慧，理解如何实现自我的身心和谐、人与人和谐、人与社会和谐、人与自然和谐，加强自我认同和合作意识；通过学习理解具体国情和历史传统的不同形成了民主法治的多样性，同时把握民主法治的一致性；通过课程学习，体会到学法、知法、守法的重要性，树立法治意识、规则意识、权利义务意识、自我保护意识等，依法维权，追求公平正义；通过学习了解并认同中华优秀传统文化、革命文化、社会主义先进文化，自觉践行社会主义核心价值观；通过学习，认识世界发展的多样性，理解和尊重世界各国、各民族的文化传统，具有广阔的国际视野和正确的文化观。

3. 育人过程

在思想政治课程教学活动过程中，形成良好的人际关系和课堂氛围，促进学生良好思想品德的形成。通过设计合理的活动，师生互动、生生互动，让学生在学习活动中合作学习，共同探索，积极交往，在民主的、彼此尊重的课堂氛围中学会合作、学会倾听、学会分享，对他们良好人格的形成起到潜移默化的作用。

思想政治课程育人过程是教师与学生双方一起实现育人目标的过程，教师作为施教的一方，施教过程包括设计、寓德、检测评估和强化、矫正四个阶段；学生作为受教育的一方，相对应的心理反应过程包括起始、迁移、自我评价和逐步内化四个阶段。“设计一起始”阶段教师要在了解学生思想实际，了解教学内容中蕴涵的育人因素的基础上，有的放矢地筹划和安排将要展开的寓德过程。这种设计包括确定育人要点，选择育人途径，确定检测的方法、手段及评价形式和内容，并写出设计方案。这一阶段为寓德的准备阶段，它为寓德的实际展开提供了可能性。需要特别指出的是，由于家庭和社会大众媒体的影响，学生在接受新的思想道德认识、信息之前，就已经形成了一定的“认知结构”。因此，教师在设计学科育人融合点时要了解学生原有认知结构，充分考虑学生的主体地位，这样会使育人更有针对性。在“寓德—迁移”阶段，对于教师来说，要实施设计方案，通过教学，对学生晓之以理、动之以情、导之以行。为实现寓德目标，教师所采用的方法是多种多样的，其切入点也不拘一格，具有多端性的特点。对于学生来说，在教师寓德的同时，产生同步反映，经过对道德认识、道德观念、道德情感和道德行为的接受、认同、移情等心理活动后，进行道德迁移。

4. 育人方法

以学生为行为主体，发挥学生的主动性、积极性，根据育人融合点设置情境，激发引导学生进入情境，让学生主动在情境中活动，积极体验和感悟，形成正确的情感、态度和价值观。

教师要充分遵循学生思想品德心理发展的实际，在教学中通过引导，而不是强行灌输，使学生形成正确的价值判断。在育人过程中，采用灵活多样的“主体参与”式教学方法，“激活”学生的内心世界，形成价值判断，如“想象体验”，即在想象中从事价值客体的活动，以达到理解价值客体的体验方式。实践还证明，学生在讨论、辩论中形成思想交锋、心灵碰撞更有利于思想品德的内化。在思想政治课程育人中，教师的情感和理性应有机结合，因为“没有情感，道德就会变成枯燥无味的空话，只能培养伪君子”。教师可以依据育人的目标、学生的实际选择多种形式，如办学科育人墙报、展览，举办报告会、辩论会、演讲会、故事会、读书会、竞赛，组织参观、访问、座谈、视听赏析等，这些活动方式，在启发学生内心感受、培养丰富情感和责任感，以及使学生在逐步社会化的过程中不断实现个性化等方面具有重要影响。

5. 育人效果

思想政治课程育人效果可以从学生的道德认知、道德情感、道德意志和道德行为几方面来考察。

道德认知是个体对于道德规范和道德范畴及其意义的认识。在思想政治课上，学生的道德认知表现在两个方面：一是道德思维发展的水平，二是道德观念变化的程度。为便于考察，我们将道德认知目标分解为几个指标体现，即知道、理解、评价。学生通过学习能运用思想政治课程中习得的观点、原理和方法对各种社会生活现象、人物、事件进行合理的价值判断，评价问题全面、客观、有创意。

道德情感是人的道德需要是否得到满足而引起的一种内心体验。它的评价指标为：接受、内心检验、性格化。学生通过学习对思想政治课程育人内容有深刻的内心体验，初步实现情感的性格化，并以此对所遇到的各种事物进行合理的分析。

道德意志和道德行为。道德意志是一个人自觉克服困难去完成预定的道德目的、任务，以实现一定道德动机的活动。道德行为是在一定道德意志支配下所采取的行动，包括三个层次，即遵从、模仿、自觉。学生通过学习能较稳定、独立地将道德准则和要求运用于新的情境中，自我控制能力强。

高中思想政治课程育人评价量表如表 5-1 所示。

表 5-1　高中思想政治课程育人评价量表

评价项目	评价内容	分值	得　分
育人目标	依据思想政治课程标准所强调的价值观念，明确提出符合学科特点的育人目标；依据具体教学内容，提出有针对性的课堂育人目标，准确定位，把握学科融合的预期效果；目标的表述要准确、简明	10	
育人内容	遵循思想政治学科自身的教学规律、育人规律和青年学生成长的规律，准确把握学科教学和育人内容的融合点；合理把握育人内容，充分挖掘学科教学中蕴含的育人资源，结合学生生活实际，根据学生的认知水平、身心特点，找准育人的融合点，并把握好育人的角度和层次；做到育人内容和教学内容的有机融合，在组织好学科教学内容的同时，组织好育人内容	25	
育人过程	在教学活动过程中形成良好的人际关系和课堂氛围，促进学生良好思想品德的形成；通过设计合理的活动，师生互动、生生互动，让学生在学习活动中合作学习，共同探索，积极交往，在民主的、彼此尊重的课堂氛围中学会合作、学会倾听、学会分享，对他们良好人格的形成起到潜移默化的作用	25	
育人方法	以学生为行为主体，发挥学生的主动性、积极性，根据育人融合点设置情境，激发引导学生进入情境让学生主动在情境中活动，积极体验和感悟，形成正确的情感、态度和价值观	20	

续表

评价项目	评 价 内 容	分值	得　分
育人效果	育人融合自然、有趣，激发学生的学习兴趣；良好道德认知得到生成、明晰，良好道德情感得到体验和升华，良好道德意志和道德行为更为自觉、坚定	20	
总分		100	

第四节　思想政治课程育人探索案例

案例一　政治生活　自觉参与——武汉“疫战”的政治考量

一、案例说明

1. 目标阐释

本节课从武汉抗击疫情的事实出发，选取抗疫过程中的鲜活事例，引导学生用政治眼光来考量武汉抗疫、湖北抗疫、中国抗疫，充分认识中国特色社会主义制度的无比优越性，懂得“多难兴邦”的道理，培养学生关心国家政治大事、自觉参与政治生活的意识和能力。

2. 实施路径

从播放视频导入，充分整合时政热点和学科课程资源，通过对网上不实言论传播的原因分析，引导学生正确行使政治权利，自觉履行政治义务，真正做到不信谣、不传谣；通过四十九中领导和教师一边坚持网课教学一边到社区参加志愿者服务的事迹介绍，以及学生家长在社区参加志愿服务的故事分享，引导学生积极参与社会公共事务的管理活动；通过对抗击疫情过程中默默付出的党员干部、医务工作者、军人、警察、外卖小哥等“平民英雄”的温暖回顾，引导学生懂得社会主义制度的优势就是在党的领导下全国一盘棋、上下一条心，从而树立制度自信；通过对国际上关于中国抗击疫情取得阶段性成就的两种不同声音的讨论，引导学生明白危机面前人类是一个命运共同体，中国是一个负责任的大国，必须同世界人民一起，携手战疫；最后，班委会向全体学生发出倡议，作为新时代的青年人，要做到家事国事天下事事事关心。

通过新闻评析、问题讨论、故事分享、发出倡议，讲述武汉和身边的抗疫人物、抗疫故事，培养学生独立思考的思维品质和知行合一的学习品质，提升分析问题和信息辨别的能力，增强对社会主义制度优越性的政治认同，树立不信谣、不传谣的科学精神，培养依法行使权利和履行义务的法治意识，积极参与到全民抗疫中去。

二、案例描述

1. 片段一：播放新华网视频《人民战“疫”》导入

疫情发生后，习近平总书记亲自指挥、亲自部署，党中央和中央军委一声令下，全国的医护工作者不惧生死、毅然逆行；军机飞赴武汉，各种救援物资向武汉聚集；党员干部、医务工作者、军人、警察、外卖小哥……一场保卫人民生命安全和身体健康的人民战争就此打响。（见图 5-1）

图 5-1　解放军医疗救援队在武汉紧急集结(图片来自网络)

育人契合点：

通过观看视频让学生懂得：新冠肺炎病毒引发的疫情牵动着全国人民的心弦，这是一场14亿人的战"疫"，我们每个人都无法置身事外。停课不停学，作为中学生的我们，不应该只低头读书，更应该关心国家大事，积极参与社会政治生活。

2. 片段二：探究活动——说说身边的战"疫"人和战"疫"事

万众一心，众志成城，居家生活，抗疫有我。请同学们说一说，在我们的身边，有哪些可爱的人在亲身参与抗疫行动?（见图 5-2）

图 5-2　身边的战"疫"人和战"疫"事

育人契合点：

社区是联防联控的第一线，也是外防输入和内防扩散的工作线。许许多多的志愿者战斗在社区防疫一线，有我们的教师同仁和学生家长，有年轻的大学生等。通过学生举例、故事分享和教师补充，让学生懂得疫情"大考"面前，党中央统一指挥，"全国一盘棋"，集中全国人力物力抗击疫情，充分发挥了社会主义制度的优越性；引导学生拥有社会主义制度的自信和底气，真正养成和提升道路自信、理论自信、制度自信和文化自信。

3. 片段三：探究活动——中国抗疫之我见

关于中国抗击疫情取得的阶段性成就，国际社会有两种截然不同的声音。你怎么看?

一种声音：

世卫组织说，中国为全球控制疫情赢得了时间。中国特色社会主义制度有着无可比拟的优越性。

另一种声音：

个别境外媒体、个别境外人士，继续以地域污名化语言向中国"泼脏水"，甚至提出所谓"中国向世界道歉"的言论。

育人契合点：

通过学生讨论、教师点评，让学生认识到：疫情无国界，危机面前，人类是一个命运共同体。在中国抗击疫情期间，得到了其他国家的援助；在中国疫情还没有完全清零的情况下，中国派出医疗队援助其他国家，实行"一省包一国"，这是中国担当和大国责任。我们应该为祖国的强大而自豪，为中国的担当而骄傲。

三、专家点评

本节课的课程设计和课程实施具有四大特点：一是贴近学生，课前小调查了解学情，从学生的问题出发设计教学内容，开展教学活动；二是贴近生活，从抗击疫情的生活实际出发，引入大量鲜活的新闻素材；三是符合学科特点，坚持了理论联系实际和知行合一的教学原则；四是体现了学科核心素养，传递了社会主义制度好的政治认同，独立思考、不信谣、不传谣、追求真理的理性精神，遵守疫情防控的各项政策、法规的法制意识，强调了关注疫情发展、参与疫情防控宣传、创作文艺作品致敬抗疫英雄的公共参与。

案例二　用发展的观点看问题——网课学习方式的哲学思考

一、案例说明

1. 目标阐释

新冠疫情给我们的生活、学习带来了重大影响。停课不停学，空中课堂的开展让每一个学生开始了一种新的学习方式——网课学习。如何用哲学的眼光来看待网课学习方式的利与弊？如何用哲学思维来处理好网课学习过程中产生的各种问题，从而提高居家学习的质量，真正实现学生身心发展和学业进步的"双赢"？这正是本节课教师教学和学生学习所要达成的教育目标。

2. 实施路径

播放视频《送别：致敬最可爱的逆行者》营造课堂氛围，从 2020 年 4 月 8 日武汉解封的视频播放《你好，武汉！》切入，提出"如何从哲学角度看待网课学习方式"的话题，引出本节课的研究主题——用发展的观点看问题。

整个教学过程，以疫情背景下"停课不停学"的网课学习方式为例，用"事物发展是前进性和曲折性相统一"的哲学理论，带领学生分别从网课学习是否是新事物、是否有发展前景、发展中有哪些挑战、如何应对四个方面，层层分析、深度思考，引导学生从具体事例抽象概括出哲学理论，又反过来用哲学智慧指导学生应对疫情背景下网课学习方式带来的挑战。

课堂上，师生一起感知抗疫背景下"停课不停学"所带来的学习方式的主客观变化，一起辩证分析网课学习方式的利与弊，一起探讨提高网课学习效率的方法与技巧，最终实现学生学科核心素养的培养与提升——正确面对挫折、正确看待改革的科学精神，坚定支持和积极参与改革的决心，对我国制度优势深刻认识和满怀信心的政治认同。

二、案例描述

1. 片段一：播放《人民日报》新媒体视频《你好，武汉！》导入

2020 年 4 月 8 日，武汉正式解除离汉通道的管控，标志着武汉在抗击新冠肺炎疫情战役中取得阶段性重大胜利。武汉按下"暂停键"76 天后，城市生活开始逐步有序重启。

育人契合点：

播放视频《你好，武汉！》，带领学生回望疫情发生以来的 100 多个日夜，以习近平同志为核心的党中央运筹帷幄、科学指挥，全国上下团结一心，众志成城，共同抗击疫情，终于取得了疫情防控战的重大胜利。这场胜利，充分展现了当今中国面对重大灾难时的沉稳与自信，充分体现了中国特色社会主义的制度优势。

视频的观看，不仅可以进一步培养学生的制度自信，更是暗扣本节课主题——抗击疫情过程虽然曲折，但前途一定光明，抗疫必胜；目前只是取得了阶段性的胜利，解封不等于放松，要取得抗疫的最后胜利，还需要我们武汉人民与全国人民一起不懈努力。

2. 片段二：问题探究——网课学习利弊大家谈

同学们，你是如何看待网课学习方式的？它有哪些利与弊？（见图 5-3）

利	弊
学习时间个性安排，节省往返学校的时间，选择性增加（可以从全国众多的名师视频中找到符合自己学习喜好的课堂），…	学习的自律性需要提高，缺少同伴互助、师生互动的现场体验感，学习设备和网络设施的问题，…

图 5-3　网课学习方式的利与弊

育人契合点：

通过学生交流和教师归纳，引导学生客观地评价网课学习方式的利与弊，把握机遇，迎接挑战。从学生的生活体验出发，让学生有话可说；从学生的生活问题设疑，激发学生的思考。从生活中来，到生活中去，在哲学理论现实价值的感受中，调动学生学好哲学、用好哲学的积极性和主动性。

3. 片段三：问题探究——"网课学习 PK 课堂学习"之哲学分析

有人认为网课学习只是特殊时期的一种学习方式，还是传统课堂学习方式有效。你如何评价这种观点？

<table>
<tr><td>
哲学探究：网课学习还有哪些不完善的地方？
问题一：如果不是特殊时期，你和你的父母会选择这种上课模式吗？
哲学分析：人们对新事物的认识需要一个过程。
问题二：传统课堂优势明显，学习气氛浓烈，师生直接互动。
哲学分析：旧事物比较强大，在一定时期内还无法被新事物完全取代。
问题三：网课影响视力；师生之间、学生之间不能进行良好的互动；有些学生在网课中聊天；对学生的自制力要求较高……
哲学分析：新事物由小到大、日益完善需要一个过程。
</td></tr>
</table>

育人契合点：

通过学生交流发言，谈看法、说评价，教师适时点拨，帮助学生先从理论上弄清事物发展道路是曲折的原因，再结合网课学习方式的利与弊进行分析，引导学生懂得网课学习还有很多不完善的地方，必须要有充分的思想准备，正确对待和主动应对网课学习过程中的各种困难，对武汉抗疫、中国抗疫充满信心的同时，也做好适应网课学习的思想和行动准备。

三、专家点评

本节课从网课学习这一话题切入，选材新颖，贴近学生、贴近生活、贴近实际；突出问题探究，突出主体间性智慧课堂，学生高度参与，问题的设置由浅入深、由具体到抽象，符合学生的思维习惯和认知规律；突出对学生思想政治学科核心素养的培养，引导学生辩证地看待网课的利弊，引导学生积极适应网课，接受新事物，树立科学精神；最后让学生运用事物发展的趋势原理及其方法论，思考其对自己学习和成长的启示，达到理论联系实际、学以致用的效果。

案例三　中国人民同心抗疫民族精神凝心聚力

一、案例说明

1. 目标阐释

84 岁高龄的中国工程院院士钟南山，在疫情出现时再次挂帅出征，奔赴抗疫最前线；

身患渐冻症的武汉金银潭医院院长张定宇，用倒计时的方式，用生命和时间搏斗；

1 月 24 日深夜，除夕之夜，或许我们已在梦乡，而解放军 3 支医疗队已抵达武汉；

一位质朴的农民，骑了 40 公里的三轮车给医疗队送来 24 箱蔬菜；

武汉知音湖畔，5 万平方米的滩涂坡地，7500 名来自全国各地的驰援建设者，10 天建成了一所可容纳 1000 张床位的“救命医院”……

为什么今日之中国，一个号召，数千名白衣天使紧急奔赴重灾区？为什么一声令下，上千张床位的医院数日建成？为什么一句重托，十四亿人民众志成城？

本节课通过师生共同讲述和回顾武汉战疫、中国战疫过程中一个个鲜活的抗疫细节、抗疫故事，展现亿万中华儿女的家国情怀和守望相助，凸显中华民族千年不朽的民族精神和不屈不挠的民族脊梁，探寻我们能够打赢这场战“疫”的底气之所在。

2. 实施路径

从视频播放《武汉战疫·八方支援》导入，以新闻素材“中国的表现，让世界震惊”和一张新闻图“武汉保卫战”，让学生切身感受中华民族众志成城、共战疫情的团结精神；展示一张张抗疫医护人员“最美”的笑脸，一张张“生命摆渡人”一线奋战的身影，一张张工人生产、学生学习的动人场景，让学生懂得中华民族忠于职守、奋斗不止的奋斗精神；用习近平总书记的讲话、对钟南山院士的采访、介绍新冠肺炎知识的小视频，让学生明白战胜病毒离不开中华民族科学求实、科研创新的创造精神；从方舱医院准备考研的学生想法、火神山建筑工人的新年祝福、援鄂医疗队医护人员的回家愿望，到习近平总书记考察湖北武汉疫情防控工作“坚定信心战胜疫情”的指示，让学生拥有中华民族心怀向往人类必胜的梦想精神。

通过本节课的学习，让学生从理论和现实两个维度，深刻认识到中华民族精神始终是维系中华各族人民共同生活的纽带，是支撑中华民族生存、发展的精神支柱，是推动中华民族走向繁荣、强大的精神动力，是中华民族之魂。引导学生进一步落实到实践中去，弘扬民族精神，践行民族精神。

二、案例描述

1. 片段一：展示一张新闻图片“武汉保卫战”

这张新闻图片说明了什么？（见图 5-4）

图 5-4　“武汉保卫战”（图片来自网络）

育人契合点：

一方有难，八方支援；一声令下，全国同心；武汉战疫，中国战疫。每一个数字代表着团结的力量，每一个省份，表达着家国的情怀。一张图，凝聚的是中华民族团结一心共战疫情的磅礴力量，让学生们深深懂得：中华民族五千年生生不息的奥秘——团结就是力量！团结可以战胜一切艰难险阻！抗击疫情如此，实现中华民族伟大复兴亦如此。

2. 片段二：展示习近平总书记提出的疫情防控工作十六字要求和钟南山院士对全球疫情的重要判断

> 习近平总书记提出的“坚定信心、同舟共济、科学防治、精准施策”疫情防控工作十六字要求中，科学防治是重要内容。“要科学论证病毒来源，尽快查明传染源和传播途径，密切跟踪病毒变异情况，及时研究防控策略和措施”。疫情的分析判断、病毒的识别与分离、病例的诊断、确诊感染的治疗、疫苗和药物的研制，医务人员、科研人员、军队、公安、交通路政、志愿服务、物资调度，普通民众日常饮食、居家消毒、自我防护等工作都是与科学分不开，要把科学精神贯穿到抗击疫情整个过程和各个环节，把科学地“防”、科学地“治”、科学地“管”统一起来。

> 钟南山院士重要判断：全球疫情至少延续到6月份。新冠病毒防控的重点将从输出转为输入。

育人契合点：

用习近平总书记的话告诉学生——战胜病毒、打赢疫战必须依靠科学防治；用钟南山院士的重要判断启发学生——从事实出发，按规律办事，才能对疫情发展做出科学预测；引导学生懂得：中国人民是有着伟大创造精神和创造能力的人民，这种创造离不开科学求实的态度和创新进取的追求。青年学生必须学科学、用科学，用科学精神提升自己的创造能力。

3. 片段三：展示两张图片

习近平总书记考察湖北和武汉疫情防控工作，看望慰问奋战在抗疫一线的广大医务工作者、解放军指战员、社区工作者、公安干警、基层干部、下沉干部、志愿者和患者群众、社区居民，鼓励大家“坚定信心、战胜疫情”。讲述在方舱医院中“准备考研、对战病魔，两场大考都要赢”的大学生患者的故事。（见图5-5和图5-6）

图 5-5　习近平总书记在考察

图 5-6　大学生患者在备考

育人契合点：

通过两张图片的分享，让学生感受疫情当前，华夏儿女万众一心、众志成城、战胜疫情的坚定信心。无论是患者还是医护人员，无论是一国领袖还是普通百姓，心中有梦想，脚下有行动，再大的困难也阻挡不了中华民族实现伟大复兴的步伐；引导学生弘扬爱国主义精神，厚植家国情怀，做到知行合一，为实现中国梦而努力学习。

三、专家点评

本节课以武汉抗疫、中国抗疫为教学背景，多角度、全方位选取抗击疫情中鲜活的时政新闻素材，以永恒的中华民族精神为核心，从团结精神、奋斗精神、创造精神和梦想精神等四个维度，对中华民族精神的内涵进行了深刻解读，选材精准，饱含激情，是一次对学生生动的爱国主义教育和中华民族优秀传统文化教育。

本节课以习近平总书记"中华民族……不断在磨难中成长、从磨难中奋起"的讲话开头，最后又以习近平总书记"有这样伟大的人民，有这样伟大的民族，有这样伟大的民族精神，是我们的骄傲"结尾，不仅首尾呼应，结构完整，更让学生懂得：中华民族的伟大，必有其生生不息的精神力量；伟大的中华民族精神，正是中华民族从历史走向未来的强大精神支柱；唯有不断弘扬中华民族精神，砥砺前行，才能书写中华民族更加美好的华章。

第六章 普通高中历史课程育人探索

教育部《中小学德育工作指南》要求，高中历史课程要教育和引导学生热爱中国共产党、热爱祖国、热爱人民，拥护中国特色社会主义道路，弘扬民族精神，增强民族自尊心、自信心和自豪感，增强公民意识、社会责任感和民主法治观念。《普通高中历史课程标准(2017 年版 2020 年修订)》要求，高中历史课程继承和弘扬中华优秀传统文化、革命文化，加强法治意识、国家安全、民族团结、生态文明和海洋权益等方面的教育，培养良好政治素质、道德品质和健全人格，使学生坚定中国特色社会主义道路自信、理论自信、制度自信和文化自信，引导学生形成正确的世界观、人生观、价值观。

第一节 历史课程的育人价值

一、高中历史课程的地位和特点

中学历史学科的研究对象是学生学习历史知识的过程，这又是历史学、教育学、心理学交叉研究的对象，其目的在于揭示学生学习历史的心理规律，促进学生在知识、技能、品质等方面的发展。

1. 课程地位

《普通高中历史课程标准(2017 年版 2020 年修订)》是在义务教育历史课程的基础上，进一步运用历史唯物主义观点，以社会形态从低级到高级发展为主线，展现历史演进的基本过程以及人类在历史上创造的文明成果，揭示人类历史发展的基本规律和大趋势，促进学生全面发展的一门基础课程。学生通过高中历史课程的学习，进一步拓宽历史视野，发展历史思维，提高历史学科核心素养，能够从历史发展的角度理解并认同社会主义核心价值观和中华优秀传统文化，认识并弘扬以爱国主义为核心的民族精神和以改革创新为核心的时代精神，具有广阔的国际视野，树立正确的世界观、人生观、价值观。

《普通高中历史课程标准(2017 年版 2020 年修订)》是规范历史学习与历史教学的纲领性文件，它体现了国家对中学历史教学的基本要求。同时，它必然会体现国家所肯定的教育观念、政治观念，这些观念是基本要求中的核心内容。中学历史学科一方面是基础教育的必修课程之一，为每一个公民提供学习人类社会历史的机会；另一方面，它作为国家认可的思想观念、价值精神的载体，担负着传承民族的优良传统、人民的优秀品质以及国家的政治理想与价值观念的重任。

历史学科在中学教育中占有重要的地位，属于必修的基础学科之一。它是贯彻德智体美劳全面发展方针，培养有理想、有道德、有文化、有纪律的一代新人的重要途径之一，对提高青少年的思想道德素质和科学文化素质，增强民族自信心和自豪感有着不可替代的积极作用，具体表现在四个方面：一是“以史为鉴”的作用，它是人类从过去的历程中感悟走向未来真理的体现;二是认识今天的基础,历史是无法割断的,现实问题常包含着历史问题,认识今天必须了解过去;三是合理地预见历史发展趋势的依据。历史经验的总结,历史规律的探讨,应当有助于合理预见历史发展的趋势,这是学习、研究历史的最高境界;四是可以开阔眼界,培养智能,完善人格。

2. 课程特点

1) 客观性

历史是客观事物发展变化的过程,是不依赖于人的主观意志而转移的。历史课程引导学生学会尊重历史事实,客观分析历史事件。通过历史课程的学习,引导学生树立唯物史观,了解人类文明发展的历程,揭示社会变迁的规律。

2) 民族性

历史是民族兴衰的发展史,民族性是历史学科的重要属性。历史课程以爱国主义为核心,客观呈现文明变迁及民族奋进的历史,引导学生通过历史学习形成正确的国家观,增强民族认同感、自信心和自豪感,认识中华文明演进的历史使命和现实意义。

3) 世界性

世界各个国家(或地区)、民族在发展中打破分散状态,融合成密切联系的命运共同体。历史课程引导学生通过学习了解世界上不同国家(或地区)、民族各自的发展道路,帮助学生认识人类社会发展的统一性和多样性,理解和尊重世界各国(或地区)、各民族的文化传统,汲取人类创造的优秀文明成果,进一步形成开放的世界意识,树立和而不同、相互学习的世界观。

4) 人文性

历史课程蕴含丰富的思想观念、文化传统、情感认同与价值取向,具有人文启蒙的重要价值。历史课程引导学生通过学习历史加深对以人为本、善待生命、关注人类命运的人文主义精神的理解。通过学习历史提高学生人文素养,养成人文精神,确立积极进取的人生态度,塑造健全的人格,培养顽强的意志和团结合作的精神;增强学生经受挫折、适应生存环境的能力。

二、高中历史课程的育人要素

依据《普通高中历史课程标准(2017 年版 2020 年修订)》和历史学科核心素养,高中历史课程蕴含的育人要素如下:

1. 感人的事迹

历史是指过去发生的事件与过程,在历史中有许多感人的事物,历史课程可借助感人的事迹、生动的故事对学生进行润物细无声的教育。在历史教育中,可以通过开展历史上的今天、近代不平等条约回顾等活动引导学生形象化、立体化了解近代史的史事,使他们认识到:一部近代史写满了挫折与艰难,然而更显现出面对挫折的抗争。在几倍、甚至几十倍于自己的敌人面前,在敌人的严刑拷打面前,没有强大的心理素质和良好的身体素质,要报效祖国只是空谈。在历史教育中进行心理、身体素质教育,可以通过 2003 年抗击"非典型肺炎"、2020 年抗击"新冠肺炎"案例,探讨良好的身体素质、强大的心理素质的重要作用,感悟疫情防控中践行使命担当与责任坚守,激励青年学生坚定理想信念、勇担社会责任、健康成长成才。

2. 英雄的人物

《普通高中历史课程标准(2017 年版 2020 年修订)》指出,要教育学生"确立积极进取的人生态度，塑造健全的人格，树立正确的世界观、人生观和价值观。”青少年学生往往崇拜历史上的名人、英雄。历史教材资源中名人、英雄灿若星辰，既有运筹帷幄的将军，也有深谋远虑的思想家、救国救民的政治家，还有探索大自然奥秘的科学家等。我们应广泛搜集历史人物资料，通过丰富的史实，栩栩如生的描述，发掘历史人物的积极精神和品格，充分发挥其特有而深刻的教育功能，让学生在轻松学习丰富历史知识的同时产生情感的共鸣，接受心灵的洗礼，感悟人格的震撼，不断对学生进行人格熏陶和激励。通过课内课外形式多样、不拘一格的教学活动，不仅有助于激发学生学习历史的兴趣，更重要的是使学生在亲自动手、动脑的实践中真切感受历史人物的人格魅力，提高自身综合素质，从而为健全人格的形成打下坚实基础。

3. 优秀的文化

历史课程资源中蕴含着丰富的中华优秀传统文化、革命文化和社会主义先进文化，借助优秀的文化可对学生进行爱国主义教育和理想信念教育。历史教学的任务之一，就是要将中华传统文化的精华和价值展示出来，帮助学生了解祖国的昨天、认识今天、预见明天，使学生认识到祖国曾有光荣的古代，也曾有过屈辱的近代和崛起的现代，以激发学生的爱国之情、报国之志，从而树立起自强不息的民族精神。在历史教学中，还可以根据历史课程资源中的有关内容，如革命中的长征精神、井冈山精神、西柏坡精神等，新中国成立后的抗美援朝精神、红旗渠精神、女排精神等，结合学生实际和特点，有意识地对学生进行革命传统教育。当一个人、一个民族有了远大理想和坚定的信念，即使面对困难和挫折也能够百折不挠地朝着目标奋斗和努力，最终赢得胜利。

三、高中历史课程的育人价值

1. 历史学科核心素养

学科核心素养是学科育人价值的集中体现，是学生通过学科学习而逐步形成的正确价值观、必备品格和关键能力。历史学科核心素养包括唯物史观、时空观念、史料实证、历史解释、家国情怀五个方面。唯物史观是诸素养得以达成的理论保证；时空观念是诸素养中学科本质的体现；史料实证是诸素养得以达成的必要途径；历史解释是诸素养中对历史思维与表达能力的要求；家国情怀是诸素养中价值追求的目标。通过诸素养的培育，达到立德树人的要求。

2. 历史课程培育的价值观念

高中历史课程要培养学生正确的价值观念，包括正确的历史观、正确的国家观、正确的民族观、正确的文化观和社会主义核心价值观等。正确的历史观包括坚持马克思主义唯物史观，反对历史虚无主义，科学地总结历史经验，汲取历史教训，把握历史趋势。正确的国家观包括对中国历史命运的全面把握、对民族精神的传承弘扬、对民族复兴使命的自觉担当等。正确的民族观包括中华民族是一个多元一体的大家庭，坚持民族平等、尊重民族差异、倡导民族团结和共同繁荣。正确的文化观包括世界文化是多元的，中华优秀传统文化是中华民族的突出优势，树立文化自信等。

富强、民主、文明、和谐，自由、平等、公正、法治，爱国、敬业、诚信、友善，是社会主义核心价值观的基本内容。在学习历史、认识历史、解释历史、评判历史的过程中，必须以社会主义核心价值观为正确的价值取向，明辨是非，扬善去恶。如，评价一个国家发展与否，当以富强、民主、文明、和谐为价值标准；评价一个社会进步与否，当以自由、平等、公正、法治为价值取向；评价一个历史人物，当以爱国、敬业、诚信、友善为价值准则。

3. 历史课程养成的必备品格

高中历史教育培养的必备品格包含政治思想品质、道德人格和史学品格三方面。高中历史是一门意识形态鲜明的课程，它须贯彻党和国家主流意识形态。我们要求高中生通过历史课程学习，在政治思想上必须认同伟大祖国、认同中华民族、认同中华优秀文化、认同中国共产党的领导、认同中国特色社会主义。结合2003年抗击“非典型肺炎”、2020年抗击“新冠肺炎”故事，体会疫情防控中体现的爱国主义与家国情怀及大国担当，引导青年学生增强爱国主义精神。高中历史是人文学科，培养学生的人文道德素养是应有的教育目标。因此，在道德人格上，必须让学生学会做人做事的道德准则，健全人格。

高中历史作为一门史学课程，必须让学生具有历史学特征的学术品格，即史学品格。它包含求真精神、贯通意识和批判思维。历史的求真精神是通过史证教育养成的，一份证据说一分话，论从史出，这不仅是历史教育的应有之义，也是历史课程人文教育的基石。历史的贯通意识可在古今贯通、中外关联地分析问题的过程中形成，以发展的观点、历史视角认识问题的本质。在独立思考的基础上，通过大脑的认知，判断观点中的真实性、准确性，形成不盲从、善质疑的批判思维，能独立地思考问题和解决问题。

综上所述，《普通高中历史课程标准(2017年版2020年修订)》关于学科核心素养目标的提出，尤其是对学科核心素养内涵的定义，体现了党和国家对基础教育育人目标的新要求，是高中历史课程教育落实党的立德树人根本任务的具体体现；它将有效地实现从学科本位、知识本位到育人本位、学生素养发展本位的根本转型。因此，历史学科的核心素养高度契合课程的育人价值。

第二节　历史课程育人实施建议

依据《普通高中历史课程标准(2017年版2020年修订)》，高中历史课程包括必修、选择性必修和选修三类课程，应有针对性、有重点地开展育人实践。

一、高中历史必修课程

1. 课标要求

学习本模块后，学生能够了解中国和世界上重要的历史事件、历史人物、历史现象等发生或存在的时间和地点、原因和结果；能知道历史遗迹、考古发现、从古代到现代的各种文献是了解历史发展的重要证据，能使用史料作为证据来检验自己对历史问题的看法。

2. 育人目标

通过学习本模块，了解和掌握唯物史观的基本观点、史料实证的基本方法，能够在此基础上深化对中华民族多元一体发展趋势的认识，认同社会主义核心价值观和中华优秀传统文化，了解世界文明发展的多样性，理解和尊重世界各国各地区的文化传统，拓宽国际视野，形成开放的世界意识。增强对中国共产党、中国特色社会主义道路的认同。

3. 实施建议

1) 树立唯物史观

(1) 通过参观博物馆和科技馆、欣赏图片和影片等方式，直观了解生产工具革新和科技成就，感受生产力对推动社会进步的决定作用，认识人类社会由低级向高级发展的趋势。

(2) 组织专题辩论会，以“推动历史发展的主要动力是什么”为主题，引领学生认识到生产力是推动历史发展的根本动力。

(3) 组织小组讨论，列举动物、植物、病毒和人类等生物进化的历程，认识一切生物都是发展进化的产物、生物发展是相互联系的。

(4) 搜集商鞅变法的资料，编写关于商鞅变法的小情景剧，体会人民群众是历史发展的重要动力，重要历史人物及其活动在社会发展进程中有重要作用。

(5) 观看有关近代民主革命的影视剧，结合其中塑造的剧作形象，组织主题讨论：“历史剧创作应该遵循什么基本原则”。

2) 培育爱国主义情感

(1) 以小组合作的形式，分别从中国疆域变迁、社会生活习俗、民族文化融合等角度搜集资料，通过民族知识竞赛、民族习俗串烧、民族手工服饰展览等形式，加强民族团结教育，增强民族自信心和自豪感。

(2) 组织课堂讨论，以小组为单位分别从思想、科技、文学、戏曲、书法、绘画等角度，列举中华优秀传统文化的成就，进一步了解和认同中华文化。

(3) 举办“历史人物故事会”，讲述康有为、梁启超、孙中山、陈独秀等为代表的不同政治派别救亡图存、艰苦探索的故事，体会中国人民薪火相传的爱国精神。

(4) 登录浏览中国革命历史博物馆的网站，听取革命传统报告，访问革命老人，了解民族民主革命的艰巨性，培养爱国爱党的意识。

(5) 结合王进喜、雷锋、邓稼先、袁隆平、钟南山等不同时期英模事迹的学习，通过讲故事、观看视频、阅读文字和图片展览等方式，感受不同时期爱国主义的内涵。

3) 培养人文精神

(1) 搜集整理孔子、苏格拉底等东西方先哲的史料，列举其思想主张，加深对历史上以人为本、善待生命、关注人类命运等人文主义精神的理解。

(2) 观看纪录片《新青年与新文化运动》，结合新文化运动的代表人物及其主张，组织讨论“新文化运动中人性的解放”，进一步理解 20 世纪初中国人文精神的内涵。

(3) 搜集近代反映人文精神的艺术作品，举办人文艺术作品鉴赏活动，感受作品蕴含的人文价值，树立尊重和热爱生命的意识。

(4) 搜集战争、疫病灾难的图片、故事和新闻，制作关于和平与发展的主题板报，了解战争、疫病给人类带来的灾难，树立珍爱生命、热爱和平的意识。

4) 增强民主法治意识

(1) 模拟雅典公民大会的场景，组织演说和辩论活动，加深对雅典民主制度及理念的理解，锻炼语言表达能力和思维判断能力，培养民主参与和公平竞争意识。

(2) 表演历史情景剧《审判苏格拉底》，查找相关历史知识，分小组、分角色表演，体验民主法制程序，树立民主和法制意识、加强遵纪守法观念。

(3) 创建博客，写作博文，梳理康有为、孙中山、蔡元培、毛泽东、周恩来等近代中国重要历史人物的思想及实践，感悟他们追求民主自由的崇高精神。

(4) 设计“依法抗疫”的网上调查问卷，通过网上调研，感受“依法治国”理念对公民行为意识的改变,增强民主法治建设的参与意识和责任感。

5）传承文化传统

(1) 搜集体现“百善孝为先”“尊老爱幼”“心系百姓,关注民生”等传统美德的感人事例,宣扬懂得感恩、尊老爱幼等美德,传递家国一体、民族团结的理念。

(2) 模拟“百家争鸣”的场景,组织演说和辩论活动,认识中国传统文化主流思想的渊源,感悟中国古代先哲的睿智,为个人和社会发展汲取精神养分。

(3) 以时空轴的形式,制作中国古代中央集权制的大事年表,梳理从秦到清朝中央集权制度不断完善、强化的历程,理解古代选官、监察等制度的特色,认识历代中国社会治理经验对现代中国的影响。

(4) 阅读《中华文化史》《近代中国社会的新陈代谢》等著作,了解西方文明冲击下中国的传统与变革,感悟“天下兴亡,匹夫有责”的精神。

6）培养世界意识

(1) 了解世界各民族地区的重大文明成果,选取其中有特色、有影响的几项,搜集相关图片、文字或实物,举办展示会。感悟人类文化的多样性、共容性和发展的不平衡性,加强国际理解。

(2) 制作微视频,聚焦工业文明冲击下中国近现代衣食住行等社会习俗的变迁,体悟传统中国从封闭逐步走向开放的必然性,认清当今世界多元一体的发展趋势。

(3) 阅读《凯歌悲壮》《罗斯福新政的谎言》《全球通史》等著作,了解现代美、俄等国调整经济体制的内容和特点,认识世界不同社会制度的国家在相互借鉴中逐步发展。

(4) 制作改革开放成就图片展,认识在经济全球化背景下“中国离不开世界,世界离不开中国”的含义,体悟当今世界协力抗疫的必要性,感受世界多元一体的现实特点及人类命运共同体的理念。

二、高中历史选择性必修课程

（一）模块1：国家制度与社会治理

1. 课标要求

学习这一模块,使学生运用唯物史观的阶级分析方法,对上层建筑各领域的实质进行分析,认识国家治理体系和治理能力现代化的重要性,理解中国政治道路发展的独特性。

2. 育人目标

通过学习,能够认识到制度会随着社会变迁而变化,任何一种制度都不是十全十美的;不同国家和地区的制度,应当在坚持自身优秀传统的基础上,从社会实际状况出发,互相取长补短,臻于完善。

3. 实施建议

(1) 编制中国和西方政治文明历程大事年表,分析中西方国家民主政治发展的曲折历史,认识政治制度发展中的统一性和多样性。

(2) 结合特定社会特定时期的政治、经济、思想文化、社会生活等方面的发展状况,多角度分析古代中国政治制度、古代希腊民主制度、西方近代代议制民主推动社会发展的进步意义,辩证认识人类社会政治文明成果。

(3) 结合史实阐述全国人民代表大会制度、中国共产党领导的多党合作和政治协商制度、民族区域自治制度的建立和完善的意义,认识中国特色政治制度和社会保障制度的优势及其在抗疫中的重要作用。

(二) 模块2:经济与社会生活

1. 课标要求

学习这一模块,了解自古以来中外不同人群的生产活动、经济活动和日常生活方式的变迁,进一步认识经济与社会、经济与生活的互动关系,深化对人类社会发展历程的认识。

2. 育人目标

通过学习经济与社会生活变迁的历程以及人类为改善生活而进行的努力,牢固树立社会主义生态文明观,自觉养成热爱祖国、敢于担当、热爱劳动、热爱生活和珍爱生命的优良品质,为推动人与自然和谐发展、建设美丽中国而努力;理解劳动人民对历史的推动作用。

3. 实施建议

(1) 通过讲述2003年抗击"非典型肺炎"、2020年抗击"新冠肺炎"故事,使学生了解疫病给社会带来的影响,感受中国医疗与公共卫生的进步,体会在与疫病做斗争中英雄气概、民族精神、制度优势和劳动人民的作用。

(2) 课余观赏电影《摩登时代》,写观后感,在全班交流,体会工业革命对人类社会全方面的影响,认识劳动的价值和资本主义社会劳动的异化。

(3) 选择某种外来农作物(如胡萝卜、马铃薯、甘薯、玉米、西红柿、西瓜、南瓜、辣椒等)作为研究对象,进行材料搜集和整理,考察其来源及引入中国的情况,培养学生热爱劳动的品质,提高运用唯物史观的能力。

(三) 模块3:文化交流与传播

1. 课标要求

学生通过本模块的学习,学会尊重世界文明多样性,以文明交流超越文明隔阂、文明互鉴超越文明冲突、文明共存超越文明优越。

2. 育人目标

通过学习,拓展国际视野,增强国际理解,拥有博大胸怀,树立爱国主义和关怀人类共同命运的观念;能够认识到世界各国、各地区、各民族都为创造人类文化做出了贡献,不同文化之间要相互尊重、平等相待,加强交流互鉴,促进共同发展。

3. 实施建议

(1) 绘制丝绸之路路线图,了解"丝绸之路"的形成过程及其在东西方经济文化交流中的重要作用和影响,明确"一带一路"倡议提出的历史渊源及现实意义,认识中华文化的世界意义,理解世界文化的多样性。

(2) 观看万里长城、故宫、京剧等相关短视频,认识文化遗产保护对传承民族文化、维护文化多样性和创造性的意义。

(3) 讲述三峡移民的故事,认识移民面临的机遇与挑战,认识移民在迁徙与融入当地社会过程中展现的文化认同;了解中国抗疫经验对全球抗疫斗争的作用。

三、高中历史选修课程

（一）史学入门

1. 课标要求

通过本模块的学习，了解要进行历史探究，不仅要对历史有浓厚的兴趣和探索精神，而且要具有关注人类历史命运的人文情怀，对历史持有严谨的科学态度和真诚的敬畏之心，还要具备必要的史学知识。

2. 育人目标

通过本模块的学习，能够初步学会综合运用探究历史的基本原则与方法，清晰地表达自己的观点；了解唯物史观和史学的优秀传统，理解史学探究的目的是求真求实，增强学好历史的信心。

3. 实施建议

（1）举行读史交流报告会，引导学生阅读《史记》和《汉书》，比较其异同并在全班交流，形成理性思考、勇于表达、积极交流的思维品质，增强关心社会、经世致用的社会责任感和历史使命感。

（2）在班级开展中国或世界疫情发展图释读比赛，掌握运用唯物史观解释历史的方法，强化敬畏生命、关心人类命运共同体的意识。

（3）举行“指名道姓”故事会，学生查找资料、询问父母，整理自己姓名的来源及含义，并在全班交流，增强学生人文情怀和传承中华文化的能力。

（二）史料研读

1. 课标要求

通过本模块的学习，知道史料在历史探究中的重要性，了解史学家是如何运用史料进行历史论证的；能够初步学会综合运用探究历史的基本原则与方法。

2. 育人目标

了解搜集、整理和运用史料的基本原则和主要方法，知道不同类型史料的价值和局限性，初步了解历史比较研究法，知道综合运用不同史料进行研究的重要性。

3. 实施建议

（1）开展研究性学习，挖掘湖北武汉地方抗疫史料，了解中国成功阻断疫情的成果和原因。

（2）观看历史纪录片《孙中山》，搜集相关史料，讨论孙中山的历史功绩和局限性，明确评价历史人物和事件应该放在具体的历史背景下，历史地、辩证地评价。

（3）搜集有关新文化运动、文艺复兴和启蒙运动的史料，比较它们的核心主张和影响，形成善待自我、关爱他人的思想意识，初步确立以人为本的思想。

（4）举行“明清海禁与闭关锁国利大还是弊大”辩论会，小组根据本方观点分别搜集史料，并在辩论结束后写出个人见解。通过辩论形成“自我封闭于世界体系之外就会落伍，主动开放寻求相互合作才能发展”的发展意识。

总而言之，寓教于史是历史学科进行课程育人的根本途径；寓教于情，是历史学科进行课程育人的有效方法。

第三节　历史课程育人评价初探

历史课程育人评价就是根据一定的历史课程育人目标和科学的评价标准，在系统广泛地搜集信息、充分占有资料的基础上，对历史课程育人工作所产生的或即将产生的学生行为和思想变化，进行价值上的考查、判断和评估，以确定其社会价值的活动。

一、高中历史课程育人评价的意义

历史课程育人评价的目的是在对历史课程育人工作的全面考察、判断和论证的基础上，探索和掌握历史课程育人工作的客观规律，完善育人工作的控制系统，以便更加有效地改进和加强学校育人工作，为促进学生思想品德的健康发展服务。

通过历史课程育人评价，教育者可以进一步改进育人方法，提高学生思想品德教育的实效，从而帮助学生进一步认识自己、了解自己，看到自己的个性特点，以便确定未来的发展方向。

历史课程育人评价的目的还在于帮助家长、班主任、学校领导客观地了解学生历史学科学习和思想品德的优缺点，以便更加主动、自觉地去影响学生世界观、人生观和价值观的形成，以及志趣的确定和爱好的发展。

对学校来讲，历史课程育人评价可以让学校对本校的历史学科教学和育人工作有一个全面的了解和认识，正确评价历史学科教学和育人的得与失、成绩与缺点，以便更好地提升本校历史课程育人工作。

历史课程育人评价不单单是历史课程育人的诊断，更重要的是为课程育人提供反馈和导向，即通过评价引导学生通过历史学习形成必备品格，包含政治思想品质、道德人格和史学品格三方面。在政治思想上认同伟大祖国、认同中华民族、认同中华文化、认同中国共产党的领导、认同中国特色社会主义。在道德人格上，学会做人做事的道德准则，健全人格。在史学品格上，具有求真精神、贯通意识和批判思维。通过历史课程育人评价引导学生将外在规范的制约和支配转化为个体内在的道德自觉。

通过多种方式的历史课程育人评价还可以激励学生努力成就最好的自己，如对学生的认同祖国和中华文化的行为给予赞许和表扬使其产生积极幸福的情绪，对学生有利于集体的行为给予肯定和尊重使其获得归属感。

二、高中历史课程育人评价的原则

高中历史课程教学有自己的特点和规律，其鲜明的故事性具有得天独厚的育人优势，育人与历史课程教学融合在课堂中进行，必须遵循历史课程教学规律。在教学中，应该根据学科特点，挖掘显性的、隐性的育人素材，与学科知识教学有机融合。历史课程育人评价要避免将课程育人评价等同于对学科知识和规范掌握程度的评价，应凸显如下原则。

1. 唯物史观原则

马克思建构了唯物史观的基本思想，它成为理解人类种种活动之一的思想方式，为学校教育确立了价值取向。在历史课程育人过程中要坚持用唯物史观来认识和讲述历史，历史地、辩证地学习和研究历史，反对历史虚无主义。在育人过程中要实事求是、立足现实，从实际出发，紧紧扣住对象自身的特点来灵活运用原理。

2. 现实关怀原则

历史、现实、未来是相通的，历史是过去的现实，现实是未来的历史。在历史课程育人评价中要坚持现实关怀原则。现实关怀是指在历史情怀的基础上走出历史、走向现实，关注现实问题的解决。历史课程育人对现实的关怀不是直接教学社会热点，而是以含蓄的方式表达出来。“冲击一反应”的中国近代史模式关怀的现实问题是民族复兴背景下中国的文化自信和东西方文化的对话与合作。

3. 实事求是原则

“史由证来，论从史出”是历史课程育人的首要原则，无论是分析历史现象，还是评价历史事件，都要以史实为依据。从中国旧民主主义革命和新民主主义革命的系列史实中可以自然而然地、有力地得出结论：中国人民在中国共产党带领下走社会主义道路是符合中国国情的、历史的选择。历史课程教学与育人融合，要做到史论结合，防止生搬硬套。不同的教学组织形式、教学环节、教学内容、教学对象，结合的育人点应不同。

4. 共情神入原则

历史学家陈寅恪先生提出的“历史理解之同情（即强调要站在当事人所处的时代思考和评价历史事件）”是史学界研究历史事物的基本原则之一，共情神入也是历史课程育人评价的重要原则。在育人过程中创新情境，发掘神入历史的共情点，引导学生身临历史现场，充分理解当时、当地的历史，在此基础上，结合课程教材内容的性质和特点，做到课程育人“随风潜入夜，润物细无声”。

三、高中历史课程育人评价的指标

历史课程育人评价以历史教学目标、内容、过程、形式、氛围、效果为纬，以整合性、有效性、创新性为经，构建学科教学与育人融合的评价体系。从一节课的教学目标、内容、过程、形式、氛围等基本内容，具体评价学科教学与育人融合的整合性及有效性。具体评价指标包括育人目标、育人内容、育人过程、育人方法、育人效果等几项。

1. 育人目标

依据历史课程标准所强调的价值观念，明确提出符合学科特点的育人目标。依据具体教学内容，提出有针对性的课堂育人目标，准确定位，把握每节课渗透的预期效果。目标的表述要准确、简明。

高中历史育人目标主要有三个方面：其一，认同与自信，对国家、民族发展的历史认同，对优秀传统文化的价值认同，对社会主义核心价值观的现实认同，在中国传统与现实、古今的延续与创新对比审视中形成自信；其二，尊重与视野，学会对文明的尊重，形成对不同文明的理性认识，具有开阔的国际视野，用全球化的眼光认识文明的多样性、交融性，树立正确的文化观；其三，树立正确的世界观、人生观、价值观，把个人发展和社会进步、国家发展结合起来，培养具有时代精神的现代公民。三个方面都把历史价值观教育定为公民教育的重要组成部分，其目标是培养具有人文素养与理性思维，具有时代精神和普世价值观的现代公民。

历史课程育人目标应实现历史学科与育人双重目标，要区分好育人目标与学科教学目标，学科教学目标应当是教师的主要目标，育人目标应当渗透于其中。如果教师太过于强调育人渗透，可能使育人渗透显性化，不但影响育人效果，更影响学科教学任务的完成。

2. 育人内容

遵循历史学科自身的教学规律、育人规律和青少年的成长规律，准确把握历史学科教学和育人内容的结合点，充分挖掘历史学科教学中蕴含的育人资源，结合学生生活实际，根据学生的认知水平和身心特点，找准育人的渗透点，并把握好育人渗透的角度和层次，做到育人内容和教学内容的有机融合，在组织好历史学科教学内容的同时，组织好育人内容。

在选择设计育人渗透点时，突出以下几方面的育人内容：通过学习，理解并运用唯物史观分析历史问题；通过学习形成正确的国家观，形成主人翁责任感，认同中国共产党的领导，认同社会主义核心价值观，认同中国特色社会主义道路，树立道路自信、理论自信、制度自信和文化自信；理解民族精神的核心就是爱国主义；通过学习汲取历史智慧，理解如何实现自我的身心和谐、人与人和谐、人与社会和谐、人与自然和谐，加强自我认同和合作意识；通过学习理解具体国情和历史传统的不同形成了民主法治的多样性，同时把握民主法治的一致性；通过课程学习，体会到学法，守法的重要性，树立规则意识、宪法意识、权利义务意识、自我保护意识等，依法维权，追求公平正义；通过学习了解并认同中华优秀传统文化、革命文化、社会主义先进文化，自觉践行社会主义核心价值观；通过学习，了解世界历史发展的多样性，理解和尊重世界各国、各民族的文化传统，具有广阔的国际视野和正确的文化观。

3. 育人过程

在历史学科教学活动过程中形成良好的人际关系和课堂氛围，促进学生良好思想品德的形成。通过设计合理的历史学科教学活动，师生互动、生生互动，让学生在学习活动中合作学习、共同探索、积极交往，在民主的、彼此尊重的课堂氛围中学会合作、学会倾听、学会分享，对他们良好人格的形成起到潜移默化的作用。（见图6-1）

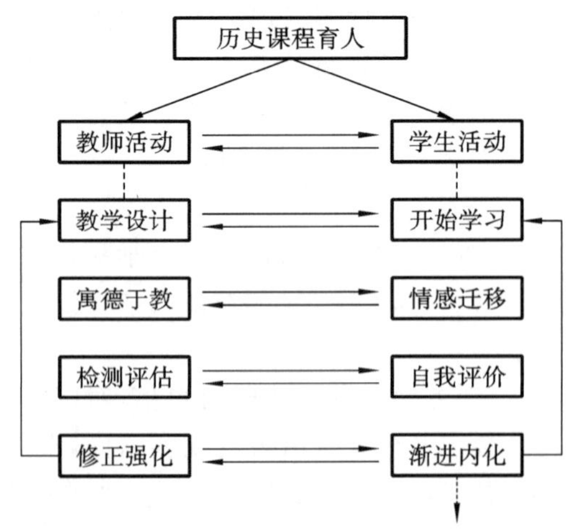

图 6-1　历史课程育人过程

历史课程育人过程是教师与学生双方一起实现育人目标的活动，教师作为施教的一方，施教过程包括设计、寓德、检测评估和强化、矫正四个阶段；学生作为受教育的一方，相对应的心理反应过程包括起始、迁移、自我评价和逐步内化四个阶段。“设计一起始”阶段教师要在了解学生思想实际，了解教学内容中蕴涵的育人因素的基础上，有的放矢地筹划和安排将要展开的寓德过程。这种设计包括确定育人要点、选择育人途径，确定检测的方法、手段及评价形式和内容，并写出设计方案。这一阶段为寓德的准备阶段，它为寓德的实际展开提供了可能性。

需要特别指出的是，由于家庭和社会大众媒体的影响，学生在接受新的思想道德认识、信息之前，就已经形成了一定的"认知结构"。比如，我们在前测中了解到，学生在学习有关第二次世界大战内容前，就知道了战争的进程、结果及重要人物，而且还形成了初步的价值判断，尽管有些判断是错误的。对学生原有认知结构的了解，考虑了学生的主体地位，会使育人更有针对性。在"寓德—迁移"阶段，对于教师来说，要实施设计方案，通过教学对学生晓之以理、动之以情、导之以行。为实现寓德目标，教师所采用的方法是多种多样的，其切入点也不拘一格，具有多端性的特点。对于学生来说，在教师寓德的同时，产生同步反映，经过对道德认识、道德观念、道德情感和道德行为的接受、认同、移情等心理活动后，进行道德迁移。

4. 育人方法

以学生为行为主体，发挥学生的主动性、积极性，根据育人渗透点设置情境，引导学生进入情境，让学生主动在情境中活动，积极体验和感悟，形成正确的情感、态度和价值观。

教师要充分遵循学生品德心理发展的实际，在教学中通过引导，而不是强行灌输，使学生形成正确的价值判断。在育人过程中采用灵活多样的"主体参与"式的教学方法，"激活"学生的内心世界，形成价值判断，如"想象体验"，即在想象中从事价值客体的活动，以达到理解价值客体的体验方式。实践还证明，学生在历史讨论、辩论中形成思想交锋、心灵碰撞更有利于品德的内化。在历史课程育人过程中，教师可以依据育人目标、学生的实际情况，选择多种形式，如办历史墙报、展览，举办报告会、辩论会、演讲会、故事会、读书会、竞赛，组织博物馆参观、访问、座谈、视听赏析等，这些活动方式，在启发学生内心感受、培养丰富情感和责任感，以及促使学生在逐步使自己社会化的过程中不断实现个性化等方面具有重要影响。

5. 育人效果

历史课程育人效果可以从学生的道德认知、道德情感、道德意志和道德行为几个方面来考察。

道德认知是个体对于道德规范和道德范畴及其意义的认识。在历史课上，学生的道德认知表现在两个方面：一是道德思维发展的水平，二是道德观念变化的程度。为便于考察，我们将道德认知目标分解为几个指标体现，即知道、理解、评价。学生通过学习能运用历史课中习得的唯物史观对历史现象、人物、事件进行合理的价值判断。

道德情感是人的道德需要是否得到满足而引起的一种内心体验。它的评价指标为：接受、内心检验、性格化。学生通过学习对历史课程育人内容有深刻的内心体验，初步实现了情感的性格化，并以此对所遇到的各种事物进行合理的分析。

道德意志和道德行为。道德意志是一个人自觉克服困难去完成预定的道德目的、任务，以实现一定道德动机的活动。道德行为是在一定道德意志支配下所采取的行动，包括三个层次，即遵从、模仿、自觉。学生通过学习能较稳定、独立地将道德准则和要求运用于新的情境中，自我控制能力强。通过历史课程育人，学生增强了社会责任感和历史使命感。

高中历史课程育人评价量表如表 6-1 所示。

表 6-1　高中历史课程育人评价量表

评价项目	评价内容	分值	得　分
育人目标	依据历史课程标准所强调的价值观念，明确提出符合学科特点的育人目标；依据具体教学内容，提出有针对性的课堂育人目标，准确定位，把握每节课渗透的预期效果；目标的表述要准确、简明	10	
育人内容	遵循历史学科自身的教学规律、育人规律和青少年的成长规律，准确把握学科教学和育人内容的结合点；合理把握教育内容，充分挖掘学科教学中蕴含的育人资源，结合学生生活实际，根据学生的认知水平、身心特点，找准育人的渗透点，并把握好育人渗透的角度和层次；做到育人内容和教学内容的有机融合，在组织好学科教学内容的同时，组织好育人内容	25	
育人过程	在教学活动过程中形成良好的人际关系和课堂氛围，促进学生良好思想品德的形成；通过设计合理的活动，师生互动、生生互动，让学生在学习活动中合作学习、共同探索、积极交往，在民主的、彼此尊重的课堂氛围中学会合作、学会倾听、学会分享，对他们良好人格的形成起到潜移默化的作用	25	
育人方法	以学生为行为主体，发挥学生的主动性、积极性，根据育人渗透点设置情境，引导学生进入情境，让学生主动在情境中活动，积极体验和感悟，形成正确的情感、态度和价值观	20	
育人效果	育人渗透自然、有趣，激发学生的学习兴趣；良好道德认知得到生成、明晰，良好道德情感得到体验和升华，良好道德意志和道德行为更为自觉和坚定	20	
总分		100	

第四节　历史课程育人探索案例

案例一　从历史长河探寻武汉抗疫必胜因素

一、案例说明

1. 目标阐释

2020 年初，武汉出现新冠肺炎疫情，举国关注。习近平总书记高度重视疫情防控，“要为保障人民生命安全和身体健康筑牢制度防线。”

在党中央的号召和组织下，各地医疗队，各种物资源源不断调集到武汉，举全国之力，疫情逐渐被控制。作为亲历者，我们目睹伟大时代的抗疫行动，有必要引导学生深入理解国家、人民在抗疫中的重要作用。

本节课选择恰当的时空维度、运用多种史料对历史和现实中的抗疫问题进行客观分析，引导学生进一步认识中国制度和传统文化的优势与价值。

2. 实施路径

从当前武汉新增病例清零、援鄂医疗队返回等热点问题切入，充分整合时政热点和学科课程资源，引导学生进行古今中外对照，分为“从制度演进思中国抗疫”“从中医发展析中国抗疫”“从英雄人物看中国抗疫”“从人民作用观中国抗疫”四个主题探究。

通过史料研析、问题解答、小作文分享、讲述家庭和地区等身边抗疫故事，以及电子作品展示等生动活泼的方式，培养学生获取和解读信息、分析问题和进行历史探究的能力，落实唯物史观、时空观念、史料实证、历史解释和家国情怀等历史学科核心素养，培养学生正确的价值观。

二、案例描述

1. 片段一：导入

钟南山院士曾说“武汉，是一座英雄的城市”，历史上的武汉，有哪些叱咤风云的高光时刻呢？请同学们观看视频《武汉，座英雄的城市》。

育人契合点：

通过观看视频，让学生列举出洋务自强、武昌首义、武汉抗战、渡江战役、九八抗洪、抗击疫情等事例。引导学生感受武汉人民的英勇，坚定抗疫必胜信心。

2. 片段二：古代中医的辉煌成就

此次中西医结合抗疫证明了中医的价值和作用。结合中医名著简表，提取一个论题进行论述，并通过空中课堂进行分享。（见表 6-2）

表 6-2　我国古代医学名著简介（部分）

著　作	作者简介	成　就
《黄帝内经》	假托黄帝之名，实为民间医家成果汇集	用阴阳五行解释人体生理现象、疾病变化和治疗法则，奠定中华医学理论基础
《伤寒杂病论》	张仲景，东汉，人称“医圣”	系统论证了“辨证施治”方法，奠定中医临床治疗学基础
《唐本草》	苏敬等 23 人奉敕编撰	现存世界上第一部国家药典
《铜人针灸图经》	王维一，北宋	奉旨铸造两个铜人针灸模型，著此书并行
《洗冤集录》	宋慈，南宋法医学家，长期任提点刑狱官	开创法医鉴定学，世界法医史经典著作
《本草纲目》	李时珍，明代，曾任皇家太医院判	系统总结了中国古代本草知识，是集大成的药物学著作，由朝廷颁行

注：摘自袁行霈等《中华文明史》。

育人契合点：

学生通过分析论点，掌握如何提取信息，史论结合进行论证。了解中医文化的博大精深，树立中华文化自信。同时,引导学生认识到西医是西方现代文明成果,中西医各有优势。世界文化和而不同,应该充分汲取、吸收人类优秀文明成果,兼容并包,涵养世界眼光。

3. 片段三:西医抗疫的积极作用

了解中国近代防疫第一人伍连德博士,探究其做出的贡献及防疫成功的原因,并对比钟南山、李兰娟院士抗疫的英雄事迹。

材料:伍连德,1879 年出生于马来西亚,1903 年获剑桥大学医学博士学位,1907 年回国。1910 年 11 月,东三省鼠疫大流行,清政府命伍连德前往东北主持瘟疫扑灭工作。伍连德经过科学调查,查清了此次瘟疫的原因。他破除旧习俗,采取科学的方法,经过三个多月的努力,东北瘟疫得到控制。此后,清政府决定成立由伍连德负责的东三省防疫事务总处,这是我国最早的防疫机构,培养了第一支预防鼠疫的专业队伍。鉴于当时国内缺少专业的医学刊物,1915 年,伍连德创办了我国医学界的权威刊物《中华医学杂志》,次年成立中华医学会。1930 年,全国防疫总所在上海成立,在伍连德的努力下,接收了全国各地海关的防疫站,从而结束了由西方人担任中国检疫机构领导的时代。

——摘编自黄增章《中国流行病学的开拓者——伍连德》

抗疫逆行的英雄人物,昔日伍连德,今日钟南山。由学生分享钟南山、李兰娟等人的英雄事迹。(见图 6-2)

主题三:从英雄人物看中国抗疫

材料八

钟南山

武汉封城

李兰娟

疫苗研发

张伯礼

中医救治

图 6-2 从英雄人物看中国抗疫

育人契合点:

通过对伍连德博士,钟南山、李兰娟院士等事迹的讲述分析,使学生树立正确的价值观。英雄人物从不抱怨环境,而是通过自己的努力,去改变环境。英雄人物都具有坚持学习的品质,学有所长,利用自己的专业知识造福社会。英雄人物是临危受命、解民困厄,有责任、有担当的时代英雄。

使学生明辨是非,追星要追那些专业过硬、有功于民的英雄,而非仰慕那些歌星、影星。

三、专家点评

湖北省特级教师、青山区首届名师刘飞老师认为,该课以武汉抗疫为主题、以创新小专题为形式、以主体间性智慧网络课堂为模式,成功达成了历史课程育人目标。培养了学生的学科核心素养,体现了教学内容的创新性、历史课程育人的浸润性、学科核心素养落实的有效性三大特点。整节课将不忘战疫历程、传承抗疫精神和历史学科知识紧密结合。增强了学生的人文情怀、理性精神。

案例二　战疫情，我有为

一、案例说明

1. 目标阐释

2020 年初新冠肺炎疫情暴发，中学生停课在家，老师通过网课进行教学。作为一名身在武汉的历史教师，充分利用武汉抗疫精神，给学生上好历史课，肩负起中学育人教育的重任，将抗疫精神贯穿到中学教育中去，结合校本课程，提升当代中学生的思想道德素质，使中学生沿着为社会主义现代化建设服务的方向发展和深造，这对构建社会主义核心价值体系具有重要的时代意义。

2. 实施路径

我校一直致力于开发校本课程，这是一个很好的平台，在校本课程上，教师不以系统知识为基本内容，而是围绕学生需要研讨和解决的问题来组织具有动态性的课程资源，引导学生在调查研究、讨论探究等活动中灵活学习。并且大胆地把历史课和抗击疫情结合起来，比如这节课的标题是"战疫情，我有为"，就是从历史学科核心素养的唯物史观、史料实证和家国情怀等方面进行切入的。

二、案例描述

1. 片段一：导入

导入新课，教师巧妙地选择了《武汉的历史变迁》这段网上很火的小视频，让学生了解武汉的历史变迁，启迪学生积极思考。（见图 6-3）

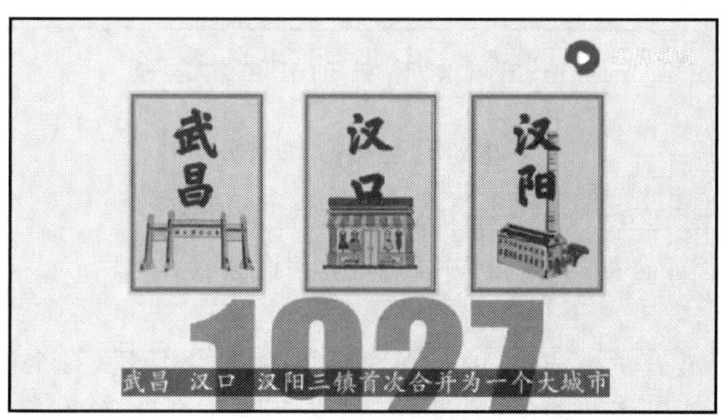

图 6-3　《武汉的历史变迁》视频截图

育人契合点：

播放《武汉的历史变迁》小视频，引起学生共鸣，武汉地处我国中部中心，有 3500 年的历史，有楚文化特色，有革命传统，是辛亥革命首义地，还有许多如施洋、林祥谦、向警予、彭刘扬等革命壮士的足迹。武汉人民一直都有不怕牺牲、敢于胜利的无产阶级革命乐观主义精神，表现出顾全大局、严守纪律、亲密团结的高尚品德，武汉人百折不挠、自强不息，是保证我们抗疫和革命事业走向胜利的强大精神力量，激发学生的城市自豪感和坚定的信念。

2. 片段二：瘟疫的历史

教师讲述瘟疫的历史发展历程，简单介绍一下世界历史上的十大瘟疫和中国古代瘟疫等方面的知识，让学生了解瘟疫，不害怕，正确面对，凸显历史学科核心素养中的唯物史观。

育人契合点：

唯物史观是揭示人类社会历史客观基础及发展规律的科学的历史观和方法论。通过了解和学习瘟疫的历史和对人类社会带来的灾难，更能感受人类生命的脆弱，一个小小的病毒竟然可以使成千上万的人伤亡，其中也有人类自身的原因，惨痛的教训让我们认识到，在大自然面前，人类是渺小的，我们要敬畏生命、尊重生命。通过这一部分，教会学生对瘟疫历史的认识是由表及里、逐渐深化的，引导学生学会认知生命、珍惜生命、尊重和热爱生命，树立唯物价值观，尊重和反思历史。

3. 片段三：战疫情，我有为

在这个教学片段中，教师首先展示面对疫情国家层面的举措、社会层面的响应，引导学生思考个人层面应该怎么做(见图 6-4)，提出两个探索和讨论的问题：

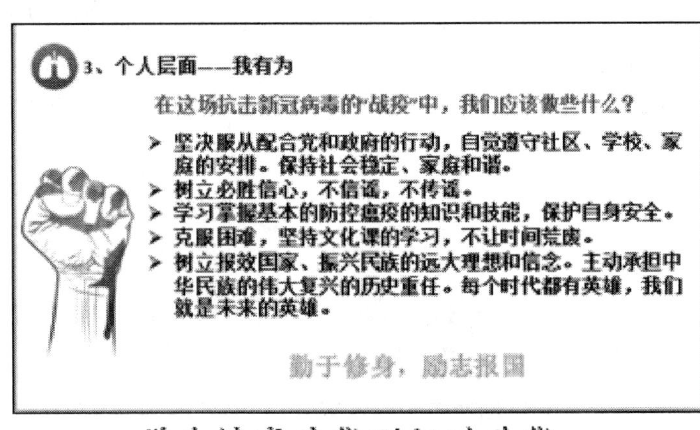

图 6-4 战疫情，我有为

(1) 中国人民为什么必将取得抗击新冠病毒之战的胜利？

(2) 在这场抗击新冠病毒的“战疫”中，我们应该做些什么？

育人契合点：

作为教师，有责任教育学生，有党的坚强领导、有祖国做后盾、有全国人民齐心协力，我们完全相信：没有一个冬天是不可逾越的，没有一个春天是不会到来的。引导学生自觉担起社会责任，不为防疫添乱，遵守在家隔离的规则，并约束自己的网络行为，积极上网课，积极学习文化知识，积极传播正能量，确立积极进取的人生态度，塑造健全的人格，树立正确的世界观、人生观和价值观。

三、专家点评

教师要灵活运用材料和史实，而且要善于引导学生走向人类的精神殿堂，启迪学生的心灵，在实现情感态度价值观的目标中，教师与学生的关系并不是简单的教育者与被教育者，而是一种平等的交流和相互启发的关系，要注意师生的交流与互动，学生的善良、诚实、简单与童真不一定都是“不成熟”的代名词，在精神境界上，教师与学生更多的是沟通和理解，这才是历史教育中提高情感态度价值观的关键。

另外，本节课内容还可以尝试加入当今欧美国家抗疫的做法与中国的做法进行对比，进一步激发学生在实践中提高思想觉悟、增强服务社会的意识，在课堂内外汇合成一种核心精神，那就是中华民族自强不息、团结统一的伟大民族精神。

案例三　以武汉抗疫为主题的历史知识竞赛

一、案例说明

1. 目标阐释

新春伊始，新冠肺炎疫情不期而至，武汉封城。以此为背景，为了普及科学抗疫知识、弘扬武汉城市精神、传播武汉历史文化、坚定抗疫必胜的信心，特开展历史知识竞赛。以此，营造具有历史学科特色与武汉抗疫相融合的育人契机，引导全体师生展望“在党中央的坚强领导下，全国上下万众一心、众志成城，疫情防控人民战争胜利可期。”通过历史研究性学习，将历史与现实结合，帮助学生树立爱国主义和关怀人类共同命运的观念，落实历史学科核心素养的培养目标。

2. 实施路径

本次历史研究性学习活动的设计基于三点考虑：一是学生配合封城抗疫、宅家学习；二是引导学生开展自主学习，利用网络资源，进一步了解武汉的社会变迁和历史文化；三是疫情结束后，开展社会实践活动。在此基础上，历史教师以反映武汉时代变迁的历史人物、历史事件、城市精神等为切入点，组织试题。竞赛以问卷星为发布平台，组织学生在规定的时间内进行网上答题。竞赛运用了“主体参与”式的教学方法，以此“激活”学生的内心世界，帮助学生树立正确的“三观”，并升华家国情怀。

二、案例描述

1. 片段一：崇尚科学理性　精准施策抗疫

命题意图：本组试题以新冠病毒复制增殖、中西医结合救治被传染者、火神山医院直播等入题，旨在对学生进行崇尚科学、尊重事实的育人渗透。（见表 6-3）

表 6-3　历史知识竞赛命题一

题　　号	知　识　点	命　题　角　度
1	新冠病毒复制增殖	病毒增殖方式
2	西药磷酸氯喹	西医治疗手段
3	史料类型	史料、史实、史观
4	中医、中药	中医治疗手段

育人契合点：

只有科学理性的认识新冠肺炎疫情，才能正确地理解国家科学防控与精准施策的对策。并从历史解释应着重第一手史料的角度，引导学生辨别疫情期间的各种信息，不信谣、不传谣。试题将抗疫知识与唯物史观相结合，教育学生应以理性和客观的态度对待当前发生的一切，也是在践行历史新课标将唯物史观作为认识和解决现实问题的指导思想。

2. 片段二：增进法纪意识提升文明素养

命题意图：本组试题以疫情防控法规等入题，旨在让学生认识法规和制度是社会稳定与有序抗疫的保障，每一位公民都应该以遵规守纪、提升文明素养为己任。（见表 6-4）

表 6-4　历史知识竞赛命题二

题　号	知　识　点	命 题 角 度
8	《中华人民共和国传染病防治法》	防控法规
9	机构改革	监察机制

育人契合点：

疫情防控期间，有的人无知无畏、心存侥幸；有的人法纪意识淡薄，不能遵守防控规定，从而使疫情防控处于被动地位。史料实证是历史学科核心素养，运用史料实证对学生进行育人渗透更客观。疫情防控是一场依法防控的人民战争，一个强大的国家，需要有规则意识和理性成熟的公民。青年学生是国家和民族的希望，更应该形成良好的法纪意识和养成文明素养，做遵法守规的参与者与践行者、文明素质的体现者与涵养者。

3. 片段三：内化精神引领　升华家国情怀

命题意图：本组试题以中国传统文化和民族精神、武汉城市精神、我国制度优势、人类命运共同体等入题，旨在引领学生领悟疫情防控中的优秀精神，升华爱国主义与家国情怀。（见表 6-5）

表 6-5　历史知识竞赛命题三

题　号	知　识　点	命 题 角 度
10	武汉城市精神	精神引领
11	楚国争霸与“不服周”	敢为天下先
12	武汉长江大桥	中国创造精神
13	改革开放中的洋厂长	思想解放
14	大禹治水	中华民族精神
15	屈原	自强不息
16	驰援武汉抗疫	制度自信
17	人类命运共同体	协同抗疫

育人契合点：

疫情当前，华夏儿女万众一心、斗志高昂、协同抗疫，充分展现了中华民族精神的引领作用和先进社会制度的保障机制。历史学科核心素养中的“家国情怀”是一个人对自己国家和人民所表现出来的深情大爱，是对国家富强、人民幸福所展现出来的理想追求，是中华文化的核心密码和中华民族的精神标识，是把中华儿女团结在一起的强大精神力量。中国人的家国情怀在共同抗击疫情中得到充分展现和诠释。因此，青年学生要增强爱国主义、厚植家国情怀，做到知行合一，勇担民族大义。

三、专家点评

湖北省中学历史特级教师明道华在评价这次活动时说："这次活动是立足历史学科，拓展育人方式的成功尝试，它以空中课堂的特殊形式，整合历史新旧课程与武汉抗疫时事资源，融会传统文化和时代精神，以丰富多样的方式展开活动，既增强学生关注社会和勇于担当的意识，又充分体现历史课程改革培养学生创新思维和家国情怀的价值取向。"专家的肯定，也是鞭策我们在反思中不断学习、在实践中不断完善的动力。

总之，本次活动通过竞赛及观看视频，让学生在参与中经历了"健康生活、珍爱生命、科学素养、献身精神、责任担当、国际理解、家国情怀、制度自信、文化自信"的思想浸润。历史研究性学习活动的开展是历史课程标准的重要内容，在活动中实施育人是值得探究的教育主题，也是培养历史学科核心素养的时代需求。历史教师进行教学时，教学方法应多样化，教学内容应多元化，以期对学生真正实施素质教育，帮助学生塑造健全的人格，培养学生承受挫折和战胜危机的精神，实现历史学科的育人目标。

第七章 普通高中地理课程育人探索

教育部《中小学德育工作指南》明确指出：地理课程要利用课程中的传统文化、地理常识等丰富的思想道德教育因素，潜移默化地对学生进行世界观、人生观和价值观的引导。《普通高中地理课程标准(2017 年版 2020 年修订)》指出：地理课程旨在使学生具备人地协调观、综合思维、区域认知、地理实践力等地理学科核心素养，学会从地理视角认识和欣赏自然与人文环境，懂得人与自然和谐共生的道理，提高生活品位和精神境界，引导学生形成正确的世界观、人生观、价值观，培养德智体美劳全面发展的社会主义建设者和接班人。

第一节　地理课程的育人价值

一、高中地理课程的地位和特点

1. 课程地位

地理学是研究地理环境以及人类活动与地理环境关系的科学，具有综合性和区域性等特点。地理学兼有自然科学和社会科学的性质，在现代科学体系中占有重要地位，对于解决当代人口、资源、环境和发展问题，建设美丽中国，维护全球生态安全具有重要作用。英国地理课程学者诺尔曼·格雷夫斯说："生活在地球上的每个人，只有接受了地理教育，才能成为有责任感的人，才能说明他接受了真正的教育。"

地理学研究地理要素和地理综合体的空间分布规律、时间演变过程和区域特征，以学生认识地理环境、形成地理技能和可持续发展观念为课程目标。强调学生综合思维和空间思维的形成、科学素养和人文素养的提高以及家国情怀和国际视野培养的一门学科。

地理课程标准指出，地理学科旨在使学生具备人地协调观、综合思维、区域认知、地理实践力等学科核心素养，学会从地理视角认识和欣赏自然与人文环境，懂得人与自然和谐共生的道理，提高生活品位和精神境界，为培养德智体美劳全面发展的社会主义建设者和接班人奠定基础。

2. 课程特点

地理学是研究地理环境中自然现象与人文现象及其二者之间相互关系的基础学科。地理学科德育实施的目的在于引导学生树立环境保护意识，培养学生建设美好家园的爱国情感，增强学生的审美观念和人文精神，促进人与自然的和谐共处。地理课程具有以下特点：

1）自然性

地理课程所涉及的地貌、气候、水文、生物、冰川及人文等内容都孕育于自然、发展于自然，本身就具有自然属性。人类为了更好地生存和发展，就必须尊重自然，掌握自然规律，并按照自然规律办事。通过地理课程的学习，引导学生感受自然之美，在尊重自然、保护自然的基础上建立可持续发展的自然观。

2）人文性

地理课程贯穿人地关系主线，其内容包括人文现象的地理分布、扩散和变化，人类社会活动的地域结构等。通过地理课程学习，使学生了解人文地理事物，熟悉世界各地社会经济状况、民族民俗文化和独特的风土人情等，辩证地认识“人与自然”“人与社会”“人与人”之间的关系，学会尊重文化与文明的多样性，不断提高人文地理素养。

3）审美性

地理课程内容丰富的自然地理与人文地理知识具有较高的教育价值、审美价值。通过地理课程学习，学生从自然和社会两个方面去认识我们赖以生存的乡村、城市、国家、世界、地球乃至宇宙的环境；通过地理实践，让学生学会感受地理、享受地理，激发探究地理问题的兴趣和动机，提高地理审美情趣，陶冶情操。

4）生态性

地理课程以立德树人为根本任务，引导学生树立正确的人地观念，形成可持续发展思想，如正确的自然观，辩证的资源观，科学的环境观、人口观和发展观等，能够运用科学的人地观念去认识世界、解释自然现象，并做出科学判断，以适应未来社会发展的需要。

二、高中地理课程的育人要素

依据《普通高中地理课程标准（2017 年版 2020 年修订）》和地理学科核心素养，高中地理课程所蕴含的育人要素如下：

1. 正确的价值观

辩证唯物主义观和方法论在高中地理课程中都有很好的体现，物质观、运动观、联系观、发展观贯穿了自然地理、人文地理的各个部分，为培养学生用唯物辩证法观察和分析问题的能力、提高辩证思维素质提供了良好的载体。

可持续发展是指既满足当代人的需要，又不损害后代人满足需要的能力的发展。地理课程努力帮助学生形成可持续发展的理念：生态持续发展是可持续发展的保障，经济持续发展是可持续发展的手段，社会持续发展是可持续发展的最终目标。

2. 科学素养

科学的态度和精神已成为现代公民必备的素质之一。地理课程能利用丰富的素材和强大的社会实践力，承担传播地理科学知识、发展科学思维、养成科学态度、陶冶科学情操、铸造科学品质的责任。在具体学习过程中，通过创设情境，引导学生质疑、发现、探究、合作，运用科学的思维方法，寻找地理要素间的关联度和内在规律，养成学生敢于质疑和探究的习惯，培养其科学素养。

3. 爱国主义

在地理课程中，学生能了解我国地理环境、资源、人口、民族、经济等方面的基本情况，知晓我国自然和社会经济地区发展不平衡、整体与局部的差异等事实，理解我国的基本国策。我国地域发展的辉煌成就和改革开放取得的业绩，鼓舞学生树立民族自信心和自豪感；用近代地缘政治和地理环境变迁史实，增强学生的民族自尊心和民族振兴的使命感；围绕保护、改善生态环境和维护领土完整，进行国防安全教育，将国情教育落到实处。

4. 美育价值

地理课程的美育价值在于培养学生的审美素质和对美的鉴赏能力。地理学科涉及大量自然的、人文的景观，其中孕育着自然美和人文美。这些地理景观的艺术美，不仅可以使受教育者欣赏和享受，还可以提高受教育者的审美能力，使其接受艺术美的启迪从而培养创造美的意识。地理学科以时空分布变化规律，将丰富多彩、错综复杂的地理表层，清晰、简明地展示出来，给人一种秩序的、逻辑的科学美。地理课程教育使学生认识科学美，培养其追求科学美的意识。

5. 灾害意识

现在的地球，面临着诸多全球性的灾害和问题，如气候变迁、环境污染、极端的自然灾害增多、能源与资源的紧缺、流行性疾病的传染等。近期，新冠肺炎病毒在全球爆发，中国人民和政府积极防治，成功遏制病毒在国内传播，并在医疗信息、技术和物资方面，大力支援其他国家，给世人留下深刻印象。

普遍来说，中学生的灾害意识不够强，地理课程有机会、也有责任，帮助学生理解灾害形成的机理、增强防护保护意识，参与宣传和互助，提高群体减灾防灾的能力。

6. 国际视野

当今的信息社会，国际间相互依赖和协作关系日益加深，国家之间经济、文化互相渗透，各国人民交往日益频繁。地理课程旨在使学生树立全球观念和国际意识，这是时代的要求，也是面向世界的需要。目前的人口、资源和环境等世界性问题的解决，并非一国的能力所及，需要国际间共同协作。中国要跻身于世界强国之林，需要参与国际间的政治、经济、军事、科技、人才等方面的竞争与合作。因此，学生在认识加强国际间协作重要性的同时，不能忽视国际上还存在着尖锐的斗争，例如西方部分国家利用投资和关税、贸易市场，盘剥和控制发展中国家，并把污染等问题转嫁到发展中国家等严酷现实。

7. 实践能力

地理课程具有较强的实践性，在学习过程中需要动脑、动手，许多地理知识需要在实践活动中获得和验证。地理课内与课外的实践活动可以培养学生的观察能力、使用地图图表的能力、室外调查和考察能力、信息搜集整理的能力、利用地理信息交流表达的能力等。2016 年 12 月，教育部开始推进中小学“研学”活动，教师要抓住这个综合实践育人的有效途径，充分利用地理课程的实践性，增强学生的实践能力。

三、高中地理课程的育人价值

1. 地理学科核心素养

地理素养是指学习者经过地理学习后所养成的比较稳定的心理品格，包括地理科学素养、地理人文素养和地理技术素养，其构成要素包括地理知识、地理观点、地理方法、地理能力、地理态度、地理情感等。地理学科核心素养包括以下四个方面。

人地协调观，指人们对人类与地理环境之间关系秉持的正确的价值观。人地关系是地理学研究的核心主题。面对不断出现的人口、资源、环境和发展问题，人们越来越深刻地认识到，人类社会要更好地发展，必须尊重自然规律，协调好人类活动与地理环境的关系。“人地协调观”素养有助于人们更好地认识、分析和解决人地关系问题，成为和谐世界的建设者。

综合思维，指人们运用综合的观点认识地理环境的思维方式和能力。人类生存的地理环境是一个综合体，在不同时空组合条件下，地理要素相互作用，综合决定着地理环境的形成和发展。“综合思维”素养有助于人们从整体的角度，全面、系统、动态地分析和认识地理环境，以及它与人类活动的关系。

区域认知。区域性是地理学科另一突出学科特性，由此形成区域认知。人类生存的地理环境多种多样，将其划分成不同尺度、不同类型的区域加以认识，是人们认识地理环境复杂性的基本方法。“区域认知”素养有助于人们从区域的角度，分析和认识地理环境，以及它与人类活动的关系。

地理实践力，指人们在考察、实验和调查等地理实践活动中所具备的意志品质和行动能力。考察、实验、调查等是地理学重要的研究方法，也是地理课程重要的学习方式。“地理实践力”素养有助于增强人们的行动意识，提升人们的行动能力，从而更好地在真实情境中观察和感悟地理环境及其与人类活动的关系，增强社会责任感。

2. 地理课程的育人价值

地理课程的育人价值主要体现在如下四个方面：

(1) 地理基础知识和技能是人的科学文化素质的重要组成部分。地理课程的学习，使学生获得丰富多彩的地理知识，以及相应的地理观察观测技能、调查统计技能、实验制作技能和图表读、析、填、绘的技能。这些知识与技能，便于沟通横向学科领域，促进相邻学科的学习。

(2) 地理空间能力是人的基本能力之一。地理学强调地理事物的空间分布、区位特征。判断空间方位，确定事物之间空间联系及结构，对学生空间思维能力和空间想象力的形成有非常重要的作用。同时，地理课程对培养抽象思维、形象思维、综合思维能力等，也有独特的作用。

(3) 实践能力和综合能力是衡量国民素质的重要标准之一。随着全球化时代的到来，自然环境与人文环境在不断更新内容，信息与物质的交流变得更加频繁、剧烈。国民在服务改造社会与自然的同时，必须具备开放的思维意识、灵活的应变能力和极强的综合实践能力。

地理科学具有很强的实践性。地理教学的大量课内外实践活动可以培养学生的地理观察能力，使用地图、图表的能力，操作地理仪器设备、野外考察、环境调查、社会访问能力，运用地理知识分析问题并解决问题的能力，以及应用地理信息手段进行交流、表达的能力等。

(4) 地理情感态度和价值观是国民基本素质的组成部分之一。中学地理课程是中学各课程中唯一以人类的可持续发展、人类赖以生存发展的地理环境为基本内容的课程，其功能在于不仅能教育学生关心并谋求人类的可持续发展，而且能引导学生树立环境意识、全球意识，并形成以人为中心的人地协调观念，使学生能够从经济、社会、生态和人文精神等方面理解、认识和评价人类所面临的重大问题，形成正确行为方式的地理价值观念，从而具备 21 世纪中国参与世界可持续发展和国际交往、合作与竞争的基本素质。

第二节　地理课程育人实施建议

高中地理课程包括必修、选修性必修和选修三类课程。应依据《普通高中地理课程标准(2017 年版 2020 年修订)》，有针对性、有重点地进行育人教育。

一、高中地理必修课程

1. 课标要求

能够认识、描述各自然地理要素的变化特点以及它们之间的相互影响；能够说明常见自然现象之间的联系及变化；能够比较合理地描述和解释特定区域的自然现象，并说明其对人类的影响；能够根据资料描述人文地理事物的空间分布及其变化，解释不同区域的产业活动进行区位选择的依据，并对区位进行适当评价。

2. 育人目标

正确认识人类活动与环境的关系；理解人地协调发展的重要性；培养探索地理问题的兴趣以及独立思考问题的能力和习惯；培养克服困难的勇气；关注不同区域背景下，区域创新发展和转型发展的原因、过程和方向；理解资源、环境与国家安全的关系；增强保护资源与环境、维护国家安全的意识。

3. 实施建议

1）必修1

(1) 观测并记录月相变化，分析、讨论其成因及变化规律。

(2) 观看《地球的奥秘》等科教电影，用观后感、小论文等形式，交流和讨论地球的演化、生物的进化、化石的形成等。

(3) 用煮熟的鸡蛋，模拟观察地球的内部圈层结构；敲打不同水位的瓶子，通过不同的声音与不同的水量之间的关系，体会地震波与地球内部物质形态的关系。

(4) 观测学校附近的典型地貌，分析讨论其发展变化的过程。

(5) 调查学校所在地的水循环和水平衡过程，列出收入项和支出项并进行对比分析。

(6) 搜集学校附近空气污染、水污染、噪声污染等资料，分析讨论污染原因、时空分布特点，提出解决措施。

2）必修2

(1) 调查学校附近社区的人口增长和人口迁移状况，分析、讨论其原因和影响因素。

(2) 调查家乡聚落的分布特点，交流讨论这些聚落与地理环境的关系。

(3) 用工业区位的知识分析评价附近企业的布局特点。

(4) 分析讨论学校附近商业网点的分布状况和商业活动规律。

(5) 分析讨论学校附近土地利用状况的发展变化。

(6) 实地走访调查后，用辩论会等形式交流、讨论对河流的开发利用产生的影响。

(7) 搜集资料，用展板、专题报告等形式展示我国在工业、交通、科技等方面取得的成就。

(8) 搜集我国在生产粮、棉、油、糖、水果等方面取得的成果，展示我国农业生产对中国及世界的重大贡献。

(9) 用演讲、展板、主题班会等形式宣传我国的海洋法、海洋权益、海洋发展战略。

二、高中地理选择性必修课程

1. 课标要求

能够运用地理信息技术或其他地理工具搜集、整合地理信息，能较为合理地分析自然地理现象、过程及其对人类活动的影响；能够说明自然环境与人类活动之间的关系；理解尊重自然规律的重要性；能够用不同的方式比较不同区域发展的异同；能认识不同区域发展的方向、问题及原因；能够独立或与他人合作使用地理实践工具；能设计和实施常规的地理实践活动；能够综合分析各种区域性或全球性资源、环境问题对国家安全的影响；了解国家资源利用现状及政策和法规对维护国家安全的意义。

2. 育人目标

提高地理实践能力；进一步认识人与环境的相互关系；增强因地制宜、人地和谐的区域协调发展观；增强保护资源与环境的意识，树立维护国家安全意识，自觉维护国家利益。

3. 实施建议

(1) 分组进行对比实验，实地观测市区与郊区、白天与傍晚以及湖泊不同方位的风向，讨论分析原因，设计实验，解释和验证热力环流。

(2) 设计对比实验，解释和验证玻璃温室以及大气的保温作用的现象及原理。

(3) 调查学校附近的某条河流，分析讨论其水循环的过程，并对其开发和治理提出自己的设想。

(4) 模拟不同的身份，讨论本地某企业的产业转移对地方经济的影响。

(5) 搜集资料，以小论文、演讲或板报等形式展示我国“一带一路”的建设成就。

(6) 调查学校所在地区的水资源利用状况，在分析讨论的基础上，设计一份节约用水的方案。

(7) 搜集资料，展示我国在减少二氧化碳排放、减少氯氟烃的排放、保护世界气候所做出的努力，对比世界其他主要国家在这一方面的表现。

(8) 观看南水北调、三北防护林建设、沙漠化治理、雾霾治理的纪录片，用不同的形式展示我国治理环境、保护生态方面取得的重大成果。

(9) 设立废旧电池回收箱；用展板、演讲等形式宣传减少使用一次性筷子和塑料袋，定期宣传节约和回收纸张、节约能源、节约水源等。

(10) 搜集、了解家乡的基本情况，分析讨论家乡发展条件的优势与不足，提出对家乡发展的建议或构想。

三、高中地理选修课程

1. 课标要求

了解宇宙发展演化的基本过程，理解常见天文现象形成机制和变化规律。了解海洋与人类生产生活之间的密切关系，了解国内外先进的海洋资源开发技术以及海洋资源开发的特点、现状和前景。认识自然灾害的构成要素，主要自然灾害的成因、特点、危害以及减灾防灾的方法和措施。了解当今环境问题现状、形成机制、影响和解决的措施。了解旅游资源的类型和分布以及综合评价开发旅游资源的内容和方法。了解城乡规划的基本内容、原理和方法，对具体的城乡规划有自己的见解。掌握地理信息技术的基本内容、原理和应用方法。学会综合分析综合国力的方法，理解国际合作与冲突的背景、表现形式和发展态势。了解地理野外实践的内容、工具的使用方法以及获取信息、采集样品的方法；掌握野外生存和地理野外实践的基本技能。

2. 育人目标

激发探索宇宙奥秘和自然规律的兴趣，树立正确的宇宙观。培养正确的环境价值观和珍爱环境的伦理观；培养正确的国家海洋意识和爱国情感。正确理解人类生产、生活与自然灾害的关系，树立减灾防灾的意识。增强保护环境的意识，养成保护环境的行为习惯。理解旅游对个人、对社会经济的影响，培养正确的审美观；树立安全旅游的意识；掌握旅游安全的基本技能；理解在旅游活动中保护环境的重要性。树立保护传统文化和特色景观的意识；树立城乡规划中的人地和谐及可持续发展的意识；砥砺家国情怀。认识地理信息技术对社会发展的重大意义，培养爱科学、爱祖国的情感。正确认识和理解国际政治经济发展的变化和趋势，认识共建人类命运共同体的意义，培养爱国意识，增强政治自信和制度自信。提升观察、质疑、发现、想象的能力；培养严谨、求实的科学素养；培养互助友爱、团结合作、不怕困难的品质以及放眼世界的胸怀；提高审美与欣赏能力。

3. 实施建议

1）天文学基础

（1）设计实验，用身边的物体比如篮球、灯光等模拟、解释昼夜交替的现象及成因。

（2）到天文馆科技馆参观。

（3）利用观测日食的机会，设计实验，测量并计算地球与月球、地球与太阳之间的距离。

（4）利用日食等天文事件，观察、讨论太阳活动以及太阳活动对地球上生产生活的影响。

（5）观看与极光相关的科教片。

（6）利用天文望远镜观察太阳黑子的数目、分布以及变化。

（7）认识星座，与他人分享与星座相关的故事。

2）海洋地理

（1）搜集我国和世界有关海洋的法律，分享对海洋法规的见解。

（2）参观海水养殖场或观看相关的纪录片。

（3）搜集有关海底锰结核的资料，用板报、辩论会、演讲等形式宣传人类对海洋资源开发利用的现状和前景。

（4）观看潮汐的纪录片，理解潮汐作为能源资源的特点以及潮汐对海岸地貌形态的影响。

（5）搜集、讲解防止海洋污染的法律法规；搜集海洋污染现状的相关资料，用板报、演讲等形式宣传海洋保护的必要性和迫切性。

（6）用板报、演讲等形式介绍我国海洋国土的范围、开发利用的现状；用学过的相关知识证明钓鱼岛是我国的领土。

3）自然灾害与防治

（1）用不同的形式宣传减灾防灾的重要性和基本的方法。

（2）观看有关自然灾害的纪录片，用板报、辩论会、演讲等形式宣传环境保护的重要性。

（3）搜集我国减灾防灾的相关法律法规，宣传减灾防灾的基本方法。

（4）搜集资料，对比我国与世界其他主要国家在防治新冠肺炎中采取的应对措施。

4）环境保护

（1）搜集我国环境问题的资料，通过观察、讨论，总结我国环境问题的原因，探讨本地区环境保护的措施。

(2) 搜集环境灾害的资料,用辩论会、科普展板等形式讨论大气污染、水污染、土壤污染对人类的不良影响,用板报、演讲、小品等形式宣传环境保护的重要性。

(3) 到社区、街道宣传垃圾分类的意义,用不同形式宣传垃圾回收利用的意义。

(4) 在社区、街道用演讲、展板等形式宣传讲解有关环境保护的法律法规。

(5) 搜集我国自然保护区的资料,实地考察附近的自然保护区,用不同形式宣传展示我国在环境保护方面所做的努力和贡献。

(6) 搜集、展示我国退耕还林、还牧、还草以及各类防护林建设方面所做的努力,宣传我国为保护全人类的环境所做的贡献。

5) 旅游地理

(1) 选取一些有代表性的景区,朗读、背诵与之相关的诗文。

(2) 观看《航拍中国》《舌尖上的中国》等纪录片。

(3) 到学校附近景区清理垃圾、宣传旅游活动中环境保护的重要性。

(4) 用辩论会的形式对旅行社推荐的旅游线路进行讨论。

(5) 针对附近景区设计旅游方案。

(6) 向旅行社推荐自己设计的旅游方案,撰写导游词并进行实地讲解,与旅行社进行交流讨论。

6) 城乡规划

(1) 用辩论会的形式对学校所在地区的城市规划进行交流讨论。

(2) 向相关部门提出自己对本地区城市规划的建议。

(3) 参观调查学校附近地区的文化景观,了解保护的现状,用展板、演讲等形式宣传保护文物和地方特色的重要性,对本地区的文化保护提出自己的建议。

(4) 搜集世界和我国不同地区民居的图片,分析其建筑特点;对比分析地理环境对民居的方位、墙体厚度、屋顶坡度的影响。

(5) 搜集不同区域建筑的楼间距等建设数据,分析影响城市住宅楼建筑成本的影响因素。

7) 地理信息技术应用

(1) 观看国内外有关精准农业的纪录片。

(2) 尝试根据中央电视台天气预报中的卫星云图,进行天气预报,并对结果进行分析比较。

(3) 在电子地图上查询全市学校、图书馆、公园等。

(4) 用手持 GPS 定位仪进行定位实验。

(5) 尝试根据城市电子地图进行商业网点的布局评价并与实地对比。

8) 政治地理

(1) 每周用一定的时间对近期国际上发生的重大事件进行点评。

(2) 参观英雄事迹展览,收看感动中国、大国工匠等节目。

(3) 搜集资料,用演讲、主题班会、展板等不同形式,宣传我国近几十年在政治、经济、科技方面取得的重大成果。

(4) 参加英雄事迹报告会,搜集并宣传英雄事迹。

(5) 搜集各少数民族人民爱国事迹,用展板、演讲等形式宣传新疆、西藏和台湾自古以来是中国不可分割的领土。

(6) 用不同的形式驳斥、批判“台独”和“疆独”。

9) 地理野外实践

(1) 邀请探险家或者相关人士进行野外生存技能的报告。

(2) 到附近公园进行“按图索骥”等类似寻宝的活动。

(3) 练习使用户外活动的常见工具。

第三节　地理课程育人评价初探

高中地理学科中蕴含丰富的人文因素和道德内涵，其教育目标旨在增强学生的爱国主义情感，树立科学的人口观、资源观、环境观和可持续发展观念，因此将育人教育在高中地理课程教学中进行渗透是凸显地理学科育人功能的绝佳举措。

高中地理课程的育人评价具有评定功能、诊断反馈功能、导向功能、教育管理功能和强化功能等。

一、高中地理课程育人评价的意义

地理课程育人评价是对育人活动进行价值判断的过程，是对地理课程育人实施情况的评价与总结。通过地理课程育人评价，可以完善高中地理教学的活动过程、解决育人中存在的问题与不足、帮助学生建构合理的道德体系。

通过地理课程育人评价，教育者可以进一步调整教学内容，要求教师在课堂教学中，既要关注知识技能目标达成，也要关注课堂教学中育人目标的生成，关注思想引领等。

地理课程育人评价的目的还在于优化教学方法。通过情境创设、活动体验、小组讨论等多种方式，在教学活动中激发育人因素。通过地理观测活动，可以让学生学会科学探究的方法，可以激发学生爱科学、学科学的热情，有益于学生树立严谨的科学态度，有益于学生培养团队精神，从而使学生在愉快的活动中增长知识、培养能力、陶冶情操，并形成正确的人生观与价值观。

对教研组来讲，地理课程育人评价可以让教研组对地理学科教学和育人工作有一个全面的了解和认识，在扎实落实新课标育人要求的前提下，对本校特色地理课程的科学开展、特色校本教材的编写具有指导意义。

二、高中地理课程育人评价的原则

根据地理课程的特点和规律，地理课程的育人评价应遵循科学性和思想性相结合的原则、理论与实践相结合的原则、教材和学生相结合的原则、课堂教学与课外活动相结合的原则。

1. 科学性和思想性相结合的原则

科学性和思想性相结合的原则是课程教学实施育人的基本要求。通过地理课程实施育人，首先应从地理学科特点出发，按照地理学科内容、结构、知识间逻辑关系，宏观地、实事求是地剖析地理现象，讲清讲透地理概念、基本原理，自然而然地渗透育人，即充分体现地理学科的科学性和特色。没有育人因素的地方，不能牵强附会，防止为育人而育人，把地理课当成育人课。同时要把握好渗透尺度，尽量挖掘育人因素。

2. 理论与实践相结合的原则

理论与实践相结合是指教育要做到理论与实践的结合和统一。教师传授理论知识应与学生的实际、社会实际相联系；学生则要把理论知识的接受、理论与实际的应用和行为结合起来。地理教学通过理论教学，使学生了解地理基本知识和原理，形成正确的思想观念、法制意识、道德信念和辩证唯物主义思想；实践活动，可以将意识观念上升、深化为学生的情感和自觉的道德行为。

3. 教材和学生相结合的原则

针对学生心理设计教学内容，为学生找准学习起点，尊重学生个性差异，精心设计课程育人内容，并进行课后反思；即将课标、教材和学生紧密结合，使教学更具有针对性和实效性，使学生在思维能力、情感态度与价值观等多方面得到培养和提高。

4. 课堂教学与课外活动相结合的原则

学生在校的大部分时间都是在课堂中度过的，课堂教学理所当然应成为实施学校育人的主渠道，课堂育人是学校育人中最经常、最丰富、最有效的一种形式。地理课堂教学中通过地理知识渗透、严密的逻辑推理、师生情感的互动、和谐的课堂氛围把地理课程中的育人内容充分展示出来，为了使育人更加有效，更加彻底，还要发挥地理课程的优势，既结合课堂教学，组织学生开展形式多样的社会实践、课外活动。

三、高中地理课程育人评价的指标

新课程标准和新教学大纲要求有目的有计划地“育德育于学科教学内容和教学过程之中”，教师在备课中，需要把学科德育研究与学科的课程改革有机结合，在教学内容、教学方式、教学评价的改革中融入德育因素，使课程德育研究与实践有基地、有素材、有方法、有评价，真正产生实效。

新课程标准中德育目标和内涵可以归纳为政治认同、国家意识、文化自信、公民人格四个方面，具体为：政治认同——党的领导、科学理论、政治制度、发展道路；国家意识——国家观念、国情意识、国家利益、国家安全；文化自信——民族语言、历史文化、革命传统、时代精神；公民人格——健康身心、守法诚信、自由平等、自强合作。

地理课堂的育人目标需要将立德树人的要求与学生的日常生活、学习过程结合起来，形成与能力和素养相一致的课堂教学评价标准，据此选择相应的教学评价指标以及设计多元化的教学评价形式。具体评价可以从以下五个方面展开。

1. 育人目标

在地理教材内容的每个章节、在每节课中都应把相应的德育要求、德育内容列入教学目标，不论是显性还是隐性、直接还是间接。

如：培养学生地理图表分析能力——在地理课程中，教师需要理论联系实际以增强学生地理学习的实践性，需要循序渐进以增强学生掌握地理图表阅读和分析能力，需要大胆地对课程内容进行有效整合以提高图表使用的针对性。在图表教学时可以围绕教学重点整合地理图表教学以提高教学效果，可以针对图表进行有效的教学设计以激发学生的学习兴趣，可以引导学生学会运用地理图表进行表达以提升地理学科素养。这些教学手段的要旨和落脚点在于“提升公民素养”。

同时，应多途径了解学情，全面分析不同层次学生的心理问题与需求，提出育人个性化目标。

2. 育人内容

课程教学需要同时完成学科知识传授和道德品性养成两项任务，地理课程在育人目标上要突出立德树人。

地理学科核心素养充分体现了地理课程独特的育人价值，地理课程基本理念包括，培养学生必备的地理学科核心素养，构建以地理学科核心素养为主导的地理课程，创新培育地理学科核心素养的学习方式，建立基于地理学科核心素养发展的学习评价体系。地理课程教学内容的设计需要按照学科核心素养的四个方面来落实。

同时，需要遵循青少年成长的规律，合理分析教材内容对学生的德育影响，结合学生生活实际和社会发展；在课堂教学中，合理捕捉课堂中动态生成的德育资源，把握育人渗透角度和层次，挖掘育人价值。

3. 育人过程

育人过程是为育人目标服务的，地理课堂教学中的德育是以知识的教育为基础的，只有将它结合在学科智育、美育等教育活动中才能获得具体的实效。地理学科具有独特的综合性，在教学过程中可以通过课堂与课堂、学科与学科之间的联合，来建立课堂教学目标的长效机制。

为了落实更丰富的教学目的和更高层次的教学目的，需要适当改造课堂教学过程，立德树人的工作还需要延伸到课外、校外，地理的教学过程不再限于课堂上知识的传授，还需要有活动的设计，还需要有文化的熏陶，还需要有对学生更长久的期待、更专业的指导与更科学的引领。

4. 育人方法

在育人方法上要求教师重视问题教学，加强地理实践，深化信息技术的应用，通过情境创设、活动体验、小组讨论等多种方式，在教学活动中激发育人因素。

具体实施过程中需要注意：一些以了解和识记为主的客观知识，合作探究学习难以发挥作用；一些逻辑性较强、有较高理解和应用要求的地理规律性内容，学生难以上手，合作探究学习也缺乏足够的可操作性。真正适宜合作探究学习的应该是一些具有开放性和实践性的内容，如与人们社会生活紧密联系的热点问题，或是一些生活中常见的具体的地理问题。

例如，在“我国的自然资源——水资源”教学中，三种不同立意、不同方法教学的效果有较大差异：

(1) 传统的参照课本“教师提问、学生回答”式教学，学生资源观的培养易流于表面，课堂单调枯燥，很难调动起学生的学习积极性。

(2) 运用来自学生生活的材料，侧重于将资源观教育“内化于心，外显于行”。教学素材选取校园水资源使用状况，引导学生调查身边的用水情况；以此为基础，在课堂上开展关于节约用水的讨论，制定班级节水公约；课后要求学生为学校、家庭、政府设计节水方案，或者设计一个简单的雨水收集方案。通过这些活动，层层递进，让科学的资源观深入人心。

(3) 侧重于“生生互动”的“辩论”式教学。教师要求学生搜集南水北调的相关资料，开展南水北调工程利弊分析的辩论。通过辩论，学生可以更全面、更深入地认识资源与环境的关系，认识到资源必须合理开发与利用，必须坚持可持续发展观。

5. 育人效果

地理课程育人效果可以从学生自身层面的学习积极性、公民人格提升等方面，和社会层面的人地观、种族观、因果观内化形成和外延表象来考察。

地理课程育人中，通过充分发掘教材的各种正确的地理观点来对学生进行德育教育。正确的地理观点，主要是正确的人地观、种族观、因果观。正确的人地观能使学生明确要遵循自然规律，合理地因地制宜地利用自然、保护自然的生态平衡，预测经人类活动影响后自然界的演化发展，依此调整人类的行为；正确的种族观，使学生反对种族优化论、大民族主义和地方民族主义；正确的因果观，使学生能运用所学的知识科学地解释各种地理事物、现象的因果关系。正确运用唯物辩证法，避免犯主观主义和形而上学的错误。

高中地理课程育人评价量表如表 7-1 所示。

表 7-1　高中地理课程育人评价量表

评价项目	评价内容	分值	得　分
育人目标	有效融合课程标准与地理学科核心素养，针对课程内容，做出学科育人方面的解读，提出具体育人目标；多途径了解学情，全面分析学生的心理问题与需求，提出育人个性化目标	10	
育人内容	遵循地理学科自身的教学规律和青少年成长的规律，突出知识的系统性构建，体现学科思想与学科特点；合理分析教材内容对学生的德育影响，结合学生生活实际和社会发展，合理捕捉课堂中动态生成的德育资源，把握育人渗透角度和层次，挖掘育人价值	25	
育人过程	根据地理课程教学目标中的育人内容、育人目标等内容设计各类教学活动，包括课前、课上、课后；通过设计合理的活动，师生互动、生生互动，让学生在合作中学习，共同探索；教学过程中将德育合理地融于智育，将学科的育人目标和学生的长期培养相结合，提高学生的区域认知能力和综合思维能力，形成正确的人地观	25	
育人方法	重视问题教学，加强地理实践，深化信息技术的应用，通过情境创设、活动体验、小组讨论等多种方式，在教学活动中激发育人因素	20	
育人效果	育人渗透结合学科和实际，激发学生的学习兴趣；形成正确的人地观、种族观、因果观；培养学生立志成才的精神，从而为学生个人发展和国家发展奠定基础	20	
总分		100	

第四节　地理课程育人探索案例

案例一　分析新冠疫情发展　培养科学探究精神
——《人口特点与新冠肺炎疫情》课例

一、案例说明

1. 目标阐释

2020年初,一场突如其来的新冠肺炎疫情牵动着全国人民的心。本节课基于人教版高中地理必修2第一章"人口"展开教学,主要从人口地理学的视角(包括人口分布、人口流动、人口结构、文化意识等)来探讨新冠肺炎疫情暴发及传播,使学生了解党和政府针对新冠肺炎疫情采取的包括"武汉封城"在内的一系列防控政策、措施,懂得切断新冠肺炎病毒传染链条,防止病毒在传播中变异的重要意义,进而自觉参与到防疫控疫的行动中来,树立打赢疫情防控战的信心。

2. 实施路径

本节课采用主体间性智慧课堂教学模式组织教学,按照小组分工合作的学习方式,教师对各小组的探究问题进行分工,组内进行合作学习。课前让学生通过互联网搜集新冠肺炎疫情的相关资料,课堂上则以小组为单位进行交流分享:探究人口流动、人口结构等人口特点对疫情的影响。进一步加深学生对抗"疫"形势的认识,形成爱祖国爱家乡的感情,树立正确的人口观。

二、案例描述

1. 片段一:探究新冠肺炎疫情与人口分布的关系

(1) 新冠肺炎疫情在武汉爆发的原因?

(2) 武汉为什么要封城?

(3) 疫情暴发后,除武汉外湖北省哪个市的疫情最严重?为什么?湖北省哪个市的疫情最轻?为什么?

(4) 读图7-1和图7-2,小组讨论以下三个问题:

①疫情和人口密度有什么关系?影响人口分布的因素有哪些?

②哪些省份疫情比较严重?哪个省份的疫情最轻?为什么?

③一般离湖北较近的省份疫情严重,为什么浙江省的疫情比安徽省、江西省严重?

育人契合点:

通过探究人口分布对疫情的影响,让学生体会到疫情防控中的科学防控与精准施策,从控制传染源到封城切断传播途径、隔离保护,正是科学态度、科学方法、精准施策的集中体现,教育和引导学生尊重事实、崇尚科学,努力提高科学素质。

2. 片段二:探究人口流动对疫情的影响

(1) 读图7-3和图7-4,分析人口流动对疫情的影响。

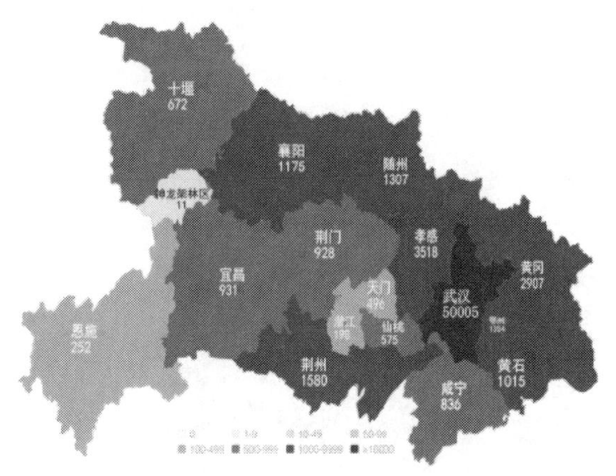

图 7-1　湖北疫情分布图

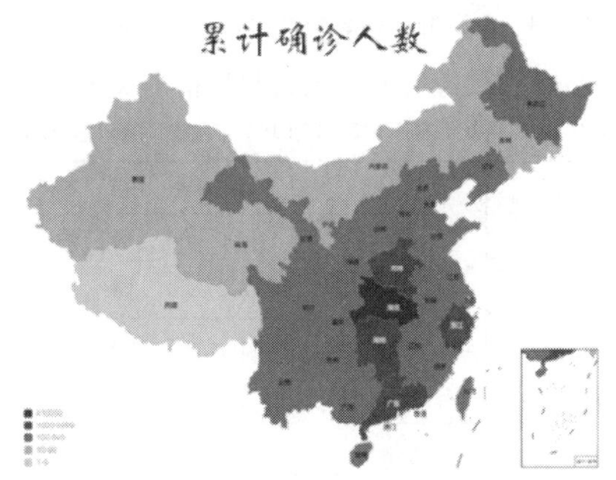

图 7-2　中国累计确诊人数图

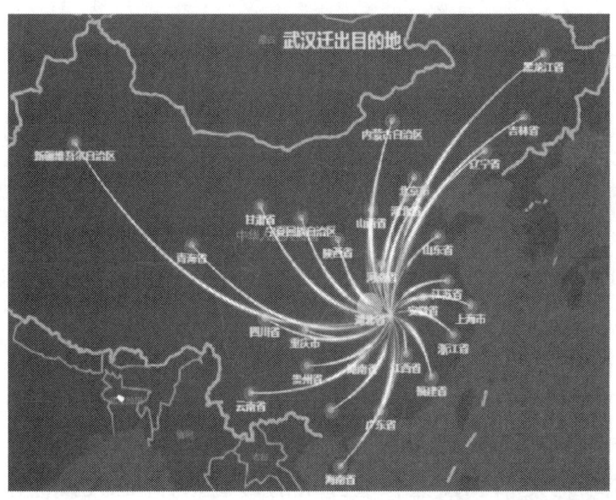

图 7-3　2020 年 1 月 10 日至 22 日武汉市春运人口外流目的地分布

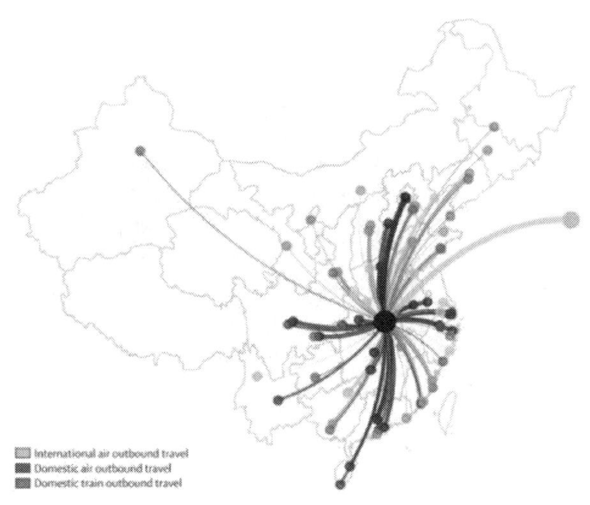

图 7-4　新冠肺炎病毒向武汉以外地区传播风险

(2) 根据表 7-2 和图 7-5，分析、讨论人口流动与疫情的关系。

表 7-2　2020 年 1 月 15 日至 22 日湖北省内人口流动主要地市(区)表

1.15	1.16	1.17	1.18	1.19	1.20	1.21	1.22
黄冈 13.30%	黄冈 13.35%	黄冈 14.21%	黄冈 14.87%	孝感 14.47%	孝感 14.24%	孝感 13.87%	孝感 16.17%
孝感 13.14%	孝感 12.57%	孝感 12.56%	孝感 13.14%	黄冈 12.28%	黄冈 12.45%	黄冈 13.50%	黄冈 15.64%
荆州 6.03%	荆州 6.00%	荆州 5.93%	荆州 6.29%	荆州 6.93%	荆州 7.29%	荆州 7.17%	荆州 8.49%
咸宁 5.10%	咸宁 4.96%	咸宁 5.07%	咸宁 5.14%	咸宁 4.95%	咸宁 4.75%	咸宁 4.77%	咸宁 5.26%
鄂州 4.10%	鄂州 4.04%	鄂州 4.23%	鄂州 4.39%	鄂州 3.91%	襄阳 4.08%	襄阳 4.44%	襄阳 4.99%

(3) 小组讨论：春节假期期间，武汉有 500 多万的流动人口，春运对疫情的传播有什么影响？

(4) 献计献策：如何降低人口流动对疫情和疫区社会经济产生的负面影响？

育人契合点：

人口流动对疫区社会经济的影响有利有弊，要一分为二看问题，引导学生辩证地分析问题，抓住问题的主要矛盾，发挥积极因素，消除不利因素，对症下药，提高学生分析问题、解决问题的能力。同时，从学生身边的实例分析疫情暴发的地理原因，从地理专业视角梳理新冠肺炎疫情细节，探究人口流动对疫情和疫区社会经济的影响，为降低人口流动对疫情和疫区社会经济产生的负面影响献计献策，让同学们体会到，在抗“疫”中，可以有所作为，增强学生的主人翁意识和社会责任感。

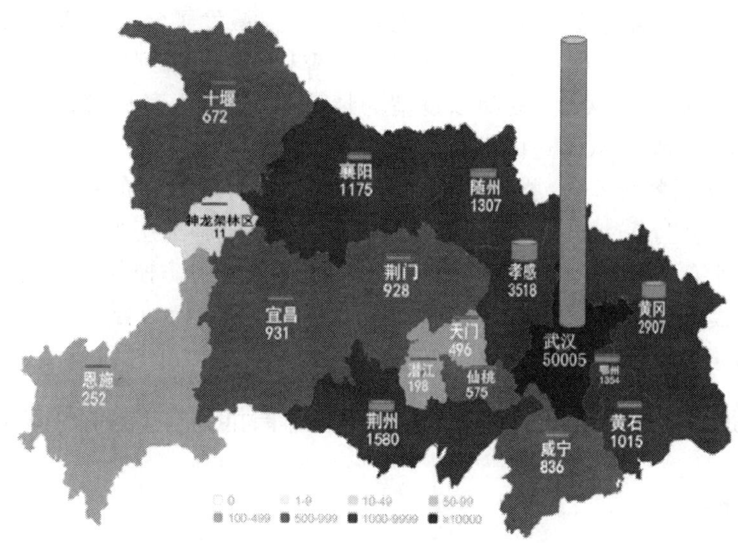

图 7-5　2020 年 2 月 24 日湖北省各地市疫情数据图

3. 片段三:探究人口结构对疫情的影响

(1) 哪些地区和国家疫情较严重?

(2) 欧洲疫情严重的原因是什么?

(3) 意大利为何成为海外疫情最严重的地区,特别是死亡率全球最高?

(4) 面临老龄化问题的中国,从中可以得到哪些启示?

三、专家点评

武汉市地理学科带头人李绵勇老师认为,本节课教师引领同学从地理视角深度分析了疫情传播特点及影响因素,重点探讨了地理位置、地形、气候、交通、人口及人口迁移对疫情扩散等方面的影响,最后得出封城、隔离、居家是很有必要的防疫措施。整节课内容层层递进,逐步深入,极大地培养了学生的地理学科核心素养。难能可贵的是,能够积极将学科课程与战“疫”结合,把灾难变成教材,在学生拔节孕穗的关键期,帮助学生构建正确的世界观、人生观和价值观。

(1) 知识来源于生活,运用于生活。课堂通过构思巧妙的教学设计,引导学生关注现实社会,关心社会民情,将所学地理知识和真实的疫情相结合。课前通过师生 QQ 群等平台,师生共同探讨来确定探究主题与内容,并对学生按小组进行分工,力争完美呈现。课中通过聆听讲解、分析案例,初步了解学科的内容框架和学习方法。通过对比人口与新冠肺炎疫情分布图,分析人口密度和人口流动对疫情扩散的影响,极大地增强了学生的地理综合思维能力,通过阅读地图、人口迁移统计图、确诊病例人数统计表,极大地提高了学生的图表分析能力。

(2) 在情境中探究,在探究中奋进。地理校本课程注重地理教学的本地化、生活化,密切联系学生的生活与实践,让学生以身边熟悉的地理环境为课堂,这样的方式才是对其终身发展有帮助的地理学习。武汉是疫情重灾区,地理环境对疫情的影响是非常广泛的,以人口专题为例分析新冠疫情发展,可以培养学生的科学探究精神。将情境有效贯穿课堂始终,让学生始终围绕这一真实情境展开探究，这些探究任务的设计，不仅激发了学生的兴趣，还使其在运用学科知识灵活解决实际问题的同时，感受到武汉人民誓与疫情决战到底的必胜信念与强大力量。

（3）家国一体，齐心战"疫"。教师以疫情为情境，以生活为素材，结合人文地理主要模块之一的人口部分，引导学生从身边的实例分析疫情暴发的地理原因，师生共同探讨，通过认真筛选材料，设计了学科特色作业，指导学生从地理视角归纳疫区分布特点，包括空间分布特点和时间变化特点。学生通过自主查阅资料，总结了我国新冠肺炎病毒传播的地理原因，并根据原因提出相应的对策。除此之外，还要求学生制作了关于疫情防控的手抄报。通过多种形式，让学生在自主阅读、深入探究中把地理小课堂同社会大课堂相结合，教育和引导学生立鸿鹄志，做新时代的奋斗者。

案例二　敬畏自然，在疫情大考中培育地球生命共同体意识

一、案例说明

1. 目标阐释

在党的十九大报告中，习近平总书记指出"人与自然是生命共同体，人类必须尊重自然、顺应自然、保护自然"。因此，人地关系这一地理学科育人的主线必须自始至终贯穿于整个教育教学中。本节课的主要内容是让学生掌握人地关系思想的历史演变，归纳人类面临的主要环境问题，并举例说明协调人地关系的主要途径。课程最终的落脚点在如何协调人地关系上，这正是地理学科核心素养的基本价值观念，同时也是地理学科育人的核心。为了让学生产生强烈的情感共鸣，本节课选择学生亲身经历的新冠肺炎疫情为案例，从疫情来源、影响、治理三个方面探讨如何正确协调人地关系。

2. 实施路径

我校是武汉市最早进行校本课程教学的单位之一，并取得了丰硕成果，其中地理学科联合其他学科共同打造的《低碳生活》校本课程颇受在校学生欢迎。为此，本节课尝试以《低碳生活》校本课程为平台，同时注重与国家课程人教版《人地关系思想的演变》进行紧密结合，以新冠肺炎疫情案例为中心，从病毒——地球上最古老的原住民溯源，再现病毒的跨物种传播过程、蝴蝶效应，疫情影响下的地球村、反思与启示，维护地球生命共同体四个角度来阐述"人与自然是生命共同体，人类必须尊重自然、顺应自然、保护自然"这一重大论述，使学生明确推进可持续发展、建设美丽中国的重要性。

二、案例描述

1. 片段一：探究病毒的由来

小组按照相应分工搜集资料，完成归纳整理，提炼有效信息，形成书面报告，之后向全班展示、汇报探究成果。

（1）回顾"地球的历史"，明确病毒起源时间节点。（见图 7-6、图 7-7）

（2）从进化论的视角正确认识病毒与自然地理环境的关系。

（3）新冠肺炎病毒的环境适应能力。

病毒大小
新冠病毒的颗粒与SARS
病毒差不多，直径为
60-140纳米(0.06-0.14微米)，
但其传播主要依靠飞沫和飞
沫核作为载体。
飞沫的直径一般大于5微米。
飞沫核直径一般在1-5微米。
SARS病毒
80-120纳米
细菌(杆菌)
0.3-5微米
PM2.5
<2.5微米
企鹅号 人宇者

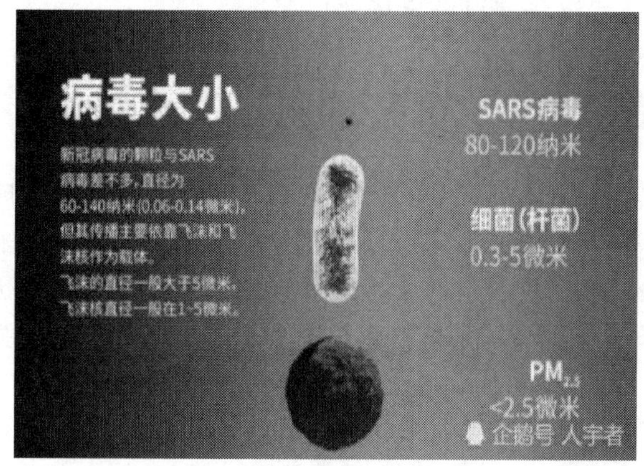

图 7-6　病毒示意图

冥古宙
太古宙
元古宙
显生宙
古生代
中生代
新生代
前寒武纪
寒武纪
奥陶纪
志留纪
泥盆纪
石炭纪
二叠纪
三叠纪
侏罗纪
白垩纪
古近纪
新近纪
第四纪
4 600
541
252
66
2.6
距今时间/百万年

图 7-7　地质年代表简图

育人契合点：

新冠肺炎病毒引发了世界性恐慌，以此为切入点从地球演化的角度探究病毒及其与自然地理环境的辩证共生关系，阐明人类、其他生物、病毒等都共生在同一个自然地理环境之中，共同构成了相互联系、相互影响、相互制约的地球生命共同体，培养学生新的自然观、环境观。

2. 片段二：探究病毒的跨物种传播过程

小组分工搜集关于新冠肺炎病毒的最新研究动态、完成归纳整理，提炼有效信息，形成书面报告，之后向全班汇报探究成果。(见图 7-8、图 7-9)

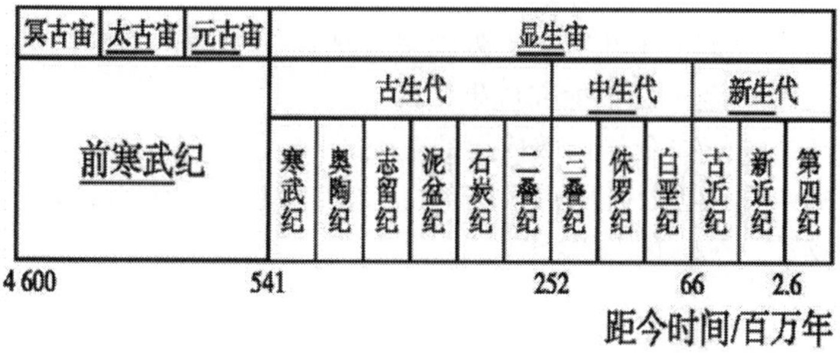

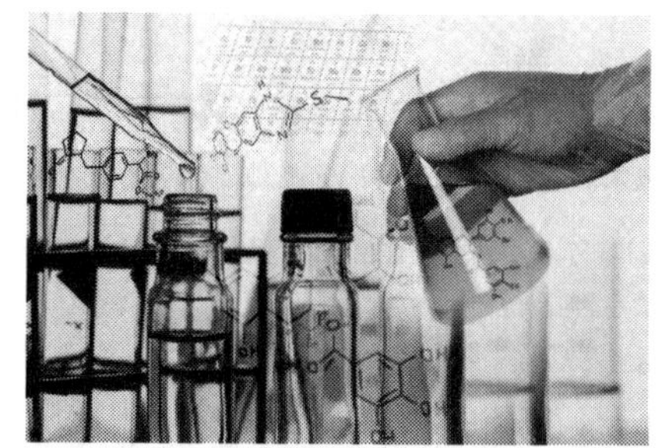

图 7-8　病毒分子生物学检测实验

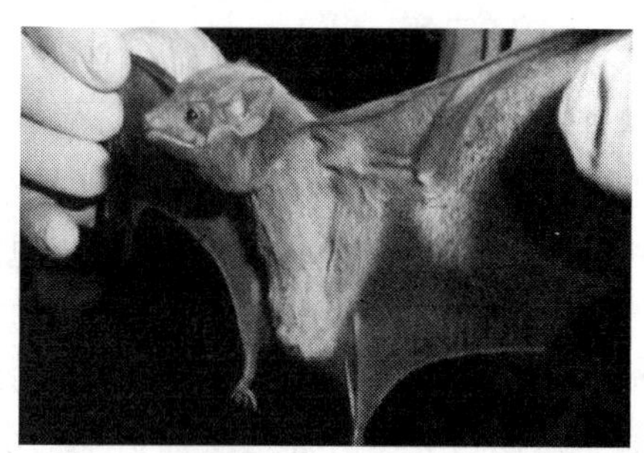

图 7-9　用于新冠肺炎病毒溯源分析实验的蝙蝠

(1) 疫情最初爆发地武汉华南海鲜市场的概况。

(2) 新冠肺炎病毒国内外最新研究动态。

(3) 新冠肺炎病毒跨物种传播路径(推定传播模式)。

育人契合点:

以新冠肺炎病毒从野生动物到人的跨物种传播为例,阐述人类大肆捕杀野生动物满足口腹之欲,导致生态环境恶化,人地关系矛盾激化,最终反过来危及人类自身生存的现象,进而理解相互作用、相互影响的人地关系,帮助学生建立正确的人地观及发展观。

随着科技进步、生产力发展,人类对自然影响的深度、广度越来越强。从历史上的传染病到此次新冠肺炎病毒全球大流行的事实叙述“人地关系的历史变迁”。最终使学生明白此次新冠肺炎病毒的出现从表面上看是野生动物在遭遇捕杀,实质上是人类在慢慢地捕杀自己,大自然再一次用血淋淋的事实证明:无论人类社会发展到何种程度,人与自然始终保持着一种原始共生的关系,共同构成地球生命共同体。

3. 片段三:探究新冠肺炎疫情的影响

小组按照相应分工搜集关于新冠肺炎疫情对全球带来的冲击,完成归纳整理,提炼有效信息,形成书面报告,之后向全班汇报探究成果。

(1) 展示新冠肺炎疫情在全球扩散传播的时空进程。

(2) 结合自己的亲身经历及视频《武汉伢》,谈谈疫情对我们的影响。

(3) 谈一谈这场波及全球的“蝴蝶效应”。

育人契合点:

通过新冠肺炎疫情在全球范围内的迅速扩散,让学生体会在全球性灾难面前各国命运休戚与共,只有加强国际合作与互助才能战胜疫情,进而理解人类命运共同体的深刻内涵。通过对疫情对人类社会影响的集体讨论及展示,让学生明白每天新增的死亡数字背后是一个个鲜活的生命消逝,是无数个家庭的分崩离析,从而懂得生命的可贵,进而热爱生命、珍爱生命。同时,通过疫情的全球大流行及其蝴蝶效应引导学生树立事物是普遍联系的世界观,学会运用联系与发展的观点看待问题。

通过人类命运共同体引领下的中国战“疫”使学生体会“中国速度”“中国力量”的制度优势,帮助学生明白这些优势是中国特色社会主义制度优势的集中体现,从而更加深刻地认识社会主义核心价值观的内涵,以此更加坚定“四个自信”。

三、案例反思

本课例的核心内容是人地关系,新冠疫情大爆发与此紧密相关,为此教师充分挖掘疫情防控过程中的育人元素,将典型人物和事件编写成教学案例,转化为授课内容,使学生体会战“疫”中众志成城的中国力量、与时间赛跑的中国速度,从而激发学生的爱国情怀。

与此同时,带领学生反思人与自然的关系,从城市野生动物贩卖市场作为探讨的起点,到地球病毒起源时间,再到新冠肺炎病毒的跨物种传播过程、疫情影响下的地球村以及新冠疫情的反思与启示这五个方面层层递进地揭示新冠肺炎疫情的爆发本质是人类不合理对待自然后的自食苦果,进而使学生理解“人与自然和谐共生”的重要性,培育学生地球生命共同体意识,进而把握“创新、协调、绿色、开放、共享”的新发展理念的内涵。

案例三　发挥主体作用　开展生态环境教育
——《武汉火神山医院探秘》课例

一、案例说明

1. 目标阐释

本节课引导学生通过自主、合作、探究的学习方式，多角度揭秘火神山医院。主要利用工程建设选址、水循环和环境保护等相关的地理学科核心知识，结合当前抗击新冠肺炎疫情，分析火神山医院选址的区位因素和水环境安全的保障措施等，研究火神山医院中的地理原理，体会地理科学在抗击疫情中的广泛应用，帮助学生树立正确的环境观、可持续发展观、人地协调观。

2. 实施路径

本节课采用主体间性智慧课堂教学模式组织教学，按照小组分工合作的学习方式，教师对各小组的探究问题进行分工，组内进行合作学习。课前让学生通过互联网搜集火神山医院建设的相关资料，主要是火神山医院选址的区位因素和水环境安全的保障措施等；课堂上充分发挥学生在教学过程中的主体作用，培养学生的动手能力和创新能力。以小组为单位进行交流分享；引导学生通过自主、合作、探究的学习方式，研究火神山医院通过科学选址，尽量保证其对城市污染的可能性最低，通过措施，确保水环境安全。

二、案例描述

1. 片段一：探究武汉建火神山医院的原因

利用课前搜集的资料，学生以小组为单元合作学习，思考、分析、讨论、交流以下问题。(见图 7-10、图 7-11)

图 7-10　火神山医院航拍图

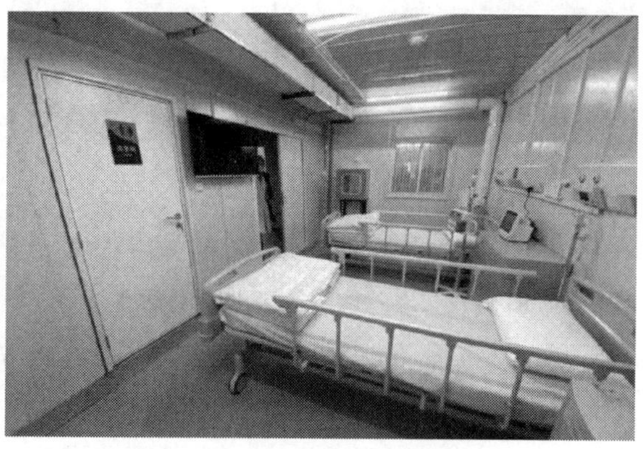

图 7-11　火神山医院内部病房图

(1) 2020 年 1 月 23 日 10 时武汉正式封城时，武汉新冠肺炎疫情确诊人数、病危人数、死亡人数分别是多少？之后这些数据又是如何变化的？

(2) 讨论武汉全市医疗系统能够接纳治疗新冠肺炎病人的极限数量，包括规模以上医院数量、病床床位数量、在岗医护人员数量以及相关医疗设备、药品的储备情况。

（3）新中国成立以来，我国经历了哪些重大公共卫生事件，有哪些宝贵经验值得武汉学习借鉴？

育人契合点：

疫情危急之际，党中央坚强领导，果断科学部署，火神山医院的修建，让学生体会到从控制传染源到封城切断传播途径、隔离保护，正是科学态度、科学方法、精准施策的集中体现，教育和引导学生尊重事实、崇尚科学，努力提高科学素质。

2. 片段二：分析武汉火神山医院的区位条件

（1）选择建造传染病医院，什么样的地方最合适？

（2）描述火神山医院的地理位置及区位特征。

（3）分析火神山医院的区位因素。

育人契合点：

通过武汉火神山医院的区位分析，让学生体会到火神山医院的选址和建设，既要考虑建设需求和医疗需求，又要重点考虑环境因素，将其对城市污染的可能性降到最低。同时，培养和训练学生的综合思维能力，使学生学会具体问题具体分析，全面、多要素、多角度、动态地分析地理问题，能够从空间和时间综合的角度分析地理事件的发生、发展和演化，能够辩证地分析人地关系问题，进而增强学生的环境保护意识，强化学生的人地协调观、可持续发展观。

3. 片段三：探究火神山医院建设的合理性

利用课前搜集的图文视频等资料，学生分小组合作学习，思考、分析、讨论、交流以下问题。（见图 7-12、图 7-13）

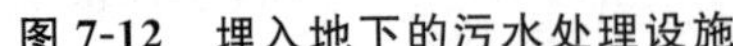

图 7-12　埋入地下的污水处理设施

图 7-13　负压通风系统设施

（1）作为专门收治新冠肺炎患者的急性传染病医院，火神山医院可能对周边的地理环境带来哪些影响？

（2）火神山医院建设中采取了哪些措施，将其对水环境的负面影响降到最低？

（3）火神山医院建设中采取了哪些措施，在保证内部病房空气新鲜洁净的同时使医院外部大气免遭污染？

（4）火神山医院的防护服、口罩、医用器械等固体废弃物是如何进行无害化处理的？

（5）除了上述的措施外，火神山医院在建设中还采取了哪些措施来保护环境？

育人契合点：

武汉多“水”，学生用已有的水循环地理知识，分析理解火神山医院处理雨水、生活污水、医疗废水的措施，在学习过程中，体会保护水环境的重要意义；然后让学生举一反三，揭示火神山医院对大气环境、土壤等采取的保护措施，强化学生的环境保护意识，进行生态文明教育，培养学生的人地协调观。同时，意识到科学技术、新工艺、新材料和建设者的勤劳与智慧，是火神山医院建设的保障，激励青年学生作为祖国未来的建设者，要努力学习科学文化知识，不断提升科技素质，不断提升科技创新能力，在祖国需要的时候，做出自己的贡献。

三、案例反思

面对突如其来席卷全球的新冠肺炎疫情，战“疫”是当前学科育人的载体，防控就是现今最好的课堂，值得我们每个教育工作者去参与。我们引导学生去思考、去发现，让学生从这场战“疫”中学到健康生活、生命观念、科学素养、职业道德、献身精神、责任担当、国际理解、家国情怀、制度自信、文化自信、爱国主义等，培养学生的必备品格与社会主义核心价值观，

教师把防控疫情选为教学资源，以疫情为情境，以生活为素材，结合传染病医院选址和水循环等相关高中地理课程中常见知识点，用已有的地理知识探究武汉火神山医院建设中的环境保护问题，提升学生的环境保护意识，让学生受到生态文明教育。面对突发疫情，我们居家上网课，疫情牵动了所有人的心，利用身边的鲜活实例对学生进行生命教育、爱国主义教育，培养学生的社会责任感。火神山医院从选址、设计，到建成投入使用，仅用 10 天，展现了我国科技成就、综合国力和中国特色社会主义制度的巨大优势。火神山速度不仅让同学们敬佩建设者的家国情怀，激励他们坚定理想信念、勇担社会责任，而且让学生意识到在危难关头，知识就是力量，知识就是第一生产力，鼓励学生学好科学知识，不断提升科技素质，做科技创新的生力军、主力军，为实现“中国梦”做出自己的贡献。火神山医院建设是全中国人民众志成城抗“疫”的一个缩影，向全世界展示了一个高效运转的中国，一个超级现代的中国，一个充满团结精神和献身精神的中国。火神山医院的命名融合了众多中华文化元素，其院落空间的建筑布局，是传统建筑文化在现代建筑中的传承发扬，让学生认识到中华传统文化在抗击疫情中大放异彩。激发了同学们的民族自尊心和自豪感，坚定文化自信，增强了同学们传承和弘扬中华民族传统文化的责任感和使命感。

最后，疫情让我们深刻反思，希望人类可以记住此次教训，同大自然和谐相处，不再有“后人哀之而不鉴之，亦使后人而复哀后人也”的情况。

第八章 普通高中物理课程育人探索

高中物理课程是普通高中自然科学领域的一门基础课程，关于本课程的育人要求，教育部《中小学德育工作指南》明确指出，“要加强对学生科学精神、科学方法、科学态度、科学探究能力和逻辑思维能力的培养，促进学生树立勇于创新、求真求实的思想品质。”《普通高中物理课程标准(2017 年版 2020 年修订)》则提出高中物理课程应该“帮助学生从物理学的视角认识自然，理解自然，建构关于自然界的物理图景；引导学生经历科学探究过程，体会科学研究方法，养成科学思维习惯，增强创新意识和实践能力；引领学生认识科学的本质以及科学·技术·社会·环境(STSE)的关系，形成科学态度、科学世界观和正确的价值观，为做有社会责任感的公民奠定基础。”

第一节 物理课程的育人价值

一、高中物理课程的地位和特点

1. 课程地位

物理学是自然科学领域的一门基础学科，它所研究的是物质的基本结构、最普遍的相互作用、最一般的运动规律以及所使用的实验手段和思维方法。随着人类对物质世界的认识与探索，物理学一方面带动了科学和技术的发展；另一方面推动了文化、经济和社会的发展。其中，经典物理学奠定了两次工业革命的基础，有力地推动了社会工业化、机械化的发展；近代物理学推动了信息、新材料、新能源、航空航天、生物等各项技术的快速发展，继而推动了人类社会的变化。

2. 课程特点

物理课程向学生传递基本的科学知识，发展学生的科学素养，在培养学生的科学兴趣、科学态度、科学思维、科学精神等各个方面都具有重要的意义与价值。在实施物理教学的过程中，以物理课程为载体，从物理课堂、实验、课外探索、研究性学习、爱国教育等多方面进行学科育人教育，全面提升学生科学素养，真正做到全方位育人，为国家培养合格的人才。

二、高中物理课程的育人要素

依据《普通高中物理课程标准(2017 年版 2020 年修订)》和物理学科核心素养，高中物理课程所蕴含的主要育人要素如下：

1. 物理学原理的育人功能

课堂教学始终是学校教育的主阵地。在实施物理教学的过程中，教师要精心设计课堂，实现对学生学科核心素养的培养与提升。

1）重视对物理学概念、规律的认识与理解，培养物理学核心知识体系

物理学的所有概念和规律都来自对自然的观察与研究，以及生产、生活的需要。因此，在概念、规律教学的过程中，不能只满足于对知识的基本理解和记忆，而应该从概念、规律的建立起源、需求、必要性、内涵等各个方面让学生认识和理解，从而建立对物理学的总体认识，建立完整的科学体系。

2）全面训练学生的科学思维方法，提升学生科学素养

在培养科学思维方法的过程中，教师要有意识地进行科学思维方法的讲解，让学生了解什么是科学思维方法，怎样去进行科学思维。如对物理模型法的认识，教师要先解释什么是物理模型，再讲解怎样建立合理的物理模型，最后讲解如何应用物理模型来解决物理问题。

3）注重理论联系实际，提升学生的应用科学素养

学生学到的物理知识绝不应该是只存在于书本上的理论，而应该转变为能应用于生产生活实际的个人能力。因此，教师在引导学生应用物理知识解决问题的时候要更加注意与实际生活的结合，让学生从身边常见的事例入手，结合所掌握的物理知识，分析建立正确的物理模型，灵活运用物理规律解决问题。例如，根据刹车痕迹的测量计算汽车初速度、高速路上应保持多远的安全距离、家庭中电路的基本设计与应用等。

2. 物理实验的育人功能

实验是自然学科的重要组成部分，实验教学和实验探究的过程同样也是学生科学探究能力提升和实验素养养成的重要方式。在物理实验教学及探究过程中，需要注意如下几个方面。

1）教师演示实验：严谨示范，思维引领

教师要有严谨的实验示范，让学生了解实验原理、仪器准备、操作规范、数据搜集及处理、误差分析等各个环节的要求，并能进行当堂演示，培养学生的观察能力。特别注意在学生容易犯错的地方进行有效的探究，加深学生印象，纠正错误行为，引导学生思考、分析并解决问题，帮助学生建立科学的实验思维。

2）学生实验：严格要求，提升能力

首先，在做每个实验前要做好充分的准备工作。了解实验原理，制定合理的实验方案，提前写出实验报告中的目的、原理、仪器、操作步骤，设计好记录实验数据的表格，避免学生在实验室漫无目的地进行一些无效甚至是错误的操作。

其次，学生进行实验操作的过程，教师要特别关注学生的操作规范，适时进行提醒。如仪器的组装与正确使用，如何保证实验仪器的安全，步骤操作的细节，读数记录的规范，作图的要求等。帮助他们形成严谨、求实的科学作风。

最后，学生做完实验后，要注意培养学生抵抗挫折的能力和尊重科学、正视失败、实事求是的科学态度；完成数据分析、误差分析等工作。教师要告知学生即使实验失败了，也是有价值的，因为物理学中有很多理论就是从失败的实验中总结发现的，正确地分析失败的原因才是解决问题的有效方法。

3）课外探究实验与研究性学习：自主合作，实践创新

学生应该成为知识的传承者。应用与创新是检验一个人掌握知识的有效方法，课外的探究实验和研究性学习可以让学生充分发挥主动性，独立进行或者合作交流，运用所学到的知识研究问题、解决问题。教师可以组织学生开展模拟科学家的科学研究活动，这样才能培养出具

备解决问题的能力、科研能力、创新能力的优秀人才。

3. 物理学史和物理学家的育人功能

物理学史及物理学家的成长经历是物理课程育人极其重要的育人素材，它以真实朴素的物理学家的成长历程和物理学深邃的思想碰撞出的智慧火花激励和指引无数的后来者在物理科学的殿堂里遨游，并取得了一个又一个重大成果。物理学史和物理学家在物理课程育人方面具有独特的育人价值，要充分地、高效地利用物理课程的这个学科育人宝库。

1）古代物理学史：对大自然的观察与探索

无论是古代中国的科学家还是古代西方的科学家，对物理规律的认识与研究主要集中在对自然现象的观察与探索。中学物理教材中大部分物理学史内容是从欧洲自然科学研究的角度来进行教学，这也是近百年来物理学的主要发展历程。但是在古代中国，物理学也有伟大的成就。如墨家学派的著作《墨经》中对力学和光学方面的记载，北宋科学家沈括的《梦溪笔谈》中对磁学、光学和声学的论述，还有实验物理学家赵友钦所著的《革象新书》中用实验验证光学现象的记载等。我们在学习现代物理学发展历程的同时，也要为古代中国的科学家在自然科学上的贡献而感到自豪。

2）近代物理学史：经典物理学的形成

随着欧洲第一次工业革命的兴起，物理学家逐渐从生产生活中认识到各种物理规律，经典物理学的基本内容在此后的300年间逐渐形成。对这一阶段物理学史的学习，应把一些重要发现和科学家对这些发现的探索研究过程作为重点，如亚里士多德、伽利略、牛顿对力学的一系列研究历程，库仑、奥斯特、法拉第等对电磁学艰苦卓越的探索等。既要让学生学习完整的经典物理学形成过程，也要用这些科学家锲而不舍、坚持追求的卓越科学精神对学生进行洗礼。

3）新中国的物理学发展：奋起直追，不断超越

新中国成立以后，自然科学和国家工业几乎是从一片空白开始发展。面对当时科技基础薄弱、国家经济困难、国际技术封锁等种种不利条件，许多优秀的物理学者、专家响应国家号召，毅然投入国家科技研究发展中去，其中还包括许多从国外突破封锁回到祖国的如钱学森等的优秀物理学家。新中国成立70年来，国家投入了大量的资源建设自然科学，取得了一系列的科技成就，其中与物理有关的科技成就如表8-1所示。（只节选了部分成就，有兴趣的同学可以上网搜索）

表8-1 新中国成立以来我国物理方面取得的科技成就

时　间	事　件
1964年	第一颗原子弹在新疆罗布泊爆炸成功，中国在原子弹理论、结构设计，以及各种零部件、组件、引爆控制系统的设计和制造等方面，都达到了相当高的水平
1967年	第一颗氢弹在新疆罗布泊空爆成功，这次试验是中国继第一颗原子弹爆炸成功后，在核武器发展方面的又一次飞跃，标志着中国核武器的发展进入了一个新阶段
1970年	第一颗人造卫星（东方红一号）发射成功，这是我国自行设计、制造的第一颗人造地球卫星；它的发射成功，使我国成为世界上第五个独立自主研制和发射人造地球卫星的国家

续表

时　间	事　件
1983 年	我国第一台每秒钟运算 1 亿次以上的计算机——"银河"巨型机由国防科技大学计算机研究所在长沙研制成功；比起国际主流巨型机，"银河"亿次巨型机在 10 个方面有了创新性进步，使我国成为世界上少数几个拥有巨型计算机的国家之一
1988 年	我国第一座高能加速器——北京正负电子对撞机首次对撞成功。正负电子对撞机又称为同步辐射装置，它产生的同步辐射光作为特殊光源，可在生物、医学、化学、材料等领域开展广泛的应用研究工作
1991 年	中国大陆第一座核电站——秦山核电站并网发电。这是中国第一座自行设计和建造的 30 万千瓦商用核电站，标志着中国已掌握了核电技术，成为世界上继美国、英国、法国、苏联、加拿大、瑞典之后第七个能够独立设计制造核电站的国家
1993 年	中国科学院北京真空物理实验室(现为中国科学院物理所纳米物理与器件实验室)庞世瑾等科学家操纵原子，成功写出"中国"二字，标志着中国开始在国际纳米科技领域占有一席之地
1999 年	神舟一号飞船在酒泉卫星发射基地顺利升空，经过 21 小时的飞行后顺利返回地面。这是我国载人航天计划中发射的第一艘无人实验飞船，标志着我国载人航天技术获得了新的突破
2000 年	北斗导航定位系统两颗卫星成功发射，标志着我国拥有了自己的第一代卫星导航定位系统，具有重大的经济和社会意义
2007 年	我国第一颗绕月探测卫星——"嫦娥一号"发射成功，并进入预定地球轨道
2008 年	"天河一号"超级计算机开始研制，一期系统(TH-1)于 2009 年 9 月研制成功；二期系统(TH-1A)于 2010 年 8 月在国家超级计算天津中心升级完成。2010 年 11 月 14 日，国际 TOP 500 组织在网站上公布了最新全球超级计算机前 500 强排行榜，中国首台千万亿次超级计算机系统"天河一号"排名全球第一
2015 年	中国自主研制的首款新一代喷气式干线客机 C919 的首架机于 11 月 2 日在上海总装下线
2016 年	被誉为"中国天眼"的 500 米口径球面射电望远镜在贵州省黔南布依族苗族自治州平塘县克度镇大窝凼的喀斯特洼坑中落成启用。截至 2019 年 8 月 28 日，500 米口径球面射电望远镜已发现 132 颗优质的脉冲星候选体，其中有 93 颗已被确认为新发现的脉冲星

随着我国物理学家和其他的科学家们的共同努力与奋斗，我国的一些科学技术已走到世界前列。同时，在各项国际事务中也体现了一个大国的担当，最近的抗击新冠肺炎行动更让世界看到了中国的力量。目前，世界正处于新的科学与信息革命时期，正需要同学们努力奋斗、自主创新，把握新的机遇，为建设伟大祖国贡献自己的力量。

第二节　物理课程育人实施建议

高中物理课程包括必修、选择性必修和选修三类课程，应依据《普通高中物理课程标准（2017 年版 2020 年修订）》，有针对性、有重点地开展育人实践。

一、高中物理必修课程

（一）必修 1：机械运动与物理模型、相互作用与运动定律

1. 课标要求

通过对直线运动和牛顿运动定律的学习，能从物理学的运动与相互作用的视角分析自然与生活中的有关问题，能认识物理学是对自然现象的描述与解释，引发学生学习物理学的兴趣。

2. 育人目标

在机械运动情境下培养学生的运动与相互作用的观念和模型构建等物理学科核心素养。通过探究物体间相互作用及运动状态变化的关系等实验引导学生运用控制变量等研究方法设计实验方案，提高科学探究能力。引导学生结合物理学史认识实验探究与科学思维的结合对物理学发展的重要作用。

3. 实施建议

（1）注意与初中物理的衔接。引导学生从初中已经学过的内容过渡到高中要学习的新内容，进而逐步适应高中阶段的学习要求，为后续模块的学习打下坚实的基础。

（2）引导学生把握物理学常用研究方法和典型实验方法的一般思路和基本操作，创设多样化的教学情境，帮助学生逐步适应自主、合作、探究等新型学习方式，促进学生全面素质的和谐发展。

（3）帮助学生认清物理公式的适用条件，理清运用公式解决具体问题的思路。

（4）在教学中充分利用教学内容的特点，帮助学生体会数学在研究物理问题中的重要性，并能举一反三，用已经学过的数学知识解决实际的物理问题。

（5）通过对物体运动的研究方法的学习，特别是学习伽利略对于一些实验的科学思想和方法，充分认识这些方法对科学发展和人类进步的重大意义。

（二）必修 2：机械能及其守恒定律、曲线运动与万有引力定律、牛顿力学的局限性与相对论初步

1. 课标要求

对常见的机械运动进行分类，用能量的观点分析和解释常见的有关机械运动的问题。通过研究平抛运动、匀速圆周运动等运动形式，体会物理学中实验和理论推导的方法。能撰写简单的实验报告；通过对行星运动规律和相对论的学习，认识到科学研究包含大胆的想象和创新，科学理论既具有相对稳定性，又是不断发展的，人类对自然的探索永无止境；培养学生探索自然、造福人类的意识。

2. 育人目标

通过实验及理论推导等方法形成初步的能量观念；了解人类对宇宙天体的探索历程，从万

有引力定律的普适性认识自然界的统一性；通过对相对论的初步介绍，引导学生认识牛顿力学的局限性，体会人类对自然界的探索是不断深入的。

3. 实施建议

(1) 在一些重要的定理、定律的学习方面不仅要重视规律的应用，而且要注重其探究、发现的过程。例如"验证机械能守恒定律"不但重视操作技能，还重视思维技能的培养。教师在教学中必须紧跟教材的发展，转变教学观念，改变过去教师主导的、"填鸭"式的教授为学生主导的、探究式的学习。

(2) 注意分析方法的学习。例如"抛体运动"，旧标准中对于"抛体运动"只涉及"平抛运动"及其研究方法，而新标准中要求"会用运动的合成与分解的方法分析抛体运动"，重在"分析"，以得到解决抛体运动的方法。

(3) 根据教学实际创造性地使用教材。可以借助校本教研的平台，对教材进行二度开发，依据学生的不同情况进行适当增减。

（三）必修 3：静电场、电路及其应用、电磁场与电磁波初步、能源与可持续发展

1. 课标要求

通过对电磁学及能源相关内容的学习，形成初步的物质观、运动与相互作用观和能量观，在分析和论证过程中使用证据说明自己的观点。认识科学、技术、社会、环境的关系，体会科技进步对人类生活和社会发展的影响，知道保护环境、节约能源、促进可持续发展的重要意义。

2. 育人目标

培养学生的物质观念、运动与相互作用观念、能量观念。引导学生学会建立物理模型，体会物理模型在研究具体问题中的重要作用。重视并发挥物理学史的教育功能，让学生了解探索历程，体会实验思想与方法。引导学生通过实验体会科学实验在物理学发展中的重要作用。努力创设激发学生探究欲望的问题情境，引导学生进行科学探究，培养学生实验设计、分析论证、反思评估等方面的能力。

3. 实施建议

(1) 本模块内容与生产生活、科技进步、社会发展密切相关，要充分利用多种教学资源，引导学生认识科学对技术的推动作用，体会科技进步对人类生活和社会发展的影响，关注科学、技术、社会、环境的关系，培养学生解决实际问题的能力。

(2) 通过观察、查阅资料等方式学习相关知识，撰写研究报告。例如：了解避雷针的基本原理；了解并分析电容器应用的实例；了解静电的危害及预防；观察家用电器工作状况，检查安全隐患；了解我国古代对此现象的认识和应用及其对人类文明的影响。

(3) 搜集资料，调查问题，撰写调查报告。例如：调查近年来家庭用电情况，讨论节约用电如何从自己做起，养成节约用电的习惯；调查电磁波在现代社会中的应用实例；调查了解人类利用核裂变和核聚变释放核能的前景与挑战等。

二、高中物理选择性必修课程

（一）选择性必修 1：动量与动量守恒定律、机械振动与机械波、光及其应用

1. 课标要求

本模块在学生初步形成的运动与相互作用观念和能量观念的基础上，通过研究碰撞现象、

机械振动和机械波、光的干涉和衍射等现象，拓展学生对物理世界的认识和理解，拓宽视野，从动量守恒定律的普适性来认识自然界的统一性。

2. 育人目标

让学生认识到物理规律的内在一致性和适用范围，能认识到物理研究是一项建立在观察和实验基础上的创造性工作；能从理论推导和实验验证的角度，深化学生对物体之间相互作用规律的理解；能建构物理模型并运用这些模型分析问题，能通过推理得到结论，对相关现象做出解释；能用系统的思想和守恒的观点分析物理问题；能恰当选用基本的实验器材进行实验，能通过不同方式分析数据，获得结论，并尝试做出解释；能用科学的语言撰写实验报告，能通过实验探究和理论推导，让学生经历科学论证过程。进一步领会守恒思想，提高建模能力，增强学生的证据意识，提升科学论证能力，为深入学习和研究电磁波打好基础。

3. 实施建议

(1) 查阅资料，了解反冲的应用，制作“水火箭”。

(2) 观察台球碰撞前后的运动情况，尝试用动量知识进行定性解释。

(3) 查阅资料，调查问题，了解多普勒效应的实际应用。

(4) 举办引力波的讨论会，了解引力波发展的前沿内容。

(5) 搜集光的偏振现象应用的实例，了解 3D 电影的原理。

（二）选择性必修 2：磁场、电磁感应及其应用、电磁振荡与电磁波、传感器

1. 课标要求

通过对电磁感应、交变电流及电磁波等内容的学习，使学生能根据电磁理论的发展过程及其对人类社会影响的历史，了解科技对人类生活和社会发展的影响，体会基础科学的重大发现在工业革命和社会发展中的作用。

2. 育人目标

本模块通过电磁学内容的学习，进一步培养学生关于电磁场的物质观念、运动与相互作用观念和能量观念。通过理论联系实际、应用于实际的方式更加深入地认识物理学对现代生活和科技社会发展的促进作用，真正做到联系实际，学以致用，养成科学态度，培养正确的价值观。

3. 实施建议

(1) 动手使用电磁继电器设计制作自动控制装置，能说明工作原理。

(2) 查阅资料，了解奥斯特电流磁效应和法拉第电磁感应定律对第二次工业革命的贡献，结合身边的实际应用撰写报告。

(3) 查阅资料，走访调查，了解移动通信技术 5G 最新发展情况，了解蓝牙、WiFi 等无线设备工作原理等，体会科技的新发展。

(4) 调查了解生产生活中传感器的应用，分析手机中的各种传感器，撰写调查报告。

(5) 查阅资料，了解微波炉的工作原理，分析家用电器中与红外线、紫外线有关的应用。

（三）选择性必修 3：固体、液体和气体，热力学定律、原子与原子核、波粒二象性

1. 课标要求

通过对热学、原子与原子核以及波粒二象性等相关内容的学习，使学生知道所有物理结论

都必须接受实践的检验，在学习与研究中做到实事求是，不迷信权威，能与他人合作。通过对热力学定律和核能等内容的学习，认识到人与自然是生命共同体，人类必须尊重自然，遵循自然规律。

2. 育人目标

本模块通过对固体、液体和气体，热力学定律、原子与原子核、波粒二象性等内容的学习，进一步促进学生的物质观念、运动与相互作用观念、能量观念和物理模型建构等物理学科核心素养的形成。注重运用气体实验定律、热力学定律等分析和解决实际问题。通过多种方法，创设多种问题情境，引导学生探究并讨论，让学生广泛了解核能等对人类生活和社会发展的影响。

3. 实施建议

(1) 设计实验，比较肥皂水和清水的表面张力。

(2) 调查了解生活中表现统计规律的实例。

(3) 讨论“第一类永动机”和“第二类永动机”不能实现的原因。

(4) 基于对热力学定律的认识，结合可持续发展观念讨论人类合理开发和利用能源的问题。

(5) 查阅资料，了解华人科学家在粒子物理领域中的杰出贡献。

三、高中物理选修课程

1. 课标要求

(1) 选修1:侧重物理学与社会发展有关的内容，由“物理学与人类认识”“物理学与社会变革”“物理学与公民生活”三个主题组成。

(2) 选修2:侧重物理学与技术应用有关的内容，由“物理学与医疗技术”“物理学与新能源”“物理学与新材料”“物理学与信息技术”四个主题组成。

(3) 选修3:侧重与近代物理学有关的初步内容，由“微观世界”“高速世界”“宇观世界”“世界的统一性”四个主题组成。

2. 育人目标

选修课程是学生自主选择学习的课程，可根据学生的兴趣爱好、学业发展、职业倾向等选择性开设。本课程关注学生的兴趣和特长，关注课题探究及应用，关注物理学前沿对学生视野的拓展等。

3. 实施建议

(1) 组织学生讨论交流，了解微观世界量子化特征以及相对论时空观的特点。

(2) 参观考察气象站、高新工业园区，了解空气指数情况、高新技术发展现状。观看视频，走访医院，了解B超、CT等医疗设备检查病人的过程，了解物理治疗方法并进行探讨。

(3) 查阅资料了解煤炭等能源的利用情况，了解新能源、核能的利用概况以及重大核泄漏事故及其影响；了解核能技术发展概况，风能、太阳能等利用情况，智能家居、航天技术概况及发展前景。

(4) 查阅资料，了解芯片制造和限制运算速度提升的物理因素，分享大数据运算给人们带来的便利，了解全球定位技术在生活中的应用以及我国北斗卫星导航系统的价值。

(5) 查阅波粒二象性发展简史，了解我国在量子理论方面的应用和发展及量子计算机的发展。

(6) 观看影片，查阅资料，讨论大爆炸宇宙论的观测证据、人类探索反物质的历程以及“希格斯粒子”的意义。举办与现代物理进展有关的科普论坛及交流活动。

第三节　物理课程育人评价初探

物理课程的育人评价，是根据物理课程的教学目标，在物理课程教学过程中对育人功能制定的一种评价体系，旨在加强对学生科学精神、科学方法、科学态度、科学探究能力和逻辑思维能力的培养，促进学生形成勇于创新、求真求实的思想品质。根据制定的育人目标，需要系统广泛地搜集信息，在充分占有资料的基础上，运用现代化的科学评价技术和手段，对物理课程的育人工作所产生的，或者即将产生的学生行为和思想变化，进行价值上的考察判断和评估，从而奠定育人在物理课程中的社会价值。

一、高中物理课程育人评价的意义

任何学习，都应该有其目标，然而学习效果如何，是否达到相应的学习目标，必须有目标完成的评价标准。如何高效地在高中物理课程中进行课程育人，需要一套行之有效的、科学的育人评价体系。高中物理课程的育人评价对于教师和领导、对于学生和家长都有切实的意义。

对于教师和学校领导，教育者量化的评价是教育工作成果的具体体现。根据评价，学科育人就有了诊断、反馈和导向，教师可根据评价结果在下一阶段的教育工作中进行有效的调整。

对于学生，物理课程育人评价的意义在于，可以让学生切实地看到自己在物理课程育人方面的学习成果，发现自己的优势和不足，利用评价的反馈机制确认自己下一步的努力方向。

对于家长，物理课程育人评价可以让家长更好地了解自己的孩子在前一阶段学习中的育人成果，做到心里有数，有利于在家庭教育中有的放矢地配合学校的学科育人教育。

二、高中物理课程育人评价的原则

根据《普通高中物理课程标准(2017 年版 2020 年修订)》，高中物理课程育人评价是以学生发展为本、基于物理学科核心素养的评价，其目的主要在于促进学生学习和改进教师教学。物理课程育人评价应围绕物理学科核心素养的具体要求，创设真实而有价值的问题情境，采用主体多元、方法多样的评价方式，客观全面地了解学生物理学科核心素养的发展状况，找出存在的问题，明确发展方向，及时有效地反馈评价结果，促进学生全面而有个性的发展。一般来说，高中物理课程育人评价有如下几个基本原则。

1. 目的明确

评价应以促进学生物理学科核心素养的提升和学习能力的提高为目的。围绕“物理观念”“科学思维”“科学探究”“科学态度与责任”等物理学科核心素养搜集反映学生发展情况的信息，判断学生达到的水平和学习中的问题，明确进一步学习的方向；创造机会让学生开展自我评价和相互评价，学会正确评价自己的进步，反思自己的不足，更好地进行学习。

2. 可信有效

可信指评价过程中所搜集的数据和资料符合学生的实际情况，有效指评价的工具真实地指向学生的物理学科核心素养，反映学生物理学科核心素养的真实水平。

3. 全面深入

评价不仅要依据课程标准全面检查学生所学的基础知识和基本技能，更重要的是要深入检测学生是否通过基础知识和基本技能的学习，形成正确的物理观念，是否掌握了科学的思维方法，是否具有相当的探究解决实际问题的能力，是否具有科学的态度和责任感，判断学生所达到的物理学科核心素养水平。

4. 主体多元及方式多样

要发挥学校、教师和学生等不同角色在评价中的作用，从不同视角进行评价。应将单项评价与整体评价、定量评价与定性评价、终结性评价与形成性评价有机结合，及时准确地反馈评价结果，保证评价结果与改进策略的一致性。

5. 激励进步

要将评价作为进一步促进学生学习和发展的重要手段，建立学生成长记录档案，记录学生成长轨迹，激发个性潜能，激励学生不断发展进步。

三、高中物理课程育人评价的指标

根据高中物理课程设置环节，在育人目标、育人内容、育人过程、育人方法、育人效果等五个方面进行育人评价。

1. 育人目标

根据《中小学德育工作指南》，要围绕课程目标联系学生生活实际，挖掘课程思想内涵，发展学生道德认知，注重学生的情感体验和道德实践；要根据不同年级和不同课程特点，充分挖掘各门课程蕴含的育人资源，将育人内容有机融入各门课程教学中；数学、科学、物理、化学、生物等课程要加强对学生科学精神、科学方法、科学态度、科学探究能力和逻辑思维能力的培养，促进学生树立勇于创新、求真求实的思想品质。

高中物理的育人目标主要是让学生能够学习运用马克思主义科学的基本观点和方法观察问题，根据物理课程标准所强调的育人价值观念，分析问题和解决问题，在解决问题的过程中具备自主、自立、自强的态度和能力，初步形成正确的世界观、人生观和价值观，在实践活动中形成尊重他人、乐于助人、善于合作、勇于创新的品质。

2. 育人内容

遵循物理课程自身的教学规律，挖掘学科教学中每个章节丰富的育人资源，可结合学生的生活实际，根据高中生的认知水平，准确找到物理课程和育人的结合点，做到育人内容和物理课程内容的有机融合。

3. 育人过程

在育人过程中，师生互动和学生之间的互动、学生和学习内容之间的互动都可以作为高中物理课程育人的评价指标。

教师作为课堂的引领者、指挥者，在课堂上的任何行为、动作，都有可能对学生产生深远的、潜移默化的影响，所以教师上课是否迟到、是否注意讲台的清洁、对待学生的提问是否给予尊重和合适的关注、对于学生的违纪行为是否妥帖的处理，都会影响物理课程的育人效果。

在进行物理知识的传授时，教师积极为学生创造互动、合作、自主解决问题的机会，引导学生在解决实际问题的过程中有适当的探究、合作、交流、讨论，最后得到正确的结论。在这些互动过程中，提升和引导学生的人际交往，学会礼貌地表达自己的看法，虚心听取他人的建议，合作共赢。在互动中培养了学生的合作精神，在分组讨论的过程中增强了集体荣誉感，这样的课堂氛围也能为物理课程育人评价加分。

物理课程要更重视每一节实验课，实践才是检验真理的根本。在实验课的教学过程中，对待实验数据严谨、认真，不能为了实验的结果弄虚作假，在这个过程中进行实事求是的科学态度的育人教育。实验进行时，适当引导学生爱惜实验仪器，尊重合作伙伴；实验结束后，适时引导学生把实验仪器还原，实验时产生的实验垃圾自己带走，方便下一批做实验的同学，这也是高中物理课程育人的评价范围之一。

4. 育人方法

物理课程育人目标的进行，要以学生的思想、行为为主体，通过具体的活动而不是说教，让学生在行为实践中领悟物理课程的科学思维、逻辑推理。比如“自由落体运动”一节，是在以学生为主体探究物体的运动规律的过程中，引导学生一步步地推理、分析，去推翻亚里士多德已经提出的统治人们思想两千多年的物体下落时遵循的运动规律，让学生学会对传统思想敢于大胆质疑，设计实验对已存在的观念进行科学的辩证分析，由此养成批判的态度、科学的思维。

在教学过程中适当挖掘育人因素，让学生遵循科学家的足迹去探究基本物理规律，让学生发现和体悟物理规律在生活中的各种应用，有感而发。比如，“宇宙航行”这一节，通过展示祖国最新的航天成果、卫星升空的激动人心的时刻，激发学生的爱国情怀，了解人类的航天史，让学生明白很多事情不是一蹴而就的，而是成千上万次的努力换回的，从而培养学生坚韧不拔的意志。

5. 育人效果

育人是对学生的思想、行为、心理等多方面的提升。通过观察教学活动对提升学生思想觉悟、激发学习精神、培养刻苦钻研的学习和生活品质等方面的成果来评价物理课程的育人效果。

高中物理课程育人评价量表如表 8-2 所示。

表 8-2　高中物理课程育人评价量表

评价项目	评价内容	分值	得分
育人目标	依据物理课程标准所提出的价值观念，依据高中物理课程的教学内容，提出合适的育人目标。目标的把握和描述要准确、简洁明了	20	
育人内容	遵循物理课程自身的教学规律，挖掘物理课程教学中与育人有关的结合点，进行内容上的育人教育，要求不空洞，符合高中生的认知水平和生活实际，做到育人内容和课程内容的有机融合	20	
育人过程	课堂氛围和谐，课堂气氛积极向上，教师要尊重学生、关爱学生、体谅学生，师生互动民主、平等	20	

续表

评价项目	评价内容	分值	得　分
育人方法	采用适当的课堂教学模式，以学生的思想、行为为主体，通过具体的学科活动，让学生在思考和行为实践中领悟物理课程的科学思维、逻辑推理；通过亲身感受，培养学生质疑与批判的科学态度、坚韧不拔的探索精神、良好的行为习惯	20	
育人效果	学科内容培养学生的远大理想和大局观；学科探索培养学生的科学思维，发展求真求实的批判思维；学科实践过程中培养学生正确的做事态度和良好的行为习惯。整个课堂从育人的道德观念教育，慢慢升华到情感认知，最后转化为道德行为	20	
总分		100	

第四节　物理课程育人探索案例

案例一　疫情下的电磁波谱教学

一、案例说明

新冠肺炎疫情暴发以来，举国抗疫，全国支援武汉，疫情防控取得决定性的胜利离不开科学技术的发展。先进的医疗设备对打赢疫情防控战起到了非常重要的作用，本案例的第一个目的就是充分利用电磁波谱的知识在防控中的应用这一素材培养学生理论联系实际的能力；第二个目的是引导学生关心时政、关心国家大事、关心身边的事；第三个目的是突出学科育人，抗疫离不开科学技术，科学技术离不开物理学，物理学的发展和成就促进了科学技术的发展。本案例充分利用教材资源中电磁波谱的知识，将学生分成五个学习小组合作学习，学生在了解电磁波谱在抗击新冠疫情过程中的应用的同时，自觉接受爱国主义教育、爱劳动的教育、关注健康关爱生命的教育。

二、案例描述

1. 片段一：电磁波的产生机理及基础知识

教师直接介绍电磁波谱知识及示意图（见图 8-1）。按电磁波的波长逐渐增大排列：γ 射线、X 射线、紫外线、可见光、红外线、无线电波。

第一组学生活动：

第一组组长江某奕，负责组织学生完成如下工作：电磁波的产生机理、基本知识、应用等内容的整理、讲解。无人机操作视频由四十九中无人机创新团队江某奕等完成。

学生刘某琳介绍电磁波的产生机理及基本知识：波长大于 1mm 的电磁波是无线电波，无线电波是振荡电路产生的，对应的高中知识为电磁振荡和电磁波；电磁波可以通过电缆、光缆进行有线传输，也可实现无线传输；电磁波的频率越高，相同时间内传递的信息量越大。

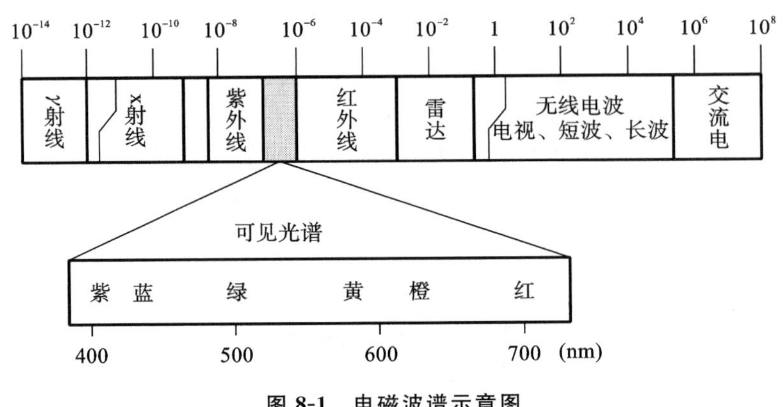

图 8-1　电磁波谱示意图

学生刘某芸介绍电磁波的应用：电视、雷达、移动通信、因特网等。学生对上述应用都非常熟悉，但可能不了解它们在抗击新冠肺炎疫情中的应用，特别是在抗击新冠肺炎中北斗系统、无人机对无线电波的广泛使用。面对疫情，建设武汉火神山和雷神山医院，分秒必争。借助北斗高精度定位设备，确保火神山和雷神山医院的测量标绘工作迅速完成；北斗卫星导航系统快速响应，高科技提供了高效率、确保工程高质量完工，北斗驰援，让防控工作更加高效精准，我们战胜疫情的底气与信心更足。

实践活动：江某奕无人机创新团队在教学楼下用遥控器控制无人机飞行。

育人契合点：

疫情期间，火神山、雷神山医院仅用十天时间从设计到建造完成；小区封闭管理，社区工作人员和志愿者全力保障居民的日常生活物资，网上购物和精准配送，织起一张张细密的生活物资供应保障网，这里凝聚着很多人的辛勤劳动。教师要教育学生劳动是光荣的、劳动者是美丽的，培养学生的劳动观念。工作人员大年三十利用北斗放线测量、精准设计，电力、建筑、电信等部门通力合作昼夜施工，白衣天使逆向而行，学生通过身边发生的事，学会了感恩。教师通过国之重器北斗卫星系统的应用引导学生树立高科技的劳动观念，传播劳动文化。学生通过观看无线电波直播的火神山、雷神山医院建造的劳动情景视频，逐步领会社会所倡导的劳动实践，颂扬劳动精神；要倡导尊重知识、尊重人才、尊重劳动、尊重创造的社会风尚，在潜移默化中让学生收获满满的正能量。

2. 片段二：红外线及应用

第二小组组长周某阳负责组织红外线知识的整理及额温枪测体温。

刘某阳同学介绍红外线知识：红外线是一种光波，波长比无线电波短，比可见光长，不能引起人的视觉；红外线主要用于红外遥感和红外高速摄影；所有物体都发射红外线，热物体的红外辐射比冷物体的红外辐射强，根据这一特性，人们制成了红外测温仪；红外测温仪在这次抗击疫情中起到了非常重要的作用。

方某亚同学介绍额温枪：红外体温计又称额温枪，是一种利用红外接收原理测量人体体温的测温计；使用时，只需将探测口对准额头或手腕位置，就能快速、准确地测定人体的温度。

周某阳同学自带额温枪测试：测试部分学生额头或手腕的温度。

教师讲解红外测温仪原理：红外测温仪是利用红外探测器、光学成像物镜和光机扫描系统接收被测物体的红外辐射能量分布图形反映到红外探测器的光敏元件上，在光学系统和红外探测器之间，有一个光机扫描仪对被测物体的红外热像进行扫描，由探测器将红外辐射能转换成电信号，经放大处理，转换成标准视频信号通过监测器显示红外热像图或通过电视屏显示被测物体的温度。

育人契合点：

"太神奇了"熊某伟同学说，王某某等不少同学感到惊奇，小组同学田某介绍额温枪在我国的研发过程：红外体温计检测技术是国家科技成果重点推广项目，红外体温计检测是一种在线监测（不停电）式高科技检测技术，它集光电成像技术、计算机技术、图像处理技术于一身，在这次武汉市抗击新冠肺炎疫情过程中发挥了十分重要的作用。田某介绍完后教师及时引导，让学生认识到在这次武汉抗疫中科学技术的发展对一个国家是多么重要，科技兴则国家兴，创新强则民族强。"测试体温太快捷了，对小区、商城出入人员检测体温太方便了"，同学们感到非常惊奇，特别是四十九中校门口红外测温仪几乎瞬间"捕捉"人体温度，效率太高了，减少了人体接触，提高了效率，同学们真正感受到了科技的力量，坚定了学好物理的信心。

教师再次强调红外测温仪的优点：与传统的接触式测温方法相比，红外测温仪具有响应时间快、非接触、使用安全及使用寿命长等优点。

3. 片段三：紫外线及其应用

第三小组组长邹某昊负责组织和介绍策划活动。

黄某天同学讲述紫外线相关知识：波长范围在 5 nm 到 370 nm 之间，不能引起人的视觉，具有较高的能量，应用于灭菌消毒，具有较强的荧光效应，用来激发荧光物质发光.

生物科代表讲述紫外线消毒原理：紫外线杀菌消毒是利用适当波长的紫外线能够破坏微生物机体细胞中的 DNA 或 RNA 的分子结构，造成生长性细胞死亡和（或）再生性细胞死亡，达到杀菌消毒的效果。

邹某昊展示四十九中学食堂紫外线消毒柜的使用说明 PPT。

育人契合点：

疫情期间学生宅在家里，教师要引导学生学会居家隔离的知识，同时要对学生进行感恩教育。喻某某同学倡议：居家隔离要讲卫生，勤消毒、测体温、勤洗手，常通风、拒野味、不聚集，养成好的卫生习惯。王某某同学表示学生要心存感恩，第一，要感谢老师，四十九中如王家太、李烈俊等一大批教师半天下沉社区参加方舱医院抢建劳动，半天利用空中课堂对学生授课，停课不停学，我们要感谢这些老师的付出；第二，我们要感谢武汉人民，正是因为武汉人民团结一心，武汉防疫战才有现在疫情防控的根本好转；第三，我们要感谢全国人民，全国各地坚持一方有难、八方支援，各地区前往湖北和武汉支援的广大医务工作者、人民解放军指战员以及各方面人员发扬越是艰险越向前的大无畏革命精神，闻令而动，坚忍不拔，不怕牺牲，攻坚克难，逆向行动，对国内疫情防控形势持续向好做了大量艰苦工作，付出了巨大努力，我们要向全国人民感恩。同学们学习了紫外线的消毒知识，知道紫外线消毒技术具有较高的杀菌效率，运行安全可靠，仅需几秒钟即可达到灭活效果。紫外线消毒不产生有毒有害物质，由于不添加化学药剂，不会产生对人体有害的副产物，物理消毒优点明显，科技可以为人们的健康保驾护航。

4. 片段四：X 射线及其应用

第四小组组长杨某某同学负责介绍 X 射线知识：1895 年，德国科学家伦琴发现了 X 射线，它属于电磁波，波长范围为 0.0006～50 nm。用于 X 射线成像的波长为 0.008～0.031

nm；在电磁波谱中，居 γ 射线与紫外线之间，比可见光的波长短，肉眼看不见；X 射线频率比紫外线高，穿透力较强，可以用来检查工业零部件有无裂纹或气孔。

教师讲述 X 射线知识及 CT 成像原理：在 X 射线穿透人体器官或组织时，由于人体器官或组织是由多种物质成分和不同的密度构成的，所以各部分对 X 射线的吸收系数是不同的；将沿着 X 射线束通过的物体分割成许多小单元体（体素），CT 成像装置要从不同方向上进行多次扫描，再将图像面上各像素的 CT 值转换为灰度，就得到图像面上的灰度分布，这就是 CT 影像。

政治科代表谢某雨同学介绍与 X 射线有关的时政新闻：面对突如其来的新冠肺炎疫情，党和政府始终把人民生命安全和身体健康摆在第一位；在中方最困难的时候，国际社会许多国家给予中方真诚帮助和支持，同时中国秉持人类命运共同体理念，分享中国疫情防控的经验和成果；中国向一百多个国家和几十个国际组织援助抗疫需要的医疗物资和派遣专家团队，如 2020 年 3 月 22 日，中国的华为云“新冠肺炎 AI”辅助医学影像量化分析云服务在厄瓜多尔四家定点医院完成上线，装有华为云 AI 辅助筛查系统的医院每月可协助诊断 3000 例疑似病例，疑似患者的肺部 CT 影像将在 1 分钟内得到快速辅助诊断，让世界见证“岁寒知松柏、患难见真情”。

育人契合点：

通过相关知识的学习，同学们感受很深，第一开阔了眼界，第二感受到人类是一个命运共同体，病毒不分国界，新冠肺炎疫情是人类共同的敌人。中国向世界传递了齐心协力、团结应对打赢疫情防控全球阻击战的信心，分享中国抗疫的宝贵经验，为有效开展国际联防联控发挥了重要的引领作用，同学们为我们的祖国感到骄傲和自豪。

5. 片段五：γ 射线及其应用

第五小组组长物理科代表李某龙同学简单介绍 γ 射线的相关知识：γ 射线来自核反应放出的粒子，能量很高，频率比 X 射线还要高，具有很高的能量，穿透力更强，医学上用来治疗癌症，工业上用于探测金属部件内部是否有缺陷。

教师介绍 γ 射线在医学上的应用：γ 射线之所以能治疗恶性肿瘤，主要在于正常组织与肿瘤组织对射线有不同的敏感性和不同的修复能力，正常组织损伤程度较轻，修复能力也好；而肿瘤组织损伤程度较重，修复能力较差，由于剂量的积累，使肿瘤组织损伤远远超过正常组织，当照射达到一定剂量时，肿瘤组织受损严重，不能再修复（死亡），而正常组织则因损伤较轻而能修复，临床上称之为治愈；如果剂量过大致使正常组织也失去修复能力，则造成临床所见的放射损伤。

育人契合点：

本届高二是新高考改革的第一届，同学们兴致都很高，特别期待学习物理学与工业、农业生产有关的知识，新版教材专门有一章介绍物理学与医疗技术。同学们了解到 γ 射线是治疗癌症病人的有效手段之一，了解到很多医疗器械、治疗手段都与物理知识密切相关，纷纷表示要努力学好物理，揭示自然，造福人类，通过物理学引领科学技术的发展，更好地改善人们的生活，为保障人们的生命健康做出更大的贡献。

三、专家点评

1. 点评一

本案例教学主要突出了两个重点,第一点是利用空中课堂运用四十九中智慧课堂主体间性教学模式,即先看后写、先学后教、小组交流、智慧生成的模式完成了课堂教学活动;第二点是利用武汉抗击疫情的形势和电磁波谱的素材有紧密联系的特点从物理课程的角度对学生进行育人教育。在实际授课过程中,三个学生活动亮点鲜明:用额温枪现场测试体温、用遥控器成功操作无人机飞行和用视频展示学生分组参观、拍照、制作 PPT 并讲解四十九中食堂的消毒柜。理论联系实际,极大地激发了学生学习的兴趣。小组同学在讲解有关电磁波谱的知识时总体准备充分,特别是小组长挑选讲解人时将涉及政治、生物的问题交由相关的科代表准备,体现了学生认真负责的精神,锻炼了学生的能力。

2. 点评二

本案例通过学生讲解及相关活动让学生有三个方面的收获,第一是学习了电磁波谱的物理知识;第二是对学生进行了科普教育;第三是潜移默化地对学生进行了爱国、爱家乡、爱劳动、感恩、爱科技的教育,收到了较好的效果。

3. 点评三

这节课通过抗疫过程中用到的一些科学技术仪器、设备和手段,很好地与物理课堂进行了衔接,不仅高效地完成了课堂新知的教学任务,而且充分发挥了物理课堂育人主阵地的作用,平稳高效地进行了一次绝佳的“以德为先,立德树人”的物理课程育人教育和爱国主义教育,也体现了授课教师高超的课堂驾驭能力。

案例二　挖掘校本课程素材,拓展物理课程育人方式

一、案例说明

1. 目标阐释

除了课堂育人主阵地,教师还可以充分利用学校内的一切资源和素材,如校本教材、校园活动、校园实践基地、校园人文环境等,结合课堂知识和各学科知识采用丰富的形式开展育人教育,带给学生更加广阔的视野,更加深邃的世界观、宇宙观及科学的观念和价值。

2. 实施路径

将课堂所学的物理知识迁移应用于校园生活的方方面面,主要是将物理知识、物理方法应用于生活中,特别是物理科学探究方法的应用,根据生产和生活中的实际问题来建立一个需要解决的问题情境,这个情境就像科学家遇到需要解决的实际问题情境一样,表面上看起来缺乏解决问题的条件,但是,只要我们像科学家一样,运用科学探究方法去寻求解决问题的最佳途径,还原科学家根据科学探究方法所设计的物理模型,培养学生建构模型的能力的同时,也形成了科学的态度和正确的价值观。

二、案例描述

1. 片段一:北斗进校园

向学生和来访的客人介绍我校与校外机构合作的“北斗卫星进校园”项目,播放北斗卫星

发射视频,介绍北斗卫星的开发背景、发展过程、现在及将来的主要作用和未来的发展方向,特别是向学生介绍北斗导航系统的从无到有,尤其是西方的各种刁难(向学生介绍中国一开始就热心支持伽利略计划,投入大量资金参与其中,也希望与欧洲分享导航技术,但是惨遭排挤,欧盟和美国在很多核心技术的研究方面都把中国排除在外),中国下定决心把注意力转移到沉寂数年的"北斗"系统上,全面研究自己的导航系统,这就是北斗导航。

育人契合点:

进行爱国主义教育,厚植爱国主义情怀。2012 年年底,中国建成了由地球同步轨道卫星、倾斜同步轨道卫星和中圆轨道卫星共 14 颗卫星构成的北斗二号卫星导航系统,实现了全天时全天候为亚太绝大部分地区提供定位导航授时服务。达到这一目标,我们只用了 5 年,实现了对伽利略计划的超越。这时候,伽利略计划只有 6 颗卫星发射,欧盟也终于放下身段,在 2015 年与北斗达成了频率共用协议。这告诉我们,别人拥有的东西,只有自己也拥有时,才有坐在同一张桌上谈判的资格,别人才会充分尊重你。让学生体验祖国高新科技发展进步的不易,感受中国科学家的不屈精神和朴素深厚的爱国主义精神。

2. 片段二:疫情防控急,北斗显威力

借助我校的"北斗卫星进校园"校本课程,向学生讲解"北斗已经走进了我们生活的方方面面"。让学生讲解员向来宾和参观人员讲解北斗的工作原理,即对天上的北斗卫星而言,其永远只做一件事:不间断地向地面发送信号,告诉人们"我在哪里""现在几点"。这些信号本身意义不大,但经过特定程序的解算和分析,弥漫在空中的卫星信号,就变成了非常有价值的"疫情防控大数据"。结合各种终端,如手机、无人机、配送车、充电桩等就能有效地将北斗信息转换成强大的抗疫力量。比如,利用北斗信号可以掌握人员流向,从而切断病毒传播、高精测量定位加速火神山医院和雷神山医院建成,引导无人设备助力消毒、物流、宣传、巡控、配送等,火神山医院和雷神山医院的高效率、高质量完工,离不开北斗系统提供的快速精确测量;精准调控全国各地的抗疫物质,为民众提供生活物资、为抗疫运输医疗设备和物资等,北斗发挥了巨大的作用。(见图 8-2 和图 8-3)

图 8-2 无人机抗疫应用

图 8-3 无人配送车

育人契合点:

自立自强,自力更生。得益于党和政府的高瞻远瞩、深谋远虑及无数科技工作者的艰辛付出,才有了今天的北斗。在突如其来的疫情中北斗帮了大忙,在整个抗疫的方方面面都展示了它的强大力量。

三、案例反思

北斗事件教会了我们必须发展自己的卫星导航系统，也让国人认识到要自力更生。靠山山倒，靠人人跑，靠自己最可靠，中国人的命运必须牢牢掌握在自己手中。要像华为一样，自力更生，不断超越，永远不要觉得花钱就可以买来核心技术，科学没有国界，但科学家却是有国界的。“中国人的饭碗里要装自己的粮食”这句话的精神就是中国人要独立自主、自立自强。不只是中国的粮食，中国的经济、政治、军事、教育、医疗、卫生、网络、自然、环境、社会等方方面面都要由自己掌控。要让学生明白，求人不如求己，中国人的命运必须牢牢把握在自己手中。

案例三　开展研究性学习，养成科学态度、增强社会责任感

一、案例说明

高中物理的研究性学习，能很好地弥补传统课堂的接受式学习方法的许多不足，也能弥补许多学校教育的不足，让学生走出课堂、走出校园，开展更加丰富多彩、更加富有个性化的学习，做自己喜欢的研究项目和学习活动，更能发挥学生的主观能动性，激发学生的参与意识，拓展学生的学习空间。疫情期间学生“宅”在家里，教师正好可以通过给学生布置研究性学习任务，在研究居家如何配合国家防阻疫情的过程中，适当开展一些研究性的学习活动，培养学生的科学态度，增强社会责任感。

二、案例描述

1. 片段一：疫情期间电子显微镜的应用调查研究

完成了电磁波谱的教学任务后，教师要求学生自学选修3-5的第十七章第三节中“显微镜的分辨本领”阅读材料，然后给他们布置一个研究性学习的任务：请结合已学内容进行“宅家查阅、探究运用高新科技防控抗疫，学会感恩，增强民族自尊心、自信心、自豪感的爱国主义教育”的研究性学习活动，要求完成一份研究性学习活动的小报，介绍疫情中我国的医务工作者在为病人治疗过程中使用的一些技术含量较高的仪器设备，并查阅资料介绍这些仪器设备的基本工作原理和在此次抗疫中的主要作用。老师特别推荐的仪器设备有电子显微镜、红外体温计(额温枪)、心电图仪、负压服等。让学生体会医务工作人员的艰辛，建议采访作为医疗志愿者和志愿服务人员的部分学生家长，让学生谈谈自己在感恩和爱国主义等方面受到了哪些教育。

育人契合点：

感知科技前沿，增强民族自信心。学生查阅了大量的网上资料，有几位同学的研究小报中都提到了，2020年1月24日，中国疾病预防控制中心暨武汉P3实验室最早分离并完成了测试新型冠状病毒的第一株毒株的基因组测序工作，第一时间向党中央和全世界通报了在武汉暴发的COVID-19的遗传学信息，即COVID-19全基因组序列，第一时间提供给世界科学家最新的信息和资料，以供科学家深入的研究，特别是同学们搜集到的关于第一株毒株的黑白照片(见图8-4)，好几个同学都说被这几张图片震撼到了，震撼他们的不是这张黑白照片，而是上面的数字100 nm。“那可是原子、分子级别的数量级啊”，吴某某同学说，“想不到我们武汉也能

拍到世界顶级显微照片”，瞬间感到作为一个武汉人是多么自豪。

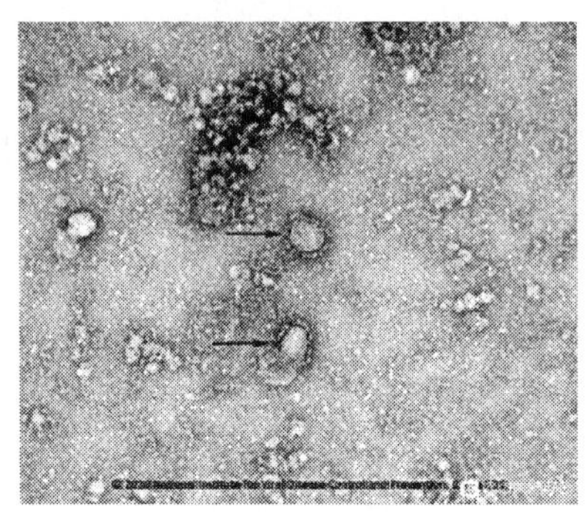

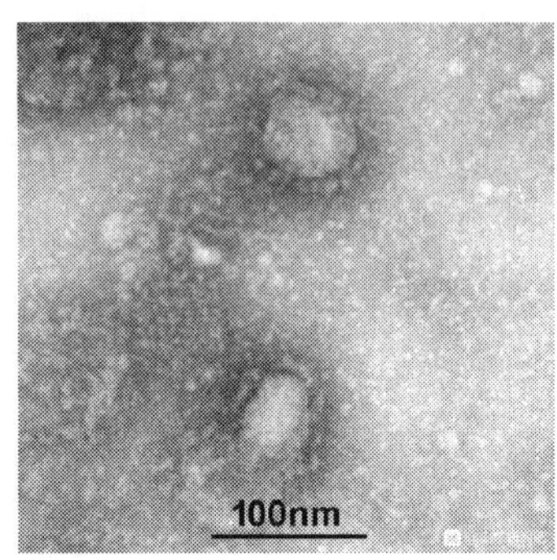

图 8-4　新冠病毒第一株毒株的黑白照片

（图片来自网络）

在讨论交流环节，几位同学都用到了同一个词语“没想到”，他们说，没想到我们武汉还有这么领先世界的实验室，没想到我们能够制造和拥有世界最顶尖的电子显微镜，没想到我们还第一个拍下了如此清晰、如此高精度的照片，更没有想到的是我们武汉还是第一个向全国乃至全世界郑重宣布此新冠病毒的全基因组序列。这需要多么“硬核”的学科知识和不容置疑、舍我其谁的胆魄啊，这也表明我国的病毒研究已经走在了世界的前列。教师不失时机地教育同学们：“在这样一个关键时期，恳请同学们努力学习，抓住机遇，让自己成为中国超越世界的参与者和见证者吧”。

2. 片段二：“在疫情期间红外测温仪助力复学的应用调查”研究性学习

教师讲解红外测温仪原理，请同学们进行“在疫情期间红外测温仪助力复学的应用调查”研究性学习。（见图 8-5）

图 8-5　红外测温仪助力武汉市第四十九中学高三学生复课备战 2020 年高考

育人契合点：

学好物理，用好物理。研究性学习小组物理科代表吴某某介绍红外测温仪在我国的研发过程，它能集光电成像技术、计算机技术、图像处理技术等于一身，在这次武汉市抗击新冠肺炎疫情过程中发挥了十分重要的作用。吴某某同学介绍完后教师及时进行引导，再次让学生认识到在这次武汉抗疫中科学技术的发展对一个国家是多么的重要，科技兴则国家兴，创新强则民族强。让同学们真正感受到科技的力量，也坚定学好物理的信心。

三、案例反思

学科育人的素材是丰富多样的，在进行校内外研究性学习活动过程中，可以采用不同的形式和方法，如查阅资料、调查研究、采访问卷等各种不同的形式，将课堂知识与实际生活衔接，学以致用与实事求是并举。既关心自己，也关心家庭，更关心社会、关心他人、关心国家，在实现自己个人的奋斗目标时，将个人命运与国家命运有机联系在一起。向西方发达国家努力学习力争超越的同时，做到不卑不亢。既要和善友好，也要据理力争；既要看到祖国落后的一面，也不要妄自菲薄。在国际关系上既要谦逊有礼，更要有强烈的民族自尊心、自信心、自豪感；既要有家庭责任心，更要有爱国主义情怀。要像戚继光说的："繁霜尽是心头血，洒向千峰秋叶丹。"在厚植爱国主义情怀的同时深刻领会爱国主义永不过时的道理，并付诸实际行动。只要教育者时刻不忘"以德为先，立德树人"这一教育的根本出发点，找准物理课程与德育素材的最佳结合点，我们的德育教育活动就能成功高效地进行，就一定能取得积极的、显著的育人效果。

第九章 普通高中化学课程育人探索

教育部《中小学德育工作指南》要求高中化学教师充分重视对学生进行辩证唯物主义世界观、方法论的教育，进行科学精神、科学方法和科学态度的教育。化学课程教育重在从学生实际和社会发展需要出发，引导学生体验科学探究的过程，启迪学生的科学思维，帮助学生形成关心自然、关心社会、爱护环境、珍惜资源、合理使用化学物质的观念，形成科学的自然观和严谨求实的科学态度。《普通高中化学课程标准(2017 年版 2020 年修订)》当中也强调了化学课程的整体育人功能，化学课程对于科学文化传承和高素质人才的培养有不可替代的作用。

第一节 化学课程的育人价值

一、高中化学课程的地位和特点

化学是在原子、分子水平上研究物质的组成、结构、性质、转化及其应用的一门基础学科，其特征是从微观层次认识物质，以符号形式描述物质，在不同层面创造物质。化学不仅与经济发展、社会文明的关系密切，也是材料科学、生命科学、环境科学、能源科学和信息科学等现代科学技术的重要基础。化学在促进人类文明可持续发展中发挥着日益重要的作用，是揭示元素到生命奥秘的核心力量。

1. 课程地位

普通高中化学课程是与义务教育化学或科学课程相衔接的基础教育课程，是落实立德树人根本任务、发展素质教育、弘扬科学精神、提升学生核心素养的重要载体；化学学科核心素养是学生必备的科学素养，是学生终身学习和发展的重要基础；化学课程对于科学文化的传承和高素质人才的培养具有不可替代的作用。

2. 课程特点

1）以发展化学学科核心素养为主旨

立足于学生适应现代生活和未来发展的需要，充分发挥化学课程的整体育人功能，构建全面发展学生化学学科核心素养的高中化学课程目标体系。

2）设置满足学生多元发展需求的高中化学课程

通过有层次、多样化、可选择的化学课程，拓展学生的学习空间，在保证学生共同基础的前提下，引导不同的学生学习不同的化学，以适应学生未来发展的多样化需求。

3）选择体现基础性和时代性的化学课程内容

结合人类探索物质及其变化的历史与化学科学发展的趋势，引导学生进一步学习化学的基本原理和方法，形成化学的核心观念；结合学生已有的经验和将要经历的社会生活实际，引导学生关注人类面临的与化学有关的社会问题，培养学生的社会责任感、参与意识和决策能力。

4）重视开展“素养为本”的教学

倡导真实问题情境的创设，开展以化学实验为主的多种探究活动，重视教学内容的结构化设计，激发学生学习化学的兴趣，促进学生学习方式的转变，培养他们的创新精神和实践能力。

5）倡导基于化学学科核心素养的评价

依据化学学业质量标准，评价学生在不同学习阶段化学学科核心素养的达成情况，积极倡导“教、学、评”一体化，促进每个学生化学学科核心素养得到不同程度的发展。

二、高中化学课程的育人要素

化学是在分子、原子的关系上研究物质的组成、结构、性质及其变化规律，探究物质体系内各微观粒子之间的相互作用、相互影响，改造或创造物质以满足社会需求的应用学科，能够帮助学生形成对物质世界组成与变化的基本认识，掌握独特的分析与解决问题的方法，树立正确的科学伦理观念和不断探索的科学精神，学会遵守科学规范并养成良好的、科学的生活习惯。依据《普通高中化学课程标准（2017 年版 2020 年修订）》和化学学科核心素养，高中化学课程所蕴含的育人要素如下：

1. 科学世界观

化学科学用宏观与微观相联系的独特视角看待物质世界。在对物质与原子、分子、粒子之间的相互作用、相互影响等实验的观察与探索过程中，从宏观与微观两个层面认识物质世界的根本特征，分析物质的“组成结构、相互作用、变化发展”的规律与条件，构建科学的分析范式；准确有效地找到事物发展变化的原因与条件，控制变化的路径与进程，把握变化的规律与结果；科学认识生命起源、物种繁衍、物质循环、能量转换、物质不灭等客观规律；学会正确处理与他人、与自然、与社会的关系；掌握和理解维护个体生命健康、维持生物多样性、保持生态平衡的方法和意义；树立珍爱生命、热爱自然的科学世界观。

2. 科学伦理

化学科学可以缓解人类面临的一系列资源匮乏问题，促进经济社会发展，但使用不当也会给人类文明发展造成巨大危害甚至是灾难。中学生应了解化学应用的双面性，理解化学对个体生命健康发展的意义和应用价值，提高建设社会和改进人类生活质量的方法与技能，减少化学对个体生命、人类社会、自然环境等产生的不良影响，坚守良知和道德底线，增强社会责任感和伦理道德意识。

3. 科学精神

化学科学十分注重实证和理性思维。通过揭示物质变化的基本规律和内在的化学原理，激发学生对生活和自然界中化学现象的好奇心和探究欲望，养成坚定不移的求真精神、尊重事实的求是精神、独立思考的理性精神、勇于开拓的创新精神、团结互助的协作精神、造福人类的奉献精神。

4. 良好行为习惯

实验作为化学课程的重要组成部分，是学生进行科学探究最直接、最有效的方式，也是化学培养学生良好行为习惯的主要途径。实验前，需要通过预习了解实验目的、实验原理、实验步骤、实验仪器等，努力做到心中有数；实验过程中，需要遵守实验纪律，认真观察实验现象，实事求是地记录观察结果，与他人分工合作，共同完成实验任务；实验结束后，需要清洗、整理实验仪器，分析处理实验结果，对实验中出现的问题展开讨论和反思，完成实验报告。通过实验预习、实验准备以及实验方案的设计、改进并实施等学习活动，使学生学会自我约束、自我控制，养成遵规守纪、注重安全的行为习惯，形成合作、分享、交流的团队意识与互助共赢的科学研究习惯，最终形成实事求是、耐心细致、严谨务实的良好品质。

三、高中化学课程的育人价值

1. 化学学科核心素养

高中化学学科核心素养是高中学生发展核心素养的重要组成部分，是学生综合素质的具体体现，反映了社会主义核心价值观下化学育人的基本要求，全面展现了化学课程学习对学生未来发展的重要价值。

化学学科核心素养包括“宏观辨识与微观探析”“变化观念与平衡思想”“证据推理与模型认知”“科学探究与创新意识”“科学态度与社会责任”五个方面。

1）素养 1：宏观辨识与微观探析

能从不同层次认识物质的多样性，并对物质进行分类；能从元素和原子、分子水平认识物质的组成、结构、性质和变化，形成“结构决定性质”的观念。能从宏观和微观相结合的视角分析与解决实际问题。

2）素养 2：变化观念与平衡思想

能认识物质是运动和变化的，知道化学变化需要一定的条件，并遵循一定规律；认识化学变化的本质是有新物质生成，并伴有能量的转化；认识化学变化有一定限度、速率，是可以调控的。能多角度、动态地分析化学变化，运用化学反应原理解决简单的实际问题。

3）素养 3：证据推理与模型认知

具有证据意识，能基于证据对物质组成、结构及其变化提出可能的假设，通过分析推理加以证实或证伪；建立观点、结论和证据之间的逻辑关系。知道可以通过分析、推理等方法认识研究对象的本质特征、构成要素及其相互关系，建立认知模型，并能运用模型解释化学现象，揭示现象的本质和规律。

4）素养 4：科学探究与创新意识

认识科学探究是进行科学解释和发现、创造和应用的科学实践活动；能发现和提出有探究价值的问题；能从问题和假设出发，依据探究目的，设计探究方案，运用化学实验、调查等方法进行实验探究；勤于实践，善于合作，敢于质疑，勇于创新。

5）素养 5：科学态度与社会责任

具有安全意识和严谨求实的科学态度，具有探索未知、崇尚真理的意识；深刻认识化学对创造更多物质财富和精神财富、满足人民日益增长的美好生活需要的重大贡献；具有节约资源、保护环境的可持续发展意识，从自身做起，形成简约适度、绿色低碳的生活方式；能对与化学有关的社会热点问题做出正确的价值判断，能参与有关化学问题的社会实践活动。

上述五个方面立足高中学生的化学学习过程，各有侧重，相辅相成。“宏观辨识与微观探析”“变化观念与平衡思想”“证据推理与模型认知”要求学生形成化学的思想和方法；“科学探究与创新意识”从实践层面激励学生勇于创新；“科学态度与社会责任”进一步揭示了化学学习更高层次的价值追求。

化学学科核心素养将化学知识与技能的学习、化学思想观念的建构、科学探究与问题解决能力的发展、创新意识和社会责任感的形成等多方面的要求融为一体，体现了化学课程在帮助学生形成未来发展需要的正确价值观念、必备品格和关键能力中所发挥的重要作用。

2. 化学课程的育人价值

化学课程的育人价值与基于化学学科核心素养提出的课程目标高度契合：

(1) 通过观察能辨识一定条件下物质的形态及变化的宏观现象，初步掌握物质及其变化的分类方法，能运用符号表征物质及其变化；能从物质的微观层面理解其组成、结构和性质的联系，形成"结构决定性质，性质决定应用"的观念；能根据物质的微观结构预测物质在特定条件下可能具有的性质和发生的变化，并能解释其原因。

(2) 认识物质是在不断运动的，物质的变化是有条件的；能从内因与外因、量变与质变等方面较全面地分析物质的化学变化，关注化学变化中的能量转化；能从不同视角对纷繁复杂的化学变化进行分类研究，逐步揭示各类变化的特征和规律；能用对立统一、联系发展和动态平衡的观点考察化学反应，预测在一定条件下某种物质可能发生的化学变化。

(3) 初步学会搜集各种证据，对物质的性质及其变化提出可能的假设；基于证据进行分析推理，证实或证伪假设；能解释证据与结论之间的关系，确定形成科学结论所需要的证据和寻找证据的途径；能认识化学现象与模型之间的联系，能运用多种认知模型来描述和解释物质的结构、性质和变化，预测物质及其变化的可能结果；能依据物质及其变化的信息建构模型，建立解决复杂化学问题的思维框架。

(4) 能发现和提出有探究价值的化学问题，能依据探究目的设计并优化实验方案，完成实验操作，能对观察记录的实验信息进行加工并获得结论；能和同学交流实验探究的成果，提出进一步探究或改进的设想；能尊重事实和证据，破除迷信，反对伪科学；养成独立思考、敢于质疑和勇于创新的精神。

(5) 具有安全意识和严谨求实的科学态度；形成真理面前人人平等的意识；增强探究物质性质和变化的兴趣，关注与化学有关的社会热点问题，认识环境保护和资源合理开发的重要性，具有"绿色化学"观念和可持续发展意识；能较深刻地理解化学、技术、社会和环境之间的相互关系，认识化学对社会发展的重大贡献，能运用已有知识和方法综合分析化学过程对自然可能带来的各种影响，权衡利弊，强化社会责任意识，积极参与有关化学问题的社会决策。

高中化学课程教学，重在从学生实际和社会发展需要出发，引导学生体验科学探究的过程，启迪学生的科学思维，帮助学生形成关心自然、关心社会、爱护环境、珍惜资源、合理使用化学物质的观念，形成科学的自然观和严谨求实的科学态度。我们在教学过程中应搜索学科的育人点，整理相关的育人素材，及时抓住课堂中的育人机会，挖掘化学课程所具有的独特价值，将育人融入课堂教学的各个环节，从而实现基于学科核心素养的高中化学课程教学与育人的深度融合。

第二节　化学课程育人实施建议

依据《普通高中化学课程标准(2017 年版 2020 年修订)》，高中化学课程包括必修、选择性必修和选修三类课程。课程育人的开展，应将学生特点、高中及本科教育目标、生活生产、民族发展的方向相结合，有选择性地穿插在不同章节。以下主要介绍高中化学必修和选择性必修课程。

一、高中化学必修课程

（一）主题1：化学科学与实验研究

1. 课标要求

初步学会物质检验、分离、提纯和溶液配制等化学实验基础知识和基本技能，能够设计出具体的实验方案，解决一些简单的实际问题，具有安全意识和环保意识；能列出化学科学发展的重要事件，说明其对推动社会发展的贡献。

2. 育人目标

通过实验体会到实践出真知的真理，增强安全意识与环保意识，体会爱护地球就是爱护自己，绿水青山就是金山银山的内在含义；通过了解一些重要化学事件的历史过程，提升学习化学的兴趣，增强团队合作意识，增强社会责任感。

3. 实施建议

1）树立实践出真知的科学观念

认真完成新课标上规定的实验，通过设计实验方案、实验操作、观察实验现象、探究质疑、形成结论，掌握基本知识及知识间的内在联系。如，配置一定物质的量浓度的溶液：认真完成实验，就可以掌握实验步骤，每一步所需的实验仪器、操作要点及误差分析的关系。凭空想象是掌握不了这些知识及知识间内在联系的，只有动手实验才能掌握知识并将知识融会贯通、举一反三，体会到“百闻不如一见，一见不如实践”“纸上得来终觉浅，绝知此事要躬行”的基本道理。

利用网络查找资料，治疗疟疾的特效药——青蒿素，就是我国诺贝尔奖获得者屠呦呦及其团队，用乙醚做萃取剂浸泡青蒿，通过191次实验，才提取出有效成分。体会在实验中不断摸索、不断总结经验，直至成功的道理。现在新型冠状病毒肆虐横行，相信通过科学家的努力，很快就会找到相对应的治疗药物。

认真研究家庭中食品、药品、洗护用品的标签及说明书，结合所学知识，了解一些成分的用途，清楚化学知识就在身边。

2）培养安全意识

观看火灾视频及图片，了解祸患带来的巨大危害，认识祸患长积于忽微。小组讨论在化学实验中应该注意哪些安全问题，在日常生活中应该注意哪些安全问题及防护措施，详细整理讨论资料并成文，人手一册，提高学生的安全防范意识和处理危险的能力。

3）培养环保意识

学习习近平总书记2018年11月上海之行的讲话：实行垃圾分类，关系广大人民群众生活环境，关系节约使用资源，也是社会文明水平的一个重要体现。垃圾分类就是新时尚。查阅资料，了解近几年，我国逐步禁止洋垃圾入境，既保护环境也是国力不断增强的体现；了解国家关闭或全面整治一些污染严重的企业的实例；深入社区走访调研，对比青山区环境的昨天和今天。通过这些具体事例，体会绿水青山就是金山银山的道理，提高学生的环保意识，并在生活中志愿担任环保卫士。

4）激发爱国热情，增强民族自豪感

查阅资料，了解我国许多化学家的重大贡献，比如，我们比较熟悉的有侯氏联合制碱法，此法不断打破西方的垄断，还不断加以改进，大大提高了原料利用率，至今仍用此法制备纯碱。了解化学史，为我国科学家对化学发展所做出的贡献而自豪。

（二）主题 2：常见的无机物及其应用；主题 4：简单的有机化合物及其应用

1. 课标要求

了解常见金属非金属重要物质的性质、制备方法及在生活生产中的用途，了解和人类生活密切相关的有机物的性质、用途、制备或来源；从本质和表观上了解氧化还原反应；认识酸、碱、盐等电解质的电离条件；知道有机物分子是有空间结构的，认识有机物官能团和同分异构现象。

2. 育人目标

通过学习更多和生活、生产息息相关的物质，体会丰富多彩的物质提高人类生活质量，同时也要求人类合理利用自然资源，与自然和谐共处，学生有义务将幸福和他人分享；通过氧化还原反应的学习，体会自然科学中的辩证思维，体会生活中的辩证思维，提高学生辩证认知社会的能力。

3. 实施建议

1）学以致用，增强社会责任感

厨房洗涤剂、洁厕灵、84 消毒液、食品袋中的干燥剂等家庭中常见的化学用品，利用所学的化学知识，让家庭每位成员都能掌握这些用品的正确使用方法，确保家人的健康和安全。

搜集影响空气质量的二氧化硫、一氧化碳、二氧化氮、可吸入颗粒的危害和产生的资料。以板报的形式在学校、社区展示，提高人们的环保意识、健康意识。

查阅资料，了解人类生活品质不断提高，离不开日益丰富的化学物质，体会化学家西博格的名言：化学——人类进步的关键。激发学习化学的积极性，相信化学科学定会在人类成功合成抑制或杀灭正在危害人类身体健康的新冠病毒药品的功劳簿中添上重彩的一笔。

2）树立辩证唯物主义思想

认真分析氧化还原反应，了解引起化合价升高和降低的本质原因是电子转移，认识内因是决定因素，逐步培养学生从本质分析问题的能力，认识氧化还原反应中电子转移数相等，是对立与统一辩证思想的体现。

3）培养探索创新意识

列举实验室制备氯气、氨气等的多种方法，体会学习不拘泥于本，明确掌握化学反应的本质，可以推理其他的化学反应，培养学生探索创新的意识和能力。

4）培养人与自然是生命共同体的意识

通过学习简单的有机物的知识，让学生体会向自然界合理索取植物、动物、矿产等生活和生产资料才是长久之计，人与自然和谐共处才是人类生存的硬道理。

通过图片展示自然资源的过度开发和不合理利用，引起了生态环境急剧恶化和自然生态严重失衡，使学生树立可持续利用自然资源的观念。

（三）主题3：物质结构基础与化学反应规律

1. 课标要求

认识原子结构、元素性质与元素在元素周期表中位置的关系，体会元素周期律（表）在学习元素化合物知识与科学研究的重要作用；认识构成物质微粒间的相互作用，建立化学键概念，进一步认识化学键的断裂和形成过程中能量的转化；认识可逆反应进行的限度和速率由物质本性决定，还受到外界因素的影响，了解控制反应条件在生产和科学研究中的作用。

2. 育人目标

了解俄国科学家门捷列夫站在前辈的肩膀上，进行了十年艰苦卓绝的努力，成功绘制出第一张元素周期表，体验人类孜孜不倦的探索精神，体会认识自然是一个不断深入的过程；认识元素在元素周期表中的位置能反映该元素的原子结构，原子结构决定元素性质，体会物质结构决定物质性质的唯物思想；通过学习化学反应限度及速率、能量的转化，体会这些化学基本理论极大程度地推动人类生产力的发展，满足人类所需。

3. 实施建议

1）培养不懈地探索自然规律的精神、认识自然和服务人类的意识

通过PPT展示科学家绘制元素周期表的化学史，培养学生勇于探索的精神，树立认识自然规律是一个循序渐进的过程的观念。

展示资料，现在科学家利用元素周期表，指导寻找制取半导体、催化剂、化学农药、新型材料的元素及化合物，体会化学发展与人类生产的紧密关系。

2）体会内因和外因的辩证关系

通过具体实验，研究化学反应速率与限度的影响，使学生认识到内因是变化的依据，外因是变化的条件，外因通过内因起作用。培养学生在学习过程中要积极利用有利的外界因素帮助自己成长。

（四）主题4：化学与社会发展

1. 课标要求

知道金属材料、无机非金属材料、高分子材料等常见材料类型，认识合成氨、工业制备硫酸、石油和煤化工在生产中的具体应用，认识物质及其变化对环境的影响。

2. 育人目标

认识到化学科学与技术对我国走生产发展、生活富裕、生态良好的文明发展道路将发挥重要作用，树立建设美丽中国、为全球生态安全做出贡献的信念。走出学校，开展各种活动，促进学生实现“知、情、意、行”的统一。

3. 实施建议

1）培养化学持续发展的观念

搜集资料制作视频，了解我国化学科学与技术发展状况，对人类发展所做出的贡献。从材料科学的发展、自然资源的综合利用、化学发展过程中所引起的环境污染及治理方案、防治的方案法规等方面，认识化学持续发展的重要性及发展中必须敬畏自然，树立化学必须持续健康发展的科学观念。

2）树立参与社会决策的责任意识

实地走访参观青山区化工工业，如石化集团、宝武集团等，调研企业的产品、用途，生产过程中处理污染的具体实施方案，提出合理化的建议，培育家国情怀，增强社会责任。

“以绿色化学”为主题，针对食药品安全、空气污染、能源合理化安全利用，制作一期相关内容的展板，向每位学生科普推广这些基本知识，提高学生的安全与环保意识，保护环境从自己做起。

二、高中化学选择性必修课程

（一）模块1：化学反应原理

1. 课标要求

本模块从化学反应与能量，化学反应的方向、限度和速率，水溶液中的离子反应与平衡的建立，探索化学反应的规律及其应用；通过本模块的学习，引导学生进一步认识化学变化所遵循的规律，了解化学反应中能力转化所遵循的规律，初步形成关于物质变化的科学观念。

2. 育人目标

通过本模块中所体现的能量观、平衡观、微粒观的学习，逐步培养学生认知物质世界所必须具备的辩证唯物观。

3. 实施建议

从必修和选修内容分析化学反应中的能量变化、动态平衡，使学生树立定性与定量、现象与本质、宏观与微观是统一的辩证思维。

（二）模块2：原子结构与元素的性质

1. 课标要求

了解有关原子核外运动模型的历史发展过程，认识核外电子运动的特点、排布规律，从定量角度认识元素周期律；认识微粒间不同类型的互相作用，以及互相作用的本质；了解微粒的微观有序周期性排列，微粒种类、微粒间作用、微粒间聚集程度不同形成不同类型的晶体。

2. 育人目标

从原子结构模型的建立和不断发展，认识证据推理与建模的重要性，深入认识物质结构和性质的关系，结构决定性质，性质是结构的体现；通过学习晶体结构，发展宏观辨识与微观探析的观点；通过具体应用，欣赏物质结构的研究及其理论发展对化学发展的贡献，激发学生探究物质结构秘密的热情。

3. 实施建议

1）培养学生的人文情怀和认识自然的方法

结合PPT讲解元素周期表绘制的曲折历程，让学生体会人类认识自然的艰辛曲折，激励学生勇于探索，将那些为科学的发展而不断付出的科学家作为自己的偶像。

对比必修和选修内容，学生进一步体会，从宏观到微观、从表观到本质、从定性到定量认识自然的基本方法，从大量事实中总结规律的方法。

2）清楚地球上生命存在的必要条件，进一步体会化学的重要性

分析水分子间作用、蛋白质分子中肽链间的作用，都离不开氢键。没有氢键就没有液态

水，也没有蛋白质的双螺旋结构，地球上就不会有生命。认识氢键在物质微观世界是普遍存在的，体会研究物质结构是研究生命的必要环节。

3）培养探究将表观不同的现象统一起来的思想

画表格对比分析物质间的作用力，依相互作用的微粒不同、作用力大小不同，分为化学键、氢键、分子间作用力等，实质上都属于静电作用，培养学生透过现象看本质，能够将表观不同实质一样的问题统一起来的能力，在学习上做到厚积薄发。

4）培养多角度认识问题的思想

教材从三个不同的标准将共价键进行分类，学生能更深刻认识共价键。认识其他问题也是如此，横看成岭侧成峰，多角度看问题，会更深刻更全面。

（三）模块3：有机化学基础

1. 课标要求

以官能团为主线，让学生从官能团的视角认识有机物的分类、命名和性质；结合模型认识有机物的空间结构，会书写简单有机物的同分异构体；能根据反应原理设计简单的合成路线；了解与人类生活、生产密切相关的有机物。

2. 育人目标

了解人工合成有机物极大程度提高了人类生活所需有机物的产量，丰富了有机物的种类，提高了人类的生活品质。

3. 实施建议

制作PPT或视频，观看石油、煤、天然气的综合利用；生活必需品，如糖类、油脂、蛋白质、药品、塑料、橡胶等的来源。认识化学在社会生产、生活中的重要作用。

第三节　化学课程育人评价初探

化学课程育人评价是根据化学育人目标和学科特点制定出适合本学科的评价标准，在系统广泛地搜集信息，充分占有资料的基础上，运用现代评价技术手段，对化学课程育人工作所产生的或即将产生的学生行为和思想变化，进行价值上的考查、判断和评估，教师在教学中把理论知识和实际应用相结合，对学生的思想和行为产生积极影响以确定其在社会上的价值活动。

一、高中化学课程育人评价的意义

化学课程育人评价的目的是在对化学课程育人工作的全面考察、判断和论证的基础上，针对化学是以实验为基础的特点，探索和掌握化学课程育人工作的客观规律，完善育人工作的控制系统，以便更加有效地改进和加强学校育人工作，为促进学生思想品德的健康发展服务。

通过化学课程育人评价，教育者可以进一步改进育人方法，提高学生思想品德教育的实效，从而帮助学生进一步认识自己、了解自己，看到自己的个性特点，以便确定未来的发展方向。

化学课程育人评价的目的还在于帮助家长、班主任、学校领导客观地了解学生学科学习和思想品德的优缺点，以便更加主动、自觉地去影响学生世界观、人生观的形成，志趣的确定，爱好的发展。

对学校来讲，化学课程育人评价可以让学校对本校的化学教学和育人工作有一个全面的了解和认识，正确评价化学教学和育人的得与失、成绩与缺点，以便更好地改进学校的化学课程育人工作。

学科育人评价不单单是诊断，更重要的是反馈和导向，即通过评价告诉学生善恶、是非、美丑，引导学生将外在规范的制约和支配转化为个体内在的道德自觉，不仅关注学生对道德规范的遵从如何，更要关注学生是否已经认同和内化并使之成为个人的内在品性和生活方式。

通过多种方式的化学课程评价还可以激励学生成功，如对学生的亲社会行为给予赞许和表扬使其产生积极幸福的情绪，对学生有利于集体的行为给予肯定和尊重使其获得归属感，帮助学生在道德行为中体验到自我满足和快乐，进而不断提升自我。

二、高中化学课程育人评价的原则

高中化学教学有自己的特点和规律，育人与化学教学融合在课堂中进行，必须遵循化学课程教学规律，化学作为一门重要的基础学科，其中蕴涵着丰富的育人因素，化学课程育人评价是化学教学评价的重要组成部分，对于学生化学学科核心素养具有诊断和发展功能。这就要求化学教育工作者必须充分发挥学科优势，挖掘教学中的育人因素，把育人有机地寓于化学基础知识与基本技能的教学之中，教师在化学课程教学与育人评价中应紧紧围绕“发展学生化学学科核心素养”这一主旨，优化教学过程，有效提高教学质量，发展素质教育，落实立德树人根本任务。化学课程育人评价要避免将课程育人评价等同于对道德知识和规范掌握程度的评价，应凸显如下几个原则。

1. 以核心素养为宗旨的原则

高中化学课程育人评价应坚持以化学学科核心素养为评价宗旨，熟悉、理解化学学科核心素养的内涵和水平描述，并以化学育人评价质量标准为依据，从相应的化学育人评价质量水平中提炼、确定评价目标。

2. 以真实情境为载体的原则

真实、具体的化学问题情境的创设应紧密联系学生学习和生活实际，体现科学、技术、社会和环境发展的成果，注重真实情境的针对性、启发性、过程性和科学性，形成与化学课程育人评价任务融为一体、丰富而生动的评价载体。

3. 以实际问题为评价任务的原则

化学课程育人评价任务应融入真实、有意义的问题情境，突出化学核心概念与观念，符合学生心理发展阶段和认识发展水平，与所要评价的核心素养和评价目标保持高度一致，形成具有不同复杂程度和结构合理的评价任务。

4. 以化学知识为评价工具的原则

化学知识是解决实际问题、完成评价任务不可或缺的工具；应结合化学课程育人评价宗旨和目标，根据评价任务、情境的需要，系统梳理解决育人问题所要运用的化学知识与方法，注重考查学生灵活运用结构化知识解决实际问题的能力。

三、高中化学课程育人评价的指标

化学课程育人评价以教学目标、内容、活动、情境、效果为纬，以整合性、有效性、创新性为经，构建学科教学与育人融合的评价体系。从每节课的教学目标、内容、活动、情境等基本内容具体评价学科教学与育人融合的整合性及有效性。具体评价指标包括以下几项。

1. 育人目标

依据化学课程标准所强调的价值观念，明确提出符合学科特点的育人目标。依据具体教学内容，提出有针对性的课堂育人目标，准确定位，把握每节课渗透的预期效果。目标的表述要准确、简明。

高中化学课程育人目标主要有三个方面：其一，深刻领会化学学科核心素养的内涵，从正确的价值观念、必备的学生品格和关键能力层面对化学学科核心素养内涵进行揭示，落实立德树人的根本任务；其二，具有安全意识和严谨求实的科学态度，能深刻理解化学、技术、社会和环境之间的相互关系，认识化学对社会发展的重大贡献，能运用已有的知识和方法综合分析化学过程对自然可能带来的各种影响，权衡利弊，强化社会责任意识，积极参与有关化学问题的社会决策；其三，培养学生的创新意识，重视化学与其他学科的联系。充分认识化学实验的独特价值，精心设计实验探究活动，鼓励同学尊重事实和证据，破除迷信，反对伪科学，养成独立思考、敢于质疑和勇于创新的精神。重视跨学科内容主题的选择和组织，加强化学与物理学、生物学、地理学、材料科学和环境科学等学科的联系，引导学生在更宽广的学科背景下认识物质及其变化的规律，帮助学生拓宽视野、开阔思路，发展学生的科学素养。三个方面的育人目标都把化学价值观教育定为公民教育的重要组成，其目标是培养具有人文素养与科学思维、有时代精神和正确价值观的现代公民。

化学课程育人目标应实现化学与育人双效预期目标，要区分好育人目标与学科教学目标，学科教学目标应当是教师的主要目标，育人目标应当渗透其中。如果教师太过于强调德育渗透，可能使德育渗透显性化，不但影响育人效果，更影响学科教学任务的完成。

2. 育人内容

遵循化学自身的教学规律、育人规律和青少年成长规律，准确把握学科教学和育人内容的结合点。合理把握教育内容，充分挖掘学科教学中蕴含的育人资源，结合学生生活实际，根据学生的认知水平、身心特点，找准育人的渗透点，并把握好育人渗透的角度和层次，做到育人内容和教学内容的有机融合，在组织好化学教学内容的同时，组织好育人内容。

选择设计育人渗透点时，突出以下几个方面的育人内容：运用教材开展爱国主义教育；采用中外著名化学家的高尚品德进行思想意识教育；通过讲述化学家的奋斗史进行挫折教育；宣传绿色化学常识，加强环保和责任意识教育。新课程标准是以全面提高全体学生的基本素质为根本目的，使学生的智慧、潜能得到充分发展，学生个性得到主动发展。在化学新课程标准的实施中，教师既要教书也要育人，寓德育于化学课程教学的各个环节之中，把德育大纲的贯彻实施看作是化学教师的一项重要任务。通过学习，理解“宏观辨识与微观探析”；通过学习，懂得“变化观念与平衡思想”；通过学习，领悟“证据推理与模型认知”；通过学习，增强“科学探究与创新意识”；通过学习，培养“科学态度与社会责任”；通过学习，认识化学对社会发展的重大贡献，强化社会责任意识，积极参与有关化学问题的社会决策。

3. 育人过程

在化学课程教学过程中形成良好的人际关系和课堂氛围，促进学生良好思想品德的形成。通过设计合理的实验探究活动，让学生在实践活动中合作学习、共同探索、启迪思维，在开放的、彼此尊重的课堂氛围中学会合作、学会倾听、学会分享，对他们良好人格的形成起到潜移默化的作用。

化学课程育人过程是教师与学生双方一起实现育人目标的活动，教师作为施教的一方，施教过程包括设计、寓德、检测评估、强化矫正四个阶段；学生作为受教育的一方，相对应的心理反应过程包括起始、迁移、自我评价和逐步内化四个阶段。“设计—起始”阶段教师要在了解学生思想实际，了解教学内容中蕴涵的育人因素的基础上，有的放矢地筹划和安排将要展开的寓德过程。这种设计包括确定育人要点、选择育人途径，确定检测的方法、手段及评价形式和内容，并写出设计方案。这一阶段为寓德的准备阶段，它为寓德的实际展开提供了可能性。

在化学育人的教学设计和实施中，教师应科学制定具体可行、基于培养学生的寓德发展的教学目标，挖掘教学内容在寓德发展方面的独特价值，设计和开展多种形式的实验探究活动，有目的、有计划地引导学生运用化学科学思维方式和方法，提升“素养为本”的课堂育人能力。在“寓德—迁移”阶段，对于教师来说，要实施设计方案，通过教学，对学生晓之以理、动之以情、导之以行。为实现寓德目标，教师所采用的方法是多种多样的，其切入点也不拘一格，具有多端性的特点。对于学生来说，在教师寓德的同时，产生同步反映，经过对道德认识、道德观念、道德情感和道德行为的接受、认同、移情等心理活动后，进行道德迁移。

4. 育人方法

以学生为行为主体，发挥学生的主动性、积极性，以渗透点设置情境，激发引导学生进入情境，让学生主动在情境中活动，积极体验和感悟，形成正确的情感、态度和价值观。

教师要充分遵循学生品德心理发展的实际，在教学中通过引导，而不是强行灌输，使学生形成正确的价值判断。在育人过程中采用灵活多样的“主体参与”式的教学方法，“激活”学生的内心世界，形成价值判断。化学科学与生产、生活和科学技术的发展有着密切的联系，对社会发展、科技进步和人类生活质量的提高有着广泛而深刻的影响。在教学中，教师应重视STSE内容主题的选择和组织，紧密联系生产、生活实际，使学生认识到化学能够创造更多物质财富满足人民日益增长的美好生活需要，使学生能够综合运用所学知识解释和解决有关的STSE问题。教师可以依据育人目标、学生实际选择多种形式，如参观工厂、科技馆、博物馆，举办报告会、辩论会、演讲会等，通过这些活动方式，在触动学生内心感受、培养丰富情感和责任感的同时，促使学生在逐步使自己社会化的过程中不断实现个性化发展。

5. 育人效果

化学课程育人效果可以从学生的道德认知、道德情感、道德意志和道德行为几个方面来考察。

道德认知是个体对道德规范和道德范畴及其意义的认识。在化学课上，学生的道德认知表现在两个方面：一是道德思维发展的水平，二是道德观念变化的程度。为便于考察，我们将道德认知目标分解为几个指标体现，即知道、理解、评价。学生通过学习能运用化学课堂中习得的模型、原理对与化学相关的社会问题进行合理的价值判断，评价化学原理问题要有深度、有创新意识。

道德情感是人的道德需要是否得到满足而引起的一种内心体验。它的评价指标体现为：接受、内心检验、性格化。学生通过学习对化学育人内容有深刻的内心体验，初步实现了情感的性格化，并以此对所遇到的各种事物进行合理分析和推断。

道德意志是一个人自觉克服困难去完成预定的道德目的、任务，以实现一定道德动机的活动。道德行为是在一定道德意志支配下所采取的行动，包括三个层次，即遵从、模仿、自觉。学生通过学习能较稳定、独立地将道德准则和要求运用于新的情境中，增强自我控制能力。

高中化学课程育人评价量表如表 9-1 所示。

表 9-1　高中化学课程育人评价量表

评价项目	评价内容	分值	得分
育人目标	依据高中化学课程标准所强调的价值观念，明确提出符合学科特点的育人目标；依据具体教学内容，提出有针对性的课堂育人目标，准确定位，把握每节课渗透的预期效果；目标的表述要准确、简明	10	
育人内容	遵循化学自身的教学规律、育人规律和青少年成长规律，准确把握学科教学和育人内容的结合点；合理把握教育内容，充分挖掘学科教学中蕴含的育人资源，结合学生生活实际，根据学生的认知水平、身心特点，找准育人的渗透点，并把握好育人渗透的角度和层次，做到育人内容和教学内容的有机融合，在组织好学科教学内容的同时，组织好育人内容	25	
育人过程	在化学课程教学活动过程中形成良好的人际关系和课堂氛围，促进学生良好思想品德的形成；通过设计合理的实验探究活动，让学生在实践活动中合作学习、共同探索、启迪思维，在开放的、彼此尊重的课堂氛围中学会合作、学会倾听、学会分享，对他们良好人格的形成起到潜移默化的作用	25	
育人方法	以学生为行为主体，发挥学生的主动性、积极性，以渗透点设置情境，激发引导学生进入情境让学生主动在情境中活动，积极体验和感悟，形成正确的情感、态度和价值观	20	
育人效果	育人渗透自然、有趣，激发学生的学习热情和探索新知的欲望；良好道德认知得到生成、明晰，良好道德情感得到体验和升华，良好道德意志和行为更为自觉和坚定	20	
总分		100	

第四节　化学课程育人探索案例

案例一　从“口罩的使用”到家国情怀的提升

一、案例说明

2020 年 1 月，中共教育部党组印发《教育系统关于学习宣传贯彻落实〈新时代爱国主义教育实施纲要〉的工作方案》，要在教育系统扎实开展深入、持久、生动的爱国主义教育，着力培养德智体美劳全面发展的社会主义建设者和接班人,把加强爱国主义教育作为教育系统2020年思想政治工作的主题。爱国是教育者永恒的主题,作为一名教育工作者向学生传达爱国主义责无旁贷,作为一名化学教师具体该如何去做呢？这个问题值得每一位化学教师认真思考。

2020年伊始,新冠肺炎突然来袭,打破了大家平静的生活。自疫情发生以来,在党中央的坚强领导下,全国上下万众一心、众志成城,打响了一场没有硝烟的疫情防控人民战争。一批又一批的医护人员冲到最前方,成为最美"逆行者";一群又一群社区工作者和志愿者为居民采购生活物资,他们都在用实际行动诠释了什么是初心坚守与使命担当。这样的特殊时期,作为一名教师也必须为这场战役做些事情,这个声音不断在教师们心中呐喊。疫情期间,学校停课不停学,教师们可以在自己的"空中课堂"引导学生关注防疫知识,加强学生的社会责任感。

二、案例描述

1. 片段一

情境引入:视频新闻两则

(1) 2020年1月20日央视新闻——"钟南山肯定新型冠状病毒肺炎存在人传人"。

(2) 2020年1月28日央视新闻——"戴口罩就是为疫情防控做贡献"。

过渡:目前新冠肺炎疫情严重,要防控病毒首先需要了解它,才能针对它的特点采取相应措施进行预防和控制,现在请小组长结合自己的PPT向大家展示研究结果。

学生活动:

(1) 课前同学们成立研究性学习小组,对"病毒的传播途径"及"日常防护的具体措施"进行调查,搜集资料,制作PPT汇总各种信息。

(2) 在空中课堂,由徐嘉逸、王晓睿两位小组长结合自己组内的PPT讲解病毒传播途径和防护知识,提出了"外出戴口罩,回家勤洗手"的口号。(见图9-1和图9-2)

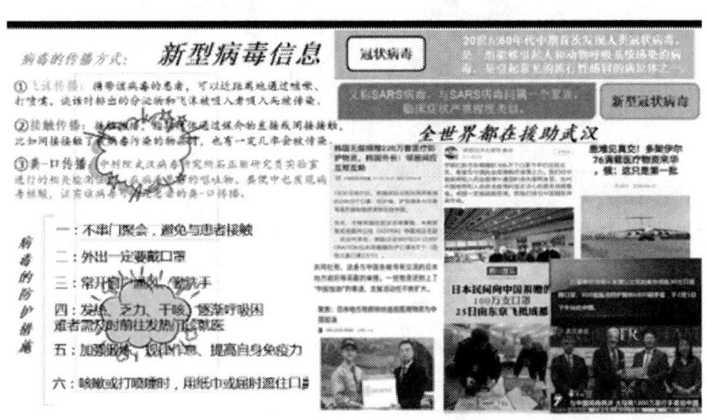

图9-1　防疫知识PPT截图1

问题讨论:

(1) 如何正确地佩戴口罩,才能达到最好的阻隔病毒的效果？

(2) 通过搜集病毒各方面的数据信息,总结出科学的防控措施,并说明什么才是战胜病毒的关键？

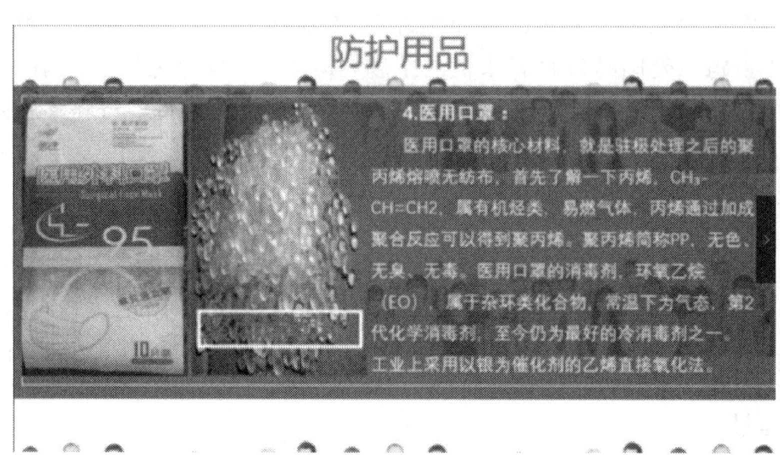

图 9-2　防疫知识 PPT 截图 2

（3）戴口罩可以阻隔病毒保护自己，但仅仅只是为了保护自己吗？对家人乃至对社会有什么影响？

学生活动：

（1）果宇翔同学向大家展示口罩的正确佩戴方式。（见图 9-3）

图 9-3　口罩的正确佩戴方式

（2）同学们针对问题讨论自由发言，得出一致结论：防控疫情涉及化学等各学科的知识，化学与人们的生活息息相关，只有掌握科学技术才能准确地防控疫情；戴口罩、勤洗手等措施不仅是保护自己，也是保护家人不受感染，同时在一定程度上阻隔传染源，避免社会上更多的人被感染，在病毒防控、社会稳定方面有极大的积极作用，是一种社会责任感的体现，是一种爱国的行为。

育人契合点：

同学们通过对“病毒的传播途径”及“日常防护的具体措施”进行调查，搜集资料，制作并汇报 PPT 内容，用科学知识指导自己的行动，从而更好地保护自己和家人。大家深刻体会到疫情防控中的科学防控与精准施策，体会到化学是一门实用性的科学，而科学是最有力的武器，理性是最智慧的选择;要想让自己变强大,需要尊重事实、崇尚科学、努力提高科学素质。

“家是最小国,国是千万家”,“家国情怀”是一个人对自己的国家和人民所表现出来的深情大爱。出门佩戴口罩、回家勤洗手等,是为了控制传染源,切断传染途径,保护自己和他人,实际上保护好自己和家人就是保护全社会人民,就是维护祖国的稳定。中学生在这场战役中要增强爱国主义、厚植家国情怀,做到知行合一、勇担民族大义,爱国奉献、担当作为,在奋斗中书写无愧于时代的业绩、展现青春最亮丽的风采。

2. 片段二

情境引入:新闻视频——2020 年 1 月 23 日“新闻联播主播倡议大家戴上口罩”。

问题讨论:疫情期间,口罩需求量大,有些地区供应不足,有人提出将使用过的口罩酒精消毒后反复使用,请结合口罩的成分等知识,用实验的方法探究这个观点是否可行。

学生活动:

(1) 课前搜集资料,分析口罩的成分,明确医用外科口罩以聚丙烯为主要原料。

(2) 分小组合作进行探究实验:先商量讨论实验方案、实验步骤,再分工完成实验。

(3) 完成实验探究:用 75%的酒精消毒已使用过的口罩,这些消毒后的口罩是否可以反复使用。

育人契合点:

在明确可以通过佩戴口罩来防控病毒后,还要掌握口罩的正确使用方法和废弃口罩的处理措施,使同学们再次感受到用所学知识解决问题的成就感,体会化学为人类防控病毒、战胜病毒提供的大量理论依据。

化学是以实验为基础的自然科学,实验作为化学课程的重要组成部分,是学生进行科学探究最直接、最有效的方式,也是化学培养学生良好行为习惯的主要途径,化学理论从实验中来,还要到实验中去体会。本案例中通过实验验证“口罩不能用酒精消毒后反复使用”,使学生学会设计探究方案,并运用化学实验进行探究,用科学态度和科学知识解决问题,形成不信谣、不传谣的态度,这也培养了学生“科学探究与创新意识”的化学学科核心素养。

三、案例反思

“眼前的疫情也是一本真实的教科书”,翻开这本书,学生能够学到的内容有很多。从了解病毒知识知道要佩戴口罩进行防疫,到正确佩戴口罩都体现了以习近平同志为核心的党中央所提出的“科学研判、科学防治、精准施策”的口号。科学防控、精准施策是有效防控疫情的必然要求。同学们要努力学习科学文化知识,不断提升科技素质,做科技创新的生力军、主力军,用科技强国。疫情发生以来,党中央始终把人民群众生命安全和身体健康放在首位,但疫情防控不仅仅是党的事业,也是人民的事业,这是一场依法防控的人民战争,没有局外人,加强疫情防护措施,绝不是个人的小事、家事、私事,而是关乎群众利益、生命健康的大事。大家有了精准的防疫知识后,能够保护好自己,就是保护家人,就是保护国家,这也是一种爱国情怀的体现。

通过实验验证“用酒精消毒口罩可反复使用”是谣言,教育学生不信谣、不传谣,在尊重科学规律下战胜疫情,确保人民群众生命健康安全和社会大局稳定。青年学生是国家和民族的希望,作为教育工作者要利用有效的载体、营造浓厚氛围、激发爱国情感、激励使命担当、砥砺爱国奋进。让学生具有良好的法纪意识、文明素养，做尊法守法的参与者与践行者、文明素质的体现者与涵养者，成为全社会尊法守法、遵规守纪，明大德、守公德、严私德的引领者。

案例二 疫情之下在化学教学中渗透安全教育

一、案例说明

“育人”是教育的根本使命，是教师的根本职责，是学科教学的根本价值。习近平总书记指出，要坚持显性教育和隐性教育相统一，挖掘其他课程和教学方式中蕴含的思想政治教育资源，实现全员全程全方位育人。化学学科核心素养就是化学育人价值的集中体现，是学生通过化学学习而逐步形成的正确价值观念、必备品格和关键能力。

突如其来的新冠肺炎疫情彻底打乱了2020年春节的脚步，一夜之间人们陷入恐慌，除了因为病毒会致人生病外，还因为对病毒的不了解，以及缺乏有效、完整的防护知识。与其焦虑不安，不如行动起来，发挥自己的力量保护自己和家人。疫情发生以来，全国上下众志成城，大家都在为防控疫情做出自己的贡献。面对此次疫情，化学能做些什么？普通高中生能做些什么？当下大家提出最多的问题就是，日常居家如何防疫？消毒剂如何选择和使用？使用效果怎样？实际上仅仅是高一的学生就可以简单地回答以上问题，特殊时期必有特别一课，请看这堂具有特殊时代意义的化学课如何帮助学生完成日常防疫工作，保护自己，保护家人，克服对病毒的恐慌。

二、案例描述

1. 片段一：消毒剂的选择与消毒原理

情境引入：

(1) 课前播放校歌和校园景色照片。

(2) 视频引入：微课“疫情防护中的那些化学知识”。

学生活动：

(1) 课前准备：以“学习消毒知识，保护自己和家人”为主题，同学们分组合作，搜集整理消毒剂的消毒原理和家庭常见消毒用品的资料，并制作PPT。

(2) 课中由张艺耀、夏欣怡两位小组长结合PPT内容，分组汇报不同消毒剂的消毒原理、使用方法和使用注意事项。

问题讨论：

(1) 针对新冠病毒，家庭中可以选用哪些消毒剂进行日常消毒？

(2) 以上列举的消毒剂为什么能消灭新冠病毒？

(3) 84消毒液的消毒原理是否和酒精一样？

育人契合点：

抗击新冠病毒，做好个人防护是现在全社会最紧急的事情，在这样的真实情境下结合所学的化学知识，解决家庭日常消毒问题是最好的课堂切入点，一下子就抓住了学生的求知欲望和学习热情。课前分组搜集资料、查询新冠病毒的信息，调查常见家用消毒剂及其消毒原理，并制作成PPT；上课时分组展示调查结果，让同学们从多个角度认识新冠病毒。选取合适的消毒剂，从知识层面上复习了乙醇、次氯酸钠、蛋白质等物质的化学性质，又将所学知识运用到生活中去解决问题，使学生获得了用知识解决问题的成就感，体会到化学是一门实用的科学，增加了学习兴趣。从心理层面上，对于新冠肺炎的恐惧一部分原因是对新冠病毒的不了解，现在学生了解了新冠病毒的性质，掌握了消灭病毒的方法，用知识去消灭病毒、武装自己，克服恐惧心理。

化学学科核心素养“科学态度与社会责任”中指出，学生需要具有安全意识和严谨求实的科学态度，深刻认识化学对创造更多物质财富和精神财富、满足人民日益增长的美好生活需要的重大贡献，能对与化学有关的社会热点问题做出正确的价值判断，能参与有关化学问题的社会实践活动。虽然疫情严重，但作为中学生也可以发挥自身的作用，用自己的科学知识去解决问题、武装自己、保护家人，树立社会责任感，助力国家打赢这场疫情防控战役。

2. 片段二

情境引入：微课视频——看医生家如何防新冠肺炎。

学生活动：学生用各种消毒液在家进行全面消毒，自我防护。（见图 9-4）

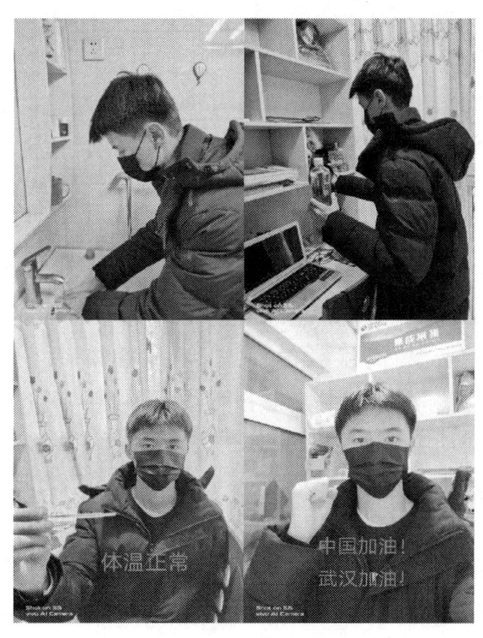

图 9-4　学生日常自我防护

问题讨论：

(1) 酒精浓度越高是否杀菌消毒效果就越好？

(2) 喝白酒可以杀菌消毒吗？

(3) 向空气中喷洒酒精杀菌消毒效果是否更好？

(4) “酒精＋84 消毒液”消毒能力是否翻倍呢？

育人契合点：

《普通高中化学课程标准(2017 年版 2020 年修订)》中明确指出“真实、具体的问题情境是学生化学学科核心素养形成和发展的重要平台，为学生化学学科核心素养提供了真实的表现机会”。并且基于情境的教学和考试命题已经成为教育教学及考试领域落实核心素养和测评学科能力的重要手段和实现形式。情境是围绕某一特定主题事实，以文字、数据、图表等方式，为设计问题任务，达成测评目标而呈现探究内容或者试题信息的载体。本案例“问题讨论”中提出的几个问题主要是围绕 84 消毒液和医用酒精的正确使用方法，这也是日常消毒中必然会遇到的几个问题，是来源于生活的真实情境，属于“生活生产”类情境素材。这类情境素材可以提升学生运用科学知识和思维方法解决实际生活、生产问题的能力，体现了化学与 STSE 紧密联系的学科指向。在日常教学中引入情境式教学，也顺应了高考命题的高度“情境化”。

三、专家点评

本节课采用全新的项目式教学程序，大胆放手让学生展示和交流，充分体现了师生间协调的交互关系。在教学活动中，通过一系列视频和实验视频，让学生从问题和假设出发，依据探究目的，设计探究方案，运用化学实验进行实验探究，培养学生“科学探究与创新意识”的学科核心素养。学会消毒剂的使用，宅在家也能抗疫，用自己的学科知识参与有关化学问题的社会实践活动，宣传“科技战疫”的思想，让学生体会到化学是一门实用的学科，感受到化学对创造更多物质财富和精神财富做出的重大贡献，渗透“科学态度与社会责任”学科核心素养。渗透学科核心素养也就是学科思政、学科育人的具体体现，讲好疫情防控学科思政课，教育和引导学生坚定理想信念、勇担社会责任、健康成长成才，厚植家国情怀。课前播放的校歌和学校景色勾起学生对校园生活的怀念，亲切感倍增，激发了学生学习热情，这也是一节有温度的思政课。

专家组老师从以下几点评价了本节课：本节课以家庭消毒为主题，采用项目式教学，从项目的启动、设计、发布、探究、展示到评价，使课程内容情境化，促进了学科核心素养的落实；很好地运用了我校的“主题间性智慧课堂”教学模式，并把备课大胆地交给学生，对学生有信心，学生在搜集材料中提升了信息素养，在制作汇报中整合了所学知识，在交流中充满自信；引导学生认识学科魅力，教师热爱所教，学生热爱所学，让学生认识到化学促进人类文明可持续发展、在抗疫中发挥的不可替代的作用，让学生感受学有所用、学有所爱；注重学科核心素养的培养，用实验验证“口罩不能用酒精消毒后再使用”，运用证据推理的思想，向学生传达疫情期间不信谣、不传谣的理念；课程思政隐含整节课，播放校歌欣赏校园风景，激发学生爱校、爱家和爱国情怀，普及消毒知识及防护方法，培养安全意识、科学态度，口罩实验让学生探索未知、崇尚真理，从火车站消杀视频中感受国家的强大。

案例三　在高三第二轮复习中战疫情

一、案例说明

近几年考试说明中都强调高考评价体系中将考核要求具体化，强调了“思想道德素质”的重要性，这是对高考化学试题在命题思想上的规定，决定了命题的方向；同时也强调了科学文化素质的要求，学生备考时多关注先进、传统文化，充满正能量的文化。

2020 年新冠肺炎席卷全球，如何让中学生尤其是高三学生认识疫情并有信心战胜疫情？本案例是高三第二轮复习中特有的专题训练模式，在复习中战疫情。

二、案例描述

1. 片段一

生活、科技、社会等话题是高考命题的出发点，教师展示 2017—2019 三年高考真题，学生每次练习限时 5 分钟，练完后师生相互交流命题意图，寻找解题规律。

[2017 年全国]7.《本草衍义》中对精制砒霜过程有如下叙述："取砒之法，将生砒就置火上，以器覆之，令砒烟上飞着覆器，遂凝结累然下垂如乳，尖长者为胜，平短者次之。"文中涉及的操作方法是(　　)。

A. 蒸馏　　B. 升华　　C. 干馏　　D. 萃取

[2018 年全国]7. 硫酸亚铁锂($LiFePO_4$)电池是新能源汽车的动力电池之一。采用湿法冶金工艺回收废旧硫酸亚铁锂电池正极片中的金属，其流程如下图所示，下列叙述错误的是(　　)。

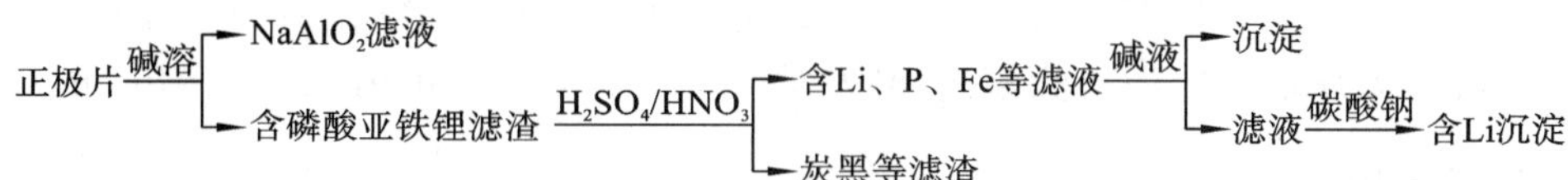

A. 合理处理废旧电池有利于保护环境和资源再利用

B. 从"正极片"中可回收的金属元素有 Al、Fe、Li

C. "沉淀"反应的金属离子为 Fe^{3+}

D. 上述流程中可用硫酸钠代替碳酸钠

[2019 年全国]7. 陶瓷是火与土的结晶，是中华文明的象征之一，其形成、性质与化学有着密切的关系。下列说法错误的是(　　)。

A. "雨过天晴云破处"所描述的瓷器青色，来自氧化铁

B. 闻名世界的秦兵马俑是陶制品，由黏土经高温烧结而成

C. 陶瓷是应用较早的人造材料，主要化学成分是硅酸盐

D. 陶瓷化学性质稳定，具有耐酸碱侵蚀、抗氧化等优点

育人契合点：

(1) 练习 2017 年高考第 7 题，让学生体会到我国药物砒霜的研制历史，激发学生的民族自豪感。

(2) 练习 2018 年高考第 7 题，让学生体会到化学与新能源新型材料息息相关，激发学生爱化学、有志于从事化学相关行业的热情，为国家做贡献。

(3) 练习 2019 年高考第 7 题，让学生在古诗词中感受陶瓷的魅力，感知硅酸盐材料的历史渊源，激发学生对新材料研发的兴趣。

2. 片段二

经过片段一的练习探讨后，结合 2020 年初的疫情，教师推出 2020 年高考预测试题，要求学生 5 分钟完成练习。

1. 2020 年初，武汉爆发的新冠肺炎疫情，全民抗疫，下列物质不能用作消毒剂的是(　　)。

A. 84 消毒液　　B. 95%的酒精　　C. 过氧化氢　　D. 碘酒

2. 2020 年初，新冠肺炎治疗期间，海内外华人纷纷捐助医用 N95 口罩，生产 N95 口罩的主要原料是聚丙烯，下列说法正确的是（　　）。

A. 聚丙烯有固定的熔点

B. 合成聚丙烯的反应类型是加聚反应

C. 聚丙烯能使溴水褪色

D. 丙烯分子中所有原子均在同一平面上

3. 2020 年 2 月 4 日，中国工程院院士李兰娟团队，在武汉公布：阿比多尔对治疗新型冠状病毒感染有一定的疗效。下列有关阿比多尔的说法错误的是（　　）。

A. 分子式为 $C_{22}H_{25}BrN_2O_3S$　　B. 不溶于水

C. 能使溴水褪色　　D. 不能使酸性高锰酸钾溶液褪色

育人契合点：

教师简单介绍 2020 年初新冠肺炎爆发后，党中央的决策及全国民众抗击疫情的情况，激发学生的爱国热情。通过讲解消毒剂的种类及使用注意事项，让学生具有一定的环保意识。讲述李兰娟院士为疫情付出的点滴事迹，激发学生学习科学家为国为民、敢于担当的精神。

三、案例反思

高考评价体系是落实立德树人根本任务、发展素质教育的科学系统。它依托现代测评理论和技术，科学设定核心功能，精心设计考查内容、考查要求和考查载体，创造性地将立德树人根本任务融入考试评价过程，以实现高考评价目标与素质教育目标的内在统一，切实将高考打造成立德树人的重要载体和素质教育的关键环节，成为德智体美劳全面培养的教育体系的有机组成部分。因此，在高三的习题教学中，通过练习高考真题，让学生体会高考考查方式的同时，注重立德修身，具有一定的家国情怀，进一步明确学习的意义；通过练习高考预测题，培养学生用发展的眼光看问题，认识到日常学习离不开生活，也离不开家国情怀。

第十章 普通高中生物学课程育人探索

高中生物学课程是普通高中自然科学领域的一门基础课程，有关本课程的育人要求，《中小学德育工作指南》明确指出“要加强对学生科学精神、科学方法、科学态度、科学探究能力和逻辑思维能力的培养，促进学生树立勇于创新、求真求实的思想品质”。《普通高中生物学课程标准(2017 年版 2020 年修订)》则明确了学生学习本课程后应达成的正确价值观、必备品格和关键能力，提出了通过生物学课程的学习，使学生树立生命观念、形成科学思维的习惯、掌握科学探究的思路和方法、具有开展生物学实践活动的意愿和社会责任感的课程目标。

第一节 生物学课程的育人价值

一、高中生物学课程的地位和特点

1. 课程地位

生物学是自然科学中的一门基础学科，是研究生命现象和生命活动规律的科学，是农业科学、医药科学、环境科学及其他有关科学和技术的基础。生物学的研究经历了从现象到本质、从定性到定量的发展过程。当今，它在微观和宏观两个方向的发展都非常迅速，并且与信息技术和工程技术的结合日益紧密，正在对社会、经济和人类生活产生越来越大的影响。

高中教育阶段的生物学课程是科学领域的重要学科课程之一，其精要是展示生物学的基本内容，反映自然科学的本质。它既要让学生获得基础的生物学知识，又要让学生领悟生物学家在研究过程中所持有的观点以及解决问题的思路和方法。生物学课程是以提高学生生物学学科核心素养为宗旨的学科课程，是树立社会主义核心价值观、实现“立德树人”根本任务的重要载体。学习生物学课程是每个公民不可或缺的教育经历，其学习成果是公民素养的基本组成。生物学课程要求学生主动地参与学习，在亲历提出问题、获取信息、寻找证据、检验假设和发现规律等过程中习得生物学知识，养成理性思维的习惯，形成积极的科学态度，发展终身学习的能力。

2. 课程特点

生物学不仅是一个结论丰富的知识体系，还包括了人类认识自然现象和规律的一些特有的思维方式和探究过程。生物学的学科属性是生物学课程性质的重要决定因素。

1）研究对象的特殊性

生物学是研究生命的学科，以此区分于其他人文或自然学科。生物学研究对象的特殊性表现在以下几个方面：

(1) 研究对象是活的、有生命的，这就注定了研究过程会有关于生命的体验和感悟，无形中就是对学生的一种生命教育，也决定了研究方法是灵活的，思维方式是灵活的，不能用机械的模式化的研究方法和思维方式去研究生命；

(2) 研究对象是一种复杂的系统，即使是显见的生命现象也是复杂的相互作用的产物，不能用线性的因果决定论思维去研究；

(3) 研究对象是历史的产物，因此研究时需要运用历史的视角和历史考察的方法，不能仅限于就事论事；

(4) 研究对象包括人，换句话说，人既是研究的主体，又是研究的客体，这在其他学科是罕有的，这就决定了生物学科跟学生的心理是最贴近的，也决定了其育人价值的不可替代性。

2) 思想观念的人文性

生物学思想观念的人文性主要表现在它实现了世界观、人生观和价值观的全覆盖。生物学学科思想最核心的便是进化思想和生态学思想。

进化生物学从诞生之日起，就天然具有浓厚的人文色彩，承载着实在的价值观念，在许多国家都曾激起思想的波澜。进化的结果表现为分子的进化、物种的进化、生态系统的进化(生物多样性的形成)，也表现为生物对环境的适应；进化的方向是多元的，进化的结果是不完美的(适应的相对性)，这是为了更加充分地利用地球上的资源和空间。

生态学的发展始终与人类面临的资源和环境问题息息相关，现在已经成为可持续发展的理论基础。生态学思想的主要内容包括：生物与环境的整体性，生物与环境关系的复杂性，互为因果的循环性，自我调节实现的稳定性，生物与环境的发展性和协同性。

进化思想和生态学思想宛如编织生物学知识体系的经线和纬线，贯穿宏观和微观，纵横交错，浑然一体。它们回答了如何看待自然界的问题，是辩证唯物主义自然观的基础，自然观则是世界观的重要组成部分。进化思想和生态学思想还告诉人们，生命来之不易，包括人类的生命在内，都是亿万年生物的遗传基因与环境相互作用的产物。从宏观到微观的生物学知识引领我们欣赏和感悟生命的神奇、美丽，领略生物与生物、生物与环境的相互依存，告诉我们应当珍爱生命、善待他人、爱护动植物，这无疑有助于学生形成正确的人生观。

除了进化思想和生态学思想之外，生物学中还有不少学科思想富于人文性。例如适度与平衡的思想、群体思想等。适度与平衡的例子比比皆是：膳食平衡、生态平衡、碳氧平衡、水盐平衡等。群体思想认为生命系统是由许多独特个体相互配合组成的群体，每个个体都有独特的作用，同时又离不开其他个体。群体思想启迪人们做好自己就是对群体的最大贡献，个体的意义只有在群体层面才能体现。这与我国自古倡导的敬业乐群思想和现在倡导的社会主义核心价值观有异曲同工之妙。

3) 思维方式的灵活性

研究对象的复杂性和多样性、概念和规律的概率性，决定了生物学思维方式的灵活性。思维方式的灵活性表现在对概念和规律不做绝对的理解，对事物能进行多因素多角度的分析，对问题的求解不过分追求非此即彼的标准答案。思维方式的灵活性还表现在思维方式的多元化，既注重自然科学普遍运用的形式逻辑思维和分析思维，又注重辩证逻辑思维、整体性思维和复杂性思维。生物学在发展人的辩证逻辑思维、整体性思维和复杂性思维上具有得天独厚的优势。

4) 学科地位的领先性

生物学的研究需要以其他自然科学为基础，生物学充分吸收了数学、物理和化学等学科的成就，广泛运用各种物理、化学的最新技术，对生命活动开展精确、定量，深入分子层次的探索，充分体现了与物理、化学等自然学科之间的融合。生物学同时也带动其他学科向前发展，具有学科地位的领先性。

二、高中生物学课程的育人要素

依据《普通高中生物学课程标准(2017年版2020年修订)》和生物学学科核心素养，高中生物学课程所蕴含的育人要素如下：

1. 爱国主义教育

生物学教材通过介绍我国科学家的故事来弘扬爱国精神，激发学生爱国志向；通过介绍我国在科技、经济、环境保护、医疗卫生等方面取得的巨大成就来反映我国正在阔步迈向社会主义现代化强国，激发学生的强国豪情；通过介绍我国在环境、资源、生物多样性等方面面临的挑战，激发学生的责任感和使命感；通过阐明我国在科技、社会等方面的发展体现了社会主义的优越性，培育学生的制度自信，进而增进学生的国家认同。教材对社会主义核心价值观的其他内容也力求做到有机融入。通过事实的述说、榜样的感召，激发情感的共鸣，达到理性的认同。

2. 科学态度和科学精神教育

科学态度是面对实际问题，能够遵循事物本身的脉络，实事求是，做出正确反应的倾向。良好的科学态度和严谨的科学精神有利于学生养成良好的思维习惯，并形成不断进取的人格追求。对科学态度和科学精神的教育贯穿于生物学教学的全过程。

生物学本身就是一门极有科学性的学科。生物学课程通过生物科学史的有机融入，通过科学家的故事，以及教材中的探究实践活动等，让学生理解科学的本质，并在学习过程中获得科学精神、科学态度方面的启示，促进学生养成独立思考、敢于质疑、勇于创新、积极实践的探索精神，形成科学服务于人类的意识。

3. 建设"健康中国"和"美丽中国"的理念教育

党的十九大报告提出建设"健康中国"和"美丽中国"的理念，这在生物学课程学习中可以得到充分的落实。通过对稳态调节等内容的学习，帮助学生科学地认识生命活动的基本规律，逐步养成良好的生活与卫生习惯，形成积极、健康的生活态度。通过对细胞增殖、细胞衰老和凋亡、细胞癌变等内容的学习，帮助学生逐渐认识到生命的意义，能够敢于面对困难和挫折，乐观向上、积极进取，确立珍爱生命、热爱生活、弘扬生命价值的意识。通过对生物与环境相关内容的学习，让学生充分感知大自然的魅力，了解动植物资源对人类生存发展的巨大作用，既为学生建设"美丽中国"奠定必要的知识基础，提升关键能力，也让学生看到我国在"美丽中国"建设过程中的非凡成就。这些内容有助于学生认同建设"健康中国""美丽中国"理念，提高参与的自觉性，提升建设"健康中国""美丽中国"的关键能力，从而在力所能及的范围内对社会的可持续发展做出自己的贡献。

4. 辩证唯物主义教育

树立辩证唯物主义自然观是生物课程标准的要求。中学生物学的内容渗透着很多生物学基本观点，如生物体结构与功能相适应、整体和局部相统一、生物进化等。这些观点与物理、化学等自然科学的基本观点相融合，是学生形成辩证唯物主义自然观的基础。学生通过学习生物学知识，不仅能认识生命现象及其活动规律，还能推翻唯心思想和封建迷信的观点，树立正确的唯物主义观，进而形成正确的生命观、价值观、世界观。

三、高中生物学课程的育人价值

学科的性质决定了学科的育人价值，生物学课程的育人价值主要体现在以下三个方面。

1. 培养学生的生物学学科核心素养

生物学学科核心素养是学生在生物学课程学习过程中逐渐发展起来的，在解决与生物学有关的真实情境中的实际问题时所表现出来的关键能力、必备品格与价值观，是学生知识、能力、情感态度与价值观的综合体现。生物学学科核心素养主要包括生命观念、科学思维、科学探究和社会责任。

“生命观念”是指对观察到的生命现象及相互关系或特性进行解释后的抽象，是经过实证后的想法或观点，是能够理解或解释生物学相关事件和现象的意识、观念和思想方法。学生应该在较好地理解生物学概念的基础上形成生命观念，能够用生命观念认识生物的多样性和统一性，形成科学的自然观和世界观，指导探究生命活动规律，解决实际问题。

“科学思维”是指尊重事实和证据，崇尚严谨和务实的求知态度，运用科学的思维方法认识事物、解决实际问题的思维习惯和能力。学生应该在学习过程中逐步发展科学思维，探讨、阐释生命现象及规律，审视或论证生物学社会议题。

“科学探究”是指能够发现现实世界中的生物学问题，针对特定的生物学现象，进行观察、提问、实验设计、方案实施以及结果的交流与讨论的能力。学生在探究中，乐于并善于团队合作，勇于创新。

“社会责任”是指基于生物学的认识，参与个人与社会事务的讨论，做出理性解释和判断，尝试解决生产生活问题的担当和能力。学生应能够以造福人类的态度和价值观，关注涉及生物学的社会议题，参与讨论并做出理性解释，辨别迷信和伪科学；形成生态意识，参与环境保护实践；主动向他人宣传健康生活和关爱生命等相关知识；结合本地资源开展科学实践，尝试解决现实生活中与生物学相关的问题。

2. 兼顾“学生发展核心素养”，促进学生全面发展

课程标准中所提炼的生物学学科核心素养，绝不等于生物学学科育人价值的全部。生物学的育人价值，还表现在让学生领悟生物学思想，提升对自然界的认识，获得世界观、人生观方面的启迪，为辩证唯物主义世界观的形成奠定基础。另外，生物学课程作为科学课程在培育科学精神和科学态度方面应发挥更大的教育价值：通过多种途径，既重视培养学生的创新精神和实践意识，又重视培养学生的创新和实践能力。由于现代生物学不断融入其他自然学科的研究成果，生物学课程在加强与其他学科的横向衔接、帮助学生建立对自然界的整体认识上实现综合育人功能。

3. 为学生的终生学习和发展打下基础

通过生物学课程的学习，激发学生学习生物学的动机和兴趣，提高其认知能力，培养其有效利用学习资源和信息技术的获取、判断、筛选和利用信息的学习习惯和技能，培养学生归纳总结、善于思考，解决实际问题的能力，为其终身学习和个人可持续发展打下基础。

第二节　生物学课程育人实施建议

高中生物学课程包括必修、选择性必修和选修三类课程，应依据《普通高中生物学课程标

准(2017年版2020年修订)》,有针对性、有重点地开展育人实践。

一、高中生物学必修课程

(一) 模块1:分子与细胞

1. 课标要求

从结构与功能相适应这一视角,解释细胞由多种多样的分子组成,这些分子是细胞执行各项生命活动的物质基础;建构并使用细胞模型,阐明细胞各部分结构通过分工与合作,形成相互协调的有机整体,实现细胞水平的各项生命活动;从物质与能量视角,探索光合作用与呼吸作用,阐明细胞生命活动过程中贯穿着物质与能量的变化;观察多种多样的细胞,说明这些细胞具有多种形态和功能,但同时又都具有相似的基本结构;观察处于细胞周期不同阶段的细胞,结合有丝分裂模型,描述细胞增殖的主要特征,并举例说明细胞的分化、衰老、死亡等生命现象。

2. 育人目标

通过学习细胞各部分结构及其担负的相关生命活动,形成结构与功能相适应的观念;通过学习物质运输及酶、ATP、细胞呼吸和光合作用的知识,形成物质与能量观;通过上述内容的学习形成科学的价值观和辩证唯物主义自然观;通过了解有关科学史,培养学生质疑、求实、创新的科学精神;结合课本中介绍的我国科学家所做的贡献,培养学生爱家乡、爱祖国的情感和社会责任感。

3. 实施建议

1) 形成结构与功能观、物质与能量观,形成科学的价值观和辩证唯物主义自然观

(1) 通过比较组成地壳和组成细胞的部分元素含量,理解生命的物质性、生物界与非生物界的统一性;结合不同细胞的分子组成大体相同的事实,理解生物界在物质组成上具有统一性。

(2) 通过检测生物组织中的脂肪、糖类和蛋白质,验证生命的物质性,理解生物与非生物的统一性。

(3) 制作并展示交流真核细胞模型,形成生物体结构与功能、局部与整体相统一的观点。

(4) 比较光合作用与细胞呼吸,构建细胞水平和个体水平代谢之间的联系,认同各项生命活动是普遍联系的观点。

(5) 通过媒体等直观手段,认识细胞的分裂、分化、衰老与凋亡都是正常的生命现象,认同生命活动的连续性以及生命运动的过程中由量变到质变的辩证唯物主义发展观。

2) 培养学生质疑、求实、创新的科学精神

(1) 查阅并交流"细胞学说"建立过程的相关资料,认同"细胞学说"的建立是由特殊到一般的认知过程,培养探究意识和科学精神。

(2) 探索酶的研究历史,理解科学知识是不断修正和变化的,认同科学家不仅要继承前人的科研成果,而且要善于吸收不同意见中的合理成分,还要具有质疑创新和勇于实践的科学精神与态度。

3) 培养学生爱家乡、爱祖国的情感和社会责任感

通过了解我国人工合成结晶牛胰岛素的历程、我国科学家参与酿酒酵母染色体合成研究

的事例以及施一公院士领导的研究团队在世界上首次解析酵母菌剪接体高分辨率空间三维结构的研究成果，增强民族自豪感、自尊心、自信心。

（二）模块2：遗传与进化

1. 课标要求

结合DNA双螺旋结构模型，阐明DNA分子作为遗传物质所具有的特征，以及通过复制、转录、翻译等过程传递和表达遗传信息；运用细胞减数分裂的模型，阐明遗传信息在有性生殖中的传递规律；基于证据，论证可遗传的变异来自基因重组、基因突变和染色体变异；运用统计与概率的相关知识，解释并预测种群内某一遗传性状的分布及变化；运用遗传与变异的观点，解释常规遗传学技术在现实生产生活中的应用；分析不同类型的证据，探讨地球上现存的丰富多样的物种是由共同祖先长期进化形成的；基于可遗传的变异，以及变异可能带来的生存与繁殖优势等方面的实例，解释生物的适应是自然选择的结果。

2. 育人目标

通过学习遗传与变异的物质基础和规律，形成结构与功能观、物质与能量观；通过了解生物的统一性和多样性、生物进化的相关知识，形成进化与适应观；通过了解探究DNA是主要遗传物质的科学实验，培养学生质疑、求实、创新的科学精神；通过学习理解遗传与变异等相关概念，养成归纳与概括、演绎与推理等科学思维方法；通过对人类遗传病的认识，培养学生珍爱生命、热爱生活的意识。

3. 实施建议

1）形成结构与功能观、物质与能量观、进化与适应观、科学的价值观和辩证唯物主义自然观

（1）观察细胞的减数分裂并模拟分裂过程中染色体的变化，理解物种繁衍过程中遗传和变异的对立统一关系。

（2）制作DNA双螺旋结构模型，推测和证明DNA分子的复制方式，理解遗传物质结构与功能的联系及遗传物质保持连续性、稳定性的原因。

（3）模拟植物或动物性状分离的杂交实验，体会生物学与数学跨学科知识的运用。

（4）搜集并交流人类基因组、基因组编辑、精准医疗等方面的研究资料，形成正确的伦理观、科学的价值观。

（5）搜集生物进化理论发展的资料，探讨生物进化观点对人们思想观念的影响。

2）培养归纳与概括、演绎与推理等科学思维方法及质疑、求实、创新的科学精神

（1）基于特定的生物学事实，用文字、图示的形式说明遗传与变异等相关概念的内涵，养成归纳与概括、演绎与推理的科学思维方法。利用生物学重要概念和原理，解释有争议的社会议题，培养学生的逻辑推理能力。

（2）了解验证DNA是主要遗传物质的一系列科学实验，理解人类对遗传物质认知的过程是不断完善的，激发探索科学本质的热情，培养学生对科学家的敬仰之情。

3）培养珍爱生命、热爱生活、绿色环保的意识，增强学生的社会责任感

（1）调查常见的人类遗传病并探讨人类遗传病的检测和预防，树立“健康中国”理念。

（2）运用生物变异和自然选择学说的基本观念，理解滥用抗生素药物的危害，形成正确的健康认识。

(3) 通过对生物多样性相关社会议题的分析，认同保护生物多样性对人类健康生活和社会可持续发展的重要意义，进一步增强保护环境的意识和责任，促进绿色生活方式的养成，参与环境保护行动。

二、高中生物学选择性必修课程

(一) 模块1：稳态与调节

1. 课标要求

运用图示和模型等方法，表征并阐释内环境为机体细胞提供适宜的生存环境并与外界环境进行物质交换；结合日常生活中的情境，分析说明人体通过神经系统、内分泌系统以及免疫系统的调节作用对内外环境的变化做出反应，以维持内环境稳态；评估多种生活方案，认同并采纳健康文明的生活方式，远离毒品，向他人宣传毒品的危害及传染病的防控措施等；基于植物激素在生产生活中应用的相关资料，结合植物激素和其他因素对植物生命活动的调节，分析并尝试提出生产实践方案。

2. 育人目标

通过学习内环境及内分泌系统、神经系统、免疫系统调节的相关知识，帮助学生形成结构与功能观、物质与能量观、稳态与平衡观，养成良好的生活习惯和健康的生活态度；通过了解稳态失衡相关疾病，培养学生珍爱生命、热爱生活的意识，养成健康的生活习惯；通过学习稳态调节的相关过程、生长素发现的科学史以及了解植物激素在生产生活中的应用，培养学生科学思维能力以及质疑、求实、创新的科学精神。

3. 实施建议

1) 养成良好的生活习惯和健康的生活态度

(1) 通过血糖、体温、pH、渗透压调节的学习，让学生认同并采纳健康的生活方式和饮食方式。

(2) 讨论生活用品或食品中含有过量激素对身体健康的影响，分析解释不合理使用激素类药物的危害。

(3) 讨论吸毒和滥用兴奋剂等药品的危害，拒绝毒品。

(4) 调查传染病的相关知识，让学生综合分析讨论，提出科学合理且可行的防控措施。

(5) 调查青少年中常见的免疫异常现象，如食物与药物过敏，引导学生关注有关的健康问题。

(6) 关注植物激素在实践中的应用，引导学生科学认识其安全性及不当使用可能造成的危害。

2) 培养珍爱生命、热爱生活的意识

讨论艾滋病的流行和预防措施，做到洁身自好，形成关爱生命和自我保护的意识，不歧视艾滋病人。

3) 培养质疑、求实、创新的科学精神

(1) 了解生长素发现史，理解科学知识是不断修正和变化的，认同科学家不仅要继承前人的科研成果，而且要善于吸收不同意见中的合理成分，还要具有质疑创新和勇于实践的科学精神与态度。

(2) 探究乙烯对水果催熟的作用，探究植物生长调节剂对扦插枝条生根的作用，领悟科学、技术与社会的辩证关系，培养积极动手实践的研究意识。

(二) 模块2：生物与环境

1. 课标要求

运用数学模型表征种群数量变化的规律，分析和解释影响这一变化规律的因素，并应用于相关实践活动中；举例说明不同类型群落的结构、特征及演替规律；使用图示等方式表征和说明生态系统中物质循环、能量流动和信息流动的过程和特征，并对相关的生态学实践应用做出合理的分析和判断；从生态系统具备有限自我调节能力的视角，预测和论证某一因素对生态系统的干扰可能引发的多种潜在变化；分析或探讨人类活动对自然生态系统动态平衡的影响及人工生态系统带来的经济、生态和社会效益，并尝试提出人与环境和谐共处的合理建议。

2. 育人目标

通过学习生态平衡和生物多样性的相关知识，明确生态平衡的重要意义，形成稳态与平衡观，深化结构与功能相统一的观念、生物与环境相互作用的观念。认同人类对环境影响的积极作用，从而形成人与自然和谐共处、可持续发展的观念，形成生态意识、环保意识，积极践行绿色低碳生活方式，维护生态平衡。

3. 实施建议

(1) 设计、保持和提高某个生态系统稳定性的方案或调查某一生态系统中的能量流动状况，从而深化学生的各项生命观念。

(2) 结合食物链与食物网、碳循环平衡失调与温室效应的关系，分析人类活动对生态系统稳态的影响，形成热爱自然、人与自然和谐共处的观念。

(3) 搜集人类保护生态环境所采取的措施和取得的成果，认同人类对环境影响的积极作用，形成可持续发展的观念。

(4) 调查当地具有重要意义的生物资源，提出保护和开发利用的建议。

(5) 搜集生物多样性保护的实例，认同人类活动对生物生存的积极影响。

(6) 设计并制作生态瓶，观察和比较不同生态瓶中生态系统的稳定性，撰写报告分析原因，形成部分与整体相统一的基本观点。

(三) 模块3：生物技术与工程

1. 课标要求

结合生产或生活实例，举例说出发酵工程、细胞工程和基因工程等生物工程及相关技术的基本原理；针对人类生产或生活的某一需求，在发酵工程、细胞工程和基因工程中选取恰当的技术和方法，尝试提出初步的生物学构想，进行简单的设计和制作；面对日常生活或社会热点话题中与生物技术和工程有关的话题，基于证据运用生物学基本概念和原理，就生物技术与工程的安全与伦理问题表明自己的观点并展开讨论。

2. 育人目标

通过对生物工程及相关原理的学习，进一步深化结构与功能观、稳态与平衡观等生命观念；通过对生物工程相关热点社会议题的讨论，培养学生分析论证等科学思维能力；能基于所学生物工程技术及原理设计制作简单的生物产品；通过对生物技术与工程的安全与伦理问题的学习、调查和研究，形成敬畏生命的观念和正确的伦理观。

3. 实施建议

(1) 了解并解释酒精发酵工程的生物学原理、无土栽培技术生产蔬菜和花卉等生物产品的基本步骤原理、单克隆抗体的制备原理及作用原理、基因工程的基本步骤原理等，让学生从中深刻领悟稳态与平衡观、结构与功能观、物质与能量观、生物与环境统一等生命观念。

(2) 关注日常生活及社会生活中与生物工程相关的热点问题，基于证据运用生物学基本概念和原理进行分析论证，从而培养学生的科学思维能力。

(3) 能运用发酵原理和相关技术，在家庭条件下进行常见发酵食品，如葡萄酒、腐乳、泡菜等的制作，让学生深刻了解微生物对人类的贡献，体会生物知识在生活中的应用。

(4) 关注并讨论与生物技术有关的，如治疗性克隆与克隆人、试管婴儿、基因检测、转基因食品及转基因技术应用对环境、生物多样性等的影响，理解科学技术是把双刃剑，形成科学的评价观，形成敬畏生命的观念和正确的伦理观念。

三、高中生物学选修课程

高中生物学选修课程分为"现实生活应用""职业规划前瞻""学业发展基础"三个部分，每个部分都提供了若干模块。

(一) 现实生活应用

1. "健康生活"模块

1) 课标要求

通过本模块的学习，让学生习得健康生活的基本知识和理念、健康生活方式和行为，以及健康生活的基本技能。

2) 育人目标

通过本模块的学习，让学生形成健康生活的态度和行为习惯，树立尊重生命、热爱生活的人生观，改善公民个体的健康状况，进而促进整个社会的健康发展。

3) 实施建议

紧密联系当地生活实际，创设问题情境，将健康卫生知识和解决与社会有关的健康问题结合起来进行讨论、分析，培养学生的社会责任感。

2. "急救措施"模块

1) 课标要求

通过本模块的学习，可以使学生意识到急救措施在日常生活中的重要性，帮助学生初步掌握应对常见的突发伤害事件的急救处理方法。

2) 育人目标

通过本模块的学习，普及了急救知识，使学生掌握正确的急救知识，一旦发生意外情况能积极有效地开展现场自救互救，从而赢得宝贵的抢救时机，提高抢救成功率。

3) 实施建议

教师应明确普及急救知识对学生的重要意义，应结合当地的具体情况，尽可能选择具有地方特点、适合学生的年龄特征、与学生日常生活关系比较密切的内容。这样，学生容易将所学的知识与发生的突发事件联系起来，对学习内容产生深刻印象。

3. “传染病与防控”模块

1) 课标要求

通过本模块的学习，让学生掌握传染病防控的知识，了解传染病的特征及其传播的途径，了解全球以及我国防疫体系的组成、传染病流行期间的个人日常防护，以及传染病预防措施与检测、相关病原体的消毒灭菌工作等流程和基本技术。

2) 育人目标

通过本模块的学习，让学生认识到传染病的预防对人类社会和经济发展的重要性。帮助学生初步掌握传染病防控的基本方法。

3) 实施建议

通过介绍对人类影响巨大的传染病案例，如鼠疫、天花、艾滋病、严重急性呼吸系统综合征(SARS)和新型冠状病毒性肺炎(COVID-19)等的流行及防控，让学生掌握“病原体”“感染”“传染源”“传染”等重要概念的内涵和区别；应充分利用传染病案例，组织学生的探究性学习，并开展模拟传染病防控的育人活动，使学生在掌握相关知识的同时，认同“地球村”及“人类命运共同体”的观念。

组织学生参观当地疾病预防控制单位，介绍我国自 1949 年以来流行病防控所取得的巨大成就，增强学生的爱国信念，体会社会主义制度的优越性。

4. “社会热点中的生物学问题”模块

1) 课标要求

本模块选取转基因植物、试管婴儿、克隆哺乳动物、艾滋病、禽流感、SARS、埃博拉疫情以及 COVID-19 等主题加以论述，旨在向学生传递正确的科学知识，有助于他们理性、客观地面对相关的社会议题，为今后继续深造和走向社会奠定必要的基础。

2) 育人目标

通过本模块的学习，让学生正确、客观地认识生物技术所取得的成就，提高预防传染病的意识，实现健康生活的目的。

3) 实施建议

要注意引导学生掌握国家的政策、法规，从主流媒体获取正确的资料和信息，了解相关的原理和主要技术路线，结合已有知识和我国的国情，以辩证唯物主义史观，分别从各专题的学科进展及争议焦点和有待改进之处展开讨论或辩论，丰富相关学识，加深对科学、技术、社会相互关系的认识。

5. “动物福利”模块

1) 课标要求

通过本模块的学习，促进学生形成尊重生命、关爱动物的态度和价值观，同时向学生传递与动物福利相关的基本知识与观点，并培养学生参与社会议题讨论和实践的能力。

2) 育人目标

通过本模块的学习，普及动物福利理念，培养学生尊重生命、关爱动物的价值观。

3) 实施建议

可以结合本地课程资源设计和开展育人活动，如野生动物救助站、流浪动物救助中心、家禽养殖场等；也可以从社会高度关注的问题深入主题，如实验动物福利标准问题，饲养、运输和疾病处理过程中动物福利的问题，滥食、虐食动物的现象，残害动物的暴力行为等。

6. “外来生物入侵与防控”模块

1）课标要求

通过本模块的学习，促进学生了解世界及我国主要的生物入侵种类、入侵途径，生物入侵对生物圈和生态系统造成的危害，学习应对生物入侵可采取的各种措施。

2）育人目标

本模块的学习，帮助学生树立生物与生物、生物与环境、人类与环境和谐发展的意识，提高保护生物多样性和保护环境的自觉性。

3）实施建议

可引用具体案例引导学生理解生物入侵的概念。通过调查外来生物入侵本地的基本情况，对其危害程度做出初步评估，从而帮助学生提高对生物入侵危害性的认识，并提出一些阻止外来生物进一步危害本地生态系统的措施和建议。

7. “地方特色动植物研究”模块

1）课标要求

通过了解当地野生动植物资源的现状，培养人与自然和谐相处的意识，充分认识环境保护与可持续发展、改善人类的物质生活和文化生活的意义。

2）育人目标

通过本模块的学习，使学生了解地方动植物资源的分布特点，以及它们的生态价值、经济价值和社会价值，学会把所学知识应用于生产实践，提高理论与实践结合的能力，培养关心家乡建设、服务家乡经济发展的情感。

3）实施建议

采用多样化的育人形式。例如，通过参观调查，引导学生关注家乡的动植物资源与环境变迁，激发热爱家乡、建设家乡的热情；通过实践探究，培养学生了解动植物资源开发的相关技能，掌握科学探究的基本过程和方法；通过家乡动植物资源的调查，培养学生搜集信息、处理信息的能力。在选择具体的内容时，侧重于选择学生常见的、具有地方特色的动植物资源内容，以便于他们将所学的知识与现实生活联系起来，对学习内容产生兴趣。

（二）职业规划前瞻

1. “生物制药”模块

1）课标要求

通过本模块的学习，帮助学生了解药物对机体的作用、机体对药物的影响和药物制备的技术，了解各类药物及其临床应用，了解药物发现历史及当前最活跃的药物研发概况。

2）育人目标

通过本模块的学习，帮助学生认识现代生物技术对医药产业的重要性，树立为人类健康事业而努力的信念。

3）实施建议

组织学生参观当地药厂、医院和药物研发单位，了解我国药物研发和使用的现状，帮助学生认识现代生物技术对医药产业的重要性，树立为人类健康事业而努力的信念。

2. “食品安全与检疫”模块

1）课标要求

通过本模块的学习，帮助学生了解食品安全的基础知识，阐明食品安全检疫的原理和操作技术。

2）育人目标

通过本模块的学习，让学生明确食品生产过程质量控制的重要性。

3）实施建议

通过典型的食品安全案例组织学生的探究性学习，参观当地食品药品监督管理部门，从而帮助学生明确食品生产过程质量控制的重要性，明确食品安全关系国民的健康和民族的持续发展。

（三）学业发展基础

1. “细胞与分子生物学”模块

1）课标要求

通过本模块的学习，帮助学生以“中心法则”为主线，了解 DNA 复制、DNA 损伤及其修复、DNA 突变、转录、逆转录、翻译和基因表达调控等知识。

2）育人目标

通过本模块的学习，激发学生对生命科学的热爱，真正理解生命的本质。

3）实施建议

结合模型和多媒体手段教学，组织探究实验和课外活动，探讨社会热点问题等，帮助学生丰富相关知识，从而激发学生对生命科学的热爱，真正理解生命的本质。

2. “生物信息学与人类基因组”模块

1）课标要求

通过本模块的学习，让学生了解生物信息学和人类基因组的基本概况，让学生掌握基因组测序原理、DNA 和蛋白质序列分析、蛋白质结构预测和系统发育树分析的基本原理和方法。

2）育人目标

通过本模块的学习，让学生体会生命科学的飞速发展所带来的生物技术产业的革新。

3）实施建议

结合具体的案例，利用互联网上的各种数据库，在阐明和理解大量生物数据所包含的生物学意义的同时，让学生体会生命科学飞速发展所带来的生物技术产业的革新。

3. “生态安全”模块

1）课标要求

提升学生对生态文明的理解，学会用生物学的观点去观察和认识周围的生态状况，体会生态安全的重要意义，逐渐形成生态安全意识。

2）育人目标

通过本模块的学习，使学生理解人与自然是生命共同体，让学生意识到生态安全的重要性，树立“绿水青山就是金山银山”的观念和“生态安全从我做起”的意识，养成环境友好的道德行为习惯，珍视和热爱自然环境，建立有利于生态安全的生活方式。

3）实施建议

应在全面认识自然、社会和学生心理基础上，依据现实社会的需要去实施课程育人，教育学生从自身做起，为保护人类共同生存的家园，贡献自己的力量。育人内容可以涵盖生态与环境、人类与环境、动植物与环境、资源和能源危机、人口危机和生态平衡等。

第三节　生物学课程育人评价初探

高中生物学课程育人评价是指依据一定的生物学课程育人目标及评价标准，运用科学的方法采取正确的途径，对生物课程中的育人活动及其效果做出价值判断的过程。

高中生物学课程的育人评价从内容上包括对育人工作与育人工作效果的评价，在评价对象上应对育德过程中的参与者，即施教者和受教者同时进行评价。具体而言，育人评价既要评价教师的育人决策过程（包括育人目标、育人组织、育人方案等）和育人实施过程（包括育人管理、育人方法、育人实践等），也要评价育人工作的效果，即学生在生物学课程学习中的品德评价。

一、高中生物学课程育人评价的意义

生物学课程的育人评价是生物学教育工作的重要组成，它直接影响本学科育人过程各个环节的信息反馈、教育活动的调整，是加强和改进生物学课程育人工作的重要手段。学科育人工作是否有效以及如何发展都要依据育人评价做出正确判断，如果没有一套完整科学的学科育人评价机制，就会使得学科育人在形式上高度重视，实质上流于形式，育人工作的效果不能被及时客观地反馈给教育的决策和领导部门。

对教师而言，科学的高中生物学课程育人评价能激励教师在学科教育中积极落实立德树人的根本任务，促进教师不断加强学习，更新教育理念，革新教育手段，努力提高自身的教学技能和业务修养，在实现育人工作实效性的同时也促进教师个人的职业发展。

对学生而言，科学的高中生物学课程育人评价能帮助学生正确认识自己在生物学德育方面的表现与发展潜力，体验到生物学对自身能力发展、世界观人生观形成所发挥的积极作用，从而更加积极主动地参与到生物学课程的育人过程。

实践证明，科学的生物学课程育人评价是落实立德树人根本任务的重要举措，既能保证生物学课程育人工作的正确方向，也能够推进生物学课程育人长效机制的建设。

二、高中生物学课程育人评价的原则

结合《普通高中生物学课程标准（2017 年版 2020 年修订）》的有关精神，高中生物学课程的育人评价要根据生物学科自身的特点，坚持以社会主义核心价值观为方向，始终以学科育人目标为依据，以尊重教师、尊重学生为前提，以促进教师的职业成长与学生的终身发展为目的，进行全面、科学、多元化的评价。

1. 以社会主义核心价值观为方向的原则

育人评价作为一种社会价值判断的过程，具有教育的社会属性。朝着什么样的社会发展目标和价值取向开展育人评价工作，直接影响着学生思想品德的发展方向，这是评价工作的根

本问题。在当前，德育必须要坚持社会主义核心价值观的方向，育人的评价也要服从、服务于社会主义核心价值观。方向性原则具有导向作用，是育人评价中首要的根本性原则。

2. 以育人目标为依据的原则

对育人工作效果的评价与育人目标密不可分。育人目标是德育工作者期望的育人效果，与育人评价目标一致，但是二者所起的作用有区别。育人目标，在育人活动中起导向作用，而育人评价目标在育人活动中起着反馈、调节和修正作用。由于育人目标具有一定的抽象性，相比而言育人评价目标更为细化、具体化。因此，有必要对育人目标进行分解，以进一步理解和把握育人评价目标。

3. 以促进师生发展为目的的原则

人的全面发展学说是无产阶级教育的崇高目的和行动纲领，也是我们进行育人评价应坚持的原则。生物学课程的育人评价不仅要促进教师的专业成长，更要使学生在思想品德、知识能力诸方面得到全面、生动活泼、和谐的发展，要对学生全面发展起正确的“领航作用”。

4. 发挥整体合力的原则

生物学课程育人评价的准确性和科学性取决于育人评价机制中几个要素的整体合力。因此，在评价中要坚持育人评价主体、育人评价客体、育人评价内容、德育评价方法、德育评价程序等五个方面的优化组合与合理配置，使评价结果准确反映生物学课程育人工作的实际情况。

5. 评价方式多元化的原则

传统的德育评价强调操行评定和考试。这都是只重视结论而忽视过程评价的突出表现，仅反映了育人中的少部分信息。生物学课程育人发展的更多信息是在过程中表现出来的，比如学生的兴趣、动机、态度、意志、社会责任感、科学精神等仅凭考试成绩是反映不出来的。这些单一、简化的评价方式给评价工作乃至学生的品德培养与发展带来了更多的问题。有鉴于此，在生物学课程育人评价方式上应坚持多元化的原则，在重视结论评价的同时，更加重视对有利于评价对象发展的过程因素的评价。

三、高中生物学课程育人评价的指标

生物学课程的育人评价指标是生物学课程育人评价的标准和尺度，对于进一步推动生物学课程的育人工作、规范学生的“德行”起到积极的促进作用。育人评价指标体系不仅对生物学科范畴内的育人工作水平、育人工作效果进行综合评价，也是一种引导、激励和约束的手段，对提醒育人过程中的参与者时刻牢记自己的责任与使命，严格自我要求，自觉率先垂范，发挥着重要的导向和激励作用。

针对评价对象的不同，生物学课程育人评价指标分为育人工作评价指标和育人工作效果评价指标。

（一）育人工作评价指标

育人工作评价指标是衡量生物学课程的授课教师开展生物学课程育人工作水平的标准。以育人目标、育人内容、育人过程、育人方法、育人效果五大要素为一级指标，评价内容为二级指标，得分为三级指标构建高中生物学课程育人评价量表，对教师的育人决策与育人实施的各个方面进行评价。

高中生物学课程育人评价量表如表 10-1 所示。

表 10-1　高中生物学课程育人评价量表

评价项目	评 价 内 容	分值	得　　分
育人目标	能根据教学内容，确定合理的育人目标；育人目标符合生物学课程标准的价值理念；目标的设置符合学生的身心发展水平；育人目标的表述准确、简明	20	
育人内容	能围绕育人目标整合多样的育人内容；育人内容能与学生的生活实际、知识背景联系起来，易于被学生认可和接受；育人内容能与生物学的教学内容有机融合，能对学生产生积极的影响	20	
育人过程	育人活动有序，育人氛围轻松融洽，师生关系平等民主。能由浅入深地进行，符合教育规律；能充分体现学生的主体地位，能为学生活动预留充足时间；各环节清晰，有层次，衔接自然	20	
育人方法	育人方法和手段的选择有利于育人目标的达成，有利于育人内容的呈现；方法灵活多样，效果好，教师使用熟练	20	
育人效果	学生学习情绪饱满，学习积极主动，乐于参与；育人目标完成良好，在对学生进行爱国主义教育、科学精神和科学态度教育、建设“健康中国”和“美丽中国”的理念教育，培养学生正确的世界观、人生观、价值观方面具有明显作用，有利于促进学生良好行为习惯的形成	20	
总分		100	

（二）育人工作效果评价指标

育人工作效果评价是对学生进行育人评价，也称为学生育人评价，可分为阶段性评价与过程性评价两类。

1. 阶段性评价指标

阶段性评价指标是对学生在整个高中阶段生物学课程学习过程中获得的爱国主义、民族精神、公民意识、社会责任、家国情怀、科学精神、科学方法等方面的发展水平进行全面道德品质判断的标准。根据高中生物学课程的特点和育人内容，以生物学学科核心素养的四个方面为评价标准。

2. 过程性评价指标

生物学的育人工作效果过程性评价是一个对育人过程的价值进行建构的过程，在具体的育人活动中完成，强调学生的主体参与。由于过程性评价能对具体的育人活动做出及时反馈，能有效地促进学生的德育发展，在日常育人活动中有广泛的使用。

过程性评价根据具体育人活动的育人目标制定评价量表，评价的方式也灵活多样，表现性评价就是常用的一种。表现性评价可用于生物学课程育人中的实验、调查、角色扮演、制作、课外实践等任务类型的评价，其实施步骤如表 10-2 所示。

表 10-2 表现性评价的实施步骤

序号	实施步骤	简要说明
1	明确评价目的	确定考查目标，特别是技能性目标
2	确定评价标准	评价标准可以来自生物学课程标准、教师的实践经验总结及其专业判断
3	选择表现类型	确定学生的活动类型，例如，实验、设计、角色扮演等
4	设置任务	表现性任务的具体成分必须明确，即需要明确地告诉学生需要做些什么，应该详细规定展现能力的背景和条件，同时还应该让学生理解和记住评估他们表现的规则
5	制定评分规则	包括分项评分规则和整体评分规则，本环节需要师生共同参与
6	实施并选择样例	实施任务时要给予学生充足的时间；从学生的作业中挑选出典型的样例，结合评分规则进行分析

表 10-2 所示的六个步骤是首次进行表现性评价的基本步骤，不一定要面面俱到。在实际操作过程中，第 2 步可省略，第 5 步与第 6 步可颠倒，这样有利于学生根据一些典型的样例制定相应的评分规则。这些基本步骤中，制定科学、可行的评分规则是顺利完成表现性评价的重要环节。

（三）育人评价指标的制定要素

在制定育人评价指标时，应考虑以下几个要素。

1. 评价内容

评价内容，是指借以判断学生德育水平的内容依据，包括与表现有关的所有重要内容，明确这些重要内容，将其他不重要的内容省略掉。

（1）评价内容应符合课程标准的规定，应该尽可能地评价学生的生命观念、科学思维、科学探究、社会责任等各个方面。

（2）评价内容应该有所侧重，能够突出重点，特别是技能性目标，并设置好相应的评价权重。

（3）教师能够很好地理解和使用这些评价内容对学生进行评价，不会产生歧义。

2. 清晰度

清晰度，是指使用清晰、合适的语言来描述评分规则，使教师和学生都能够理解并做出相同的解释。

（1）有清晰、明确的评价指标，能够清楚地表明学生完成任务的方向，且这个方向应该与课程标准理念和学习目标相一致。

（2）由教师独立测评，但不同的教师对同一份作业的评定结果应该是一致的。

（3）评分规则说明应具体、准确，提供足够的细节。

3. 实用性

实用性，是指操作性要强，根据评分规则得出的评定结果必须有助于做出具体的教学决策，这样才能促进学生进步。

(1) 要评估的表现方面是可以量化的，并且教师和学生都能够理解和应用。

(2) 评价结果可以转化为育人决策，即教师很容易根据评价结果知道下一步的育人计划。

(3) 评价要求要具体、明确，准确说明不同等级的学生所要达到的具体目标，操作起来容易，评价的效果明显，可信度强。

4. 可信度

可信度，是指评价结果真实可信，可用于真实地评价学生的德育水平。

(1) 评分规则重点突出、清晰明确，不同的评定者在任何一份学生作业的表现水平上都能达成一致。

(2) 规则的说明适用于所有的学生。

第四节　生物学课程育人探索案例

案例一　关爱生命，抗击新冠肺炎
——"免疫调节"教学

一、案例说明

这次新冠肺炎疫情，是新中国成立以来在我国发生的传播速度最快、感染范围最广、防控难度最大的一次重大突发公共卫生事件。武汉是疫情防控的中心，公共交通管制、小区 24 小时严格控制人员进出，全国各省市对湖北省和武汉市提供人员、物质方面的大力支援……我们亲历了抗击疫情最艰难的时刻。在人教版必修三第 2 章"动物和人体生命活动的调节"第 4 节"免疫调节"的教学中，教师结合新冠肺炎疫情这一影响巨大的公共卫生事件开展生命教育，落实生物学课程育人的重要内容。

二、案例描述

1. 片段一：交流分享新冠病毒知识

为充分利用线上丰富的学习资源，锻炼同学们的自主学习和搜集整理信息的能力，教师提前给学生布置了两项作业：搜集高中生物学教材中与病毒有关的知识；找一篇与新冠肺炎相关的新闻或文章，分析其中哪些内容涉及高中生物学知识。

课堂上，各小组进行了交流与分享。A 小组分享了高中生物学教材中的病毒知识。在必修 1 教材的第 8 页：病毒的生活离不开细胞。病毒没有细胞结构，由核酸(只含一种核酸)和蛋白质构成，只能营寄生生活，按宿主类型可分为动物病毒(如 HIV)、植物病毒(如烟草花叶病毒)和细菌病毒(如噬菌体)，按所含核酸类型可分为 DNA 病毒和 RNA 病毒。在必修 3 教材第 41 页：HIV 侵入人体后与 T 淋巴细胞结合，破坏 T 淋巴细胞。HIV 和新冠病毒都是 RNA 病毒，该类病毒首先以自身 RNA 为模板，经逆转录酶的催化，形成 RNA—DNA 杂交分子，再以单链 DNA 为模板，合成双链 DNA，后者整合到宿主细胞的 DNA 上，进而合成若干子代单链 RNA。其子代 RNA 和亲本 RNA 均可充当 mRNA 翻译各种病毒蛋白质。

B 小组分享了新闻报道中关于新型冠状病毒的特征和来源：新冠病毒属于 RNA 病毒，研

究显示该病毒与蝙蝠 SARS 冠状病毒同源性达 85%以上；各方报道的关注点都集中在蝙蝠身上，说是蝙蝠体内“封印”的病毒被放了出来。

教师引导大家进行讨论：有人爱吃野生动物，这种做法符合生态伦理道德吗？很快，同学们形成一致的观点，并从生物学的角度进行了说明：人是生物圈中的一员，我们从遗传物质到细胞结构与其他哺乳动物区别并不是很大；随着自然界中生物间相互影响的共同进化，动物和病毒、细菌都在进化，在这个过程中，人类身上不少疾病的来源都可以追溯到动物身上，有一些能够与人和谐共处，还有一些会带来严重的后果；因此，我们要保护生物的多样性，不能食用野生动物。

育人契合点：

利用教材、网络搜集整理病毒的有关资料，基于事实和证据形成观点，培养学生的科学思维。开展“爱吃野生动物对不对”的讨论，引导学生关爱生命、建立正确的生态伦理道德。

2. 片段二：新冠肺炎的治疗

教师组织学生对新闻报道中出现的几种新冠肺炎的治疗方法进行讨论。

(1) 课件展示血浆疗法，组织学生进行生物学方面的分析。

据报道，江夏区第一人民医院对首批新冠肺炎患者 11 人进行了康复期血浆治疗。在使用血浆治疗两三天后，病人的情况有所好转。新冠肺炎爆发期间，谣言四起，防治的偏方妙法频出，这种血浆疗法有科学依据吗？教师组织学生进行了讨论。

同学们很快在本节的学习内容中找到了依据：病毒或细菌等病原感染人体后，人体的免疫系统就会产生相应的物质来抵抗这些病原，这就是我们大家熟悉的抗体。这些抗体存在于人体的血液中，通过与病毒的某些蛋白质结合，并与身体免疫系统的其他功能相配合，共同完成病毒的清理。康复人员的血液中存在对抗这类病原的抗体，因而具有对这类疾病的免疫力。所以，这个血浆疗法还是有科学道理的。

(2) 课件展示发生在身边的血浆疗法，组织学生对有关新闻报道进行讨论。

宋晓波是武汉市青山区公安分局新沟桥派出所副所长。在经过工作人员验血合格后，400 毫升的热血从宋晓波的血管中流出。他成为武汉市第一位感染新冠病毒治愈后参与献血的公安民警。

赵同学说道：“由于宋警官感染新冠病毒并且已经治愈，所以他的血浆中含有对抗新冠病毒的抗体。结合我们刚才的分析，宋警官的血浆具有治疗效果。”

吴同学称赞道：“宋警官刚刚治愈，就立刻参与献血，这是他积极回报社会的举动，也是广大武汉人民用实际行动积极对抗疫情的表现。我们应该向宋警官学习。”

(3) 讨论网络妙方：鼻孔里抹香油能防传染，洋葱切一半使劲用鼻子闻能杀病毒。

这样的偏方引起大家踊跃发言。李同学说：“新冠肺炎是传染性疾病，香油不过是一种食用油，只能起到润滑鼻腔、缓解干燥的作用，对预防新型冠状病毒并没有用。”范同学认为，使劲闻洋蒜只能刺激鼻孔，让人流泪难受；就算是使劲吃洋葱也是没有用的，洋葱的抗炎作用只针对某些细菌，对新型冠状病毒没有作用。

育人契合点：

通过讨论，让学生明白流言止于智者。只有不断学习，不断提高自身的科学文化素养，培育科学精神和科学态度，才能独立思考、明辨是非。

3. 片段三：抗疫中的最美逆行者

在进行本课知识要点归纳总结后，教师先在屏幕上给大家展示了一组照片——“抗疫中那些最美的逆行者：因为被需要，所以一往无惧”。接着，教师引导学生谈谈自己在抗疫期间的生活，谈谈自己身边的社区工作人员和社区志愿者。

刘同学的妈妈是一名医生，在医院工作整整一个月没有回家。苏同学的爸爸是一名社区干部，连续好几天守在办公室进行防疫工作。田同学的家长则作为社区志愿者，帮助小区居民解决买菜、买药、买生活用品的困难。更多的同学则谈论自己和家人待在家里不出门，不给防疫工作添乱的经历。

育人契合点：

通过展示照片和讲述身边的抗疫故事，对学生进行奉献精神、职业道德方面的教育。

三、案例反思

生命教育、健康教育、生态文明教育是高中生物学课程的重要育人内容。生物学在进行有关内容的课堂教学时，应结合重要的公共卫生事件、社会热点生物学话题开展课程育人。

本案例涉及的新冠肺炎疫情，就是一个非常好的育人话题。在应对新冠肺炎疫情的过程中，中国政府肩负重担，坚持全国一盘棋，调动各方面的积极性，集中力量办大事，体现出社会主义制度的优越性；短时间内完成火神山、雷神山两所医院的建设体现出中国效率；面对风险、面对威胁，医务人员、党员干部、广大志愿者和各界群众没有畏惧和退缩，而是义无反顾冲到疫情防控最前线，彰显出中国精神。这些都是对学生进行爱国主义教育的最好素材。所有这一切，都是生命教育最鲜活的素材，都是家国情怀最有说服力的载体；所有这一切，孩子们都会听到、看到、感受到、领悟到，潜行默化中对他们未来的人生产生不可估量的影响。

疫情防控决策、患者医疗救治都离不开科学，这次疫情防控彰显了科学的价值和力量，是对学生进行崇尚科学、尊重科学、破除迷信，建立正确人生观、价值观教育的良好机会。结合疫情开展的生物学课程教学，不仅能从学科知识方面对某些防疫措施进行科学解释，使学生在理解的基础上自觉遵守防疫规范，同时也使生物学课程教学更加紧密地与现实生活联系起来，使课程育人真正落到实处。

案例二　跨越世纪变迁，弘扬永不褪色的科学精神

一、案例说明

习近平总书记在《为打赢疫情防控阻击战提供强大科技支撑》的文章中指出“纵观人类发展史，人类同疾病较量最有力的武器就是科学技术，人类战胜大灾大疫离不开科学发展和技术创新。”纵观古今，一代又一代科研工作者为了追求真知，求真务实，不懈奋斗。年轻一代是祖国未来的希望，是将我国建设为世界科技强国的主力军，他们必须要有正确的人生观和价值观，才能担此重任。那么，在高中生物学课程教学中，如何创设良好的情境，让优秀的科学品质浸润学生的心田呢？必修 2 第 2 章第 2 节“基因在染色体上”就是对学生进行科学精神教育的极好内容。

二、案例描述

1. 片段一：用好科学史的育人价值

在进行“基因在染色体上的实验证据”学习时，教师首先用“摩尔根与白眼果蝇”这个充满趣味的科学故事引起学生的兴趣，然后引导学生对摩尔根果蝇眼色杂交实验进行分析。在分析过程中，学生不断被摩尔根设计一系列实验的巧妙所折服，学生评价道：“严谨中透露出大智慧”。学生在了解到摩尔根对孟德尔的遗传定律经过“赞同—自己实验未能证明—怀疑—继续新实验—确证并承认—发现新定律”的曲折过程，更加崇拜他敢于怀疑、勤于实践的科学精神。学生感叹：“这是多么艰难的探究过程，能坚持下来确实非常不容易”，有学生联想到自己平时的表现说：“以前一碰到难的知识我就没信心，习惯放弃，以后我也要坚持再坚持，说不定努力一段时间这个坎就过去了。”

育人契合点：

(1) 通过对摩尔根培养出白眼果蝇及对该果蝇精心照料的故事讲述，让学生感知科学家善于在探究过程中牢牢抓住每一个发现，体会科学家执着探索的科学精神。

(2) 通过对摩尔根果蝇眼色遗传实验的引导分析，让学生感知科学家严谨、求实的科学态度及敢于怀疑、勤于实践的科学精神。

(3) 让学生在感悟中自省，从而去成就更好的自己。

2. 片段二：联系现实生活谈科学精神

教师先展示新闻剪辑：2020 年初，钟南山院士、李兰娟院士亲临武汉指导抗疫，以他们严谨、勤奋、求真、务实的科研精神引领科技工作者和医务人员刻苦攻关，战胜病魔。从疫情发生到基本控制的现在，对病毒传播途径、核酸检测手段、临床诊疗方案、病毒基因测序及其来源变化等各方面的研究逐步深入，为疫情的有效控制提供了科学依据，为更多患者带来了治愈的希望。接着，教师引导学生讨论科学家在疫情防治中的作用。

有学生发言道：“钟南山院士已经 84 岁高龄了，还在夜以继日地研究新冠肺炎疫情，为全国抗疫献计献策，真是让我特别敬佩”，还有学生感叹说：“庆幸我们有强大的祖国，有强有力的科技保障，我们大多数人才能安然无恙地度过这场劫难”。

育人契合点：

联系学生亲身经历的武汉新冠肺炎疫情防控阻击战，让学生感受科学技术的强大力量，感受科学家和众多科研工作者在抗疫背后的辛勤付出。激发学生向科学家学习，向身边的榜样学习，弘扬求真务实、不懈奋斗的科学精神。

三、专家点评

生物学是建立在实验基础上的自然科学。在生物学理论发展的长河中，留下了很多伟大科学家艰难探索的生动故事，因此利用生物学史对学生进行科学精神、科学态度的教育是生物学课程育人的重要组成部分。

本节课的核心内容就是通过介绍遗传学家摩尔根所做的果蝇眼色杂交实验，让学生接受“基因位于染色体上”这一生物学观点。同时教科书并不局限于单纯介绍实验，也谈到了摩尔根在对其他科学家的学说持怀疑态度时，是怎样开展科学研究的。他没有批评、挖苦所怀疑的学说，而是认真钻研，设计实验，寻找证据解决疑点。所以，结合果蝇眼色杂交实验进行科学品质教育也是本节课的重要内容。

对学生进行科学教育忌讳牵强说教，应与生活实际相结合，以事实为依据，让这种道德教育更加真实具体易被接受。身处新冠肺炎疫情的重灾区，武汉的教师和学生对防疫隔离体会深刻，媒体的各种抗疫报道、身边亲人朋友的真实经历，无疑是一段难以忘却的回忆。本节课作为生物学课程育人的优秀课例，首先授课教师对课程教学目标把握准确、全面，非常重视科学精神的教育。其次，教师将摩尔根的科学实验与当前我国科研工作者不懈探索抗击新冠病毒这两个素材有机结合。抗疫期间，以钟南山院士、李兰娟院士为首的科研工作者、医务人员发挥着巨大作用，有目共睹，他们展现的求真务实、不懈探索的科学精神也深深激励着我们。因此本节课的科学精神教育做到了课内教材与课外时事热点相联系，课程育人的内容更加鲜活有时效，育人过程有根有据，育人效果好！

案例三　结合生物学课程教学，讲好“科学防控”

一、案例说明

防控疫情是一项系统工程，需要所有人共同参与，个体的任性所导致的恶果往往需要全社会共同承担。防疫现实告诉我们，一个地方防疫的成效往往体现着该地居民的整体素养。有较高素养的居民，会自觉遵循科学的自我保护指南，服从防疫人员的管制安排，主动承担相应的社会责任。因此，通过搜集新闻报道中的典型事例，引导学生结合并运用所学的生物学知识进行分析和讨论，是一个很好的教育方式。

二、案例描述

1. 片段一：有关无症状感染者的讨论

教师提前给学生布置任务，要求他们搜集无症状感染者的相关资料。在课堂上，教师组织学生进行交流分享。

付同学介绍道：“根据《新型冠状病毒肺炎防控方案(第六版)》，无症状感染者是指受到新冠病毒的感染却没有临床症状(如发热、咳嗽、咽痛等)的人，但呼吸道等标本新型冠状病毒病原学或血清特异性 IgM 抗体检测呈阳性。无症状感染者的出现，可能是由于他们的免疫应激反应没那么强，临床表现比较潜行，也可能是由于其机体异质性可与病毒和平共处。”

“那无症状感染者可能成为传染源吗?”教师提出新的问题。

A 同学回答道：“根据国家卫健委发布的《新型冠状病毒感染的肺炎诊疗方案(试行第五版)》在流行病学特点方面，首先明确了‘无症状感染者也可能成为传染源’。有些人身上携带着病毒，自己却不发病，甚至都不知道自己得病了，但却可以在无意间传播病毒给其他人。李兰娟院士指出，现在我们疫情防控最重要的就是要关注无症状感染者。”

教师组织学生就无症状感染者展开进一步交流。

B 同学介绍：“有些无症状感染者无意间传播了病毒。例如，2020 年 1 月 10 日，河南安阳一女子从武汉回到安阳，其 5 名亲人先后被确诊为新冠肺炎患者，这五位患者均无武汉居住或旅行史，但与该女子有接触史，而该女子并无症状。我认为，如果家里有亲戚朋友从武汉或者湖北其他地方回来的，在家里也要戴口罩，保持 1 米距离，避免共用物品，碗筷单独使用，这样可以避免病毒的传播。”

C 同学说道：“有些无症状感染者故意隐瞒甚至恶意传播，我们防不胜防。例如，2020 年 1 月 23 日凌晨，常某在武汉市即将实施疫情管控措施前，驾车带其妻儿赴长沙市，后乘飞机抵达北京，于 1 月 24 日凌晨入住其母位于房山区的居所。在京期间，常某未报告武汉居住史，不执行居家隔离措施，多次出入超市、药店等公共场所，2 月 16 日其母被确诊为新冠肺炎患者。我认为这种行为是对社会极不负责的，置他人安危于不顾，应该得到法律的制裁。后来得知，北京市房山区人民检察院依法对犯罪嫌疑人常某以涉嫌妨害传染病防治罪批准逮捕，我感觉政府部门的举措很给力，说明人民生命健康安全是摆在第一位的，增强了人们抗疫的信心和决心。”

D 同学介绍：“我是 2020 年 1 月 20 日从武汉回黄陂老家的，那时武汉还没有封城，也没有听说新冠肺炎疫情。我只知道，临近期末考试的时候，好多同学都感冒了，有的请假一个星期治病，小学有的班级停课了。当我知道武汉爆发新冠肺炎的时候，我还在想，估计一个月就结束了。接下来的 14 天，我所属的村委会每天给我打电话，要我和家人上报体温，还要求我们居家隔离，不要外出。看着每天新闻报道的确诊人数不断增加，我越来越意识到问题的严重性。有一天，我感觉头晕，老打喷嚏，似乎体温也升高了。我想，我是不是感染了新冠肺炎？当我说话时，当我和家人一起吃饭时，我真担心自己会把病毒传播给他们。好在第二天这些症状就都消失了。14 天的居家观察结束了，我们都没有任何症状。但是，我还是有点担心，万一自己属于无症状感染者怎么办？在我的提议下，家人开始采取分餐制，同时继续实行严格的居家隔离，少跟邻居来往，并开展了居家健身，以增强体质。在疫情防控的关键时刻，我不能在抗疫一线做贡献，但起码不能给社会添乱。”

育人契合点：

高中生已经具备了极强的社会责任感，非常关注社会上发生的热点事件。疫情防控中出现的正反两方面的案例，促使我们从道德教育的视角审视。通过讨论无症状感染者，鼓励学生参与真实的社会生活，并在其中学会判断、学会选择、学会负责。如何在疫情防控中配合政府和社区承担自己的使命，不仅使学生深入理解责任担当的含义，更可能会影响他们的一生。

2. 片段二：这些谣言不可信

随着疫情的发展，熏醋可以杀死新型冠状病毒，服用维生素 C 可以预防新冠肺炎，喝高度白酒、抽烟等可防治新冠肺炎等谣言层出不穷。谣言成为滋生疫情恐慌的一大源头。教师组织学生对广泛传播于网络的某些说法进行讨论。

(1) 熏醋可以杀死新型冠状病毒，你信吗？

徐同学：“这不可能吧！醋里有醋酸，而醋酸是消毒剂乙酸的一种，但是一瓶醋里的醋酸含量最多只有 5%，将醋里的醋酸蒸发到空气中的做法，提升空气酸度的空间十分有限。所以，熏醋对新冠肺炎的预防作用微乎其微。而且，醋酸挥发到室内后，可能对人体的呼吸道黏膜产生刺激作用，导致咽喉不适、恶心及呼吸困难。有一次我母亲在家里熏醋，我就呛得受不了。要远离空气中的病毒，正确的方法是把窗户打开。”

(2) 饮用高度白酒能够抵抗新型冠状病毒，你信吗？

何同学：“酒精确实有消毒作用，在‘微生物的实验室培养’中，我们学过消毒和灭菌的方法。用75%的酒精擦拭双手和实验台,可以使微生物的蛋白质变性,起到杀菌作用。但是,喝进身体的高度白酒,只会被细胞代谢吸收,起不到杀灭病毒的作用。我觉得这个说法缺乏科学依据,不可信。"

(3) 大蒜水可以治好新冠肺炎,你信吗?

汪同学:"网上有视频说大蒜水可以治好新冠肺炎,所以要多喝大蒜水。我们平时的生活中,家长也经常鼓励我们多吃大蒜,说是可以杀菌,预防感冒。我后来查了一下,大蒜中的大蒜素的确具有抗菌等生物学功能,但是关于它的治疗机理的研究,主要还停留在体外(细胞层面)或者动物实验阶段,目前还缺乏严谨的人类试验数据。每次设计实验时,老师都强调对照原则、等量原则等,就是为了保证实验结果可靠。在艾弗里肺炎双球菌的转化实验中,人们只因0.02%的蛋白质残留就否定了他的实验结果。目前看来,人们还没有针对新冠肺炎的特效药物。"

育人契合点:

如果说病毒是看不见的敌人,那谣言、伪科学无疑是助纣为虐的帮凶。我们生活在科学时代,但是大多数人知道的是科学的成果,而不是科学的方法和原理。结合社会热点问题,让学生学会在繁杂的信息面前,具有独立思考的意识,拥有科学的思维方式,更加理性和自觉,能够提高我们在社会中的生存与发展能力,提高终身获取科学知识、科学乐趣、科学享受的能力。

三、案例反思

抗击新冠肺炎疫情,是一场与病魔较量的阻击战,也是一场与病毒赛跑的科技战。认清病毒才能战胜病毒,科学防治意味着运用科学的武器对抗病毒。在生物学课程教学中,教师指导学生整理新冠病毒的生物学特性,理解并掌握新冠肺炎的致病机理以及个人防控知识;引导学生客观分析、充分讨论各级政府防控疫情所采取管控措施的合理性和必要性;组织学生搜集整理网络上广泛传播的各种"防疫偏方妙招",并从生物学角度进行理性分析,判断其真伪;号召学生做好科学防疫的宣传工作,从自己做起,从家人做起,严格履行政府的各项抗疫管控要求。因此,在讲好疫情防控这堂深刻的育人课中,应联系社会热门话题结合课程教学内容,引导学生尊重事实、崇尚科学,培养独立思考的理性思维,促进学生做出实际行动提高自身的科学素质。

第十一章 普通高中信息技术课程育人探索

教育部《中小学德育工作指南》明确要求，高中信息技术学科要加强对学生科学精神、科学方法、科学态度、科学探究能力和逻辑思维能力的培养，促进学生树立勇于创新、求真求实的思想品质。《普通高中信息技术课程标准(2017 年版 2020 年修订)》指出，信息技术作为当今先进生产力的代表，已经成为我国经济发展的重要支柱和网络强国的战略支撑。高中信息技术课程将通过由信息意识、计算思维、数字化学习与创新、信息社会责任四个核心要素组成的学科核心素养，促进学生信息素养的提升。

第一节 信息技术课程的育人价值

一、高中信息技术课程的地位和特点

普通高中信息技术课程是一门以全面提升学生信息素养，帮助学生掌握信息技术基础知识与技能、增强信息意识、发展计算思维、提高数字化学习与创新能力、树立正确的信息社会价值观和责任感的基础课程。这门课程是为实现学生的全面发展而设置，既有充实的技术内涵，又突出其丰富的文化价值，具有人文的特性。在信息技术教育领域新兴的 STEAM 教育(STEAM 代表：科学(science)、技术(technology)、工程(engineering)、艺术(arts)、数学(mathematics))是科学、技术、工程、艺术、数学多领域融合的综合教育。

1. 课程地位

现在，高中信息技术虽然没有纳入高考，但也是必修课程。21 世纪，人类进入信息时代，信息技术已渗透到生产和生活的各个领域，信息技术教育成为培养信息时代合格公民的主要途径，直接关系着整个国民的基本素质。从信息技术课程的内容和目标来看，这是一门具有未来性的、深远核心价值的科学课程。

1) 高中信息技术课程的目标定位

信息技术课程教育关注的不是信息技术本身，而是运用信息技术来帮助处理信息和解决问题的能力。《普通高中信息技术课程标准(2017 年版 2020 年修订)》明确提出信息技术教学的宗旨是全面提高学生的信息素养。信息素养包含以下四个方面：

(1) 信息意识：将信息技术定位于服务学生生活与学习的工具，定位为支持终身学习和合作学习的手段，重视对学生人文精神与信息责任的培养；培养对信息技术使用的积极态度，以支持学生终身学习、合作学习。

(2) 计算思维：使用信息技术工具增进学习，提高创造性；掌握基于计算机技术和网络技术高效解决问题的方法。

(3) 数字化学习与创新：使用各种媒体和形式与不同的群体和个人有效地交流信息和思

想;利用信息技术解决实际问题的意识。

(4) 信息社会责任:理解与信息技术有关的伦理、文化和社会问题。

2) 高中信息技术课程的理解

作为一门课程,信息技术教育并不简单地等同于进行相关技术的操作与使用训练,也不仅仅是阐述信息技术的原理,而应从信息技术课程、学生发展和社会需求等维度构建信息技术课程的内容框架体系。

因此,从科学教育、技术教育、社会教育三个方面(STS 教育观),科学、准确地理解信息技术课程,是开展信息技术教学的前提。

2. 课程特点

随着课程改革的深化,"三维目标"理念开始在中小学推行,信息技术课程的培养目标也转向以信息获取、信息加工、信息交流和表达为主。2015 年,教育部开始修订高中各学科课程标准时,为信息技术学科提炼出"信息素养"这一核心价值,并成为中国人才战略一个不可或缺的要素。

作为一门独立的课程,信息技术课程既具有一般学科课程的共性,也具有其本身的特点:基础性、发展性、工具性、实践性、综合性、人文性。信息技术学科是一门新兴学科,与其他学科相比,缺少现成的教育教学经验可供借鉴,我们只有在长期的实践中不断探索,更新理念、寻找规律,才能有更大的发展空间。

1) 综合性

高中信息技术课程除了涉及计算机技术之外,还涉及许多其他学科,具有综合性的特点,是为实现学生的全面发展而设置,既有充实的技术内涵,又突出其丰富的文化价值,具有人文的特性。

2) 基础性

高中信息技术课程的基础性表现在要关照全体学生的全面发展,"为造就高素质劳动者、数以千计的专门人才和一大批拔尖创新人才奠定基础。"

信息技术课程的开设,其目的并不是短期优化效果,而是奠定学生今后工作与生活中有效解决问题,在未来社会中自我学习、持续发展的坚实基础。

3) 工具性

信息技术不仅是学生的学习内容,而且也是学生的学习工具,更是信息时代公民进行终身学习不可或缺的工具和环境。

掌握好信息技术工具,有利于学生把信息技术应用于其他学科内容的学习,有利于学习方式的改变,有利于终身学习和可持续发展,有利于提升今后在信息社会中工作与生活的质量。

4) 实践性

高中信息技术课程的上机课时不应少于总学时的 70%,实践是培养与提升学生信息素养的有效途径。只有在实践的过程中学生才能真实地感受信息文化,并借此增强信息意识,内化信息理论,提高学生的信息应用能力。

5) 开放性

高中信息技术课程中,学习的对象及所提供的平台都是开放的。这与信息技术发展速度快、知识更新周期短的特点相适应,也能够更好地适应高中生信息技术起点的较大差异性,保证水平较低的学生能够适应,也给学有余力的学生提供进一步发展的空间,提升全体学生的信息素养。

6)层次性

高中信息技术课程的层次性主要表现在学生基础水平与学习特质的层次性和教学内容的层次性。教师应采取分层教学策略,遵循"因材施教"的原则,提升学生的信息素养、促进学生全面而富有个性的发展。

二、高中信息技术课程的育人要素

依据《普通高中信息技术课程标准(2017 年版 2020 年修订)》和信息技术学科核心素养,高中信息技术课程蕴含的育人要素如下:

1. 科学思维方法

通过学习信息技术课程,学生能够根据解决问题的需要,自觉、主动地寻求恰当的方式获取与处理信息;同时,形成计算思维,即运用计算机技术和网络技术高效解决问题的思维。这些科学思维方法的形成有利于优化学生的学习和生活,为学生终身学习和发展奠定良好的基础。

2. 学习与创新能力

在信息技术课程中,学生接触信息技术、掌握信息技术,并充分应用信息技术于现实世界中进行探索。在此过程中学生借助数字化资源与工具,能够有效地管理学习过程与学习资源,创造性地解决问题,从而完成学习任务,形成自主发展的学习能力以及主动适应变化的创新能力,从而适应个人终身发展和社会的需要,迎接数字化时代的挑战与机遇。

3. 社会责任意识

信息技术课程的社会责任是指信息社会中的个体在文化修养、道德规范和行为自律等方面应尽的责任。针对当代学生大量接触和使用网络环境的时代背景,信息技术课程应该引导学生合理使用网络,避免沉溺网络游戏,远离有害信息,防止网络沉迷和伤害,提升网络素养,打造清朗的校园网络文化环境。

三、高中信息技术课程的育人价值

信息技术课程是立德树人和学生信息素养形成的重要载体。信息技术课程面对网络和数字化工具不断普及的现实,培养学生对信息技术发展的敏感度和适应性,帮助学生学会有效利用信息社会中的海量信息、丰富媒体和多样化技术工具,优化自己的学习和生活,提高服务社会的能力。高中信息技术课程将引导学生理解信息技术应用过程中的个人与社会关系、思考信息技术为人类社会带来的机遇和挑战、履行个人在信息社会中的责任和义务,帮助学生成长为有效的技术使用者、创新的技术设计者和理性的技术反思者。

1. 信息技术知识及应用

如今,信息科学技术在社会各个领域都有广泛的应用,因此掌握信息的获取、加工和应用的能力已成为新世纪人才必备的素质。

2. 对新型技术的探究能力

信息科学技术是各学科知识中发展最快的,因此只有不断学习、不断进取,自主地学习新的东西，更新自己的知识结构，才能适应信息社会日新月异的变化。

3．信息的鉴别、搜集及评估能力

在信息时代，各类纷繁复杂的信息真伪难辨。因此，对于当今的学生来说，在接受信息的时候，一定要有敏锐的洞察力，学会甄别信息的真伪。具有对信息的真实性和权威性进行鉴别和评估的能力。

4．开放环境下的自我约束能力

随着网络技术的发展及广泛应用，对广大青少年思想道德、人生价值有着很大的冲击。因为网络的开放性和便捷性，我们可以在网络上畅所欲言，而这种几乎毫无限制的“自由”却被一些人滥用，从而导致网上出现了不少为法律所禁止或社会道德所不容的行为。因此，在信息技术课程中要培养学生良好的自我管理能力和自我约束能力，才能在开放的网络环境中更好地学习、工作和生活。

5．信息的安全意识

当今社会，日常生活中我们几乎每时每刻都在和“信息”打交道，用计算机和网络解决学习、工作中的各种事务。我们在使用信息技术的同时，必须重视信息安全，掌握保护个人信息安全和个人隐私的措施。

第二节　信息技术课程育人实施建议

高中信息技术课程包括必修、选择性必修和选修三类课程，应依据《普通高中信息技术课程标准（2017 年版 2020 年修订）》，有针对性、有重点地开展育人实践。

一、高中信息技术必修课程

（一）模块 1：数据与计算

1．课标要求

针对数据（包括大数据）在信息社会中的重要价值，分析数据与信息的关系，强调数据处理的基本方法与技能，发展学生利用信息技术解决问题的能力。充分挖掘信息技术学科中的思想、文化内涵和育人因素，引导学生健康的技术价值追求，提高学生在信息社会中生存、发展与创新的能力。

2．育人目标

认识数据在信息社会中的重要价值；合理处理与应用数据，掌握算法与程序设计的基本知识；根据需要运用数字化工具解决生活与学习中的问题；认识到人工智能在信息社会中越来越重要的促进作用；逐步成为信息社会的积极参与者。全面提升学生信息素养的基础，强调信息技术学科核心素养的培养，渗透学科基础知识与技能，通过学习了解和掌握我国在信息技术科学领域已经取得的辉煌成绩，增强民族自信心与自豪感，落实以树人为核心，以立德为根本的育人目标。

3．实施建议

（1）借助数字化学习环境，引导学生体验数字化学习与创新活动，通过整合其他学科的学习任务，帮助学生学会运用数字化工具（如移动终端、开源硬件、网络学习平台、编程软件、应用软件等）表达思想、建构知识，增强自主学习能力、提升自身信息素养。

（2）在教学实施中，教师可通过情景模拟或实景观察等方式，让学生体验人工智能对社会发展的影响，感受人工智能与社会各领域结合所带来的巨大变化。

例如：通过研讨人工智能在智力竞赛及图像记忆挑战中夺冠、战胜顶级人类棋手等事件，引导学生深入了解人工智能技术，思考人工智能发展对社会发展的影响，以及可能会引发的社会问题等。

再如：在抗击新冠肺炎疫情中智能测温仪、智能配送机器人等高科技的应用，为取得抗击新冠肺炎疫情的胜利做出了巨大的贡献，激励并引导学生增强爱国主义的热情和民族自信心，刻苦学习，努力成就最好的自己。

（二）模块2：信息系统与社会

1. 课标要求

针对信息社会生存与发展的需要，强调利用信息系统解决问题的过程与方法，提升学生信息安全和社会责任意识，增强学生法律意识与知识产权保护意识。

2. 育人目标

学生能了解人、信息技术与社会的关系，认识信息系统在社会中的作用，合理使用信息系统解决生活、学习中的问题，理解信息安全对当今社会的影响，能安全、守法地应用信息系统，争做学法守法的信息时代合格公民。

3. 实施建议

（1）结合实际生活中的信息系统应用实例，引导学生思考信息系统的组成要素，认识信息系统对人们日常生活与社会经济发展的重要作用，引导学生树立正确的科学观、价值观，增强学生的民族自信心和自豪感。

例如：通过剖析“网络订票系统（如12306售票系统）”等信息系统实例，引导学生总结归纳信息系统的组成要素，了解信息系统的常见功能，以及它们对人们日常生活与学习的影响。

（2）创设真实的问题情境，为学生提供从信息系统设计规划到软硬件操作的实践体验机会，提高学生对信息系统价值的认识以及利用信息系统解决问题的能力，提升学生的信息技术核心素养水平。

例如：通过“依托二维码的物联网系统”等实验，指导学生合作或独立完成一个信息系统的硬件搭建和软件安装。

二、高中信息技术选择性必修课程

（一）模块1：数据与数据结构

1. 课标要求

理解数据的作用及价值，对学生适应信息社会、学会数字化生存与创新、培养学生世界理解与世界意识有着十分重要的意义。

2. 育人目标

学生了解数据（包括大数据）的作用，能对简单的数据问题进行分析，选择恰当的数据结构，在问题解决过程中对数据抽象、数据结构的思想与方法有初步的认识，了解中国古人在该领域取得的成绩与贡献，增强学生的民族自信心。

3. 实施建议

可通过设计范例，引导学生理解数据结构、抽象数据类型等基本概念（信息意识、计算思维）。

例如：当车库单行车道出口受阻时，车辆不能挪动。这时停在单行车道上的车辆，就要采用“后进先出”的方式倒出。

通过这样的事例可引入“栈”的概念及特征，再适当扩大项目范围，让学生寻找需要解决的问题，设计相关的项目主题，开展项目式学习，提升自身的学习能力。

（二）模块2：网络基础

1. 课标要求

理解网络基本知识，熟练使用典型网络服务，是现代信息社会中生存与发展的基本技能之一。

2. 育人目标

学生应了解计算机网络的核心概念与发展历程，了解常用网络设备的功能，认识物联网及5G技术对社会发展的影响；能使用典型的网络服务解决生活与学习中的问题；利用信息技术分享网络资源，具备网络应用安全意识。

3. 实施建议

（1）结合学生日常使用网络的具体实例展开，引导学生合理使用网络、解决简单的联网问题，形成学科核心素养。

例如：设置一些联网中常见的故障，包括硬件连接故障、网络连接的错误配置等，引导学生从分析问题入手，判断故障原因，探索解决故障的方法。

（2）引导学生了解网络环境的优势与不足，认识到既要积极利用网络，也要增强安全使用网络的意识，懂得安全使用网络的相关技术方法，形成信息社会责任意识。

例如：列举一些网络信息泄露的案例，引导学生分析可能导致个人信息泄露的原因，帮助学生掌握防范网络安全问题的基本方法，在理性层面形成安全使用网络的意识及行为习惯。

（三）模块3：数据管理与分析

1. 课标要求

数据管理与分析技术已经广泛应用于人们的日常生活与学习中，成为解决问题的重要方式。有效地管理与分析数据（包括大数据）可帮助人们获取有价值的信息，为决策形成提供重要依据。

2. 育人目标

学生应了解数据管理与分析技术，能根据需求分析、形成解决方案；能选择一种数据库工具对数据进行管理，从给定数据中提取有用的信息并应用于实际问题解决中；在活动过程中，形成对数据特征、数据价值、数据管理思想与分析方法的认识。

3. 实施建议

（1）提供贴近学生现实生活的典型案例，如图书馆图书及借阅管理、社会实践调查问卷的管理与分析、超市销售记录的管理与分析等，形成计算思维意识。

(2) 引导和鼓励学生自行采集和创建典型案例,在确定具体问题解决方案的过程中,开展自主或协作学习,养成数字化学习与创新意识。

例如:在电子表格软件与其他数据库之间共享数据,以帮助学生有效地迁移所学知识;将获得的数据可视化,加强学生对数据分析方法的掌握及数据意义的理解。

(四) 模块4:人工智能初步

1. 课标要求

人工智能是通过智能机器延伸、增强人类改造自然和治理社会能力的新兴技术。人工智能的发展呈现出深度学习、跨界融合、人机协同等新特征,推动了社会各领域从数字化、网络化向智能化的跃升,深刻改变着人们的生活方式和思维模式。

2. 育人目标

学生应该了解人工智能的发展历程及概念,能描述典型人工智能算法的实现过程,通过搭建简单的人工智能应用模块,亲历设计与实现简单智能系统的基本过程与方法,增强利用智能技术服务人类发展的责任感。

3. 实施建议

教师可通过案例分析、项目设计等方式,引导学生拓展思维,也可向学生展示或剖析比较典型的智能系统,如早期的专家系统以及“深蓝(Deep Blue)”、“沃森(Watson)”、“阿尔法围棋(AlphaGo)”和“百度大脑”等系统。

在引导学生发现问题、尝试用人工智能方法解决问题的过程中,让学生初步了解和体验人工智能的特点,感受智能技术对生活与学习的影响,进一步激发学生学习和探究新技术、新知识的积极性,提高他们综合应用信息技术的能力。

(五) 模块5:三维设计与创意

1. 课标要求

三维设计方法的学习与应用,既有利于培养学生的空间想象能力,也有利于发展学生科学、技术、工程、艺术、数学等学科综合性的思维能力。

2. 育人目标

学生能够理解基于数字技术进行三维图形和动画设计的基本思想与方法,能够结合学习与生活的实例设计三维作品并发布,体验利用数字技术进行三维创意设计的基本过程与方法。

3. 实施建议

注重培养学生的协作学习精神,鼓励学生主动发布自己的作品,对他人的作品做出合理的、有建设性的评价。

例如:组织学生开展小组学习,引导学生互帮互助,共同成长;引导学生有效利用学校已有的设备发布作品,可在网络上发布,也可利用三维打印机打印出来,便于其他同学欣赏和评价,鼓励学生之间互提建议,交流思想,培养学生的人文情怀。

(六) 模块6:开源硬件项目设计

1. 课标要求

基于开源硬件的项目设计与开发有益于激发学生创新的兴趣,培养学生动手实践的能力,同时也是实现STEAM教育的理想方法,满足学生个性化发展需要。

2. 育人目标

学生能搜索并利用开源硬件及相关资料，体验作品的创意、设计、制作、测试、运行的完整过程，初步形成以信息技术学科方法观察事物和求解问题的能力，提升计算思维与创新能力。

3. 实施建议

新知识的学习要以实例为依托，引导学生掌握学习内容，鼓励学生的创新性应用，在活动过程中应把大部分时间留给学生去探索，适时跟踪学生完成项目的过程，及时给予知识指导和问题解决思路的指导。鼓励学生交流与合作，践行开源与知识分享的精神，培养学生的国际理解与国际视角。

例如：教师准备一个利用红外传感器操作控制的小游戏，让学生体验该游戏，分析其中利用传感器等开源硬件实现数据输入、处理与输出控制的方法，引导学生思考该类系统可能的应用领域和场景，鼓励学生讨论与探索类似系统的开发，尝试改进系统，进行更有意义的创新设计。

三、高中信息技术选修课程

（一）模块1：算法初步

1. 课标要求

掌握算法分析的一般方法和过程，能够计算算法的时空复杂度（计算思维、信息意识）。了解算法的优势和不足，能够负责任地应用算法并将算法思想迁移到实际生活和学习中（数字化学习与创新、信息社会责任）。学习算法，可以从系统的角度描述和解决问题，有助于学生未来专业的发展。

2. 育人目标

学生应该理解利用算法进行问题求解的基本思想、方法和过程，能描述算法，分析算法的有效性和效率，利用程序设计语言编写程序实现算法；在解决问题的过程中能自觉运用常见的几种算法。

3. 实施建议

针对具体的算法情境问题，让学生经历利用算法解决问题的全过程。从实际的问题入手，让学生分析问题，建立数学模型，将其形式化，用计算机语言编程解决。在解决问题的过程中，注重思路和方法的引导，以利于学生计算思维的形成和发展。

（二）模块2：移动应用设计

1. 课标要求

随着移动技术的快速发展与普及，运用移动终端解决日常生活与学习中的问题已成为信息社会中国公民的一项重要技能。合理使用移动终端，可以帮助人们快速获取信息、高质量的沟通与交流，满足学生个性化发展的需求。

2. 育人目标

学生能够了解常用移动终端的功能与特征，形成移动学习的意识，掌握移动应用设计与开发的思想方法，根据需要设计适当的移动应用，创造性地解决日常学习和生活中的实际问题。

3. 实施建议

引导学生认识移动应用的优势及其对社会发展的作用，熟悉移动终端的特点，逐步形成运用移动应用程序解决相关问题的思维与技能。

例如：引导学生利用移动终端中的电子笔记功能，以图文并茂的日记形式记录学习、生活，或利用移动终端中的浏览器，随时随地搜索、浏览学习和生活中遇到的问题，体验移动应用带来的便利。

第三节　信息技术课程育人评价初探

信息技术课程育人评价是根据信息技术课程育人目标和学科特点制定出适合本学科的评价标准，对信息技术课程教师育人过程和实效以及学生行为和思想变化，进行价值上的考查、判断和评估活动。

一、高中信息技术课程育人评价的意义

信息技术课程育人评价的目的是通过对信息技术课程育人工作的全面考核和评价，促使教师改进工作态度和育人方式、学生改进学习态度和学习方式，从而有效地提高信息技术课程育人实效，为促进学生思想品德的健康发展服务。

通过实施信息技术课程育人评价，一是有利于教师改进育人方法。通过科学评价，可以帮助教师提出有针对性的课堂育人目标，找准课堂教学中进行德育的渗透点，在教学活动过程中形成良好的人际关系和课堂氛围，提高育人实效。二是有利于学生改进学习方式，学会有效利用数字资源和工具，培养信息素养，解决学习和生活中的实际问题，从而提高数字学习与创新能力，增强社会责任感。

二、高中信息技术课程育人评价的原则

高中信息技术课程育人评价要从单纯关注知识与技能向关注学生学业成就转变，同时还要关注现实问题解决和团队合作等多种能力的提升。通过评价的合理实施，不断提高信息技术课程教师的育人水平，激发学生学习、应用信息技术的兴趣，帮助学生逐步提升信息素养。

1. 规范课堂教学，培养良好习惯

(1) 遵守机房规则，爱护机房设备，正确规范的操作，帮助学生形成良好的使用计算机的习惯。

(2) 要求学生爱护电脑设备，遵守上机规则的同时，授课教师自身也要遵守机房的各项规章制度，这样言传身教才能为学生树立榜样，才能有助于学生良好习惯的养成。

2. 结合教学内容，强化育人思想

从教材实际和学科特点出发，在教学中自然而然地渗透，做到“随风潜入夜，润物细无声”。课堂上，让学生感觉教师不是在刻意说教，在无形中接受深刻的思想教育。

3. 加强网络教育，增强防范意识

(1) 加强学生的自我保护意识。学生正处在青春期，渴望交朋友，防范意识却很薄弱，所以可能会在网上向陌生人随意公开自己的个人信息，这些都是不安全的。对此，教师要告诉学生在网络上发布个人信息时，要提高防范意识，保护个人隐私。

(2) 培养学生健康的信息意识。高中生处于身心迅速发展的时期，容易接受新生事物，所

以有的学生可能会对网络中一些黄色、暴力的信息难以抵挡，甚至有学生对“黑客”充满了神秘感，对制造混乱的“黑客”产生敬佩。所以，教师一定要注意培养学生健康的信息意识。

4. 培养协作精神，树立团队意识

（1）培养协作精神。信息技术课程的很多学习内容，不是只靠一己之力完成的，而是需要小组多人协同合作，所以要培养学生的协作精神。

（2）树立团队意识。组队完成一个任务，就需要有团队意识，大家不能各自为营，而是要和团队的其他成员多沟通，这样才能高效、快速地完成任务。

5. 培养优良品质，激励学生成才

良好的意志品质可以促进学生动手能力的发展。有的学生，碰到困难就缺乏耐心，放弃努力，以致无法完成任务。针对这种情况，教师可以用自己的实际行动来向学生证明继续努力的意义，使学生明白，其实他们已经离成功不远；也可以发挥榜样的作用，让取得成功的学生示范操作，交流心得体会，感染身边的同学；还可以对学生进行言语暗示训练，让学生学会在打算放弃时自我暗示继续努力，直到顺利完成任务。

三、高中信息技术课程育人评价的指标

信息技术课堂的育人目标需要将立德树人的要求与学生的日常生活、学习过程结合起来，形成能力和素养相一致的课堂教学评价标准，据此选择相应的教学评价指标以及设计多元化的教学评价形式。具体评价可以从育人目标、育人内容、育人过程、育人方法和育人效果五个方面展开。

1. 育人目标

根据《普通高中信息技术课程标准（2017 年版 2020 年修订）》，信息技术课程强调全面提升高中生的信息素养，提高学生综合运用知识解决实际问题的能力。根据《普通高中信息技术课程标准（2017 年版 2020 年修订）》所强调的育人价值观念，使学生学会分析问题和解决问题，在解决问题的过程中具备自主、自立、自强的态度和能力，初步形成正确的世界观、人生观和价值观，在实践活动中形成尊重他人、乐于助人、善于合作、勇于创新的好品质。

2. 育人内容

教师在组织好学科教学内容的同时，也要组织好育人内容。教师要遵循信息技术学科自身的教学规律、课程特点、育人规律和青少年的成长规律，准确把握学科教学和育人内容的结合点；合理把握教学内容，充分挖掘学科教学中蕴含的育人资源，结合学生生活实际，根据学生的认知水平、身心特点，找准育人的渗透点，并把握好育人渗透的角度和层次，做到育人内容和教学内容的有机融合。

3. 育人过程

在教学过程中，师生互动和学生之间的互动、学生和学习内容之间的互动都可以作为高中信息技术课程育人的评价指标。在传授信息技术理论知识时，教师除了讲授外，更应该结合实际问题引入适当的探究、合作、交流、讨论，最后得出正确的结论。在实操知识的学习与练习中，应该多创设团队合作的任务，让学生在团队共同完成某项任务的过程中，培养分工合作精神，以及团队协作意识及协调能力。

4. 育人方法

信息技术课程育人目标的渗透，要以学生的思想、行为为主体，通过具体的活动而不是说

教，让学生在行为实践中领悟信息技术课程的科学理论和实际运用。在教学过程中适当挖掘育人因素，让学生在了解现代信息技术发展的同时，激发学生对信息技术学科的热爱，激发他们的爱国情怀。同时，对于一直存在的网络安全问题，需要对学生加以正确的引导，使他们不要沉溺于网络和通过网络做违法的事情。

5. 育人效果

通过信息技术课程体现的育人是让学生不仅要掌握信息技术课程的基本内容，更为重要的是要提升高中生的信息素养和安全意识。

高中信息技术课程育人评价量表如表 11-1 所示。

表 11-1　高中信息技术课程育人评价量表

评价项目	评价内容	分值	得分
育人目标	依据课程标准、结合教材内容，确立明确的、有实效性的信息技术课程育人目标	10	
育人内容	合理把握信息技术课程教学内容，充分挖掘学科教学中蕴含的育人资源，结合学生生活实际，根据学生的认知水平、身心特点，找准育人的渗透点，并把握好育人渗透的角度和层次，做到育人内容和教学内容的有机融合	25	
育人过程	通过问题讨论，实现师生互动、生生互动，在教学活动过程中形成良好的人际关系和课堂氛围，让学生在学习活动中合作学习、共同探索、积极交往，锻炼学生的自主学习能力和协作能力	25	
育人方法	以学生为主体，发挥学生的主动性、积极性，以德育渗透点设置情境，激发引导学生进入情境，让学生主动在情境中活动，积极体验和感悟，形成正确的情感、态度和价值观	20	
育人效果	育人渗透自然、有趣，激发学生的学习兴趣；全面提升学生信息素养；培养学生对信息的敏感度和对信息价值的判断力；提高学生发现问题、自主解决问题的能力，达成育人目标	20	
总分		100	

第四节　信息技术课程育人探索案例

案例一　紧跟科技发展、利用信息技术共同抗疫

一、案例说明

1. 目标阐释

面对这场突如其来的疫情，人工智能、大数据、云计算等新一代信息技术纷纷吹响阻击疫情的集结号，充分发挥技术优势，打赢抗“疫”攻坚战。本节课是信息技术课程的基础课程，在

学生已有知识的基础上，对信息整理和信息技术应用能力做进一步的提高，目的是使学生从宏观上把握信息和信息技术，形成对信息社会中信息的整体认识，为后面的学习提供必要的准备，进一步督促学生努力学习信息技术知识，为国家的发展和实现中国梦贡献自己的力量。

2. 实施路径

通过梳理与展示当前信息技术的成果，激发学生对信息技术的兴趣，高中一年级的学生，已经初步具备了一定的自学能力，知识的应用和迁移能力已经比较强。特别是在全国共同抗击疫情的背景下，采用讨论与探究式课堂教学模式，通过身边利用信息技术抗疫实例增强学生对生活中的信息技术感知能力，力求与时俱进，体现高中信息技术新课标的课程理念与核心素养，实现学生良好的学习体验。

二、案例描述

1. 片段一：导入

教师活动：导入新课，播放一则国内的利用信息技术抗击疫情报道《同心抗疫 大数据显身手》（中国高新网）。

教师提问：同学们从新闻报道中了解了什么信息？

学生活动：学生观看新闻报道并思考，信息技术在当前抗击疫情中发挥了什么作用？

通过观看科技新闻，激发学生的兴趣和求知欲，活跃课堂气氛。（见图 11-1）

图 11-1　疫情防控中的科技力量

育人契合点：

疫情发生以来，一个个大数据相关产品层出不穷。科技发展目标和成果，让学生了解“科技兴则民族兴，科技强则国家强”，充分呈现掌握信息技术的重要性和必要性，让学生沉浸在对祖国的热爱、自豪和希望中。

习近平总书记在统筹推进新冠肺炎疫情防控和经济社会发展工作部署会议上的讲话中指出，要充分运用大数据分析等方法支撑疫情防控工作。用这个作为课堂的导入，能让学生很快将个人情感融入课堂中来，增强后续学习的积极性。

2. 片段二：信息技术对人类的贡献

分组讨论：信息技术的五次革命给人类带来了哪些改变？

教师梳理信息技术的五次革命，针对每次技术革命，给出图片、文字或视频，通过提问的方式引导学生思考：信息技术是在什么条件下发展起来的？信息技术革命给我们带来了什么便利？生活中有哪些信息技术的应用？大家使用过哪些信息技术产品？未来信息技术可能会朝哪个方向发展?

学生在老师的引导下激烈讨论,畅所欲言,分享自己的观点。

育人契合点:

新型冠状病毒疫情牵动亿万人心,打赢防疫这场攻坚战是当前各界最重要的任务。而战胜疫情离不开科技,国家卫健委提出要求各地积极运用互联网+、大数据、5G等信息技术助力疫情阻击战,充分发挥信息化在辅助疫情研判、创新诊疗模式、提升服务效率等方面的支撑作用。

教师通过展示信息技术在抗击疫情中的应用实例,让同学们发现身边的信息技术使用情况,感受信息技术给我们生活带来的巨大变化;让学生了解正是我国在科技发展中的大力投入,才改变了我们生活的方方面面;鼓励学生学习刻苦奋斗和努力创新的精神品质,激发学生努力学好信息技术的责任感和使命感。

3. 片段三:信息技术的未来发展

讨论与思考:发挥想象力,畅想未来信息技术的发展趋势。

教师展示抗击疫情过程中相关产品的使用案例,学生先阅读教师提供的案例,了解到目前为止信息技术的发展状况。例如,智能化、集成化和平台化、云计算、高速度高容量等相关技术的发展。

育人契合点:

教师在应用举例部分可以结合"抗疫第一线"使用的相关技术,如虚拟现实技术在抢建"火神山""雷神山"医院中用来做建筑设计工作;语音技术在武汉进行"大排查"过程中用来自动语音电话记录居民健康状况;更多的如医护机器人、5G实时视频"监工"等,让学生从身边发生的案例中理解信息技术的发展趋势、科技的进步,让更多人扬起了美好生活的风帆。

教师与学生在分析和梳理信息技术发展趋势的过程中,通过对不同时代背景的信息技术产品进行对比,使学生真切地感受到中国的巨变,树立起对祖国的自豪感,坚定学生对在中国共产党领导下的中国的发展信心。

三、案例反思

如何将信息技术课程的学习与学生的实际需要结合起来?这是信息技术课程实施过程中的一个关键问题,在讲到"信息技术的发展趋势"这一内容时,教师将课程内容与当前的抗疫相结合,让学生从身边的活动中感受科技的发展和对疫情的关心,激发学生的学习兴趣,扩大学生视野。

对于信息技术未来的发展,学生能叙述优缺点,其实技术也具有两面性,教师可以引导学生在实际生活中明辨是非,真正合理使用信息资源。这还需要在以后的教学中不断对学生加强指导。

案例二 人工智能助力疫情阻击战

一、案例说明

1. 目标阐释

在当前科技创新教育提质增速的背景下,虽然"人工智能"几乎成为一个人人皆知的概念,但人们对人工智能的定义还没有达成普遍共识，机器不一定需要像人一样思考才能获得智能，重点是让机器能够解决人脑所能解决的问题。

本节课在当前全国抗击新型冠状病毒疫情的背景下，以人工智能基础为教学内容，从人工智能在疫情中的应用案例，让学生了解算法在人工智能中的重要作用，明晰和强化正确的科技素养和价值理念；转变教育视角，形成新课改科技创新、创意教育的价值共识。

2. 实施路径

武汉市第四十九中学在校长吕向东"努力成就最好的自己"办学思想指导下，将培养学生的科技创新精神作为学校的主要教育方向。在智慧校园软硬件技术的支持下，学校成立了科技社团，按照学生兴趣和水平进行分组，现有软件编程、人工智能等项目供学生学习与实践。本节课中，教师通过在课堂上介绍人工智能技术在"抗疫"中的应用案例，配合编程教学、算法实践等教学方式，让学生体验使用算法解决问题的流程，增强学生利用信息技术解决实际问题的能力，激发学生学习兴趣。

二、案例描述

1. 片段一：导入

新闻报道导入新课，教师分享科技日报文章《AI1 分钟能测 200 人体温》。

教师提问：我们是如何控制设备的呢？

学生回答：通过编程。

教师引导：大家回答得非常正确，但我们在编程之前是不是也要先做一个规划和设计呢？比如怎样才能让机器人准确地找到人来测量体温呢？这其实就是算法的作用，算法是人工智能的核心。

育人契合点：

教师通过人工智能在"抗疫第一线"应用的报道导入新课，可以让学生将本节课的内容与目前的社会热点问题联系起来，认识到人工智能在抗疫中的应用，并引入算法概念，增强学生对算法的认识和学习算法的动力。使学生感受到人工智能在国家处理紧急事件中的巨大作用，领悟到学好信息技术的重要性和必要性，激发学生为提升祖国科技实力而努力学习的愿望和斗志。

2. 片段二：人工智能图像识别

算法基础：图像在计算机中的表达以及二进制的概念。

教师展示人工智能快速识别 CT 案例：中国在利用人工智能帮助控制疫情方面发挥了巨大作用，通过肺部 CT 扫描，AI 可以快速检测可能的新冠病毒肺炎的病变，测量其体积、形状和密度，并从图像中比较多个肺部病变的变化，所有这些都可以提供定量报告，帮助医生快速做出判断。"手动读取 CT 扫描可能需要 15 分钟，人工智能可以在 10 秒钟内完成图像读取。"（见图 11-2）

教师提问：根据这个例子，大家觉得人工智能有什么优势？

学生回答：效率高、准确度高。

教师解说：计算机之所以有了分辨的能力，就是因为人类编写了一定的算法来指挥它们，AI 能够识别 CT 产生的图像，我们需要知道二进制的概念；二进制运算非常简单，计算机很容

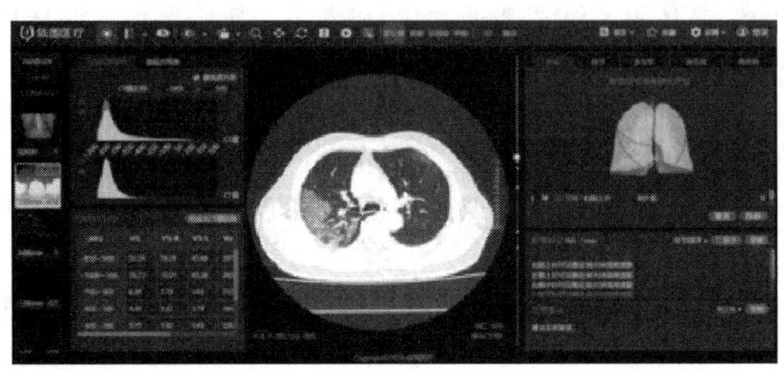

图 11-2　AI 识别 CT 图像

易实现，所以计算机内部都用二进制编码进行数据的传送和计算；CT 的图像其实就是使用二进制的方式在计算机中存储的。

育人契合点：

学生通过身边的真实案例，体会人工智能在抗疫中的应用和发展，明白科技的发展离不开创新、知识、人才，都要为人所控、服务于人，从而让学生努力学习，积极提高自身的科学素养。

计算机虽然不是中国人研究发明的，但我国科学家用最短的时间，将计算机水平提升到世界先进水平，这些教育内容都可以让学生的学习热情高涨，激发学生的爱国荣誉感。

3. 片段三：人工智能服务人类

教师引导：疫情期间，大部分人都需要待在家里，生活受到了一定影响，人工智能还帮我们解决了很多生活上的问题，如智能物流机器人、在线问诊等。（见图11-3）

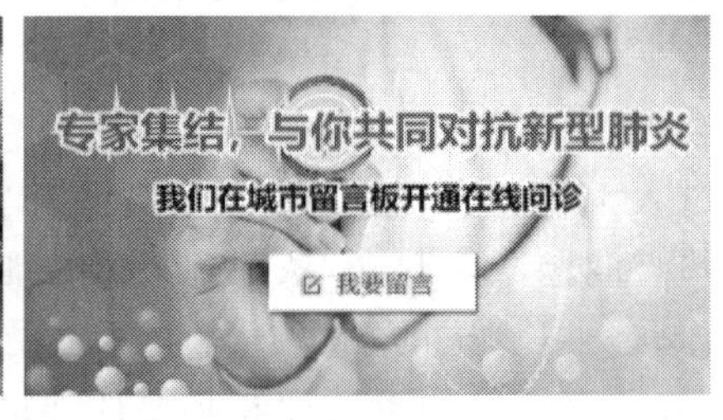

图 11-3　智能配送机器人及在线问诊界面

问题探讨：相对于专业领域的人工智能应用，人工智能在生活服务类的场景下更加注重与人的相关性，这就产生了很多个性化的服务，那么请大家探讨一下，人工智能又有哪些优势和不足呢？

学生活动：分组讨论和思考，主要基于人工智能给人们带来的价值和不足进行对比，形成良好的思辨氛围，让学生认识到人工智能的发展还处于初级阶段，还需要不断完善。

育人契合点：

人工智能在疫情中的表现，既让我们对它满怀信心，也让我们明白了它还有很多的不足，这需要我们通过努力学习、刻苦创新，进一步改造和发展人工智能，这既是个人发展的需要，也是增强国家科技力量的需要。

近年来，教育部启动了多项促进 AI 教育的举措，这些举措包括建立 AI 研究中心、世界一流的在线课程以及人才培养计划。提升人工智能领域青年人才培养水平，将为我国抢占世界科技前沿、实现引领性原创成果的重大突破，提供更加充分的人才支撑。

国家的重视、人才的需求和人类的发展，都要求同学们认识到我国在人工智能领域还有很多不足，促使学生把学好信息技术课程及相关的基础课程作为当下的目标，并以激发科技创新、增强国家科技实力为目标来要求自己。

三、专家点评

人工智能是当下最热门的方向之一，本节课通过将其与社会热点、学习内容相结合，可以非常直观地让学生了解我国在人工智能领域的发展成果。

在教学过程中，教师在实践的基础上，展示一些现实中成功的案例，让学生在案例中学会做人的道理和感受成功背后所需要的优质品质与创新精神，更好地为建设祖国、为人民服务、为实现中国梦而努力奋斗。

案例三　信息技术让“空中课堂”成为共同抗疫记忆

一、案例说明

1. 目标阐释

为了响应习近平总书记和党中央、国务院关于坚决打赢新冠肺炎防控阻击战的号召，教育部办公厅印发《关于深入做好中小学“停课不停学”工作的通知》，就有序、有效、深入开展“停课不停学”工作再次提出指导意见。

本节课在全国共同抗疫的背景下，广大师生以“空中课堂”作为教学手段，在适应“网课”的同时，也形成了每一位教师和学生共同的记忆。“家事国事天下事，事事关心”，除了课本知识，我们身边还有无数鲜活的教育素材，如何将这些“非常时期”的事件课程化、系列化，成为值得审慎收藏的“非常课堂”。通过“全民网课”，既可以让师生进一步掌握信息技术知识，也是一次难得的技术实践机会。

2. 实施路径

武汉作为疫情中心，“空中课堂”是全市师生实行在线教育的主要平台，凡有所学，皆成性格，教师要在主动适应网络“主播”节奏的同时，善于变社会危机为教育契机，从社会资源的广角镜中，广纳资源，重点研发，将生命教育和实践教育相结合，创造适合学情特点的“非常系列课程”。从“非常时期”的社会大背景中遴选素材，使“全民网课”成为值得师生共同审慎收藏的一段记忆。

二、案例描述

1. 片段一：空中课堂技术

问题探讨：空中课堂的功能及技术。

教师引导：疫情期间，同学们都无法在学校上课，为了响应国家“停课不停学”的号召，武汉市从 2 月 10 日开始使用空中课堂进行远程教学；空中课堂是面向教育系统的在线上课方案，采用基于浏览器的轻量化技术——谷歌 WebRTC 技术，学生不用下载客户端即可连麦；空中课堂支持课后回放，便于学生随时回顾课程内容，还提供了公开课、录像课等教学模式，在课堂中可以使用举手、连麦、答题、批注等互动工具；此外，空中课堂可以记录老师、学生在直播过程中的课程质量、完课率、答题结果等行为，提供大数据分析服务。（见图 11-4）

图 11-4　武汉市空中课堂

学生在教师的引导下体验空中课堂，了解空中课堂具有哪些功能？使用空中课堂需要哪些软件和硬件条件？学生体验后填写表 11-2。

表 11-2　空中课堂的功能与相关技术

功能名称	相关技术
登陆	数据库
直播	流媒体
…	…
…	…

育人契合点：

为加强新型冠状病毒感染的肺炎疫情防控工作，有效减少人员聚集，阻断疫情传播，打赢疫情防控阻击战，教育部发出通知，要求各地大中小学校推迟春季开学时间，并倡议：利用网络平台，开展“停课不停学”。空中课堂作为一种新型的教学模式，可以让学生在正常上课的同时，进一步感受信息技术的发展给人们带来的便利。特别是在这种紧急的形势下，举全国之力保障广大师生正常开展教学活动，体现了我国的动员、组织能力和强大的科技支撑，激发学生的学习动力，增强学生的民族自豪感。

2. 片段二：网络安全的重要性

问题探讨：居家安全和网络安全。

教师引导：受新冠肺炎疫情的影响，上网课似乎已变成一种“常态”，那么，居家防疫过程中有哪些问题需要注意呢？

学生回答：不出门、勤通风、勤洗手、保持良好的卫生习惯等防疫安全措施，还有很重要的一点是要保持信息畅通。

教师引导：在这个信息化的时代，同学们最喜欢的社交方式就是利用网络，特别是疫情还未结束，我们有很多学习任务都是在网络上完成；网络的确给我们带来了很大的便利，但同时也带来了很多安全问题，影响了我们正常的学习和生活，更有甚者，直接影响到某些同学的价值观和人生观；请同学们讨论一下，在使用空中课堂时可能会出现哪些安全问题呢？

学生讨论：密码被盗、匿名者干扰课堂，弹出广告……

教师总结：上网课的时候，我们在保证身体健康的同时，一定也要注意网络安全；我们不仅要保护个人的安全，也要一起维护整个网络的安全，做到合理利用信息技术。

育人契合点：

疫情当前，安全成为全国人民都关心的一个话题，教师通过将居家安全与网络安全相结合，让学生更容易领悟到网络安全的重要性。特别是当前全民网课的情况下，各大教育平台存储了大量的学生在线注册信息，使用过程中为了课堂秩序和教育质量，通常需要开启麦克风、摄像头等敏感权限，未成年人信息一旦泄露或被违法商用，对他们的人身安全、学习和成长都将产生极大危害。通过本节课，让学生无论是现在还是未来，都把安全作为首要考虑的问题，树立安全意识，增强学生的自我保护能力。

3. 片段三：空中课堂网络班会

教师以视频的形式播放校园的美景、学校领导的关怀，以及抗疫期间同学们的点滴感悟。（见图 11-5）

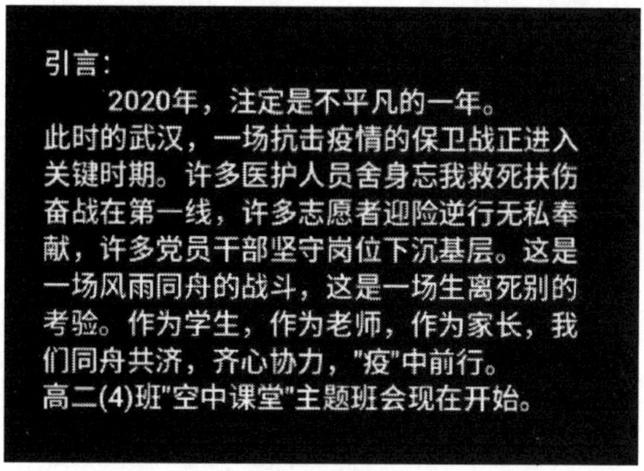

引言：
2020年，注定是不平凡的一年。
此时的武汉，一场抗击疫情的保卫战正进入关键时期。许多医护人员舍身忘我救死扶伤奋战在第一线，许多志愿者迎险逆行无私奉献，许多党员干部坚守岗位下沉基层。这是一场风雨同舟的战斗，这是一场生离死别的考验。作为学生，作为老师，作为家长，我们同舟共济，齐心协力，"疫"中前行。
高二(4)班"空中课堂"主题班会现在开始。

图 11-5　空中课堂网络班会引言

育人契合点：

抗疫期间，虽然不能见面，但有了空中课堂，让教师们、同学们的心都连在了一起，通过空中课堂，学生依然能看到往日校园里熟悉的欢声笑语。通过空中课堂开展班会、晨会活动，成为教师和同学互相交流的主要形式，特殊时期、特殊方式，相信这样的班会课会成为同学们难以忘记的记忆，也让学生坚定了抗疫必胜的信念和努力学习的动力，并且在非常时期，保护好自己、关心家人，调整心态，开启居家在线学习新模式，在抗击疫情中努力成就最好的自己。

三、专家点评

本节课以同学们集体上网课的经历作为切入点，结合当前的抗疫形势，把信息技术知识融入学生上网课的实践中来，既让学生通过网课学习到各科知识，也让学生在实践中进一步感受信息技术发展带来的便利和优势，进一步让学生了解我们国家始终把人民放在第一位，在保证广大人民健康的前提下，保障我们学习的权利，从而激发学生的学习斗志，增强学习动力，发扬抗疫精神，努力向前。

不足的地方主要是空中课堂在抗疫期间还是作为一个工具来使用，部分学生可能还无法深切感受到其真实意义，这个方面还需要教师进一步挖掘素材并及时补充到课堂教学中去。

信息技术让空中课堂的技术发展迅速，已经能够实现大部分现实课堂功能。空中课堂有优点也有缺点，因为疫情原因，我们才大规模地实行空中课堂，但疫情过后，空中课堂也有可能成为正常教学的一个非常好的补充，特别是我们武汉市第四十九中学在软硬件条件都具备的情况下，更应该尝试接触和使用空中课堂教学模式。

第十二章 普通高中通用技术课程育人探索

根据《中小学德育工作指南》要求，高中通用技术学科作为科技、劳动实践课程，要加强对学生科学精神、科学方法、科学态度、科学探究能力和逻辑思维能力的培养，促进学生树立勇于创新、求真求实的思想品质；利用科技类馆室、科研机构、高新技术企业设施等开展科普教育；激发学生崇尚科学，爱科学、学科学，增强学生主动学习科学文化知识的内驱力，教育和引导学生热爱中国共产党、热爱祖国、热爱人民，拥护中国特色社会主义道路，弘扬民族精神，增强民族自尊心、自信心。《普通高中通用技术课程标准(2017 年版 2020 年修订)》中将劳动列入国家课程，并在通用技术选择性必修课程中赋予相应学分。据此我校将在通用技术国家课程、地方课程、校本课程中加强劳动教育，引导学生获得未来发展、终身学习、美好生活和担当民族复兴大任所必需的学科核心素养，成为有理念、会设计、能动手、善创造的社会主义建设者和接班人。

第一节　通用技术课程的育人价值

一、高中通用技术课程的地位和特点

普通高中通用技术是指信息技术之外的，较为宽泛的、体现基础性和通用性并与专业技术相区别的技术，是日常生活中应用广泛、对学生的发展具有广泛迁移价值的技术。通用技术课程是一门立足实践、注重创造、高度综合、科学与人文融合的课程。通用技术课程重视对学生技术素养的培养、面向学生未来生活与就业、使学生更好地适应未来社会、在重视技术素养的同时注意发挥技术课程的综合素养教育功能。

1. 课程地位

1) 通用技术课程是高中生必修课程

随着科学技术突飞猛进的发展，技术日益成为我们生活中无时不在、无处不在、无所不在的客观存在，成为社会变化的重要因素。世界各国高中早已开设了通用技术课程，例如：加拿大 20 世纪 80 年代开设，俄罗斯 20 世纪 20 年代开始从小学到高一开设，英国 1988 年开设，美国 20 世纪 70 年代开设，法国 20 世纪 80 年代开设，日本 1994 年从小学到高中开设，韩国 1990 年从初中到高中开设。

我国经济发展的现状也要求关键核心技术的创新能力，加大对技术人才的培养。现在我国沿海工业主要以原料加工为主，知识产权(技术)掌握在别人的手里，只赚取了低廉的加工费。我国工业的技术含量不高，如制衣行业，几亿件衣服还不值一架波音飞机。

2) 通用技术课程培养学生核心素养

普通高中通用技术课程的基本目标是进一步提高学生的技术素养，促进学生全面而富有个性的发展。总目标是“通过本课程的学习，学生进一步拓展技术学习的视野，学会或掌握一

些通用技术的基础知识和基本技能，掌握技术及其设计的一般思想方法；具有一定的技术探究、运用技术原理解决实际问题以及终身进行技术学习的能力；形成和保持对技术学习的兴趣和学习愿望，具有正确的技术观和较强的技术创新意识；养成积极、负责、安全地使用技术的行为习惯，发展初步的技术能力和一定的职业规划能力，为迎接未来社会挑战、提高生活质量、实现终身发展奠定基础”。

3）通用技术课程的设置是实现中国梦、满足高中课程育人的迫切需要

我国普通高中通用技术课程与九年义务教育中的信息技术教育和劳动技术教育相衔接，以提高学生的技术素养为主旨，以设计学习、操作学习为主要特征，以培养学生的创新精神和实践能力为基础的教育课程。普通高中课程结构中，技术是一个基础性的学习领域，包括了信息技术和通用技术两门学科。中华民族面临重大机遇，同时也面临重大考验，创新能力成为中国发展的关键。实现中国梦，建设创新型国家需要高中生具有创新能力，需要在高中阶段开设通用技术课程。

4）通用技术课程有利于高中生在主动学习中实现个性发展、全面发展

普通高中通用技术课程最为引人注目的地方就是引导学生融入技术世界，培养学生的技术素养，充分发展学生的个性，培养学生的人生规划能力和自主学习能力，增强学生的社会适应能力。在普通高中新课程中摒弃以往不重视技术教育的传统，专设“技术”领域，新增通用技术课程，既符合时代的要求，也是学生在人生规划中学会选择、在主动学习中实现有个性的全面发展的迫切需要。

2. 课程特点

1）高中通用技术课程注重过程的实践性

职业高中的技术教育以学生获得未来从事某个职业或岗位所必需的职业技能为主要目标，其实施方式较为系统，是以理论与实践相结合的专业知识学习与实践。在教学过程中，教师应根据学生的心理特点和已有的技能，尽量创设动手实践的教学环境，让学生拥有亲自体验的学习机会。

2）高中通用技术课程注重教学体系的科学性

在通用技术课程中，设计作为一条主线贯穿于各个模块的始终，教师应有意识地将设计的流程，设计的一般原则、条件限制，设计的优化及改进等融会贯通在各个模块的教学内容中。高中通用技术课程不是以知识体系作为课程结构，并不呈现线性的逻辑顺序，而是覆盖了人类广泛的生产和生活领域的一个个技术的设计或制作；各章内容具有相对的独立性，并不存在必然的递进关系，这是通用技术学科与其他学科的明显区别。

3）高中通用技术课程注重教学形式的多样性

在高中通用技术课程的教学中，有三种教学形式比较常见：传统的讲练结合形式，比如讲授机械制图基础中的三视图画法，需要教师通过数形结合等方法直观地向学生讲授；分组讨论的形式，比如分组构思广告宣传灯的设计方案；制作实践的形式多样化。

4）高中通用技术课程注重教学评价的多元性

高中通用技术课程的评价主要是对设计方案的评价和对最终作品的评价。评价的目的是既要鼓励学生的创新思维，又要使设计方案能够在制作中得以实现。产品的质量始于设计，确

定了设计任务后，学生会提出许多富有创意的设计方案，评价指标可以集中考虑重要的和基本的要求，比如创新性、实用性、可操作性、安全性、经济性等，从多方面、多角度进行评价。最终作品是设计和制作过程的结晶，是设计和制作水平的集中体现。

二、高中通用技术课程的育人要素

通用技术课程以真实世界的物化事物为对象，以设计学习、操作学习为主要特征，立足实践、注重创造、体现综合、科技与人文统一，是高中生适应社会生活、高等教育和职业发展所需。依据《普通高中通用技术课程标准（2017 年版 2020 年修订）》和通用技术学科核心素养，高中通用技术课程所蕴含的育人要素如下：

1. 技术素养

通过通用技术课程的学习，让学生获得主动适应未来社会发展需要和高质量生活所必需的技术素养，实现全面而富有个性的发展。

2. 责任意识

通过学习体现时代特征和社会发展需要的技术基础知识、基本技能、基本思想，使学生形成对技术的敏感性、亲近感，培养责任意识，以更具道德、更为科学、更负责任的方式使用技术和参与技术活动。

3. 工作态度

通过学生经历技术设计的全过程，养成实事求是、精益求精的工作态度，增强劳动观念，具备初步的职业规划和创业意识，形成与技术相关的规范意识、质量意识、经济意识、环保意识、伦理意识等。

三、高中通用技术课程的育人价值

1. 通用技术学科核心素养

通用技术学科核心素养主要包括技术意识、工程思维、创新设计、图样表达、物化能力五个方面。

1）技术意识

技术意识是对技术现象及技术问题的感知与体悟。促进学生形成对人工世界和人技关系的基本观念，技术的规范、标准与专利意识，能就某一技术领域对人、社会、环境的影响做出一定的理性分析，形成技术的安全和责任意识、生态文明与环保意识、技术伦理与道德意识；能把握技术的基本性质，理解技术与人类文明的有机联系，形成对技术文化的理解与主动适应能力。

2）工程思维

工程思维是以系统分析和比较权衡为核心的一种筹划性思维。促进学生认识系统与工程的多样性和复杂性；能运用系统分析的方法，针对某一具体技术领域的问题进行要素分析、整体规划，并运用模拟和简易建模等方法进行设计；能领悟结构、流程、系统、控制等基本思想和方法并加以运用；能进行简单的风险评估和综合决策。

3）创新设计

创新设计是指基于技术性问题进行创新性方案构思的一系列问题解决过程。促进学生在发现和明确问题的基础上，搜集相关信息，并运用人机关系及相关理论进行综合分析，提出符合设计原则且具有一定创造性的构思方案；能进行技术性能和指标的技术试验、技术探究等实践操作，准确地观测、记录与分析；能综合各种社会文化因素评价设计方案并加以优化。

4）图样表达

图样表达是指运用图样形式对意念中或客观存在的技术对象进行可视化的描述和交流。促进学生识读简单的机械加工图及控制框图等常见技术图样；能分析技术对象的图样特征，会用手工和二维、三维设计软件绘制简单的技术图样等；能通过图样表达设计构思，用技术语言实现有形与无形、抽象与具体的思维转换。

5）物化能力

物化能力是指采用一定的工艺方法将意念、方案转化为有用物品，或对已有物品进行改造与优化的能力。促进学生知道常见材料的属性和常用工具、基本设备的使用方法，了解一些常见工艺方法，并形成一定的操作经验积累和感悟；能根据设计方案要求，进行材料选择、测试与规划，工具选择与使用，工艺设计与产品制作等；能独立完成模型或产品的成型制作、装备及测试，具有较强的动手实践与创造能力；能体验工匠精神对技术制造质量的独特作用，形成物化过程中严谨细致、精益求精、追求卓越的工作态度。

2. 通用技术课程培育的价值观念

技术可以保护人、解放人、发展人，技术是人类文化财富的积淀，任何技术在凝结一定的原理和方法、体现科学性的同时，都携带着丰富的文化信息、体现着一定的人文特征。

习近平总书记结合当前中国发展状况，多次指出提高关键核心技术创新能力，为我国发展提供有力的科技保障，关键核心技术是要不来、买不来、讨不来的。只有把关键核心技术掌握在自己手中，才能从根本上保障国家经济安全、国防安全和其他安全。要增强“四个自信”，以关键共性技术、前沿引领技术、现代工程技术、颠覆性技术创新为突破口，敢于走前人没走过的路，努力实现关键核心技术自主可控，把创新主动权、发展主动权牢牢掌握在自己手中。

因此，普通高中通用技术课程不再是单纯的技能训练课程，而是一门立足实践、高度综合、注重创造、科学与人文融合的课程，对个人的发展和民族的复兴有着非常积极的意义。

3. 通用技术课程养成的必备品格

通过通用技术课程的学习，学生能够获得未来发展、终身学习、美好生活和担当民族复兴大任所必需的学科核心素养，成为有理念、会设计、能动手、善创造的社会主义建设者和接班人。养成用技术解决实际问题的良好习惯，养成实事求是、严谨细致、精益求精、追求卓越的工作态度，培育工匠精神，增强劳动观念，使求真务实、勇于探索的科学精神内化成人文底蕴。

目前，我校利用通用技术课程和信息技术课程对学生科技创新、科技实践能力进行训练，专门设计相关校本课程对学生进行培训，在培训过程中，通过展示中国当代先进的前沿科学技术，渗透老一辈科学家、技术专家的家国情怀和大国工匠精神，有力提升我校优秀毕业生的核心竞争力。（见图 12-1 和图 12-2）

图 12-1　我校彭睿同学获得全国高中生机器人比赛亚军

图 12-2　英国前首相特雷莎·梅首访武汉后把自己的微博封面换成了与第四十九中学科技社团交流的照片

第二节　通用技术课程育人实施建议

高中通用技术课程包括必修、选择性必修和选修三类课程，应依据《普通高中通用技术课程标准(2017 年版 2020 年修订)》，有针对性、有重点地开展育人实践。

一、高中通用技术必修课程

1. 课标要求

技术设计是技术的基础内容，是技术发展的关键，是动手与动脑相结合，培养学生创新精神和实践能力的良好载体，对学生理解技术、使用技术、应用技术解决实际问题等方面技术素养的提高具有奠基作用。技术设计中的一些基础内容及专题，体现了科技发展的先进成果和先进文化，是当代技术思想和方法的重要组成部分，具有丰富的思想内涵和方法论意义，对所有学生的发展都具有教育价值。

此外，技术设计还具有通用性强、适用面广、可迁移性大、实施条件灵活等特点。通用技术课程的必修内容集中反映了提高学生技术素养的基本要求，体现了技术发展的时代特征，是学生未来生活必备、终身发展有用的基础内容，也是学生学习通用技术课程选修模块的基础。

2. 育人目标

通过本课程的学习，学生将进一步拓展技术学习的视野，学会或掌握一些通用技术的基本知识和基本技能，掌握技术及其设计的一般思想和方法；具有一定的技术探究，运用技术原理解决实际问题以及终身进行技术学习的能力；形成和保持对技术的兴趣和学习愿望，具有正确的技术观和较强的技术创新意识；养成积极、负责、安全地使用技术的行为习惯，发展初步的技术能力和一定的职业规划能力，为迎接未来社会挑战、提高生活质量、实现终身发展奠定基础。

高中通用技术课程在实现以上目标的同时，注重学生创新精神和实践能力的培养，并着力在以下几个方面形成目标上的独特追求：技术的理解、使用、改进及决策能力；意念的表达与理念转化为操作方案的能力；知识的整合、应用及物化能力；创造性想象、批判性思维及问题解决的能力；技术文化的理解、评价及选择能力。

3. 实施建议

1）关注全体学生的发展，着力提高学生的技术素养

（1）形成和保持对技术问题的敏感性和探究欲望，领略技术世界的奥秘与神奇，关注技术的新发展，具有对待技术的积极态度和正确使用技术的意识。

（2）熟悉从事技术活动必须具备的品质，能够安全而又负责任地参加技术活动，具有良好的合作和交流的态度，养成严谨、守信、负责、勤俭、进取等良好品质。

2）注重学生创造潜能的开发，加强学生实践能力的培养

（1）体验技术问题解决过程的艰辛与曲折，具有克服困难的勇气和决心，培养不怕困难、不屈不挠的意志，感受解决技术难题和获得劳动成果所带来的喜悦。

（2）认识技术的创造性特征，形成实事求是、精益求精的态度，培养富于想象、善于批判、敢于表现、勇于创新的个性品质。

3）立足科学、技术、社会的视野，加强人文素养的教育

（1）理解技术的文化特性和艺术特性，具有认识技术问题的国际视野和全球意识，以及一定的对技术文化的理解和选择能力。

（2）理解科学、技术与社会的相互关系，增强劳动观念，具有敬业意识与创业意识，形成与技术相联系的经济意识、质量意识、环保意识、伦理意识，以及主动参与当地经济建设的意识。

二、高中通用技术选择性必修课程

高中通用技术选择性必修课程设 4 个系列，共 11 个模块。其中，“技术与生活”系列 3 个模块，分别为“现代家政技术”“服装及其设计”“智能家居应用设计”；“技术与工程”系列 3 个模块，分别为“工程设计基础”“电子控制技术”“机器人设计与制作”；“技术与职业”系列 2 个模块，分别为“技术与职业探索”“职业技术基础”；“技术与创造”系列 3 个模块，分别为“创造力开发与技术发明”“产品三维设计与制造”“科技人文融合创新专题”。系列之间、系列中各模块之间均为并列关系。

（一）系列 1：技术与生活

1. 课标要求

面向全体学生，以提高技术素养、强化技术在生活中的应用为主旨，帮助学生掌握常见的与生活相关的技术知识与技能，初步形成科学利用技术创造美好生活的意识与能力。

2. 育人目标

初步形成科学而健康的现代家庭生活观念，理解自己在目前和未来家庭生活中的角色，树立家庭生活中必须具有的责任意识，对家庭生活相关技术及其文化有一定的感悟和理解，提高审美、造型能力，增强创新意识。

3. 实施建议

（1）可组织学生分组探究《颜氏家训》《朱子治家格言》等中国古代家训中的一些家政观念，搜集国内外家庭在勤俭教育、劳动教育、技术教育、礼仪教育等方面的案例，进行分析和交流；可通过智能穿戴、智能家居等技术体验活动，使学生了解现代通信技术、现代医疗技术、智能控制技术等对家庭美好生活和日常健康带来的影响；可引导学生通过常用家庭管理软件、家政设计软件的使用，了解家庭管理信息化的技术趋势；可邀请家长与孩子一起举行类似“新技

术与家庭生活”的亲子活动；可请学生为自己的家庭设计一个物品管理的技术方案，与父母讨论、修改，并予以实践。

(2) 可采取小组合作的方式进行教学，如搜集服装材料发展的信息以及目前市场流行服装的面料，将不同时期服装材料的变化对服装的影响制作成 PPT 进行展示、讨论和交流，使学生对服装材料有更直观的认识；可采用多媒体教学手段辅助学生学习，如利用视频或图片展示我国有代表性的少数民族服装，讨论民族服装在材料、款式、色彩与工艺方面所表现出的主要特点，说明这些特点形成的主要原因(如生产方式、生活方式、宗教信仰、风俗习惯以及审美观念等的影响)；可通过服装表演的形式引导学生自主获取知识，理解技术与文化的关系，如理解中式和西式服装、本地与其他地区服装的不同特点及它们的社会文化影响；可以小组为单位进行小实践，用纸或布料在卡纸上制作具有文化元素的半立体服装小样，并说明其体现的文化元素，也可相互测量身体尺寸，通过讨论交流使学生了解自己的体型特征，并通过亲身实践，为自己或同伴设计一款服装；可采取专题研究的方式组织学生学习，如分组针对本校的校服展开研究，分析服装结构与穿着效果的关系，分析服装材料与穿着舒适度的关系，分析色彩、图案及配饰与学校文化的融合，理解服装文化内涵等，进而理解服装设计的过程与方法，提升设计能力。

(3) 可播放相关视频短片或分析智能家居模型，带领学生走进智能家居世界，激发学生学习兴趣，使学生了解智能家居的发展历程；可根据实际情况带领学生参观智能家居展厅或体验一些智能家居产品，让学生体验智能家居和物联网技术的应用，感悟这些技术对人们美好生活的影响；可通过查阅资料，了解“古代厨房到现代智能厨房的发展历程”“家庭中智能电器的发展历程”等技术案例；可让学生开展前期调研，充分了解智能家居系统的个性化需求，从智能照明系统、环境控制系统、安防控制系统以及中央吸尘系统等入手，进行需求分析与功能界定；可针对智能家居的技术特点，以空调、电视机等设备的开关、播放、暂停等红外控制指令为例，演示并讲解感应器把控制信号转化成对应红外指令的现象和原理。

(二) 系列2：技术与工程

1. 课标要求

面向具有未来进入工科专业学习意向的学生，以发展技术与工程的兴趣与特长，强化未来进入工科深造的基础为主旨。

2. 育人目标

理解工程对人类发展的重要价值和丰富的文化内涵；认识工程师的工作特点和工程伦理等职业要求，树立责任和工程意识；了解机器人对人类生活的影响，体会机器人与人、机器的关系。

3. 实施建议

(1) 可通过《伟大工程巡礼》《超级工程》等系列影片让学生体验工程的魅力，并增加感性认识，提高对技术与工程文化的理解，注意融入爱国主义教育和革命传统教育。可让学生进行角色扮演，体验工程决策中工程师、政府、施工方、民众等各方的关系和立场，以发展学生的系统与工程思维。

(2) 可通过实地观察、调查、咨询、查阅产品说明书或有关技术资料等多种形式，了解电子控制技术在生活、生产、国防等方面的应用；通过组内协作和组间交流，强化系统分析的能力和交流合作的意识，体会硬件设计软件化的发展趋势。

(3) 可采取组织学生实地参观或观看视频等方式,了解机器人的工作过程,体会机器人与人、机器的关系;指导学生从简单到复杂、从模仿设计到自主设计,完成机器人控制系统硬件和软件设计。

(三) 系列3:技术与职业

1. 课标要求

面向全体学生和具有未来进入高职学校学习意向的学生,以发展职业探索和职业选择能力,为未来进入职业世界和进入高等职业院校学习打好基础为主旨。

2. 育人目标

(1) 能对技术与职业的关系,对产业、职业的结构和分类有较为完整的认识;能结合技术的变迁,分析本地区的产业、行业与职业的现状和发展趋势;能从技术特征等方面对一种常见职业进行描述;能对常见职业进行工作分析,了解其对从业者职业素养和技术素养的要求,认识到养成良好的职业道德和职业行为规范对于个人职业生涯发展以及社会文明进步的重要性,形成职业的敬畏感和尊严感;能对自我的技术素养、职业兴趣、职业倾向等进行测量与评估,并根据结果进行相关职业匹配度分析;能理解职业与专业选择存在着多种对应关系;能了解某一行业相关的职业和专业,对自己未来的职业进行初步规划;能了解创业的基本方法和主要途径,掌握个人创业条件的分析方法,结合个人特点进行自我评价;能编制简单的创业计划书。

(2) 能探究并描述至少三种普通材料的特征;能恰当选择、合理规划和安全使用材料,在选择材料时,能认真考虑有关技术、社会、法律、环保等方面的因素;能结合某一具体技术装置,描述能源的不同存在方式,并分析能源利用及转换情况;能通过调查了解节能的各种方法,增强能源管理意识;能形成与职业相关的信息意识,利用用户手册、规程或其他信息来观察和了解技术产品的工作方式;能正确操作系统,使其按照所设计的方式运行,养成良好的操作习惯;能安全使用工具、仪器和设备来诊断和维护系统;能就某一技术系统故障情况搜集数据、分析信息。

3. 实施建议

(1) 可采取小组讨论和图表绘制等方式,组织学生制作本地区主要产业、重点行业的职业发展现状及趋势图表,并在课堂进行交流和展示;可采取知识竞赛、案例分析、角色扮演、职业发展规划展示等方式,让学生了解职业素养要求,掌握职业道德、职业规范的内涵及其表现;要求学生阅读名人传记、搜集名人选择职业的案例,形成积极的职业观与择业观;可让学生写下"最喜欢的三个职业",写出三个职业中学生知道的某一人物的名字,并描述对该人物所从事职业的认识;可让学生征求家人、同学、朋友对自主创业的看法,形成创业劳动就业的意识,进行一次个人创业素质自我评测,帮助学生进一步分析自主创业的优势与不足,学习用更加科学、理性的态度和方法来审视个人创业;可邀请劳模来校讲述自己的职业,通过与劳模的近距离接触,感悟和弘扬劳模精神;可要求学生撰写个人自传,结合自身特点,运用态势分析法(SWOT),制作一份自我职业发展规划设计书或创业计划书。

(2) 可让学生通过技术试验、调查等方式,探究生活中常见的金属、非金属与复合材料的特征和加工方法;可让学生探究白炽灯、太阳能电池、家用炉灶等生活用品,或者组织学生参观发电厂等,了解能源的不同形式和转换方式,了解节能环保产业、清洁生产产业、清洁能源产业，感受能源生产和消费革命对人与自然和谐发展的重要意义；可让学生分析信息技术应用于商业、服务业、制造业等方面的典型案例，创作简单的信息产品并进行交流展示；可根据产品说明书或使用指南，组织学生分组进行日常生活中技术产品的拆卸和组装。

（四）系列 4：技术与创造

1. 课标要求

面向具有科技创新兴趣和创造发明意愿的学生，以强化学生的特长培养、技术综合运用和创新能力培养为主旨。

2. 育人目标

通过运用具体的技术应用实例描述技术的产生和发展，认识技术的创造性特征，了解技术发展需要发明和革新；形成积极的创造意向和兴趣，培养良好的批判性思维和开放性想象等创造性思维品质，形成技术的敏感性和责任意识，从而理解科学、技术、工程、艺术、数学、社会之间的紧密联系和科技人文融合创新的重要性，培养团队意识和合作能力。

3. 实施建议

（1）可选用与学生生活相联系的技术发明与革新的案例，也可选用我国古代四大发明的案例来激发学生对创造力开发的积极向往；引导学生深入理解创客及其文化，并对我国的技术创新现象进行文化反思。

（2）可通过相关视频播放和图片展示，并结合不同时期三维打印机制造的实物，进行讲解、体验与比较。充分结合数学、物理、化学、生物、历史、地理、艺术等学科知识，适当利用信息技术，注意在教学中融入爱国主义教育和革命传统教育，选择一些积极和正面的典型事例，激励学生树立投身我国科技创新伟大事业的人生理想。

三、高中通用技术选修课程

高中通用技术选修课程设 4 个模块，分别为“传统工艺及其实践”“新技术体验与探究”“技术集成应用专题”“现代农业技术专题”。

1. 课标要求

选修模块是学生自主选择修习的课程，面向具有技术学习特别需求的学生，最高可选 4 个学分，共设 4 个模块，每个模块可选 2 个学分，其中，“现代农业技术专题”设置 6 个选择性主题，每个主题 1 个学分。

2. 育人目标

通过传统工艺、设计开发到应用创新的学习过程，产生对新技术的敏感性和亲近情感，激发创新、创造、创业的热情，同时对新技术所蕴含的文化内涵有一定的理解。丰富劳动体验，提高科学生产技能，增强热爱农业、热爱农村、热爱农民的情感。

3. 实施建议

（1）结合当地经济、文化、产业技术发展，从“纸造型工艺”“泥、石造型工艺”“金属造型工艺”“布造型工艺”“木造型工艺”“琉璃、塑料造型工艺”六个传统工艺中选择可实施的内容进行教学实践。在教学中，选择相关的技术案例，精心设计开放性的实践活动，如“身边的包装”“中国独有的印”“走进民间染织”“斗拱结构设计探究”“手工琉璃艺术造型技法”等，让学生在经历项目探究、具体实践基础上，体验、感悟技术与创造力的开发。强调学生通过亲身体验，自主选择相关载体内容，使用相关工具、设备、材料，制作较为简单的传统工艺作品。采用小组合作、拜师学艺和校企合作等教学形式，鼓励学生运用创新思维，对传统工艺技术作品进行改进和革新。

（2）可采取多种方式展示新技术成果在特定行业的应用效果，如天宫、蛟龙、天眼、悟空、墨子、大飞机等，让学生体会新技术的奇妙并产生学习兴趣；可采用理论结合实践的形式讲解新技术的原理，通过实物演示使学生对达到的效果有更深刻的认知；在应用新技术的设计和实现环节，以兴趣导向、任务驱动、案例分析等教学方式，采用分组的形式分配任务，让学生在完成任务的过程中深化对理论知识的理解；可以图片、视频、实地参观等形式使学生了解新技术给某个行业带来的变革，组织头脑风暴、技术分享交流、挑战赛等活动引导学生探索新技术的新应用。

（3）可选择便于学生理解的技术集成案例，吸引学生，激发其学习兴趣；可展示技术集成在诸多行业的应用效果，让学生感受技术集成的重要性；可采用理论与实践相结合的形式讲解技术集成的概念和基本过程，通过实物演示使学生对技术集成有更深刻的认知；在技术集成实践与运用的设计和实践环节，任务的设定应注重趣味性和实用性，可采用分组的形式分配任务，让学生在完成任务的过程中深化对理论知识的理解，发展工程思维。

（4）教学中应充分根据当地农业特点和学习条件进行教学安排；可通过当地现代农业资源情况的相关视频、图片及资料的展示，结合日常生活的实例进行讲解，使学生理解现代农业技术与日常生活的关系，激发学习现代农业技术的兴趣；教学中不仅要关注技能教学，而且要关注技术试验方法与思维能力培养等。

第三节　通用技术课程育人评价初探

普通高中课程是实现高中阶段育人目标的重要载体，体现着国家意志，在落实立德树人根本任务中发挥着关键作用。通用技术学科强调创新精神、实践能力的培养，培养学生精益求精的工匠精神和创意设计能力，感悟和弘扬劳模精神，进一步强化社会主义核心价值观教育，中华优秀传统文化、革命文化和社会主义先进文化教育等内容。

一、高中通用技术课程育人评价的意义

通用技术课程具有重要的和不可替代的教育价值。通用技术学科与其他学科区别在于其他学科学生遇到的问题基本上属于“条件预设型问题”，有唯一正确的答案。但通用技术课程不同，在通用技术课程中，学生面对的是真实世界或现实生活中的实际问题，不是理想情境中的问题，不是抽象的模型，需要分析相互制约甚至冲突的因素，需要统筹考虑、寻求平衡，兼顾处理好各方面的关系。大如社会问题，小如生活琐事，利用统筹的思想处理实际问题，学会整体思维，兼顾多方寻求最佳方案，这是一种更高级、更复杂的思维能力，也是一个人的核心素养。如果学生不能掌握这样的能力和素养，就不能适应未来的工作和生活。这些能力的提升目前还无法在考试中体现出来，这些能力的培养和锻炼是其他学科不能替代的。这就是通用技术课程育人的独特意义。

二、高中通用技术课程育人评价的原则

通用技术课程以提高学生的技术素养、促进学生全面而又富有个性的发展为基本目标，着力发展以技术设计与应用为基础的技术实践能力。通用技术课程实现育人主要通过学科的学习而逐渐形成的关键能力、必备品格与价值观念，培养学生的创新精神，增强学生学以致用、团结合作、创业意识和一定的人生规划能力。在实际应用中应注意与通用技术学科核心素养紧密结合，通用技术学科核心素养主要包括技术意识、工程思维、创新设计、图样表达、物化能力五个方面，育人评价主要以这五个方面为原则。

三、高中通用技术课程育人评价的指标

在通用技术课程中，不仅仅是培养学生的技术素养，还包括在社会生活、思想道德规范等各方面的导向。通用技术是一门新兴学科，它具有很好的现实作用，我们正好可以利用它的这个优势，在具体的教学中，把德育教育灵活无形地渗透进去，真正做到“授业”与“传道”相结合。育人评价的指标包括以下几个方面：

1. 劳动能力

通用技术课程的实践过程，是理论和实践相结合的过程，也是学生参与劳动实践的过程。在劳动实践的过程中，应引导学生形成正确的劳动观念，掌握必要的劳动技巧，增强学生的劳动能力，培养勤俭节约、艰苦奋斗的良好品质，养成良好的劳动习惯，建立热爱劳动人民的思想感情。

2. 创新精神

技术的本质在于创造，技术学习的过程，更多地表现为创造的过程，也是激发学生的创造欲望、开发学生创造潜能的过程。在这个过程中，学生通过技术思想和方法的实际应用及问题解决，形成富于想象、善于批判、敢于表现、勇于创新的个性品质。

3. 知识产权

当代社会，技术与科学、社会的关系越来越密切，技术对社会发展、人类生活所具有的重要作用越来越明显。技术对人类生活的作用越大，知识产权就越受重视。通用技术课程的学习，帮助学生树立知识产权意识，预防无意识侵权行为，同时培养维权意识。

4. 技术伦理

通用技术课程对于推动社会文化发展具有独特的价值。在教学中，通过技术所蕴藏的艺术感、文化性、道德责任等触动学生的心灵，增强辨别是非和自我教育的能力，提高认识技术问题的国际视野和全球意识，树立利用技术造福人类的信念。

5. 环保意识

技术的产生和发展是为了更好地为人类的生活服务，而技术的滥用反而危害了人类的幸福。在通用技术课程中渗透环保教育，使学生更好地树立技术合理利用造福人类的意识，形成对待环境问题的正确态度，提高对于环境保护的重视程度，更好地将通用技术课程与具体生活实践相结合。

普通高中通用技术课程育人评价量表如表 12-1 所示。

表 12-1　普通高中通用技术课程育人评价量表

评价项目	评价内容	分值	得　分
劳动能力	形成正确的劳动观念，掌握必要的劳动技巧，增强学生的劳动能力，培养勤俭节约、艰苦奋斗的良好品质，养成良好的劳动习惯，建立热爱劳动人民的思想感情	20	
创新精神	通过技术思想和方法的实际应用及问题解决，形成富于想象、善于批判、敢于表现、勇于创新的个性品质	20	
知识产权	树立知识产权意识，预防无意识侵权行为，同时培养维权意识	20	
技术伦理	通过技术所蕴藏的艺术感、文化性、道德责任等触动学生的心灵，增强辨别是非和自我教育的能力，提高认识技术问题的国际视野和全球意识，树立利用技术造福人类的信念	20	
环保意识	树立技术合理利用造福人类的意识，形成对待环境问题的正确态度，提高对于环境保护的重视程度，更好地将通用技术课程与具体生活实践相结合	20	
总分		100	

第四节　通用技术课程育人探索案例

案例一　科技助力、科学战“疫”
——从雷神山、火神山医院建成到通用技术之技术与设计

一、案例说明

1. 目标阐释

“技术与设计的关系”是通用技术课程第一册第二章第一节的重要内容，在通用技术课程中，设计作为一条主线贯穿于各个模块的始终。当今世界的科学技术，不仅深入到人类生产的各个领域，同时也延伸到人类的生活与医疗救助等领域。其中，设计起着关键作用，设计是技术发展的基础。在 2020 年中国抗击新冠肺炎疫情的关键时刻，由中建三局牵头，武汉建工、武汉市政、汉阳市政等企业参建的火神山医院在短短 10 天之内交付完工，用事实证明中国工程技术人员的设计能力、建设速度、中国大型应急工程建设的硬核科技实力。用这一事实教学有利于激发学生通过科学设计、优化设计方案解决实际问题的兴趣，以及增强学生的祖国荣誉感、科技自信心、科学抗“疫”、为国解难的责任担当与家国情怀。

2. 实施路径

通过火神山、雷神山两座抗疫关键医院从下达命令、设计方案、优化设计方案到建成的一系列过程，使学生认识到新的技术产品、新的工艺都是由设计开始；初步学会从技术的角度提出问题、解决问题，特别是多角度提出解决问题的方案，发展学生的创新性思维和创造性想象的能力。

二、案例描述

1. 片段一：全世界只能仰望的中国速度

教师活动：教师提供材料引入课程内容。

材料一　什么是中国速度？是时速 350 公里的高铁，是即日送达的快递，是遍布全国的快捷支付，是全球领先的 5G 通讯，也是，在十余日内，接连拔地而起的火神山医院、雷神山医院，这是当下最振奋人心的中国速度！

英国广播公司（BBC）评论，武汉用 10 天的时间建立了一家新医院，专门收治新型冠状病毒肺炎患者，如此“超高速”不可想象。报道援引美国外交关系协会全球健康高级研究员黄严忠的话称，“中国在基建工程方面很擅长，也许这对西方人来说很难想象，但中国已屡次高效地建起摩天高楼”。

材料二　现在，让我们一起来回顾这场与疫情赛跑的“中国速度”！

2020 年 1 月 23 日，来自党中央指示，由国务院下达一个紧急命令：由中建三局牵头，武汉建工、武汉市政、汉阳市政等企业参建，在武汉知音湖畔 5 万平方米的滩涂坡地上，指挥 7500 名建设者和近千台机械设备，向全体国人和倍受煎熬的武汉市民立下军令状——“十天，建成一所可容纳 1000 张床位的救命医院”。2020 年 2 月 3 日交付、2 月 5 日开始接收病人。

材料三　78 分钟神速拿到图纸

想要动工，首先需要的就是图纸。1 月 23 日 13 时 06 分，一封加急求助函送到了中国中元国际工程有限公司，函件出自武汉市城乡建设局，内容概括就是三个字：求图纸。

仅仅过了 78 分钟，修订完成的小汤山医院图纸被送到了武汉市城乡建设局，并由全国勘察设计大师黄锡璆博士反复叮嘱经验得失。接到优化设计任务的中信建筑设计院在 1 小时内召集 60 名设计人员，同时设立公益项目，联络全国数百名 BIM 设计师共同参与，全力以赴投入战斗：24 小时内拿出设计方案，60 个小时内与施工单位协商敲定施工图纸。（见图 12-3 到图 12-5）（图片均来自网络）

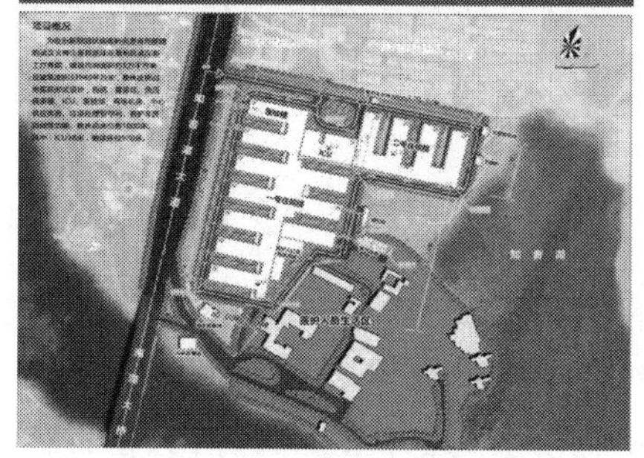

图 12-3　火神山医院设计效果图

图 12-4　2020 年 1 月 31 日火神山医院建设现场

学生活动：观看火神山、雷神山医院相关建设云监工视频。讨论：短短 10 天建成如此规模的医院，需要哪些技术、怎么安排上万人的施工？

教师简答：经过科学验证、优化的工程设计方案是顺利施工的关键。

图 12-5　完工的火神山医院外景

育人契合点：

新冠肺炎疫情暴发初期，医院病床短缺，出现就医难的问题。在灾难面前，先进的科学技术才是迅速解决问题的关键。通过“中国速度”建设抗疫专业医院，引导学生了解科学设计、科学施工、科学管理在工程建设中的重要性，进而引导学生崇尚科学，激发学生动手实践和创新设计、创新制造的热情。

2. 片段二：意大利版“火神山医院”

教师活动：提供意大利版火神山医院材料。

材料：意大利在“开卷考试”下效仿中国，紧急立项建造意大利版的火神山医院。意大利选择了“曲线救国”，制造了帐篷式隔离病房。

学生讨论：为什么意大利不能建造中国式的火神山、雷神山医院？

教师简答：意大利科技水平、设计能力、经济发展水平的限制；在中国共产党的领导下，全体中国人的万众一心、齐心协力。

育人契合点：

火神山、雷神山医院的高速、高效建成，实现了党中央、国务院对武汉人民“应收尽收，应治尽治”的承诺，帮助武汉人民取得抗击新冠肺炎疫情的阶段性胜利，通过中外战“疫”医院建设对比，展示中国强大的科技实力，让学生对中国科技水平充满信心，激发爱国热情与民族自豪感。

三、案例反思

2020 年 3 月 2 日，习近平总书记在北京考察新冠肺炎防控科研攻关工作时强调：人类同疾病较量最有力的武器就是科学技术，人类战胜大灾大疫离不开科学发展和技术创新。本节课教材内容不多，比较枯燥，为了调动学生的学习兴趣，教师首先用多媒体展示火神山、雷神山建设画面，展示意大利版火神山医院照片，以激起学生的学习积极性、主动性和创造性，更好地完成教学任务。整个教学过程贯穿着通用技术课程的精髓——提高学生的技术素养。教学采用任务驱动、自主学习、小组讨论等多种教学模式，让学生带着问题自主学习、自主探究，有助于培养学生良好的学习习惯。学生以小组为单位，有共同的学习目的，通过分工合作，互相配合、互相帮助，培养了合作意识，增强了学生的集体荣誉感。

案例二　科技助力、科学战“疫”
——从车企转产口罩到通用技术之流程与设计

一、案例说明

1. 目标阐释

流程与设计是通用技术课程第二册第二单元第三节的教学重点，科学的生产流程设计可以成倍提高生产效率、节省资源、提高产品质量，促进安全生产。在2020年中国抗击新冠肺炎疫情的关键时刻，我国具有科技报国、实业兴邦的爱心车企，在最短的时间内，设计制造出世界一流的口罩生产流程，为国家抗击新冠肺炎疫情雪中送炭。这些爱国车企用事实说明：每当国家、民族深处危难之时，能够救国、兴邦的关键是一个国家的科技水平。激发广大青少年学科学、爱科学，培养学生科学报国的责任担当与家国情怀。

2. 实施路径

以比亚迪等爱国车企以最短时间设计制造出口罩、消毒液的生产流程并投产的事实，凸现中国科技实力，激发学生自强、自信的中华民族荣誉感和爱国豪情。从比亚迪等车企转产后的生产能力与其他国家的对比，体现科学设计生产流程的重要性，激发学生的民族自豪感。

二、案例描述

1. 片段一：比亚迪转产抗“疫”口罩及消毒液

教师活动：依次播放两个央视新闻，“医疗物资短缺告急”，在新冠肺炎防治初期，由于疫情来势凶猛，各种防疫、抗疫物质急缺；“比亚迪转产抗‘疫’口罩及消毒液”。（见图12-6）

图12-6　比亚迪援产口罩和消毒液

学生讨论:是什么原因让生产汽车的企业跨界转产口罩和消毒液?

育人契合点:

在抗击新冠肺炎初期,防疫物资短缺,爱心车企转产是一种责任担当的爱国精神驱动;爱心车企在最短时间设计制造出世界一流的口罩生产流程,是中国车企技术实力的展示,是中国向全世界展示中国科技抗“疫”的实力。

2. 片段二:中外抗“疫”物资生产能力对比

教师活动:播放塞尔维亚总统含泪求助中国,德国抢瑞士口罩的相关新闻。

学生讨论:我们为什么要进行流程设计?

育人契合点:

2020年2月8日,比亚迪官方发文,为了缓解防护物资短缺,比亚迪已经着手口罩与消毒液的生产设备的流程设计与制造,“比亚迪口罩”和“比亚迪消毒液”预计将在2月17日前后实现量产,口罩产量月底预计可达500万只/天,消毒液产能则为5万瓶/天。截至4月3日其口罩日产已超过1000万只,并实现出口。展现了中国强大的抗“疫”物资生产实力,让学生感受国家的强大,体现科学设计生产流程的重要性,激发学生的民族自豪感。

3. 片段三:英国专家看不懂中国人

教师活动:提供材料。

材料:2020年4月18日,英国头条新闻表示,英国专家看不懂中国人,为啥中国企业能不计损失地跨行制造口罩,毕竟很多高端生产线修改了就改不回来了,所以他们觉得这很奇怪。

学生讨论:英国专家看不懂中国人的原因是什么?

育人契合点:

社会制度不同,意识形态也就不同。资本主义国家企业以获取利润为最终目的,衡量一切事物以企业利益为先。我国是社会主义国家,人民利益高于一切,车企的爱国行为体现出社会主义制度的优越性。

三、案例反思

教师一定要灵活运用现有材料和现代教育技术,要善于引导、提升学生获取信息、分析信息的能力,要通过国内外抗“疫”现实事例,在实现情感态度和价值观的塑造中,让学生主动生成责任担当意识、民族自豪感,并把这种情感转化为学科学、爱科学、爱国家、科技强国、实业兴邦的大国工匠精神。

案例三　科技助力、科学战“疫”——从护目镜除湿到通用技术之科技创新

一、案例说明

在抗击新冠肺炎的斗争中,广大医务工作者面临诸多从未遇到的问题和困难。如何解决这些问题和困难,党中央提出科学防疫、科技战“疫”的指导思想,这就要求我们在防疫抗疫技术上不断创新、革新。通过案例进行分析,让学生明白:从小处着眼,实用为主,创新其实就在我们眼前。

二、案例描述

1. 片段一：自主创新，护目镜除雾

教师活动：播放抗“疫”创新小视频。

学生讨论：什么是创新？怎样创新？创新的问题来自哪里？

育人契合点：

医护人员在防疫抗疫过程中主动创新解决问题，体现了不惧困难、敢于创新、勇于担当的抗疫精神，使学生明白科技创新来自生活、社会的需要；培养学生积极关注新技术发展、正确使用技术的科学意识。

2. 片段二：武汉市第四十九中学科技创新社团学生研究人工智能除湿装置

教师活动：展示第四十九中学生通过自己的学习实践，利用掌握的知识设计制作多功能、低成本、低电压、低功耗的空气除湿装置。（见图 12-7）

图 12-7　武汉市第四十九中学学生制作人工智能除湿设备

学生讨论：护目镜上为什么会起雾？（水蒸气液化）；除雾又除湿的方法有哪些？（物理除雾、化学除雾、机械除雾）。

育人契合点：

通用技术课程是一门以创造为核心的课程，立足于学生的直接经验和亲身经历，立足于学生的“做中学”和“学中做”，它强调各学科、各方面知识的联系与综合运用。在抗击新冠肺炎的战争中，高中学生利用所学，主动围绕防疫抗疫过程中遇到的问题进行科技创新，体现了普通高中通用技术课程不是单纯的技能训练课程，而是一门立足实践、高度综合、注重创造、科学与人文融合的课程，对学生个人发展和民族复兴有着非常积极的意义。

三、案例反思

科技创新对于广大中学生来说，最大的问题是不知道有哪些问题需要解决，怎么去解决。通过武汉防疫抗疫过程中的科技创新案例，可以激发广大中学生学科学、爱科学，用所学去创新。在这个过程中，教师要注意正面引导，要尊重学生的奇思妙想，培养学生的创新技能，鼓励并帮助学生去创造有利于人类美好生活的作品。

第十三章 普通高中音乐课程育人探索

教育部《中小学德育工作指南》明确要求音乐、艺术等课程加强对学生审美情趣、健康体魄、意志品质、人文素养和生活方式的培养，通过创设音乐社团、举办艺术节活动，走进音乐厅等方式开展育人教育。音乐学科作为课程育人的一个重要组成部分，《普通高中音乐课程标准(2017 年版 2020 年修订)》指出，音乐课程通过审美、实践、体验、理解、创作等方式，提升学生的审美情趣，开发潜能、激励精神、增强文化自信。将音乐与地方自然地理特点、民族特色、传统文化以及重大历史事件、历史名人等相结合，因地制宜开发地方和学校育人课程，引导学生了解我国的音乐文化，培养学生爱家乡、爱祖国的感情，树立维护祖国统一、加强民族团结的意识。

第一节　音乐课程的育人价值

一、高中音乐课程的地位和特点

1. 课程地位

音乐是人类最古老、最具普遍性和感染力的艺术形式之一，是人类通过特定的声音结构实现思想和感情表现与交流的必不可少的重要形式，是人类精神生活的有机组成部分。作为人类文化的重要形态和载体，音乐蕴涵着丰富的文化和历史内涵，以其独特的艺术魅力伴随人类历史的发展，满足人们的精神文化需求。音乐与生活具有广泛、密切的联系，对人的全面发展有着深远的影响，尤其在当今科学技术和经济迅猛发展的时代，高中音乐课程的人文性、审美性、实践性、思想性、时代性、基础性等在培养学生的音乐学科核心素养、培养和践行社会主义核心价值观、促进人的发展和推动社会进步等方面取得的成果，充分显示出音乐课程在育人活动中不可替代的地位。

2. 课程特点

音乐课程通过聆听音乐、感悟音乐、体验音乐、表现音乐、创造音乐的方式，达到感知、审美、创造的育人目标，在多种课程形式中学习优秀的音乐文化，熟悉、热爱祖国音乐文化，了解世界他国和民族的优秀音乐文化，以学生为中心，科学构建具有音乐学科特点的课程。

1) 彰显美育功能，提升审美情趣

音乐作为普通高中美育基本课程，是学校实施美育的重要途径，具有情操教育、心灵教育、以美育人功能。音乐课程中的审美情趣，是音乐学习者对音乐艺术美感和人文内涵的体验、感悟、鉴赏和评价，以及对音乐的兴趣爱好、创意表达、价值取向和文化追求。

2) 强调音乐实践，开发创造潜能

音乐课程各模块教学，通过聆听、歌唱、演奏、编创及综合艺术表演等多种实践活动得以实施。音乐是一门极富创造性的艺术，音乐课程中生动有趣的创造性活动内容、形式和情境，能够促进学生想象力的发展，丰富学生的形象思维，开发学生的创造性潜质。

3）弘扬民族音乐，理解多元文化

中国民族音乐历史悠久、博大精深、积淀丰厚，是中华优秀传统文化的重要组成部分，值得世代珍惜和忠实传承。在当今世界多极化、经济全球化、社会信息化、文化多样化的时代背景下，学生应以开阔的视野学习世界其他国家和民族的优秀音乐文化，尊重世界文明多样性，共享人类文明的一切优秀成果。

4）丰富课程选择，满足发展需求

学校开设丰富多样的音乐课程供学生自助选择学习，切实满足学生对音乐艺术不同形式的兴趣爱好和个性化发展需求，最大限度调动学生音乐学习的积极性和主动性，充分展现音乐教学的生动活力。

5）深化情感体验，突出音乐特点

音乐艺术最重要的特点是直接影响人的情感世界，其强大的感染力无须借助概念，直达人的心灵。情感体验是实施音乐教育，实现以情感人、以美育人目标的重要通道。音乐是听觉艺术，音乐音响随时间的流动而展现，不具有语义的确定性和事物形态的具象性，这就为学生感受音乐、表现音乐和想象力、创造力的发挥，提供了广阔而自由的空间。

二、高中音乐课程的育人要素

依据《普通高中音乐课程标准(2017 年版 2020 年修订)》和音乐学科核心素养，高中音乐课程所蕴含的育人要素如下：

1. 爱国主义教育

马克思主义的艺术理论认为:艺术是人类社会生活在人类头脑中主观反映的结果。因此，作为艺术组成部分之一的音乐，也必然是人类对现实生活的某种主观反映。中国是一个有着五千年深厚文化底蕴的大国，其音乐的兴起与发展需要我们不断学习和世代相传。学习音乐犹如学习历史，因为音乐不仅能够反映历史现象，如《黄河大合唱》《九一八》《胜利召唤》等，还能歌颂英雄人物，如《嘎达梅林》《英雄赞歌》《逆行的英雄》等。将中国音乐文化的精华和价值展示出来，帮助学生了解祖国音乐创作发展的昨天，认识今天、创造明天，激发学生的爱国之情，坚定文化自信，树立自强不息的民族精神。

2. 理解与尊重

世界的和平与发展有赖于对不同民族文化的理解和尊重。在强调和弘扬民族音乐文化的同时，还应以开阔的视野，体验、学习、理解和尊重世界其他国家和民族的音乐文化。通过音乐教学，使学生树立平等的多元文化价值观，如聆听各国民间歌曲，鉴赏贝多芬第三交响曲《英雄交响曲》等，学会珍视人类文化遗产，共享人类文明的一切优秀成果，理解世界其他国家和民族的优秀音乐文化。

3. 协作能力与团队精神

高中音乐课程的教学过程就是音乐的艺术实践过程，因此，在所有的音乐教学活动中，都应激发学生参与的积极性和创造意识，重视艺术实践，开展合奏、合唱、集体舞等课外活动，将其作为学生获得音乐审美体验和学习音乐知识与技能的基本途径。通过音乐艺术实践，如在抗疫结束之后，组织学生到社区用琴声、歌声帮助人们走出疫情时期的紧张情绪，既能增强学生音乐表现的自信心，又能做公益，培养良好的团队意识与合作精神。

三、高中音乐课程的育人价值

1. 高中音乐学科核心素养

《普通高中音乐课程标准(2017 年版 2020 年修订)》对音乐学科的核心素养做了明确界定："学科核心素养是学科育人价值的集中体现，是学生通过学科学习而逐步形成的正确价值观、必备品格和关键能力。"音乐学科核心素养蕴含了育人的价值功能，学生学习后应树立什么样的价值观念、具有什么样的必备品格和关键能力，这是我们在认识和理解音乐学科核心素养时必须明确的，是音乐学科育人的育人价值体现。音乐学科核心素养主要包括以下三个方面：

1) 审美感知

审美感知是指对音乐艺术听觉特性、表现形式、表现要素、表现手段及独特美感的体验、感悟、理解和把握，通过课堂教学和课外艺术表演实践，使学生掌握音乐基础知识和基本技能，培育在联觉机制作用下对音乐音响的综合体验、感知和评鉴能力，提升艺术素养和人文修养，吸纳和传承优秀文化，陶冶情操，涵养美感，和谐身心，健全人格，引导学生对崇高人文精神的追求，增强对真善美的讴歌与塑造能力。

2) 艺术表现

艺术表现是指通过歌唱、演奏、综合艺术表演和音乐编创等活动，表达音乐艺术美感和情感内涵的实践能力，旨在激发学生参与音乐表演和创作实践的兴趣，提高艺术表现水平。学生在其中接受熏陶、把握规律、感受乐趣，并在特定的艺术表现情境中丰富感情、充实心灵、激发想象力、发挥创造力、培养自信心、获得成就感。

3) 文化理解

文化理解是指通过音乐感知和艺术表现等途径，理解不同文化语境中音乐艺术的人文内涵。优秀音乐作品是对特定社会、文化和历史的理解，反映一个国家、一个民族文化创造的特色、能力和水平。让学生认识中国民族音乐文化的博大精深及丰富的精神文化内涵，坚定文化自信；让学生了解其他国家的音乐文化，以平等的文化价值观理解世界音乐的多样性。

2. 高中音乐课程培育的价值观念

一般来说，价值观是基于人的一定的思维感官之上而做出的认知、理解、判断或抉择，是人们认定事物、辨别是非的一种思维或取向，从而体现出人、事、物一定的价值或作用。

(1) 通过学习音乐，使学生的情感世界受到感染和熏陶，在潜移默化中建立起对亲人、对他人、对人类、对一切美好事物的挚爱之情，进而养成对生活的积极乐观态度和对美好未来的向往与追求，思考并规划人生，树立终身学习的愿望。

(2) 通过对音乐作品的音响、形式、情绪、格调、人文内涵的感受和理解，培养音乐鉴赏和评价的能力，形成健康向上的审美观，使学生在真善美的音乐艺术世界里受到高尚情操的陶冶。

(3) 通过对我国优秀音乐作品的审美体验，增进学生对祖国音乐艺术的热爱，培养学生的社会责任感、民族精神和爱国主义情怀；学习了解不同国家的音乐传统及优秀的音乐作品，理解和尊重文化的多样性，使学生初步具有国际视野，有助于培养学生参与国际交往的能力。

3. 高中音乐课程养成的必备品格

高中音乐学科是人文学科，培养学生的人文道德素养是应有的教育目标。音乐课程培养的品格包括以下几个方面：

(1) 坚定文化自信，开阔视野，树立平等的文化价值观。高中生通过音乐课程的学习，在政治思想上认同伟大祖国、认同中华民族、认同中华优秀文化、认同中国共产党的领导、认同中国特色社会主义，培养家国情怀。

(2) 通过对音乐艺术魅力的体验和感悟，陶冶情操，涵养美感，和谐身心，健全人格，活跃形象思维，启迪智慧，理解文化内涵。

(3) 通过在合唱、合奏等集体性表演活动中提高协作能力，培育团队精神，享受音乐实践活动的乐趣，增强艺术表达的自信。

综上所述，新版高中音乐课程标准关于学科核心素养目标的提出，尤其是对学科核心素养内涵的定义，即学科核心素养是学生通过学科学习而逐步形成的正确价值观、必备品格和关键能力，体现了党和国家对基础教育育人目标的新要求，是高中音乐教育落实党的立德树人根本任务的具体体现。它将有效地实现从学科本位、知识本位到育人本位、学生素养发展本位的根本转型。因此，音乐学科核心素养高度契合课程育人价值。

第二节　音乐课程育人实施建议

依据《普通高中音乐课程标准(2017 年版 2020 年修订)》，普通高中音乐课程以音乐鉴赏、歌唱、演奏、音乐创编、音乐与舞蹈、音乐与戏剧六个模块为必修(选学)课程，以合唱、合奏、舞蹈表演、戏剧表演、音乐基础理论、视唱练耳六个模块为选择性必修课程，应有针对性、有重点地开展育人实践。

一、高中音乐必修课程

1. 课标要求

音乐鉴赏是以聆听、体验、探究、评价等方式对音乐作品进行欣赏、品鉴，在产生艺术联想与想象、获得精神愉悦和美感的同时，对作品的艺术性、思想性、人文性做出判断和反思。音乐鉴赏教学是培育学生音乐审美感知和文化理解素养的重要途径。

2. 育人目标

聆听丰富多彩的音乐，体验音乐的美，掌握音乐欣赏的基本方法，欣赏具有代表性的中外优秀音乐作品，感受、体验、了解音乐作品的音乐风格及文化特征，理解音乐表现要素在音乐情感和思想内涵等表达中的作用；感受、体验中国传统音乐和世界民族音乐的风格和文化特征，认识、理解民族民间音乐与社会生活、历史文化、民间习俗等的密切关系，能够在此基础上深化对中华民族多元一体发展趋势的认识，增强认同社会主义核心价值观和中华优秀传统文化，了解世界历史发展的多样性，理解和尊重世界各国各地区的文化传统，拓宽国际视野，形成开放的世界意识。增强对中国共产党的认同，对中国特色社会主义道路的认同。

3. 实施建议

1) 树立唯物听赏观

(1) 通过观看名家名作纪录片、影片、书籍、欣赏图片等方式，直观了解中外音乐发展的过程，感受音乐作品在不同时代对推动生产发展和社会进步起到的作用，认识不同类型的音乐作品起源。

(2) 组织专题辩论会,以“音乐的类型只有流行音乐吗?”为主题,引领学生认识音乐类型的多样性,要广泛听赏,吸取精华。

(3) 组织小组讨论,中外音乐的起源,认识两者都是随着历史的发展而发展的。

(4) 搜集音乐创作技巧基础的资料,了解基本的音乐创作方法,创编音乐段落,学习运用基础创编方法,感受音乐创作的快乐。

(5) 观看相关音乐题材影视剧,结合其中塑造的剧作形象,组织主题讨论:“音乐在生活中的作用”。

2) 培育爱国主义情感

(1) 以小组合作的形式,分别从中国音乐发展变迁、社会生活音乐、民族民间音乐等角度搜集资料,通过知识问答、音乐主题哼唱、民族民间音乐活动展览等形式,加强民族团结教育,增强民族自信心和自豪感。

(2) 组织课堂讨论,以小组为单位分别从思想、文学、戏曲、器乐、声乐、舞蹈等角度,列举中国优秀传统音乐文化的成就,进一步了解和认同中华民族的优秀音乐文化传统。

(3) 举办“音乐人物故事会”,讲述音乐相关的艺术家、优秀音乐作品、与历史事件相关的音乐作品等不同类型爱国主义题材的故事,体会中国人民薪火相传的爱国精神。

(4) 登录浏览中国民族音乐相关的网站,听音乐,了解音乐作品的创作故事,感受中华民族音乐的内涵,培养爱国爱党的意识。

(5) 结合音乐作品《嘎达梅林》《你是这样的人》《学习雷锋》《抗疫情》以及音乐家的故事等不同时期英模事迹的学习,通过讲故事、观看视频、阅读文字和图片展览等方式,感受社会主义核心价值观公民层面的内容。

3) 培养人文精神

(1) 搜集整理孔子的音乐思想材料,提炼材料信息,列举其思想主张,并概括孔子音乐思想的本质内涵,加深对以人为本、善待生命、关注人类命运的人文主义精神的理解。

(2) 观看影片《辛德勒名单》。结合影片中的音乐,组织讨论音乐在这部影片中表达的意境,进一步理解人文精神在关注人性、人与人、人与社会方面的内涵。

(3) 搜集近代反映人文精神的音乐艺术作品,举办人文艺术作品鉴赏活动,感受音乐艺术作品蕴含的人文价值,初步树立尊重和热爱生命的意识。

(4) 搜集战争、灾难、抗击疫情的音乐作品,制作关于战争与和平的主题板报,了解战争、疫情给人类带来的灾难,树立珍爱生命、热爱和平的意识。

4) 增强民主法治意识

(1) 观看《新韶九章》,它用起承转合的结构、宏大的乐队编制、盛大跌宕的交响、大型组曲的形式展现了上古贤帝虞舜继承尧帝明德,“齐家”“治国”,开太平盛世的一世丰功。

(2) 组织讨论《新韶九章》观后感,讨论音乐等艺术方式如何表现各种不同场景,感受中华民族讲仁爱、重民本、守诚信、崇正义、尚和合、求大同的中华传统美德精神以及和善民族的文化本色,树立民主和法制意识,加强遵纪守法观念。

5) 传承文化传统

(1) 搜集中国民族民间音乐艺术优秀音乐作品,体现“百善孝为先”“尊老爱幼”等传统美德的感人事例，感受音乐、艺术作品特有的表达方式，宣扬懂得感恩、尊老爱幼等美德，传递家国一体的民族凝聚力。

（2）模拟“百家争鸣”的场景，鼓励学生采用弹、唱、跳、演的方式，再现经典音乐、艺术作品，亲身感受中国传统文化主流思想的渊源，感悟中国先哲的睿智，为个人和社会发展汲取精神养分。

（3）以时空轴的形式，制作中国音乐作品大事年表，梳理中国音乐、艺术创作从古至今的优秀作品，认识不同时代的音乐特征、发展演变，强化中华民族意识的影响。

（4）阅读《中国音乐考古学》《中国近现代音乐简史》等著作，了解中国音乐艺术的发展变迁与创新，感悟“‘音乐’兴亡，匹夫有责”的精神。

6）培养世界意识

（1）了解世界各民族地区的优秀音乐艺术文明成果，选取其中有特色、有影响的几个作品，搜集相关图片、文字或实物，举办展示会。感悟人类音乐文化的多样性、共容性和发展的不平衡性，加强国际理解。

（2）制作微视频，聚焦现代文明冲击下中国近现代音乐艺术作品发展的变化，体悟传统中国从封闭逐步向世界开放的必然性和必要性，将中国传统音乐精髓融入当今世界多元一体的发展。

（3）收听、观看各大音乐网站，了解全球音乐发展现状，认识世界不同国家、不同民族、不同类型的优秀音乐作品，理解世界音乐的多样性。制作反映改革开放音乐作品成就展，认识在经济全球化背景下“中国离不开世界，世界离不开中国”的含义，以世界各国帮助中国抗击疫情及中国援助其他各国为例，体悟当今世界多元一体的现实特点及其“和平与发展”的主题。

二、高中音乐选择性必修课程

（一）模块1：合唱

1．课标要求

这一模块是以合唱表演活动为主的实践性课程，主要培养学生集体歌唱的表现能力，积累音乐表现的感性经验，增强艺术表演活动中与他人沟通交流、合作协调的团队意识。

2．育人目标

欣赏中外优秀合唱作品或片段，体验多声部合唱的艺术魅力和丰富的表现力；参与多种形式的合唱表演，获得感性经验，享受合唱的乐趣；能根据歌谱和指挥要求进行陪练与表演；在集体歌唱中，养成较好的合作与协调能力。

3．实施建议

（1）依据学生意愿、合唱经验和不同演唱水平，分班级演唱组合、跨班级演唱组合或合唱小组、学校合唱团队等不同形式或不同水平层次的组合方式开展合唱活动，在合作中培养学生的集体主义精神和荣誉感。

（2）结合特定社会、特定时期的政治、经济、思想文化、社会生活等方面的发展状况，选择合唱曲目，指导学生进行合唱排练，也可根据学生的实际水平，引导、鼓励他们进行自主排练、互助排练的艺术实践，感受爱国主义的合唱作品魅力。

（3）为调动学生参与合唱的积极性，体现课程的实践活动特点，结合作品内容进行革命地点实地演唱，加深对历史的理解。

（二）模块 2：合奏

1. 课标要求

培养学生的集体表现能力，积累音乐表现的感性经验，增强艺术表演活动中与他人沟通交流、合作协调的团队意识。

2. 育人目标

欣赏中外优秀爱国题材器乐合奏作品或片段，体验多声部合奏的艺术魅力和丰富的表现力，养成热爱祖国、热爱劳动、热爱生活和珍爱生命的优良品质；参与多种形式的合奏实践，积累合奏表现的感性经验，享受集体演奏的乐趣。在集体演奏中，养成较好的合作与协调能力，为推动人与自然和谐发展、建设美丽中国而努力。

3. 实施建议

(1) 依据学生意愿及不同演奏水平，分为班级乐队组合、跨班级乐队组合或合奏小组等不同形式或不同水平层次的组合方式开展合奏活动，激发学生器乐演奏兴趣的同时培养他们的集体主义精神和荣誉感。

(2) 结合特定社会、特定时期的政治、经济、思想文化、社会生活等方面的发展状况，选择合奏曲目，指导学生进行合奏排练，也可根据学生的实际水平，引导、鼓励他们进行自主排练、互助排练的艺术实践，感受爱国主义的器乐作品魅力。

(3) 为调动学生参与合奏的积极性，体现课程的实践活动特点，结合作品内容进行革命地点实地演奏，加深对历史的理解。

（三）模块 3：舞蹈表演

1. 课标要求

以舞蹈表演活动为主的实践性课程，旨在提高学生对舞蹈的兴趣，积累舞蹈表演的感性经验，增强艺术表演活动中与他人沟通交流、合作协调的团队意识。

2. 育人目标

欣赏中外优秀舞蹈作品或片段，体验舞蹈艺术的魅力和丰富的表现力，参与中外优秀舞蹈或片段的学习、排演，积累舞蹈表现的感性经验，养成较好的合作与协调能力。通过学习，扩大视野，增强国际理解，拥有博大胸怀，树立爱国主义精神，能够认识世界各国、各地区、各民族的优秀文艺作品，相互尊重，促进共同发展。

3. 实施建议

(1) 为便于更多学生参与舞蹈表演实践及组织教学，可分为班级舞蹈组合或舞蹈小组、跨班级舞蹈组合、学校舞蹈团队，双人舞、三人舞、多人舞、群舞等不同形式或水平层次的组合，灵活组织教学，培养团队精神。

(2) 观看爱国主义题材舞蹈作品，合理安排不同形式的集体舞蹈实践，传承民族文化、维护文化多样性和创造性。

(3) 鼓励学生多参加演出表演活动，培养合作精神和集体荣誉感。

三、高中音乐选修课程

根据课标要求，选修课程由学校根据自身的办学理念和学生兴趣爱好、学业发展、生涯规划及当地特色文化资源、民间艺术传承等，由学校确定开设，学生自主选择修习。内容要求由各校根据育人要求和教学实际情况自行制定。

1. 课标要求

戏曲是我国传承已久的传统艺术，是我国民族的瑰宝，戏曲课程的学习旨在提高学生对戏曲的兴趣，积累学生戏曲表演的感性经验，增强艺术表演活动中与他人沟通交流、合作协调的团队意识。近年来戏曲进校园紧紧围绕实施素质教育的要求，积极打造艺术教育特色，提升学生的艺术素养和综合素质，拓宽学生学习艺术的空间，这也给戏曲鉴赏教学常规化、校本化提出了要求，通过戏曲鉴赏的教学，不仅要发扬中国戏曲文化，营造浓郁的校园文化氛围，还要让学生充分了解戏曲，感受戏曲的魅力，让传统文化经典不断传承与发扬。

2. 育人目标

对优秀剧目作品或片段的视频观赏、示范观赏，体验戏曲艺术的魅力和丰富的表现力，在享受戏剧表演乐趣的同时，提高集体艺术表现中的合作协调能力，感受中国戏曲作品的魅力。

3. 实施建议

(1) 通过欣赏我国各个地区独特风格的经典戏曲剧目，帮助学生了解经典唱段，理解不同流派的演唱风格，使学生更顺利地接近戏曲，热爱我国传统音乐作品，树立正确的文化价值观。

(2) 学习简单片段的“念白”和精彩唱段，以演激趣，培养学生的合作协调能力。

(3) 鼓励学生多参加演出表演活动，培养合作精神和集体荣誉感。

第三节　音乐课程育人评价初探

高中音乐课程育人评价应围绕学生核心素养的发展和实现学科育人目标进行，其根本目的在于促进学生美育与思想道德的培养和不断提高，所以育人评价是音乐课程教学过程中一个非常重要的环节。

一、高中音乐课程育人评价的意义

1. 有利于学生核心素养的形成

音乐课程育人评价能够展现学生核心素养的发展状况。通过音乐课程育人评价，学生可以更加全面、深入地了解自身的专业水平及发展方向，同时需要教师发挥育人评价功能的正强化作用，激发学生音乐学习的兴趣和动力，在潜移默化中陶冶学生的道德情操，挖掘创造潜能，培养他们的审美感知、艺术表现及文化理解，有助于核心素养的形成，实现全面发展。

2. 有利于教师落实立德树人的根本任务

音乐课程育人评价有助于教师回顾、总结和反思学生在通过音乐学习后所达到的育人效果。教师遵循音乐的学科特点制定育人评价标准，评价结果能让教师充分了解及研究学生的个性特点，同时也能反映教师在育人过程中的优点与不足，促使教师不断改进育人方法、更新育人手段、提高育人质量、积累思维和实践经验，以此在音乐课程育人过程中提高学生审美情趣、树立社会主义核心价值观、培养民族自豪感、形成和发展音乐学科核心素养，有利于教师落实立德树人的根本任务。

3. 有利于学校改进音乐课程育人工作

音乐课程育人评价可以让学校对本校的音乐课程教学和育人工作有一个全面的了解。通过育人评价结果，能够客观反映音乐课程教学育人的效果，直观呈现音乐课程育人过程中所表现出的优缺点，有利于学校掌握教学动态，更好地优化和开展音乐课程育人工作。

二、高中音乐课程育人评价的原则

秉承以提升学生核心素养为本的育人评价理念，是音乐课程育人评价的首要原则。音乐课程育人评价要立足于审美感知、艺术表现和文化理解三方面的音乐学科核心素养的内涵与能力表现，具体应凸显以下几个原则：

1. 科学性与客观性相结合的原则

音乐课程育人评价应建立一个科学、多元、客观的评价体系，这是获得科学的育人评价结果的根本保证，也是评价教师育人工作科学性的重要保证。建立科学的评价体系才能更好地促进学生音乐学科核心素养的形成，同时也能帮助教师客观全面地看待学生的差异性，不断优化育人方法，落实立德树人的根本任务。在编制音乐课程育人评价体系时，要进行深入的调查研究，广泛征求教师意见，在保障评价体系科学性的基础上能够尽可能反映育人效果的实际情况。在进行音乐课程育人评价过程中，教师要明确评价体系和指标的界定，科学性与客观性相结合，严格按照评价标准实施，不能通过主观臆断进行评价，不能因个人偏好模糊和混淆评价标准，这样使评价结果不符合客观实际，是无效的。

2. 实践性与实效性相结合的原则

音乐学科具有独特的学科特点，强调教学实践与过程，实践性原则重视学生的参与度，激发他们的潜能，即“随风潜入夜，润物细无声”而不是立竿见影。音乐教学中的每一个教学环节、教学活动都是为了完成相应的教学目标而存在，实效性原则是衡量某些教学环节、活动是否达到学科学习与育人要求的重要判断标准。音乐课程育人评价要将实践性与实效性相结合，在音乐实践活动中进行育人渗透，并通过实效性原则检测音乐学科所达到的育人效果。音乐课程育人评价是教师实现育人、学生受到正确引领的重要环节，想要切实地促进学生和教师的共同发展，切实提高学生音乐审美能力，就要遵循音乐课程育人评价实践性与实效性相结合的原则。

3. 审美性与发展性相结合的原则

音乐课程育人以审美为核心，贯穿音乐活动的全过程，音乐课程育人评价要注重学生审美性与过程性评价，关注学生的发展动态与审美体验。音乐课程育人是需要在不断创作与实践中积累进行的，在评价原则上要遵循审美性与发展性相结合的原则，可以采取音乐实践的方式，如每半学期进行一次艺术观摩，展示自己平时练习的成果心得，记录学生进步发展的轨迹，采取现场演出观摩的形式能够让学生更加深刻地体会音乐要素，强调音乐的情感体验，通过发现、创造、表现和享受音乐美的过程，进一步锤炼自身品质。评价反馈的结果也能够直观地展现每个学生的个性化差异，有助于教师调整教学策略和专业发展，促进学生音乐学科核心素养的养成和道德内化，使学生和教师共同进步。

三、高中音乐课程育人评价的指标

高中音乐课程育人评价的根本目的在于促进学生音乐学科核心素养的培育和不断提高，提升审美情趣、开发创造潜能、弘扬民族音乐、树立民族文化自信、理解多元文化。具体的音乐课程育人评价指标包括育人目标、育人内容、育人过程、育人方法和育人效果五个方面。

1. 育人目标

《普通高中音乐课程标准(2017 年版 2020 年修订)》指出，要求学生通过音乐学习参与各类艺术实践活动，培养和发展音乐听赏、表现和编创能力，保持并增强对音乐的兴趣。学生通过对音乐艺术魅力的体验和感悟，陶冶情操，涵养美感，和谐身心，健全人格，活跃形象思维，激发创意表达，理解文化内涵，拓宽国际视野。

高中音乐课程育人目标主要有三个方面：第一，国家认同感与民族自豪感，学生在学习过程中能够熟悉和热爱中华民族的音乐创造成果，探究其独特风格和文化内涵，增强国家认同感和民族自豪感，坚定文化自信，培养爱国主义情操；第二，文化理解与尊重，让学生在学习过程中能够以开阔的视野体验并理解他国和民族的优秀音乐文化，树立平等的文化价值观，拥有尊重文化多样性的人文情怀；第三，树立正确的世界观、人生观、价值观，通过音乐课程学习为个人发展和社会进步、国家发展服务，培养具有时代精神的现代公民。

2. 育人内容

遵循音乐学科自身的教学规律，找出学科的育人渗透点，根据学生的认知水平与实际情况，力争做到音乐课程育人与学生生活实际相结合。在选择设计育人渗透点时，突出以下三个方面育人内容。

(1) 通过音乐鉴赏模块学习，让学生以聆听、体验、探究、评价等方式对音乐作品进行欣赏与品鉴，在产生艺术联想与想象、获得精神愉悦和美感的同时，对作品的艺术性、思想性、人文性做出判断和反思，并了解世界音乐的多样性，开阔视野，学习世界其他国家和民族的优秀音乐文化，尊重世界文明多样性，共享人类文明的一切优秀成果。

(2) 通过歌唱、器乐和舞蹈学习，理解并运用，使音乐体验传递出塑造健康人格的力量，让音乐实践流淌出培养高尚情操的甘露，通过对作品的深度认识激发学生对祖国的认同感和自豪感，培育和践行社会主义核心价值观，树立道路自信、理论自信、制度自信和文化自信。

(3) 通过合唱、音乐编创和音乐戏剧学习，培养学生的集体主义精神，形成合作学习的良好氛围，积累音乐表现的感性经验，增强艺术活动中合作协调的团队意识。

3. 育人过程

音乐课程的教学过程就是音乐的艺术实践过程，同时也是音乐课程育人的过程，因此在所有的音乐教学活动中都应该激发学生自主参与的积极性和创造意识，在沉浸式的音乐学习中将育人效果最优化。重视音乐实践，将其作为学生获得音乐审美体验和学习音乐知识技能的基本途径，通过音乐艺术实践，增强学生音乐表现的自信心与自豪感。

教学过程中教师要设计合理的、科学的教学活动，让学生在学习活动中合作，激发学生的创造力，培养学生的思维方式，在潜移默化中提高审美情趣，以润物细无声的方式达到音乐课程育人效果。

4. 育人方法

充分发挥音乐课程听觉艺术、声音艺术的特点，重视音乐实践活动，以学生为行为主体，调动学生主动性，将音乐知识与育人教育相结合，灵活渗透，让学生在实践中自主积极地领略音乐中的情感元素，培养学生美好的道德品质，将育人教育渗透到学生的思想中。

教师要充分遵循学生心理发展的实际，在教学中通过引导，让学生真正体会与理解，而不是强行灌输，使学生形成正确的价值判断。通过对当前高中音乐教材中音乐作品的分析可以看出，入选教材中的作品大多充满正能量。首先，教师自身要挖掘教材中的育人元素，在课堂中通过聆听、体验、模仿等方式让学生可以有效领悟其中蕴含的育人思想，使学生产生情感共鸣。其次，教师要组织学生开展实践活动，促进育人教育灵活渗透。在育人过程中采用灵活多样的"主体参与"教学方法，激活学生的自主意识，形成价值判断。

以这次武汉抗击新冠肺炎疫情为背景，武汉市第四十九中学所创作的歌曲MV《我们不孤单》和《逆行之光》，抚慰了大家慌乱无措的情绪，让学生感受团队的力量，感受英雄的精神，坚定信念迎来最后的胜利。

欣赏《春天的故事》这一音乐作品时，教师可以让学生3～5人为一个小组，以50～70岁的老人为对象，在自己家里或者社区进行采访调查，让他们谈谈自己对改革开放的感受，让学生通过身边的例子与真实的采访感受我们国家的飞速发展。除此之外，还可以组织学生去湖北省博物馆，看看从我们湖北随州出土发现的曾侯乙编钟，感受音乐历史的悠久与厚重；去参观二七纪念馆，体会革命军人的英勇献身精神以及今日和平生活的来之不易；欣赏《黄河大合唱》作品时，可以观看抗战时期的纪录片或同时期相关题材影片，让学生体会到那个时期音乐家所表现出的英雄气概，明白唯有不忘历史才能继续前行的道理；也可以每学期举办一次音乐观摩活动，激发学生的表现力和自信，在培养丰富情感和责任感的同时不断实现学生的个性化发展。

5. 育人效果

音乐课程育人效果一般通过潜移默化的方式来实现，其目的在于拓展学生文化视野，培养美好情操，提升审美情趣，开发创造潜能。通过对优秀音乐作品的鉴赏与实践，引导学生形成正确的世界观、人生观、价值观，在理解多元文化、尊重世界文明多样性的基础上，熟悉并热爱祖国的音乐文化，增强民族文化自信，弘扬民族音乐，培养爱国主义情操。如果学生通过音乐课程学习能够达到以上要求，那么就实现了教师预设的育人效果，成果显著，反之则需继续改善育人过程或方法。

高中音乐课程育人评价量表如表13-1所示。

表13-1　高中音乐课程育人评价量表

评价项目	评价内容	分值	得分
育人目标	通过音乐课程学习以及对音乐艺术魅力的体验和感悟，提高审美情趣，增强国家认同感与民族自豪感，树立平等的文化价值观；拥有尊重文化多样性的人文情怀，树立正确的世界观、人生观、价值观，为个人发展和社会进步、国家发展服务，培养具有时代精神的现代公民	20	
育人内容	通过音乐鉴赏、歌唱、舞蹈、合唱和器乐等音乐教学，能够对作品的艺术性、思想性、人文性做出判断和反思，了解世界音乐的多样性，开阔视野，学习世界其他国家和民族的优秀音乐文化，尊重世界文明多样性，共享人类文明的一切优秀成果，激发学生对祖国的认同感和自豪感，培育和践行社会主义核心价值观，增强艺术活动中合作协调的团队意识	20	

续表

评价项目	评 价 内 容	分值	得 分
育人过程	设计合理的、科学的教学活动,通过音乐实践活动,激发学生创造力,培养学生思维方式,在潜移默化中提高审美情趣,以润物细无声的方式将育人效果最优化	20	
育人方法	充分发挥音乐课程听觉艺术、声音艺术的特点,重视音乐实践活动,以学生为行为主体,调动学生主动性,将音乐知识与育人教育相结合,灵活渗透,让学生在实践中自主积极地领略音乐中的情感元素,培养学生美好的道德品质,将育人教育渗透到学生的思想中	20	
育人效果	通过对优秀音乐作品的鉴赏与实践,提升审美情趣,引导学生形成正确的世界观、人生观、价值观,在理解多元文化、尊重世界文明多样性的基础上,熟悉并热爱祖国的音乐文化,增强民族文化自信,弘扬民族音乐,培养爱国主义情操	20	
总分		100	

第四节 音乐课程育人探索案例

案例一 高中音乐舞蹈模块育人案例
——用优秀舞蹈作品,致敬逆行英雄

一、案例说明

1. 目标阐释

《普通高中音乐课程标准(2017 年版 2020 年修订)》在音乐课程中设有舞蹈表演选择性必修课程的教学,学生欣赏优秀舞蹈作品或片段,体验舞蹈艺术的美丽和丰富的表现力,进一步提高学生对舞蹈的兴趣,使学生掌握一些舞蹈表演和编创技能。自武汉抗疫以来,学生身边涌现出一个又一个英雄人物,他们选择逆行,凝聚了大爱。本节课以学生多元发展需求为出发点,让学生从学科教学中获得多方面的浸润,不断丰富和完善自己的生命世界,丰富人生经历。本节课的主要内容是让学生欣赏优秀的英雄主题舞蹈作品,归纳纪实性舞蹈的主要创作手法,并通过搜集纪实性舞蹈作品,讨论纪实性舞蹈如何进行动作设计,课程最终的落脚点是带领学生参与到“大爱武汉”的主题舞蹈作品创作中,将学生在武汉抗疫中的所见所闻用舞蹈动作表现出来,艺术表现是音乐学科核心素养的能力之一,从生活的体验到舞蹈动作的设计是音乐课程选择时事育人的尝试,让学生在感受美、表达美、创作美的过程中丰富情感,用热情拥抱和讴歌“逆行”中的大爱精神。

2. 实施路径

本节课采用我校的主体间性智慧课堂教学模式组织教学,设计课前导学案,按照小组分工

合作的方式进行教学。围绕大爱精神，一是让学生体会舞蹈作品《大爱无疆》中教师组织学生撤离的大爱精神，二是让学生感受为武汉拼过命的逆行医护工作者无私奉献的大爱精神，三是让学生讲述逆行武汉的英雄大爱精神。运用舞蹈的文化传承功能，通过学生亲历新冠疫情的故事，培养学生的审美观，培养学生对美的鉴赏与创造能力，将艺术教育与育人教育相结合，形成全员、全过程、全方位育人新格局，提升思想政治教育的实效性。

二、案例描述

1. 片段一：欣赏我校舞蹈队的舞蹈作品《大爱无疆》

视频欣赏：舞蹈作品《大爱无疆》是以汶川地震为大背景。人物设定：男老师一位，学生 16 人。讲述的是在地震来临之时，老师奋力带领班上的同学撤离，最后学生脱险，老师不幸遇难身亡的动人故事。采用了单人舞、双人舞、群舞等多种舞蹈表现形式，运用现代舞动作展现故事情节，是一个具有纪实性、叙事性特点的舞蹈作品。此作品为我校原创舞蹈作品，曾荣获武汉市中小学舞蹈比赛一等奖，第九届湖北省黄鹤美育节舞蹈比赛一等奖。（见图 13-1）

图 13-1　第九届湖北省黄鹤美育节舞蹈比赛现场

学生活动：认真欣赏，仔细理解，师生总结纪实性舞蹈作品的特征，对纪实性舞蹈作品进行深入分析和思考。

作品分析：《大爱无疆》分为三个部分，第一部分脚步轻快、舞姿优美，多用集体舞蹈造型来表现美好校园生活以及师生在教室、在操场学习与游戏的场景；第二部分是危险来临，老师奋力保护学生，动作力度较强，舞姿多在屈膝、弯腰、俯身的形态中呈现，男女双人舞表现老师帮助学生脱离险境的场景，队形多为集体移动形式；第三部分老师危险丧身，学生送别怀念，动作舒展绵长，男子独舞表现老师牺牲后的高大形象及学生对老师深切的怀念。舞蹈最后停留在 16 位同学手持百合缅怀送别的画面。

育人契合点：

《大爱无疆》舞蹈作品运用学生熟悉的师生故事，将英勇带领学生撤退的教师的大爱表现得淋漓尽致。通过欣赏作品，提高学生对美的感受力和鉴赏力，让学生感受舞蹈的美，感受舞蹈真挚情感的表达。同时，运用舞蹈作为一种教育手段，从作品中英雄人物的事迹出发，让武汉抗疫以来身边的英雄成为学生心中的偶像，来激发学生的民族自信心，培养勇于担当的优秀品质，进而培养学生爱人民、爱家乡、爱祖国的家国情怀。

2. 片段二:“武汉方舱医院有点‘热闹’”微课

问题讨论:方舱医院里能干什么?只能躺在床上,看着周围的病友,盯着忙碌的医护人员,然后不停地揣测自己未知的命运吗?对方舱医院中流行的广场舞,你有什么感受?(见图13-2)

图 13-2　支援武汉一线的医务工作者和方舱病患一同舞蹈

育人契合点:

方舱医院主要收治的是轻症患者,在这一时间段里病患的心态尤为重要。微课的制作希望能让学生感受到一种精神,方舱医院的舞蹈向人们传递的“大爱精神”;体会到一份感动,支援队医务工作者在艰苦的工作环境里,还能通过舞蹈这种方式让患者心情舒畅,提高免疫力;收获一份力量,逆行而来的英雄们,用耐心、细心照顾着在方舱医院的武汉人,是他们选择为武汉拼命,给武汉人以希望,让学生心间充满人间温情大爱的力量。

3. 片段三:探讨以“大爱武汉”为主题的舞蹈作品创作

问题讨论:

(1) 你所了解到的纪实性舞蹈有哪些?讲述了什么故事?(本环节为导学案中的重点)

(2) 自新型冠状病毒爆发以来,你身边发生了哪些故事?

(3) 你觉得舞蹈的创作可以从哪些角度入手?有什么好的想法?

学生活动:课前搜集舞蹈资料并在课堂上进行分享。

(1) 大型纪实舞蹈诗《震撼》:以 5·12 汶川大地震为题材,多角度多侧面地攫取真实生活中的“经典场景”,通过不同的艺术手段和表现方式,生动地刻画人物、深情地描写感情,深刻地挖掘人性,真诚地表现了人在灾难面前的生死观、道德观、爱情观和价值观。

(2) 舞蹈《大地里的双手》:用一双手将救人的人物形象进行刻画,整个舞蹈就是用一双手组成,一双向前伸出的手,一双向地里援救的手,一双托起生命的手,将救人的纪实性动作与救人的形象结合起来;培养学生乐于助人、敢于担当的优秀品质。

(3) 舞蹈《战决口》:长江发生了罕见的全流域特大洪水,在这场关乎千千万万人民群众生命财产安全、关乎党和国家全局利益的斗争中,广大军民与洪水展开了殊死搏斗,谱写了一曲惊天地、泣鬼神的壮丽凯歌,表现了人民子弟兵用血肉之躯筑坝,为国家利益而奋不顾身的伟大精神。

(4) 舞蹈《祈盼》:全国首支“战疫”主题群舞,由南京市歌舞剧院推出,群舞中人人都是主角,正如“战疫”中每一个人都是“战士”;《祈盼》通过三个段落表达一个主题——“我相信,距离摘下口罩的那一天不会太远!”第一段落表现突如其来的疫情,第二段落表现戴起口罩的人们手挽手共同抗击疫情;第三段落表现春回大地、万物复苏,城市恢复了往日的生机。

(5)学生从课前搜集的资料中分析讨论以“大爱武汉”为主题的舞蹈设计的想法。

育人契合点:

罗曼·罗兰说过:一切能够永存的艺术作品,都是用它时代的本质铸造成的。课前让学生搜集素材并结合自己独特的视野,运用纪实性舞蹈的手法,请学生抒发武汉抗疫中的心灵感悟,激发学生创编以“大爱武汉”为主题的纪实性舞蹈的思考。鼓励学生将自己在武汉抗疫期间的所见所闻用舞蹈动作设计出来,通过“大爱武汉”这一个主题,畅谈新作品的创作想法,激发学生创作舞蹈的兴趣,在感受美、表达美、创作美的过程中丰富情感,用热情拥抱和讴歌大爱精神。

三、案例反思

“家是最小国,国是千万家”。“家国情怀”是一个人对自己国家和人民所表现出来的深情大爱,是对国家富强、人民幸福所展现出来的理想追求。音乐是情感的艺术,舞蹈是一门动作的艺术,它通过舞蹈动作来塑造人物角色和形象,抚慰人们的心灵,在培养和树立学生正确的世界观、人生观、价值观,以及良好的道德情操方面有着重要的、不可忽视的作用。通过优秀舞蹈作品的欣赏,带领学生学习纪实性舞蹈的基础上,进一步引导学生进行“武汉抗疫”背景下艺术作品的大胆设想与创作。教师将情感作为主线贯穿于课堂中,见缝插针地联系实际将课程育人做到润物细无声,通过丰富多样、生动活泼的课堂教学,让学生自主讲述新冠疫情中学生身边的感人故事,将爱人民、爱家乡、爱祖国的精神情感进行有力的升华。让学生心怀感恩的同时,激发学生思考,触动心灵,激发学生的社会责任感,从而达到“润物细无声”的育人效果。使学生在潜移默化中陶冶道德情操,渗透育人教育,在感动中感悟,在感悟中升华。

案例二　音乐活动育人案例
——用合唱激发爱国情怀

一、案例说明

2020年1月武汉封城后,钟南山院士曾经抑制不住眼角的泪水说,“武汉本身就是一座英雄的城市”。素有“九省通衢”之称的武汉,为了防止疫情扩散,毅然关闭离城通道,900万武汉人民选择留在城内。随后人们自发隔空合唱中华人民共和国国歌《义勇军进行曲》,感人至深。疫情面前,人类命运与共,唯有团结协作,共筑捍卫生命的力量。

高中音乐课程标准中,歌唱是以人声为媒介表现音乐、抒发情感的艺术形式,是培育学生艺术表现素养的重要途径。教师组织学生欣赏《我和我的祖国》演唱视频,组织学生合唱,探究“云端”隔空演唱、合作的独特方式,让学生感受合唱中各种合作的方式,使学生体验集体演唱的快乐、感受集体力量、提高团队协作能力,用合唱激发爱国情怀,增强民族自豪感。

二、案例描述

用歌曲触碰心灵,欣赏“雲端”合唱团校内演出视频《我和我的祖国》。

学生活动：2019 年 6 月，在喜迎中华人民共和国建国七十周年到来之际，我校为 2019 届高三学子特别设计了毕业前的“最后一课”活动，为 2019 届学子高考助力并给予祝福，勉励学生在毕业之后，敢于担当使命，做最优秀的四十九中人。

活动当天，高一、高二年级各班级在窗前挂满了对即将毕业的学长学姐们的祝福横幅。11 点 30 分，伴随悠扬的小提琴声响起，合唱团的同学们不约而同地欢聚到广场，用最真挚的情感，唱响了歌曲《我和我的祖国》。（见图 13-3）

图 13-3　第四十九中学《我和我的祖国》暨 2019 届学子“最后一课”活动

活动分析：《我和我的祖国》采用了抒情和激情相结合的语调，将优美动人的旋律与朴实真挚的歌词巧妙结合，表达了人们对伟大祖国的衷心依恋和真诚歌颂；歌词以第一人称的手法诉说了“我和祖国”紧紧相连、一刻也不能分离的心情，将“我”和“祖国”比喻为孩子和母亲，又将“祖国”和“我”比喻为大海和浪花，这两个具象而生动的比喻，准确又动情，表达了个人和祖国之间亘古不变的情感。

问题讨论：此作品表达了什么样的情感？

育人契合点：

合唱是一门以多人演唱若干声部声乐作品的艺术门类。要求歌唱群体有高度统一的音响和谐度，人声作为合唱艺术常见的表现方式，有着独特的优越性，能够直接地表达合唱作品的思想情感，激发听众的情感共鸣。《我和我的祖国》作品在力求获得准确、生动的音乐形象的同时，把握生活中的语言节奏与音乐中的旋律节奏结合的规律，在使听众听得清、听得懂的基础上，保持了应有的线条美和律动美，创造了楚楚动人的音乐形象，实现了丝丝入扣的情感表达。通过欣赏视频，组织学生合唱，激发学生的爱国情怀，面对疫情，要以实际行动守家护国，鼓励学生“只争朝夕，不负韶华”，做一个对国家对社会有贡献的人。

三、案例反思

音乐作为人类生活的永恒主题，是人们精神需求的重要部分，音乐教育所具有的审美作用、德育作用、创新作用、情感作用和高中德育目标一致。疫情发生后，教师运用浸润式教学方法，将时事和合唱教学结合起来，让学生亲证历史，培养人文情怀，让学生从体验者的身份，参与到文化传承的过程中。通过回顾本校 2019 年《我和我的祖国》合唱的精彩画面，让学生不再仅仅是历史的“亲历者”，而是转换成历史的“参与者”、文化的“传承者”，增强民族自信心和历史使命感。

案例三　音乐创作实践育人案例
——"战"疫有我，"艺"心创作汲取成长力量

一、案例说明

1. 目标阐释

品质是人的立身之本，是通向成功的第一阶梯，一个人的品质和修养决定了他成就的大小，成长中的青少年要想在未来取得杰出成就，必先锤炼出优秀的品质。在成长的道路上，青少年需要以优秀的品质来启迪自己的智慧，激发自己的力量，升华做人的境界。武汉爆发新冠肺炎，无疑成为砥砺学生坚硬品质的时代背景。我校音乐课程组针对疫情不同阶段，创作了三个不同的作品：《我们不孤单》，让我们面对可怕的疫情，能乐观自信表达内心情感；《逆行之光》，让我们面对逆行英雄，能学会勇于担当，成就最好的自己；《平凡天使》，面对身边一个个默默付出的平凡天使，能张开温暖怀抱致谢，用音乐传递善良、感恩之心。

2. 实施路径

"雲端"是武汉市第四十九中学一支混声合唱团，"雲翔"是武汉市第四十九中学一支舞蹈队，为弘扬校园人文精神，进一步聚焦学生音乐学科核心素养，提高学生审美情趣，促进学生全面发展而成立。两个团队成立至今，以培养学生的个性化发展为目标，参与演出活动过百场，广受好评，参加社团的学生近千人，毕业团员分布在全国各地。本案例主要聚集武汉新冠肺炎期间以"雲端""雲翔"两个团队队员为主体，参与校内三个音乐作品原创，学生在家录制，教师利用网络进行技术指导与后期制作。

二、案例描述

1. 片段一：创作MV《我们不孤单》，传递爱与希望

创作背景：2020年1月，新冠疫情在武汉发生，武汉人民响应政府封城号召，宅家抗疫。为了安抚部分学生对病毒存在的恐惧与不安情绪，音乐组全体教师制作原创MV《我们不孤单》，"雲端"合唱团成员中部分优秀团员与音乐组全体教师一起参与歌曲的演唱；歌词中讲述了武汉是一座英雄的城市，为了切断疫情对外输出的渠道，我们封城，将自己隔离在家的真实情境，十余位师生发出心底勇敢、自信的声音。

作品介绍：《我们不孤单》歌词"这么多年的地方，有谁比我更了解你。太多太多的记忆，承载了幸福和努力。平静转眼就过去，这突如其来的消息，没关系，我们决定，人留原地。封住城，需要多大努力，这武汉，你我一起撑起。战一线，只为了我们想要的美好。平安的，这份情永远铭记。我们不孤单，每个人都有彼此的陪伴，我们从没想，从没想放弃。我们不孤单，每一栋楼都隔空在对唱，我们都加油，众志成城不彷徨。我们不孤单，每一天都有空中课堂的陪伴，我们从不曾，从不曾放弃。我们不孤单，虽然不能像从前坐在一起，我们很努力，教育云中来学习。我们不孤单，每一刻都被记挂在心中，我们从没被，从没被遗忘。我们不孤单，虽然经历着病毒的肆狂，我们一定能等来明媚的春光。"

育人契合点：

一曲精心改编的《我们不孤单》，为武汉加油，为新学期打气。作品由十余位师生共同搜集

素材、录音录像、后期制作，历时两周。作品呼吁学生在灾难面前团结友爱、互助支持，音乐教师在录制过程中鼓励“雲端”合唱团成员放下对病毒的恐惧，勇敢担当，用美好的歌声为更多同伴送去勇气，为正在遭受疫情影响的人们带来爱与希望，同时也为武汉“战”疫呐喊加油，为新学期打气。这首作品不仅是四十九中学子，也是武汉人民在疫情最严峻时的心声，更是学生用音乐给予彼此最温暖关怀的一种方式，是在用爱连接彼此。

2. 片段二：原创抗疫作品《逆行之光》，传递担当与奉献

创作背景：2020 年，在防控疫情的最前线，有一群人为生命筑起防线，留下最美的背影，她们就是最可爱的逆行者。

作品介绍：2020 年 3 月，学生们已经在“空中课堂”网络学习近一个多月，为了排解学生在家出现的不安、焦虑等情绪，音乐课程组长唐健梅率先开展了音乐学科育人“鉴赏英雄形象的艺术瞬间”研讨课，亲自完成课程中导入作品《逆行之光》歌词创作，优秀校友张拓涵编曲、章旭演唱，“雲翔”舞蹈团优秀团员出演，作品受到一致好评。（见图 13-4）

图 13-4　《逆行之光》词曲

育人契合点：

武汉战“疫”背景下，用艺术作品表现英雄形象，用音乐和舞蹈凝聚成一首赞歌，向那些守护万家灯火的逆行者致敬。作品呈现的“英雄”主题，由抽象到具体，由远及近，让英雄的形象更清晰更凸显，并将个人英雄主义、集体英雄主义的情怀通过艺术作品来进行传递。以学生的情感为抓手，培养学生对英雄体裁作品的理解与感知，激励学生在战“疫”当下，做好自己，爱家爱国，有责任有担当，坚定努力成为新一代有志青年的奋斗决心。

3. 片段三：创作 MV《平凡天使》，传递善良和感恩

创作背景：疫情突如其来，一场人民战争全面打响。“武汉是英雄的城市，武汉人民是英雄的人民”。在这场疫情防控阻击战中，医务工作者、环卫工人、物业管理人员、建筑工人、社区网格员、快递人员、志愿者无私奉献，勇敢逆行，用坚强的身躯筑起抗疫的堤坝。在人们无奈与焦虑之时，总有人带来温暖，疫情严峻，却不乏温暖与感动，这些人被称为“平凡天使”。正是无数的平凡天使选择了坚强和勇敢，选择了担当和奉献，不惧生死、不计报酬地加入这场与新冠肺炎病毒的生死博弈之中，才让我们迎来了武汉的春天。

作品介绍：2020 年 3 月 30 日，武汉疫情得到了基本控制，武汉无疫情小区已经达到 98.2%，武汉在封城整整 76 天后，于 4 月 8 日重启。声乐课堂上，学生告诉老师，看到 4.2 万医护人员开始陆续、安好地离开武汉，心里多了一份不舍与感动。随后，付嘉碧老师提议大家携手录制作品，用歌声将内心感谢传递给学生心目中最平凡最感动的天使：感谢可爱的人，谢谢你们，为我们拼过命。从学生推荐的十几个作品中，最终确定了邓紫棋的新歌《平凡天使》，学生自己在家进行录音后，付嘉碧老师利用网络进行指导，并完成后期的音视频剪辑。2020 年 4 月 8 日武汉解封之日，致敬为武汉拼过命的平凡天使们！

育人契合点：

闻令而动，关键时刻挺身而出；逆行出征，血肉之躯筑起抗疫堤坝；枕戈待旦，坚守点亮希望之光。武汉是一座英雄的城市，但又哪有那么多的英雄，在这场防疫战中，无数平凡天使以担当之勇、奋斗之志，书写下一曲曲荡气回肠的乐章，在挑战中挺起不屈的脊梁。战“疫”期间，教师与学生用“网”将彼此紧紧地联系在一起。教师通过网络教学生学习和运用“云录音”软件，让学生在录音技术上得到一次新的实践，实践过程中不仅技术能力得到增强，还增进了合唱团团员亲密合作的关系。面对疫情，能敢于表达，勇于实践，用音乐传递爱，让善良和感恩常驻学生心间，坚定的是学生对祖国的热爱，对民族自信自豪的家国情怀，与此同时，学生也用自己的实际行动诠释了武汉中学生的使命感和责任感。

三、专家点评

本节课立足新冠肺炎实际，以英雄形象为主题，激发了学生的爱国情怀。本节课有三点创新融合：一是音乐鉴赏与学科育人的融合，二是教学内容与抗击疫情的融合，三是多种艺术形式与技术呈现形式的融合，体现了教师的专业素养和开拓进取的精神。

除此之外，本节课明确了学生的主体地位，落实主体间性智慧课堂教学模式，注重师生间的交互关系，实现了学生和谐健康的发展。同时，也明确了教师传授、创作、再创作的职责。在传授专业知识的同时，师生共同学习体验、创作和再创作，激发学生的学习热情，培养专业能力，培育学科素养，真正成就学生的个性化发展，助力我校音体美、心理、科技创新、信息技术等特色学科品牌的打造。

第十四章 普通高中美术课程育人探索

教育部《中小学德育工作指南》明确要求:普通高中美术课程要加强对学生审美情趣、健康体魄、意志品质、人文素养和生活方式的培养,增强社会责任感。《普通高中美术课程标准(2017 年版 2020 年修订)》要求美术课程以立德树人为根本任务,通过以美育人,引导学生以自主、合作、探究的方式参与美术学习,学会在现实生活情境中发现、提出和分析问题,综合运用美术学科及跨学科知识与技能解决问题。

第一节 美术课程的育人价值

一、高中美术课程的地位和特点

《普通高中美术课程标准(2017 年版 2020 年修订)》中明确,普通高中的培养目标是进一步提升学生综合素质,坚持以凝聚人心、完善人格、开发人力、培育人才、造福人民为工作目标。高中美术课程是艺术学习领域中的必修课程,既与义务教育阶段美术课程相衔接,又具有自身的特点。

1. 课程地位

在培养学生综合素质方面,美术课程在高中时期的作用是不可忽视的。这一特殊时期的美术教育,对于学生的影响十分广泛。对审美能力和创新能力的培养,对今后选择专业的方向,都起着重要的作用,高中时期美术教育的发展成效甚至可以影响整个社会人群综合素质的提高。

对于学生而言,美术课程是育人的重要载体。通过教学,可以让学生成为具有人文素养的人,知道中外美术史的基本脉络和重要风格、流派的代表人物及代表作品;成为具有专业精神的人,了解美术创作的基本过程,从工具、材料、技法、题材等方面区分美术门类,注重实践、敢于创新探究和善于合作;成为具有审美情趣的人,可以辨析美术作品中体现的文化、价值观等方面的差异,形成健康向上的审美情趣,敢于追求真理,能自觉审美,协调发展。学生通过美术课程的学习,在获得审美经验的同时提高个人艺术品位并作用于生活之中,能提出有质量的设想和批判性见解;与此同时,提升动手能力和动脑能力,在多方面涉猎的基础上,构建自己的知识体系。

同时,对于教师而言,美术课程还是教师专业继续发展探索的重要平台。在注重培养学科核心素养的教育背景下,教师需要具有美术鉴赏感受能力,在日常美术教学实施过程中,教师需要向高中生进行绘画示范或直接展示范画作品,这就要求教师需要具备扎实的专业技能,通过自身专业技能的不断提高,开拓创新思路,提高艺术修养和感知能力。除此之外,美术学科还要求教师具备深厚的文化素养,在必修模块的美术鉴赏教学过程中才能以美术为切入点,融入跨学科知识的学习内容,探究艺术背后蕴含的文化底蕴。教师还要及时引入前沿教学方法,在课堂中重视组织学生动手实践的教学环节，鼓励学生探索创新，强调解决问题，让学生在合作、探索中学习。

2. 课程特点

普通高中美术课程体现了普通高中课程方案提出的时代性、基础性、选择性和关联性，需充分发挥美术学科独特的育人功能，引导学生通过观察、感知、体验、思考、探索、创造和评价等具有美术学科特点的活动，形成美术学科核心素养，促进全面发展。在美术课程教学中，要力图改变传统教育中教师的“教”和学生的“学”，使美术教学模式由以“教”为主转变为以“学”为主。不仅强调知识教育与能力教育相结合，而且强调艺术精神与人文精神、艺术内容与艺术体验、艺术过程与艺术个性的结合。因此，高中美术课程有以下几个特点：

1）人文性

美术课程不是单纯的知识和技能课程，而是一种旨在提高学生艺术修养和人文素养的人文课程。毕加索认为，只有通过美术教育，使学生对自由、独立思考、宽容进行自觉的认识理解，美术课程才能促使学生不断思考人生的目的与意义，价值思考的最终目的是发展与完善学生的人性与人格。

2）自主性

高中美术课程标准提出要注重学生的独立精神，倡导自主学习、研究性学习和合作学习，引导学生主动探究艺术的本质、特性和文化内涵，培养学生终身学习的能力。

3）渗透审美教育

美术课程的实施俗称“美育”，即审美的教育，美育是一种具有独立性的教育活动，它以审美的形式感化人们的内心和灵魂，用美好的事物去感化人，这些美好的事物能引导学生发现美、欣赏美，进而创造美，在“润物细无声”中接受教育，学习知识技能并陶冶情操。

二、高中美术课程的育人要素

依据《普通高中美术课程标准(2017 年版 2020 年修订)》和美术学科核心素养，高中美术课程所蕴含的育人要素如下：

1. 文化自信

中国传统美术是中华民族世世代代继承发展的、具有鲜明民族特色的、内涵博大精深、传统优良的文化。从民间的陶器、版画、刺绣、衣服纹样、雕梁画栋，到如今的商品包装、电影、舞蹈、景观设计，无不体现美术的应用。

学习美术课程犹如翻阅历史的画卷，绘画的历史最早可追溯到原始社会新石器时代的彩陶纹饰和岩画，用以表达先民的信仰、愿望以及对生活的美化装饰。近代美术更是表现出浓郁的民族风格和爱国情怀，特别是中华人民共和国成立以后，各个画种都展示出新的面貌，也出现了像吴昌硕、齐白石、张大千、徐悲鸿等一大批爱国主义绘画大家。如徐悲鸿的《奔马图》不仅展现出马奔涌向前的动态特征，更表达了为振兴民族艺术而奋斗的精神。

美术课程将中国传统美术文化的精华和价值展示出来，帮助学生树立正确的民族价值观，坚定学生文化自信与价值观自信，激发学生爱国情怀，培养奋发进取、自强不息的品质。

2. 文化理解

美术本身是人文性的学科，画家在创作艺术作品时会从时代的背景、政治、文化等方面入手进行创作。当我们欣赏美术作品时,也要从文化的角度观察和理解美术现象和观念。在认识中华优秀传统美术的文化内涵及其独特的艺术魅力时,也珍视人类共同文化遗产,用平等的态度、宽广的胸襟、开阔的视野去认识世界美术文化,实践美术学科核心素养中关于“文化理解”的基本理念。

3. 审美判断

高中生经过义务教育阶段的学习已经对“美”有了深入的认识和理解,但是义务教育阶段强调的更多的是感受,而高中阶段则需要引导学生认识美的独特性和多样性,用形式美原理和其他美术知识对艺术作品进行评价。席勒指出:“要使感性的人成为理性的人,除了首先使他成为审美的人,没有其他途径。”在教学活动中,美术课程所涉及的审美情趣和艺术魅力,促进学生的个性化全面发展品质,不断塑造学生的人格品质。

美术教育的基本目标是培养人的审美素养和审美能力,美育与育人中的精神教育在实质和目标上是完全一致的,即促使学生建立积极的人生观与价值观。

三、高中美术课程的育人价值

1. 高中美术学科核心素养

学科核心素养是指个体在面对复杂的、不确定的现实生活情境时,能够综合运用特定学习方式下所孕育出来的学科观念、思维模式和探究技能,以及结构化的学科知识和技能,分析情境、提出问题、解决问题、交流结果过程中表现出来的综合品质。在《普通高中美术课程标准(2017 年版 2020 年修订)》中,依据美术学科的特征和独特的育人功能,凝练出图像识读、美术表现、审美判断、创意实践和文化理解五个美术学科核心素养。视觉形象是美术学科核心素养生发的基础,图像识读和美术表现属于基本素养,而创意实践、审美判断和文化理解则是衍生素养。(见图 14-1)

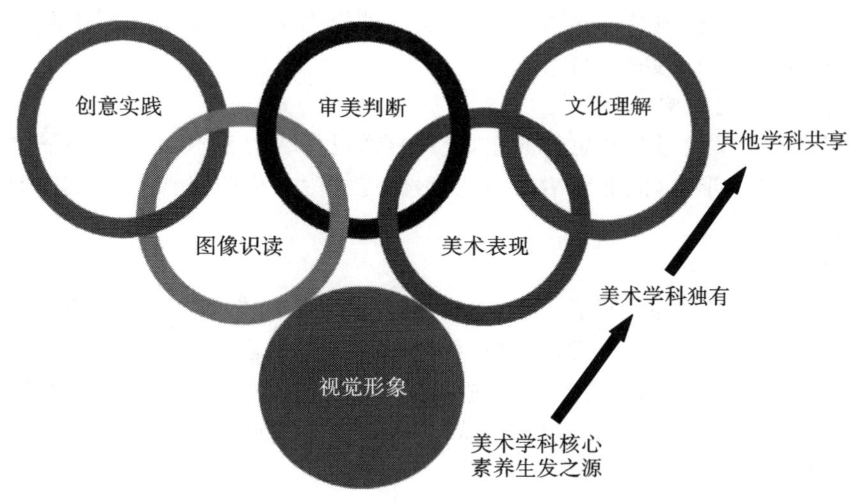

图 14-1　美术学科核心素养

2. 高中美术课程培育的价值观念

随着课程改革的全面推行,新的美术课程标准明确了美术课程的人文性质,进一步深化了美术教育的内涵。其中一个重要的任务是转变教育观念，更多地从教育的角度来认识美术课程，而不是从美术的角度来看待美术教育。高中美术教育应将美术欣赏与生活相结合，将技巧教育与性格培养相结合，不局限于美术技巧的传授，更多的是通过欣赏、品味美术作品的真善美、假丑恶来帮助学生认知世界，形成良好的价值观。

(1) 通过美术作品欣赏领悟生活。美术作品通过给人以视觉上的冲击来传达作者的感情，其来源于真实的生活，作品寄托着作者的情绪。学生能通过美术作品了解和理解社会，了解自然，培养对社会生活美、自然美、艺术美的感受能力，激发学生对生活、自然、艺术的热爱之情，在生活中做一个细心的观察者、欣赏者。

(2) 通过美术作品欣赏陶冶情操，培养人格。蔡元培先生曾说："人人都有感情，而并非都有伟大而高尚的行为，这是由于感情推动力的薄弱，要转弱为强、转薄为厚，有待于陶养。陶养的工具，为美的对象，陶养的作用，叫作美育。"所以美术教育在一定程度上能陶冶人的情操，助益美好人格的形成。学生正处于青少年时期，有着丰富的情感和初步形成的是非观，美术课程有助于激发其对美好人格的向往，对美好事物的珍惜。

(3) 美术教学中渗透和平、环保、关爱等方面的教育。良好的价值观是崇尚和平、爱护自然、尊重生命。和平与发展是时代的主题，通过绘画教学生应积极了解、关心社会，激发学生的关爱意识和社会责任感；另一方面要鼓励学生积极进行艺术实践，去创造、去召唤、去维护，在艺术的实践中成长、成熟起来。

3. 高中美术课程养成的人文品格

美术课程倡导"以人为本"的教育思想，美术作为人文科学的核心之一，凝聚着浓郁的人文精神，美术教学不再局限于传统的传授美术基本知识和绘画技巧，而是突出了德育意识和人文品格的培养。

1) 净化心灵，展现自我

美术是净化心灵的自我塑造，众多的美术作品在陶冶人的心灵方面发挥着重要的作用，美术教学把情感和理性完美地结合起来，并通过美术的造型表现将心灵内涵主观能动地表现出来，推动学生向美的善的道德行为转化。

2) 以美启智，以美辅德

美术课程可以给学生思维和想象的充足空间，通过深入的艺术感受，促进智力的发展。同时，美术课程中的艺术形象，能够陶冶人的性情，促进学生人格的完善和社会化，有助于形成正确的道德观念。

3) 自我教育，实现自律

美术通过运用线条、形象、明暗、色彩、综合材料等，将主体思想的内涵传达出来。在设计应用环节，学生从自我经验出发，发挥个性、创造精神及独立思考的意识，与实际相结合，思考人与社会的共同发展，从而达到自我教育的目的。学生变被动为主动，在教师的正确引导下，对社会倡导的道德观念由感受到理解再到认同，完成了整个道德认知的构建，这一过程正是我们所强调的道德自律。

第二节　美术课程育人实施建议

根据《普通高中美术课程标准(2017 年版 2020 年修订)》，高中美术课程包括必修课程、选择性必修、选修课程三类，结合教学实际，应有针对性、有重点地开展育人实践。

一、高中美术必修课程

1. 课标要求

学习本模块后，要求学生运用感知、经验和知识对美术作品和美术现象进行观察、体验、联想、鉴别与评价，获得审美经验，提高艺术品位。

2. 育人目标

通过中外美术作品的学习，联系文化情境认识美术作品的主题、内涵、形式和审美价值。通过对美术作品本身的解读，体会作品的思想内涵和文化异同，辨析美术作品中存在的文化、品位和格调的差异。培养学生通过比较、鉴别等方法，发现事物的美，并探究产生美的原因，形成健康向上的审美情趣。

3. 实施建议

1）鼓励审美个性，培养审美意识

(1) 不对同一个材料作品规定统一的评价标准，充分发挥学生的审美感受，鼓励学生用自己独特的视觉感受艺术作品，使学生的情感与艺术作品产生共鸣。

(2) 借助现代化多媒体教学手段，拓展学生的视野，引导学生观察，在观察中培养学生的审美感知能力。

(3) 欣赏名家作品，组织讨论，注重分析，在分析比较中培养学生的审美判断能力。

2）提高学生的审美情趣和艺术品位

(1) 带领学生参观当地的美术馆或者博物馆、民居、城区等现代城市的建筑，让学生对他们熟悉的生活环境产生浓厚的审美兴趣，创造广阔的文化情境。

(2) 名著欣赏，可以观看绘画大师的纪录片，了解他们在进行绘画创作时的状态、对绘画的热爱以及对画面的不断探索，提高学生的艺术品位。

(3) 在美术教学中，渗透民间文化，通过创设特定的文化情境，加深学生对文化和历史的认识，形成正确的文化价值观。

3）增强学生的情感体验

(1) 结合2020年初新型冠状病毒引发肺炎致武汉封城，全国各地团结一致、万众一心，与疫情展开一场严峻的斗争，以“疾疫无情，人间有爱”为主题开展学生自主创作活动，要求积极向上、主题突出，表现形式丰富，寓画于情，提高学生的品德修养。

(2) 定期举办画展或者开辟美术角及美术展厅，可以是名家作品欣赏，也可以是学生自己创作的书法、绘画等不同主题的作品展。让学生体验现实生活中的审美乐趣，增强情感共鸣。

(3) 举办报告会。学生分小组按照不同的朝代理顺中国古代美术的发展脉络，理解不同创作目的以及社会生活背景对艺术家的影响，增强学生的情感共鸣。

4）升华学生的人文素养

(1) 了解近代以来中国美术的发展，以及新中国成立以后讴歌党、祖国、人民、英雄的经典作品，探究民族文化传统继承与发展的关系，增强学生的民族自信心和自豪感。

(2) 选择中外著名艺术家或当代美术现象进行专题研究。通过宣讲、展示等方法发表自己的看法，并用恰当的美术术语进行解读、评价和交流，形成健康向上的审美情趣，升华学生的人文素养。

(3) 整合美术知识与其他学科知识,使知识体系协调发展,将美术与音乐、语文、历史、政治等科学整合起来,让学生在广泛的文化情境中认识美术,提升学生的综合人文素养。

二、高中美术选择性必修课程

(一) 模块1:绘画

1. 课标要求

学习这一模块,学生识别不同画种,了解不同的工具和材料,认识其特征。学会运用线条、明暗、色彩等手段进行描绘,创造出不同形态的艺术形象来反映和表达自己的思想、情感和审美理想。

2. 育人目标

通过对绘画作品的赏析,理解美术表现的效果和社会价值。通过学生自主创作,将对社会生活的体验和认识带入创作情境之中,表达自己的意图、思想和情感,开阔学生的艺术视野。

3. 实施建议

(1) 学会区分美术各类别画种,了解它们在绘画时需要使用的不同工具和材料。根据题材内容对绘画进行分类,并认识它们各自的特征。初步感受生活和艺术中的美,开阔学生的艺术视野。

(2) 根据自身兴趣选择一两种画种的优秀作品进行临摹。理解作品的形象特征、表现方式以及结构关系。通过观察、分析和比较等手段创作不同的艺术形象,大胆地表现自己的情感和体验,培养学生的创造力和对美好生活的向往。

(3) 开展"疾疫无情,人间有爱"主题的创作活动,学生分小组对自己创作的作品进行表述和探讨,表达自己创作时的真情实感,并研究和总结绘画创作的表现规律,认识其表现形式和技巧方法,探索绘画与社会、历史和文化之间的关系,树立正确的价值观。

(二) 模块2:中国书画

1. 课标要求

通过本模块的学习,使学生认识我国各种传统绘画艺术,了解中国画的绘画步骤与技法,学习更多的艺术表现手法来提高自身的审美情操和个人修养。

2. 育人目标

中国书画是我国的一项传统文化。本模块内容涉及中国传统绘画、书法、篆刻等经典作品的欣赏及传统画论。通过学习本模块,促进学生坚守中国文化立场,增强文化自信,热爱祖国优秀的传统文化,养成对美术终身爱好的情感。

3. 实施建议

(1) 赏析中国画、书法、篆刻中的经典作品,临摹山水、花鸟、人物画,掌握中国画的笔法,认识它们的不同种类和艺术风格,理解中国书画作为中华传统文化象征的意义,弘扬中华民族的人文精神。

(2) 举办校园艺术节,利用合适的主题展览形式,进行展示和交流。进一步激发学生学习中国书画的兴趣,使学生获得丰富的艺术情感体验,提高审美情趣与鉴赏能力。

（三）模块3：雕塑

1. 课标要求

学习本模块以后，让学生认识雕塑所需要的物质材料，通过雕、刻、塑、编织等手段，创造出具有真实存在的艺术形象。通过认识造型活动的基本规律，提高表现生活和表达思想、情感的能力。

2. 育人目标

通过学习本模块，学生理解和掌握雕塑的基本知识，利用美学原理分析自然和艺术领域的审美现象，借以反映社会生活、表达情感和思想。

3. 实施建议

（1）积极参加社会各类雕塑造型活动，认识雕塑所需要的材料、工具、加工方法和创作过程，认识雕塑作品对人们美好情感和愿望所具有的独特表达形式，提高审美能力，激发对生活的热爱。

（2）按照雕塑材质（泥塑、木雕、石雕、铜雕、瓷塑、陶雕）选择其中一种形式的经典作品为样本，创作一件雕塑作品来表达自己的情感和思想，提高学生的形象思维能力和审美能力。

（四）模块4：设计

1. 课标要求

根据自己的兴趣在视觉传达设计（标志、招贴画等）、工业造型设计（服装、生活用品等）和环境艺术设计（室内、展示、校园等）中选择一种内容进行学习，学会鉴赏具有鲜明艺术特色、文化内涵以及与生活经验相关联的设计作品，用美术语言来表达自己的情感。

2. 育人目标

通过学习本模块，使学生广泛地接触各类设计材料，培养创造意识，提高实际操作能力和动手能力。

3. 实施建议

（1）收集和鉴赏国内外的优秀设计作品，了解主要设计类别、设计常识和基本技法，建立自身初步的设计意识和审美原则，从而提高学生的审美能力，树立正确的审美观念。

（2）以环境艺术设计为例，选择北京著名的标志性建筑（如鸟巢、水立方）作为研究对象，从功能性、实用性、舒适性、人文性等方面进行评论，逐步提高审美能力，形成热爱本民族文化、尊重世界多元文化的情感和态度。

（五）模块5：工艺

1. 课标要求

学习这一模块，学会鉴赏具有鲜明艺术特色的工艺作品，重视个人手工技术，发展个人爱好。

2. 育人目标

通过学习，帮助学生认识功能与形式的关系，广泛接触材料，培养创造意识，提高操作能力。

3. 实施建议

（1）从视觉形象（造型、色彩、装饰）上将工艺分为日用工艺及陈设工艺，搜集国内比较著名的工艺品，培养学生对我国民族民间传统工艺的了解和热爱，陶冶心灵。

（2）按照自己的喜好选择一个工艺方向，选用身边现有的材料，运用不同的工具和加工方法完成一件工艺作品。认识民间工艺与人的关系，从而认识到民间工艺作品对人们美好情感和愿望所具有的独特表达功能，提高学生的审美能力和实际操作能力。

（六）模块6：现代媒体艺术

1. 课标要求

通过本模块的学习，使学生学会运用影像设备与技术、计算机设备与技术以及互联网资源表达观点、思想和情感。

2. 育人目标

通过本模块的学习，帮助学生发现生活中有意义的题材，注重与生活实际相联系，用现代媒体艺术的形式记录和表达，拓展学习领域，增添丰富的学习内容。

3. 实施建议

（1）了解现代媒体设备和器械的基本特点，学会独立操作现代媒体设备，学会使用现代媒体相应软件。让学生了解和掌握前沿的艺术表达方式和途径，突破传统艺术技能的学习，拓展学生的思维，培养创新能力和实践能力，丰富学生的审美和情感表达方式。

（2）从观念、创意、制作等技巧方面对现实生活中具有特殊意义的题材进行评价，并且加以记录和表达。以自己的方式去认识艺术、享受艺术，在充满审美愉悦的学习中完善知识结构和提升审美能力，从而丰富情感，增强人格魅力。

三、高中美术选修课程

（一）模块1：美术史论基础

1. 课标要求

本模块主要学习美术史论、美术教育等方面的基本理论、基础知识和专业技能，以及与之相关的文史哲知识，培养学生理论与实践相结合的学习习惯。

2. 育人目标

在高中阶段的美术教学中融入美术史论的常识，促进学生对美术基础知识的学习，从而不断提高学生的审美能力和鉴赏能力，促进学生的全面发展。

3. 实施建议

（1）理解和掌握美术学的基本理论和专业知识，学会运用辩证唯物主义的基本方法去阐述美术发展的基本规律，提高自身的艺术修养。

（2）了解和关注美术学的前沿课题及理论动向，具有良好的艺术鉴赏能力、逻辑思辨能力、理论表达能力以及综合辨析能力。端正审美观念，增进学生对世界美术的包容心和民主观。

（二）模块2：速写基础

1. 课标要求

通过本模块的学习，使学生能够掌握速写的基础知识和基本技能，具备快速表现对象的造型能力，掌握基本造型的规律、技巧和法则，培养艺术的感知能力。

2. 育人目标

学习本模块，将速写视作艺术训练的基础，培养学生的自主学习意识，独立分析、解决问题的意识，提高学生的美术修养和鉴赏能力。

3. 实施建议

(1) 教师进行现场速写示范、展示速写的基本技法，运用实物、图片等说明、印证所传授的知识。提高学生对整体空间的把握能力，锻炼学生对美的敏感度。

(2) 学生在教师的现场指导下，通过大量练习来巩固速写知识，培养速写技能技巧，发展学生的认知能力和创造能力。

(三) 模块3：素描基础

1. 课标要求

通过本模块的训练，提高学生对所观察物象的理解和认识，培养学生准确概括和整体描绘的能力，使学生掌握基本的视觉语言和表现技法。

2. 育人目标

训练和提高学生对物象进行描绘的技法和审美基础。培养学生丰富的想象力及大胆的创造力，是提升学生专业素养的重要途径，注重提高学生的形象思维能力和审美水平。

3. 实施建议

(1) 指导学生阅读书籍、搜集资料，理解和欣赏优秀素描作品，认识素描的概念和表现方法。在美术作品欣赏的过程中提升学生的审美能力和鉴赏能力。

(2) 进行短期作业和长期作业相结合的方式，有针对性地训练学生学会整体的观察和描绘。鼓励学生尝试运用不同的素描形式和技法来表现自己所观察到的对象，提高作品的感染力和表现力，进而形成较高的审美能力。

(四) 模块4：色彩基础

1. 课标要求

学习本模块，使学生熟练掌握色彩的基础知识和基本原理，研究自然物象的固有色与环境色之间的色彩关系，认识色彩关系与色调在色彩表现中的重要作用，理解用色彩表现形体的基本原理与规律。

2. 育人目标

通过本模块的学习，学生学会观察与思考色彩的绘画方法，增强对色彩的感性经验和感受能力，培养学生学习色彩应具备的基础表现能力和审美素养，为色彩的学习与实践奠定良好的表现和鉴赏素质。

3. 实施建议

(1) 从色彩的基础理论起步，逐步培养学生的造型能力与色彩表达能力。结合色环的应用，让学生慢慢了解色彩的基本规律，帮助学生理解色彩的情感性及象征性，从而提高自身审美素养。

(2) 从色彩的视觉效应开始，运用科学原理与形式美相结合的法则培养学生对色彩的创造能力，学会正确的观察和表现方法，提高学生的视觉感受能力和色彩情感。

（五）模块 5：创作与设计基础

1. 课标要求

通过本模块的学习，使学生了解创作与设计基础的学习内容，通过学习和实践，有效地观察和分析物体的形象，准确而艺术地表现物象，表达自己的创作和设计意图。

2. 育人目标

培养学生综合运用生活经验、思想观念、思维方法的技能，完成美术创作与人物设计，树立正确的审美理想、健康的审美情趣，提高对美的感受力。

3. 实施建议

(1) 通过对多种题材、主题内容的视频观摩及访问交流，丰富学生的生活经验和思想观念，从而获得丰富的艺术情感体验，提高审美情趣与鉴赏能力，学会品味美术的艺术魅力。

(2) 开展经常性的思维(联想、想象、聚敛、发散、直觉和逻辑)训练，结合美术创作与设计的方式，提高学生的思维水平和解决美术创作与设计问题的能力，从而达到提高审美水平、领悟艺术魅力、提升绘画技巧的目的。在创作的过程中感受学习的乐趣，领悟艺术的魅力。

第三节　美术课程育人评价初探

为了更好地发挥美术课程“立德树人，以美育人”的功能，需要制定科学的、可行的评价标准，对美术课程育人所产生的学生学科素养、道德修养方面的变化，进行价值上的考察和评估，从而较全面地评定美术课程的育人价值和意义，更好地指导美术课程育人，推动学校素质教育的发展。

一、高中美术课程育人评价的意义

高中美术课程育人评价的意义在于考察和评定美术课程德育、美育成果，反馈课程育人情况，指导课程安排和促进学校素质教育的建设。

(1) 考察和评价美术课程对提高学生道德素质的作用。一切美术活动都是以审美为目的的，美术课程有助于学生形成正确的是非观、荣辱观、价值观。个体良好的道德修养必定影响着整个社会的精神面貌和道德风尚。

(2) 考核学生核心素养的培养情况。参照课程育人评价标准，进一步落实学生图像识读、美术表现、审美判断、创意实践和文化理解五个方面学科核心素养的培养实效，查漏补缺，有针对性地改进和提高。

(3) 为相关课程模块的课时安排提供指导和参考。每个模块涉及的专业知识和技能不同，其涵盖的专业素养亦各有侧重。依据学生核心素养的评价结果，可以增加或减少某些课程模块的课时。

(4) 加强改进和完善课程的育人方法，促进师生共同成长。更好地指导美术课程的育人工作，从而更加有效地促进学生全面发展，为现代化建设培养更多栋梁之材。

二、高中美术课程育人评价的原则

高中美术课程育人评价应该与课程模块的特点相契合，寻找课程中合适的切入点进行课程育人内容的渗透，美术课程育人评价应坚持以下原则：

1. 坚持以美育人为向导

根据《国务院办公厅关于全面加强和改进学校美育工作的意见》，普通高中美术课程教学的全过程，要始终强调以美育人的导向。在美术学科五大核心素养的“审美判断”中，要特别突出正确的价值观引领，培养学生健康的审美观念和审美情趣，把立德树人根本任务落到实处。

2. 坚持多样性与综合性

依据《普通高中美术课程标准(2017 年版 2020 年修订)》，评价重点应放在学生的全面发展上。要关注学生学习发展的整个过程和学习活动的表现，而不是以考试成绩作为单一的标准，应突出评价的多样性与综合性，全面考查学生造型表现、设计应用、综合探索、欣赏评述四个学习领域的表现。在提高学生美术专业能力的同时，还应注重学生人格素质的培养，塑造健全的人格，体验丰富的学习经历，使美术教学实现满足学生成长需要的价值。

3. 坚持时代性

美术课程育人评价应反映先进的教育思想和理念，关注信息化环境下的教学改革，关注学生个性化、多样化的学习和发展需求，着力发展学生的核心素养。根据经济社会发展变化及时更新教学内容，例如，结合新冠疫情，课程中加入讴歌抗疫英雄、平凡而伟大的志愿者题材，深刻地表现了同学们对人间大爱的歌颂、对自然与人类关系的思索、对生命意义和价值的探究。

4. 坚持基础性与选择性

遵循教育教学规律和学生身心发展规律，贴近学生的思想、学习、生活实际，满足学生学业需要和个性发展。在课程结构和内容的安排上，应精选必修课程的内容，以强化学科基础。同时，还需要提高选修课程在全部课程中所占的比例，尽可能提供多种学习模块，为不同学习水平的学生选择课程提供方便，满足学生多样化的发展需求。

5. 坚持继承与发展

在课程中，通过鉴赏古今、中外美术作品，学生基本掌握了中外美术的基本面貌及重要风格流派，理解不同文化、不同时代下民族的文化特征，了解美术创作与现实生活的关系、艺术家的社会角色与文化责任。引导学生尊重人类文化的多样性，认同并弘扬中华优秀传统文化，培养学生的理想信念和社会责任感。

三、高中美术课程育人评价的指标

高中美术课程育人评价凝练了学科核心素养，学生的道德情操、意志、品质，真正落实“立德树人、以美育人”的根本任务，培养具有高尚道德品质和审美修养的现代化建设的接班人，具体落实在育人目标、育人内容、育人过程、育人方法和育人效果的评价上。

1. 育人目标

依据《普通高中美术课程标准(2017 年版 2020 年修订)》，准确评定美术课程育人目标的完成情况。

(1) 课程内容与道德修养、意志品质的相关内容的相互渗透。根据教材选择契合的育人知识点，恰当有机地将两者完美结合，实现知识与品德的双重传授。比如，在鉴赏抗击疫情中的志愿者为社区居民送菜的绘画时，讴歌志愿者舍小家顾大家，冒着生命危险、助人为乐的精神，宣扬新时代的价值观。

(2) 课程内容与学科核心素养的融合程度。在课程中渗透美术学科核心素养，尽量将每个知识点与相关核心素养联系起来，使课程的目标更明确、重点更突出。如“人物单人速写”一课中，请学生互相点评作品的优点与不足，培养学生表现、评述、实践的核心素养。

2. 育人内容

美术课程的教学内容要注意以适当的切入点与育人内容相结合，时刻不忘“立德树人、以美育人”的根本任务，促进学生德智体美劳全面发展。

在鉴赏模块中，通过课程学习，学生能够识别图像的形式特征，分析图像的风格特征和发展脉络，理解图像蕴含的信息；运用多种工具、材料和美术语言创作具有一定思想和文化内涵的美术作品及其他表达意图的视觉形象；依据形式美原理分析自然、日常生活和美术作品中的美，形成健康审美观念；具有创新意识，运用创造性思维进行创意，并用美术的方法和材料予以呈现和完成；从文化角度分析和理解美术作品，认同并弘扬中华优秀传统文化，尊重人类文化的多样性。

例如：通过古今中外美术作品的欣赏，了解各国历史、文化，引导学生在作品中发现美、体验美、同化美，实现情感的升华，形成高尚的志趣和格调。通过对中国书画、民间艺术的学习，了解中华民族文化内涵、传统道德、风土人情，增加对民族文化的热爱与自信心，培养学生责任感、使命感。

结合新冠肺炎疫情，和同学们一起鉴赏“世界名画中的人类七大瘟疫”作品，发现：“灾难确实改变了人们的生活……但大家虽然身处绝境，却依然在互相帮助、奉献爱心，保持着理性、坚韧和忍耐。”“这恰恰是道德力量显现的时刻，生命的价值观发生改变，人类也更加懂得与自然界和动物相处的原则等。”

在书法篆刻及素描、色彩、创作设计等选修课程中，加强学生动手表现能力、合作探究能力和创意思维，引导学生创作美的作品和环境。在校园景观和公园、江滩写生活动中引导学生形成热爱自然、保护环境的理念。美术教研组组织学生参加“抗击新冠肺炎，武汉加油、中国加油”活动，通过作品创作倡导学生形成健康饮食观以及人与自然和谐相处的理念，保持对生命的尊重和敬畏之心。

3. 育人过程

(1) 将学科素养与道德修养贯穿于教学中，提升学生的审美情感、创意思维，培养学生健康的兴趣爱好、高尚的道德品质，引导学生对美的向往、追求与创造。

(2) 在教学中融入校园文化。校园文化对学生情感、态度与价值观的形成具有重要影响，因此营造良好而有特色的校园文化是师生共同的责任。我校一直秉承建设高品质“人文”四十九中的理念，引领学生“奋发、奋争、奋进”，注重学生德智体美劳全面发展，注重学生的个性发展和终身发展。

(3) 开展更多的动手和创作实践活动，开阔学生眼界，提高审美能力，培养学生的创意思维。如通过专题展览、校园艺术节、网络作品展等形式，进行作品展示和交流；去博物馆、艺术馆参观本土特色作品，弘扬民间美术，创作出更有地方特色的美术作品。

(4) 教学与管理相结合。在教学过程中，促进课堂管理、严肃课堂纪律，规范学生文明用语、行为举止；制定《学生守则》《考勤记载表》《卫生记载表》等，倡导学生尊敬师长、团结友爱、互帮互助。在民主的教学氛围中，用爱心、细心和耐心引导学生快乐、轻松、静心学习。

4. 育人方法

倡导探究式美术学习方式，通过创设问题情境，引导学生开展确定主题、观察感受、搜集素材、学习借鉴、构思创意、选择材料和技法、探索表现方法、创作作品、展示交流以及描述、分析、解释和评价等美术学习活动。鼓励学生在信息化环境下，以自主、合作和探究等方式获取知识和技能，形成创意和见解，学会用美术及跨学科的方式解决学习、生活和工作中的问题。

例如：在"人物速写创作——以表现抗疫志愿者为例"一课中，通过布置课前创作实践、预习、课上描述、评价等环节，培养学生感悟、表现、创意等核心素养，最后通过鉴赏中外优秀作品开拓学生的创作思维，引领他们观察生活、表现生活、积累丰富的创作素材，并用摄影作品《渴望》来表现人类必将战胜疫情的决心。

5. 育人效果

美术课程育人效果主要从两方面来呈现：一是学科素养，二是道德素质。成功的课程育人应该是将学科知识和育人内容完美结合，培育健康的审美观念，树立正确的文化观；激发想象力和创造力，促进学生学科核心素养和道德水平的提升，促进学生全面而有个性的发展。

高中美术课程育人评价量表如表 14-1 所示。

表 14-1　高中美术课程育人评价量表

评价项目	评价内容	分值	得　分
育人目标	基于美术课程标准，明确学科特点的育人目标、道德修养和学科核心素养；根据教材选择契合的育人知识点，有机地将两者完美结合，实现知识与品德的双重传授；在课程中渗透美术学科核心素养，将每个知识点与相关核心素养联系起来，使课程的目标更明确、重点更突出；准确定位，实现课程内容和育人目标的完美结合	10	
育人内容	结合课程标准，落实美术学科核心素养，结合青少年成长的规律，合理安排教学内容；充分挖掘课程教学中蕴含的育人资源，准确把握教学内容和育人内容的结合点，根据不同的教学内容匹配不同的育人内容	25	
育人过程	教学活动过程始终贯彻目标，找准育人的渗透点，做到育人内容和教学内容的有机融合；将学科素养与道德修养贯穿于教学中，提升学生的审美情感、创意思维；培养学生健康的兴趣爱好、高尚的道德品质，在潜移默化中完成育人目标，引导学生对美的向往、追求与创造；倡导学生尊敬师长、团结友爱、互帮互助，在民主的教学氛围中，用爱心、细心和耐心引导学生快乐、轻松、静心学习	25	
育人方法	以学生为主体，通过小组合作、自主探究、自评、互评的方式，创设问题情境，引导学生开展确定主题、观察感受、搜集素材、学习借鉴、构思创意、选择材料和技法、探索表现方法、创作作品、展示交流以及描述、分析、解释和评价等美术学习活动；鼓励学生在信息化环境下，以自主、合作和探究等方式获取知识和技能，形成创意和见解，学会用美术及跨学科的方式解决学习、生活和工作中的问题	20	

续表

评价项目	评价内容	分值	得　分
育人效果	使学科知识和育人内容完美结合，学生通过自主探究学习，学科素养和道德水平得到提升；培育健康的审美观念，树立正确的文化观；激发想象力和创造力，培养创新精神，促进学生全面而有个性的发展	20	
总分		100	

第四节　美术课程育人探索案例

案例一　用优秀美术作品凝聚抗击疫情的必胜信心和希望

一、案例说明

本节课主要以不同时期、不同题材的我国优秀美术作品启发学生了解和感受美术家在创作作品时所赋予题材的精神实质和民族文化内涵，增强打赢新冠肺炎疫情阻击战的坚强信心，更加坚定道路自信、理论自信、制度自信和文化自信，且在“四个自信”的基础上增强建设有中国特色的社会主义的决心和信心。

本节课采用主体间性智慧课堂教学模式，通过学生自主寻找、教师巧妙地引导和安排，围绕“增强抗击疫情胜利信心”这一中心组织教学，课程设计时力求体现美术学科核心素养的培养，以学生为主体，激发学生对美术作品的理解和感受，课程中采用多种教学手段激发学生的探究兴趣，培养主动学习能力。

二、案例描述

将学生分为五个小组，每一个小组在美术教材中或平时接触到的美术作品中，选出在当下新冠肺炎疫情时刻，最能表达自己感受的作品和大家分享。教师要在学生所选作品的甄选和排序上下功夫，既要体现典型性又能让学生在整个鉴赏过程中增强抗击疫情的信心。

学生在家隔离期间，通过媒体平台，对此次疫情有了一定了解，也同样经历了从封城时候的发蒙到感染人数上升的恐慌，再到长时间隔离的煎熬。教师应当正向鼓励和肯定学生在家进行网络学习的坚持，通过美术作品的鉴赏，引导学生树立克服困难的信心，形成健康的审美态度。

1. 片段一：谁是最可爱的人

第一幅被选出的作品是中央美术学院教授孙景波的《2020——中国天使的眼睛》。（见图14-2）

学生活动：学生通过图像识读，分享作品所表现的内容；作品用写实的绘画手法，在蓝白的色调里，以半身像和脸部特写的方式，突出表现了在抗击疫情中一线医务工作者的群体形象特点，在口罩、护目镜、手套和防护服的层层包裹下，已经认不出谁是谁了，我们能看到的是他们的眼睛。

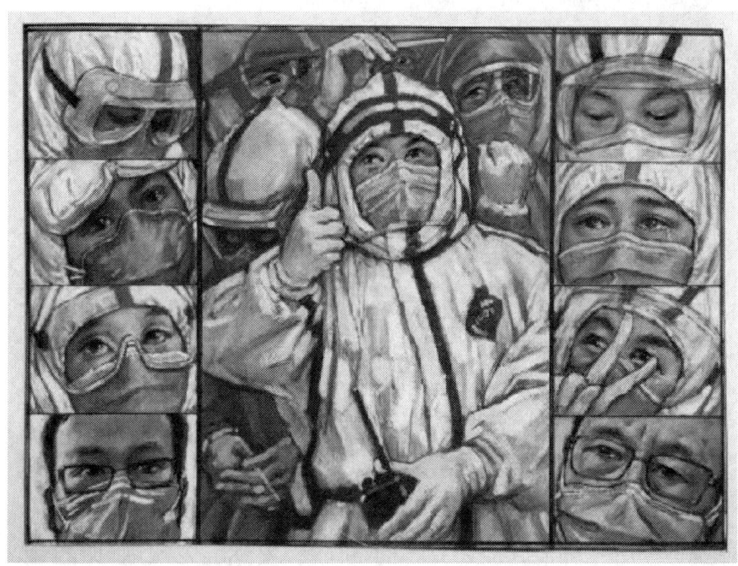

图 14-2　孙景波绘画作品《2020——中国天使的眼睛》

教师活动：引导学生感受眼睛是心灵的窗户，在疫情最危急的时刻是他们挺身而出，战斗在抗击疫情的第一线；画面中有的眼神流露出紧张、焦虑与疲惫，可以感受到疫情的严峻状况，但是感受到更多的是救死扶伤的坚定信念和信心；当全国四面八方的援助如潮水一般涌来的时候，我们看到了患者治愈后白衣战士的笑容，看到了迎来最终胜利的希望光芒。

育人契合点：

学生在分享中提到，他们感觉到作品中的眼睛诉说着所看到的情形，比如眼神传达出的紧张和焦虑，表达了疫情突如其来时的严峻程度，仿佛能看到武汉封城后，病患数量骤增的恐惧和焦虑。同时，我们也看到了坚定的眼神，那一定是全国四面八方人力、物资源源不断送达武汉而带来的信心和胜利的喜悦。通过学生的切身体会，引导学生对武汉和全国援助武汉的战斗在一线的医务工作者的崇敬和感激之情。在最危难的时刻，我们看到的是像星星一样闪烁着希望和光芒的中国天使的眼睛。

2. 片段二：我们必将拨云见日

教师活动：教师介绍《开国大典》创作背景。该作品是画家董希文创作的油画作品，描绘了1949 年 10 月 1 日，毛泽东在天安门城楼上宣读中央人民政府公告，宣告中华人民共和国成立的一幕。（见图 14-3）

学生活动：学生用学到的美术鉴赏知识跟随教师的引导，尝试从色彩、构图等方面对作品进行鉴赏，真切地感受作品所表达的情怀。

《开国大典》的画面采用了表现主义和现实主义相结合的艺术表现手法。毛泽东侧身站立在画面中间，其他的领导人都站在左边大约三分之一的画面上，形成虚实相间的布局。用这样的构图形式来表现，彰显了天安门广场的明朗和开阔广场上群众的欢腾，红地毯、红灯笼、红柱子及远处红旗的海洋与蓝天、白云、绿树和鲜花形成强烈对比，使画面热烈而明快，观众仿佛亲身聆听：“中华人民共和国成立了！中国人民从此站立起来了！”的伟大宣言。

图 14-3　董希文油画作品《开国大典》

育人契合点：

理解和增强“政治意识、大局意识”，践行“两个维护”。思考为什么不止一组的学生选择了《开国大典》这幅作品，这是一种心中所想、所向的必然表达。在党中央的领导下，针对新冠病毒的阻击战在紧张有序地进行着，全国的医务工作者、军队迅速驰援武汉，建造火神山、雷神山医院彰显了中国速度。全国的物资源源不断地奔向湖北、奔向武汉。武汉各行各业的人士纷纷在自己的工作岗位上献出一份力量，以遏制疫情的蔓延。

我们的党缔造了新中国，创造了新时代，始终把人民的健康放在首位。由习近平总书记亲自指挥、亲自部署，在全国打响了一场疫情防控的人民战争、总体战、阻击战，体现出社会主义道路的优势、社会主义制度的优越性和民族强大的凝聚力。我们要坚信在中国共产党的领导和指挥下，我们一定能够赢得这次抗击新冠病毒阻击战的最后胜利。

3. 片段三：英雄的城市，英雄的人民

教师活动：在之前的美术鉴赏课程中，对雕塑的鉴赏相对于绘画来说比例较少，在这次主题作品分享中，发现有小组选了《武昌起义》这幅作品，特别挑选出来；这幅作品既表现了武汉这座英雄城市的英雄历史，也体现了学生对美术作品理解的多样性。

学生活动：由挑选这件作品的小组同学为全班同学进行作品的赏析分享。

人民英雄纪念碑的建造体现了新中国的缔造者们在开国之初对中国人民革命斗争历史的肯定和纪念。《武昌起义》浮雕再现了孙中山先生领导的旧民主主义革命推翻封建帝制的斗争过程。由傅天仇先生创作的浮雕《武昌起义》运用写实与寓意相结合的方法，通过对十四个人物的塑造，描绘了起义军攻打湖广总督府的典型场面。（见图 14-4）

五个小组的同学通过讨论还发现，作品是用背景浅浮雕的手法来突出历史时期。如远景里的黄鹤楼，中近景里总督府门前的石狮子，以及落在起义军战士脚下的清帝国龙旗。

习近平总书记在武汉视察疫情时说：“武汉不愧为英雄的城市，武汉人民不愧为英雄的人民，必将通过打赢这次抗击新冠肺炎疫情斗争再次被载入史册！”

育人契合点：

浮雕《武昌起义》的学习让学生重温了武汉这座城市的英雄历史。在此次抗击新冠病毒的阻击战中，武汉人民为全国人民做出了巨大牺牲和贡献。作为新时代的武汉高中生，在这样的特殊情况下，应该坚守阵地，积极主动地配合抗击疫情的需要，尽量不出门、少出门，停课不停

图 14-4　傅天仇浮雕作品《武昌起义》

学进行“空中课堂”的学习，践行“敢为人先，追求卓越”的武汉精神。

三、案例反思

“党和人民感谢武汉人民”，习近平总书记的讲话是对武汉千家万户的付出所给予的最大肯定。在疫情时期，让学生自主进行美术鉴赏和探究，体现了特殊时期美术课程在育人方面的灵活性。作品的筛选体现了育人方面的人文性，过程中学生贴合自身感受和生活实际反映的审美素养，体现了育人的正向性和生动性。这是一堂让学生对战胜疫情增添信心、对武汉重启的美好生活充满信心的美术鉴赏课。

案例二　美术专业课创作实践活动育人案例
“人物速写创作——以表现抗疫志愿者为例”主题创作活动

一、案例说明

1. 创作背景

2020 年年初新冠疫情暴发，武汉封城、封小区，整个武汉处于危难之中。已到耄耋之年的钟南山院士和古稀之年的李兰娟院士第一时间为武汉的疫情防控做出了科学的指导和建议，给武汉人民战胜疫情带来了极大的鼓舞和信心。数万名医护人员义无反顾地从四面八方驰援武汉。他们都有一个共同的名字——最美逆行者。他们夜以继日救死扶病，用生命守护生命，留下了许多让人感动的故事。同时，还有接送医护人员、守护小区、为武汉居民解决生活物资问题的成千上万的志愿者，他们舍小家顾大家、不畏生死，默默坚持和守护着武汉这座城市。我们对他们充满了感激和敬佩，这群平凡而伟大的英雄也是我们应该讴歌和表现的人物。开展“人物速写创作——以表现抗疫志愿者为例”主题创作活动，将专业课与时代结合起来，弘扬了新时代的志愿者精神，对学生进行了很好的引导和教育。

2. 实施路径

学生根据教师提供的二十八幅志愿者图片自主选择、构图并进行人物速写创作。学生在家进行创作，教师利用网络进行指导。具体要求如下：

(1) 作品主题：以表现“抗疫志愿者”为主题进行构思创作，重点表现志愿者为居民送菜、为医护人员理发、开车接送医护、社区巡逻、消杀等平凡而感人的事迹。

(2)作品形式:速写,炭笔、铅笔、钢笔均可。

(3)作品尺寸:八开的素描纸或者速写纸。

(4)完成时间:一周的课余时间。

二、案例描述

面对新冠肺炎,美术生也在进行空中课堂学习,在前期组织了绘画创作活动和学生单人速写已学一年的基础上,加大难度,继续进行人物速写创作,主要表现有大爱精神、默默奉献的抗击疫情志愿者。

1. 片段一:作品《武汉加油、中国加油》,给予武汉人民战胜疫情的信心和希望

教师活动:引导学生欣赏“艺起携手,共克疫情”主题作品展中班上同学的优秀作品,特别是利用涂宇恒同学的《武汉加油、中国加油》作品导入新课,发动同学们思索:一幅优秀的人物画创作应该满足哪些要素?

学生活动:观看作品;涂宇恒同学分享创作心得,被钟南山院士的大爱和担当精神所感动,花了4天时间废了4支笔,用1.5万个“中国加油、武汉加油”字样,把钟南山院士坚信“武汉是一座英雄的城市”的坚定神情生动地表现了出来。(见图14-5)

育人契合点:

学生分享后,教师进行总结:涂宇恒同学的这幅画在当天早些时候登上了热搜榜第一,同时得到了环球网、央视新闻、人民日报、光明网、中国经济网、中青网、凤凰视频、新浪视频、长江云、长江日报等多家主流媒体相继报道、转载,仅央视新闻就有4.1亿人次阅读、56万次点赞。湖北省图书馆特藏与地方文献部已经将该作品作为抗击新冠肺炎疫情文献资料征集收录。这个作品从众多的作品中脱颖而出,基于两个原因;一是有创意,没有用传统线面结合的方法而是用上万个汉字的手法写出“形”;二是不仅形似而且神似,这就要求绘画者有扎实的基本功,抓住人物的表情和神态,成功地表现了钟南山院士不畏生死、身先士卒的大国之士的精神和对武汉英雄人民的信任之情,给了千万武汉人民战胜疫情的信心和勇气,引起了大家的共鸣。

同时,在涂宇恒身上我们看到了艺术家的责任感和使命感。作为画者,拿起画笔就已经吹响了战斗的号角,我们不仅要表现那些身处前线的医护人员,也应该描写那些为老百姓的衣食住行不畏风险、不辞辛劳、默默奉献的志愿者。

2. 片段二:作品《致敬——90后志愿者》,弘扬中华民族的时代精神

教师活动:出示程子轩的作品《致敬——90后志愿者》,讲述人物速写创作的要素之一——场景的作用。(见图14-6)

学生活动:课前分组学习,由程晨同学阐述场景描写的效果和作用,这张画表现的是90后志愿者在大桥上执勤时吃方便面的场景,桥上有方位指向牌、行驶的汽车,桥后面有高高矗立的楼房和树木;场景对主要人物所处的环境起到补充说明的作用,使主题表达得更充分。

育人契合点:

教师首先对作品场景的描写提出建议,如果能用线面结合的方法表现桥面,就可以使人物和背景结合得更自然,场景虽然是辅助画面主题表现的,但也不可草率。作品描写的是九零后志愿者面带笑容、吃方便面的刹那,展现了青年志愿者一腔热血,不怕苦、不怕累,以奉献为乐

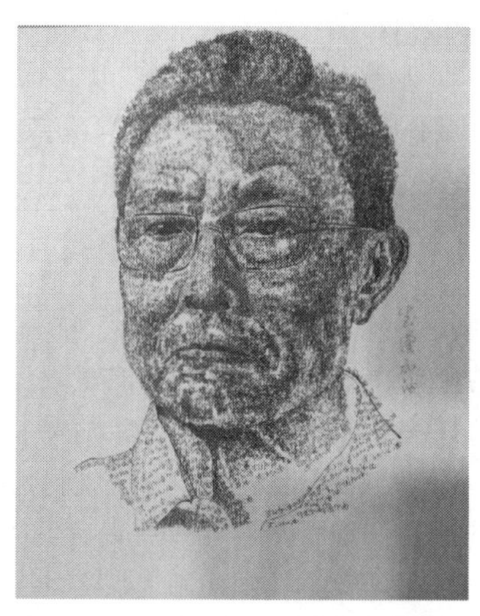

图 14-5　涂宇恒绘画作品《武汉加油、中国加油》

图 14-6　程子轩速写作品《致敬——90 后志愿者》

的精神面貌，这次疫情确实改变了我们的生活，但大家即使身处绝境，也依然互相帮助、奉献爱心，保持着理性、坚韧和忍耐。从青年志愿者身上我们看到了道德的力量、崇高的价值观、民族的希望、时代的精神，令我们心生敬意，让我们向他们致敬！

3．片段三：作品《祝福地球》，唤起建设美好家园的愿望

教师活动：展示教师摄影作品《渴望》和绘画作品《祝福地球》，开拓学生的创作思维。（见图 14-7 和图 14-8）

图 14-7　摄影作品《渴望》

图 14-8　绘画作品《祝福地球》

学生活动：倾听、鉴赏，激发创作思维。

育人契合点：

《渴望》表现的是武汉封小区近三个月后，孩子多次趴在窗口眺望外面的世界，这张照片表现了对自由的渴望，坚定人类必将战胜疫情的决心，也呼吁同学们养成良好的饮食观，尊重生

命、敬畏生命，建立人与自然的和谐关系，共建我们的美好家园。

每年的4月22日是世界地球日，截至2020年4月20日全世界已有200多万人感染新冠肺炎。《祝福地球》这幅画是希望地球上所有的国家能同心携手、共克时艰，平安度过这次的灾难。

三、案例反思

志愿者精神是时代精神的一种体现。借志愿者形象来表现新冠肺炎肆虐武汉这一特殊的历史时期大家团结互助、用奉献和关爱共同度过灾难的感人事迹，弘扬社会正能量，树立正确的价值观、人生观、世界观。学生通过鉴赏、评述、比较、探究、创意等环节的体验活动，深化对主题的理解，同时也拓展了创作思维。

这是一堂深刻的育人课。疫情是一面镜子，可以鉴别人性的善恶；疫情也是一本活教材，可以让我们更好地认识世界。疫情当前，社会就是一本深刻的育人教材。

这是一堂生动的生命教育课。让学生既认识到生命的伟大，又能意识到其脆弱；让学生在珍爱自己生命的同时，也能保护自然界中的其他生命；鼓励学生积极开发自身潜能，体现生命价值，提升生命质量。相信经历了隔离的孩子更懂得自由的可贵、健康的重要、亲情的温暖。

这也是一堂很好的学业规划指导课。为美术高考速写科目提供了参考和指导，也为学生今后的艺术创作奠定了基础、指引了方向。

案例三　美术创作实践活动育人案例
“疾疫无情，人间有爱”主题创作绘画活动

一、案例说明

1. 目标阐释

在新冠疫情时期，医务人员、交通警察、环卫工人、快递员、社区工作人员等千千万万的志愿者都在为抗击新冠疫情贡献自己的力量。作为高中生，待在家中不出门、不恐慌，认真进行空中课堂的学习，就是对抗击疫情做出了自己的贡献。而作为美术专业的学生，在家进行美术专业训练的同时，应该用自己的方式歌颂和感恩那些奋战在抗疫前线的英雄们，同时为武汉加油打气，表达战胜病毒的坚定信心。

2. 实施路径

学生在家进行绘画创作，教师利用网络进行指导。具体要求如下：

(1) 作品主题：围绕“疾疫无情，人间有爱”主题进行构思创作。

(2) 作品形式：绘画、书法、篆刻、剪纸、电脑设计等。

(3) 作品尺寸：绘画作品以八开和四开为标准；书法作品三尺全开(100×55 cm)、小三尺(50×100 cm)、三尺斗方(55×50 cm)；篆刻作品(2.5×2.5 cm、3×3 cm)；剪纸作品根据内容自定，原则在四开(52×36.8 cm)以内；电脑设计作品四开(52×36.8 cm)。

(4) 表现形式：黑白(素描、装饰画)、水粉、水彩、彩铅、马克笔、综合材料等。

(5) 完成时间：每位同学可选取一种或几种形式进行创作，2月7日上交电子版作品，由各班专业负责老师统一收取，纸质作品收取时间学校另行通知。

二、案例描述

在学校展开空中课堂、停教不停学的学习活动中，组织学生开展“疾疫无情，人间有爱”主题作品征集活动。用艺术作品致敬新时代“最可爱的人”。

教师活动：布置学习任务，讲解主题作品创作的基本要求。

学生活动：确定个人创作主题，根据自己的创作表现形式，在规定时间内完成作品创作。（见图 14-9）

育人契合点：

无论是学生还是教师，都是第一次经历这样的特殊时期，这种特殊经历会让我们终生难忘。在武汉封城抗击疫情期间，开展空中课堂教学，教师组织学生在家中进行有意义的美术创作活动，以达到在特殊时期引导学生积极向上的心态，树立在家也一样能把学习搞好的信心。

通过同学们的创作作品，充分体现出作为高中生在绘画上的表现力和对社会事件的观察力。可以看到他们心怀武汉，对医护工作者，对火神山、雷神山医院的建造者的赞美，对日日夜夜维护社会治安的公安干警们的致敬。

图 14-9　学生创作的美术作品

学生通过本次绘画创作活动，充分体会到中华民族的强大凝聚力。在面对灾难的时候，我们不退缩，迎难而上，科学防治，不恐慌。我们要坚定信心，在党中央科学防治、精准施策的指挥下，一定会取得抗击新冠病毒阻击战的最后胜利。

三、案例反思

本次作品征集活动成果被新浪热门微博、中国新闻社、人民日报、武汉教育电视台、武汉经济广播、武汉新门广播、武汉广播电视台等多家媒体平台报道。学生们积极踊跃参与绘画创作活动，一大批以防控抗击疫情为主题的作品涌现出来：逆行的白衣天使成为孩子眼中最美的形象；“万众一心，武汉加油，中国加油”成为孩子心中最美的声音；勤洗手、戴口罩成为孩子最美的习惯；“愿你平安”成为孩子最美的祝福。“艺”起努力，共克疫情，作品传情。学生用艺术作品致敬新时代“最可爱的人”，赞美大爱精神，表达了学生对战“疫”英雄的敬意、祝福，以及对这场战“疫”取得胜利的坚定信心。

发现美，感悟美，这是一堂厚重的美育课。为了记录战“疫”中最美的身影、最美的声音、最美的颜色、最美的故事，感受战“疫”中的正义之美、勇敢之美、平凡之美、人性之美；也为了让孩子在认识美、寻找美、见证美、传递美、弘扬美的过程中，带着理性与智慧去理解自然和社会，理解人与人的相互关系，客观认识现实生活。

第十五章 普通高中体育与健康课程育人探索

为贯彻落实立德树人的根本任务，教育部《中小学德育工作指南》明确指出体育课要加强对学生健康体魄、意志品质和生活方式的培养。《普通高中体育与健康课程标准(2017 年版 2020 年修订)》指出，体育与健康课程作为高中课程中基于生命、指向生命、提升生命质量的学科，对于促进学生身心健康、体魄强健，增强中华民族的旺盛生命力，促进社会文明进步，提高国家公民素养和综合实力，都具有不可替代的重要作用。

第一节　体育与健康课程的育人价值

一、高中体育与健康课程的地位和特点

高中体育与健康课程是一门以身体练习为主要手段，以体育与健康知识、技能和方法为主要学习内容，以培养高中生的体育与健康学科核心素养和增进高中生身心健康为主要目标的课程。

1. 课程地位

“体育是社会发展和人类进步的重要标志，是综合国力和国家软实力的重要体现。体育强则中国强，国运兴则体育兴。体育代表着青春、健康、活力，关乎人民幸福，关乎民族未来。”体育与健康学科是高中教育的重要组成部分，是培养社会杰出人才的重要内容。现代社会的高速发展在给人们带来充分的物质享受的同时，也带来了一些不良的生活习惯和饮食习惯，给人类的健康造成了新的威胁。人们对于健康的要求越来越高，健康不再是指没有疾病或不虚弱，而是生理—心理—社会三维健康观，体育对于促进健康有着不可替代的作用。与此同时，学生体质健康评价也是高中体育工作中的重要环节，是高中教育评价体系中的重要内容。正确、合理地对学生进行体质健康评价，对于促进高中体育和教育工作有着重要的意义。

健康的体魄是青少年将来为祖国和人民服务的基本前提，是中华民族旺盛生命力的体现。高中教育要树立“健康第一”的指导思想，特别是高中体育与健康课程直接肩负着“增强全体学生体质”和“促进全体学生健康”的使命，体育是教育的重要组成部分，也是国民教育的构成要素，它与德育、智育紧密结合，肩负着为社会培养全面发展人才的历史使命，对促进社会的精神文明具有积极作用，能激发国民的爱国热情，振奋民族精神，凝聚民族力量，高中体育与健康课程有责任让学生拥有健康的体魄和健全的人格，将“健康第一”的指导思想落到实处，充分发挥体育学科在素质教育中的作用。

2. 课程特点

1）基础性

基础性强调在义务教育基础上进一步全面提高学生的学科核心素养，为学生终身体育锻炼和保持健康奠定坚实的基础。

2）实践性

实践性强调以身体练习为主要手段，使学生通过适宜的运动负荷和方法进行体能练习和运动技能学习，积极参加课内体育与健康知识学习和课外体育锻炼、体育社团活动和体育竞赛活动。

3）选择性

选择性强调学生根据自身的特点和需求，在学校开设的若干运动项目中进行自主选择，较为系统地学习 1～3 个运动项目，培养运动爱好和专长，养成体育锻炼的习惯。

4）综合性

综合性强调关注多种内容和方法的整合，以体育教育为主，融合健康教育，注重学科德育，培养学生的健康意识和行为，促进学生全面发展。

二、高中体育与健康课程的育人要素

依据《普通高中体育与健康课程标准(2017 年版 2020 年修订)》和体育与健康学科核心素养，高中体育与健康课程所蕴含的育人要素如下：

1. 健康意识和习惯

普通高中体育与健康课程要贯彻和落实立德树人根本任务，树立健康第一的教育理念，开齐开足体育课程，通过体育教师专项课教学(男女分班)、课余体育社团辅导以及布置家庭体育作业等形式，提高学生体育课程学习和课余体育锻炼的积极性，增强学生体质。强调健身育人功能，高度重视培养学生的学科核心素养，注重设置体育与健康、知识与技能、过程与方法、情感态度与价值观有机整合的课程目标和课程结构；在强调体质健康、运动技能和体育文化学习的同时，融合与学生成长经历相关的体质健康教育知识和方法，关注学生体质健康与安全意识的培养以及健康文明绿色环保生活方式的形成，重视培养学生积极进取、不怕困难、挑战自我、顽强拼搏、追求卓越、团结合作、公平竞争和遵守规则等体育品德，促进学生身心健康、体魄强健、意志坚强、充满活力，达到提高学生体质健康水平的目的。

2. 健全人格

现代体育教育理论告诉我们，体育能促进学生生理发展，是其心理健康发展的物质基础，而健康的心理，又为学生塑造健全的人格提供了可靠的保障。对学生而言，要想心理健康发展，必须以强健的体魄，尤其是以健康的大脑和神经系统为基础。所以，通过体育运动促使身体正常、健康的发展，为心理发展提供坚实的物质基础，是心理健康发展、健全人格形成的首要前提。

“完全人格，首在体育。”体育运动能促进学生正确认识自我、教育自我，进而促进健全人格的形成。体育运动大多是集体性、竞争性的活动，个人能力的高低、修养的好坏、魅力的大小，都会在运动的过程中有所体现，这对学生切实认识自身是一个契机。同时，学生在认识自我的基础上，便会自觉或不自觉地修正自己的行为，培养和提高社会所需要的心理品质和各种能力，使自己更加符合社会需要，更能适应社会。

3. 优秀品质

每个学生在体育运动中都要经受挫折的考验，有些项目本身就具有挫折的情境因素。在比赛中失利,对学生的自我是一种极大的挑战。如耐力跑项目,随着“极点”的出现以及长时间体力消耗,对某些耐力和意志力差的学生就会构成挫折情境。有些体育项目本身无明显挫折情境因素,但由于天气、身体健康等因素的影响,运动能力也可能达不到原有水平。一个人在社会上难免要遇到各种挫折,只有正确的面对才能有所作为。从某种意义上说,在体育运动中经受挫折的考验,所付出的代价是最低的,这正是学校体育要重视培养学生心理健康的原因所在。

高中生因考试、升学等多种原因,精神压力越来越大,因而会产生烦躁焦虑、郁郁寡欢等不良的心态,有的甚至消极悲观、自暴自弃。这种现象已经引起了许多教育学者和教师的高度重视。体育教学当以其学科特点和功能,引导学生体验人为设置的“危机”,克服和战胜各种内部(生理、心理)危机和外部(环境)危机,锻炼其意志,培养学生的抗挫折能力。在体育教学中,学生的意志品质、心理活动以及个性特点都表现得极其直观、具体、生动、鲜明。因此,在体育教学中对学生进行抗挫折能力教育具有其他学科无法替代的作用。

三、高中体育与健康课程的育人价值

1. 体育与健康学科核心素养

体育与健康学科核心素养包括运动能力、健康行为、体育品德三个方面。

1）运动能力

运动能力是体能、技战术能力和心理能力等在身体活动中的综合表现,是人类身体活动的基础。运动能力分为基本运动能力和专项运动能力。基本运动能力是从事生活、劳动和运动所必需的能力;专项运动能力是参与某项运动所需要的能力。运动能力的具体表现形式为体能状况、运动认知与技战术运用、体育展示与比赛。

2）健康行为

健康行为是增进身心健康和积极适应外部环境的综合表现,是提高健康意识,改善健康状况并逐渐形成健康文明生活方式的关键。健康行为包括养成良好的锻炼、饮食、作息和卫生习惯,控制体重、远离不良嗜好,预防运动损伤和疾病,消除运动疲劳,保持良好心态,适应自然和社会环境的能力等。健康行为的具体表现形式为体育锻炼意识与习惯、健康知识掌握与运用、情绪调控、环境适应。

3）体育品德

体育品德是指在体育运动中应当遵循的行为规范以及形成的价值追求和精神风貌,对维护社会规范、树立良好的社会风尚具有积极作用。体育品德包括体育精神、体育道德和体育品格三个方面:体育精神包括自尊自信、勇敢顽强、积极进取、超越自我等;体育道德包括遵守规则、诚信自律、公平正义等;体育品格包括文明礼貌、相互尊重、团队合作、社会责任感、正确的胜负观等。

2. 体育与健康课程培育的价值观念

体育与健康课程培养学生向上、向善的高尚价值观念。通过合理的体育教学活动,激起学生奋勇拼搏、勇争第一的向上精神,激发集体荣誉感,树立积极健康的生活态度。通过体育与健康课程使学生增强向困难和挫折挑战的信念,培养学生不断克服困难的信心、勇气以及自强不息、顽强拼搏的人生观和价值观。在体育竞赛的集体项目中,能让每一个置身于团队之中的学生慢慢养成为集体而战的奉献品质，增强他们的团队意识。

体育运动是一种对抗游戏，是人的身体、意识、心理和智慧的对抗，也是技术、战术的技巧对抗。高中体育竞赛中，双方是对手更是朋友，双方逐渐养成尊重对手、尊重规则的求是精神，靠智慧技巧、靠人格精神去战胜对手，取得胜利。追求体育的真义和价值，当对手或队友需要帮助时，能挺身而出，展现宽广的胸怀和向善的高尚情操。

3. 体育与健康课程养成的必备品格

高中体育与健康课程培养的必备品格包括抗压能力、竞赛精神和终身体育的习惯。

高中体育课程教学在潜移默化中为学生设置诸多“障碍”，是对学生体质的挑战，也是心理抗压能力的考验，它贯穿于体育运动的各个环节之中，准备前的心理调整、比赛中的呼吸调节、比赛后的自我总结等，都是学生抗压能力养成的试炼场，是健全人格的重要一环。

体育运动中，竞争无处不在，竞争是一个更好地认识自我和认识他人的过程，“奥林匹克主义的原则”条款中有这样一段话：“每一个人都应享有从事体育运动的可能性，而不受任何形式的歧视，并体现相互理解、友谊、团结和公平竞争的奥林匹克精神”。而这样的奥林匹克竞赛精神，也是高中体育课程必须让学生学会的人生准则。

高中体育是终身体育的基础，学生需要利用学校体育打好身体基础、掌握体育知识技能，学会自主学习锻炼，培养兴趣、爱好，养成锻炼习惯，培养自我体育意识，是终身体育的重要一环，是人们奠定终身体育基础的关键时期。简而言之，自我锻炼意识、良好的身体基础是一个学生必备的品质，也是终身体育的核心要义。

综上所述，新版高中体育与健康课程标准中关于学科核心素养目标、所要培养的价值观念以及必备的品格都体现了国家对基础教育的新要求、新展望，是学校体育实现德育和育人价值具体的策略体现，它将有效地服务于体育课程教学，达到德育和育人的最终目的。因此，体育学科核心素养高度契合德育的育人价值。

第二节　体育与健康课程育人实施建议

依据《普通高中体育与健康课程标准(2017 年版 2020 修订)》，高中体育与健康课程包括必修必学和必修选学二类课程，应有针对性、有重点地开展德育实践。

普通高中体育与健康课程内容包括必修必学和必修选学两个部分。必修必学是对全体学生学习体育与健康课程的共同要求，课程内容包括体能和健康教育；必修选学是满足学生形成运动爱好和专长以及个性发展的需要，课程内容包括球类运动、田径类运动、体操类运动、水上或冰雪类运动、武术与民族民间传统体育类运动和新兴体育类运动六个运动技能系列。

一、高中体育与健康必修必学课程

（一）体能

1. 课标要求

学习本模块后，学生能掌握体能发展的基本原理与方法、测量与评价体能水平的方法、体能锻炼计划制定的程序与方法、有效控制体重与改善体形的方法。

2. 育人目标

通过学习，能根据个人特点设计和实施个人体能发展计划，较为全面和深刻地理解并掌握发展体能的基本原理和多种练习方法，能够科学有效地进行体能练习，保持较高的体能水平，为家庭成员、同学或邻居制定体能锻炼计划和体重控制计划，并能够评价实施效果，理解不同体能练习的作用，表现出浓厚的学习兴趣和热情，具有主动克服困难、挑战自我、坚韧不拔、责任感强的体育精神和品格。

3. 实施建议

1）养成科学求实态度

进行体能测试，让学生根据《国家学生体质健康标准》科学地评价自身体能水平，了解体能发展状况，还能同时了解、考评对所学知识的应用能力，学会分析自己、评价自己、为自己未来的发展制定科学的锻炼计划，还能应用这种能力为同伴、为家人的锻炼提供建议。

通过教学，让学生了解科学发展体能的方法和原则，遵循人体生理活动和适应的基本规律，学会从主客观实际出发，做到循序渐进、持之以恒。

进行各种强度的体能练习，学习调节练习的强度和密度，充分关注身体的反应，强度太弱达不到练习效果，太强容易造成运动疲劳和运动损伤，学会辩证地看待体能练习时的运动量。

2）增强自尊自信，自强不息

开展体能练习活动，根据学生的体能水平和差异，制定练习计划和方法，坚持完成锻炼的目标，获得心理上的自我认同感和成就感；并将体育运动精神传递到日常生活中，面对生活中的困难与挑战时，不是畏惧和后退，而是以积极的心态去面对，迎难而上、坚韧不拔、勇往直前。

关注学生体能发展的个体差异和性别差异，创设有利于体能较弱的学生积极、主动地进行体能练习的教学情境与活动，根据水平设置不同训练目标，使学生体验运动的成功感，增强练习的自信心，提高自身的体能水平。

小组讨论什么是形体美，开展“瘦≠美”的小组辩论，通过讨论与辩论让学生形成正确的审美观，积极参与形体与健身的练习，养成正确的身体姿态，塑造匀称健康的体形，培养积极向上、阳光自信的心理品质。

3）培养勇敢顽强、积极进取的精神

进行发展心肺耐力的练习，比如耐久跑、游泳、跳绳等有氧运动，在运动中体会“极点”“第二次呼吸”，主动克服身体感受到的不良反应，战胜身体和思想的惰性，培养坚韧不拔的精神。

进行发展速度的练习，比如小步跑、后蹬跑、加速跑、追逐跑等，逐步提高练习的难度和强度，在练习中不断挑战自我。

4）学会合作，提高社会适应力

进行自主学习、合作学习和探究学习，合作制定体能锻炼计划，自愿结成锻炼小组，相互监督，相互评价，提高学习能力和评价能力，培养团结协作的精神。

布置家庭作业，让每个学生了解自己父母的身体体能状况，并为他们制定合适的体能锻炼计划，加强家人之间的联系与沟通，让学生学会了解父母、关心父母的健康情况，并能用所学知识帮助父母，提高自我成就感。

（二）健康教育

1. 课标要求

学习这一模块，学生能够掌握健康的基本知识与技能，注重合理营养和食品安全，知道常见传染病与非传染性疾病的预防和控制，了解环境、健康与体育锻炼的关系，能够安全运动与安全避险，了解常见运动损伤的预防和处理，提高心理健康水平和社会适应能力。

2. 育人目标

通过本模块的学习，学生能够积极主动地参与校内外的体育锻炼，掌握科学锻炼方法，养成良好锻炼习惯，掌握基本的健康技能，学会自我健康管理；情绪稳定、包容豁达、乐观开朗，善于交往与合作，提升适应环境的能力；关注健康、珍爱生命、热爱生活，养成健康文明的生活方式，改善身心健康状况，提高生存和生活的能力。

3. 实施建议

1）关爱健康，珍爱生命

观看以艾滋病为主的传染病科普小视频，让学生直观了解传染病的发生、传染途径和危害，提高自我保护意识，培养积极向上的生活方式。搜集新型冠状病毒的相关知识，观看电影《流感》，让学生感受传染性疾病的传播速度之快，提高学生的警觉性。参加禁毒讲座或展览，制作禁毒小报，主动了解毒品的相关知识，认识毒品的危害，拒绝毒品，自尊自爱。

开展小组讨论：说说你喜欢的名人或明星，哪些健康的生活方式促使他们成为更好的自己，有没有哪些不健康的生活方式呢？引导学生关注健康生活，辩证地看待自己的“偶像”。

2）培养责任感，主人翁意识

以小组为单位，开展小调查，调查小组成员的直系亲属中，有多少家人患有心脑血管疾病，主动了解心脑血管疾病预防和危害健康知识，并向家人普及，增强家庭责任感。

3）提高环境适应力

进行分组探讨，不同环境下进行体育锻炼的注意事项，以小组为单位发表讨论结果，其他小组同学进行提问、补充和纠正。让学生学会选择合适的锻炼环境，学会自我保护，避免运动伤害。

二、高中体育与健康必修选学课程

（一）球类运动

1. 课标要求

该模块包括足球、篮球、排球、乒乓球和羽毛球等项目。学生根据自己的兴趣和爱好从中选择一项进行较为系统的学习，并能掌握该运动项目的基本知识和技能、技战术运用、专项体能与一般体能、展示与比赛、规则与裁判方法、观赏与评价等。

2. 育人目标

通过该模块的学习，提高学生的体能、技能、运动认知等运动能力，养成积极参加锻炼，合理调控情绪、适应自然与社会环境等健康行为，培养遵守规则、积极进取、责任担当的良好品德，让学生在学练过程中，享受乐趣，增强体质，健全人格，锤炼意志。

3. 实施建议

1）培育爱国主义情感

组织学生观看我国乒乓球队世界比赛集锦，培养爱国主义情怀，增强民族自尊心、自信心、自豪感。了解中国球类运动发展史，增强民族向心力、凝聚力。观看女排比赛，了解女排历史，学习女排精神。

2）磨炼意志品质

组织校园球类比赛，让学生学习比赛规则，制定校园比赛规则，学会遵循规则并利用规则，提高规则意识。在比赛中让学生作为比赛评委、裁判、运动员，进行评委与队员的角色互换，学会尊重他人、尊重裁判。比赛中，学生为了让本组获得优异成绩，往往会充分发挥自己的主观能动性，奋力拼搏，培养学生的竞争意识和坚强的意志品质。在比赛中为了同一目标学会协同合作、互帮互助，培养合作意识与团队精神。

学会在比赛中观察，学习他人在比赛过程中表现出的优良品质，教师要善于发现学生的优良品质并及时表扬，树立榜样，让学生在教师的肯定和表扬中健康成长，提高学生自信心。比赛可以锻炼学生的心理承受能力，在压力面前，学会自我调节，培养学生克服困难和抗挫的能力。

比赛后及时总结，引导学生正确看待比赛，利用比赛的输赢，培养赢的一方具备集体荣誉感，不骄不躁；输的一方应顽强拼搏，增强心理抗挫能力。组织观看球类比赛的经典视频与评论要点，让学生学会判断是非，引导学生正确欣赏比赛。开展对抗性强的球类运动，利用出现的矛盾和过激的行为，让学生学会把握运动的尺度与力度。

3）培育责任感和荣誉感

开展集体参加的竞技游戏，让每个学生都出一份力，全身心参与到竞技游戏中来，与同伴协同合作来争取胜利，让每个学生在学习他人长处的同时明白自己的重要性，提高个人责任感和荣誉感。

4）培养集体主义精神

积极引入团队合作的运动项目，培养学生的合作意识，让他们在练习中深刻认识和理解团队的重要性，并将这种意识融入生活，从而更好地学习和生活。

（二）田径类运动

1. 课标要求

该模块包括短跑、中长跑、跨栏跑、跳高、跳远、三级跳远和铅球等项目。学生根据自己的兴趣和爱好从中选择一项进行较为系统的学习，并能掌握该运动项目的基本知识和技能、技战术运用、专项体能与一般体能、展示与比赛、规则与裁判方法、观赏与评价等。

2. 育人目标

通过该模块的学习和锻炼，发展学生的力量、速度、灵敏、耐力等体能，帮助学生养成良好的健康行为习惯和遵守规则的意识，培养学生吃苦耐劳、诚实守信、团结协作、积极进取和勇于拼搏的精神。

3. 实施建议

（1）在组织体育教学活动时，严格教学常规的要求，学生会自然而然地养成遵守课堂纪律的习惯，进而在实践参与中养成遵守纪律、践行规则的自觉性。

（2）在组织教学活动时，借助多媒体向学生呈现一些国际田径比赛，使学生在直观的画面中，了解我国田径运动员为了取得胜利而奋力拼搏的精神，进而树立起拼搏意识。

（3）组织校园田径运动会，培养学生的团结协作意识、竞争意识与班级荣誉感、集体荣誉感。

(4) 开展耐力训练，训练学生在有限的时间和空间中，尽自己最大的努力展现最好的状态，在这一过程之中学生要挑战自己的极限，这样的体育学习对培养学生自身坚持与隐忍的品格，对学生的身心发展都是很有帮助的，可谓是培养学生坚韧品质、促进学生综合发展的良策。

(5) 设置拔河比赛，提高学生抗压能力，从学生的人员安排和布阵方面了解学生的竞赛意识和竞赛能力，口号一致、用力统一的队伍往往更能获胜，通过这样的游戏潜移默化地让学生认识到友谊第一、比赛第二的深刻内涵。

(6) 体育活动结束后教师带领学生共同清洁、整理体育场地，以此培养学生爱护公物、爱护公共财产的思想，同时培养学生的责任心。

（三）体操类运动

1. 课标要求

该模块包括基本体操、体操、技巧、韵律操、操舞等项目。学生根据自己的兴趣和爱好从中选择一项进行较为系统的学习，并能掌握该运动项目的基本知识和技能、技战术运用、专项体能与一般体能、展示与比赛、规则与裁判方法、观赏与评价等。

2. 育人目标

通过该模块的学习，发展学生的力量、柔韧、灵敏、协调等体能，培养学生勇于克服困难，敢于挑战自我的精神，提高自我调控的能力，培养安全意识和集体观念。

3. 实施建议

(1) 运用多种辅助练习，帮助学生逐步掌握技术动作的不同环节，注意调节学生的心理，增强学生的自尊，培养勇敢、顽强、积极进取的体育品德。

(2) 让学生组成学习小组，每个同学既是练习者又是保护与帮助者，学会不同身份之间的切换，培养学生的责任感和互帮互助的精神。

(3) 观看健美操比赛，引导学生正确地认识“美”的内涵，提高赏析水平。

(4) 组织健美操展演和竞赛实践活动，调动学生锻炼的积极性，培养学生的集体荣誉感，培养大方、自信、积极乐观的心理品质。

（四）水上或冰雪类运动

1. 课标要求

该模块包括蛙泳、自由泳、仰泳、蝶泳、滑冰、滑雪等项目。学生根据自己的兴趣和爱好从中选择一项进行较为系统的学习，并能掌握该运动项目的基本知识和技能、技战术运用、专项体能与一般体能、展示与比赛、规则与裁判方法、观赏与评价等。

2. 育人目标

通过该模块的学习，使学生掌握生活中重要的生存技能和实用技能，有效发展心肺功能，增强肌肉力量，提高身体灵敏性；磨炼勇敢、果断、独立、坚毅等意志品质，提高对自然环境的适应能力。

3. 实施建议

(1) 以小组为单位，每组选出一个喜欢的水上或冰雪类运动项目，讲述他们的训练及比赛事迹，学习彼此身上坚持不懈、刻苦训练、挑战自我的精神。

(2) 做一个防溺水的板报，学习和掌握正确的水中安全防护知识和技能。

(3) 组织学生参加模拟的心肺复苏学习与练习，掌握基本的流程与方法，鼓励学生参加各种救生技能的培训，学会珍惜生命、热爱生命。

(五) 武术与民族民间传统体育类运动

1. 课标要求

该模块包括武术基本功、少年拳、太极拳、剑术、刀术、棍术、防身术、散手、民族民间传统体育等运动项目。学生根据自己的兴趣和爱好从中选择一项进行较为系统的学习，并能掌握该运动项目的基本知识和技能、技战术运用、专项体能与一般体能、展示与比赛、规则与裁判方法、观赏与评价等。

2. 育人目标

通过该模块的学习，深入了解和弘扬中华民族优秀传统体育文化，体验和了解不同地区民族民间体育活动特点，开阔视野，增长见识，增强国家意识、坚定民族自信和文化自信，并在学练过程中提高运动能力、培养健康行为、形成体育品德。

3. 实施建议

(1) 观看太极拳的剪辑短片，让学生了解太极拳的深层理论，真正认识太极拳运动与西方体育项目在运动本质上和运动形式上的不同，以及太极拳文化在当代社会中发挥的作用，培养学生对中华优秀体育文化的敬重和自豪感。

(2) 正确引导学生观看《精武门》《叶问》等系列武术电影，交流观后感，培养学生的爱国精神。

(六) 新兴体育类运动

1. 课标要求

新兴体育类运动包括轮滑、攀岩、定向运动和花样跳绳等运动项目。学生根据自己的兴趣和爱好从中选择一项进行较为系统的学习，并能掌握该运动项目的基本知识和技能、技战术运用、专项体能与一般体能、展示与比赛、规则与裁判方法、观赏与评价等。

2. 育人目标

通过新兴体育类运动项目的学习，发展学生的运动能力，强化参与体育运动的兴趣，培养积极进取的体育精神，锤炼勇敢、果断、坚毅等意志品质。

3. 实施建议

(1) 组织一场模拟定向运动训练，发展学生识别方向、认识地图、使用地图的生活基本技能，培养学生亲近自然、热爱自然、保护自然环境的意识。

(2) 以小组为单位，组织定向运动的游戏和比赛，培养学生的集体主义精神，增强合作意识，养成良好的规则意识，具有较强的社会责任感。

(3) 让学生自己组织一场团体花样跳绳表演，提高学生的运动技能、对音乐的理解、创编动作的能力以及团队的协调配合能力。

(4) 开展班级内和班级间的跳长绳比赛，让学生学会处理竞争与合作的关系，培养学生的团队合作精神，增强学生的班级荣誉感。

第三节　体育与健康课程育人评价初探

一、高中体育与健康课程育人评价的意义

教育强则国强，教育兴则国兴，要实现中华民族伟大复兴，教育的地位和作用不可忽视。体育与健康课程要用好课堂教学这个主渠道，提升体育与健康课程育人的亲和力和针对性，满足学生成长发展需求和期待，达到体育与健康课程教学中健体与育德同向同行，形成协同效应，从而实现知识技能传授和价值引领有机统一，推动体育与健康课程向立体化育人转型。

1. 新时代中国发展的必然要求

习近平总书记在《把思想政治工作贯穿教育教学全过程》报告中指出，教育肩负着培养德智体美劳全面发展的社会主义事业建设者和接班人的重大任务，必须坚持正确政治方向，要教育引导学生正确认识世界和中国发展大势，正确认识时代责任和历史使命，用中国梦激扬青春梦，为学生点亮理想的灯、照亮前行的路，激励学生自觉把个人的理想追求融入国家和民族的事业中，勇做走在时代前列的奋进者、开拓者。高中体育与健康课程育人评价能够有效地把握课程的政治方向，帮助学生客观认识世界格局和中国发展大势，明确时代赋予青年一代的历史使命，激励青少年为实现中国梦而敢当大任、不负韶华。

2. 落实新课程标准的需要

《普通高中体育与健康课程标准(2017 年版 2020 年修订)》明确指出，普通高中体育与健康课程落实"立德树人"的根本任务，坚持"健康第一"的指导思想，将促进学生身心健康、体魄强健、全面发展作为核心追求，高度重视培养学生的体育与健康学科核心素养。体育与健康学科核心素养是课程育人价值的集中体现，是通过体育与健康课程学习而逐步形成的关键能力、必备品格与价值观念。通过体育与健康课程育人评价，学生更容易形成健康与安全意识、良好生活方式，养成积极进取、不怕困难、挑战自我、顽强拼搏、追求卓越、团结合作、公平竞争和遵守规则等体育品德，因此，高中体育与健康课程育人评价能确保"立德树人"和"健康第一"课程导向，强化健身育人功能，重视培养学生体育与健康学科核心素养的形成，实现学生的全面发展。

3. 建设高素质教师队伍的需要

人才培养，关键在教师。教师的思想政治状况具有很强的示范性，要坚持教育者先受教育，让教师更好地担当起学生健康成长指导者和引路人的责任。建设社会主义现代化强国，需要一大批各方面各领域的优秀人才。这对教师队伍的能力和水平提出了新的更高的要求。评价教师队伍素质的第一标准应该是师德师风。高中体育与健康课程育人评价能够引导教师把教书育人和自我修养结合起来，做到以德立身、以德立学、以德施教。

二、体育与健康课程育人评价的原则

1. 健体与育德相结合的原则

普通高中体育与健康课程是一门以身体练习为主要手段，以体育与健康知识、技能和方法为主要学习内容，以培养高中生的体育与健康学科核心素养和增进高中生身心健康为主要目

标的课程。蔡元培先生曾说过，有健全之身体，始有健全之精神。体育，不只是野蛮其体魄，更是文明其精神。这精神的真谛，就是通过拼搏实现自我完善和超越。所以，在体育与健康课程育人评价中既要坚持健体，又要强调育德，做到二者有机统一。

2. 实践性与时效性相结合的原则

普通高中体育与健康课程具有很强的实践性，学生要通过具体的身体练习，达到增强体质、形成运动技能和磨炼意志品质的目的。学生的思想品德要经过运动过程的反复磨炼，才能实现由量变到质变的飞跃，所以育人评价也应具有很强的实践性。例如长跑（耐久跑）是培养学生意志品质的极好练习，学生在长跑中出现的“极点”现象对学生的意志品质是一个严峻的考验，只有通过意志力克服当前困难才能迎来“第二次呼吸”，意志品质才能得到磨炼。如果长跑中出现“极点”就终止跑步，不但达不到培养学生意志品质的目的，反而更容易引起意志消退的消极作用。

体育与健康课程育人评价也具有较强的时效性，错过时机再教育就成了“说教”。长跑中出现“极点”时对学生进行引导与鼓励，在出现“第二次呼吸”时对学生进行表扬与肯定，学生很容易形成良好的练习感受和经验，如果贻误教育时机，就很难达到应有的育人效果。

3. 多样需求与个体差异相结合的原则

为了满足高中生体育与健康课程学习的不同需求，激发学生的运动兴趣和内驱力，促进学生的个性发展，培养学生终身体育的意识和能力，普通高中体育与健康课程重视基础性与选择性的有机统一，特别强调让学生根据自己的兴趣和爱好选择运动项目进行学习。学生在学校条件允许的情况下选择 1～3 个运动项目进行较为系统和全面的学习，学会、学精，培养学生的运动爱好和专长，以及积极进取、追求卓越的精神。因此，在课程育人评价中既要考虑学生多样需求，又要考虑学生的个体差异，充分调动学生的积极性，增强内在的学习动力，引导学生深刻体验运动的乐趣和理解运动的价值，促使学生由被动运动向主动运动转变，喜爱体育学习，乐于参与课外体育活动和体育竞赛活动，养成良好的体育锻炼习惯，使体育成为学生生活中不可或缺的重要组成部分。

4. 建立多元育人评价体系

注重评价的激励、反馈和发展功能，构建主体多元、内容全面、方法多样的评价体系。在评价主体方面，提倡在以教师评价为主的基础上，引导学生积极进行自我评价和相互评价；在评价内容方面，重视对学生的运动能力、健康行为和体育品德进行综合评价；在评价方法方面，倡导定量评价与定性评价、相对性评价与绝对性评价、形成性评价和终结性评价相结合。

评价中要特别关注那些运动基础相对较差但学习态度很好的学生，真正体现评价的激励和发展功能，增强他们体育与健康学习的自信心和自尊心。多元的体育与健康课程育人评价体系注重与学业质量标准紧密联系，使学业质量标准的使用更有助于学生形成学科核心素养，获得全面发展。

三、体育与健康课程育人评价的指标

《普通高中体育与健康课程标准（2017 年版 2020 年修订）》指出，普通高中体育与健康课程贯彻和落实“立德树人”根本任务，以“健康第一”为指导思想，强调健身育人功能，高度重视培养学生的学科核心素养。高中体育与健康课程育人评价要依据课程标准，贯彻“立德树人”

根本任务，归根结底在于通过评价促进学生学科核心素养的形成。具体的课程育人评价指标包括育人目标、育人内容、育人过程、育人方法和育人效果五个方面。

1. 育人目标

普通高中体育与健康课程落实“立德树人”的根本任务，坚持“健康第一”的指导思想，将促进学生身心健康、体魄强健、全面发展作为核心追求，高度重视培养学生的体育与健康学科核心素养。这就是说通过课程的学习，学生喜爱运动，积极主动地参与运动；学会体育与健康学习和锻炼方法，增强创新精神和体育实践能力；树立健康观念，形成良好的生活方式；遵守体育的道德规范和行为准则，塑造良好的体育品格，发扬体育精神。促进学生形成乐观开朗、积极进取、充满活力的人生态度。

2. 育人内容

体育品德的具体表现形式为体育精神、体育道德和体育品格。体育与健康课程育人内容主要从这三个方面展开。具体来说，体育精神包括自尊自信、勇敢顽强、积极进取、超越自我；体育道德包括遵守规则、诚信自律、公平正义等；体育品格包括文明礼貌、相互尊重、社会责任感、正确的胜负观等。高中生体育品德培养的重点是积极进取、遵守规则、社会责任感。

3. 育人过程

体育与健康课程的育人过程即教师按照核心素养统领新课标要求制定并实施一系列的教育活动，促进学生“立德树人”“全面发展”的过程，主要包括教师活动、学生活动和师生互动。

4. 育人方法

以学生为行为主体，发挥学生的主动性、积极性，以渗透点设置情境，激发引导学生进入情境，让学生主动在情境中活动，积极体验和感悟，形成正确的情感、态度和价值观。为了更好地促进学生达成课程目标和形成学科核心素养，高中体育与健康课程要建立多元育人评价体系，激励学生更好地学习和发展。

5. 育人效果

体育与健康课程育人评价要根据学生的体育与健康活动行为进行观察、诊断、反馈、引导和激励，衡量课程目标的达成程度，即学生通过体育与健康课程的学习而形成的体育精神、体育道德和体育品格。

高中体育与健康课程育人评价量表如表 15-1 所示。

表 15-1　高中体育与健康课程育人评价量表

评价项目	评价内容	分值	得　分
育人目标	依据体育与健康课程标准提出的学科核心素养，明确育人目标，找准定位，把握预期效果；目标的表述要准确、简明	10	
育人内容	遵循体育与健康学科的教学规律、育人规律和青少年成长规律，准确把握课程教学和育人内容的结合点；合理把握教学内容，充分挖掘课程教学中蕴含的育人资源，结合学生生活实际，根据学生的认知水平、身心特点，找准育人的渗透点，并把握好育人渗透的角度和层次，做到育人内容和教学内容的有机融合，在组织好教学内容的同时，组织好育人内容	25	

续表

评价项目	评价内容	分值	得　分
育人过程	教学活动过程中形成良好的人际关系和课堂氛围，促进学生良好思想品德的形成；通过设计合理的活动，师生互动、生生互动，让学生在学习活动中合作学习、共同探索、积极交往，在民主的、彼此尊重的课堂氛围中学会合作、学会倾听、学会分享，对他们良好人格的形成起到潜移默化的作用	25	
育人方法	以学生为行为主体，发挥学生的主动性、积极性，以渗透点设置情境，激发引导学生进入情境，让学生主动在情境中活动，积极体验和感悟，形成正确的情感、态度和价值观	20	
育人效果	育人渗透自然、有趣，激发学生的学习兴趣；使良好道德认知得以生成、明晰，良好道德情感得到体验和升华，良好道德意志和行为更为自觉和坚定	20	
总分		100	

第四节　体育与健康课程育人探索案例

案例一　居家训练，提升自我健康水平

一、案例说明

运动训练主要以户外练习为主，以发展速度、耐力、力量、灵敏、柔韧素质为手段的一种身体技能练习。其练习特点为空间大、场地转换便捷、器材规格及种类齐全，练习方法多样，提升效果明显。学生平时的训练内容、训练方法及器材都由教师在练习前根据教学任务及要求准备好，教师指导学生练习，通过观察及学生反馈调节运动量与运动强度，达到提升学生运动能力的最佳效果。

针对新冠肺炎疫情，教育管理部门启动了网络教学授课，利用现有网络资源与平台积极开展“停课不停学”活动，要求居家做好疫情防护工作。如何利用网络体育课指导学生开展健康锻炼，对教师和学生来说都是新鲜事物。本节课从调研入手，指导学生在家利用场地开展有效的体育锻炼，使学生形成良好的健康行为和习惯，养成坚持不懈的优良作风。

二、案例描述

1. 片段一：健身抗疫居家训练场地调查

教师活动：

(1) 调查学生居家设施、面积大小、网络现状。

通过调查，学生的家庭条件虽然存在差异性，但随着国家大力发展城乡基础设施建设，基

本所有家庭都具备网络宽带，同时客厅、卧室或阳台可活动区间一般都有 6 平方米以上，这为网络体育教学提供了基础保障。

(2) 结合居家基础设施，设计训练场地、自备替代练习器材。

一般家庭的可移动基础设施有高低板凳、睡枕、矿泉水瓶，固定基础设施有墙面、窗台、沙发或床。学生综合选择练习道具，教师指导学生做好练习道具的安全摆放、修改与防护，避免运动中发生意外损伤，同时也要降低因运动造成的振动干扰其他家庭的生活。

学生活动：熟悉家庭空间环境大小及家居设施种类、数量和布局，通过收拾整理形成有效的安全健身空间。在教师的指导下完成自制家用健身可替代器材，提高动手动脑能力。养成克服个人行为对周边环境带来影响的健康行为。

育人契合点：

疫情使平常的体育锻炼由老师布置场地变成学生自己在家动手布置场地、由老师收捡场地变为自己收捡还原，过程中加强了学生对家庭家具的有序摆放及防护，空间的利用及整理，逐步形成良好的收捡行为习惯，培养学生爱家、护家、理家的良好品德。

楼层式的居家结构造就了家与家之间仅为左右一墙、上下一石板之隔，通过对道具的选择、摆放与防护处理，提高学生自我保护能力及安全防范意识，形成良好的健康行为与体育道德，在自身得到锻炼的同时，不影响他人，注重邻居和谐共生。

2. 片段二：居家训练，健体强身

教师活动：

(1) 引导学生归纳体育锻炼应遵循的原则并讲解，积累锻炼基本知识，形成良好的锻炼习惯。(全面多样性原则、循序渐进性原则、有效针对性原则、终身锻炼性原则、安全性原则)

(2) 带领学生进行运动练习，完成后总结其中体现的原则。

学生活动：根据自身锻炼体会并归纳总结体育锻炼应遵循的基本原则；进行组合运动练习，并归纳该组合练习遵循了哪些原则，还应做到哪些。

育人契合点：

疫情的传播与对身体的破坏使学生明白了身体健康的重要性，但盲目无原则的锻炼也会对身体健康造成破坏。同时，锻炼后无效的恢复和清洁身体往往带来肌肉的损伤与酸痛感加强，使体育锻炼成为间断性练习、被动性练习，最终停止练习。通过居家体育锻炼，引导学生对体育锻炼原则的认知、实践、再认知，使学生掌握锻炼的科学方法与步骤，并能根据居家环境制定适宜的练习内容，在结合锻炼原则的实践运动中，体会身体机能的改善与提高，从而促进学生形成良好的健康行为习惯，逐步形成坚持不懈的优良作风，为培养终身锻炼的良好行为习惯打下基础。

三、案例反思

日常在校体育课堂中学生依赖教师组织实施教学训练，完成了老师安排的训练内容后就下课，一身汗穿着原来的衣服回教室继续上课，无法及时清洁身体。在此次抗疫期间的居家体育教学中，虽然场地、器械条件受限，但锻炼后清洁、更换衣服的条件具备，教师也放松了一些练习限制与要求，学生练习的自主性得到了提高。教学中，结合锻炼的原则性与规范性，通过科学引导、积极鼓励等手段，促进学生形成良好的健康行为，努力使学生由被动型练习向自主能动型练习转变。

案例二　关注健康，提高自我防护能力

一、案例说明

21世纪是我国实现伟大民族振兴的关键时期，在学习强国的同时更要关注生命、关注健康，提高自我应对疫情的防护能力。进入21世纪，已发生的国际公共卫生事件就多达七起，特别是新冠疫情中体弱多病者的危险极大。因此，增强体质、促进健康，提高自身的抵抗力、免疫力不仅有利于提高学习效率，更有利于在疫情中提高生存能力。

本节课教学目标：关注自身健康状态，了解自我肺功能健康监测方法，掌握增强肺功能的基本锻炼方法，树立自信、坚毅、顽强的体育精神。

二、案例描述

1. 片段一：了解肺功能与健康知识

教师活动：

(1) 简要描述当前新冠肺炎的临床症状，列举类似病症。

新型冠状病毒：潜伏期7～14天，主要症状为发热，少数病人呼吸困难，胸片呈双肺浸润性病灶，有的则更为严重甚至死亡，病死率为2%～4%。

SARS(非典)：潜伏期1～16天，以发热为首发症状，严重者出现频繁咳嗽、气促和呼吸困难，略有活动则气喘、心悸，被迫卧床休息；大部分非典患者经综合治疗后可以痊愈，少数患者临床死亡。

甲型H1N1流感病毒：潜伏期1～10天，主要症状有发热、咳嗽、咽喉痛、全身疼痛、头痛、寒战和疲劳，还可表现为腹泻和呕吐、肌肉痛或疲倦、眼睛发红等，严重者继发严重肺炎、肺出血、胸腔积液、肾功能衰竭、败血症、休克、呼吸衰竭及多器官损伤，甚至导致死亡。

(2) 引导学生归纳总结此类病症的共有特性：肺功能破坏。

(3) 描述检测肺功能健康的常用基本手段、肺活量及影响肺活量的因素。

(4) 根据国家健康标准及测试统计数据分析自己的健康状况及可能的不良影响。(见表15-2和表15-3)

表15-2　中学生国家体质健康肺活量标准(单位:毫升)

高一(男)	高二(男)	高三(男)	高一(女)	高二(女)	高三(女)	等　级
1950	2100	2250	1550	1650	1750	不合格
2600	2800	3000	1750	1850	1950	合格
3800	4000	4200	2750	2850	2950	良好
4300	4500	4700	3050	3150	3250	优秀

表 15-3　2019 年 10 月第四十九中学体质健康测试统计表

年级	性别	平均身高/厘米	平均体重/公斤	平均肺活量/毫升
高一	男	175.8(150～190)	65.6(45～115)	4656(1050～6570)
	女	162.7(147～176)	54.8(37～99)	3620(2070～5420)
高二	男	174.7(159～193)	66.7(46～126)	3913(1650～6255)
	女	163.6(150～178)	56.7(39～105)	2461(1008～5849)
高三	男	175.3(151～195)	66.5(38～111)	4608(2308～7385)
	女	164(150～177)	56.4(40～95)	3176(1052～5906)

学生活动：

(1) 观看和聆听教师对新冠肺炎的介绍，关注肺功能健康。

(2) 了解肺活量及影响肺活量的因素：肺活量是指一次尽力吸气后，尽力呼出的气体总量；影响因素包括身高、体重、健康状况、不良习惯(吸烟、喝酒等)。

(3) 通过自测肺活量数据参照国家标准，掌握自身肺功能正常状况。

(4) 归纳肺功能较弱对人体产生的负面影响(学习精力不足、运动能力不足、免疫力低下、诱发其他疾病)。

育人契合点：

通过此次疫情，了解身体机能活性不达标带来的抵抗能力不足在此次疫情中的危险性，在抗疫背景下，使学生明白肺功能的重要性及影响肺功能的因素，参照以往测试成绩，了解自身健康状态，制定发展目标，并对自我生活中是否有不良习惯进行自查，懂得不良行为对自己、他人、社会产生的不良影响，从而提高自我健康意识，树立良好的健康行为和高度社会责任感。

2. 片段二：提高肺活量，健身抗疫

教师活动：

(1) 介绍除肺活量外其他测试肺功能的方法，并统计完成结果。

胸围测试法：最大呼气缩小胸廓所得最小胸围值与最大吸气后扩张胸廓所得胸围值之间的差值大于 2 厘米则为肺功能健康。

闭气法：深吸一口气后，闭气时间大于 30 秒表示肺功能健康。

(2) 引导学生回答提高肺活量易行的锻炼方法。

伸展、扩胸运动：增强胸廓的弹性，提高最大吸气量，如广播操。

有氧慢跑或快步走：要求运动 20 分钟以上，随着单位时间内呼吸次数的增多及呼吸程度的加深，能有效改善和提高肺呼吸的效率与机能。

(3) 带领全体学生练习中学生第九套广播体操。

学生活动：了解测试肺功能健康的常用方法并积极参与测试实验；积极归纳提高肺活量的易行的锻炼方法；和老师一起做中学生第九套广播体操。

育人契合点：

肺功能可以通过科学锻炼得到有效提高，通过常规测试方法，了解自我肺功能健康状况，并通过正确的伸展练习体会胸廓锻炼对呼吸能力的影响，树立自信、自强、积极进取的体育精神。通过对锻炼的认知，懂得没有一步登天的捷径，只有牢固树立正确的健身价值观，养成坚持诚信自律、坚持锻炼的良好习惯，才能形成良好的体育品格。

三、案例反思

维持生命的第一要素就是身体健康，而要身体健康就必须参加适当的体育运动，增强肌体活力，提高抵抗力、免疫力。但随着工作压力、学习压力的增加，人们往往忽视或减少了体育锻炼，当疫情降临时，人们才意识到身体健康的重要性。

在强调学习、工作的同时坚持安排一些合理的体育锻炼。牢固树立正确的健康价值观和高度的社会责任感，真正做到"每天锻炼一小时，幸福生活一辈子"。

第十六章 普通高中心理健康教育课程育人探索

教育部《中小学德育工作指南》明确指出，心理健康教育是德育工作的重要组成部分，并要求开展认识自我、尊重生命、学会学习、人际交往、情绪调适、升学择业、人生规划以及适应社会生活等方面教育，引导学生增强调控心理、自主自助、应对挫折、适应环境的能力，培养学生健全的人格、积极的心态和良好的个性心理品质。

北京师范大学资深教授、中国心理学会前理事长林崇德教授曾指出，如果按照人与自我、人与他人、人与社会、人与自然、硬件与软件、中国与外国这六个关系来开展心理健康教育，必然会在学生中把提高心理素质看作是心理和谐的表现。和谐凝聚力量，和谐成就伟业，这也是为什么社会上把心理健康教育视为德育工作一部分的道理所在。

第一节　心理健康教育课程的育人价值

一、高中心理健康教育课程的地位和特点

《中小学心理健康教育指导纲要(2012 年修订)》(以下简称《纲要》)指出，中小学心理健康教育是提高中小学生心理素质、促进其身心健康和谐发展的教育，是进一步加强和改进中小学育人工作、全面推进素质教育的重要组成部分。

1. 课程地位

心理健康教育有别于其他学科，其学科地位可以从两个方面来谈。

在学校课程体系中，心理健康教育意义重大，具有无可替代的地位。在中小学校开展心理健康教育，是学生身心健康成长的需要，是全面推进素质教育的必然要求。《健康中国行动——儿童青少年心理健康行动方案(2019—2022 年)》要求各级各类学校开展学生心理健康服务。《纲要》要求普及、巩固好深化中小学心理健康教育，加快制度建设、课程建设等，利用地方课程或学校课程科学系统地开展心理健康教育。《中小学德育工作指南》也指出要统筹安排地方和学校课程，开展心理健康教育等专题教育。武汉市的具体要求是开设专门的心理健康教育课程，列入课程表，一般每班每两周 1 个课时。

根据武汉市教科院基础教育研究所张汉强的观点，心理健康教育课程在心理健康教育体系中具有三大作用：第一是心理健康教育的活化剂，第二是心理辅导的催化剂，第三是建立良好心理健康教育氛围的黏合剂。首先，如果没有心理健康教育课程，那么心理健康教育只是一个理想的口号。课堂是实施心理健康教育的重要阵地，专门开设的心理健康教育课程能树立心理健康教育的专业形象，通过学校的各项教育教学活动，不断促进心理健康教育的全面渗透，真正使心理健康教育落到实处。其次，心理健康教育课程有利于普及心理健康知识和心理

保健常识，培养学生良好的心理健康意识，在相当程度上消除学生对心理辅导的神秘感和担忧，增加学生对寻求心理支持与帮助的接纳和认可程度，提高心理辅导室的利用率，心理辅导中的故事对生成心理健康教育课程的教学案例具有启发和借鉴作用，从而形成课程与辅导的良性互动。最后，心理健康教育课程也是启蒙家长心理健康意识和知识、建立学生心理支持系统的重要途径。

2. 课程特点

心理健康教育课程是使学生从认知、情感和行为三个层面获得对自我、对他人、对社会的积极体验增量的课程。其特点具体表现在以下几个方面：

1）发展性

心理健康教育课程以人本主义人性观为基础富含一系列发展性的理念。一是全体发展的理念，即以集体教学为基本组织形式，以全体学生的心理健康水平和心理素质的提升为基本立足点和最终目标。二是可持续发展的理念，即帮助学生解决成长中的各种发展性问题，调适良好心态，增强社会适应能力，促进学生在原有基础上得以可持续发展。三是潜能开发的理念，相信每个学生都有发展潜力，要立足于学生的“最近发展区”，促进学生心理发展不断达到最佳水平。

2）体验性

心理健康教育课程的基本实践形式就是开展各种以学生为主体的课堂活动，使学生在参与、评议活动的亲历过程中，不断积累认知、情感和行为三个层面的自主性体验，并始终把激发、强化、累积、迁延学生在这三个层面的积极体验放在中心地位。只有经历内在的心理历程使学生产生深刻体验的心理健康教育课程才能真正促进学生心理品质的发展。

3）生活性

与其他课程相比，心理健康教育课程更关注学生当下的生活状态，关注学生的情绪生活和情绪体验，以学生的现实生活为课程资源，其教学内容大致包括几个方面：一是与学习有关的心理健康教育，包括学习动机、学习策略、学习能力、考试心理等；二是与生活、与社会适应有关的心理健康教育，包括自我认识、情绪、人际交往、休闲及性心理等；三是与生涯有关的心理健康教育，包括生涯规划及决策能力、了解自我状况、升学就业指导等。为此，心理健康教育课程十分关注学生的现实生活，促进学生健康安全、积极愉悦地生活。

4）创生性

心理健康教育课程的内容强调要将学科知识、社会要求等外来的教育影响与学生内发的成长需要相结合，通过这种内容的创生过程，增强课程的针对性和实用性，最大限度地调动学生的学习兴趣和热情。这也是心理健康教育学科很难像其他学科一样有全国统编的心理健康教育教材的原因之一。

二、高中心理健康教育课程的育人要素

心理健康教育与课程育人具有密切的联系，两者相辅相成、相互促进。心理健康教育中存在的育人要素如下：

1. 道德教育内容

思想品德的形成是在学生已有认知图式的基础上不断优化结构的过程。在现实的育人活

动中，中学生内在认知图式的基础性意义尤为重要，它决定着中学生能否自觉地选择正确的育人信息，拒绝错误的育人信息。心理健康教育在观念、方法、内容上，对学校课程育人具有补偿完善作用。在心理健康教育的辅助下，帮助学生解决心理冲突、激发高尚的道德情操。人的心理方面存在着无限的冲突和矛盾，只有冲突和矛盾解决了才能保持身心平衡，才能使人进步。当个人的需要违背国家利益、集体利益、道德标准时心理会产生冲突，解决冲突的办法就是通过心理健康教育制止不正确的需要和愿望而保持良好的动机，从而提高自己的思想境界，激发高尚的道德情操，为课程育人目标的实现提供强有力的保障。因此，良好的心理能够为学生高尚的道德情感奠定良好的基础，从而弥补日常道德教育中方法、内容只强调中学生要树立高尚的道德情操，而忽略了道德的发展过程也是一个心理发展过程这一缺陷，真正完善了课程育人的内容、方法和目标，提高了课程育人效果。

2. 情感教育内容

心理健康教育作为一种心灵感化教育，它的显著特点就是教育者调动情感的力量，尊重、信任和理解学生，架起心灵的桥梁，通过情感交流，以炽热的情感去打动学生。对学生因心理问题而导致的行为过失，不责怪、不呵斥、不张扬，而是循循善诱，使学生心悦诚服、主动改正，引导学生树立正确的道德认识、道德情感等。心理学家罗杰斯认为，教师应该用情感进行教育，教师的情感对学生的学习有直接的、很大的影响。同时，学生的道德认知过程与道德情感过程是有机统一的，高中生对育人信息的接受并不是简单机械的过程，而是在一定需要的驱使下带着某种情感进行的，需要和情感构成了他们思想品德形成过程中的动力系统。因此，情感教育是心理健康教育课程育人功能的一个重要体现。

3. 认知教育内容

心理健康教育课程主要包括心理实质、认识过程、情感过程、意志过程和个性心理、心理健康等方面的内容。这些内容蕴含着丰富的育人内容，具有极大的育人价值。人的思想观念和道德品质属心理的范畴，是客观事物在人脑中的主观能动的反映，它们既是育人的内容，也是心育的内容。人的心理发展和思想认识的发展有着密切的关系，一方面，心理是思想的基础，人的思想认识的发展变化受到心理的影响和制约，良好的心理素质能使人从根本上提高思想觉悟，促进高尚道德品质的形成和发展，并构成人的个性品质。另一方面，人的思想政治观点和道德品质也是由认识、情感、意志、理想、信念、世界观等心理成分构成，而人的许多良好的个性特征如爱祖国、爱人民、爱集体、爱劳动等，又构成学校育人内容的重要组成部分，通过对学生心理的调整，增强学生的自我控制和自我监督，从而规范自己的行为，符合社会的规范。在这里，心理健康教育课程促进了中学生对自我行为的认知。

三、高中心理健康教育课程的育人价值

1. 心理健康教育学科核心素养

自教育部提出“核心素养”这一重要概念后，核心素养便成为深化课程改革的关键要素。教育界已普遍展开关于实施“核心素养”的探讨。但在心理健康教育课程方面，教育部目前还没有制定该学科的课程标准，其核心素养的内涵也没有明确界定。

学者刘金明和孟四清在《学生心理健康核心素养体系的结构与要素》一文中认为，心理健康核心素养是个体在遗传基础上，在遗传和环境因素相互作用下形成的影响或决定个体心理

潜能发挥水平和适应环境能力水平的内在的相对稳定的必备品格和关键能力。心理健康核心素养的结构分为人与自我、人与他人、人与社会、人与信息、人与困难和压力等五个层次，心理健康核心素养主要包括意义感、积极的自我概念、乐群性、人际沟通能力、职业规划意识和能力、问题解决能力、学习能力、创造力、耐挫能力、情绪调节能力等。学者申喆在《中小学心理核心素养的内涵与构成》一文中认为，中小学心理健康核心素养的内涵是以培养中小学生良好的心理素质为目标，以中小学各阶段相应的心理健康教育学科核心知识为载体，增强学生的心理能量，引导学生形成积极心态并为后续的心理健康发展提供持续帮助的动态系统。从心理学科教育的价值取向上看，中小学生心理健康核心素养应包括心理能力、心理品质和思维品质三大方面。以上两种观点，前者偏向于从个体心理健康发展的角度进行阐述，后者偏向于从学校心理健康教育的角度进行阐述，两者都对更加聚焦、定向地培养学生心理健康核心素养具有重要意义。

2. 心理健康教育课程培育的价值观念

高中心理健康教育要有针对性地对各类问题进行辅导，比如学习指导、自我意识成长、情绪调适、人际指导，帮助学生化解心理危机，引领正确价值观的树立。

根据中学生生理心理发展特点和规律，高中心理健康教育课程所培育的价值观念包括以下几种：

(1) 培养正确的自我意识。帮助学生加强自我认识，客观地评价自己；正确看待我是一个怎样的人？我是否有价值？如何做一个有价值的人？

(2) 培养正确的学习观念。发展学习能力，改善学习方法，提高学习效率；引导学生的求知欲，激发追求真理、探索未知的学习动力；帮助学生具备适应高中学习环境的能力，发展创造性思维，充分开发学习的潜能，在克服困难取得成绩的学习生活中获得情感体验；形成知识就是力量的价值观。

(3) 培养正确的人际态度。正确认识自己的人际关系，积极与老师及父母沟通，把握异性交往尺度，建立良好的人际关系；有效地管理自己的情绪。

(4) 把握升学方向，培养职业规划意识，树立早期发展目标。在了解自己的能力、特长、兴趣和社会就业条件的基础上，确立自己的职业志向，进行职业的选择和准备。

(5) 培养应对失败和挫折的能力，适应生活和社会的各种变化，形成良好的意志品质。

3. 心理健康教育课程养成的必备品格

高中心理健康教育课程注重学生关键能力和必备品格的培养，要求通过阶段性的教育教学，提升学生的综合素养。健康的心理状态是形成良好道德品质的基础，高中心理健康教育课程所养成的必备品格在于提高全体学生的心理素质，充分开发他们的潜能，培养学生乐观、向上的心理品质，促进学生人格的健全发展。

第二节　心理健康教育课程育人实施建议

心理健康教育课程是学校开展心理健康教育的主阵地，高中心理健康教育课程多为地方校本课程，开课情况、教学方式、教学内容不尽相同。我校遵循上级教育部门的相关文件精神，在高一、高二年级各班每两周开设一节心理课，每学期各班约 8 节心理课；高三年级定期开展有针对性的团体心理辅导活动。在开展课程育人实践中有如下几点建议：

一、建构以学生为主体的学习共同体

每个人都有自我实现的需要，因此，教学过程的主要问题是如何让学生主动参与和积极体验，让他们丰富的个性得到更充分的发展。据此，罗杰斯提出非指导性教学，认为教学的起始基础不是课程内容，也不是思维过程，而是人际关系，积极的人际关系能使人成长。非指导性教学强调，教学应以学生为主体，教师应充分信任学生、了解学生、尊重学生，在良好的师生关系中，促进学生学习，使学生充分发挥自己的潜能。因此，在教育教学过程中，应重视"以学生为中心"，积极建构学习共同体，在学生和教师共同学习的过程中，互相沟通、交流、分享，实现良好的互动、互促，在积极的人际关系中共同成长。

心理健康教育课程首先通过师生之间坦诚自我介绍和相互介绍、游戏分组等活动，拉近师生之间、学生之间的距离，初步构建起学习共同体；其次，在授课过程中，教师走进学生中间，通过与学生共同讨论、分析等方式，与学生近距离接触，拉近彼此的心理距离，营造积极、友好的学习氛围；最后，通过团体辅导活动、案例分析、角色扮演等方式，在共同建构心理健康相关知识的过程中，建构起成熟的学习共同体。在此良性互动过程中，教师的价值观、积极的人生态度等均可以在无形中影响学生、教育学生，学生也能够深刻感受到"以人为本"的教育理念，积极接纳课程育人中的"精神文明"。总之，通过师生之间的互动，构建积极的学习共同体，在真诚、尊重、理解、接纳的关系中，集教、学、做、悟于一体，教师与学生共同探索、发现问题，共同成长。

二、营造以"主题体验式教育"为契机的育人氛围

教师应当从学生实际出发，创设有利于学生学习的环境，通过提供适当的问题情境或实例促使学生反思，促进学生主动建构知识的意义，并适时提供适当的鼓励、引导、帮助、支持，进一步促进学生的建构活动。

主题体验式教育正是把具有一定特征的某种基本思想作为主题，并围绕该主题展开一系列思想政治活动。心理健康教育课程应该主题鲜明，形成系列。通过主题体验式教育，激发学生的情感，让学生在体验中建构认知、发展能力，更好地完善自我。譬如，在人际关系类主题课程中，通过小组互动探讨与父母和朋友的关系等活动感受"和而不同"，在增强学生认知水平的同时，使学生更好地认识自我、认识世界，确立正确的人生观、价值观，更好地适应环境，更好地学习、生活。同时，借助"同舟共济""纸搭高塔""七手八脚"等各类体验式团体活动，让学生真切地感受"团结协作"的重要性，以及共同完成任务、共同渡过难关时候的喜悦，深刻感受集体主义力量的同时，体验彼此"尊重""包容"带来的心理满足感和心理需求得到满足后个人的进一步成长，促进学生更好地发展。

三、丰富"课程育人"的心理健康教育课程载体

我校心理健康教育课程广泛运用学生喜闻乐见的方式，如案例分析、体验活动、行为训练、心理情景剧等教学载体进行授课。除了常规的各班每两周一节的心理课，我校还将团体辅导室、沙盘游戏室、减压放松设备、情绪宣泄设备等功能室作为课程载体开展丰富多彩的心理健

康教育活动。目前，我校的心理健康教育课程不仅科普了心理学常识、提升了学生心理健康水平，也促进了学生积极认知、积极情绪、积极行为的养成。

四、坚定与时俱进的师生发展成长理念

教师更应该注重提高自身政治素养，坚定马克思主义信念，站在一定政治高度正确认识课程育人对于心理健康教育的重要性，才能感同身受，以身作则，切实提高课程育人的感染力和说服力；同时也应该关注时事政治，把国家的发展与个人的成长紧密联系，才能更好地引导学生发展，真正承担起为社会主义培养建设者和接班人的使命和责任。

同时，不同的学生个性不同、经历不同，往往在课堂表现差异较大，心理开放程度也各不相同。因此，专业教师要提升个人综合素养。譬如，充分了解当代高中生心理发展规律，结合不同学生的不同特点，有意识地消除学生的疏离感，使他们能够逐渐融入教学情境；处理好理论知识与实践体验的内在联系，使学生能感同身受，产生积极的内在体验；具备丰富的临场指导经验、随机应变的能力，能仔细观察每个学生在课堂中的情绪反应，慎重对待话题触及某些学生的心理敏感点。

为了更系统、更深入、更专业地进行课程育人、教书育人，心理健康教育教师也应认真汲取不同学科的知识养分，开拓视野，树立大教学观，创新教育教学理念，积极尝试，使课程育人成为学生终身受益的教育体验。

第三节　心理健康教育课程育人评价初探

一、高中心理健康教育课程育人评价的意义

不同的事物都有各自的参照标准，心理健康教育亦是如此。课程育人是否开展，如何开展，开展过程中效果如何，一系列的问题缺乏了评价体系都无法回答。因此，完善的课程育人评价体系是促进课程育人良好实施的必备条件。课程育人是一种适应现代教学发展的新式教学理念，这种理念是否适用、如何因地制宜地适用都需要一定的评价标准来进行衡量。高中心理健康教育课程育人评价具有重要意义。

1. 导向意义

育人评价体系为心理健康教育课程的每一步开展提供了标准和依据，评价体系的建立也意味着教育教学中对各种因素的选择和侧重点不一样，这将促使教师在心理健康教育课程中更加注重评价所侧重的相关因素，并将其作为课堂教学展示和发挥的重点，这便是评价的导向功能。同时，课程育人的主要作用就是核心价值观的引领，使学生在主流文化影响下更好地学习专业知识，以便更好地服务社会。通过心理健康教育课程育人评价，可以有效衡量心理健康教育课程的导向是否偏离国家所倡导的核心价值观，使心理健康教育课程的开展有标准可以参照，在正确的轨道上前进。

2. 激励意义

育人评价是教师了解心理健康教育课程育人效果的关键途径，能够让教师有效地评析自己课程育人中的优缺点，及时判断和分析课程育人实施过程中存在的问题及其原因和解决对

策，让教师找到今后努力发展的基点和方向。同时，育人评价还可以让教师在相互之间的听课、评课活动中增进了解、互相学习，在听课、评课的交流中激发内在的前进动力。

3. 鉴定意义

课程育人评价是教师工作评价的重要组成部分，也是学校评价体系的重要内容。通过开展科学有效的课堂育人评价，能够有效地鉴定心理健康教师的教学态度、教学质量、工作能力，使学校的管理工作更加系统化、科学化。

二、高中心理健康教育课程育人评价的原则

基于心理健康教育课程本身的育人机制，心理健康教育课程育人评价设计应从评价内容、评价主体、评价方法三个方面衡量其评价原则，具体如下：

1. 评价内容：重视过程性评价，关注学生发展动态

心理健康教育因其特点决定其评价更加关注学生的个性发展，发展过程本身具有即时性和生成性，由此心理健康教育课程效果具有隐蔽性和滞后性，因而对心理健康教育课程育人的评价应当遵循过程性原则。这是一种动态、发展的评价，同时也是开放的、面向未来的评价，它打破时空局限，延伸到社会、家庭中，除了评价学生的学习外，还要对其行为、情感、态度等进行多方位评价。

2. 评价主体：评价主体多元化，注重学生自我评价

心理健康教育服务和关注的对象是人的心理世界和内心成长，此对象相对而言，比较难以评估和测量。但人们可以通过外显的语言和行为来表现自己的内心，从这个角度来说，教师评价和学生相互评价是可行的。心理成长是比较私密和隐蔽的，学生本人对自己的心理成长更有发言权。因此，心理健康教育课程育人评价主体应侧重学生的自我评价，让学生尝试从多个维度对自己的学习态度、学习过程和学习成果进行评估。这样做既能促进学生的自我认知，同时有利于学生在学习过程中的自我管理和监控。

3. 评价方法：注重尝试质化评价，结合使用量化评价

量化评价的优点是标准化和结果精确，但是它忽视了评价对象的参与过程，遵循一元性评价标准。质化评价在一定程度上补偿了量化评价的不足，采用开放的形式获取评价信息，做出评价判断。例如，采用无结构观察、开放式访谈、调查、查阅各种文字资料等方法，获取评价对象各方面的信息，对评价对象的状况做出描述、分析与评价。心理健康教育课程育人的评价方法要考虑心理健康教育的目的和特点，采用质化评价为主、量化评价为辅的评价手段，观察、提问、对话、问卷调查、实地笔记等定性评价方法与测验、考试、统计分析等定量评价相结合。

三、高中心理健康教育课程育人评价的指标

高中心理健康教育课程的评价指标从一节课的育人目标、育人内容、育人过程、育人方法和育人效果等基本内容，具体评价课程育人的有效性。

1. 育人目标

依据高中心理健康教育所强调的促进学生积极适应与主动发展的理念，提出明确的符合学科特点的课程育人目标，教师要依据学生的年龄特征来制定课堂适应性和发展性的育人目标。在促进学生适应生活、学习、人际交往，发展智能、个性、社会性、创造性等目标中渗透育人

目标。目标的表述要细化、具体且有操作性。

2. 育人内容

心理健康教育课程的育人内容根据教学目标而展开，需要教师的创新编排，由于各地区和学校的情况不同，不同教师的人生经历、价值观、思维方式的不同，即便是同一教学内容，不同的教师都会做出不同的设计。教师要准确把握课程教学与育人内容的结合点，充分挖掘课程教学中蕴含的育人资源，结合学生的生活实际、认知水平及身心特点，找准育人契合点，对学生的认知、行为、情感、态度等进行多方位评价。

3. 育人过程

在心理健康教育课程教学中激发学生兴趣、满足学生需要，能够为不同特点的学生提供心理发展的空间；教学方法灵活多样，活动设计有针对性、创新性，吸引学生主动参与到育人过程中，形成浓厚的学习兴趣和良好的学习态度；课堂教学过程中师生互动高效，营造出宽松、活跃、和谐的课堂氛围。

4. 育人方法

心理健康教育课程本身采取的是灵活多样的活动形式，其育人方法也需要根据实际情况而调整。常见心理健康教育课程的育人方法包括情境式评价法、档案袋评价法、心理测量评价法等。要根据课程内容和形式灵活利用各种育人方法，让学生主动在实践中积极体验和感悟，形成正确的情感、态度和价值观。

5. 育人效果

心理健康是学生形成优良思想道德品质的前提。任何一种思想品德的形成，都是以认识、情感、意志、行为等基本心理成分为基础。没有健全的心理过程和人格，就不可能建构高层次的精神世界，不可能形成良好的思想品德。心理健康教育课程育人效果可以从学生的道德认识、道德情感、道德意志等道德心理方面的特征进行考察。

高中心理健康教育课程育人评价量表如表 16-1 所示。

表 16-1　高中心理健康教育课程育人评价量表

评价项目	评 价 内 容	分值	得　　分
育人目标	符合社会规范和学生身心发展规律，在认知、情感或行为三个向度上明确提出符合学科特点的育人目标；依据具体教学内容，提出有针对性的课程育人目标，准确定位，把握育人渗透的预期效果	10	
育人内容	符合学生身心发展水平和生活经验，能有效激发学生参与活动的兴趣，能对学生的认知、行为、情感、态度等进行多方位评价；普及心理健康基本知识，树立心理健康意识，了解简单的心理调节方法，认识心理异常现象，以及初步掌握心理保健常识，其重点是在学习、人际交往、升学择业以及生活和社会适应等方面的常识中挖掘育人资源，做到心理健康教育内容与德育内容的有机融合	25	
育人过程	激发学生兴趣、满足学生需要，能够为不同特点的学生提供心理发展的空间，让学生形成浓厚的学习兴趣和良好的学习态度；师生互动高效，在安全、接纳、温暖、尊重的团体气氛中实施课程育人，关注学生的个性化和动态性发展	25	

续表

评价项目	评 价 内 容	分值	得　　分
育人方法	教师评价与学生自我评价相结合，采用质化评价为主、量化评价为辅的评价手段，根据课程内容和形式灵活利用各种教学方法，让学生主动在实践中积极体验和感悟，形成正确的情感、态度和价值观	20	
育人效果	认知、情感、行为三个向度的育人目标达成度高；学生表现出积极的兴趣和态度；教师能有针对性地对学生进行教育和辅导。学生的道德认识、道德情感、道德意志等道德心理方面的特征出现积极改变	20	
总分		100	

第四节　心理健康教育课程育人探索案例

案例一　“积极心态，积极行动”微课课例

一、案例说明

自新冠肺炎疫情暴发以来，学生原有的生活秩序被打乱，在巨大的变化下，学生常出现担忧、悲伤、烦躁、愤怒、恐慌等负面情绪，影响身心健康。加上宅在家的学习生活给学生带来了诸多不便，他们普遍缺乏有效的行动力。基于此本案例结合积极心理学的理念，从做法和想法两个方面对学生进行有益的指引，帮助学生调适疫情期间的心理状态。

二、案例描述

1. 片段一：从消极中看到积极

教师呈现调查研究结果：

清华大学积极心理学中心在全国范围内进行了一项关于疫情期间中国人的幸福及品格优势变化情况的调查研究，他们收集了一万多位被试者的调查数据，得到了很有价值的发现。（见图 16-1）

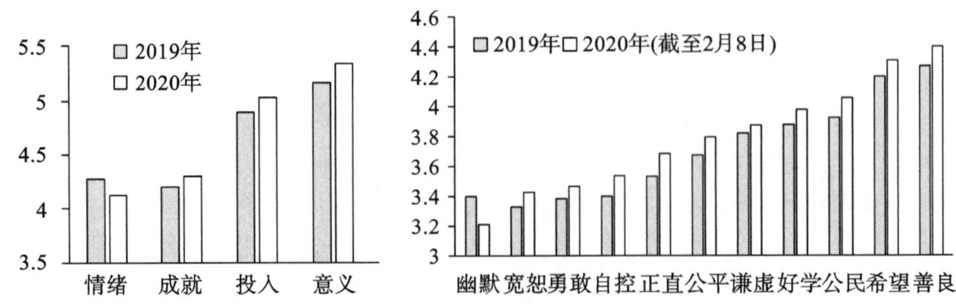

图 16-1　疫情期间中国人的幸福及品格优势变化情况

研究结果表明：疫情期间人们的情绪消极了很多，但是，成就、投入和意义这三根幸福支柱

都有了显著提升；关于品格优势，除了幽默感有所下降之外，其他的比如宽恕、勇敢、自控、正直、公平、谦虚、好学、公民精神、希望和善良，这十项品格优势不降反升。

学生思考：为什么会有这样的研究结果？结合你对疫情防控时事的了解，说说自己受到了什么启发？

学生分析和教师总结：

原来疫情在心理层面带来的不仅是负面影响，人们从消极因素中也看到了积极因素。很多人不再逃避现实，不再抱怨疫情带来的不便，而是从灾难中重振心态，激活自身内在的修复力，积极行动努力去改变现实。从家国层面来说，中国特色社会主义制度的巨大优势是我们战胜疫情，打好打赢疫情防控战的制度保障。一批批医务人员和军队奔赴湖北武汉开展救助，社会各界爱心人士向疫区捐赠口罩、蔬菜等物资，武汉当地火速修建雷神山、火神山医院和一批批方舱医院以全面收治病人，无数志愿者全面下沉社区为居民服务，方舱医院还有跳广场舞的患者和静静读书的“清流哥”。灾难带给人们的消极情绪，却激发了人们更加投入地去做事情，让人们有了更多的成就感和追寻生命价值的意义感，让人们更加与人为善，为他人伸出援助之手，也因此有了众志成城战胜疫情的希望！

育人契合点：

（1）制度自信。通过研究数据分析和鲜活的防疫故事，彰显了疫情防控中中国特色社会主义制度的巨大优势，教育引导学生更加坚定制度自信。疫情是对我国治理体系和治理能力的一次大考，在以习近平同志为核心的党中央统一领导、统一指挥下，树牢全国一盘棋思想，调动各方面积极性，集中力量办大事，各地各部门各司其职、协调联动，紧急行动、全力奋战，加强联防联控，“生死时速”大驰援、举国上下万众一心、众志成城战疫情。通过这样的呈现，让学生深刻感受到我们的制度优势正在积极转化为疫情防控、人民卫生健康治理的效能，从而强化了制度自信。

（2）责任担当。在列举的案例中，各级党委政府一次又一次的贯彻落实，一批又一批的最美“逆行者”、一群又一群的志愿者、一个又一个的平凡英雄，都在用实际行动诠释了初心坚守与使命担当、责任在肩与奉献在心。他们在疫情防控中践行的使命担当与责任坚守，能教育激励青年学生坚定理想信念、勇担社会责任、健康成长成才。历史赋予使命，时代呼唤担当。身边的故事激起了学生对祖国和人民的赤子之心，促使他们积极投身新时代的伟大事业中，勇于担负时代使命，在担当中历练，在尽责中成长，从而强化了责任担当。

2. 片段二：发挥品格优势，积极行动起来

教师讲授：请根据图 16-2，了解积极心理学所提出的全人类跨文化存在的 24 项品格优势与美德。其实，这是帮助我们认识自己的一个很好的工具。研究表明，学校的优势教育和家庭的优势教养能促进学生学习成绩的提升，让学生更加自主地投入学习，减少问题行为。

学生思考：疫情期间我们有了更多的时间和空间来审视自己，我们的品格优势有哪些呢？请在纸上写出自己的 3～5 个品格优势；如何在疫情期间有效地发挥自己的品格优势？

教师提示：上述思考可以在我们学习之余的休闲时间去尝试，通过思考和发挥自身品格优势的活动，同学们的积极情绪会更多，幸福感更强，日子过得更加充实。

育人契合点：

长久宅家的生活，对教师和学生而言都是第一次经历。取各类素材发挥学生的品格优势，

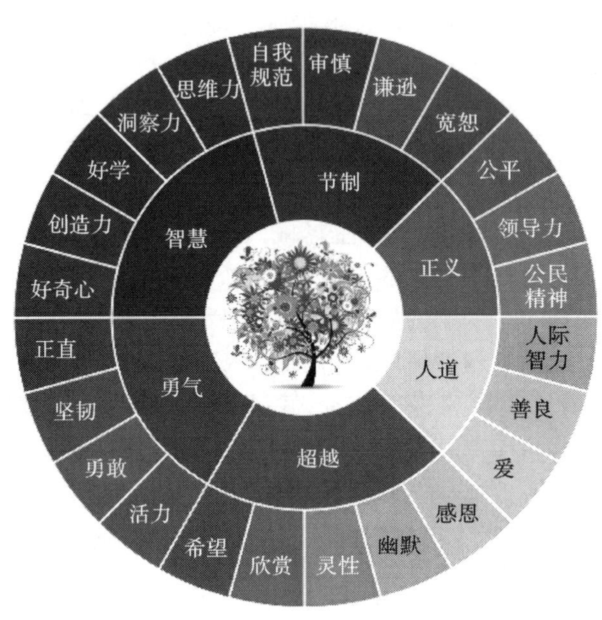

图 16-2　积极心理学的 24 项品格优势与美德

鼓励学生择爱好特长而坚持，不但有助于维持学生的心理健康，帮助学生寻找平静生活的定力，也激励学生共谋宅家健康生活新路径。

3. 片段三：积极记录，活在当下

教师讲授：

积极心理学之父塞利格曼教授提出了一个"三件好事"练习，即：每天花几分钟的时间记录一下当天发生在自己身上的三件好事。这三件好事不一定是大事，也可以是日常生活中常见的小事。研究发现"三件好事"的练习可以帮助我们提升幸福指数，降低抑郁症状，且能维持几个月的时间，如果坚持一直做下去，幸福感就会节节高升。

学生作业：

坚持每天去记录发生在自己身上的好事，不一定苛求是三件，细水长流，循序渐进，你的幸福指数会在点点滴滴的好事中得到提升。可以下载比较流行的记录类手机 App，让自己的好事定格为精致、个性化的幸福日记。如果你愿意，也可以跟你的小伙伴一起练习、适当分享。

育人契合点：

热爱生活。"三件好事"的练习能帮助学生主动发现日常生活中的真善美，培养学生热爱生活的高尚情操，让学生即便是在疫情期间也能从灰暗中发现阳光、学会感恩，从而培养积极向上的心态。

三、案例反思

本节课将积极心理学的理念带入课堂，既达到了心理辅导的目标，也体现了课程育人的渗透。在片段二中，因网络微课时空受限的影响，未能让学生在课堂上当即完成关于积极心理学品格优势量表的测评并及时获知测评结果，进而根据测评出来的品格优势来思考自己将如何发挥品格优势。为此，本节课采取课上以自省的方式先思考自己有哪些品格优势，课后提供测评二维码供学生深入探索的方式。可以让学生进一步思考:你觉得哪些品格优势可以组合起来,能得到怎样具体的发挥? 更能激发学生的想象力和创造力,得到更多有意义的答案,使得"健康生活"的课程育人要素得到更加充分的体现。"三件好事"是一个很有意思的练习,可以进一步通过一些反馈机制督促和激励学生把这个练习当成一种习惯。

案例二　"职业价值观探索"心理微课课例

一、案例说明

"如果你不知道要到哪儿去,那通常你哪儿也去不了。"心理学家埃里克森指出,高中时期是个体自我同一性形成的关键期,也是人生观、价值观的逐渐成形期。职业价值观在人们的生涯发展中起到极其重要的作用,它直接影响和决定一个人的理想、信念、生活目标和追求方向,从而影响人的主观幸福感。在这一时期帮助学生认清自己的职业价值观,对指导学生的学业和职业生涯规划具有十分重要的指导意义。

本案例在美国生涯规划大师舒伯提出的人的15种职业价值观的基础上,提炼出了12种职业价值观:美的追求、安全稳定、工作环境、独立自主、多样变化、经济报酬、权利地位、帮助他人、创造发明、人际关系、自我成长、成就满足。本节课旨在通过活动体验、案例分析等活动路径引导高一学生进行职业价值观的探索,并通过疫情防控中一些职业人士践行使命担当与责任坚守的故事,激励青年学生坚定理想信念、勇担社会责任、厚植家国情怀、健康成长成才。

二、案例描述

1. 片段一:钟南山院士的职业价值观

视频欣赏:

2020年初,新型冠状病毒肆虐,担忧、恐惧、迷茫大概是国人这段时间共同的心理写照。然而,84岁的钟南山院士星夜逆行驰援武汉,他的身影带给国人不少安慰,他的发言是国人的"定心丸"。本节课选择的视频由几段关于钟南山院士的纪录片截取片段拼接而成,主要讲述钟南山院士的几段人生经历。内容包括:

(1) 曾是北京大学医学院学生的钟南山,也是一个创造过全国纪录的体育健将,但在人生的分岔路口他放弃体育回归医学。他认为自己很难成为世界顶尖的运动员,但愿意成为技艺精湛的医生。

(2) 钟南山院士多年来致力于攻克中国最致命的疾病之一:慢性阻塞性肺炎,对其的预防和治疗达到世界领先水平。他用其温和坚定的话语将人生感悟娓娓道来,"我的动力来自哪,就是疾病对人的生命的威胁""年轻的医生永远不要满足""一个人来世上给这个世界留点东西,就算没白活"。

(3) 敢医敢言是钟南山院士的天性,"一个人要说真话,做实事"是钟南山院士用一生践行的家风。

(4) 钟南山院士曾在抗击非典的一线说"把重病人都转到我这里来!",当时将近70岁的钟南山连续工作38个小时没有休息,因为疲劳而病倒,并在自我隔离治疗5天好转后立即投入对非典的战斗中。

问题讨论：职业价值观是一个人对职业的认识与态度及对职业目标的追求和向往，从钟南山院士身上，你看到了他具有怎样的职业价值观？在武汉英勇抗疫斗争中涌现的人物故事中，有没有其他令你印象深刻的人，他的事迹体现出了怎样的职业价值观？

解析：钟南山院士有医者仁心的利他情怀，有不断追求职业本领的探索精神，有追求科学真理的无畏态度，他将个体生命与他人的、集体的、民族的、国家的乃至人类命运联系在一起，生命闪耀出伟大……这样自然而然就让我们从职业道德、科学素养、献身精神、家国情怀等课程育人契合点去谈钟南山院士的职业价值观。另外，无论是忙碌在一线的医护人员，还是愿做快乐“螺丝钉”的志愿者华雨辰老师，抑或是没有任何资源但一呼百应的顺丰快递小哥汪勇……每个人身上都体现出了受人尊敬的职业价值观。

育人契合点：

没有枯燥的说教，仅受到抗疫真实故事的感染，学生就能自然而然地感受到钟南山院士等人所具备的信仰的忠诚。他们的故事中融入了职业道德、科学素养、献身精神、家国情怀教育，使高中生在完善自身人格、规划自身未来发展时，紧紧地与国家发展和国家命运联系起来，并将课程育人的内容落细、落小、落实，真正像流淌在血液中一样，成为学生成长成才的一部分。

2. 片段二：冰冻危机情境下的选择

情境设置：

明天过后，冰封大地，地球将变得极其寒冷。住在北回归线且在那里工作的你，幸运地拥有一处不会被急速冷冻的秘密基地，里面的食物、水和燃料可供五个人维持生活半年，且据情报显示半年后冰冻危机即会解除。你要从 12 个人中选择 4 个人和你一起生活，你会如何选择？为什么？

操作流程：学生选择并交流分享；教师指出每种选项背后所投射出的职业价值观，帮助学生认清自己的职业价值观。（见图 16-3）

育人契合点：

学生的答案各不相同，由此可以得出结论：职业价值观是多元的，不同的人有不同的职业价值观。从而帮助学生以包容开放的心态尊重多元价值观，并适时指出：中华民族历来有一种开放的、包容的胸怀，善于向别人学习、取他人之长，从而坚定了文化自信的育人理念。关于职业价值观的讨论，各类思想观念交锋，多元思潮文化碰撞，我们无法判断谁是谁非，用辩证的思想来了解他人的想法，有助于开阔自己的视野。

3. 片段三：职业价值观的终生发展观

教师讲授：

教师讲述自身生涯发展过程中的四段经历，请学生找出这些选择所体现的职业价值观（帮助他人→安全稳定→权力地位→帮助他人、成就满足），并体会职业价值观的变化过程及其影响因素。

教师总结：

随着个人所处社会环境的变化、家人价值观的影响，我们的职业价值观也可能发生变化。因此，职业价值观需要不断地审视和澄清，对它的探索将持续一生。习近平总书记对青年人有一番寄语：我们青年的价值取向决定了未来整个社会的价值取向，而青年又处在价值观形成和确立的时期，抓好这一时期的价值观养成十分重要，这就像穿衣服扣扣子一样，如果第一粒扣

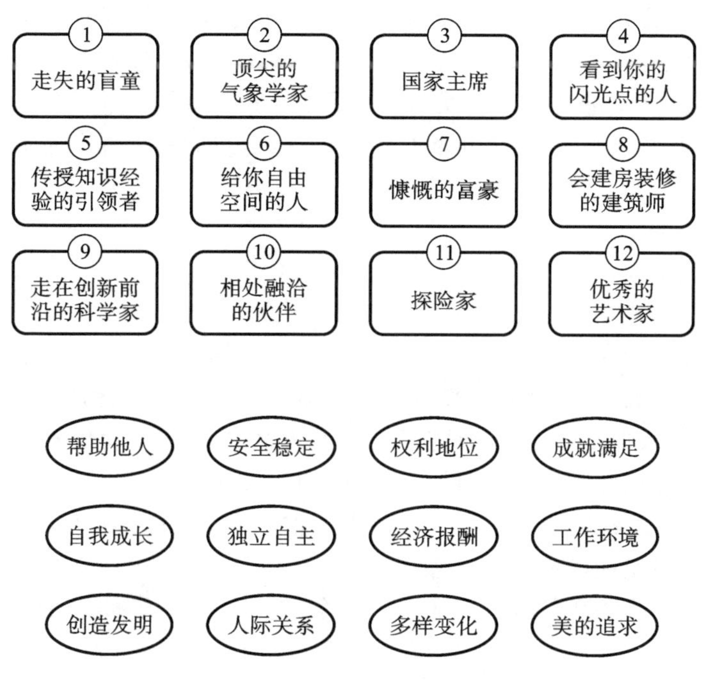

图 16-3　情境选项及其对应的职业价值观

子扣错了，剩余的扣子都会扣错，人生的扣子从一开始就要扣好。

育人契合点：

职业价值观的终生发展观符合哲学中唯物辩证法的总特征——发展观。通过从他人的间接经验中感受职业价值观的不断变化，学生体会到发展受多种相互作用的因素影响，这些因素以独特方式影响着个人的生活进程。而国家领导人关于青少年时期树立正确的价值取向的一番话，进一步激发了学生探索和认清职业价值观的动机，此处的育人效果水到渠成。

三、案例反思

心理健康教育课程的教学理念及目标与课程育人的很多要求不谋而合。教师要有意识地融入课程育人的内容，摒弃“育人心理两张皮”“心理学价值中立”的错误思想，要筑牢责任意识、使命意识、大局意识，在促进专业教师科学辩证思维发展的同时，提高学生综合素质，将积极向上的价值观内化于心、外化于行。

心理健康教育课程具备育人教育隐性课程的功能。课程并没有直接、系统地传授育人教育课程内容，但是通过具体的结合抗疫时事的课堂活动，在潜移默化中引起学生思想和行为上的变化，达到社会所要求的道德品质和行为规范化的要求，这不仅避免了学生的抵触情绪，也有利于学生真正理解并形成良好的人生观、价值观，将所学所知内化为稳定的心理和行为模式。

案例三　“提高居家学习质量”心理微课课例

一、案例说明

疫情期间，随着“停课不停学”的实施，空中课堂线上教育已然成为学生、教师和家长不得不面对的新式教学形式。很多同学表示，居家学习给自己带来了一些烦恼，例如：烦躁不安、静不下心；听课走神、学习效率低下；自制力差、沉迷网络游戏；缺交作业，抱怨在家缺乏学习氛围；学习方向感不强，学习倦怠……于是，如何帮助学生提高居家学习的质量显得尤为重要。本节课从学生的实际情况出发，给出几条有用的居家学习的建议，希望能帮助学生高效学习、不负韶华。

二、案例描述

1. 片段一：整理学习环境

教师讲授：物理环境往往会影响心理环境，如果居家学习的环境是乱糟糟的，想必心情也容易变得乱糟糟；打造温馨安静的学习环境，保持整齐规矩的文具摆放，条理清晰而又干净整洁的书桌不仅能够让人心情舒畅，而且能提高学习效率，起到事半功倍的作用。

学生行动：从现在做起，为自己创设一个良好的学习环境吧。

(1) 整理仪容：换掉容易让自己瘫倒在沙发上的睡衣，换上平时上学时穿的衣服，增强学习的仪式感，让自己更快地进入学习状态。

(2) 整理书桌：让书桌符合两个标准——干净、有序，桌面干净了，心也敞亮了；各类学习资料分类摆放，手机或电脑与自己间隔一段距离以保护视力和便于手写笔记，清理与学习无关的物品，整洁有序的书桌能帮你提高学习的自律性。

育人契合点：

在鼓励学生整理学习环境的实际行动中，既帮助学生进行了心理建设，也渗透了劳动教育，有利于学生摒弃懒惰，培养健康的生活习惯。

2. 片段二：运用“番茄工作法”

教师讲授：

研究显示，人的注意力很难高度集中半小时以上，在有限的学习时间内，我们需要做好时间管理，才能高效学习。番茄工作法是一个很好的工具，它首先在学习时间上做强制性拆分，将 25 分钟视为一个番茄钟，在 25 分钟的学习时间内试图拒绝内外部的打扰，专注于学习本身。然后，无论你手头事情是否完成，在 25 分钟后强制休息 5 分钟，可以喝喝水、运动一下、眺望远方，而后进入下一个番茄钟的循环。大家也可以根据自己的实际情况调整学习和休息时长。

番茄工作法的精髓在于利用严格的时间限制使我们产生紧迫感，以提高我们的学习效率，就像考试的时候，铃声一响，所有人必须停止答题，所以在考试时我们的答题效率非常高。根据番茄工作法的原理，我们需要利用计时工具，现在就可以在手机上下载“番茄 ToDo”App。

育人契合点：

通过讲授，使学生掌握科学的学习方法。坚持运用番茄工作法有利于培养学生的自律意识，这不仅对于高效学习有帮助，还能加强学生的自我约束和管控能力。

3. 片段三：体验正念呼吸

教师讲授：

当我们居家学习时，我们的思绪容易被一些与疫情相关的信息所困扰，感到焦虑、悲伤、担忧、愤怒，从而无法专注于当下的学习，这该怎么办呢？

在此介绍一种帮助我们跳出大脑包围圈的方法——正念疗法。正念就是有目的的、有意识的关注、觉察当下的一切，而对当下的一切又不做任何判断、任何分析、任何反应，只是单纯地觉察它、注意它。研究表明，正念练习能帮助我们减少头脑中的杂念、改善睡眠质量、提升专注力、减少压力、改善情绪状态等。坚持练习的话，我们的内心会日益平静，情绪也会更加平和，身心健康得到有力维护。防疫新闻中也报道了不少地方运用正念疗法来帮助人们积极抗疫，如：武汉泰康同济医院引入正念疗法为患者减压；柳州市心理卫生协会专家为区疾控中心一线工作人员教授"正念疗法"；某高校"安心大讲堂"带来"正念抗疫，安住当下"讲座……

学生活动：

接下来我们来体验一种简便易行的正念小练习：正念呼吸。请跟随老师的指导语行动：

找一个舒服的姿势坐好，背挺直，你可以闭上眼睛，安静下来，让意识跟随呼吸，游走在身体每一个感受强烈的角落，它可能在鼻子、颈部、胸部、腹部，或是其他什么地方。当你正常而自然地吸气时，去感受空气的吸入；当你呼气时，去感受气体的排出。你只需要在吸气与呼气时，保持这种对呼吸的专注。当你吸气和呼气时，去专注吸入时身体的提升，呼出时身体的下降。每时每刻，乘着呼吸的波浪，吸气，呼气。有时，注意力会从呼吸上转移，当你发现这种状况时，去感知注意的去向，然后再逐渐地把它带回到呼吸上来。深吸一口气，然后慢慢地、轻轻地、安静地呼出，重复几次，如果你心神不宁，就简单地、轻轻地将思绪带入呼吸，并继续练习正常而自然的呼吸，不用任何方式去操纵它，只是在吸气和呼气时关注呼吸。每次呼吸都能带来一次思绪的平复和更深层次的接纳。再次深吸一口，慢慢地、轻轻地呼出，在下一次呼气时睁开眼睛。

教师指导：

在刚才的练习中你有哪些体验呢？一开始你可能觉得有些困难，一旦你开始觉察自己的呼吸，你就能更好地觉察自己的内心世界，对此时此地更加清晰。正念练习需要每一个参与者无论是否喜好、是否便利，无论阴晴，都能有规律地保持练习。练习的同时要求远离电子产品，安顿自己的身心。长此以往，才能通过正念练习改变长时间存在的不良心理，从而增强心理稳定性和耐受力。建议大家每天花 5 分钟的时间练习正念呼吸，为身心筑起健康的防疫围墙。

育人契合点：

初识正念疗法，学生理解了正念疗法所强调的关注和接纳当下的思想，这与古代中国道家的"顺其自然，活在当下"的哲学思想不谋而合。通过在呼吸练习中体验正念疗法的内涵，学生进一步感受到正念疗法是有意识地对事物进行不加评判的觉察，保持清醒地、如实地去观察当下发生的一切的心理过程。因此，学生在学习专业的正念疗法知识的同时，也体会到中国哲学思想的博大精深。从而帮助学生从认知层面和行为层面初步感受中国哲学思想的魅力。

三、案例反思

"生活即教育，社会即学校"，心理健康教育课程与人们的现实生活密切相关，本节课的课程素材无处不在。梳理心理健康教育课程所蕴含的育人要素和所承载的育人教育功能，能帮助我们优化课程设置、推动教学改革。课程育人值得我们在教育教学中细细挖掘和品味。

第十七章 综合实践活动课程育人探索

教育部发布的《中小学德育工作指南》指出，综合实践活动课程要加强对学生生活技能、劳动习惯、动手实践和合作交流能力的培养。2017 年 9 月，教育部正式颁布了《中小学综合实践活动课程指导纲要》(以下简称《指导纲要》)，明确了综合实践活动课程的性质，即“培养学生综合素质的跨学科实践性课程”，凸显了其实践育人的核心价值。2019 年 6 月，国务院办公厅《关于新时代推进普通高中育人方式改革的指导意见》指出，要强化综合素质培养，改进科学文化教育，统筹课堂学习和课外实践，强化实验操作，培养学生创新思维和实践能力；要拓宽综合实践渠道，定期组织学生深入社区、医院、福利院、社会救助机构等开展志愿服务，走进军营、深入农村开展体验活动；要完善综合素质评价，强化对学生爱国情怀、遵纪守法、创新思维、体质达标、审美能力、劳动实践等方面的评价。《普通高中课程方案(2017 年版 2020 年修订)》要求学生热心公益、志愿服务，具有奉献精神，要尊重自然，保护环境，具有生态文明意识。以上文件均对综合实践活动课程育人提出了明确的要求。

第一节 综合实践活动课程育人探索概述

一、综合实践活动课程的概念、内容与实施

(一) 概念

综合实践活动课程是从学生的真实生活和发展需要出发，从生活情境中发现问题，转化为活动主题，通过探究、服务、制作、体验等方式，培养学生综合素质的跨学科实践性课程，是国家规定的从小学至高中设置的必修课程。综合实践活动是指现代教育中的个性内容、体验内容和反思内容，与传统教育片面追求教育个体的发展、共性和知识有所不同。

综合实践活动课程不是教学层面的一种教学活动方式，而是课程层面的一种具有独立形态的课程。作为一种独立的课程形态，综合实践活动课程超越了具有严密的知识体系和技能体系的学科界限，强调以学生的经验、社会实际和社会需要和问题为核心，是一种向学生生活领域延伸的综合性课程，是着眼于发展学生的综合实践能力、创新精神和探究能力的发展性课程。

从课程性质来看，综合实践活动课程是从活动课程发展而来、具有跨学科性质的实践性课程；从课程的特征来看，它是一门集综合性、自主性、实践性、开放性、生成性于一体的课程；从课程设置的价值取向来看，它不再局限于书本知识的传授，而是通过为学生营造实践情境，引导他们面对各种现实问题，主动探索、发现、体验，获得解决现实问题的真实经验，从中培养实践能力。这类课程在培育培养学生综合素质，尤其是在学会学习、责任担当、实践创新等学生发展核心素养方面具有不可替代的作用。《普通高中课程方案(2017 年版 2020 年修订)》不仅

把综合实践活动课程列为国家课程，并赋予了8个学分。因此，综合实践活动和学科课程平行存在，在基础教育课程体系中同等重要，各自发挥不同的功能，共同培育学生的核心素养。

（二）内容与实施

综合实践活动的主要方式有考察探究、社会服务、设计制作、职业体验等，从内容上看综合实践活动课程包括研究性学习、社会考察、党团活动、军训等。在学校具体实施过程中，一般由研究性学习、社会考察、党团活动和志愿服务三部分组成。其中，志愿服务既是劳动教育的重要组成部分，也是综合实践活动课程的有机组成部分。《普通高中课程方案(2017年版2020年修订)》中增设的劳动课程中，把志愿服务纳入劳动课程范围，并赋予了2个学分。

此外，在实施过程中，还要联系学生生活背景和社会发展实际，突出问题中心，保证综合实践活动课程内容的整体性、综合性。同时，还可以有效地整合学校传统活动(体育节、艺术节等)、学生的心理健康活动、环境教育、科技教育、绿色教育等内容，构成丰富多彩、形式多样的活动内容。

1. 研究性学习

研究性学习是学生基于自身兴趣，在教师的指导下，从自然、社会和学生自身生活中选择和确定研究主题，开展研究性学习，在观察、记录和思考中，主动获取知识，分析并解决问题的过程。

研究性学习的目标是，引导学生学会发现问题、提出问题，增强问题意识，研究性学习的内容，既可以由学生自行确定主题或项目，也可以由教师提供选题或项目建议；要结合学生已有的知识基础和生活经验，要重视与社会生活实际的联系，引导学生从自然、社会、自我等方面提出感兴趣的问题，进行探究。普通高中阶段的研究性学习，可参见《普通高中研究性学习指南》，进行整体规划与实施。

2. 社会考察

社会考察是指学生在教师指导下，参与社区和社会的体验性、服务性或公益性的实践活动。社会考察的目标是走进社区，理解社会，获得直接经验，形成对社会的正确认识；参与社区活动，践行社会服务，适应社会生活，提高社会实践能力；培养社会服务意识，增强公民社会责任感，形成积极进取的生活态度。

社会考察活动主题的确定应密切联系社会生活，充分利用社区资源，并注重与其他学习活动的贯通。社会考察的实施，应适应和满足学生的不同需求，尽可能多地为学生提供体验和实践的机会；应围绕主题，在综合应用学科知识的基础上，开展形式多样的社区服务和社会实践活动；应充分发挥学生的自主性，鼓励学生自主设计、主动实践。

3. 党团活动和志愿服务

党团活动是指基层党支部、团支部组织开展的党团知识教育、围绕社会热点组织的交流讨论、党团知识竞赛、国家方针政策的集中学习，以及各种有利于党团内部团结，有利于人民和谐的文体活动等。

志愿服务是指任何人志愿贡献个人的时间及精力，在不为任何物质报酬的情况下，为改善社会，促进社会进步而提供的服务。志愿服务的内容主要包括社区建设、环境保护、大型活动服务、应急救助等。志愿服务原是综合实践活动课程的重要内容，现已列入劳动课程范畴，是普通高中学生学习和体验“奉献、友爱、互助、进步”的志愿者精神的重要途径，对帮助学生树立正确的价值观、培养团结精神、提升实践能力、树立人生理想具有重要意义。

当然，综合实践活动课程内容和方式的划分是相对的。在活动设计时可以有所侧重，以某种方式为主，兼顾其他方式；也可以整合方式实施，使不同活动要素彼此渗透、融会贯通。此外，设计制作与信息技术及劳动技术教育结合紧密，相关育人内容前文已有专题介绍。随着新高考改革的推进，生涯规划教育的发展，职业体验也成为社会实践的重要内容。

二、综合实践活动课程的育人目标

根据《指导纲要》的要求，高中阶段综合实践活动课程育人的具体目标应包含四个方面：

1. 价值体认

通过自觉参加班团活动、走访模范人物、研学旅行、职业体验活动，组织社团活动，深化社会规则体验、国家认同、文化自信，初步体悟个人成长与职业世界、社会进步、国家发展和人类命运共同体的关系，增强根据自身兴趣专长进行生涯规划和职业选择的能力，强化对中国共产党的认识和感情，具有中国特色社会主义共同理想和国际视野。

2. 责任担当

关心他人、社区和社会发展，能持续参与社区服务与社会实践活动，关注社区及社会存在的主要问题，热心参与志愿者活动和公益活动，增强社会责任意识和法治观念，形成主动服务他人、服务社会的情怀，理解并践行社会公德，提高社会服务能力。

3. 问题解决

能对个人感兴趣的领域开展广泛的实践探索，提出具有一定新意和深度的问题，综合运用知识分析问题，用科学方法开展研究，增强解决实际问题的能力。及时对研究过程及研究结果进行审视、反思并优化调整，建构基于证据的、具有说服力的解释，形成比较规范的研究报告或其他形式的研究成果。

4. 创意物化

积极参与动手操作实践，熟练掌握多种操作技能，综合运用技能解决生活中的复杂问题。增强创意设计、动手操作、技术应用和物化能力，形成在实践操作中学习的意识，提高综合解决问题的能力。

三、综合实践活动课程的育人价值

综合实践活动课程以培养学生的综合素质为导向。综合实践活动课程的实施，一方面有助于学生综合运用知识解决现实问题，提高学生发现问题、分析问题、解决问题的能力；另一方面，学生在实践中又可以不断丰富对现实生活的认识，这些认识经过分析综合，形成复杂的概念乃至系统的知识，进一步提高学生认识世界的综合能力。在育人过程中，确立一种实践的知识观和课程观，发展学生的个性，密切学生与自然、与生活、与社会的联系，发展学生的创新精神，提高学生的综合实践能力，使学生具有终身学习的能力。

(1) 综合实践活动课程助推学生形成良好的道德品质。

《指导纲要》中明确指出了开设课程的价值："为全面贯彻党的教育方针，坚持教育与生产劳动、社会实践相结合，引导学生深入理解和践行社会主义核心价值观，充分发挥中小学综合实践活动课程在立德树人中的重要作用。"综合实践活动课程总目标包含"价值体认、责任担当、问题解决、创意物化”四个方面，其中“价值体认”和“责任担当”与学生良好的道德品质密不可分。实施综合实践活动课程能为培养学生的“价值体认”和“责任担当”提供有效的途径。

(2) 综合实践活动课程可以提高学生的综合实践能力和终身学习能力。

综合实践活动课程是一门发展学生综合能力的课程，注重学生多样化的实践性学习，如探究、调查、访问、考察、操作、服务、劳动实践和技术实践等。学生的学习一般从“发现问题、梳理问题”的选题开始，教师指导学生发现问题，提出有价值的问题，指导学生对所提的问题进行梳理。在提出问题后，学生思考如何解决所提出的问题，分析解决问题的种种要素，探索解决问题的多种途径，并对问题的解决进行周密地策划。然后，通过研究性、体验性、交往性学习，让学生走出教室、走出学校，深入自然环境、社会环境，进行调查、考察、访问、测量、实验、社区服务、劳动实践和技术实践等活动，体现综合实践活动课程的学习特征。让学生在亲历和体验中，获得综合实践能力的提高和终身学习能力的培养。

(3) 综合实践活动课程进一步密切了学生与自然、学生与生活、学生与社会的联系。

综合实践活动课程的主题范围很广，它既包括学生与自然、学生与生活、学生与社会的内容，也包括学生与自我关系的内容。在设计综合实践活动课程的主题时，我们必须考虑个人、社会、自然的内在整合，考虑科学、艺术、道德的内在整合，从而引导学生开展丰富多彩的实践性学习活动，帮助学生学会发现、学会探究、学会实践，超越单一书本知识的学习，引导学生自觉地把直接经验学习和间接经验学习相结合。同时，改变学生单一的知识接受性的学习活动方式或生活方式，强调通过研究与实践，构建一种积极的、生动的、自主的探究合作的学习方式，逐步掌握科学方法，为密切学生与自然、学生与生活、学生与社会的联系，架起一座桥梁。

(4) 综合实践活动课程超越了传统课堂、教材的束缚，开阔了学生的知识领域。

综合实践活动课程超越了传统课堂、教材的局限，引导学生走出课堂、走出教材，到大自然、到社会生活、到实践中去寻找问题、分析问题、解决问题。它可以充分地体现学校育人的特色，体现学生个性化、差异化的发展。由于学生生活背景和思考角度的不同，对知识的构建途径必然也是多样的，传统课堂、教材很难将各种想法全部展现出来，这就要求通过综合实践活动课程去引导学生大胆思考，勇于发表自己的见解。通过亲身体验，证实知识的应用价值。要求教师在引导学生体验活动的全过程中，让学生建立对知识的个性化理解，使学生的知识体系不断地动态生成，为学生通过独立探究、交流共享，充实学习材料、归纳知识提供更可靠的依据。

四、综合实践活动课程与综合素质评价

国务院办公厅《关于新时代推进普通高中育人方式改革的指导意见》明确指出，要把综合素质评价作为发展素质教育、转变育人方式的重要制度，强化其对促进学生全面发展的重要导向作用；强化对学生爱国情怀、遵纪守法、创新思维、体质达标、审美能力、劳动实践等方面的评价。实施综合素质评价也是促进学生德智体美劳全面发展、培养个性特长、扭转唯分数论的重要举措，意义重大。一方面，它有助于推进素质教育走向深入，促进学生认识自我、规划人生、激发潜能、主动发展，实现自我的完善与进步；另一方面，也有助于高校全面考察学生的综合素质及水平，扭转以考试成绩为唯一标准评价学生的做法，使人才选拔标准更加全面，方式更加科学。而综合实践活动是综合素质评价的重要内容之一，是全面考查学生在社会生活中动手

操作、体验经历等能力的重要依据。推进综合实践活动课程是进一步落实立德树人根本任务、提升学生综合素质、发展学生核心素养、完善综合素质评价的重要途径。

第二节　研究性学习育人探索

研究性学习是学生在教师指导下，从自然、社会和生活中选择和确定专题进行研究，并在研究过程中主动获取知识、应用知识、解决问题的学习活动。《普通高中课程方案(2017 年版 2020 年修订)》规定研究性学习“以开展跨学科研究为主”，是与传统学科课程并列的综合实践活动课程的重要组成部分，是我国基础教育课程改革的重要内容之一，属于必修课程。2001 年，教育部专门印发了《普通高中“研究性学习”实施指南(试行)》(以下简称《实施指南》)，该文件指出，设置研究性学习的目的在于改变学生以单纯地接受教师传授知识为主的学习方式，为学生构建开放的学习环境，提供多渠道获取知识、并将学到的知识加以综合应用于实践的机会，促进他们形成积极的学习态度和良好的学习策略，培养创新精神和实践能力。研究性学习既是一门课程，又是一种学习方式，因其开放性、探究性和实践性的课程特点，有其独特的育人功能。

一、研究性学习的育人价值

2017 年《指导纲要》发布，其发布的重大意义之一，就是满足全面落实党的教育方针的迫切需要，充分发挥中小学综合实践活动课程在立德树人中的重要作用。在育人方面，《指导纲要》对综合实践活动课程目标做出明确规定，强调活动的设计与实施必须围绕课程目标进行，注重引导学生在活动中体认、践行社会主义核心价值观，热爱中国共产党，热爱祖国，热爱劳动，培养学生的社会责任感、创新精神和实践能力，增强活动育人效果，补上实践育人短板。研究性学习既是综合实践活动课程的重要组成部分，又是新一轮课改所倡导的一种重要学习方式。综合实践活动课程、其他学科课程，都要引导学生采取研究性学习方式进行，强化主动探究意识，培养科学精神。

1. 激发兴趣，培养学生探索意识

研究性学习是学生基于自身兴趣，在教师指导下，从自然、社会和学生自身生活中选择和确定研究主题，主动获取知识、应用知识、解决问题的学习活动。从中可以看出，研究性学习给予学生极大的开放性，让学生获得亲身体验，产生积极情感，满足学生兴趣发展需要，从多方面培养学生的探索意识。

2. 引导发现，培养学生创新能力

研究性学习重在思维方法的学习和思维水平的提高，而不是仅仅关注知识的接受。学生在学习过程中，可以不拘泥于书本，不迷信权威，不墨守成规。学生在课程实施中自主地探索问题、发现问题和解决问题的能力得到锻炼，创新意识得到加强。

3. 分工协作，培养学生合作分享

小组合作是研究性学习的常见组织形式。在课题研究过程中，课题组成员分工合作、各展所长、优势互补。学生共同努力，找出研究的问题，制定研究方案，分享信息、寻求答案、汇报交流。培养学生积极合作的精神和有效的人际交往技能。

4. 关注现实，培养学生责任担当

通过开展人与人、人与自然、人与社会等问题的探究，学生主动获得有关自身、自然、社会的知识，如疾病预防、自我修养、家国意识、生态环境保护、经济建设、科技发展等。引导学生关注现实生活，关注人类的持续发展，增强学生的社会责任感和责任担当。

二、研究性学习的育人实施建议

仔细研读《实施指南》和《指导纲要》，结合实践情况，在研究性学习的育人实施过程中，下列一些维度需要特别关注。

1. 研究性学习的目的

从国家设置研究性学习的目的出发，其育人实施中，要改变学生单纯接受教师传授知识为主的学习方式，为学生构建开放的学习环境，提供多渠道获取知识、并将学到的知识加以综合应用于实践的机会，促进他们形成积极的学习态度和良好的学习策略，培养创新精神和实践能力。

2. 研究性学习的目标定位

研究性学习注重学习的过程和学生的实践与体验，在育人实施中，要关注学生亲身参与研究探索的体验、关注学生发现和解决问题的能力、关注学生信息素养的提升、关注学生分享和合作交流意识、关注科学态度和科学道德水平、关注价值体认、关注学生社会责任心和使命感。

3. 研究性学习实施的基本要求

全员参与、任务驱动、多种形式、课内外结合，这是研究性学习实施的基本要求。研究性学习的育人，是面向全体学生的育人，要激发和保护全体学生参与的积极性和权利；要向学生提出明确的、具体的任务要求，引导活动的顺利展开；要因势引导，从学生、学校和区域的实际情况出发，多种形式、课内外结合进行活动。

4. 研究性学习的特点

研究性学习具有开放性、探究性和实践性的特点。作为一种开放性的学习活动，研究性学习强调超越课堂、走出学校、走近自然、走入社会，为其育人内容向生活回归搭起平台。学生通过克服困难，认真、踏实地探究，实事求是地获得结论，培养了科学态度和科学道德。

5. 研究性学习的评价

研究性学习评价，其评价主体多元、评价内容丰富灵活、评价手段方法多样。研究性学习一般遵从形成性评价的原则，重视对过程的评价，重视学生能否把学到的知识和技能应用到实际问题的提出和解决中去，关注学生亲自参与过程中所获得的感悟和体验。由此看来，在实施研究性学习课程育人时，要引导学生在实践与体验的基础上，学会认知、学会做事、学会共同生活、学会生存，注重学生的全面发展。

三、研究性学习的育人探索案例

案例　感受武汉城市精神厚植家国情怀
——武汉过江交通百年变迁研究

（一）案例说明

武汉依江而建，因江而得名江城。武汉市第四十九中学的几位同学，组建研究性学习小组，选定研究课题“武汉过江交通百年变迁研究”，明确实施流程与小组分工，利用假期开展研究性学习，通过实地探寻、人物访谈、问卷调查、查阅资料、整理归纳等手段，形成课题成果，然后在老师的引导下，以一节研究性学习课的形式加以呈现。按照《实施指南》所述，研究性学习的实施一般可分三个阶段：进入问题情境阶段、实践体验阶段和表达交流阶段。

（二）案例描述

1. 片段一：研究过程概述

本次汇报的研究性学习课题是“武汉过江交通百年变迁研究”，我们高一(9)班的部分同学，历经2个月左右的时间，通过查阅文献、访谈问卷、实地调查、归纳总结、反思提炼等方法进行了研究，这其中有满满的文摘卡、有厚厚的调查问卷、有实地考察记录、有路人的不解和白眼、有他人的热情和鼓励。我们发现，武汉的过江交通在百年间发展迅速：从最开始的“渡船时代”到大桥和轮渡并存的“二元时代”，再到今天空中索道、江上大桥、江面轮渡、江底隧道立体呈现的“四维时代”，这是武汉人的骄傲。通过这次研究性学习，我们更加感觉到过江交通对有江城之称的武汉来说，实在太重要了，我们每一个武汉人都有建设武汉，特别是有让这个城市的交通动脉更加畅通的责任。

2. 片段二：研究后的建议

在研究性学习过程中，我们也发现了武汉过江交通几个需要注意的地方：一是建桥的速度很快，但部分桥梁的质量与“追求卓越”的城市精神不相符；二是武汉对传统的交通方式轮渡的重视不够，在建立空中、地面、地下、水上的立体交通体系的同时，也不要忘记发展轮渡，因为轮渡环保，不占地，不拆迁，符合“两型社会”的要求；三是过江交通的管理还可以更完善，跟上建设的步伐，弥补过江交通的脆弱性，方便市民出行，缩短市民出行时间。

育人契合点：

武汉是江城，身边的过江交通这个现实问题激发了同学们的研究兴趣，同学们带着研究的态度，去查阅文献、去做调查问卷、去走访桥梁建设的参与者、去乘坐过江索道、去准备展示交流等，同学们不拘泥于课本，在这个开放的过程中，有探索激情、有分工协作、有现场调研、有自己的感受和建议……这个过程，正是较好地契合了中国学生发展核心素养在“学会学习”、“科学精神”和“责任担当”等方面的育人要求。

（三）案例反思

这是一个鲜活的研究性学习案例。武汉城市的快速发展催生了旺盛的过江交通需求。武汉过江交通的百年变迁，折射出武汉乃至整个国家的发展与进步，同时也塑造和体现着这座城市的精神。本次研究性学习，转变了学生的学习方式，大家走出课堂、走入社会，沉浸其中、亲历其间，获得参与性的体验，密切了学生与生活、学生与社会的联系。学生从交通发展之缩影看到武汉乃至全国之大发展，加深了对武汉“敢为人先，追求卓越”城市精神的理解，厚植了国家情怀。当然，大家的研究，多关注在作为实物的桥，对其承载的“文化”属性还可以适当挖掘，这样，研究将更加全面、丰满，学生的“人文底蕴”也能得到更好的发展。

第三节　社会考察育人探索

教育部《中小学德育工作指南》要求综合实践活动课程要加强对学生生活技能、劳动习惯、动手实践和合作交流能力的培养。《指导纲要》要求学生要走出教室，参与社会考察活动，以自己的劳动满足社会组织或他人的需要，如公益活动、考察参观、勤工俭学等，它强调学生在满足被服务者需要的过程中，获得自身发展，促进相关知识技能的学习，提升实践能力，成为履职尽责、敢于担当的人。《普通高中课程方案(2017 年版 2020 修订)》更加强调要教育引导学生应用所学的科学原理和科学方法，关注改革开放时期的社会现象，进行实地考察，了解其发生的各种原因和相关联系，从而提出解决社会问题的方法和方案。

一、社会考察的育人价值

社会考察具有独特的育人功能，是学校德育的重要途径。它能满足学生多方面的精神需求和身心发展的需要，从而全方位地实现德育目标的要求，促进学生思想品德的形成和核心素养的提高。在社会考察中不仅可以让学生深入实际、深入社会、主动适应环境，有效提高学生的动手能力，让学生发展得更为健全，还能让学生正确认识一些事物，积极进行自我行为和精神境界的提升，有助于提高学生的思想境界，培养学生的健全人格。

(1) 社会考察能够拓宽德育渠道，为学生核心素养的提升创造客观基础和必要条件。

学生从校内的课堂学习到参加社会考察，如参加军训、生产劳动、社区服务、社会调查等活动，扩大了学生的活动领域，拓宽了学生的成长环境。特别是学校精心组织的、有目的有计划的社会考察，为学生关键能力、核心素养的培养提升创设了良好的外部环境。此外，学生参加社会考察，在活动中体悟，在实践中升华，也是德育方法的重大变革。学生通过亲自实践、亲身体验来接受知识、增强体验、磨砺意志、规范行为、形成信念的过程，更符合思想品德形成规律和教育规律的要求。

(2) 社会考察有助于提高学生的动手参与能力。

社会考察是教育教学内容的重要组成部分，主要以学生个人主动参与及体验为主，是巩固所学知识、吸收新知识、发展智能的重要途径，它不受教学大纲的限制，学生可以在这个课堂里自由驰骋，发挥自己的才能，在动手的过程中，体会课本知识，发展自己的动手能力。充分利用在校期间的以学习为主、学好和掌握科技知识的有利条件，在社会考察中磨炼自己，真正锻炼和提高自己的适应能力。

(3) 社会考察有助于激发学生对社会问题的思考，增强学生的公民意识和责任感。

组织学生参加社会考察，将有助于学生接触群众、了解社会；学生在社会考察过程中，要走出校门，要离开书本、走入社会，通过融入社会、贴近自然、感触生活，增加对社会的认识与理解、体验与感悟，并能够在此基础上反思社会现象，发展批评思考能力，从而增强社会责任意识，这是一个长期积累的过程。同时，在参与实践活动的过程中，会促使学生对出现的一些问题进行思考，并站在自己的角度探寻解决办法，加深学生对社会的认识，激发他们对人民、对社会、对国家的责任感。

(4) 社会考察可以有效地陶冶学生情操，磨炼学生意志，提高学生的综合素质。

现在很多学生都生活在城市，没吃过苦，也很少经历生活的磨炼，在意志力方面都较为薄弱，通过实践活动，可以有效地磨炼学生的意志，使学生养成不怕吃苦、不怕困难的精神。同时，社会考察具有实践性、开放性、生成性和自主性等特点，对学生综合素质的提升，特别是创新精神和实践能力的培养，提供了广阔的空间。学生在社会考察的过程中，通过参与、动手、思考、解决问题等过程，将所学的书本知识内化为自己的能力，全面提升学生的思想素质、求真精神和务实品质。社会考察也可以为学生提供书本知识在实际生活中应用的机会，使学生对社会有一个初步的了解，从而在这种双向了解的过程中，学习社会知识，为以后融入社会生活做好铺垫与准备。

二、社会考察的育人实施建议

学校在设计实践内容的把握上应以学生的实际能力为基础，结合学生的生活与学习的实际，积极探寻有助于学生运用所学知识、锻炼学生能力的内容，以提高社会考察的针对性和实效性。具体来说，有以下几种形式：

1. 以校内服务和家庭劳动为主的社会考察

社会考察首先应该从与学生学习生活关系密切的校内生活开始，在具体设计过程中，可以充分相信学生，放手让学生从事一些校内岗位的锻炼，从而提高学生的能力。如校园迎宾工作、校园卫生值日的检查、纪律维护、家长会时的一些服务导引工作、大型活动时的秩序维护等；也可帮助教师做一些辅助的工作，如帮助图书馆进行图书的整理、登记工作，帮助实验老师进行实验仪器的整理；还可从事一些校园的公益劳动，如进行公共区域卫生打扫、维护校园绿植等。家庭劳动主要指学生在家时力所能及的家务劳动，如整理房间、清洁卫生等。其主要目的是通过日常劳动，培养学生的自理能力、自律意识、吃苦耐劳精神和良好的劳动习惯。

2. 以调查研究为主的社会考察

调查研究是学生在教师的指引下，针对某一社会现象，进行资料查询、专家走访、实地考察，提出这一现象出现的缘由、现状、解决办法等，进而形成自己的调查报告。在这一过程中，学生从选题、调查到形成报告，都需要认真思索，不但充分运用了所学的知识，而且锻炼了资料搜集能力、分析问题能力、观察能力、与人交往能力、写作能力等。在这类实践中，教师一定要对学生进行认真的指导，切实选择适合学生实际的、经过学生的努力便于解决而又存在一定难度的主题，如调查环境污染情况、交通拥堵情况、学生心理状况等。

3. 以公益劳动和社区服务为主的社会考察

学生在教师指导下，走出教室，进入实际社会情境，用自身的智力、体力、知识、技能为他人提供帮助、解决困难。通过直接参与和亲身经历各种社会活动，开展各种力所能及的社区服务性、公益性、体验性的学习与实践，以获取直接经验，发展实践能力，增强社会责任感。如针对自己生活的社区，通过垃圾分类、清除非法广告、帮助孤残老人和儿童、慰问军属烈属等各种形式的活动，进一步了解社会，增强社会责任感。通过参与文明城市、文明社区、文明家庭创建等，来培养学生的服务意识和奉献精神，在参与劳动中树立甘于平凡、勇担重任的劳动观念。

4. 以公益宣传和文化创造为主的社会考察

学生利用节假日，走上街头，进行公益宣传，提高公众对某一社会现象的关注，增强公众的科学意识，建设环保节约型社会。如环保宣传、交通安全宣传、节约水资源的宣传、法律知识宣传、禁烟宣传等，这类实践活动从设计到实施都相对比较容易，只要结合特定的背景如世界节水日等实施就行，但要注意在宣传时不但要面向公众，还要与学生自己的生活实际相联系，在宣传的过程中提高学生自己的意识与水平。同时，学生自己组织合唱、舞蹈、书画创作等文化创造活动开展宣传，也是社会考察的重要形式，是培养学生公平竞争意识、服务意识和合作精神的重要途径。

5. 以参观和游览为主的社会考察

在学校的组织下，学生可以进行一些参观活动。这些参观可分为两类，一类是自己所在地的现代化企业，一类是本地的一些人文自然景观。通过参观现代企业，使学生感受现代企业文化和企业管理，体验现代高科技。通过参观本地的人文自然景观，如历史博物馆、科技馆、地质博物馆、自然山水等，使同学们了解本地的人文自然情况，增强学生对区域性文化的了解。

三、社会考察的育人评价

社会考察的育人评价应遵循科学性原则、系统性原则和可操作性原则。科学性原则是依据社会考察的目标，遵循社会考察目标群体的身心发展特点和教育实践的规律，注重发掘实践主体的潜能，有针对性地开展社会考察。系统性原则是指立足社会考察的实际需求，规范活动评价内容、方法、进度、实施途径，使整体指标体系能在标准上协调一致。可操作性原则是指要以保证实践活动项目的顺利进行、提高参与者综合素质为直接目标，促进参与主体在社会考察中得到全面发展。由于实践活动形式的多样化，使得参与者受教育的方面也是多样的。因此，每个测评指标都要本着可操作性原则，保证都有具体、细化的考评意义，尽量量化，方便对参与实践活动的学生做出准确的客观判断，提高测评结果的可信度，进而达到参与社会考察的真正意义。(见表 17-1 和表 17-2)

表 17-1　社会考察育人评价量表

评价项目	评价内容	分值	得　　分
育人目标	学生通过参与社会考察活动获得道德体验，激发学生参与社会考察教育的能动性；学生通过实践，增强探究和创新意识，学习科学研究的方法，发展综合运用知识的能力；增进学生与社会的密切联系，培养学生的社会责任感	20	
育人内容	学校通过整合社会资源，丰富和拓展学生社会考察的内容，利用爱国主义教育基地、公益性文化设施、公共机构、企事业单位、各类校外活动场所、专题教育社会考察基地等社会资源，因地制宜地开展不同主题的实践活动；高中生的社会考察活动围绕主题教育、劳动实践、研学旅行、志愿服务四个方面来展开	20	
育人过程	在综合实践活动过程中学校要积极挖掘社会各方面的教育资源，争取资源所属部门的支持；教师要在活动中起到引导作用，学生在引导下进行实践活动；教师注意提高自己在激发学生动机、生成活动内容、指导实践过程、跟踪实践结果等方面的能力	20	
育人方法	以国家规定、地方指导、学校自主开发与实施为依据，以学生的现实生活为阵地开展社会考察活动；在实践活动中协调学校、家庭和社会各方力量，深化综合实践活动课程对学生品德发展的积极影响，通过研究性学习、社区服务、志愿服务、社会考察、社会调查和社会参观等形式，寓教育于活动中，让学生在实践体验中培养能力、提升品德	20	

续表

评价项目	评 价 内 容	分值	得　　分
育人效果	通过社会考察活动，学生自身实践能力和责任感有了明显提高；在社会考察活动中学生能更加全面、准确地认知社会主义核心价值观，能够继承中华优良传统、发扬优良作风，形成正确的意识和观念，主动适应社会，促进书本知识和生活经验的深度融合。	20	
总分		100	

表 17-2　社会考察记录及评价表

姓名		班级	
活动主题		活动时间	
活动地点		活动组织者	
活动内容 （学生本人填写）			
活动 体验、感受 （学生本人填写）			
活动评价 （学生本人填写）	签名：		

续表

班级评价	签名：
考核等级	签名：

四、社会考察的育人探索案例

多年来我校一直坚持利用寒暑假和节假日组织学生开展形式多样的社会考察，充分发挥“社会育人、实践育人、活动育人”的德育功能。如开展了绿色环保宣传、生活节能方式、生活垃圾分类处理可行性分析等问题的社会调研，既培养了学生充分利用学习资源、搜集整理信息的能力，又培养了学生关注社会问题、关心社会发展的责任意识和担当精神；开展了“敬老爱老”“公益劳动”等社会考察，培养学生公德之心和大爱情怀，体验社会角色，强化责任担当；开展了春季“学工、学农”“职业体验”等社会考察，增强了学生的劳动意识、职业认知和动手能力；开展了高一“军事夏令营”、高二“走进高三”阳光实践活动，培养学生奋进的精神和坚毅的品质。这些社会考察活动均有效地提升了学生的综合能力和核心素养。

案例　“青春　自信　志愿　绿色”社会考察活动

1. 案例说明

在武汉市第四十九中学，常态化学雷锋蔚然成风，通过学习和继承雷锋精神，开展学雷锋社会实践服务，积极培育和引导学生践行社会主义核心价值观，传承雷锋精神，弘扬志愿者精神，培养青少年核心素养，凸显我校人文德育思想。

2. 案例描述

在第56个学雷锋日来临之际，我校组织开展了“青春 自信 志愿 绿色”学雷锋社会考察活动，让大家铭记雷锋精神并未远行，奉献与服务正在同学们的一言一行间薪火相传。

2019年3月3日，校汉绣社与新枫学生生物模拟公司成员在校团委的组织带领下，前往八大家红坊里参加了青山区共青团组织的“百万志愿者展风采”学雷锋主题活动。活动中，普及生活知识，传播中华传统文化，志愿活动既结合了学校社团特色和自身优势，又体现着雷锋精神的互助特点。

汉绣社的同学们宣传了国际级非物质文化遗产——汉绣和楚地文化、汉民族文化，现场展示了“套针”“打籽”“盘金”三种针法以及书签、荷包等一些学生作品。其中，制作精美的领带和丝巾以及在2018年年初汉绣社赠送给英国首相特雷莎·梅的手包同款绣品获得了在场人们的一致好评，各式各样的精美汉绣作品也让大家进一步了解了楚地文化和汉民族文化。

“新枫”生物模拟公司的同学们在活动现场向大家展示了他们自主开发的香皂、护肤水、唇膏、葡萄酒等产品，向社区居民们普及春季补水常识。丰富多样的产品加上志愿者们耐心的讲解，吸引了在场大量社区居民。

在学雷锋月，校团委向全校同学发出倡议，征集志愿者开展学雷锋主题服务活动。倡议发出以后，校学生会召集了一百余名志愿者，志愿者小组开展了以“清洁校园”为主题的志愿活动。来自高一高二年级20个班级的志愿者利用午休时间，清洁了操场看台、花园、楼梯拐角等校园卫生“死角”。在实践服务的过程中，彰显着青春的价值。

3. 案例反思

社会考察活动的开展充分体现了班级支部特色，彰显了同学们的奉献和服务优势，让雷锋精神落地生根。同时，通过多样化的社会考察活动，拓展了课堂教育，加大了对学校和社会育人资源的利用，使学生的实践能力和对社会的责任感、文化的自豪感有了明显提升。

第四节　党团活动和志愿服务育人探索

党团活动和志愿服务分属于综合实践活动课程和劳动教育，两者都是课程育人的重要环节。在中学教育从传统式教育向体验式教育转变的过程中，对学生的教育不应该只局限在课堂和书本，党团活动和志愿服务很好地从综合实践活动和劳动两个方面入手，发展学生的核心素养，培养学生基础知识和基本技能，加强了知识与能力间的联系与整合，使学科内容与社会生活相结合，为学生成长打下基础，为学生的进一步发展和未来职业发展提供了必要保证。

党团活动是指基层党支部、团支部组织开展的党团知识教育、围绕社会热点组织的交流讨论、党团知识竞赛、国家方针政策的集中学习，以及各种有利于党团内部团结，有利于人民和谐的文体活动等。在高中课程育人探索下掌握党团活动中实践教育的基本情况和优势，将体验式教育融入学生党团工作，对于建立健全全党领导下的“一心双环”团学组织格局，强化学校德育工作和加强中学生思想政治教育具有重要意义。

志愿服务是中小学生学习和体验“奉献、友爱、互助、进步”志愿者精神的实践活动，它对于帮助中小学生树立正确的价值观、培养团结精神、提升实践能力、树立人生理想具有重要意义。在高中阶段开展学生志愿服务活动有利于进一步教育和引导学生热爱党和祖国、热爱人民，拥护中国特色社会主义道路，弘扬民族精神，增强民族自尊心、自信心和自豪感。《中小学德育工作指南》中指出，实践育人要与综合实践活动课程紧密结合，广泛开展社会实践，每学年至少安排一周时间，开展有益于学生身心发展的实践活动，不断增强学生的社会责任感、创新精神和实践能力。我校自1983年确立学雷锋基金以来，雷锋精神和志愿服务精神在我校一代又一代青年的心中埋下种子。从困难学生帮扶，到每年常态化的进社区“寒假送温暖，暑假送清凉”。30余年的坚守，四十九中人始终用自己的行动践行着志愿服务精神。

一、党团活动和志愿服务的育人价值

党团活动和志愿服务作为高中综合实践活动课程和劳动教育的重要组成部分，有利于拓展中学德育方式，有利于指导学生践行社会主义核心价值观，有利于进一步提高中学生的综合素质。因此，党团活动和志愿服务在中学德育工作中有着重大的意义。

1. 有利于学生增强自我认同感，养成良好道德品质

参加党团活动和志愿服务活动是中学生进行德育实践的重要渠道，同时活动也拓宽了学

生实现自我价值的渠道，让学生的个人价值在活动中得以凸显。学生通过合理分配自己的时间和精力，运用自己的知识和技能参与党团活动和志愿服务，通过亲身的体验去感受外部社会对自身的反馈。通过自己的才能和努力去获得来自社会的认同感，这样的德育实践活动为学生提供了更真实、更具体的教育环境。通过创新多样的活动形式，学生有机会将书本上的理论知识学以致用，一方面检验自己平时所学，另一方面在实践中获得更加感性、更加生动的经验，这样的经验有利于进一步启发学生思考，在一次次思考和实践的反复中，学生的能力得到彰显，压力得到释放，有利于促进他们形成更加积极探究的学习态度和良好的行为品德。这样的活动充分将学生个人与学校、与家庭、与社会联系起来，提高了学生的社会参与能力，促进学生个性品质和个人素养的全面健康发展。

2. 有利于学生增强社会责任感，树立长远目标

在党团活动和志愿服务育人中，一方面，党团活动是不断提高青少年党性意识、责任意识的重要平台，有利于增强学生爱国情感，提高道德修养，使党团组织受到积极教育，永葆先进性。另一方面，志愿服务是在不求回报的情况下，为改善社会、促进社会进步而自愿付出个人的时间及精力所做出的服务工作。从德育的角度看，两种活动形式都拓展了德育的方式，将文化教育、理想信念教育等有效地深入到活动全过程，逐渐使良好的道德发展为学生自我的选择和追求。学生在活动中不断探索、思考、积累，在锻炼自己能力的同时，发现自己的种种不足并加以改正，使综合素养得以提升。无论是参与党团活动还是参与志愿服务，参与者都将深入接触社会实际和需求，在感受自己被认可的同时，感受到自己“被需要”，从而激发学生内心的道德情感和奉献精神，促使学生自觉地承担社会责任，达到有效德育的目的。

二、党团活动和志愿服务的育人实施建议

党团活动和志愿服务的开展面向全体学生。通过多样化的活动形式提高学生的思想道德水平，拓宽学校德育工作的空间，是践行社会主义核心价值观的有效方式。基于《中小学德育工作指南》的指导思想、基本原则和德育目标，对中学生党团活动和志愿服务的实施开展有如下两点建议：

1. 引导学生理解活动精神内涵，培养学生参与主动性

现阶段中学生，尤其是高中生因为学习压力较大，且对相关活动的认识不足，导致参加活动的时间和兴趣不足。针对这一问题，一方面学校或班级可以充分利用不同的宣传平台或课余时间为学生科普宣讲有关共青团或志愿服务的精神内涵，宣扬先进人物、先进事迹，从而对学生起到潜移默化的影响作用。另一方面，各类活动的精神文化内涵应该与校园文化相融合并牢牢与学生个人的理念结合。通过多种形式向学生传播开展活动的目的和意义，通过招募、选拔、培训、评估和激励等形式提高学生参与的兴趣，通过学生主动参与来彰显活动的意义和价值。

2. 推进系统性的课程化管理

学校要把党团活动和志愿服务分别作为综合实践活动课程和劳动教育实施的重要内容，并为相关课程的顺利开展提供保障。党团活动和志愿服务作为综合实践活动课程和劳动教育的一项，可以实施课程化管理，在学校每学年组织开展的活动中，活动内容和形式要与学生的年龄、能力相适应。根据高中生的学业和身心发育特点，保证高中生参与的持续性和常态化，

依托"智慧团建""志青春"等志愿平台，及时筛选发布适合高中生参与的活动信息，创新激励形式，积极发现先进个人，运用"传帮带"的形式，相互协作，提高学生的综合能力。

三、党团活动和志愿服务的育人评价

《中小学德育工作指南实施手册》中指出：学校要贯彻落实《教育部关于推进中小学教育质量综合评价改革的意见》(教基二〔2013〕2 号)，明确将"学生关注现实生活、参加社会实践和志愿服务活动、解决实际问题"等方面的情况作为评价学生实践能力和创新意识的依据指标，在活动中加强对学生的前期培训、过程指导和事后总结工作。所以，在党团活动和志愿服务育人评价中融入关注生活、立足实际的思想内容就尤为重要。学生活动立足于现实生活，既能检验自己平日所学的理论知识，又是将理论用于实践的重要机遇。

在高中党团活动和志愿服务育人评价中要重视实践环节的评分与量化。在参加社会实践中注重解决实际问题，同时主动加强思想政治素质的培养。这是德育的要求，也是学生人格不断完善的要求。通过相关的评价体系，帮助学生树立正确的世界观、人生观、价值观，找到自己的人生价值并将个人价值与社会主义核心价值观相互融合，这样才能激发学生的参与热情，让学生在学习和生活中不断传播正能量。评价始终以培养学生个人素质为导向，从而让学生充分发挥自己的才能，获得全面发展。

党团活动和志愿服务育人评价量表如表 17-3 所示。

表 17-3　党团活动和志愿服务育人评价量表

评价项目	评 价 内 容	分值	得　　分
育人目标	深化学生核心素养的培养，落实立德树人的育人要求，推进综合实践活动课程，切实做到将综合实践活动课程教学和劳动教育精神贯彻到活动中，达到唤醒学生的参与意识、责任意识，促进实践育人的目的	20	
育人内容	根据当前高中生身心发展规律，合理把握高中综合实践活动课程特性，在学校及社会各方面为高中生活动的开展提供助力，挖掘身边具有育人意义和实践价值的活动；结合学生生活实际，在关键时期锻炼他们的综合能力，培养学生的优良道德品质	20	
育人过程	在学生进行志愿活动过程中，关注学生的年龄差异，区别实施；确保学生安全的基础上，运用多样化的活动形式，通过学校党团组织，充分调动家庭和社会资源，为学生确定合适的活动方式；育人过程中重视体验、感受、学习，重在激励	20	
育人方法	在活动准备阶段对参与的学生提供专业的培训，使学生在心理和动手能力上都有所准备，确保活动能够正常进行；活动中注重对学生思想的引领，倡导团结互助精神，引导学生知礼仪、重礼节、讲道德，同时根据活动类型的不同，围绕普及党团教育、科学知识，传播先进文化，营造和谐环境开展	20	

续表

评价项目	评价内容	分值	得　分
育人效果	学生在活动中能够保持内在动力，自我认同感、自身价值感和价值观念有明显改善和提高；学生对实践活动中的环节、方法有清晰的认识并能够做出合理的总结	20	
总分		100	

四、党团活动和志愿服务的育人探索案例

案例一　以学促做——“五·四”主题团日活动
“绽放战疫青春”主题教育

1. 案例说明

在五四运动101周年纪念日到来之际，为认真贯彻落实习近平总书记给北京大学援鄂医疗队全体“90后”党员的回信精神，学习抗疫中青年志愿服务者先进事迹，激励和引领广大青少年在党和人民最需要的地方贡献力量、绽放青春，武汉市第四十九中学校团委在2020年“五·四”期间组织开展“绽放战疫青春”线上主题团日活动。

2. 案例描述

2020年5月2日，武汉市第四十九中学开展“绽放战疫青春”线上主题团日活动。在师生的分享和交流中结合这次新冠疫情，传承和弘扬五四精神和志愿服务精神。

武汉市第四十九中学团委老师以“勇担责任，不负青年使命”为题，向线上的师生们讲述了在抗疫期间的武汉故事。通过分享华雨辰、涂可蔼等参与抗疫志愿服务模范青年的感人事迹，让大家感受到青年“逆行者”面对疫情毫不畏惧、勇担时代重任的榜样精神。作为“90后”青年教师，四十九中团委老师也和大家分享了自己在疫情期间的志愿服务故事，并借习近平总书记所说的：“广大青年对五四运动的最好纪念，就是在党的领导下，勇做走在时代前列的奋进者，开拓者，奉献者。”鼓励更多的青年学生能够学有所长，肩负时代使命，积极投身于最需要自己的地方，勇于担负起时代重任。

不负韶华，提升自己，报效祖国。在分享环节，武汉市第四十九中学学生代表以“绽放战疫青春”主题讲述了在疫情期间，她从坚守在志愿服务抗疫一线的家人身上学到的责任和担当，并分享了全班同学一起为抗击疫情而贡献力量的故事。作为一名团员青年，她用自己的故事激励同学们“作为当代青年，应该展现青年朝气，把对先进典型的敬仰和感动转化为勤学上进的实际行动，以青年身份积极投身于志愿服务中，用自己的方式书写新中国的故事。”

育人契合点：

青年学子在线上“云”集一堂，本次“五·四”主题团日活动结合在疫情这次大考中涌现出的千千万万从事志愿服务的“逆行者”们的模范事迹，学生之间热烈交流。不仅加深了学生对志愿服务的理解，也激发了将当下的职责与五四青年精神、志愿服务相结合的热情。青年学子齐聚一堂，绽放青春风采，共话美好未来。

3. 案例反思

四十九中学子们在这样一个特殊时期，通过空中课堂隔空相会，表达自己对五四精神和志

愿服务精神的不断探索以及对国家的深沉热爱。“青年人要在大考中形成清晰的历史记忆，并由此汲取真正的经验与教训”。在疫情这次大考中，线上主题团日活动进一步强化了五四精神和志愿服务精神对青年学子的思想引领，青年学子也定将为追求更加崇高的理想而不断奋斗。

案例二　以做践学，社区志愿服务
——寒假送温暖，暑假送清凉

1. 案例说明

作为我校一项传统性志愿服务活动，在每年寒暑假到来之际，学校会组织高一高二年级的学生开展“送温暖，送清凉”等青年志愿者服务活动。各班组织学生深入红钢二街社区为贫困户送去物资，让同学们切身感受生活的艰辛，努力帮助他人、温暖他人。

2. 案例描述

2020 年 1 月 19 日，在新春佳节即将来临之际，武汉市第四十九中学 60 余名学生志愿者代表前往红钢二街江锦湾社区，开展“寒假送温暖，情暖社区人”志愿服务活动。

活动当天，在一个简短的启动仪式之后，同学们带着慰问物资来到江锦湾社区。在社区工作人员的带领下，同学们将一份份慰问物资送交到社区居民的手中，为社区居民带去亲切的问候和节日的祝福，并感谢居民们对我校学生一直以来的关心和宽容。社区居民也对我校学生高度赞扬，纷纷感谢学校和社区对他们的关怀。（见图 17-1）

育人契合点：

此次送温暖活动作为我校每年常规性志愿服务活动之一，让每一届学生、每一个学生都能参与到志愿服务中，走进社区从服务身边的人做起，进一步弘扬了“互助、友爱、奉献、进步”的志愿服务精神，社区居民和学校学生之间的邻里情也得到了进一步的升华。

图 17-1　“寒假送温暖，情暖社区人”志愿服务活动

3. 案例反思

每年的学雷锋日各班都自发组织以不同的形式向雷锋学习，同学们当过交通协管员，去过敬老院，为社区或学校包干区进行公益劳动等，通过这些志愿服务活动，学会融入社会、接触生活，增加了学生对社会的认识与理解、体验与感悟，从而不断增强学生的社会责任感。

第十八章 校本课程育人探索

校本课程一般根据学生的多样化需求，当地社会、经济、文化发展的需要，以及学校办学特色等进行设计。《中小学德育工作指南》强调要“因地制宜开发地方和学校德育课程”，要“统筹安排地方和学校课程”“用好地方和学校课程”。要开展各种教育，引导学生了解家乡的历史文化、自然环境、人口状况和发展成就，培养学生爱家乡、爱祖国的感情，树立维护祖国统一、加强民族团结的意识。《普通高中课程方案(2017 年版 2020 修订)》要求普通高中除开设国家课程外，还需开设校本课程，且校本课程不少于 14 个学分。

第一节　校本课程育人探索概述

一、基于核心素养视域的校本课程育人内涵解读

《基础教育课程改革纲要(试行)》明确提出：“学校在执行国家课程和地方课程的同时，应视当地社会、经济发展的具体情况，结合本校的传统和优势、学生的兴趣和需要，开发或选用适合本校的课程。”

1. 认识校本课程，清晰校本立意

什么是校本课程呢？一般认为，校本课程是立足于本校，以国家及地方制定的课程纲要的基本精神为指导，结合本校的性质、特点、条件以及可以开发利用的资源，由学校成员自愿、自主、独立或与校外团体或与个人合作开展的，旨在满足本校所有学生学习需求的一切形式的课程。

校本课程如何分类？校本课程的分类标准不同，其分类结果也有所不同。一般按照开发方式的不同，校本课程可以分为两大类，一类是学校和教师通过选择、改编、整合、补充、拓展等方式，对国家课程和地方课程进行再加工、再创造，使之更符合本校学生实际，更能体现学校的特点和需要，这一类可看作是对国家课程和地方课程的校本化、个性化；另一类以学校和教师为主体，在对该校学生的需求进行科学的评估，并充分考虑当地社区和学校课程资源的基础上，开发旨在发展学生个性特长的、多样的、可供学生选择的课程，这一类可以看作是对新课程较彻底的设计开发。

《教育部关于全面深化课程改革 落实立德树人根本任务的意见》中提出，要研究制定学生发展“核心素养体系”，这是“核心素养”一词首次出现在国家文件中。此处的“核心素养”，指的是“学生应具备的适应终身发展和社会发展需要的必备品格和关键能力，突出强调个人修养、社会关爱、家国情怀，更加注重自主发展、合作参与、创新实践。”培养学生的核心素养是对“培养什么样的人”的进一步回答，是“课程改革的原动力”。

核心素养融入校本课程建设是不断丰富校本课程内容体系的一个过程。我国的校本课程开发，经历了“实践—理论—再实践”的探索过程，围绕校本课程的认识、理念与价值、内容与模

式、教师教学策略与校长领导力、管理与评价等各个方面，取得了许多成绩。基于核心素养的校本课程建设，回应了新时代教育改革和学生培养的目标与新要求，在这些方面赋予其与以往校本课程不同的特质，基于核心素养的校本课程建设，体现了教育“以人为本”的思想，其立意清晰地指向立德树人，核心素养正在引领校本课程发挥自己独特的育人功能，从而使其站位更高、立意更远，超越校本课程本身。

2. 开发校本教材，建构校本体系

作为首批湖北省示范中学，武汉市第四十九中学主动迎接新课改、新高考带来的机遇和挑战，依托学校特色优势，以国家普通高中课程方案和课程标准为指导，弘扬主体间性教育思想，建立校本课程开发和使用机制，积极开发具有人文特色的校本课程，尽最大努力为学生个性发展提供机会，尽最大限度实现课程育人价值，帮助每一个孩子“成就最好的自己”。（见图 18-1）

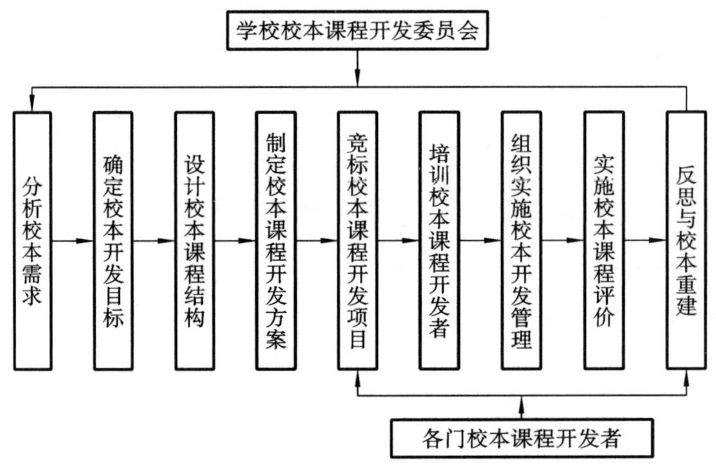

图 18-1　武汉市第四十九中学校本课程开发流程图

目前，我校已形成人文素养系列、科学素养系列、生态体验系列、品质生活系列、身心健康系列、发明创新系列、国防教育系列、对外交流系列等八大系列近 50 个特色选修校本课程，走在了湖北省同类学校前列。在湖北省中小学校本教材评选活动中，我校校本教材《低碳生活》《生命科学与品质生活》获得特等奖，《从荒原到宜居城区》《高中语文课程标准创新作文导航》《化学与 STS》《心悦读》等四本教材荣获一等奖，《汉绣》《3D 打印与 3D 设计》《中华民俗文化》等三本教材荣获二等奖；《努力成就最好的自己——高中学生学业生涯规划导读》被《长江日报》称为“最美校本课程”，并在湖北省学校文化建设年度成果评审活动中，获得年度成果奖；我校三门校本课程成功入围中国教育学会首批“中小学教学资源开发项目”。

二、基于学生发展视域的校本课程育人功能体现

从中央电视台《焦点访谈》的报道到汉绣作品成为中英友谊见证，再到外交部向全球推荐的湖北八分钟专题片，武汉市第四十九中学特色校本课程的育人成果格外抢眼，关注我校在校本课程育人方面的一些探索，可以窥见校本课程在育人方面带给我们的巨大惊喜。（见图 18-2）

图 18-2　校本课程“汉绣”学生作品“龙凤包”成为中英友谊的见证

1. 提升核心素养，满足多元选择

武汉市第四十九中学在校本课程的开发与建设中，主动适应新课改、新高考的要求，开设了丰富多彩的系列课程，多方面提升学生核心素养、满足学生多元选择。如人文素养系列，包含中国文化、中外文明史、中外战争史、地方史、文学欣赏、戏曲欣赏、演讲与辩论、英语会话与阅读、民风民俗、宗教、法制教育等内容，旨在提升同学们的人文素养；科学素养系列，包含环境与资源、生命科学、物理、化学、天文、航天、信息技术、自然地理等内容，旨在拓展学生科学视野、了解科学研究方法、提高科学探究能力。

兵器发展史、军事谋略史、军事著作选读、中国古代战例选讲等内容属于我校开设的《军事史论与实践》课程，深受高中生喜爱，并邀请中国工程院院士龙乐豪、海军少将尹卓等讲授现代国防科技知识。到 2020 年已经开设近十期。（见图 18-3）

图 18-3　院士走进国防教育系列校本课堂

作为湖北省国防生源基地，学校编写的相关教材《国防教育读本》被作为地方教材使用。

学校师生代表应邀赴武汉大学卫星导航定位技术研究中心交流学习，并受邀参与编写《智慧北斗》科普丛书。每年都有一批学生毕业后进入国防科技大学等军校：朱可艺同学性格开朗，毕业后赴北京参军，训练刻苦，被提拔为女子特战部队班长；王一璠同学高三毕业后实现“飞行梦”，成为湖北首批女飞行学员；2019 年 11 月，继王丽然同学获亚洲跳伞女子四人造型团体冠军后，胡飞扬又在亚洲及大洋洲跳伞锦标赛获得四人造型团体冠军。

生态体验课程让学生通过气象监测站亲身观测 PM2.5 变化，通过观察节能监测系统对能源资源消耗实时监测，学生的环保节能意识大大增强；民主法治课程让学生学会自主管理，自觉参与到现代学校制度建设中，我校也被评为湖北省法治建设示范学校；历史社团提高了学生历史人文素养和探究精神，学生王甫松在考证了宋代历史人物王尧臣相关信息后，在《中国文物报》上发表了与史学界不同看法的文章《城步县王尧臣墓墓主身份的几点质疑》。

新枫公司是第四十九中学学生开设的模拟公司，在“公司顾问”——生物老师李葳、何海波、刘海艳、唐慧的指导下，同学们以生物实验室、生物园为场所，进行有机蔬菜的农耕实践以及护肤品、葡萄酒等生物产品的制作，通过校园、社区、网络义卖创造出现实中的“财富”，并定期资助困难学生。在基于项目的学习实践中，学生需要把自己的创意付诸实践，参与从产品设计、制作、包装到宣传与销售的全过程。公司成员黄雅慧同学获武汉市创新大使称号，学生的实验操作被新版人民教育出版社生物教材收录，我校也成为人民教育出版社普通高中生物学科课程改革试验基地。

2. 坚持以生为本，奠基未来发展

2019 年 4 月，我校校本课程“舞蹈”现代舞作品《一路芬芳》从 252 个文艺类节目中脱颖而出，荣获全国中小学文艺节目比赛二等奖。（见图 18-4）

图 18-4　现代舞《一路芬芳》

2019 年 3 月，我校学生徐俊鹏在上海音乐学院校招考试中的表现震撼全场，取得声乐演唱（民声）专业第一名，获上海音乐学院最高奖学金。

2019 年，我校学生夏汝萱代表湖北队出征，获得全国国际跳棋锦标赛“100 格团体”第一名，又在全国青少年国际跳棋女子 17 岁组获得个人冠军。张佩佩同学代表国家围棋队在韩国举行的国际赛事中获得团体金牌。同年 10 月，唐斌同学在湖北省特色项目武术比赛一举获得拳、剑、棍三项冠军。

2019 年 1 月，我校毕业生、清华美院“鬼才”陈丝雨所画的《楚辞》引起轰动，她的作品曾入选美国插画年鉴。在浙江卫视热播的《在远方》电视剧中，我校毕业生鲁霖饰演的李小彪一出场就“霸气”十足、火力全开，受到追剧观众的如潮好评。

2018 年 12 月，我校学生张宇婷的作品《青山古镇的蝶变》在第二届“燕园杯”全国中学生历史写作大赛中获得全国一等奖，这也是她选修《从荒原到宜居城区》《青山民居》等校本课程后交出的一份优秀作业。

向雨祺是学校汉绣社骨干，这名现代中学里的“绣娘”曾代表中国中学生参加英国首相出席的“中英灵动青春盛典”，其后她的学习成绩也不断攀升，从年级一百名左右进步到 2019 年高考勇夺学校文科状元。

怀揣机甲大师梦，校本课程《RoboMaster 机器人》课堂上的活跃分子彭睿同学，成功入选 RoboMaster 高中生机器人冬令营，在香港举行的 RoboMaster 全国机器人大赛中获得亚军，被美国弗吉尼亚理工大学录取，并获得全额奖学金。

仅最近一年，我校在体、音、美、绘画、科技等各个领域全面开花，捷报频传。2019 年高考，我校艺术类学生上重点线人数 137 人，不少学生的专业课和文化课成绩双双超过名校录取线，其中周好晨过中央美术学院双线，胡晗睿过中国美术学院双线，徐俊鹏过上海音乐学院双线；赵子萱以优异的舞蹈成绩被法国阿维尼翁公立音乐舞蹈戏剧学院预录；体育特长生过重点线 5 人，其中刘思成作为高水平运动员被武汉体育学院单招……

这些骄人成绩的背后，离不开四十九中丰富多彩的课程建设。作为省市艺术特色学校，为了培养学生良好的健身习惯，学校开设了健康技能系列课程，内容包括篮球、足球、田径、乒乓球、武术、围棋、象棋、心理健康与健身保健等。为培养学生情调高雅的艺术素养，学校还开设了品质生活系列课程，内容包括乐器、声乐、舞蹈、摄影、绘画、书法、烹饪、刺绣、编织、剪纸、插花、花卉盆景种植等。相关兴趣课程由学生自愿选择，教师以走班的形式授课。

校本课程建设，在满足学生发展的多元化、个性化需求，奠定学生未来发展的同时，也促进了教师专业发展和学校特色发展：我校教师中，全国优秀教师 1 人，湖北省优秀教师 4 人，正高级教师、特级教师 8 人，青山区名师、首席教师 10 人，市区学科带头人 18 人，市功勋班主任 2 人，市十佳、百优班主任 7 人，市十佳备课组长 2 人，市区优秀青年教师 19 人。学校先后获评全国中小学国防教育示范学校、全国青少年人工智能活动特色单位、人教社课程教材研究所实验基地、人教社普通高中历史和生物学科课程改革实验基地、湖北省首批优秀文化艺术传承学校、“未来工程师——智汇北斗”科普教育应用与实践研究课题实验学校、湖北省艺术教育先进单位等。

在下面的几节内容中，将以武汉市第四十九中学的几门典型校本课程为例，探讨具体校本课程的育人价值和实施建议，并以案例的形式加以说明。

第二节　校本课程“我军宗旨史论与战‘疫’实践”育人探索

“我军宗旨史论与战‘疫’实践”课程是在国家普通高中历史课程的基础上，结合本地国防教育特色和武汉市第四十九中学教学实情，在校本选修课的基础上逐渐开发形成的校本课程。

这一校本课程通过教师讲授、学生讨论、观赏影片、组装模型、专题报告、参观基地等教学活动，了解军事活动的历史概貌和规律，重点了解中国共产党领导人民军队服务人民的光荣历史，尤其是学习人民军队在抢险、救灾和防疫斗争中彰显的英雄本色以及人民军队的本质和宗旨。

武汉是一座英雄的城市，有得天独厚的国防教育资源，本地有许多军事遗址、遗迹，更有数十处国防教育基地，武汉市第四十九中学是全国中小学国防教育示范学校、“未来工程师——智汇北斗”科普教育应用与实践研究课题实验学校，这些成为历史校本课程实施的有利条件。

通过本课程可以培养学生的人文素养、科学精神和爱国情怀，深刻认识在抗击新冠肺炎疫情的特殊战场上，人民军队以闻令而动、勇挑重担、敢打硬仗的实际行动，展现了为人民英勇奋战、牺牲奉献的时代风采。本课程实施以来，我校被评为全国中小学国防教育示范学校、湖北省国防生源基地，增强了学生的国防意识和拥军爱军意识。在本课程的基础上，形成了地方课程教材《国防教育读本》，形成了一批教学案例资源和较为成熟的课程运行模式。

一、育人价值

“我军宗旨史论与战‘疫’实践”校本课程是根据本校学生的需求、学校“创办高品质人文学校”的办学思想而开发的供学生选择的课程，更符合学生的兴趣和需要，更容易受到学生肯定和认可，在课程育人方面更易达到润物细无声的效果。

1. 弘扬爱国主义和革命英雄主义的精神

通过军史教育，能加深学生对党、对祖国、对人民军队的感情，使每个学生明确个人在国家生活中的地位，甘于为国家和民族利益奉献，树立为保卫国家利益和民族尊严而自觉斗争的精神，从而进一步增强民族的凝聚力和向心力。无论是战争年代还是和平时期，公民爱国主义的精神力量，民族自尊、自信、自强、自卫和国家利益至上的意识都能转化为维护国家主权、领土安全和民族利益的物质力量。

2. 磨炼意志、激发战胜困难的信心勇气

通过“我军宗旨史论与战‘疫’实践”校本课程学习，学生可以了解人民军队在革命年代、建设时期和新时代，胸怀理想信念，身有顽强意志，不怕牺牲，这是保证革命和建设事业从胜利走向胜利的强大精神力量。通过严格的军事训练，可以使学生增强体质，磨炼意志和毅力，提高自我防护能力和学习的效率。军事训练非常有利于学生良好行为规范的养成，能有效地加强纪律性和培养勇往直前、团结一致、关心他人的良好作风和高尚品德。

3. 培养艰苦奋斗和吃苦耐劳的生活作风

国防军史校本课程教学中的军事技能训练科目，不仅要开动脑筋去理解，还要消耗大量的体力去实践。强健的体魄是承受军事活动中精神和体力重负的前提，以严格的训练、严格的要求、严格的管理、铁的纪律为基础的一系列军事项目活动的目的是磨炼意志，增强体质，战胜困难。军事教学不仅能增强学生的体质，而且能够传授一定的军事知识和技能，能进一步培养学生良好健康的形体和高尚的道德修养，从而达到全面育人的目的。

4. 提高对国际形势的认识和关注的能力

通过战争及国际格局变动教学，从国际战略环境、我国安全环境的角度出发，引领学生认识中国面临百年末有之大变局，辩证认识我国国际地位变化和所面临的挑战。教育学生学会用国际视野、战略眼光来理解和分析问题。认识与国家安危密切相关的内外因素，认识各种直接和间接的、现实的和潜在的威胁国家安全的力量，认清个人利益同国家利益的关系。

二、育人实施建议

陶行知先生曾提出“生活即教育，社会即学校，教学做合一。用生活来教育，教育要通过生活才能发出力量而成为真正的教育”。贴近学生、贴近社会、贴近生活是校本教材和校本课程必须遵循的原则，应采取形式多样、生动活泼的教学形式开展历史校本课程的教学。

1. 内容结构上注重地域性

在校本课程资源的开发过程和使用过程中，以我校学生的需要、兴趣和爱好为出发点，从武汉本地实际出发，实事求是，突出自然资源和文化资源的特殊性。注重地域文化的时代性，及时更新补充新的内容，过去的英模故事、革命歌曲难以吸引今天中学生的注意力，当今“武汉是一座英雄的城市”“中国工程院院士、女少将陈薇已经投入武汉抗击疫情一线”等更能引导青少年逐步形成正确的国家和国防观念，形成爱国从军的氛围。

2. 教学设计上突出趣味性

历史校本课程内容的生活化、趣味化可以提高学生的学习积极性，这也是实现校本课程育人的有利条件。“我军宗旨史论与战‘疫’实践”课程本身就融史料性、学术性、趣味性和可读性于一体，在实施校本课程的过程中，教师结合武汉抗疫中军队医务人员驰援武汉、救治病患发挥的作用，以及对研制抗疫疫苗的影响进行教学，深入挖掘与主题相关的人物、事件，增强课程的趣味性和学生的亲切感。

3. 学习方式上强调实践性

在“我军宗旨史论与战‘疫’实践”校本课程中，不同模块的学习内容有着不同的学习方式，丰富多彩的国防教育活动能取得更好的育人效果，如，寻访抗疫军队医护人员，“云参观”中山舰、航天科技展活动等。让学生的学习、生活与国防教育活动紧密相连，寓教育于活动之中，激发学生的爱国情感。学校有稳定的校外国防教育综合实践基地，学生在该基地能够与飞机、坦克、火炮、舰艇、雷达、自动步枪、轻重机枪、火箭筒、手榴弹、地雷等武器设备“云接触”，提高学生学习兴趣，增强国防观念。

三、育人评价

历史校本课程的育人评价应以学生发展为本，坚持学生自评、小组互评与教师评价相结合；过程性评价与终结性评价相结合。评价内容分为态度习惯、知识能力、兴趣爱好三个领域。特别重视评价学习后学生非智力因素的发展，如兴趣、情感、态度等。（见图 18-5）

1. 评价内容要全面化

课前注重育人对象分析，对学生与课程学习相关的知识储备、能力水平、生活经验、兴趣需求、发展路径以及可能遇到的困难等进行分析。在育人活动过程中以学生的实时参与表现为主要评价对象，根据不同任务和阶段进行判断，及时启发和引导学生进行思考和改进。就情感认知、活动开展、作品完成、活动体会等进行多主体、多层次的评价。课后注重学生自我报告、阶段成果、学习体会等的收集、展示和交流。校本课程育人评价可使用档案袋记录学生学习中的表现、收集学生有代表性的作品，记录学生在学习中付出的努力、取得的进步与存在的不足。

2. 评价方式要多样化

在对校本课程育人进行评价时，首先需要检验课程方案落实的程度，校本课程方案在实施

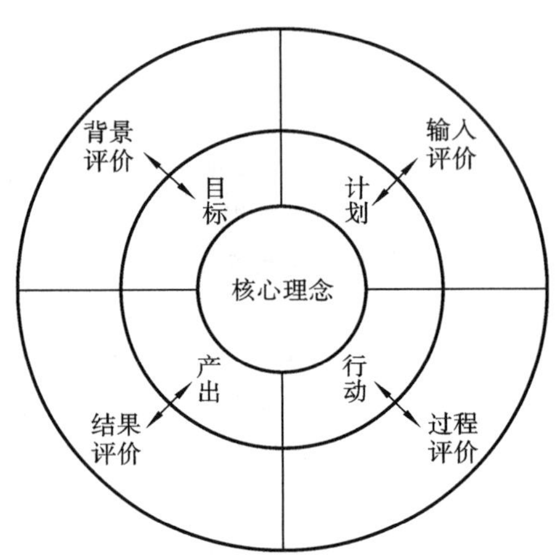

图 18-5　校本课程育人评价的要素与结构

过程中与设想不一致的地方，如时间进度、师资配备和物资准备等问题，需要具体分析与原方案产生差异的原因，并基于原因对原有方案进行修正。其次，要考察教师和学生对校本课程的参与动机、参与程度和互动效果，教学过程中的师生氛围可以有效反映课程育人的实施效果。最后，需要重点考察校本课程实施过程中的育人方式与育人效果，育人方式需要多样化又要具有适切性，育人评价要对过程性评价和形成性评价给予同等重视。

3. 评价主体要多元化

校本课程的育人评价是一个多方共同参与的过程，外部评价是校本课程评价的辅助要素，内部评价才是校本课程评价的主体结构。学校层面的校本课程育人评价以学校的课程发展委员会和年级教研组为主，他们需要在校本课程实施前进行甄别判断。教师层面的校本课程育人评价可以分为教师个人反思性评价和同行评议两种类型，前者是授课教师个人对自己的课程设计及实施效果进行反思性总结，后者是其他教师通过听评课与教研交流对课程的改进完善提出建设性建议。学生层面的校本课程育人评价由学生通过反思自己在校本课程中的收获来复盘自己的进步与不足，在反思总结的基础上反映校本课程实施的效果。

四、育人探索案例

案例　为什么战旗美如画？
——我军宗旨与“战疫”实践

（一）案例说明

人民军队发展壮大和人民军队为人民的宗旨是校本课程的重要内容。人民军队 90 年服务人民的历史已经证明，“军民团结如一人，试看天下谁能敌”是永远颠扑不破的真理。历史还将继续证明，在实现中国梦、强军梦的伟大征途上，人民子弟兵与全国各族群众，一定会谱写出军政军民团结的崭新篇章。

如何把抗疫一线的军队医护人员体现的英雄精神、忠诚担当和深厚情怀与历史校本课程有机结合？怎样在高中历史课程教育中，让教育回归本质，使“育德”与“育智”彼此交融、相互促进呢？

在“我军宗旨史论与战‘疫’实践”校本课程实施过程中，对军事感兴趣的学生成立“军谜社”社团组织，在校本课程探究活动中开展育人探索。

（二）案例描述

1. 片段一：泛黄的信笺彰显人民军队的宗旨

探究活动一：中国共产党领导的人民军队为什么会由少到多、由弱到强并取得革命的胜利呢？

“云参观”南昌八一起义纪念馆两张陈旧泛黄的“收条”和“回信”。查一查它们为什么会成为该纪念馆的“镇馆之宝”？（见图 18-6）

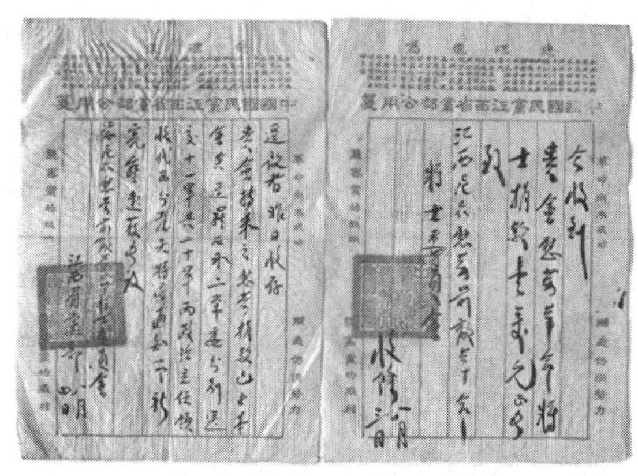

图 18-6　南昌八一起义纪念馆的“镇馆之宝”

1927 年 8 月 3 日，江西民众慰劳前敌革命将士委员会负责人朱大桢，将南昌群众捐献的一万银圆送到起义部队手中，部队当即为朱大桢开出收条。起义部队南下前夕，朱大桢又收到一封信，信中详细说明了这些捐款的去向，以及对起义部队南下作战产生的巨大帮助。两幅图片作为史料说明：人民军队爱人民，人民军队人民爱；一部人民军队的成长发展史，就是一部为人民求解放、谋幸福的奋斗史；中共党员严谨细致、有始有终工作作风的真实写照。

育人契合点：

两张陈旧泛黄的信笺，见证着人民与军队的鱼水深情；见证着胜利之本，系乎民心。土地革命、抗日战争、解放战争……无论条件多么艰难、环境多么险恶，人民军队心里装着的始终是人民的利益。军队打胜仗，人民是靠山，90 年来人民军队的辉煌征程反复证明：群众的拥护和支持是人民军队赢得战争胜利的可靠保障。灾难面前，人民心中有一种希望叫作“人民子弟兵”；危急关头，军队有个不变的传统叫作“军民鱼水情”。

2. 片段二：在《英雄赞歌》MV 中感悟子弟兵的力量

探究活动二：了解《英雄赞歌》创作的背景，探究其特点，认识人民军队强大的力量及其源泉。

材料：英雄赞歌歌词（节选）

烽烟滚滚唱英雄

四面青山侧耳听，侧耳听

晴天响雷敲金鼓
大海扬波作和声
人民战士驱虎豹
舍生忘死保和平
为什么战旗美如画
英雄的鲜血染红了它
为什么大地春常在
英雄的生命开鲜花
……

育人契合点：

人民军队的力量源自人民，人民战士为人民，人民军队人民爱。“军谜社”社团的同学一边合唱，一边感受这首脍炙人口的《英雄赞歌》所传达的精神。歌词本身气势雄伟、充满阳刚之气，令人激动万分、热泪盈眶。“人民战士驱虎豹”借“虎豹”喻指美帝国主义的凶恶和横行无忌。作者用一个动词“驱”字，生动地刻画出人民战士不畏牺牲，势必将敌人驱赶走的决心和英雄气概。

“军谜社”社团同学介绍歌曲创作背景，了解这首革命经典歌曲传唱不衰的原因。这首歌是电影《英雄儿女》的主题曲，《英雄儿女》表现的是抗美援朝战争时期我国志愿军战士勇敢顽强、不怕牺牲的感人事迹。歌曲诞生于 1964 年，它表达了人们对英雄最深沉的敬意，与影片的主题完全契合。

3. 片段三：武汉作证，这是一支值得党和人民信赖的军队

探究活动三：军队医护人员的驰援是如何给“按下暂停键”的武汉带来希望和信心的？

材料：

命战争年代的陕甘宁边区，也曾爆发过一次伤寒疫情。由于敌人的封锁，当时的延安缺医少药，没有先进的检验手段，连最常用的氯化钙、葡萄糖和各种强心剂都没有。但白衣战士们不顾个人安危，密切观察每个人的病情变化，以三分治疗、七分护理来挽救病人的生命：为患者洗脸、清洗口腔、测体温……有些患者急需输血，白衣战士就争先恐后献出自己的血。今天，新时代的子弟兵们在最短时间内奔赴武汉，接管当地医院，抢救最危重的病人，还做到了自身的“零感染”。在大战中践行初心使命，用大爱诠释医者仁心。这其中体现出的组织领导力、全面作战能力、科学施治能力、自身防护能力是人民军队优良传统的延续，也是人民军队在新时代向人民交出的合格答卷。人民军队和人民血脉相连，就没有战胜不了的强敌。

育人契合点：

2020 年 1 月 23 日，正是万家团圆之际。中央军委一声令下，由陆军军医大学、海军军医大学、空军军医大学抽组的 3 支医疗队 450 名军队医护人员告别家人，乘坐军机奔赴武汉。随后，来自全军多个医疗单位的 3000 多名支援湖北医疗队队员陆续奔赴武汉。他们与驻地在武汉的中部战区总医院医护人员一起，汇成了抗击疫情的钢铁洪流，给全国人民带来了信心和力量。

从发起战斗冲锋那刻起，白衣战士不断贡献着“军队智慧”，为人民群众点燃生命的希望。“充分发挥突击队和主力军作用，尽快研制出安全有效的疫苗、药物、检测试剂”“提高治愈率、

降低病亡率,最终战胜疫情,关键要靠科技"。2020 年 3 月中旬,军事科学院军事医学研究院陈薇院士团队研制的新冠疫苗获批进入临床试验。

2020 年 4 月 12 日,军队医疗队悄然撤离武汉,没有警车开道,没有鲜花掌声,没有夹道欢送。危难时刻,一声令下,负重逆行,任务完成后悄然撤离,这就是我们的人民子弟兵!

(三)案例反思

合适的教学内容是校本课程可持续发展的关键,教学内容取决于选题,历史校本课程的教学内容应具有开放性,在选题时要遵循如下原则:

第一,以学生的发展为本。选题内容的难度适合学生所处的年龄特点和能力水平,能激起学生强烈的探究兴趣,激发学生进入主动探索真识、感受真情的过程,因此可让学生自主选题。

第二,校本课程的内容最好与本学科领域中的核心知识有一定的关联,以便能有力提高学生的理解能力和创造性思维能力。

第三,选题要面向现实、贴近生活、面向世界,吸收最新研究成果。当今世界的总趋势走向缓和,但世界并不太平,2020 年抗疫斗争深深地影响着全世界,战疫斗争中人物和事件体现出的真情实感远胜过空洞的说教。

第三节　校本课程"低碳生活与海绵学校"育人探索

生态环境关乎民族未来、百姓福祉,生态文明建设是新时代中国特色社会主义的重要组成部分,党的十九大更是指出"生态文明建设功在当代、利在千秋,建设生态文明是中华民族永续发展的千年大计"。因此,把生态文明融入育人教育对促进人类社会可持续发展有着重要意义,是学校立德树人的应有之义。

我校作为湖北省首批省级示范高中,先后被评为湖北省园林式学校、湖北省绿色学校,2017 年更是建设成为全市首批"海绵学校",使整个校园成为一个良性的生态系统。在此基础上,我校地理教研组联合历史、生物、化学、政治等学科教师,充分利用校园生态资源,共同打造了校本课程"低碳生活与海绵学校"(见图 18-7),开展生态育人,着眼于提升学生应具备的、能够适应终身发展和建设美丽中国需要的基本素养,引导学生"努力成就最好的自己"。(见图 18-8 和图 18-9)

校本课程"低碳生活与海绵学校"持续深入推进,带动了我校生态育人之花结出累累硕果。市地理学科带头人李绵勇老师以青山区为例讲授的"循环经济"登陆央视《焦点访谈》栏目;李绵勇老师 20 年如一日坚持组织指导学生进行课外天文观测,在此基础上成立的天文社在校内外有极大的影响力;在李绵勇、尤奇志、彭自来等老师的带领下,学生利用校园气象站组织成立了校气象社,并在 2019 年世界军人运动会期间对校园大气进行了监测及分析,引发媒体广泛报道;市优秀青年教师彭自来老师执教的"水循环——以我校 2016 年夏季校园内涝为例"在 2019 年中国教育学会地理教学专业委员会举办的全国地理优质示范课上引发强烈反响;2018 年,地理组教师承担了国家级课题"智汇北斗与环境监测试验应用研究"(见图 18-10),探究北斗导航系统在校园气象环境监测中的应用与实践。

至此,由我校领衔发展形成的青山区"生态德育"这一特色德育模式走向了全武汉市。

图 18-7　校本教材《低碳生活与海绵学校》封面

CEYTIFICATE OF HONOR

荣誉证书

湖北省武汉市第四十九中学 学校：

推荐录制的网络课程《低碳生活》入选中小学教学资源开发项目，被遴选为优秀课程，特颁此证，以资鼓励！

参与授课教师：

张尊健、高婕、曾珍、王倩、段银枝、吴剑芬、张琛、尤奇志、胡慎友

发证日期：2016年12月28日

发证单位：中国教育学会

承办单位：北京世纪超星信息技术发展有限责任公司

图 18-8　校本课程“低碳生活与海绵学校”获评国家优秀课程

获奖证书

武汉市第四十九中学：

你校编写的校本教材《低碳生活》，荣获湖北省第一届中小学校本教材评选活动特等奖。

特发此证，以资鼓励。

湖北省中小学校长协会

二〇一二年六月

图 18-9　校本教材《低碳生活与海绵学校》获评湖北省特等奖

一、育人价值

“低碳生活与海绵学校”蕴含的科学精神、科学态度、创新精神、合作精神等内容为育人提供了丰富的素材来源，主要表现为以下四个方面：

1. 德育价值

低碳问题是经济问题、是生态问题，更是关乎人的问题。“低碳生活与海绵学校”校本课程以传播低碳理念、普及低碳知识为主要内容，着重培养群体和个体低碳生活的自主性与自觉性，进而使学生养成低碳行为和形成低碳生活价值观，其最终目标是帮助学生树立一种尊重自然、崇尚自然，主张节能环保的世界观、人生观和价值观。

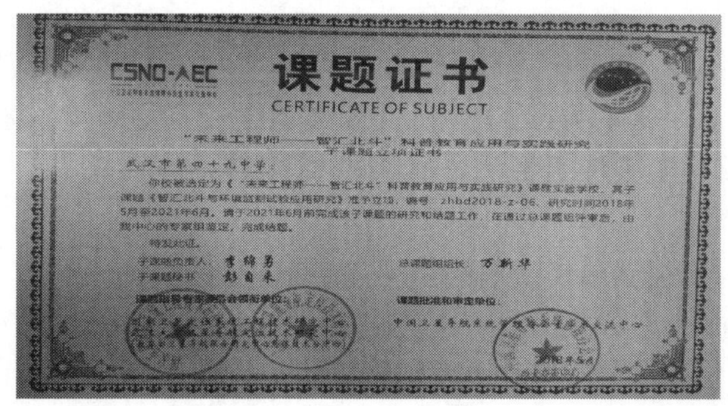
CSNO-AEC

课题证书

CERTIFICATE OF SUBJECT

图 18-10　“智江北斗与环境监测试验应用研究”课题证书

2. 智育价值

“低碳生活与海绵学校”校本课程立足于我校所在地青山区的发展及自身的生态、海绵校园资源，课程内容涉及地理、历史、生物、政治等多个学科，相关学科的教师共同执教一门课，通过学科捆绑实现了跨学科教学的目标，极大地推进我校的课程改革和教学改革，强化素质教育，有利于构建综合评价指标体系，提升学生的科技、创新、人文等综合素养。同时，由于选取的素材来源于学生所处的生活环境，不仅极大地激发了学生的学习兴趣，也加深了对相关国家标准课程内容的理解。

3. 美育价值

审美教育具有感性和理性的特征，需要在具体感性的情境中进行体验，在拥有审美体验的基础上进行对话，就问题展开思辨式学习。“低碳生活与海绵学校”校本课程根植于校园生态，注重构建生态美育体验场，增强审美体验，提升审美素养，塑造完美人格，引领师生身心和谐成长。宏观层面，校本课程内的案例之一“戴家湖的生态蝶变”，它见证了武汉市近半个世纪从原生态到破坏再到恢复生态的全过程，是青山区从工业文明走向生态文明的缩影，更是践行美丽中国新发展理念的成功典范；微观层面，融合江南园林传统美学形成“一轴八园”的海绵校园，本质上就是一个仿自然而筑的生态系统。

4. 心育价值

多维度点燃心灯，照亮学生身心健康成长之路。首先，作为校本课程，“低碳生活与海绵学校”的学习内容、氛围与环境都是开发性的，其中涉及的很多内容需要通过小组合作探究的方式才能完成，甚至是实地调查，所有这些都有助于学生形成勇于探索、创造性思考的性格。其次，该课程大多要求学生走出教室，走向大自然，可以让学生从相对封闭走向豁然开朗的人际环境，在人际沟通、团队合作中实现自我，形成乐观自信向上的积极心态。最后，校本课程自然、人文并重，内容丰富，强调学习过程而非知识本身，有利于学生自由发挥，真正体验学习所带来的快乐。

二、育人实施建议

“低碳生活与海绵学校”校本课程超越了学科课程的逻辑体系，跨域了多个学科，具有很强的时代性、实践性、探究性、活动性等特征，因此，在育人实施过程中应注意以下几个方面：

1. 体现综合性

倡导课程整合，拓宽学生视野，淡化学科知识，强调综合运用和实践创新。

2. 注重实践性

密切课程与现实生活的联系，在教学实施过程中，要通过提供与学生生活、与现代社会密切联系的素材，拉近与学生的距离，让学生感受和体验学习的过程；要通过组织形式多样的实践活动，让学生动手动脑，解决现实生活中面临的问题，提高学生的综合实践能力。

3. 注重多种教学模式融合

倡导多种教学模式的合理运用。要积极探索多种教学模式，充分考虑学生的需要、兴趣与经验，促进学生自主、合作、探究学习；应积极探索班级集体授课之外的教学模式，如采用观摩、实验、创作、考察、调研等多种形式实施教学，以提高学习效率。

4. 注重课程评价

根据学生的态度、成果、成绩等综合评价学生，学生成果可通过实践操作、作品鉴定、竞赛、评比、汇报演出等形式展示，课程考查可采用考试、论文、实验、调研报告、作品等多种形式，成绩以等级呈现，要防止单一以笔试成绩作为评价的唯一依据的做法，特别要注意在学习过程中利用评价手段，促进学生发展特长，激励学生不断进步。

三、育人探索案例

案例　水循环——以我校2016年夏季校园内涝为例
——基于校园资源的校本课程与国家课程深度融合实践探索

（一）案例说明

作为武汉市首批海绵学校，2017年我校海绵校园工程竣工，校园应对洪涝的能力得到了显著提高，这些都是发生在学生身边的事情。校本课程中的“海绵学校”内容部分选取的对象就是我校校园，海绵校园本质上影响的是水循环的过程，这一点也刚好和国家地理课程人教版必修一章节中的“水循环”是对应的，为此，以我校海绵校园为载体，将校本课程与国家课程进行了有机结合，形成了本案例。

（二）案例描述

1. 片段一：2016年校园特大内涝是区域内人地关系失衡的表现

探究活动一：运用水循环原理，探究校园内涝的原因。

育人契合点：

选择校园这一熟悉的情境来激发学生的探究欲望，由微观到宏观，从校园、市域、流域三个层级来分析2016年校园内涝这一具体地理现象，同时拓展到城市内涝，帮助学生建立了内涝与洪涝之间的关系链，培养其综合思维素养，养成要从区域的角度认识地理现象，完善区域认知素养的培养。

通过对内涝的探究，使学生明确引发城市内涝的原因很多，既有极端天气、地形等自然原因，也有围湖造田、地面硬化、排水管网老化等人为原因，究其根本在于快速城镇化的过程中忽略了对“城市病”的预防，其本质是城市内部人地相争，导致水生态系统失衡的现象。

通过对内涝背后原因的深层次分析使学生理解城市是一个有机体，是人类利用、改造自然的产物。人口过快集聚，高楼、马路、水泥地不断扩张，虽然带来了生活的便利，但忽视排涝系统的建设，终究会给生活添堵。事实证明，在城市发展过程中，人类必须更新发展理念，尊重自然、顺应自然、保护自然，只有这样才能在面对内涝时，拥有更多空间和能力，最终帮助学生树立正确的人地观。

2. 片段二：如何才能告别校园“看海”？

探究活动二：讨论校园内涝的治理措施。

教师活动：引导学生提出治理建议，交叉探究，可以探究未调查项目；课前对学生进行分组，设定调查校园海绵设施的目标，指导学生制定调查方案，并对实践活动提供必要的帮助。

学生活动：合作探究，假如你是校长，请提出治理校园内涝可行性举措；小组代表汇报结果。（见图 18-11）

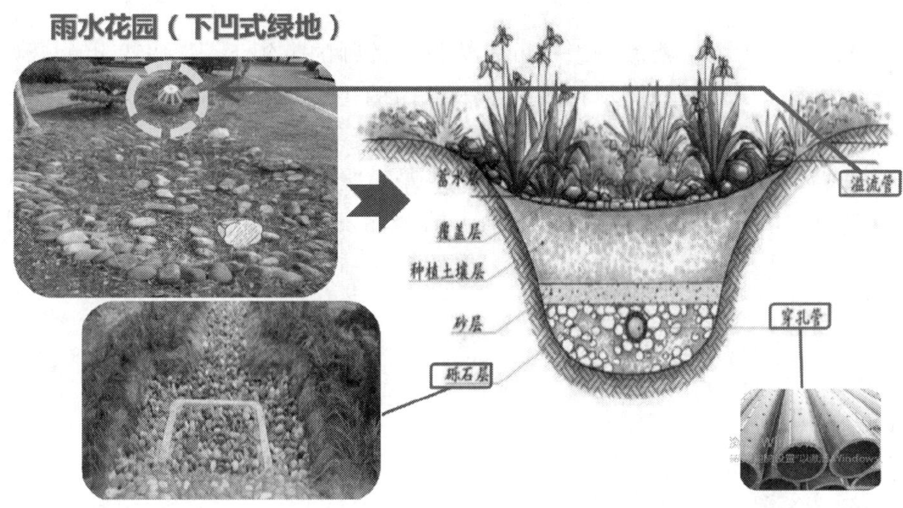

图 18-11　雨水花园示意图

育人契合点：

随着新课标的推进，高中地理更加重视对学生地理学科核心素养的培养，地理实践力是满足学生终身发展必不可少的素养，是地理学习中的重要能力。现阶段地理教学多偏重教材，学生缺少真实情境中的体验式学习，无法有效地培养地理实践力。在教学实践中，立足于校园地理资源的开发，引导学生对身边的地理现象进行观察探究，是当前落实地理实践力核心素养的重要途径，也是有效方法。

3. 片段三：校园内涝的总结与反思

结合我校校园 60 年的发展巨变，描述人地关系的相互作用过程，分析人地协调的重要意义。

育人契合点：

以校园内涝为主线，校史为时间轴，从校园面貌发展变化这一微视角感受人地关系的时代变迁，体会人地协调的重要性，建立正确的人地协调观。

（三）案例反思

本案例的教学设计遵循了以学生为主体，先学后教、以学定教的原则，突出了学生的自主学习。通过三个小组对校园海绵工程的调查，充分调动了学生学习的自主性，同时也突出了地理实践力，对于丰富地理课程内容、增强地理教学活力具有重要意义。从课堂效果来看，在教学中整合校园资源能够极大地激发学生的学习兴趣，充分发挥他们的主观能动性，是培养学生能力，提高学生素质，进而提高教育教学质量的有效途径。

基于校园资源的高中地理校本课程开发作为一种新兴的教学方法，在高中地理课堂中运用或许存在这样或那样的困难，但与传统的教学方式相比，它对激发学生学习地理的兴趣，提高学习主动性和自觉性，培养探索与创新精神等方面的地理学科核心素养具有巨大的优越性。从这一点来看，该教学方法值得广大地理教师在课堂教学中去尝试和探索。

第四节　校本课程“生命科学与品质生活”育人探索

武汉市第四十九中学生物教研组在万玉洁特级教师的带领下，从 1999 年就开始了生物校本课程的探索之路。从最初的屋顶花园到享誉省内的生物科技活动基地，从生物活动兴趣小组到全国闻名的中学生创新创业模拟公司，每一步都凝结着生物教研组全体教师的智慧与汗水。2015 年，武汉市第四十九中学正式实施校本课程“生命科学与品质生活”，在联系现实生活促进学生全面发展的基础上，积极实现学生的个性发展，在培育学生的科学素养和人文精神、创新精神，提升实践能力等方面进行了有益的探索，育人效果显著，在国内高中生物教育界产生了积极影响。（见图 18-12 和图 18-13）

图 18-12　校本教材《生命科学与品质生活》的封面

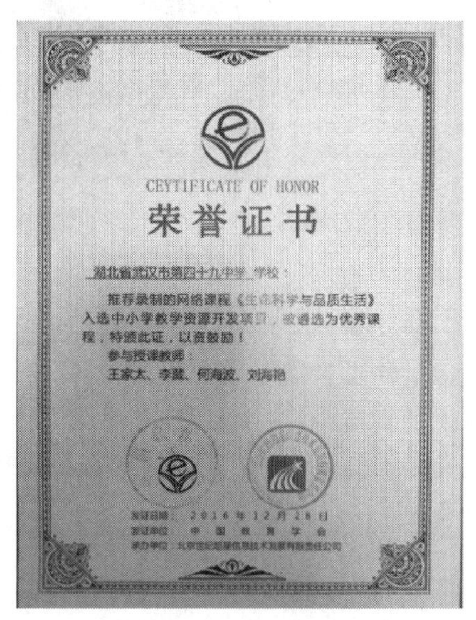

图 18-13　校本课程“生命科学与品质生活”入选中小学教学资源开发项目优秀课程

一、育人价值

“生命科学与品质生活”校本课程是以武汉市第四十九中学文化传统、现有课程资源为基础，以满足学生多样化个性发展为目的，依靠学校自身力量开发、开设的生物学课程。与国家课程相比，该校本课程更加关注独特性和差异性，在适应社会需求方面显得更加灵活，所以更能贴近学生的实际需要，更容易受到学生的欢迎和喜爱，因此在课程育人方面具有不可忽视的积极作用。

“生命科学与品质生活”校本课程在内容上凸显生活化、趣味化，能与现实生活紧密联系：有介绍护肤保健常识、制作常见护肤品的学习模块；有利用传统发酵技术制作腐乳、泡菜、葡萄酒的学习模块；有美化环境，欣赏与制作盆景的学习模块……这些内容与生活实际密切结合，实用性强，可现学现用，学生的学习兴趣高、热情足。（见图 18-14 和图 18-15）

图 18-14　学生制作洁面慕斯

图 18-15　学生销售自制的护肤品

在“生命科学与品质生活”校本课程的学习中，学生还组建了新枫学生模拟公司，对制作的产品进行销售。

学校专门开设了售卖“生命科学与品质生活”校本课程中制作的生物产品的无人自助小超市，成为打造诚信教育的新窗口。（见图 18-16）

图 18-16　学生管理无人自助小超市——“诚信之屋”

“生命科学与品质生活”校本课程还为学生提供了丰富的社会实践舞台，学生的视野得到拓展，社会责任感得到提升。（见图 18-17）

因此，“生命科学与品质生活”校本课程在对学生进行动手实践能力培养、提升社会责任感、促进团队意识与合作精神的形成、进行科学精神和科学态度教育、进行爱国主义教育、进行建设“健康中国”和“美丽中国”的理念教育等方面具有很强的目的性和针对性，育人价值大，育人效果好。

学生接受记者采访

校园助学—吕向东校长代表学校接受新枫公司捐款

在中英文化盛典活动中，学生与英国前首相特雷沙·梅面对面交流

参与青年志愿者活动，进行产品义卖

图 18-17 丰富的实践活动

二、育人实施建议

校本课程实施既是校本课程方案的落实过程，也是学校和教师在执行课程方案的过程中，根据实际情况对课程进行调适的过程，是实现校本课程育人目标的手段。为保证校本课程的育人效果，在课程实施中，提出以下实施建议。

1. 思想要重视，管理要有效，保障要有力

校本课程的开发、开设与实施，与学校领导、教师的教育观念密切相关，因此思想认识是校本课程育人的前提。学校领导层高度重视“生命科学与品质生活”校本课程的建设与实施，建立主管教学校长→教导处→生物教研组→校本课程教师的四级责任体系，有效监督课程的实施与评价过程。学校积极改善硬件设施，近几年来因地制宜建设了现代化的生物实验室、植物组织培养实验室、循环经济室内生物园，扩建了500平方米的室外生物园，一流的硬件条件为生物校本课程的实施提供了坚实的基础。另一方面，学校将生物校本课程列入课表，利用高一、高二年级每周的选修课进行教学，每学期的学生实验经费中都有生物校本课程的专项开支，用来购买各类原材料以保障各种实践类课程的正常开展。

2. 学习方式上强调灵活性、重视探究性

课程实施不仅是教师教授的过程，也是学生学习的过程。改变传统的被动接受式学习方式，倡导主动学习、合作学习、探究学习对落实生物学课程育人目标中的科学探究、科学思维、合作精神等具有积极作用。

在“生命科学与品质生活”校本课程中，不同模块的学习内容有不同的学习方式。如，模块一“生物化学在生活中的应用——护肤品的制作”主要采用“翻转课堂”教学模式，学生先利用寒暑假、周末等课外时间，通过电子教材、在线微课、视频演示进行线上慕课学习，合格后再利

用选修课等时间进行线下动手实践制作；模块二“微生物在生活中的应用——传统发酵技术的应用”主要是结合生物学的课堂教学，学生在课外动手制作泡菜、腐乳等，并在真实的制作过程中探究、总结影响产品品质的因素，进而改进自己的制作技术。

3. 学习过程上强调实践性、重视综合性

在“生命科学与品质生活”校本课程中，很多课程模块都是基于项目的学习。学生利用生物学知识和技术从无到有地设计、生产出相关产品，并进行包装与销售。在这种真实的情境中，让学生进行职业体验，从而为他们的终身发展打下坚实的基础。这样的学习综合性强，完成一个具体的项目需要涉及方方面面的知识和技能，从而打破学科界限，多元化的学习使课程育人效果全面而显著。

三、育人评价

生物学校本课程的育人评价应以学生发展为本，促进教师的教和学生的学。在评价中应注意以下几个方面：

1. 评价内容全面化

课程的育人效果评价要围绕生物学学科核心素养的四个方面进行，要注意形成性评价与终结性评价的结合，即不仅要关注学生获得了什么，而且应该记录学生参加了哪些育人活动、投入程度如何、在育人活动中有哪些表现和进步等情况；动态观察学生在育人过程中的表现，细心了解其内心活动的变化，记录学生的每一点进步，并与过去的相关记录进行比较。

2. 评价方式多样化

课程的育人评价要对形成性评价和终结性评价给予同等重视，使发展变化过程成为评价的组成部分。教师要在育人活动的全过程采用多样的开放式的评价方法，如从理论学习表现、动手操作、行为表现等多方面评价学生。

3. 评价主体多元化

学生要参与育人过程的评价，进行自我评价和同学之间的互评；还可以请家长共同参与，使评价成为教师、学生、家长共同交流的活动。

四、育人探索案例

案例一　纸上得来终觉浅，绝知此事要躬行
——在劳动实践中进行校本课程育人

（一）案例说明

爱因斯坦说过，用专业知识教育人是不够的，通过专业教育，他可以成为一个有用的机器，但是不能成为一个和谐发展的人。人民教育家陶行知先生更是指出，道德是做人的根本，没有道德的人，学问和本领愈大，为非作恶的能力愈大。

如何让教育回归本质，使“育德”与“育智”彼此交融、相互促进呢？在“生命科学与品质生活”校本课程实施过程中，我们将学生组织起来成立新枫公司，在劳动生产实践中进行课程育人，是一种值得推广的尝试。

（二）案例描述

1. 片段一：整地的初体验

五月正值谷雨时分，是农民插秧苗的时候。某个周一的中午，生物教研组负责校本课程的几位老师利用午休时间，带着十余位新枫公司的学生员工去室外生物园地整地，为插秧苗做准备。这是以前没有做过的事情，学生们显得很有兴趣。他们拿着铁锹，在老师的指挥下，先把地面上的杂草清除，然后翻地、灌水。由于工作并不复杂，加上这块地本身也比较小，整地的任务很快就完成了。但就在这片刻的劳动中，有两个同学的手上居然磨出了水泡。可是，他俩并没有抱怨。

育人契合点：

让学生走向户外，亲自去观察各种植物的生活环境，形成人与自然和谐共处以及可持续发展的观念。通过动手实践，体验基本的农耕操作，培养自觉劳动的观念。在劳动实践中进行学习，形成吃苦耐劳、不畏惧困难的优秀品质。

2. 片段二：挑战插秧

水田整理好了，老师们带着学生开始插秧。插秧需要脱下鞋袜，卷起裤脚，赤足走进水田的泥浆里进行——这让很多爱漂亮的女同学犯难。这个时候最能体现出榜样的带头示范作用。高二(1)班的沈畅立刻走了出来，表示他很想试试。赤脚站在泥浆中，在老师的指点下，只见沈畅躬身后退，一撮一撮很快插完了两行，看上去真像那么回事。有了沈畅的带头，其他男生也争着要体验。这样，在同伴的带动与鼓励下，终于有女生脱去鞋袜站在水田中了。

但学生们的劳动并不合格，大部分秧苗东倒西歪，有的甚至漂了起来。于是老师再次给学生们讲解插秧的要领："一次只分四、五根秧苗插入，要注意用手指保护根系。要将根插进土壤，否则秧苗会漂起来。回忆高一上学期学习的细胞呼吸内容，如果你插得太深，根系很难获得氧气，是不利于生长的。"这么一解释，学生将动作要领与已学过的生物学知识联系起来，就容易理解多了。(见图 18-18)

图 18-18 学生在进行农耕劳动实践

育人契合点：

在农耕劳动实践中观察、体会生物与环境的和谐关系，形成热爱生命的观念。在集体中、在榜样的引领下渗透劳动教育，增强学生的社会责任感。

（三）案例反思

高中生物学课程在道德教育中具有重要作用，特别是对学生进行生态文明教育具有得天独厚的优势，有利于引导学生树立尊重自然、顺应自然、保护自然的发展理念，养成勤俭节约、低碳环保、自觉劳动的生活习惯，形成健康文明的生活方式。但德育不能靠教师牵强附会地机械说教、生硬呆板地发号施令来强行施加给学生。结合学校条件，利用校本课程开展切实可行的劳动实践能实现润物无声式的课程育人。

案例二　抗击新冠肺炎，需要"健康宅"
——利用校本课程进行疫情期间的健康生活教育

（一）案例说明

从 2020 年 1 月 23 日武汉"封城"到 2020 年 4 月 8 日武汉解除离汉通道管控，有序恢复对外交通，历经 76 个日夜、1800 余小时的辛苦等待。在抗击疫情最艰难的日子里，大多数人遵守严格的居家隔离管控措施，在家娱乐、在家学习、在家工作。对于学生而言，长时间在家进行网络学习，存在用眼过度、缺少体育运动的弊端。如何确保"健康宅"？生物学校本课程在这里大有可为。

（二）案例描述

1. 片段 1：疫情期间的特色食物——学做好吃又健康的泡菜

疫情期间，由于交通管控等各种防疫措施，使得居家隔离的人们买菜非常困难。通过团购买到一大堆青菜，却高兴不起来：这么多蔬菜该怎么存储呢？做成泡菜就是一个不错的办法，更何况学做泡菜本身就是"生命科学与品质生活"校本课程的学习内容。于是，老师在线传授制作泡菜的方法，有的老师还录制了自己在家制作泡菜的视频供学生参考学习。（见图 18-19）

图 18-19　学生学做泡菜

一周后，教师组织学生在线评价自己制作的泡菜。不少同学制作成功，有同学得意地介绍道："没想到我第一次做的泡菜，居然很受欢迎。那酸脆的味道非常开胃，我妈妈都表扬我啦。"

也有同学制作失败。但大家相互交流,分享经验,让制作失败的同学充满信心,马上开始新的尝试。

2. 片段2:居家也要锻炼

锻炼身体,提高自身免疫力是维持健康的内在保障。可很多学生宅在家里不愿意运动,加上网络学习,长时间久坐,用眼疲劳,学生的健康状况让人担忧。

首先,教师在网络召开学生会议开展讨论:居家隔离,运动有必要吗?

这个问题的答案是显而易见的,大家都认同需要运动。可在家里能开展什么运动呢?教师抛出这个问题征集大家的建议。学生的热情慢慢被调动起来:有的建议跳绳,有的提出做仰卧起坐,有的建议做操,有的建议跳舞……

用什么措施监督每个同学进行运动呢?这下大家陷入了沉思。终于,有同学提议:“上传每日运动视频。”这样,居家锻炼的制度就建立起来了。每天,大家按时做眼保健操,做课间操,做自己喜欢的体育运动,并录制视频上传班级群。刚开始,还有同学不习惯,还有家长不能及时上传运动视频。但这个制度还是坚持了下来,越来越多的家长都按时上传孩子的运动视频,居家锻炼的习惯也慢慢养成了。

育人契合点

学习制作泡菜,能合理存储蔬菜,有利于学生家庭度过抗疫的特殊时期;体会制作泡菜的乐趣,提升生活技能,学会合理膳食,有利于增强学生体质。通过网络讨论,让学生理解居家锻炼的意义;发挥民主,尊重学生的建议,选择学生易于接受的锻炼方式和管理方式;通过居家锻炼,让学生逐步形成健康的生活方式。

(三)案例反思

毛主席说过:“身体是革命的本钱。”也正是因为始终坚持把人民群众的生命安全和身体健康放在第一位,守护好人民群众的生命健康,党和国家才不惜一切代价全力抗击疫情。居家隔离是抗疫的重要措施,校本课程在教育学生形成健康的生活方式和养成合理饮食习惯等方面发挥了积极作用。

通过教学生自制泡菜、葡萄酒等发酵产品,让学生掌握更多的生活技能,并引导学生关注食品安全,维护身体健康。通过教育学生积极开展体育锻炼、合理用眼,切实保护学生的身体健康,并引导学生逐步形成良好的生活习惯。健康的居家生活不仅能提高学生自身的免疫力,有效防止疾病的侵入,更重要的是学习了健康生活的知识,了解健康生活的具体做法,从而逐步养成健康的生活方式,受益终身。

第十九章 课程育人研讨和报道

第一节 学校德育节活动概述(2016—2019 年)

我校“德育节”活动是在教育改革的大背景下，根据《国家中长期教育改革和发展规划纲要》《中小学德育工作指南》《关于新时代推进普通高中育人方式改革的指导意见》等相关文件精神，以学校主体间性教育思想为指导，以培育学生核心素养，创新德育工作思路，促进德育队伍专业化发展为目标的综合性德育活动，也是学校年度德育工作的评价性展示活动。每届“德育节”活动均有学科课程育人的环节，我们邀请分管教学的学校领导、教研组及优秀的科任教师分享学科课程育人经验。

一、2016 年德育节：弘扬人文精神，全面提升学生核心素养

——武汉市第四十九中学成功举办首届德育节德育论坛

2016 年 3 月 19 日至 20 日，我校首届德育节德育论坛暨第三届全国班级文化论坛顺利开幕。来自全国各省市近 400 名代表齐聚四十九中展开了为期两天的论坛交流活动。

本次论坛主要围绕“班级文化建设和班级管理方法”主题，来自国内不同省份的专家、学者、教师，分享了他们在教育教学过程中的宝贵经验和有效措施，报告内容既有丰富的教学管理理论，又有很多接地气的教学方法，一场场精彩的报告让与会老师收获丰富，回味无穷。

论坛交流期间，许多教师代表慕名来到我校新枫学生模拟公司的生产车间(生物技术实验室、植物组培实验室)一探究竟，体验精油手工皂的制作流程。新枫员工全程讲解指导，参会教师兴趣盎然地积极参与体验，他们表示：“高中生创业从前想都不敢想，四十九中的新枫公司真的让我们大开眼界，让我们看到了新时代下高中生的精神风貌，相信在多种形式的课程文化活动中收获的历练是再多的课堂教学都无法给予的，四十九中这种开创性的教学模式值得我们所有学校借鉴。”(见图 19-1)

新枫学生模拟公司是我校生物学课程育人的重要典型，生物学科教师结合学科特点精心组织、开发，利用学科教育平台、实践基地，全面提升学生核心素养，充分展示了生物学课程育人的重要价值。

本届德育节从 2015 年 12 月开始，到 2016 年的 3 月结束，共有读书分享会、学生会干部直选、班主任风采展示、主题班会比赛、德育论文评比、先进班集体评比、优秀班主任评比、“叙师生情、逐新年梦”元旦联欢、德育论坛等九项活动。首届德育节闭幕式还集中颁发了德育节活动中的各种奖项。

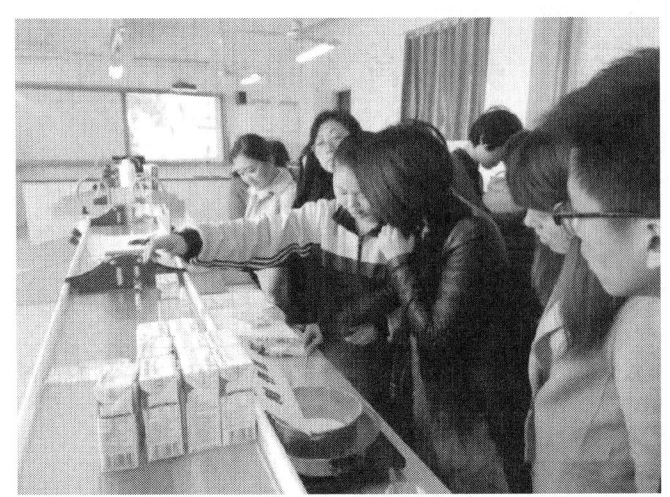

图 19-1　参会教师在我校学生指导下体验精油皂制作

二、2017 年德育节:培育学生核心素养,提升人文德育品质

——武汉市第四十九中学成功举办第二届德育节德育论坛

2017 年 2 月 9 日下午,我校成功举办了第二届德育节德育论坛活动。本次论坛以“培育学生核心素养,提升人文德育品质”为主题。中国教育后勤协会副会长钱昌炎,中国教育报刊社湖北记者站站长黄兴国,华中师范大学学校文化研究中心专家委员会主任向三久,湖北省学校文化研究会副会长赵家明,湖北新民教育研究院院长刘勇等领导专家出席了本次论坛。

德育论坛首先对 2016 年区校优秀班主任、德育节论文、优秀学科育人案例等各类德育先进进行了表彰。罗义生、胡慎友、杨桂香、侯桂骅、刘娟、王倩共六位优秀班主任及学科课程育人教师代表进行了交流发言,尽管时间不长,但大家都立足最新的、最前沿的德育理念、思想,从不同的角度谈到了对核心素养的理解,也都结合班级管理、学科课程育人实践,介绍了自己的带班、育人经验与体会。

论坛还邀请魏志平、高礼斌两位功勋老师,周明、张凤、吴连兵等名优班主任代表、优秀学科育人教师代表进行了一场高质量的专题对话讨论。对话以“从学生在校使用手机现象,谈德育常规管理与学生核心素养的培养”为题,几位老师各抒己见,讨论热烈。最后郑中海书记进行了总结,提出了几个问题,供老师们进一步思考。关于学生在校使用手机的问题,作为班主任要加强对学生的教育引导,既不放任自流、不问不管,也不能因噎废食,一味禁止,而应该因势利导,引导学生增强责任意识,提高学生的自我管理能力。只有这样,我们的德育工作才能服务于学生核心素养的培养,服务于学校人文德育品质的提升。(见图 19-2)

中国教育后勤协会副会长钱昌炎做了指导发言。钱会长介绍了自己五十多年前和四十九中的交集故事,肯定了我校德育工作取得的成果,也对所有的德育工作者、后勤服务者提出了做好工作,要有“十心”的勉励。

吕向东校长最后对论坛做了总结。吕校长对领导和专家的指导表示感谢,对论坛的交流和对话进行了精辟的点评,也结合 2017 年感动中国人物,提醒老师们做好细节,服务学生,共

图 19-2　班主任代表、学科教师代表展开育人对话

同打造四十九中人文德育品牌。

学校从 2016 年开始每年都要举办一次德育论坛，为班主任提供自我展示的平台。同时，促进相互学习与交流，提升学校德育水平。活动开展以来，从主题的选定、人员的落实、材料的组织和准备、活动的开展等方面都做了明确的要求。本次德育论坛是学校 60 周年纪念活动的一部分，也是继 2016 年学校成功承办第三届全国班级文化论坛之后，又一次成功的德育研讨。

三、2018 年德育节：做新时代有温度的教育者，践行立德树人根本使命

——武汉市第四十九中学成功举办第三届德育节德育论坛

2018 年 3 月 9 日下午，在我校人文讲堂里，春意融融，武汉市教科院德育研究室主任王一凡与学校全体教师、青山区内外相关学校干部、教师代表及部分家长代表齐聚一堂，探讨有温度的教育良策，为各位德育人进一步提升立德树人的本领支招。这是当日学校以“做新时代有温度的教育者，践行立德树人根本使命”为主题的第三届德育节德育论坛上的一幕。

我校坚持以党的十九大精神为指导，在教育的新时代，营造德育工作的和谐环境，积极引导广大教师进一步创新德育工作新思路，在学校形成全员育人、全程育人、全方位育人的德育工作格局，不断提升德育工作者自信，促进德育队伍专业化发展，助推四十九中人文特色发展，让每个学生都能努力成就最好的自己。

在论坛的交流环节，科任教师代表李葳老师以《打造德育渗透新平台，培育新时代高中生》为题，介绍了生物学科利用“室内循环生物园地”“新枫学生模拟公司”等平台积极开展学科课程育人的经验和成果（见图 19-3）。此外，胡胜杰老师以《以人为本，“无为”治班，做有温度的班主任》为题，刘毅老师以《立足服务育人为本，谱写人文德育新篇章》为题，学生家长代表何俊敏女士以《同心同行，共赴未来》为题，陈俊才老师以《迈步教育新征程，书写杏坛新篇章》为题，分别从班主任、科任教师、后勤服务人员、家长及专职德育工作者的不同层面分享了他们合力育人的典型做法。

随后，举行了第三届德育节征集优秀班级、学科育人论文、案例，班主任演讲比赛，主题班会比赛、优秀班主任和第三届德育节年度班主任评选的颁奖活动。经过全校师生评选，罗秀芳老师获得年度班主任奖，高礼斌、聂勉、张国圣、朱一军、胡慎友老师获得年度班主任提名奖。

图 19-3　李葳老师做学科课程育人交流

武汉市教科院德育研究室王一凡主任，青山区教育局丁华锋副局长、孙丹科长，四十九中吕向东校长、柯汉阳副书记、伍代雁副校长、胡正茂副校长等领导为老师们颁奖。

在有温度的德育故事讲述环节，学校团委书记晏如老师请教了特级教师、学科育人教师代表陈松德老师，新晋年度班主任罗秀芳立德树人的心得。作为特邀嘉宾，武汉市教科院德育研究室主任王一凡进行了精彩的点评，充分肯定了四十九中在新高考走班制背景下，从立德树人和德育渗透方面，对培养什么样的人、如何培养人的问题做了深度而有意义的思考。

吕向东校长向莅临学校的专家、来宾的指导表达了衷心感谢，向取得成果的各位班主任、科任教师致以祝贺，向全体德育工作者表达了敬意，并对本次德育节和德育论坛做了总结。他希望全体教师共同担负起落实立德树人的根本任务，着力培育有理想、有本领、有担当的青年一代，引导他们在实现中国梦的实践中放飞青春梦想，在为人民利益的不懈奋斗中书写人生华章。

四、2019 年德育节：开启教育改革新征程，做好人文德育追梦人

——武汉市第四十九中学成功举办第四届德育节德育论坛

2019 年 7 月 8 日下午，武汉市第四十九中学成功举办了以“开启教育改革新征程，做好人文德育追梦人”为主题的第四届德育节德育论坛活动。

我校德育工作坚持以习近平新时代中国特色社会主义理论和党的十九大以来历次代表大会精神为指导，在教育的新时代，在新课改、新高考背景下，进一步创新人文德育工作思路，强化班级文化建设，加强学科课程育人研究，让每个学生都能成就最好的自己，助推四十九中人文特色发展。

学校党委书记胡正茂在大会上致辞，对到场的领导、来宾表示感谢，并从“德育工作者要树立高度责任感”“德育工作者要立德树人，将社会主义核心价值观贯穿教育之中”“德育工作者要加强学习，提高自己教育能力”三方面，详细阐述了在教育改革过程中，德育工作者包括班主任和学科教师应该具备的几点担当。

随后，举行了 2018 年各类德育先进表彰，对德育节论文、学科课程育人案例、主题班会比赛、班主任演讲比赛等多个活动进行颁奖。

在随后的论坛交流环节，我校班主任代表张宗炳老师、王罡老师、罗秀芳老师，学科课程育人教师代表段银枝老师、年级德育管理者聂勉副书记进行了交流发言。他们分别结合自身班级管理实践，介绍了自己的德育工作心得、体会。

段银枝老师从高度、力度、精度、广度、温度等五个方面介绍了优秀思政课和思政课老师应具备的基本要求。（见图 19-4）

图 19-4　段银枝老师做学科课程育人交流

本次特邀嘉宾，麻城实验高中何早松副校长也为我们介绍了学校管理的经验。从常规管理和德育培养两个方面介绍了麻城实验高中德育工作的开展情况与成效。其“让阳光普照每一个孩子，使雨露滋润每一位学生”的理念深入人心。

德育沙龙环节，在团委晏如书记的主持下，麻城实验高中政教处汪宏潮主任、年度班主任张凤老师、市功勋班主任高礼斌老师、市百优班主任胡慎友老师，及我校学工处李荣主任一起，就“新课改、新高考背景下，如何构建校本化的德育全面培养体系”进行了专题探讨。几位老师主要就如何培养学生的综合素质，强化学科课程育人，特别是围绕如何加强学生的体育锻炼、美育和劳动教育工作发表了自己的看法。

吕向东校长做总结讲话。吕校长肯定了我校德育工作取得的成绩，也结合新时代教育改革发展方向，勉励全体老师认真学习近期国家发布的教育改革相关文件精神，思考探索全面培养学生综合素质的方法、途径。在教育改革的新征程中，努力建设更好的人文四十九中，为人文德育的发展做出自己的贡献。

第二节　课程育人论文选编

论文一：通过“探寻英雄城市的历程”主题班会课谈学生家国情怀的培养

张宗炳

岁末年初，新冠疫情暴发，一场力度空前的疫情防控阻击战全面打响。我们的社会，应该怎样提高"免疫力"？我们的国家，又如何在磨难中砥砺成长？在这场正在进行的没有硝烟的战争中，我班组织召开了"探寻英雄城市的历程"空中主题班会课。本次班会课从高二历史选考班学生的实情与特点出发，将思想政治教育与学科素养培养相结合。班会通过引导学生一方面反思这次来势凶猛的新冠疫情，一方面回顾武汉英雄的历程，着力加强对学生的爱国主义与英雄主义教育，帮助学生构建正确的世界观与人生价值观。爱国主义是中华民族最重要的精神财富，也是中华民族团结奋斗、自强不息的精神纽带。通过这次抗击疫情，培养学生爱国爱民的责任意识和家国情怀。通过英雄主义教育，培养学生胸怀天下、勇敢无畏、光明磊落的品质，充分获得道德生命成长所需要的营养。特殊时期的主题班会，把平静的德育工作变成了正能量沸腾的"空中课堂"。

班会先以播放短视频《英雄之城》导入开始。浩浩长江水，见证着武汉这座英雄城市的不屈不挠；巍巍黄鹤楼，铭记下武汉人民的众志成城。很多年后，当人们回望抗击新冠疫情这场战"疫"，一定会想起2020年初武汉关闭离汉通道那个遥远的日子。随着关闭而开启的不是魔幻现实主义的剧情，而是一场疫情防控的人民战争。武汉，是这场战争的"风暴之眼"。钟南山院士曾热泪盈眶地说："武汉是能过关的，武汉本来就是一座英雄的城市"。这节班会课主要从历史学科视角的四个方面探寻武汉——这座英雄城市的历程。

一、从地理文化探城市渊源

在古代，武汉因循长江水道而行，南援三洲，北集京都，上控龙板，下接江湖，享有"九省通衢"的美誉。古语有云："行遍天下路，唯有武昌好过渡"。李白曾有诗《与史郎中钦听黄鹤楼上吹笛》："一为迁客去长沙，西望长安不见家。黄鹤楼中吹玉笛，江城五月落梅花"。从此，"江城"就成了武汉的别称。武汉是一座历史之城，3500年前的商王朝在这里建成盘龙城；春秋战国，俞伯牙与钟子期在武汉相遇，"高山流水遇知音"，这便是汉阳古琴台的来历。得益于武汉的地理位置，文人墨客频频在此处引来送往并留下诸多作品，其中最出名的当数李白，在武汉送别友人的次数高达十几次。崔颢的七言律诗《黄鹤楼》更是使武汉的声名远扬海内外。优越的地理文化环境，孕育了武汉这座城市渊源的内涵。

二、从辉煌历程看城市丰碑

在武汉这块土地上，谱写了许多光辉的篇章。南宋抗金英雄岳飞驻守鄂州8年，从这里兴师北伐。清末时期，武昌打响辛亥革命第一枪，终结2000多年的封建帝制成立了"中华民国"。抗日战争初期的武汉会战，是中日双方规模最大的会战，中国军民血战4个多月伤亡40万人。当时很多有识之士，都提到武汉会战对于中国抗战的巨大意义。毛泽东曾在信中写道，"虽顽寇尚未戢其凶锋，然胜利之始基，业已奠定，前途之光明，希望无穷。"1998年武汉特大洪水，"人在堤在！"那种万众一心众志成城抗击洪水的誓言，是武汉人民用血肉之躯筑起钢铁长城对抗自然灾害的不朽丰碑。2020年初，一场来势凶猛的新冠肺炎疫情在武汉爆发并随即席卷全国，中国人民迅速开展了一场全民参与的疫情防控阻击战。"有一座城市，叫众志成城。"武汉人民抗击疫情的恢宏画面，甚至令世界卫生组织赴中国考察专家组负责人布鲁斯·艾尔沃德动容而感慨地说："我觉得全世界真的欠了武汉人民的情"。武汉抗击疫情展现了团结的中国、强大的中国、有爱的中国，彰显了爱国主义精神的中国。武汉战"疫"，体现了中国特色社会主义制度集中力量干大事的优越性，这无疑是一堂鲜活生动的爱国主义教育思政课。

三、从英雄辈出寻城市精神

“天上九头鸟，地上湖北佬”，其实九头鸟的本意并不是一个贬义词，楚人崇凤，有着九头的瑞鸟凤凰是湖北荆楚文化最早的信仰图腾，而九头鸟的精神就是敢为人先、追求卓越。中国工程院原院长两弹一星功勋奖章获得者朱光亚，也是武汉人，他留学美国并获得密歇根大学博士学位，当他收到祖国的召唤时毅然放弃海外优厚的薪资，第一批回国成为中国原子弹技术领导人。网球名将李娜，赛场上奋力拼搏，多次逆境反转，这就是武汉人不服输的精神体现。从不畏惧，永不退缩，这就是武汉人的基因。2018 年 8 月 20 日，受台风“温比亚”过境影响，中国船舶重工集团第七六〇研究所国家某重点试验平台出现重大险情，危急关头，该所副所长黄群带领 11 名同志组成抢险队，后被巨浪卷入海中英勇牺牲。黄群是新时期共产党员的优秀代表与时代楷模。武汉自古以来就是兵家必争之地、各路英雄汇聚之地，而这次抗击新冠病毒的主战场又是武汉，抗击疫情就是和平时代的战争，英雄的武汉在党中央的英明领导和全国人民的大力支持下，没有打不赢的战役，没有过不去的坎。疫情无情人有情，各界人士踊跃捐款捐物，更有冲在疫情最前线的白衣天使夜以继日地辛苦付出，有的甚至献出了自己宝贵的生命。习近平总书记在湖北省考察新冠肺炎疫情防控工作时说“在这次抗击疫情斗争中，武汉人民展现出了不怕牺牲的精神、勇于担当的精神、顾全大局的精神，还有甘于奉献的精神。这些精神都是中华民族精神的重要体现，武汉必将再次载入英雄史册!”

四、从历史发展绘城市未来

因得天独厚的地理位置，武汉的水陆空交通发达；占尽天时地利，大武汉崛起水到渠成。明代时期，码头上商队频繁往来商贸汇聚，汉口一跃成为中国内陆最大港口。晚清洋务运动时期，张之洞大笔一挥，汉阳铁厂和湖北枪炮厂等相继创办，1893 年武汉成为亚洲第一座工业化城市，论当时的规模，汉阳铁厂世界排名第二，在近代史上它被誉为“亚洲第一雄厂”。清末的武汉是国内唯一比肩“大上海”的商贸大都市，1917 年，孙中山在《建国方略》中为武汉勾勒出宏伟蓝图“略如纽约伦敦之大”。改革开放初，汉正街“敢为天下先”，荣登全国小商品市场第一街，拉开了我国城市商品流通体制改革的帷幕。如今，武汉光谷，代表中国光电子科研和生产尖子生，挺进光纤光缆生产规模的全球第一。2018 年，武汉的科研能力全球排名第 19 位，中国第 4 位。21 世纪的武汉再次被推上全球舞台，必将和正在影响着世界新格局。

这节班会课，从地理、政治、文化与经济四个方面探寻了武汉这座英雄城市的历程，同时也对学生进行历史学科核心素养家国情怀的培养。学生认识到，古往今来，史书万卷皆“家国”，家国情怀成为中国人联系家与国之间的重要情感纽带，形成了中华民族以“家国一体为重要特征”的爱国主义优良传统，对中华民族的影响弥深久远。每个时代都有其家国情怀的历史担当精神：“先天下之忧而忧，后天下之乐而乐”“天下兴亡，匹夫有责”“家事国事天下事，事事关心”，形成了中华民族家国情怀的一座座历史丰碑。

教育，就是一种成全！历史的诗意与远方，尽在追求中。在抗击疫情的战役中，将疫情变成教材，让学生在灾难中获得成长和历练，构建正确的世界观与人生价值观，真正与祖国一起成长，让不幸成为通向幸福的桥梁，努力成长为担当民族复兴大任的时代新人。

论文二:在疫情防控背景下通过班级活动课发展学生核心素养

薛国凤

核心素养是指学生适应终身发展和社会发展需要的必备品格和关键能力。中国学生的核心素养由三大领域构成:文化基础、社会参与和自主发展。

一场突如其来的新冠肺炎疫情打乱了全国大中小学生的学习和生活。这一特殊背景,为学生成长提供了非常难得的教育素材。如何引导学生构建全新的班级生活、将发展学生的核心素养贯彻到底?成为班主任需要审慎面对的重要议题。

一、文化基础——人文底蕴,科学精神

核心素养中文化基础的目的是让学生通过学习掌握和运用人文、科学等各领域的知识和技能,发展成为有深厚的文化基础和更高精神追求的人。

2020年2月3日,习近平总书记召开中共中央政治局常务委员会会议,提出的"坚定信心、同舟共济、科学防治、精准施策"疫情防控工作十六字要求中,科学防治是重要内容。会议强调战胜疫情离不开科技支撑,要加大科研攻关力度,科学论证病毒来源,尽快查明传染源和传播途径,密切跟踪病毒变异情况,及时研究防控策略和措施。

面对疫情,作为班主任的我首先向学生及时普及了关于"新型冠状病毒"的知识,让家长和孩子对此次疫情有正确的认识,有利于家长和学生正确应对疫情。如:要做好自我防护和居家隔离,外出戴口罩、勤洗手、不聚众、减少流动;对于各种谣言,要能别辨真伪,保持理性等。其次,将防疫期间科学家的理性面对与科研攻坚的信息实时分享给学生,引导学生更加客观、科学地关注疫情发展的过程,使学生在亲身经历疫情及抗疫的过程中体验人类对于未知世界的探究过程,将求真求实、勇于探索的科学精神内化为学生的人文底蕴。

二、社会参与——责任担当,实践创新

核心素养中社会参与的目的是让学生成为有理想信念、敢于担当的人;处理好自我与社会的关系,培养社会责任感、道德准则和行为规范,提升实践和创新能力,实现个人价值的同时,推动社会发展进步。疫情期间,作为班主任积极组织学生关注、参与抗疫活动,培养学生的社会责任感。

疫情发生以来,习近平总书记亲自进行指挥和部署,2020年3月10日亲临武汉考察防疫工作。人民解放军闻令而动,积极响应,广大医务工作者纷纷请战、日夜奋战在抗击疫情的第一线,疾控工作人员、社区工作人员等都坚守岗位、日夜值守,全国从上到下各级党组织和广大党员、干部冲锋在最前面。新闻工作者不畏艰险、深入一线,志愿者们真诚奉献、不辞劳苦,有的甚至献出了生命。疫情面前,每个人都在无怨无悔地履职尽责。这段时间,我和学生一起开展了给奋战在一线的医务人员写一封信,给钟南山、李兰娟等英雄们写颁奖词等活动表达学生的感恩之情。对有家长在前线抗疫的同学,通过打电话、发短信、微信等方式与他们交流,给他们以必要的帮助。用自己的尽职尽责给学生做好榜样。召开"国家有难,我们普通人应该做些什么"主题班会,引导学生思考:作为一名中学生,我们肩上的责任是什么?

2020年1月23日,国家一声令下,武汉这座一千多万人的城市"封城",最有效地控制住

了传染源；成千上万人在春节期间争分夺秒，10 天建成了有 1000 多个床位的火神山医院，12 天建成了雷神山医院；大量的物资从祖国各地一批批调配到武汉；海外的同胞也将大量物资寄回祖国；全国各地齐心协力采取有效措施控制疫情蔓延，工作落实到户，责任精准到人。与后期海外各国对疫情的处理方式相比较，没有哪个国家可以有中国这样的方式和效率。通过举办每天的课前 5 分钟“新闻播报”，将这些信息及时分享给学生，让同学们更加爱国、爱党、爱人民，从而树立为人民、为国家做出贡献的崇高理想信念。

这次疫情，海外很多国家也向我们伸出了援助之手。日本是第一个向中国输送援助物资的国家；2020 年 1 月 30 日韩国外交部决定向中国提供价值 500 万美元的紧急援助物资；2 月 5 日俄罗斯派来了首个来华开展疫情防治合作的外国专家团；还有英国、德国、巴基斯坦等国家也都纷纷给我们国家以援助。2 月 4 日，在北京举行的中国外交部例行记者会上，中国外交部发言人华春莹面对众多国内外记者说：“在当前抗击疫情的艰难时刻，我们对其他国家人民给予中国的同情、理解和支持表示衷心感谢。”针对此，我们班特意组织了一次“论人类命运共同体”研讨课，通过这样的活动，引导学生具有国际视野和国际理解，让学生具有全球意识和开放心态，真正理解人类命运共同体的内涵与价值。

三、自主发展——学会学习，健康生活

核心素养中自主发展的目的是让学生能够有效地应对复杂多变的环境，最终成就出彩的人生，成为一个有明确人生方向、有生活品质的人；重在强调学生有效管理自己的学习和生活、认识和发现自我价值、发掘自身潜力的能力。

2020 年 1 月 27 日，教育部下发《教育部关于 2020 年春季学期延期开学的通知》，开展在线教学是保障学生有学可上的有效措施。学生由在校学习变为居家学习，居家学习为自主学习提供了广阔的空间。自主学习是我们一直倡导的学习方式，这种学习方式在满足学习自由度、促进学生成长等方面有着独特的优势。在自主学习中，学生是学习的主体，在总体教学目标的宏观调控下，根据自身条件和需要，制定具体学习目标，通过独立地分析、探索、实践、质疑、创造等方法来实现学习目标。同时，也对学生提出了挑战，需要学生掌握多种学习技能和方法，具备自主制定学习目标、自我管理、自我监控、自我评价等能力。

作为班主任，我为学生提供了一些科学的自主学习方法，帮助学生适应居家学习；指导学生应用好在线平台的各项功能，积极进行师生、生生互动，提高学生的参与度；指导学生避免浅表学习，帮助学生形成自主学习能力，使学生能有效进行自我管理、自我监控、自我评价。

在指导学生形成自主学习能力的同时，我还注意指导学生养成健康良好的生活习惯，鼓励学生每天早晨 7 点 20 穿戴整齐开始一天的学习；组织学生每天定时做眼保健操，保护视力；开展体育运动比赛，提倡学生每天至少 1 小时室内体育锻炼，提高免疫力；举办了“家务劳动小能手”活动，希望同学们积极承担家务劳动，提高自己的生活自理能力、动手能力和劳动技能。

在这场没有硝烟的战“疫”中，教师就是学生心中的“定海神针”。只要我们做好足够的思想准备和能力储备，坚守以学生核心素养发展为中心的理念不变，一定能取得成效。相信在党中央的领导下，众志成城，我们一定能够打赢这场疫情阻击战，各种问题都能得到有效解决。

论文三:通过历史学科和班会课的有机整合探索课程育人

张琛

2020年伊始,新冠肺炎疫情改变了所有人的生活节奏,也成为党和各级政府关切的头等大事。疫情之下,一线医护人员的无私奉献、各条战线的执着坚守、一方有难八方支援的守望互助,引发无数人的心灵共鸣。这场举国抗疫的鲜活实践,是一部深刻而生动的爱国主义教材,是一场值得学生好好学习的人生大课。

作为班主任,我们更应该和每一位学生及其家长一道,风雨同舟,携手共进,把这场战“疫”作为开展爱国主义教育、制度优势教育、生命教育的教材,帮助学生构建正确的世界观、人生观、价值观,培养学生坚韧不拔、从容不迫、爱国爱民的奋斗精神和家国情怀,真正与祖国一起成长。这是教育的本质,也是我们不懈的追求。

一、依托历史教学和主题班会,开展爱国主义教育

爱国主义是中华民族精神的核心,爱国主义的本质,是坚持爱国和爱党、爱社会主义的高度统一。世界上没有第二个国家,有上下数千年的纵深,五十六个民族的宽广;世界上也没有第二个文明,可以历尽劫难,却生生不息。作为一位历史老师兼班主任,在上次班会课上,我和同学们就以“劫难中成长起来的中国”为主题,一起就我国从1840年以来的历史做了回顾。

从1840年中国近代史的开端,同学们感受到一代代慷慨悲歌之士、忧国忧民之人为挽救半殖民地半封建的中国做出的牺牲,感受到这些被鲁迅先生称为“民族脊梁”的革命烈士的牺牲带给我们的幸福生活;感受洋务运动、戊戌变法、辛亥革命、中国共产党成立、抗日战争、解放战争这一系列变法、运动、战争中,这些仁人志士的奋勇抗争、不怕牺牲的精神。新中国成立以后,我们经历了1959—1961年的自然灾害,抵抗住了1953年、1998年的特大洪灾,在1976年唐山地震废墟和2008年汶川地震废墟上重建了这两座城市;每一次天灾,都让我们感受到党和国家对人民的爱。

新冠肺炎疫情发生以来,党中央高度重视,习近平总书记亲自部署、亲自指挥,反复强调“始终把人民群众生命安全和身体健康放在第一位”,要求各级党委和政府及有关部门制定周密方案,组织各方力量开展防控,采取了一系列有效措施,坚决打赢疫情防控的人民战争、总体战、阻击战。“始终把人民群众生命安全和身体健康放在第一位”是中国共产党全心全意为人民服务宗旨的体现,是以人民为中心发展思想的具体实践,更是此次疫情防控的根本要求,面对危机和大考,各级党组织和广大党员、干部,冲锋在前、顽强拼搏;广大医务工作者义无反顾、日夜奋战,他们中的许多人逆行而上,主动请缨,驰援武汉;人民解放军指战员迎难而上,敢打硬仗;广大人民群众众志成城,守望相助;广大公安干警、疾控人员、基层干部、村居工作者、志愿者不辞辛劳,日夜值守,为疫情防控做出重大贡献。比如我们学校的很多普通老师,一边上网课,一边仍主动担任所在社区的志愿者。他们,是当代中国的脊梁!是新时代最可爱的人!

2020年3月,我们班召开了“沧海横流,方显出英雄本色”主题班会,在第三部分“英雄,就在我们身边”中,着重介绍了我班刘成林的父亲和何如儿的母亲,他们一位是疾控中心的工作人员,一位是社区工作人员。面对病毒的威胁,他们坚持在自己的岗位,他们就是英雄。这些普通人、身边人的英雄事迹让同学们发现,英雄就在我们身边,更能让学生产生对祖国的热爱。

二、立足疫情防控实际，开展社会主义制度优越性教育

疫情发展到现在，尤其是疫情在意大利、美国等国的爆炸式增长，网上晒出的一张张新冠病毒检测和治疗的账单，不禁让我们感叹："社会主义好！"

疫情发生后，党中央及时制定疫情防控方针政策，成立中央应对疫情工作领导小组，向湖北派出中央指导组，统一指挥、统一协调、统一调度。并以"一省包一市"的方针，对湖北全省受疫情影响的城市派遣医疗队员、提供物资等。中央一声令下，全国紧急动员，几乎所有的城市、县城、乡镇（街道），以小区、村居为单位，十几万人被救治，隔离几十万人，排查一千多万人，十几亿人都宅在家，社会秩序稳定有序。面对火神山、雷神山十多天建成的"几乎不可能实现的目标"，中央一声令下，数万建筑工人不惧病毒，说干就干，昼夜施工，硬是把不可能完成的任务给完成了……全国同心、全民同力，一体联动、群防群治，举全国之力应对这场大考。世界卫生组织总干事谭德塞表示，"中方行动速度之快、规模之大，世所罕见，这是中国的制度优势"。法国前总理拉法兰感慨"在疫情面前，中国政府展现出强大高效的组织和动员能力，令我印象深刻，这正是中国制度的优势"。

邓小平同志指出："我们的党和人民浴血奋斗多年，建立了社会主义制度。我们的制度将一天天完善起来，它将吸收我们可以从世界各国吸收的进步因素，成为世界上最好的制度。这是资本主义所绝对不可能做到的。"在这样的制度优势引领下，我国经济快速发展，用几十年时间走完了发达国家几百年走过的工业化进程，跃升为世界第二大经济体，综合国力、科技实力、国防实力、文化影响力、国际影响力显著提升，人民生活显著改善，中华民族迎来了从站起来、富起来到强起来的伟大飞跃。而且社会长期稳定，成为国际社会公认的最有安全感的国家之一。可以说，在人类文明发展史上，除了中国特色社会主义制度和国家治理体系外，没有任何一种国家制度和国家治理体系，能够在这样短的历史时期内，创造出我国这样的奇迹。

我还记得在一次无主题班会课上，和学生畅聊他们感兴趣的各种话题时，杨皓云同学提了一个问题：美国作为当今世界唯一超级大国，为什么在面对疫情方面表现得这么差，与他们世界头号强国的身份不符合啊？很多同学纷纷应和，都表示很难理解。面对同学们的疑惑，我带领他们从美国的历史，掌权阶级及资本主义制度的本质出发进行中美对比，学生更感受到了社会主义制度的优越性，感受到我国基层组织设计的优势。在这一问一答中又加深了学生对我国制度优势的认识。

三、探究生命价值，开展责任担当教育

新冠肺炎疫情发生以来，某些原本健康的人在短暂的时间里因病而逝，这都显示了生命的脆弱和无奈，冲击着我们的心灵，及时结合疫情开展生命教育成为教学的必要。

知识应该为生命负责，除了基本的健康教育、知识传播之外，这场疫情提醒我们生命教育不容忽视。纵观历史，我国有着灿烂的五千年文明，历史上我国也曾经历多次灾难，我们不妨阅读一些资料，从中了解哪些瘟疫给人民带来了刻骨铭心的教训。历史记载，东汉末年到三国初年，是中国有文字记载的三千多年历史上人口减少最剧烈的年代，人口从6000多万骤减到1500万以下，而瘟疫可能是这个苦难年代的头号杀手。明末时，鼠疫发生于1633年的山西，

并于1641年蔓延到北京周边地区；1643年底，更恐怖的事情发生了，传播力和杀伤力更强的肺鼠疫逐渐取代了腺鼠疫；1644年春，鼠疫在北京达到流行高峰，累计造成北京20%～30%的人口死亡，出现了“人鬼错杂，日暮人不敢行”的人间地狱景象。1910年10月25日，鼠疫首发于黑龙江省的满洲里，随后迅速蔓延至全省，染疫之地共有十五处，因疫病死亡人数为14 812人。

因此，我们应该结合当前的疫情，加强对广大青少年学生的生命教育，让学生懂得生命无价的真理，要敬畏生命。在日常的教学工作中，不厌其烦地告诉学生：非必要不出门！出门戴口罩！回家要洗手！通过各种事例，让学生不要存在任何侥幸心理。教育每一个学生，人的一生只有一次生命，每个孩子的生命不仅属于自己，还属于你的父母、你的学校，属于整个社会和我们的国家。要爱惜自己，从而珍爱生命、敬畏生命。

生命对每个人来说，都只有一次，这仅有的一次生命，我们应该怎样才能让它更有价值呢？在纪念五四运动100周年大会上，习近平总书记用“奋斗是青春最亮丽的底色”鼓舞当下青年以青春之我创造青春之中国、青春之民族、青春之世界。在疫情最严重期间，对于身在武汉的任何人来说，居家隔离应该是最安全的办法。可在特殊时期，武汉的出租车司机、便利店主、快递员、交警、环卫工人、志愿者等各行各业的普通人，以自己的方式奋斗在抗击疫情一线，为他们所热爱的城市尽一份绵薄之力。让学生明确“青春是用来奋斗的”，探寻自己在生命中最绚烂的青年时期应该做些什么、思考什么、留下什么、贡献什么，谱写大写的青春，激励学生在奉献祖国的奋斗中实现生命价值。青年成长道路千万条，爱国大义是第一条。“苟利国家，不求富贵”“捐躯赴国难，视死忽如归”“天下兴亡，匹夫有责”等千古名句激励着一代又一代青年成为国家和民族的脊梁。

为了让学生更好地体会自己的责任感，并将其落到实处。我班在2020年4月特地以“21世纪的我们，应当承担怎样的责任”为主题，举行了一次主题班会。在这次班会中，我班的秦雨玥、卫子俊等同学以自己的现身说法来谈自己在这次疫情中的收获。卫子俊同学谈到，在疫情大爆发前，他的妈妈正好在协和医院住院，值得庆幸的是，他的妈妈与病毒擦肩而过。经历这些波折的他自感成熟了很多。他表示，以前总觉得生老病死离自己非常遥远，但这次妈妈的经历让他感受到生命的无常，宅在家里这段时间，他不再像以往那样衣来伸手，饭来张口，反而主动地参与到家庭的清洁、做饭等家务工作中，更注意照顾妈妈，对家庭的责任感油然而生。

秦雨玥同学则从学习角度出发来谈自己的感受。在上学期，她觉得自己学习特别没有动力，学习经常有惰性。但通过本次疫情，通过在家所接受的各种新闻、信息，她愈发想做一个对社会有贡献的人，想要报答祖国，发挥自己的生命价值。但如果想要对社会有贡献，那首先就必须自己有能力。作为一名学生，认真学习就是对自己负责，就是为自己的明天在奋斗！

担当责任可以从身边小事做起，从网课开始，我要求同学们在家中承担自己力所能及的家务，通过“给爸爸妈妈做一顿饭”“整理，从书桌开始”等活动，让学生首先承担自己作为家庭一员的责任，培养他们的责任感。(见图19-5)

疫情面前，没有局外人，青少年也是战“疫”实践中的重要一员。上好这堂战“疫”课，就要将课本上的小课堂同社会大课堂结合起来，引导青少年立鸿鹄志、做奋斗者，以实际行动投身于这场人民战争，知行合一、勇于担当，为打赢这场大战做出应有的贡献。

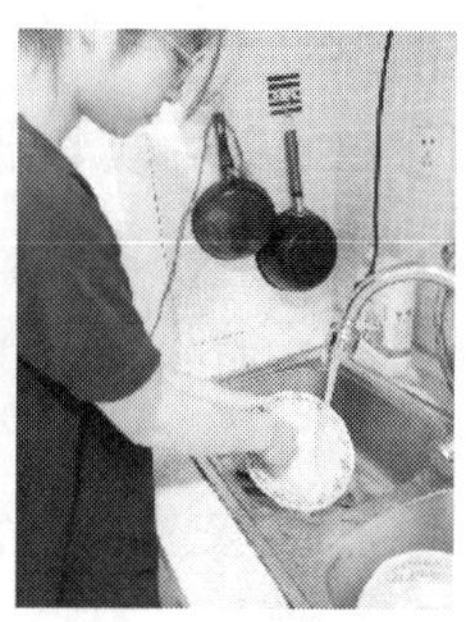

图 19-5　高一 10 班学生在家做家务

论文四:通过英语学科和班会课的有机整合探索课程育人
——以抗击新冠疫情期间的网课教学为例

罗秀芳

2019 年 3 月,习近平总书记在与全国部分思想政治理论课教师的座谈会中谈到,“思想政治理论课是落实立德树人根本任务的关键课程”,同时引导全国教师“要坚持显性教育和隐性教育相统一,挖掘其他课程和教学方式中蕴含的思想政治教育资源,实现全员全程全方位育人”。从高中英语教学的角度而言,这就要求高中英语教师在对学生传授英语语言知识和技能的同时,高度重视高中生思想政治教育,展开英语学科育人研究,并且在实际教学过程中多策略、多方法、多角度地融入思想政治教育,达到课程育人的目的。

一、高中英语课程的育人价值

所谓课程育人,是把思想政治教育与课程教学和改革相融合,教师在学科教学实践中通过学科渗透的方式来达成育人目的,潜移默化地在学科教学的过程中培养学生正确的思想价值观念,从而回答“培养什么人,怎样培养人,为谁培养人”这一根本问题,在学科课程中坚持把立德树人作为根本任务。

高中英语课程教学是高中教学和育人过程中必不可少的一个组成部分。在高中英语课堂上,学生学习英语这门世界通用语言的听说读写技能,通过学习语言了解西方文化,通过了解西方文化进而认识世界。高中英语课程以英语语言作为载体,通过语言来培养高中生多元文化意识,但也在某种程度上使学生接触到了西方的价值观和人生观,因此,在高中英语课程教学中融入思想政治教育是非常必要的,高中英语课程是培养社会主义建设者和接班人的重要阵地。

在高中英语课程中进行育人实践是有明显优势的。首先,高中英语课程本身就有一定程度的思想政治教育内容,高中英语课时比重较大,课型丰富多样,从必修到选修模块单元话题内容涵盖面广,从西方主要国家概况、西方社会习俗和历史文学,到世界现代工农商科技发展等均有涉及。在以不同形式进行不同主题教学的过程中,高中英语课程本身就在助力学生形成正确的世界观和价值观。此外,现阶段的高中英语教学除了教授和训练学生基本语言技能之外,从课程内容到评价手段,都侧重于引导学生通过英语语言媒介讲好中国故事,帮助学生在接触多元文化时坚定本国文化的认同感。所以,高中英语教师更要利用好自己的课程教学阵地，融入思想政治教育来达成育人目的。

二、高中英语课程育人实践探索

作为一名高中英语教师，近年来一直在摸索通过高中英语课程教学来达成育人目的。在抗击疫情期间，通过网课教学，对于思想政治教育与英语课程教学的融合，进行了一些实践探索。

1. 立足课本内容，探索育人契合点

2020 年初，新冠疫情发生之际，在长达两个多月的时间里，我们响应国家号召，自觉隔离在家，教师通过网络开展日常教育教学，帮助学生"停课不停学"。这段时间，既是学生人生中的重要节点，也是教师将磨难转化为教育契机的阶段。首先通过模块 3 课本内容，较为深入地挖掘了教材的育人价值，把课程内容和育人内涵相结合，并将其"润物细无声"地通过课堂进行渗透。

在进行模块 3 第一单元 Festivals around the World 教学时，通过课文向学生介绍世界上四大类型节日在不同国家的呈现，其中重点突出了纪念屈原的节日——中国的端午节。疫情期间，网课教学的优势在于教育资源获取的便捷与即时。通过让学生课上在维基百科英文官网上搜索 Qu Yuan 词条，进行限时阅读，引导学生了解因屈原 2000 多年前的爱国投江之举，人们通过端午节来纪念这位爱国诗人和政治家，从而帮助学生建立正确的人生观和价值观，强化学生的爱国情怀。

在进行模块 3 第三单元 The Million Pound Bank Note 这一戏剧单元的教学过程中，通过原版视频的课上在线播放，让学生对西方的金钱观和人生观有更深的认识，对西方意识形态形成的原因有了一定了解。在进行对本单元主人公个性特点的分析和总结时，引导学生对比相同时期着眼于物质或者金钱的中国剧作，并进行片段阅读和线上角色扮演，在锻炼学生英语阅读理解和口语交际能力的同时，帮助学生体会不同文化在同一话题上的异同，从而使学生在接触西方价值观念时继续保持中国传统的道德和文化信念。

2. 结合新冠疫情，拓展教学内容

为了加强对学生的思想政治教育，鼓舞学生在疫情期间的精神力量，身兼英语教师与班主任二职的笔者，充分利用现代教育技术，在关于疫情的新闻报道中选取合适篇目，通过武汉教育云平台进行主题为"Heroic City，Heroic People—English News Reading&Speaking"（英雄的城市，英雄的人民——英语新闻读说）的英语课程育人探索，同时也是一次主题班会实践。疫情期间，也是学生对新闻格外关注的阶段。在全世界新闻聚焦武汉之际，帮助学生厘清新闻媒体特点，培养学生阅读英语新闻的能力，同时将抗击疫情与加强爱国主义教育相融合，是一线高中英语教师应该做也完全可以做到的事情。在课堂上，师生首先阅读了英文版近日疫情重大新闻，接下来一起分析和总结了新闻文体的写作风格。随后学生通过浏览互联网英语新闻进行自学，发现近日重大新闻都以"武汉"和"英雄"为关键词，使学生产生了解武汉的"英雄"所在的学习欲望。紧接其后的小组在线讨论及合作学习过程中，发掘英雄城市和英雄人民的历史。接下来，引导学生发掘身边的"英雄"新闻，班级一线医护人员家长和一线抗疫志愿者罗老师的事例，感动了学生，原来平凡英雄就在身边，而自己，也会向身边的师长学习，也可以成为这样的平凡英雄。通过这样的主题课程，学生在增长英语读说能力的同时，认识到武汉和武汉人民的英雄所在，增强自己作为一名武汉学生、中国学生的社会责任感，在特殊时期结合自己所处的环境自然而然地孕育了家国情怀。

3. 利用线上教学，实践育人新途径

网课时期，笔者还充分利用了各种 App 和技术手段，在课外选择合适的思想政治教育主题开展教学。在全英文抗疫演讲视频《We are all fighters》发布的第二天，组织班级学生分段配音，感受其中所表达的中国人面对疫情不屈的斗志和必胜的决心。配音视频制作完毕，在班级以及周边地区播放之后，观众所感受到的不仅是学生流利标准的英语口语，更是千万同胞传递出的信心和希望。在这次课外英语思想政治拓展教育成功的基础上，在学校的引领下，笔者带领学生参与创作并录制了结合疫情的英文诗歌《In ten years，I'll be right here waiting for you in Wuhan in spring》(十年后，我在江城的春天等你)。通过创作和朗诵，师生书写了对于家乡武汉满满的热爱，表达了身为高中生对于武汉现状做出的努力，畅想了疫情消散的十年后武汉人的生活。

以上是 2020 年初，笔者在抗疫期间进行的高中英语课程育人探索，结果均收效甚好，也增强了笔者在今后的教育教学过程中将思想政治教育更加有机地融入日常英语教学之中、实践课程育人的信心。思想政治教育融入高中英语教学，不仅给了学生学习英语的实际语境、提升了学生运用英语语言的能力，同时还促使学生正确看待中西方文化之间的差异、更多地理解和认同中国特色，从而树立为中华之崛起而读书的伟大志向。

论文五：以高中语文“空中课堂”为阵地落实课程育人——以诗词鉴赏课“在诗文中领略一座英雄的城市”为例

张靓

习近平总书记在全国高校思想政治工作会议上强调，要坚持把立德树人作为中心环节，把思想政治工作贯穿教育教学全过程，实现全程育人、全方位育人。课程育人指以构建全员、全程、全课程育人格局的形式将各类课程与思想政治理论课同向同行，形成协同效应，把“立德树人”作为教育根本任务的一种综合教育理念。[①] 随着新时代的发展和新高考的改革，语文作为一门学习祖国语言文字运用的综合性、实践性的课程，更是从课程育人层面对教学提出了更高的要求。语文课堂要在进行学科教学的同时，将教学内容中蕴含的德育因素，通过各种手段、方法，逐渐自然地深入课堂教学各个环节，满足学生成长发展需求和期待。

2020 年，为了贯彻落实教育部关于“停课不停学”的要求，湖北省教育厅发布推迟开学不停课、疫情期间开展网络教学的通知。“空中课堂”这一广义的网络教学平台利用其特点和优势在疫情期间为教学提供了保障。基于“空中课堂”这一教学背景，想要尊重学生的主体性地位，打破时空界限，引导学生更深入地进入阅读情境，更需要教师在教学中充分发挥教育智慧。在疫情期间，笔者结合武汉疫情这一时事热点，结合诗词鉴赏单元的知识点，通过自主选材进行了题为“在诗文中领略一座英雄的城市”的诗词鉴赏之感情鉴赏课。本课从“武汉是一座英雄的城市”为切入点导入教学，设置了英雄的武汉在诗词中、武汉的英雄在身边、英雄的武汉在

---

① 焦连志，黄一玲. 从“学科德育”到“课程思政”——习近平关于教育的重要论述指导下的高校德育创新[J]. 集美大学学报(教育科学版)，2019(1)：1-6.

心中三个环节，最后在教师自创诗词的分享寄语中结束。本课立足诗词鉴赏的知识点，紧扣语文学科核心素养，落实课程育人目标。本文以武汉“空中课堂”的实施为蓝本，以此课为案例，分析“空中课堂”背景下的语文课堂教学如何落实学科课程育人。

一、结合时代性，落实学科课程育人，确定落脚点

在新时代的背景下，广阔的社会生活、鲜明的时代特征、鲜活的言语生命无一不对我们产生深刻的影响。语文课堂既要注重在价值传播中凝聚知识底蕴，又要注重在知识传播中强调价值引领。因此，在教学目标与重难点的设定上应该结合时代性，实现知识传授与价值引领的统一。“在诗文中领略一座英雄的城市”一课中，围绕“武汉是一座英雄的城市”这一主题，紧扣学习任务群——中华传统文化经典研习，确定教学目标。由于学生刚刚结束必修三诗歌单元的学习，具有诗词鉴赏的阅读能力。因此，本节课紧扣语文核心素养，以鉴赏诗词情感为重点，创作表达情感为难点，提升学生人文素养。一方面，让学生通过鉴赏诗词中的情感，提高诗歌感悟力，提升文化传承与理解；另一方面，让学生通过创作诗词表达情感，引导学生在疫情期间培养独立的思维品质，树立文化自信。同时，让学生从感受“英雄的城市”“英雄的人民”中，启发其思考青少年的社会责任感，在潜移默化中落实语文课程育人目标。

美国教育家布鲁纳认为“学习的最好刺激乃是对所学材料的兴趣”。[①] 激发学生的兴趣与想象空间是开展有效教学的必要前提。语文教学不应该拘泥于课本，应该以教材为基础，结合时代性进行适当的内容补充。此次空中课堂期间，广阔的教育资源对外开放，为教师进行资源检索提供了极大的便利。因此，在教学内容的挑选上，按照学习任务群 8 学习内容的提示，借助各类网络数据库，在丰富的诗词洪流中，选择了与武汉重要事件相关的诗词，包括疫情期间诞生的诗词，分别是毛泽东描写武汉长江大桥的《水调歌头·游泳》、胡石庵叙述武昌首义的《三烈士赞》、杨淑子记录武汉 1958 年特大洪水时期的《浪淘沙》以及疫情期间的组诗和学生前期自主创作的诗词。这一系列诗词深刻地展示了武汉在历史洪流中极具拼搏、坚韧、斗争等英雄特质的城市魅力以及源于疫情生活有感而发的鲜活文本，通过组合鉴赏，激起学生的阅读欲望和参与意识，感受武汉这座城市的英雄魅力。

语文教学只有从教学目标、教学内容、教学重难点的设计上贴合时代特点，紧扣学习任务群的要求，才会让学生在真实的情境教学中感受祖国文化的魅力，达到立德树人的目的。

二、尊重主体间性，营造开放多样的学习氛围

教育主体间性是我国主体教育研究的新视角。这就要求语文教师在确保课堂政治性能的基础上，处理好教育主体之间的关系。在空中课堂中，学生自主学习能力和自我约束力之间的差距更是要求教师在教学方式上要尊重主体间性，教学环节要全面、深入、切实有效地提高课堂教学的质量。本节课中，教学环节的实施，注重教育主体之间的动态变化，落实课程育人。

教学过程由点及面，因材施教。空中课堂无法面对面教学，想要更全面地调动学生的积极性、提高学生的参与感，教学过程的设计就需要点面结合。在诗词阅读环节中，我结合导学案中的“五读法”示范解读了《水调歌头·游泳》的情感，帮助学生巩固诗词鉴赏的方法。随后，我

---

① 朱玉泉. 教育至尊：中华教育经典[M]. 北京：中国建材工业出版社，1998：2388.

视频连线一名学生讲解《三烈士赞》，并追问诗词知识点，考查学生基础知识的掌握程度；《浪淘沙》的鉴赏，我发布了关于情感探究的选择题，全面地考察全班同学的鉴赏能力；疫情组诗的鉴赏，通过开放讨论区，学生自由发布情感关键词，充分交流；在诗词创作环节中，为了更快速集中地呈现学生作品，我让学生将创作作品直接发在"语文空中课堂"群。无论是电脑输入的电子版，还是拍照的手写版，都能可视化地呈现。最终，通过视频连线多名学生，在线表达诗歌中的感情，让学生的语言、思维、表达等能力得到充分的发挥。教学环节的设置尊重学生不同的能力层级，让每一个学生都能找到合适的时机参与课堂，更大程度地让学生在活跃乐学的状态中深读细究和交流表达，从而接受中华优秀传统文化的熏陶。

教学实施要体现人文关怀，关注学生每一个学习期待。只有教师懂其道、讲其道，学生才能信其道。空中课堂需要教师对学生居家学习情况和阶段学习成果进行了解，在课堂中渗透对学生的肯定和鞭策，引导学生集中注意力。例如，由于前期对学生情况的充分了解，我选择连线一名医护子女，分享她前期创作的《抗疫难》，从哽咽到声泪俱下，她的讲述更直观地让学生感受到武汉的城市英雄，更让学生明白了"歌诗合为事而作"的意义。对于没有在课堂中展示的学生我也说明会进一步展示，以此回应学生的表达欲望，并且在课后进行了逐一的评析和展示。语文教学的过程是多层次的，不仅停留在课堂，更是在课堂前后都要体现教师的人文关怀，从而引导学生对社会进行人文关怀，实现立德树人润物无声。

三、紧扣学科特点，在实践中进行生成性教学

语文课程育人不同于政治课，要具有学科特点。新时期思想政治课需要紧跟时代步伐，同时应该紧扣学科特点和学生的需求，做到因事而化、因时而进、因势而新。[①]"课程育人"建设的成效在学生，语文课堂应该针对青少年思想特点，有的放矢地选择教学方法，保证"语文课程育人"的实施效果。学习任务群中华传统文化经典研习要求学生在阅读中体会中华民族文化的精神内涵、审美追求和文化价值。这就需要学生充分阅读，在语文学习氛围中，由点到面地体会中华传统文化的丰富精神。

一方面，教师的引导要适时、适机、适量，既有显性的学科特点，又含有隐形的思想政治教育。语文的诗词鉴赏与表达需要学生在语言中感受中华传统文化之美。因此，我设计了教学语言，无论是诗词讲解，还是学生点评都尽可能运用带有"语文味"的字、词、句，并且融入德育因素，最终赋诗一首引导学生在空中课堂期间思考社会责任感与人生价值取向，让学生整堂课都沉浸在语文情境中进行自我价值观的思考。

另一方面，学生的主体学习应贯穿整个学习过程，从而为课程育人的落实提供评价机制。课前，我结合诗词鉴赏知识点设计了导学案，让学生进行自主巩固。课堂中，通过教师示范和学生示范帮助大家举一反三，树立自信，从而更好地进入自主鉴赏，并通过题目和讨论区让学生的阅读能力更充分地提升。同时，在诗歌创作中，给予学生开放的创作环境，通过诗词来表达疫情期间的所思所想，整堂课诞生了 24 首原创诗词。让学生完成了从知识巩固、自主探究到情感表达的生成性学习。这种生成性的学习成果让教师在课程育人中有了教学评价的抓手，让教师通过学习成果关注学生意识形态的外在表现，更好地落实课程育人的学习效果。

---

①　洪源.立德树人视域下"课程思政"改革路径探索[J].智库时代，2019(47)：230-231.

“教学有法，教无定法，贵在得法”，“空中课堂”背景下落实课程育人的语文课堂教学是一个新的教学话题，本节课是笔者根据教学理论与教育实践进行的案例分析，在实际运用中还有很多方面值得继续研究、探讨和深入。作为教育者，我们应在今后的教育工作中结合教育改革的动态，以科学的精神、严谨的态度去探索教学，最终有效地落实课程育人目标。

论文六：高中思想政治学科课程育人实践探索

刘国新

所谓课程育人，是把思想政治教育与课程教学和改革相融合，教师在学科教学实践中通过学科渗透的方式来达成思想政治教育的目的，潜移默化地在学科教学的过程中建立学生正确的思想价值观念，来回答“培养什么人、怎样培养人，为谁培养人”这一根本问题，在学科课程中坚持把立德树人作为根本任务。

2019 年 3 月，习近平总书记在与全国部分思想政治理论课教师的座谈会中谈到，“思想政治理论课是落实立德树人根本任务的关键课程”，同时引导全国教师“要坚持显性教育和隐性教育相统一，挖掘其他课程和教学方式中蕴含的思想政治教育资源，实现全员全程全方位育人”。从高中思想政治教学的角度而言，这就要求高中思想政治课教师在对学生传授思想政治学科知识和技能的同时，高度重视高中生思想政治教育，展开思想政治课程育人研究，并且在实际教学过程中多策略、多方法、多角度地融入课程育人。

高中思想政治课程是落实立德树人根本任务的关键课程，承担着培养德智体美劳全面发展的社会主义建设者和接班人的重要使命。作为高中思想政治课教师，要坚持以习近平新时代中国特色社会主义思想为指导，深入领会、全面贯彻习近平总书记在学校思想政治理论课教师座谈会上的重要讲话精神，在思想政治课程教学实践中，切实强化课程育人的责任意识和使命担当，努力将思想政治课办成立德树人的重要阵地和铸魂育人的第一课堂。

本文将结合学习习近平总书记在全国部分思想政治理论课教师座谈会的讲话精神，从端正思想认识、加强教师队伍建设、加强课程育人改革等方面探讨育人实践。

一、端正思想认识，深刻认识思想政治课程育人的丰富内涵和重要意义

在学校思想政治理论课教师座谈会上，习近平总书记全面深刻地阐释了办好思想政治理论课的根本目的和根本遵循，科学系统地回答了“为什么要办好课程育人、为什么能办好课程育人、怎样办好课程育人”等一系列重大问题。

在回答“为什么要办好课程育人”时，习近平总书记指出，思想政治理论课是落实立德树人根本任务的关键课程。青少年阶段是人生的“拔节孕穗期”，最需要精心引导和栽培。我们办中国特色社会主义教育，就是要理直气壮开好思政课，用新时代中国特色社会主义思想铸魂育人，引导学生增强中国特色社会主义道路自信、理论自信、制度自信、文化自信，厚植爱国主义情怀，把爱国情、强国志、报国行自觉融入坚持和发展中国特色社会主义事业、建设社会主义现代化强国、实现中华民族伟大复兴的奋斗之中。他强调：“思政课作用不可替代，思政课教师队伍责任重大。”

在回答“为什么能办好课程育人”时，习近平总书记从根本保证、有力支撑、深厚力量和重要基础等四个方面分析了办好思想政治理论课的理论基础、时代背景、文化根源和实践经验，

为我们办好思想政治理论课注入了坚定的信心和强大的动力。

在回答“怎样办好课程育人”时，习近平总书记提出了“政治要强、情怀要深、思维要新、视野要广、自律要严、人格要正”的明确要求。同时，就推动思想政治理论课改革创新，提出了“八个相统一”的科学论断。习近平总书记的重要讲话，通篇贯穿着解放思想、实事求是、与时俱进的思想路线，具有很强的时代性、思想性、思辨性和针对性，为学校推动思想政治理论课的守正创新，回答好“培养什么人、怎样培养人、为谁培养人”这个根本问题，进一步明确了方向，校准了航标。

二、加强教师队伍建设，积极践行新时代思想政治课好教师标准

教师是立教之本、兴教之源。坚持把打造高水平思想政治课教师队伍作为办好课程育人的关键举措，按照“政治要强、情怀要深、思维要新、视野要广、自律要严、人格要正”的新时代思想政治课好教师标准，切实加大思想政治课教师培养力度，优化队伍结构，加强教育管理，完善教师评价激励体系，积极开展教师政治理论学习和业务培训，打造一支政治理论素养高、勇于创新，育人能力强的教师队伍。

在政治立场上靠得住。思想政治课有着鲜明的政治属性，是开展中学生思想政治教育的主渠道、主阵地。思想政治课教师必须保持强烈的时代精神和坚定的理想信念，坚持正确的政治立场，不能在课堂上发表错误言论和任何不当言论。要把学习、宣传习近平新时代中国特色社会主义思想作为首要职责和任务，在党和人民的伟大实践中关注时代、关注社会，汲取养分、丰富思想，引导中学生在“拔节孕穗期”树立正确的世界观、人生观、价值观。

在教学方法上善创新。思想政治理论课重在实效、贵在育人。教育是否有效，方法对不对路是一个重要的制约因素。习近平总书记指出，循序渐进、螺旋上升地开设思想政治理论课非常必要。所谓循序渐进，就是要遵循学生的认知规律，做到由易到难，由浅入深，由具体到抽象；所谓螺旋上升，就是要把握学生的接受特点，做到春风化雨、润物无声，不能大水漫灌、揠苗助长。思想政治课教师要善于把握当代中学生的认知习惯和学习方式，在思想政治课的思想性、理论性、亲和力和针对性上下功夫，积极创新教学方法，善于把“有意义”的事情讲得“有意思”，把大道理说得生动易懂、娓娓动听，既做到入理入情，在“讲什么”上有态度；也要做到入脑入心，在“怎么讲”上有新意。

在不断学习中求新知。“师者，传道授业解惑也”。传道者必须先明道，授业者必须精其业，解惑者必须释己惑，育人者必须先正己。思想政治课教师承担着马克思主义理论教育教学任务，肩负着宣讲马克思主义中国化最新成果的政治使命，必须首先要做学习的先行者、示范者。要不断强化理论功底，用扎实的马克思主义理论素养、用当代中国的马克思主义特别是习近平新时代中国特色社会主义思想武装自己。要跟进学习、深入研究马克思主义中国化最新理论成果，实时掌握时政动态和时代发展，及时更新自己的知识储备。要及时将马克思主义中国化的最新成果融入课堂，适时推动教学内容、育人内容的更新。

三、加强课程育人改革，切实履行思想政治课的育人责任

习近平总书记强调，要建立党委统一领导、党政齐抓共管、有关部门各负其责、全社会协同配合的工作格局，推动形成全党全社会努力办好课程育人、教师认真讲好课程育人、学生积极

学好思想政治课的良好氛围。

一是抓协同育人。坚持把推进思想政治课程育人列入学校育人重要工作议程，纳入学校学科布局、教学改革、师资队伍建设的总体规划，建立学校统一领导，教导处、学工处、团委、教研组等部门协同配合、齐抓共管的工作格局，切实在教育教学、学科建设、社会实践、经费保障等方面对课程育人建设提供必要的支持和帮助。

二是抓学科育人。坚持把加强思想政治学科建设作为推进学科课程育人的重要抓手，做好学科规划，凝练学科方向，突出特色优势，推动育人创新。认真学习习近平总书记在学校思想政治理论课程座谈会上的讲话精神，加强新时代中国特色社会主义思想的理论学习，用高水平的学科基础支撑思想政治课建设，用高质量的思想政治课程成果推进学科育人发展。

三是抓教学育人。既要在教学育人内容上做到科学严谨，也要在教学育人方式上倡导“活学活教”，鼓励教师用好启发式、互动式、体验式等教学方法，积极推动思想政治课与信息技术相融合，打造内容精、设计巧、讲授活、形式美的学科育人精品课，实现知识传授与育人实践相结合，使思想政治课在教学内容上“扬正气”、在教学方法上“接地气”、在广大学生中“聚人气”，让思想政治课教师在学科教学过程中，由学科知识的传授者变成课程育人的推动者、引领者，从而实现思想政治课程育人的根本目的。

论文七：高中音乐学科课程育人探索——以鉴赏经典名作为例

周晓雯

音乐是人类最古老、最具普遍性和感染力的艺术形式之一，是人类通过特定的音响结构实现思想和感情表现与交流的必不可少的重要形式，是人类精神生活的有机组成部分。作为人类文化的重要载体，音乐蕴涵着丰富的历史内容和人文内涵，以其独特的艺术魅力和社会功能伴随人类历史的发展，满足人们的精神文化需求。音乐学科作为课程育人的一个重要组成部分，《普通高中音乐课程标准(2017 年版 2020 年修订)》指出，高中音乐课程通过审美、实践、体验、理解等方式提升音乐的审美情趣、开发潜能、激励精神、增强文化自信。将音乐与民族特色、传统文化以及重大历史事件、历史名人等相结合，在音乐课程及音乐实践活动中，引导学生了解我国的音乐文化，树立坚强的意志品质和爱家乡爱祖国、加强民族团结的感情，学习世界其他国家和民族的优秀音乐文化，尊重世界文明多样性，是实现审美育人的重要途径之一。

一、在音乐中挖掘红色文化，培养爱国主义情操

党的十九大报告指出要继承革命文化，发展社会主义先进文化。习近平总书记指出“红色基因就是要传承，中华民族从站起来、富起来到强起来，经历了多少坎坷、创造了多少奇迹，要让后代牢记，我们要不忘初心，永远不可迷失了方向和道路。”音乐的发展总是跟时代密不可分，历史中的艺术作品具有强烈的爱国主义精神，从我国的近代史来看，这是一段饱经忧患、血泪交融的历史，然而正是这段历史中的艺术作品却最具强烈的爱国主义精神，因此在欣赏或讲解这一历史时期艺术作品的时候，应充分挖掘有关爱国主义方面的素材，不失时机进行爱国主义教育。如学习《义勇军进行曲》时，不仅要把歌曲的旋律唱对，还应了解歌曲的创作背景、历史意义及其现代意义，在休止符、附点音符、三连音、力度记号、进行曲速度等音乐知识的学习

中，让学生懂得这首歌是祖国的象征、民族的心声，“起来！起来！起来！”的呼号不仅是革命前辈发出的战斗号角，也是今天我们建设祖国的冲锋号。香港回归时创作的歌曲《公元1997》，澳门回归时创作的歌曲《七子之歌》，2008年平安渡过经济危机、汶川大地震时创作的歌曲《国家》等，很多与我国发展命运同在的歌曲都饱含着强烈的爱国主义情操。

2020年，新冠病毒打破了生活的节奏，武汉经历着一场重大的战役，但是病毒无情人有情，一方有难八方支援，武汉人民的坚强、全国驰援的温暖、华人华侨的齐心协力、世界各国的捐助，各界音乐人激情澎湃创作了一首首鼓舞斗志的音乐作品，如《中国一定强》《武汉！武汉！》《万众一心》《大国大爱》《坚信爱会赢》等，这些歌曲用中国人的温度感动着、激励着每一位武汉人民和每一位湖北人民，相信在所有人的努力下武汉一定能赢，中国必胜。

通过对我国优秀音乐作品的审美体验，增进学生对祖国音乐艺术的热爱，培养学生的社会责任感、民族精神和爱国主义情怀。

二、了解不同国家的音乐文化精华，培养世界意识

我们总说音乐是世界性的语言，不同国家不同民族的人们能够通过一段旋律产生心灵的共鸣，学习了解不同国家的音乐传统及优秀的音乐作品，帮助学生理解和尊重文化的多样性，能够让学生初步具有国际视野，有助于培养学生参与国际交往的能力，培养世界意识。按照音乐发展时期的特点来看，巴洛克时期的音乐之父巴赫，其著名作品《马太受难曲》以圣经故事为题材创作，充满了宗教色彩；贝多芬是我们听得最多的欧洲古典主义时期的音乐家，他的九部交响乐作品堪称经典，如《英雄》《命运》两部交响曲，无论何时欣赏都能让我们感受到巨大的动力和勇气；浪漫主义时期的肖邦，一首《革命》让我们在华丽的音乐旋律中听出了他的一颗爱国之心。诸如此类的音乐作品还有很多很多，通过音乐将情感传递给世界人民。

疫情在全球爆发，整个世界需要互相理解、互相支持。国际艺术家为鼓励中国人民战胜疫情发来交响乐演奏视频隔空支持中国，法国艺术家们创作了歌曲《Together》，唱出了爱与坚定、守护与希望。中国也在力所能及的情况下回报世界友国以帮助，派出专家团队、捐赠检测试剂等，这就是大国情怀、中国责任、世界意识。

三、在音乐活动中促进团队合作，培养集体主义精神

音乐课程标准指出，要将合作作为音乐教学的一个重要内容。在音乐实践活动中，引导学生以音乐为媒介，加强与他人的合作与交流，增强协作能力和团队意识，培养集体主义精神。合作活动中，合奏、合唱都是比较适合培养学生协作意识、集体主义精神的方式，合奏、合唱艺术强调的是共性，追求的是和谐、均衡、一体化的和声美，注重的是协调一致、富有变化的音色美。通过合奏、合唱技能的传授，对音乐作品的排练与演出实践，培养学生鉴赏大型合奏、合唱作品的能力，掌握合奏、合唱协作配合的基本方法，演出时而气壮山河翻江倒海、时而柔声细语娓娓道来，所有队员在排练和演出过程中的和谐相处、积极配合可以凝结成集体主义精神，把这种精神拓展到社会生活的各个角落，就可以形成和谐的社会。

四、用音乐疗愈心灵，热爱生活

心理学家戈尔曼曾说过“情感决定着我们潜能的发展程度，决定着我们的人生成就”。我

们在欣赏音乐的过程中会随着音乐的旋律起伏、和声张弛、调式起伏、和声转化、音色变化、动机发展等产生一系列的情感反应，能够在欣赏音乐的同时释放情绪、缓解压力。人在不同的时期会被各种情绪围绕着，当灾难(如此次新冠病毒疫情)来临的时候会出现悲伤、恐惧、焦虑、不安等情绪，这个时候听听音乐是非常常见而有效的方法，如消除焦虑时听听莫扎特的《第一长笛四重曲》《单簧管协奏曲》，感到悲伤需要抚慰时听听奥芬巴赫的《霍夫曼船歌》，感到不安时听听肖邦的《第一号诙谐曲》和斯美塔那的《我的祖国》。

武汉的春天来了，花也开了，我们要感恩为湖北人民拼过命的所有医务工作者，感恩帮助过湖北的全国人民，感恩我们所有的志愿者，感恩帮助过中国的世界各国，更感恩我们伟大的祖国，大家齐心协力有效控制疫情。让我们一起用音乐放松心情，调整疫情时的紧张与不安，更加热情地拥抱大自然，热爱美好的生活。

高中音乐学科是人文学科，培养学生的人文道德素养是应有的教育目标。通过对音乐艺术魅力的体验和感悟，陶冶情操、涵养美感、和谐身心、健全人格、活跃形象思维、启迪智慧、理解文化内涵，与时代特点相结合，充分发挥音乐的育人功能，理解大国应有的担当。

论文八：打造生物学科实践育人新平台
——以武汉市第四十九中学新枫学生模拟公司为例

李葳

一、新课改将德育工作放在更重要的位置，同时也对德育工作提出了更高的要求

“国无德不兴，人无德不立”。党的十七大报告首次提出“育人为本、德育为先”，党的十八大报告则进一步强调把立德树人作为教育的根本任务。中共中央办公厅、国务院办公厅印发《关于深化教育体制机制改革的意见》明确指出，构建以社会主义核心价值观为引领的大中小幼一体化德育体系，要求针对不同年龄段学生，科学定位德育目标，合理设计德育内容、途径、方法，使德育层层深入、有机衔接，推进社会主义核心价值观内化于心、外化于行。

显然，德育工作在新一轮课改中的地位更加重要。如何紧跟时代发展步伐有效进行课程育人是每一位教师都应该认真思考的问题。

二、打造符合时代发展要求的新型课外实践平台，有效进行课程育人

课外实践活动是生物课堂教学的延伸和补充，开展丰富多彩的生物课外活动，是高中生物学科教育中不可缺少的重要环节。同时，课外实践活动也是高中生物学进行课程育人的重要载体。

时代在发展，生物课外活动的内容和组织方式也应该随之发展。只有这样，生物课外活动的教育功能才能满足新课改更高的要求。为此，我们进行了积极的探索。

1. 指导学生成立模拟公司

配合学校《生命科学与品质生活》选修课程的开设，2015 年 9 月我们在高一、高二年级中挑选对生物学科有浓厚兴趣的学生组建新型生物学生社团——新枫学生模拟公司。在老师的指导下，学生们网购原材料，利用学习的生物知识生产各种产品，并在校内外进行售卖。

2. 新枫学生模拟公司的产品

公司的产品几乎都是高中生物知识、生物技术的运用和实践。目前，已开发的产品主要有

以下几种：

（1）室外生物园地的绿色有机蔬菜，主要品种有白菜、萝卜、菠菜、黄瓜、菜薹、西红柿等，消费者定位是本校教师。

（2）自酿葡萄酒、果醋。

（3）护肤品系列。

（4）叶脉书签，昆虫琥珀等生物小工艺品。

（5）植物组培室、室内生物园生产的植物组培小盆栽和各种花卉。

三、在形式多样的实践活动中进行积极有效的课程育人

这种新型学科课外活动通过模拟公司运营的组织形式，为学生提供了一个更全面、更深刻走进社会、认识社会的实践平台，通过内容丰富的实践活动培养学生的道德品质、社会责任和创新、合作精神，德育效果显著。

1. 在劳动生产实践中进行道德教育

劳动生产实践是新枫学生模拟公司主要的活动形式，具体来说有室外生物园地的农耕生产实践、护肤品的制作和植物组培苗的培育实践等。

我校的室外生物园地是公司的第一个生产基地，公司的学生员工在这里进行农耕实践，整地插秧、种植有机蔬菜，收获蔬菜并进行售卖，得到了他们“创业”生涯的第一桶金。（见图19-6）

收获苦瓜、黄瓜

收获白菜

图 19-6　收获的喜悦

更重要的是，在这些劳动生产实践活动中，学生的动手能力、劳动观念以及吃苦耐劳的道德品质得到了实质上的发展。

2. 在产品研发中进行时代精神教育

改革创新是当今时代的主旋律，也是课程育人的重要内容。学生员工们从最简单的手工皂开始，逐步打造出护手霜、润唇膏、乳液、柔肤水、洁面慕斯等一系列的护肤产品。学生们需要不断解决制作过程中遇到的困难，从而改进生产操作；需要精心设计产品包装和销售海报以吸引顾客；需要根据顾客的反馈及时调整产品配方。在不断解决问题的过程中学生的创新精神得到了实质性的发展。

黄雅慧同学是其中的典型代表。作为公司第一届的核心成员，她积极参加模拟公司的产

品设计、生产和销售活动，思维活跃，2016 年 6 月被授予第六届武汉现代少年“创新大使”称号。下面是她和同伴们研发变色润唇膏的过程。

变色润唇膏的创意

高二(6)班 黄雅慧

使用过我们润唇膏的顾客提出新要求:擦润唇膏和涂口红要是能一起完成就更好了。于是我们就开始考虑怎么解决这个问题。老师曾经给我们讲过植物液泡中的花青素，花青素在酸性环境中颜色偏红，而在碱性环境中颜色偏蓝。

后来，我们从网上查询到有一种花青素叫指甲花酸，与皮肤的亲和力极强，在酸性条件下呈现无色。涂抹以后，人体皮肤 PH 呈中性或偏弱碱性，高于指甲花酸原来的 PH，从而能改变其颜色，快速变红。于是我们购买了这种指甲花酸，加到我们的润唇膏配方中。多次实验，终于制成了这款变色润唇膏。

面对顾客的新要求我们没有回避，而是勇敢面对，积极研究，我们成功了，这让我们非常有成就感，这种快乐是以前很少遇到的。

3. 在公益活动中开展社会责任教育

社会参与包括责任担当和实践创新两个基本要点，是学生发展核心素养的重要组成部分。社会参与重在强调能处理好自我与社会的关系，养成现代公民所必须遵守和履行的道德准则和行为规范，增强社会责任感，提升创新精神和实践能力，促进个人价值实现，推动社会发展进步，使学生发展成有理想信念、敢于担当的人。

新枫公司不仅让学生通过动手实践将书本上的知识转化成现实中具体的产品和真实的财富，还让学生知道如何有意义地利用这些财富。模拟公司的收入除购置原材料、增添设备外，其余资金则用于校园助学。在 2016 年 2 月的开学典礼上举行了新枫公司向学校捐款 3000 元用于贫困助学的仪式，在全校师生中产生了不错的反响。

近两年的 3 月 5 日青年志愿者服务日，新枫公司的学生都会代表学校积极参加团区委组织的活动。他们展示、介绍常见护肤品的制作方法，宣传高中生积极投身社会实践、学习创业的理念并进行产品义卖。在这些活动中，学生走出校园，参与社会公益活动，逐渐形成社会责任感。

4. 团队精神和人际交往能力明显提升

营销行为对语言表达能力和团队合作能力都有较高的要求。学生的表达能力和合作能力在新枫公司的各种产品销售中都得到了实质性的发展。

学生们最初到办公室推销有机蔬菜时非常羞涩，向老师们介绍他们种的菜时就像犯错的孩子。担心他们迈不出第一步，我们指导老师暗地里提前在办公室给老师们打了招呼；由于不知道怎么去推销，有些学生的推销词甚至也是我们指导老师教的。但看到有同伴将手里的蔬菜卖成钞票后，其他学生也受到了鼓舞，勇气大增。慢慢地，学生的胆怯没有了，推销时的语言流畅自然，大家评比的是谁卖得最多。到后来在校园广场摆摊展销时，他们已经能应对自如。下面是一些学生总结的收获和体会。

高二(1)班刘玉(学生模拟公司董事长)说:“虽然这只是一个模拟公司，只是一个由二十多个高中生组成的小公司，但管理起来并不轻松！虽然我还有很多事情需要学习，但我清楚，我已经比以前进步了很多。我会继续努力，带领大家一起进步”。

周洪同学说:“我们在活动中了解对方,互帮互助,谱写新的友谊之歌。就这样,一个亲密无间的团队诞生了。”

高二(3)班甘诗雨同学说:“无菌接种的操作要求很高,刚开始我总是搞得手忙脚乱,其他同学热情地帮助我,把他们的经验介绍给我。经过多次的练习,现在我也能出色地完成了”。

这些朴素的文字表现出学生的真情实感。这些道理再也不是老师、家长空洞的说教,而是通过学生实实在在地“做”而获得的感悟,深刻而触及灵魂,对他们的终身发展必有长远的影响。

论文九:劳动教育与高中校本课程融合的路径研究——以武汉市第49中学汉绣工作室为例

段银枝　黄慧敏

国家教育部在2020年7月7日印发的《大中小学劳动教育指导纲要(试行)》强调,劳动教育是新时代党对教育的新要求,是中国特色社会主义教育制度的重要内容。强调劳动教育全面开展教育体系的重要组成部分,是大中小学必须开展的教育活动。

在《纲要》中明确提出,普通高中学段可选择中华优秀传统文化特色项目,让学生经历完整的劳动实践过程,提高创意物化能力,养成吃苦耐劳、精益求精的品质、职业规划的意识和能力。作为高中生的必修学分,其中有6分是劳动学分。

结合《纲要》精神,我校根据本校老师的特长,开设了汉绣课程,在2014年筹备建设了武汉市高中校园内的第一家汉绣工作室,编写了校本教材——《汉绣》,成立了学生社团“汉绣社”。通过学生在学习传统手工艺的过程中,感受传统文化的魅力,传承非遗文化,体会劳动的付出与回报,真正实现德智体美劳的全面发展。

一、落实校本课程,掌握汉绣技能,推进劳动教育

汉绣,是中国特色传统刺绣工艺之一,以楚绣为基础,融会南北诸家绣法之长,揉合出了富有鲜明地方特色的新绣法。2008年6月7日,汉绣经国务院批准列入第二批国家级非物质文化遗产名录。

我校自2015年开始在高一和高二年级正式开设“汉绣”特色课程,利用每周活动课时间,汉绣社成员在这间教室里学习汉绣的历史传承,掌握汉绣的基本针法。我们还会利用寒暑假的时间,参观“汉绣博物馆”、“非遗文化馆”,更深入地了解汉绣,了解我们的本土文化。

1. 加强劳动培训,提高劳动技能

汉绣,作为中国特色传统刺绣工艺之一,以楚绣为基础,具有鲜明的地方特色。在学习汉绣历史的基础上,我们会对同学们进行汉绣技能培训。

在教学中,带着同学们认识汉绣工具,一幅绣品完成的各个步骤。复杂绣品完成中所需要的各种针法。

汉绣的针法很多,我们要求每位同学掌握四到五种基本针法。如滚针绣、盘金绣、打籽绣、套针绣,斜缠针等。

每钟针法都通过老师讲解、示范,然后学生通过实操课练习,并用这些针法完成绣品。

2. 理解劳动价值,深化劳动意义

在《汉绣》校本课程的落实中,每个同学都会参与到我校校徽的绣制。我们希望,通过校徽

的绣制，让同学们更深入地理解校徽的内涵。校徽的底色是绿色，代表着生命，中间是小篆的“人”，代表着我校的人文办学理念，1957 年是我校的创办时间，一针针，一线线，都饱含着我们对学校的热爱。同样的校徽，我们会采用不同的针法来绣制，有的是用盘金绣和打籽绣结合绣制，有的则是用盘金绣和斜缠针结合绣制。

同学们不仅用自己学到的针法绣制校徽，同时也会接力创作，绣制大型作品。楚人崇凤，凤的元素在楚国文物中处处可见。为了让同学们更直观地感受我们荆楚地区对凤的情感，我们绣制了这幅《凤舞九天》，从 2015 年开始绣制，历时四年多，主要运用了盘金绣和打籽绣两种针法。单是打籽绣，同学们在这幅作品中就绣了五万多颗小籽。

龙与凤是中华民族广义图腾、信仰载体和情感纽带，既是官方圣物，也是民间吉祥象征。龙是众兽之君，凤是百鸟之王，两者合成的形象龙凤呈祥，是最受崇尚的吉祥图饰。在特聘专家杨小婷的指导下，我们一起绣制了杨老师的专利汉绣作品《龙凤呈祥》手包，并送给了英国前首相特蕾莎.梅，让汉绣给登上了更大的舞台。

我们学校作为省级示范学校，每年都会来自西藏的同学，为了更好地促进汉藏同学相互了解，相互学习，我们汉藏同学一起用汉绣的主要针法，绣制藏族同学提供的“布达拉宫”图案，在绣制的过程中，既学习了汉绣针法，又了解了西藏的文化，加深了汉藏同学间的友谊，实现了汉藏一家亲。

同学们在这里，既掌握了汉绣的劳动技能，更重要的是理解了劳动的意义。体会到了自己劳动的价值。每学期结束，学校会对学生的汉绣技能和汉绣作品进行评价。评价在学习过程中，是否养成了正确的劳动观念，是否形成了良好的劳动精神、劳动习惯和品质。其中主要突出对学生劳动素养的评价，渗透德育树人的目标。

二、实施汉绣劳动教育的意义

1. 引导学生树立正确的劳动观念

现在的 00 后高中生很多都来自条件优越的家庭，加上学业任务大，平时接触劳动的机会不多。受互联网、短视频直播的影响，部分学生还存在“想当网红、一夜暴富”不正确的想法。学校通过创办汉绣工作室以学生社团活动的形式走进学生的生活，丰富学生的业余生活，培养学生尊重劳动、劳动光荣的观念，在自己劳动的过程中证明自己的价值，提升存在感，通过劳动创造价值，实现自己的社会价值。鼓励和提倡一切劳动，反对不劳而获的行为。

2. 提高学生的劳动能力

现在社会竞争激烈，能力突出、全面发展的人能够更好地在社会上生存。俗话说：空谈误国，实干兴邦。无论是从国家还是个人的发展层面来说，让高中生在劳动中锻炼和提高自己都显得十分有意义。汉绣讲究心灵手巧、手脑并用。通过对汉绣工艺的学习，传承传统手工艺，提升学生穿针引线、刺绣的能力，提高学生的动手能力，手脑协调能力，同时提升学生的生活能力和对于未来职业生涯的思考。

3. 弘扬新时代劳动精神

学生在学习汉绣知识技能的过程中，领悟劳动的意义，在劳动中感悟生活，形成积极乐观的生活态度。汉绣的过程是一针一线精密劳作而时间漫长的过程，在这个过程中需要学生能沉得下心，集中注意力，去除浮躁。整个过程磨砺了学生的意志力，锻炼了学生吃苦耐劳的品质。让学生明白一针一线穿插的不易,珍惜眼前的生活,勤俭奋斗。一针一线在学生灵活的指尖流转,随着作品慢慢成形,学生要表达的思想情感跃然而出,学生们在这个过程中感受劳动的艰辛,也收获劳动的快乐,彰显“干一行爱一行”的爱岗敬业的劳动精神。

4. 形成良好的劳动习惯和品质

在生活和学习中可能有很多同学缺乏持之以恒的坚持力,而汉绣短期内几乎是看不到作品的,特别是对于大型作品来说,需要学生之间的分工协作,长时间多人共同努力才能完成。在完成汉绣作品的过程中,需要对自己的劳动成果、劳动材料、以及他人负责,一旦放弃就意味着前功尽弃。在此过程中,培养学生认真负责、坚持不懈参与劳动的良好习惯,以及艰苦奋斗、吃苦耐劳、珍惜劳动成果的劳动品质。

5. 学习继承优良传统,创新彰显时代特色

如今人工智能发展迅速,电脑机器刺绣效率高速度快,但它缺乏手工刺绣的精致和灵性。传统工艺的传承,绝对不能仅仅停留在模仿、继承的阶段。鼓励学生观察生活,将自己的兴趣爱好和时代特色融入到汉绣中去。鼓励学生在充分学习传统工艺,学习借鉴前人丰富经验和技艺的基础上,学会创新,打破固有思维,推陈出新,彰显时代特色。如学生根据汉绣所学基础技能,创新一些针法,绣出自己喜欢的动漫人物。

6. 为实现学生个人自由而全面发展创造条件

马克思认为人的全面自由发展包括需要充分满足和能力的全面提高。包括自由发展、协调发展和充分发展三大维度。所谓自由发展,是按照自己的兴趣爱好而不是家长和他人的管控发展。现在的高中生学业任务重,能够自由支配和选择自己兴趣爱好的机会不多,而学校提供的汉绣劳动学习不失是一个兴趣爱好的选择,丰富学生的业余生活,为学生的自由发展提供更多的选择,同时参与劳动也是缓解学生学习压力、放松身心的好渠道,学生在闲暇的时候,有兴趣爱好作为生活的补充,丰富精神生活;所谓协调发展是指德智体美劳协调发展,新时代劳动教育不是孤立存在的,它具有树德、增智、强体、育美的综合育人价值。学生在汉绣工艺的学习过程中,传承优秀传统文化,强化劳动观念,弘扬劳动精神,提高手脑并用能力,在劳动的过程中强健体魄,提高审美情趣;所谓充分发展,指的是珍惜和利用好国家和社会为个人发展提供的一切条件和资源,学生在劳动的过程中感受到劳动的艰辛,给学生提供了体验劳动更加真切感悟生活的机会,珍惜一切学习机会,为实现个人的自由而全面发展不懈努力奋斗。

论文十:让微笑带来一米阳光
——抓住后疫情时期教育改革契机,开展微笑治理建设和谐班级

徐智勇

教育从根本上说,是对自由灵魂的启迪,是从生命的蒙昧状态发展理性与自由精神,是教师帮助学生建立自我意识,从而选择恰当的人生道路,创造生命的价值。2020 年的新冠疫情对教育最大的冲击正在于让原来系统的生命教育突然失序,导致学生心理堤防的溃泛。后疫情时期,我们如何重整教育秩序,重塑学生心理,是每一名德育工作者必须面对的问题。笔者结合疫情时期的班主任工作经历,谈谈如何抓住后疫情时期教育改革契机,用微笑治理建设和谐班级。

返回学校后我们通过问卷调查等手段发现,受疫情影响,由于个体和环境的不同,有部分

学生会产生紧张、焦虑、敏感、抑郁、狂躁等心理问题，部分家长也因为孩子的反常表现而担忧焦虑和无措，甚至有少部分班主任教师对返校后的工作或多或少感觉不适应，为此我们对产生这些心理问题的原因进行分析、梳理，并建议积极采取多种方式进行心理疏导，引导有关学生还有家长克服心理障碍，尽快适应校园学习生活，健康愉快成长。而在这个过程中，我认为用微笑治理班级是非常有效的一个方法和途径。

班主任首先要对自己微笑，用微笑来对自己进行心理调适和暗示。微笑是一缕缕阳光，是一滴滴甘露，是世界上最美的语言。马克吐温说过："人类拥有一种真正有效的武器，那就是微笑"。微笑是人与人之间最小的距离，透过微笑我们可以实现心灵沟通。教师的微笑，体现了他良好的心境，表达了他对学生真诚、友好的思想感情。当你将真诚的微笑带给学生时，你便将你的爱悄悄地带给了学生。实践也证明，在轻松愉悦的环境中交流特别融洽，其效果也往往会出乎意料。我们班主任只有每天都带着微笑走进学校、走进班级、走近学生，才能表现出良好的自身状态，把阳光和甘露洒向学生，用自身的态度和言行去感染学生，创造轻松温暖的氛围。

微笑治理要始终贯穿于班主任的班级治理之中。学生从宅家线上学习回到学校，各种不适应，注意力不集中、作息不规律、学习跟不上，各种心理问题，紧张、抑郁、没有信心，敏感恐惧、心情低落、挫败感、失眠少觉等，这都是班主任要面对和关心的问题。这个时候的学生，其实很无助，尤其是有心理问题的学生，不知道该怎么办，找不到解脱和出口，希望能得到外界的帮助，尤其是来自老师的专业指导和关爱。那么一个永远带着和煦阳光般微笑的班主任，简直就是宝藏。俄国心理学家乌申斯基说过："儿童憎恨的教师是在任何时候也不能从他那里得到表扬和承认什么事情做得好的那些教师。"班主任对学生鼓励越多微笑越多，学生的成就感就越强烈，他就会越自信；反之，班主任对学生的鼓励越少，微笑越少学生就越自卑。所以"不要吝啬你的微笑，把对学生的喜爱流露出来，把表扬和激励还有关怀用微笑的方式送给学生，让学生在热情与希望中找到方向。"任何一个孩子在心灵深处都渴望自己的见解、观点能得到别人的认同，其中教师的赞扬更是具有无穷的魅力。为人师者特别是班主任，一定要想办法走进孩子的内心世界，微笑是照进孩子心灵的阳光，即使是批评指责，倘若用微笑的方式讲述出来也会使他们在接受批评的同时保持乐观和自信。总之，班主任的微笑是自我真善美和积极乐观向上的再现，是积极愉悦情感的自然流露，一个简单的微笑往往会使班主任和同学之间的代沟消失，使之更容易走进学生的情感世界，信任学生、理解学生，从而使学生感觉到亲切和温暖。微笑一定是课堂教育班级治理中最真善美的体现，最能身体力行地激发学生勇于面对困难的勇气和决心，疫情之后重拾对生活和学习的巨大信心，从而促进学生的全面发展。

始终微笑面对家长。良好的家校沟通对于后疫情时代的班主任治理非常重要。家长和家庭教育对学生心理健康和人格发展具有重要影响，家校协作一直是心理健康教育的重要途径。疫情期间，学生和家长都处于隔离状态，容易导致消极心理的产生，部分家长存在恐慌焦虑情绪，家庭成员特别是父母间以及父母与孩子之间的矛盾激化，对孩子的心理成长和不良生活习惯养成造成较大影响。班主任要密切家校沟通联系和配合，加强学校、教师与家庭家长之间的互动交流，利用电话、短信、网上聊天工具等多种形式与家长定期联系，进一步了解学生的真实情况，得到家长的支持、配合和协助，共同关注学生生活、学习、心理、生理状况，关心学生返校后的情绪、学习习惯等方面的变化，在这个过程中，要耐心温柔，多倾听他们的意见及成长过程中的困惑、苦闷和烦恼，这个时候，微笑就成了最强有力的润滑剂和强心针，能够最大限度地给予家长关怀与安慰，进行心理疏导和帮扶，缓解家长的焦虑情绪，让他们意识到没有什么过不去的坎，只要大家共同努力，问题都能解决。

疫情是灾难，但我们更愿意将这次疫情当作是一次成长的机会，正如现在处于后疫情时期，我们应努力用这个机会带给人们观念、生活和教育方式上的积极变化。微笑是最美好的语言，能给学生和家长包括教师自己最大的鼓励，将微笑带进学校和课堂，用爱的微笑去征服学生的心灵，这样，才能创建充满活力与生机的和谐班级，我们的学生就能在真正体现尊重、民主的环境下愉快放松地学习与生活，在富有情感互动、交融的生命沃土中成长。

第三节　课程育人研讨活动选编

我校在抗击新冠肺炎疫情的特殊时期，认真落实党中央国务院和各级主管部门关于"停课不停教，停课不停学"的指示和要求，积极开展网上教学和教研活动，将党和国家所取得的巨大抗疫成就、抗疫期间涌现出的英雄事迹以及科学防疫知识与课程内容相结合，以网络课堂为阵地开展学科育人活动，并通过网上研讨课、网上备课评课等教研活动深入推进。实施网上教学以来，我校开展了三轮空中课堂研讨课，每一轮、每一节课都将课程育人目标作为研讨的重点内容。

三轮空中课堂研讨课的具体做法是根据学科的特点和教学内容开发利用抗疫资源推进课程育人活动。语文课从诗歌教学中引导学生领略武汉这座英雄的城市，英语课从国际视野展现中国抗疫的巨大成就和社会主义制度的无比优越性；数学课从数学角度论证武汉"封城"的必要性和重要性；思想政治课引导学生积极参与国家政治生活、正确看待社会现象；历史课从古今中外的"抗疫"比较中让学生感受当今中国之伟大；地理课从人口迁移、经济互动等层面阐释疫情扩散的路径和武汉封城的必要性；理化生课讲述了科学防疫等有关知识；音乐美术学科引导学生创作优秀抗疫作品来讴歌武汉人民、抗疫英雄和抗疫成就，心理健康教育针对学生长期"宅"家上网课可能产生的心理问题进行疏导和干预等。

【网上教研】

抗疫情　研教艺　构建高效空中课堂
——记四十九中首推网上研讨课

突如其来的新冠肺炎病毒，让我们无法回到熟悉的教室、回到面对面的教学方式。按照"停课不停教、停课不停学"要求，"空中课堂"成了全国师生新的教学方式。如何将同学们从最初对"空中课堂"的好奇，转变为认可、赞同和参与，最终实现轻负高效、师生共赢的智慧课堂，对于老师和同学们来说都是极大的挑战，也是全体教育工作者迫切需要探索的新课题。

2020 年 3 月 6 日上午，富有四十九中人文特色的"主体间性智慧空中课堂教学模式"探索，在武汉市教育云平台和企业微信号上拉开了帷幕。四十九中化学教研组率先示范，为全校师生倾情奉献了一场别开生面而又价值非凡的教学研讨活动。活动分为上下两个半场，上半场由青山区学科带头人杨桂香老师执教"主体间性智慧空中课堂"研讨课——"乙酸"（见图 19-7），下半场是参加听课的四十九中领导、专家和老师共 100 多人，在企业微信号上召开评课研讨活动。吕向东校长、柯汉阳副书记、肖毅副校长、教导处彭维清主任和教研组长高礼斌、王海玉等全程参与了听课、评课活动，并进行了主旨发言。

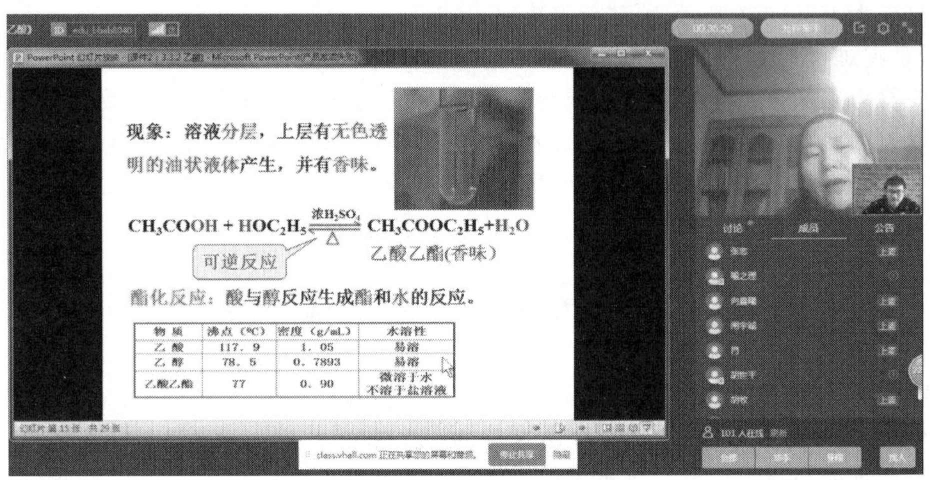

图 19-7 “主体间性智慧空中课堂”研讨课——“乙酸”

杨桂香老师采用武汉市教育云平台授课，充分运用了平台功能和多种教学资源。备课充分，操作熟练，重点突出，难点突破；充分融入主体间性教育思想，师生线上线下互动效果好，激发了学生的学习热情；适时结合学科特点开展了学科思政教育；教学环节完整、流畅，教育教学效果好，受到听课的领导和老师们的一致好评。

吕向东校长高度肯定了杨桂香老师的研讨课，他指出这节课将四十九中主体间性智慧课堂模式运用到空中课堂，是学校网络教学研讨课的破冰之旅。同时，吕校长倡议其他教研组也积极行动起来，在学生居家学习、教师远程教学的情况下，将远程在线教研活动常态化，进一步探索“主体间性智慧空中课堂”教学模式的高效方法和操作流程。

本次活动只是四十九中“主体间性智慧空中课堂”教学模式探索的序幕，在未来的两周里，语文、数学、英语、物理、生物、政治、历史、地理教研组都逐步推出具有学科特色的“主体间性智慧空中课堂”研讨活动，探索网络教学的高效方法。

直面特殊时期，创新方式方法，四十九中人立足教育岗位战“疫”，以“研”促“教”，正信心百倍地探索线上研讨课提升教学质量之路。

【网上教研】

创高效空中课堂　育学生核心素养
——记四十九中网上研讨课系列之二

伴随着化学空中课堂研讨的余音，生物教研组又为大家呈上了富有生物特色的学科“视听盛宴”。2020 年 3 月 9 日上午，生物教研组刘海艳老师执教“主体间性智慧空中课堂”研讨课——“基因在染色体上”（见图 19-8），同日下午 2 点，全体听课教师又在企业微信号上召开了评课研讨活动。市四十九中领导、学科专家和各科老师共 80 余人参加了本次听课、评课活动。

刘海艳老师利用武汉市教育云平台授课，充分运用了平台的签到、屏幕共享、语音互动、文字讨论、习题推送等多种功能；备课精细，教学工具使用流畅，语言亲切、简练；课堂中不断设置

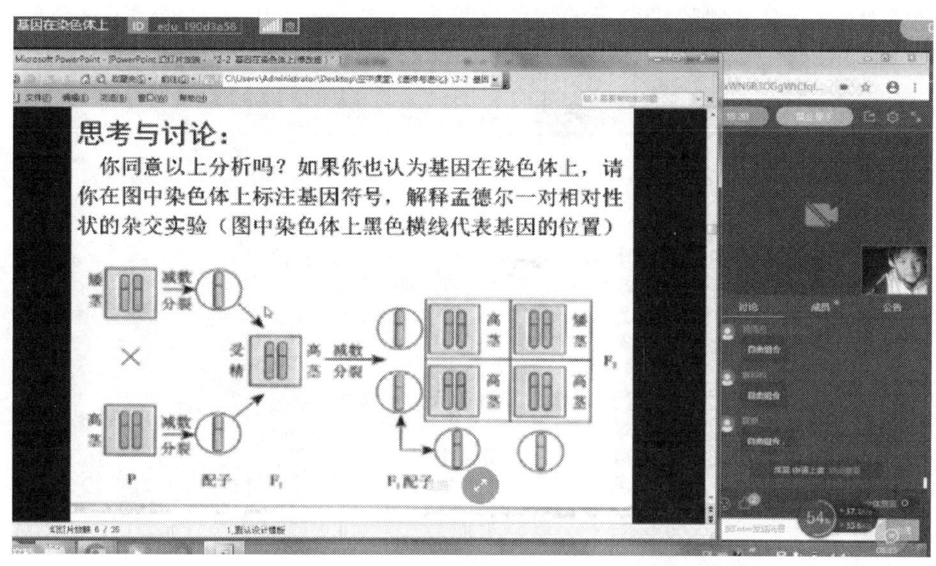

图 19-8　“主体间性智慧空中课堂”研讨课——“基因在染色体上”

问题情境引导学生分析问题、解决问题，通过不断的批判质疑、演绎推理，最终让学生认同“基因在染色体上”。同时，结合教学内容中生物学家摩尔根的实验探究及其所做的突出贡献对学生进行科学品质熏陶，继而延伸到当前的疫情，号召学生学习科研工作者和医护人员坚持不懈的科学精神和求真务实的科学态度。这样的教学设计，既能轻松突破教学难点，又能落实生物学学科核心素养：科学思维、科学探究、社会责任。

柯汉阳副书记在疫情防控一线也全程参与了听课、评课活动，他高度赞扬了刘海艳老师的研讨课，认为这是四十九中“主体间性智慧空中课堂”教学模式的典范。肖毅副校长也称赞刘老师语言亲切，课堂节奏适当，重点突出，学生讨论热烈，且与时事结合，充分融入了课程思政教育。倡议全体教师在“空中课堂”教学实践中，继续发挥集体智慧，加强教学研讨，进一步研究空中课堂的高效性，注重对学生进行学法指导和心理疏导，把点点滴滴的工作做得更细致。

疫情虽在，但研课不息。直面困难，勇往直前，办人民满意的教育，让每一位学生成就最好的自己，一直是四十九中人不懈的追求。让我们携起手来，共战疫情，研磨网课，不断完善四十九中“主体间性智慧空中课堂”教学模式，让四十九中的空中课堂伴随着青山学子一起成长。

【网上教研】

英雄的城市“封城”背后的数学故事
——记四十九中网上研讨课系列之三

习近平总书记在 2020 年 3 月 10 日专程赴湖北省武汉市考察疫情防控工作时指出，武汉不愧为英雄的城市，武汉人民不愧为英雄的人民。通过这次抗击疫情斗争，武汉必将再一次被载入英雄史册！

面对突如其来的新冠肺炎疫情，武汉市究竟应不应该“封城”？这一决策究竟有多大风险？作为武汉市的高中生，怎样从数学的角度科学分析武汉市“封城”这一决策？

2020 年 3 月 11 日上午，市四十九中数学教研组组长周镜老师通过一节“主体间性智慧空中课堂”研讨课——“离散型随机变量的均值”(见图 19-9),与学生一起探讨了这些问题。

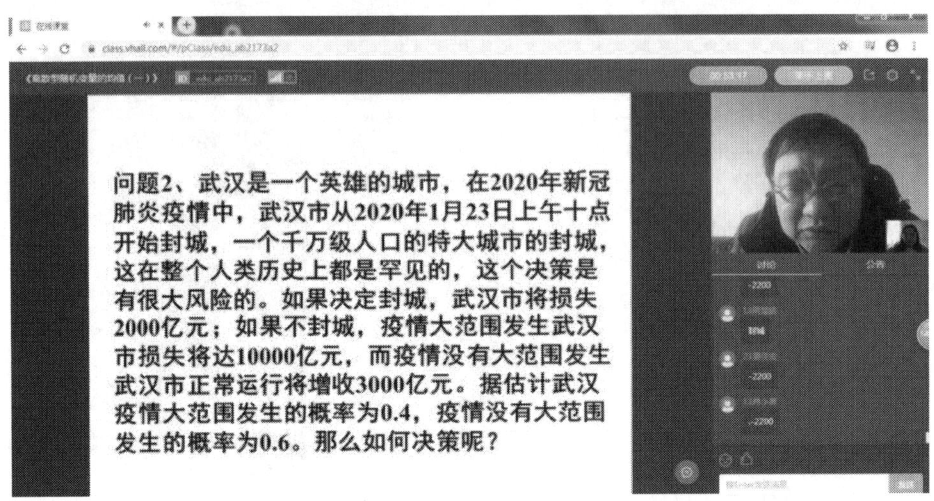

图 19-9 “主体间性智慧空中课堂”研讨课——“离散型随机变量的均值”

周镜老师利用武汉市教育云平台授课,通过当前抗击“新冠疫情”的热点问题入手,充分调动学生的学习积极性,引导学生逐步形成概念,推导性质,最后运用这节课所学习的离散型随机变量的均值这一知识点,从数学的角度了解武汉市“封城”这一决策的科学性和武汉人民所承担的巨大压力,进而让学生从理性上认可武汉市无愧是一个英雄的城市。

这节课充分运用了教育云平台的语音互动、文字讨论、白板等多种功能,精细备课,通过由特殊到一般猜想出结论再进行严格论证,形成学生的数学抽象、逻辑推理的数学学科核心素养;通过对实际应用问题的分析,培养学生的数据分析、数学建模的数学学科核心素养,通过实例引入,渗透数学课堂上的学科思政,形成学生的家国情怀、社会责任和严谨求实的科学精神与理性思维。

当日下午两点,全体听课教师又在学校企业微信号上召开了评课研讨活动。全校教师积极参与,各位老师从学科教学内容、空中课堂信息技术的应用等各个方面进行研讨。肖毅副校长全程参与了听课、评课活动,他高度赞扬了周镜老师的研讨课,认为这节课设计合理、分析充分,学生互动充分,数学建模能力得到充分发展,从数学学科角度挖掘课程思政内涵并融入学科教学中,同时也提出了中肯的意见。最后,吕向东校长希望全校教师通过这样的研讨活动,形成适合自己学科的“主体间性智慧空中课堂”的教学模式,落实“主体间性智慧空中课堂”的教学效果。市四十九中全体校级领导、学科专家和各科老师共 100 余人参加了本次听课、评课活动。

市四十九中人立足岗位,直面疫情,研课不息,克服困难,勇往直前争取教育教学高质量发展。

【网上教研】

疫情防控形势下网课学习的哲学思考
——记四十九中网上研讨课系列之四

2020 年 4 月 8 日,武汉正式解除离汉通道的管控,标志着武汉在抗击新冠肺炎疫情战役中取得阶段性重大胜利。武汉按下暂停键76天后，城市生活开始逐步有序重启。

疫情发生以来，以习近平同志为核心的党中央运筹帷幄，科学指挥，全国上下团结一心，众志成城，共同抗击疫情，终于取得了疫情防控战的重大胜利。这场胜利，充分展现了当今中国面对重大灾难时的沉稳与自信，充分体现了中国特色社会主义的制度优势。

2020年4月9日，武汉市第四十九中学政治教研组组长刘国新老师通过一节“主体间性智慧空中课堂”研讨课——“用发展的观点看问题”，引领学生用哲学智慧正确分析和看待疫情背景下网课学习方式，他与学生一起探讨中国抗击疫情取得伟大胜利的制度原因、强大的组织动员能力，一起感知抗疫背景下网课学习所带来的学习方式的变化。

在教学过程中，刘国新老师以武汉教育云平台为依托，充分运用教育云平台的多种功能，开展教育教学活动。他首先让学生观看湖北人民，特别是武汉市民送别全国各地援鄂医疗队的感人视频以及武汉4月8日正式解封视频，引发学生对发生在我们生活中的抗击疫情事件的哲学思考。在教学过程中，刘老师以疫情背景下“停课不停学”为例，用“事物发展是前进性和曲折性相统一”哲学智慧理论，分别从网课学习是否是新事物、是否有发展前景、发展中有哪些挑战、我们如何应对等四个方面的问题，进行层层分析思考，引导学生从具体事例抽象概括出哲学理论，又反过来用哲学智慧指导学生应对疫情背景下网课学习的挑战。整个教学过程，自然流畅，师生互动、生生互动，调动了学生的学习兴趣。学生思维活跃积极，不断碰撞出思想的火花。各种教学手段的运用，恰到好处。

2020年4月10日上午，在刘国新老师主持下，全体听课教师在学校企业微信号上进行评课研讨。刘国新老师首先简要介绍这节课的选题立意、教学设计和集体备课、研课的相关情况，总结了自己的课后反思及今后提升的方向。

在评课环节，武汉市优秀班主任胡慎友老师从学科思想和课堂教学模式两个角度给予高度评价。从学科思想角度，这节课的课程设计从网课学习这一话题切入，抓住了当前学生居家学习的现状，贴近学生；课前有调查，了解学生在网课学习过程中的各种问题和想法，贴近生活；教学内容针对性强、时效性高，能够解决学生当前的思想问题，贴近实际。在教学中，从新旧事物的比较开始，再到四个问题的精彩深入探究，最后让学生结合本节课的学习写一句对自己学习和人生的启示，刘老师引导学生从生活实际到书本理论，最后又回归生活实际，充分体现了思想政治课程理论联系实际的教学原则和知行合一的教育理念。从课堂教学模式角度，这节课的课程实施，表面上不疾不徐，风轻云淡，实际上环环相扣，层层推进，直奔课程内容的核心思想和学生的核心素养。这节课，可以说是主体间性智慧课堂的完美展示：课前学生自主学习—课堂问题探究，师生思维碰撞—重难点知识的讲解和深化—课堂检测、自我提升，知识变能力—写人生启示，把课本理论转化为生活智慧。

青年教师黄慧敏老师从切入角度的新颖、现代教学手段的熟练运用、课程育人等角度对本节课进行了评析。优秀青年教师曾珍老师重点从教学资源开发方面进行了评价。在肯定评价的同时，老师们也提出了可以进一步优化提升的方向，如教学问题的设计可以更加精准细化等。

吕向东校长在全程参加了听课与评课，并在评课会上对该课和政治教研组教研进行了点评指导。吕校长认为空中课堂条件下落实“双备双评”，强化远程教学的有效性，发挥政治学科在培养学科思想、学科思政中的作用，政治教研组做了有益探索。同时，吕校长对政治教研组的学科发展提出了进一步加强学习研究、打造学科品牌的要求，不仅要在提升学科教育教学实力方面取得突破，而且要在学科建设方面取得更大成绩。

这节研讨课是政治教研组“优化空中课堂教学模式，培养学科核心素养”思政活动课，全组老师先后多次开展集体研讨，教研组胡慎友、黄慧敏、贺振洲、曾珍等老师积极出谋划策，为这节课的成功发挥了重要作用。此外，学校智教中心也给予了技术指导与支持。

【网上教研】

学以致用　科学防疫
——记四十九中网上研讨课系列之五

2020 年 4 月 8 日，当武汉关的时针指向零点，按下“暂停键”76 天之后，离汉通道重新开启，武汉正式迈出了城市重启的脚步，市四十九中结合实际，继续以网络研讨课形式指导师生及家长应对疫情。

2020 年 4 月 10 日下午，市优秀青年教师、化学组齐琳老师采用“主体间性智慧空中课堂”教学模式上了一节别开生面的研讨课——“家庭消毒和新冠肺炎防治”，令全体听课师生耳目一新。

本课内容分为 A 课和 B 课，这是一节 B 课，在 A 课中学生自学消毒剂的相关知识，老师布置学习和探究任务。在这节 B 课中，齐琳老师以武汉教育云平台为依托，结合了虚拟实验室、电子教鞭等进行了教育教学的组织。她首先在上课前展示了校歌和校园景色，唤醒了学生对校园生活的记忆，并用“汉口火车站全面消毒”的震撼视频，激起了学生对消毒剂的求知欲。随后由四组学生根据 A 课时准备的材料，用 PPT 展示和个人宣讲的形式，让学生自己展示小组的学习成果。课堂以“知识竞赛”和“知识迁移应用”两个活动来检测学生的学习效果，还鼓励学生谈谈对这节课的感悟。同学们纷纷表示，通过这节课感受到化学知识实用性强，化学对创造更多物质财富和精神财富做出了重大贡献，学会消毒后用自己的能力保护自己和家人，很有成就感。

本节课采用全新的项目式教学程序，大胆放手让学生展示和交流，充分体现了师生间协调的交互关系。在教学活动中，通过一系列热点视频、虚拟化学实验、实验视频，让学生从问题和假设出发，依据探究目的，设计探究方案，运用化学实验进行实验探究，培养学生“科学探究与创新意识”的核心素养，学会消毒剂的使用，宅在家也能抗疫，用自己的学科知识参与有关化学问题的社会实践活动，宣传科技战“疫”的思想，让学生体会到化学是一门实用性学科，感受到化学对创造更多物质财富和精神财富做出的重大贡献，渗透“科学态度与社会责任”学科素养。渗透学科素养是学科思政、学科育人的具体体现，讲好疫情防控学科思政课，教育引导学生坚定理想信念、勇担社会责任、健康成长成才，厚植家国情怀，课前播放的校歌和学校景色图片勾起学生对校园生活的怀念，亲切感倍增，激发学习热情，这也是一节有温度的思政课。

课后，在特级教师、化学教研组组长高礼斌的主持下，全体听课教师在学校企业微信号上进行网络说课、评课研讨。青山区学科带头人、高一备课组组长肖建锋老师认为，本节课以家庭消毒为主题，采用项目式教学，从项目的启动、设计、发布、探究、展示到评价，使课程内容情境化，促进学科核心素养的落实，不仅注重外在形式，还注重知识的落实；很好地运用了我校的“主体间性智慧空中课堂”教学模式，并把 B 课大胆地交给学生，对学生有信心，学生在搜集材料中提升了信息素养，在制作汇报中整合了所学知识，在交流中充满自信；更重要的是引导学生认识学科魅力，老师热爱所教，学生热爱所学，让学生认识到化学促进人类文明可持续发展、在抗疫中发挥的不可替代的作用，让学生感受学有所用、学有所爱。

同一备课组的武汉市骨干教师卢群超老师说，这节特殊网络课不仅结合疫情背景，学生占主体的课堂呈现形式也别具一格，学生与老师间的配合流畅，说明老师课下准备充分。武汉市优秀青年教师王玲老师说，这节课学生呈现出的积极性和创造力，不仅仅与学生自身有关，也与齐老师的调度、培养和对学生的信任有关；在"知识迁移应用"环节中的选题与高三复习中工艺流程题的呈现方式是吻合的，不仅科普消毒知识也将知识内容提升到一定难度。湖北省特级教师、教导处主任彭维清老师认为，这节课是在新课程、新教材、新高考下的一节"实验课"，是一种全新上课模式的尝试，主要有三个亮点：一是充分开发教育教学资源，有校歌校园风景照、实验视频、知识竞赛等丰富多样的形式；二是以抗疫为背景的情境式教学，与新高考中大量出现的用真实情境引出试题的思维模式一致，充分体现了新高考的命题理念；三是在一节课中综合化学、生物等方面的知识，并以物质的化学性质、用途为主线，突出了化学的学科核心素养和价值。湖北省特级教师、化学教研组组长高礼斌老师说，听齐老师的课，可以感受到她个人与备课组的努力，作为一个化学教师很骄傲，更能体悟到化学学科中思政的无声渗透，同时也激发了孩子们的疫情担当使命。

副校长肖毅认为，整节课网络教学技术娴熟，电子教鞭、虚拟实验室为整节课增色不少，课程内容定位准确，完成了教学目的，从教学方式和教学思路上都是一次全新并且成功的尝试。肖校长指出，空中课堂条件下落实"双备双评"，强化远程教学的有效性，发挥化学学科在培养学科思想、学科思政中的作用，化学教研组做了很好的尝试。这不仅是齐老师个人努力的结果，也得益于教研组集体备课的智慧和协同教研的氛围。

最后，柯汉阳副书记从现代化教育技术的应用方面对本课进行了肯定，并对进一步提升的方向做了明确的指导。

【网上教研】

给抗击新冠疫情志愿者画像
——记四十九中网上研讨课系列之六

2020 年 4 月 21 日上午 9 点，美术组召开了以叶向阳老师主讲的"人物速写创作——以表现抗疫志愿者为例"研讨课的评课教研活动。（见图 19-10）

在该节研讨课的教学过程中，叶老师用心用情地向我们展示了一节好课。她从疫情初学生参与抗击疫情创作作品导入新课，在新课教学中，重点讲解了人物速写创作的四个要点，通过学生作品的点评、互评，让主题得到了升华，最后教师示范、短视频和艺术家作品的鉴赏，让难点得以突破。为什么选择以表现抗疫志愿者为例？由于新冠疫情，截至 2020 年 4 月 21 日，武汉的小区已经封闭 2 个多月了，正是千千万万的志愿者，他们不顾小家顾大家，冒着生命危险，为一千多万的武汉人民解决生活物资问题，志愿者形象应该是同学们很熟悉的平凡而亲切、让人敬佩的形象。具备了这样的感受，同学们描绘起来更能让人物生动传神，更能打动自己，才有可能打动观众。同时，志愿者也是这一特殊历史时期，应该和值得我们去表现与讴歌的时代英雄。（见图 19-11）

图 19-10 “人物速写创作——以表现抗疫志愿者为例”研讨课

图 19-11 学生的志愿者速写作品

评课会议由美术教研组组长曾垂武老师主持。会议第一项对备课组开展研讨课实行的“双备”情况做了介绍，其后对这节课从导入环节、教学手段的多样性、作品选择的针对性、体现学科核心素养以及网络技术应用等方面进行了整体评价。

会议第二项叶老师进入说课环节。她从介绍学生实际情况入手，结合学情和当下抗击疫情中的志愿者为例，确定了这一节课的主题。随后对教学重难点、教学过程、教学反思分别进行了讲解。通过布置课前预习，课上描述、评价、创作实践等环节，培养学生感悟、表现、创意等核心素养，最后通过鉴赏中外大师、美术家以及老师的美术作品开拓同学们的创作思维，引领他们观察生活、表现生活、积累丰富的创作素材，并用摄影作品《渴望》来表现人类必将战胜疫情的决心，也呼吁同学们养成良好的饮食观、建立人与自然的和谐关系，共建人类美好家园。叶老师以真挚的情感、饱满的热情完成了这一次研讨课，得到了领导和老师们的积极肯定。

会议第三项是组内教师评课。魏刚毅老师从教师的“教”出发，以美术学科核心素养为重点来评价，深入分析了教师的教学应把专业课讲得有欣赏课的价值；姜洁老师从学生的分组学习过程来评价学生的学习；雷玲老师通过知识、技能、情感态度和价值观，教学重难点、教学过程等环节对这节课的教学过程进行了评价，对教师在课堂上的环节把控进行了积极的评价。

第四项是领导评课环节。首先是教导处彭主任评课，他对叶老师的课进行了三点评价：一是对在第一次上网络公开课的情况下，能够流畅清晰展现课堂教学感到惊喜；二是课堂教学的亮点和特色；三是对教师专业素养进行了很高的评价。其次是柯书记点评，他对老师的上课充分准备、空中课堂教学技术的运用、课程内容通俗易懂、教学中的细节等方面进行了肯定的评价。最后是吕校长点评，他分别从课程性质、教师的准备、上课情况、学生分组学习反馈、结合艺术生高考考点、教学重难点等六个方面进行了评价，最后对美术教研组的工作也提出了要求，希望全组老师要不断加强学习和研究，扩大学校艺术品牌的影响力，更加努力地为学校发展做出更大的成绩和贡献。

【网上教研】

弘扬武汉城市精神 提升网课互动实效
——记四十九中网上研讨课系列之七

“敢为人先，追求卓越”是武汉的城市精神，2020 年 5 月 7 日上午，四十九中第三轮空中课堂公开课拉开帷幕，历史教研组“打响了第一枪”。历史教研组张宗炳老师通过“商鞅变法”这节“主体间性智慧空中课堂”期中单元复习课，引领学生通过课堂回顾与思维导图结合、史料分析与规律总结结合、纵横联系与真演练结合、古今结合与智慧生成结合，复习必备知识，提升历史学科关键能力和学科核心素养。（见图 19-12）

张宗炳老师以武汉教育云平台为依托，结合 QQ 等即时通信工具实现了网课期间的师生有效互动，课堂互动语音清晰，行云流水。课堂以《商鞅变法》视频导入，激发了学生参与课堂的热情，然后通过制作时间轴的形式引导学生建构时空知识体系，再通过学生分享思维导图来落实必备知识。最后通过对比不同时期、不同地域的改革、真题演练和小论文等方式实现学生必备知识和关键能力的深化、内化、活化、实化。

当天下午，在历史教研组组长张尊健老师的主持下，全校听课教师在企业微信号上进行了评课研讨。张宗炳老师首先从授课背景与教研、学情与教材、教法与过程和课后反思四个方面

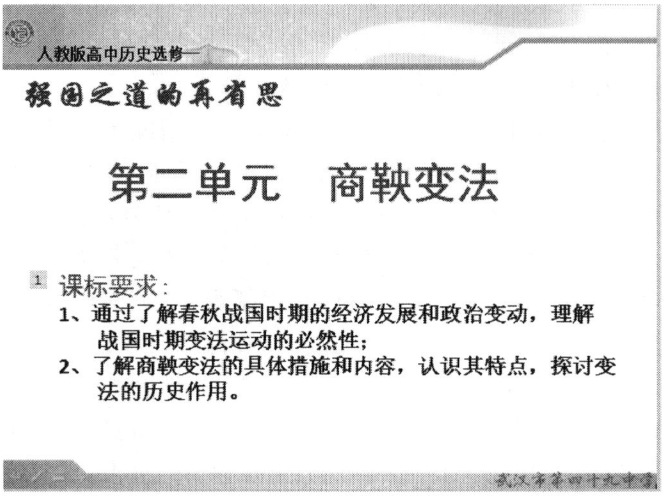

人教版高中历史选修一

强国之道的再省思

第二单元　商鞅变法

1 课标要求：

1、通过了解春秋战国时期的经济发展和政治变动，理解战国时期变法运动的必然性；

2、了解商鞅变法的具体措施和内容，认识其特点，探讨变法的历史作用。

武汉市第四十九中学

图 19-12 “主体间性智慧空中课堂”——“商鞅变法”

进行了说课。在评课环节，高二历史备课组组长夏艳老师首先从课前集体备课方面介绍了教研组在材料取舍、课堂结构调整等方面的集体讨论。夏老师认为这节课既有理论上的高屋建瓴，又有细节上的见微知著。尤其是丰富多彩的史料使用，推动了学科素养的落实。整个课堂逻辑严谨，时刻关注和鼓励学生讨论与回答问题。武汉市学科带头人周智金老师认为整节课有激情、有厚度、有素养。尤其是在学科素养方面，张老师将商鞅变法通过历史叙事的方式，将历史五大学科核心素养进行了有机的融合，善于利用时间轴和地图，培养学生的时空观念；善于运用唯物史观，启迪学生的历史思维；坚持论从史出，培养学生的史料实证素养；运用思维导图梳理历史基础知识，并渗透历史解释；将中国置于世界，培养学生的家国情怀。

武汉市优秀青年教师高婕老师从教学技术和思政方面对本课做出了评析。高老师认为本课在教学技术上，实现了师生的多元互动和双轨互动，突破了空中课堂的限制，通过 QQ 语音等方式实现了互动，将学生和教师结合在了同一情境下，更容易引起情感价值观的共鸣。在学科育人方面，张老师充分发挥历史学科特有而深刻的教育功能，引导学生了解昨天、认识今天、预见明天，以激发学生的爱国之情、报国之志，对学生进行爱国主义教育。

武汉市学科带头人、历史教研组组长张尊健认为这节课体现了难易适度、结构合理、践行课改、校本模式、课堂生成五个特点。课堂通过学生解析千年前的“黑夫家书”落实必备知识，提升关键能力，促成学科素养和深度学习；通过揭示目标、自学反馈、展示质疑、点拨提升、总结反思来践行主体间性智慧生成课堂。

肖毅副校长利用教育云回看功能观看上课视频后，对历史教研组的教研活动做出指导。他认为该课特点鲜明，一是充分，课前学生准备充分，老师备课充分，师生调动充分；二是到位，课堂教学目标、核心素养培养到位；三是示范性，建议历史教研组将本课作为样本进行推广。

这节公开课是我校第三轮“骨干教师示范课”中的第一节课，全组老师先后几次参加集体备课，特级教师刘飞老师亲自指导，教研组康雪松、李荣、张琛、周智金等老师积极出谋划策，此次活动还得到了学校智教中心的技术指导。

【网上教研】

秉承学科育人理念，打造高品质英语课程
——记四十九中网上研讨课系列之八

2020年6月5日下午两点，高二年级英语组黄文老师以“Thank You World，Thank You China”为题给听课学生和老师带来了一场视听盛宴，圆满地完成了第三轮网络研讨课的任务。在吕校长的学校顶层设计下，黄文老师以英语学科育人理念中增强学生国际理解的目标为课程立意，设计了一堂充分发挥学生主体作用的英语听说课。（见图19-13）

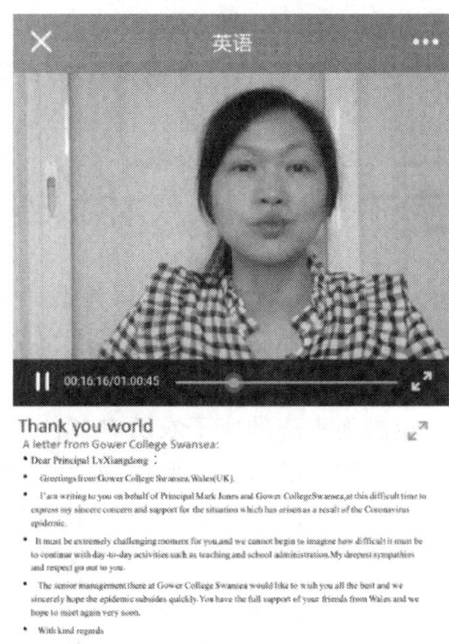

图19-13 “主体间性智慧空中课堂”——“Thank You World，Thank You China”

该课充分利用最新抗疫网络资源。分别从中国感谢世界和世界感谢中国两个方面，让学生亲身感受世界各国的团结抗疫，感受身为中国人的骄傲，感受建立人类命运共同体的重要性。环节一，从我们身边的实例导入主题，通过感谢高尔中学对我们的关心，请学生朗读高尔中学在疫情期间给四十九中写的一封信，让学生以回信的形式，发表一个小演讲。环节二，同学们通过欣赏视频《Thank you world》，感受国际社会对中国的援助，并抒发自己的感受。环节三，从国际视野出发，通过欧盟主席和WHO官员对中国的评价，了解中国对世界其他国家抗疫的援助，激发同学们的民族自豪感。环节四，总结主题，病毒无国界，面对挑战和困难，我们只有互相帮助、团结合作才能取得最后胜利。建立人类命运共同体是大势所趋，生活在地球村的每一个人都应该为之努力奋斗，争取让我们的地球村越来越美好。

该课环环相扣，引人入胜。充分体现以学生为主体的教学模式，充分利用英语强大的交互功能，让中国被世界了解，积极探索英语学科育人的教学模式。向学生展示在抗击新冠肺炎疫情中世界给予中国的援助以及中国对于其他国家的回报，在这样的双向关系中加强学生的语言输入，引导学生以演讲形式畅谈自己的感受和体会，巧妙地帮助他们树立人类命运共同体、以自身发展促进全人类发展的责任意识。学生在课堂上踊跃发言，情感表达饱满，体现出了极

强的英语语言能力,令听课老师惊艳不已。

随后评课活动在企业微信号中举行,几位教师代表和校领导对黄文老师的研讨课给予了高度评价。黄文老师的课主要有以下几个亮点:

(1) 教师搜集教学素材的能力非常强。课堂伊始的视频素材点燃了学生心中的爱国热情,引发学生的共鸣,降低了学生的学习焦虑,为后面的英语学习创造了极为有利的轻松的学习环境。

(2) 教师网络教育教学技术整合能力非常突出。黄老师对空中课堂教学平台的使用十分熟练,对每项功能使用恰当,全程教学一气呵成,十分流畅。

(3) 教师课程设计立意大气,充分体现了高品质四十九中的人文理念,是后疫情时期学科育人要求的高度总结。教学过程中非常巧妙自然地融入了学科育人理念,润物细无声地对学生进行了"三观"的引导。

第四节　课程育人媒体报道选编

习近平总书记指出,要用好课堂教学这个主渠道,思想政治理论课要坚持在改进中加强,提升思想政治教育亲和力和针对性,满足学生成长发展需求和期待,其他各门课都要守好一段渠、种好责任田,使各类课程与思想政治理论课同向同行,形成协同效应。

一场突发的新冠肺炎疫情,让热闹喜庆的庚子农历春节仿佛停顿下来。疫情之下,本应于春节后开学的春季学期不得不按下"暂停键",超过两亿师生参与的"停课不停学",如同教育系统抗击疫情的一场"大考"。2020 年 3 月 2 日,《俄罗斯报》评价疫情面前教育系统这场硬仗是"中国进行一项世界上规模最大的教育实验,这一景象史无前例"。

武汉市第四十九中学积极应对,提前谋划,主动迎接这场"大考",从学校智慧校园建设使用到网线背景下的班级管理,从硬件平台培训运用到优质课程资源开发研究,一场"停课不停学"的战斗在全校师生中打响。

面对突如其来的疫情,四十九中全体教职工将战"疫"的难忘瞬间转化为有价值的教育资源,因为这场战"疫"本身就是一堂生动深刻的大课。

这一课,是党中央高度重视,全国人民众志成城、同舟共济,向世界展现中国力量、中国精神,彰显中华民族守望相助传统的家国情怀。

这一课,是全国医务工作者白衣执甲、逆行出征,无私忘我、救死扶伤,以生命守护生命的崇高精神。

这一课,是许多国家向中国伸出援手,中国向其他国家提供力所能及援助的人类命运共同体理念的彰显。

非常时期,让广大师生与时代同频共振,是一种更有价值的学习,是一堂更好的学科课程育人大课。

近年来,市四十九中坚持以人为本,将立德树人贯彻到课堂教学全过程、全方位、全员之中,推动思政课程与学科课程育人协同前行、相得益彰,构筑育人大格局,相关教育教学成果得到新华社、人民日报、中新社、中国教育报、中国教师报、长江日报等媒体聚焦、关注和报道。本节撷取部分报道内容与读者分享。

【媒体报道】

习近平总书记关切事　“菜篮子”里的力量
——全国各地努力做好保障和改善民生工作

（新华网，2020 年 2 月 18 日，节选）

（在习近平新时代中国特色社会主义思想指引下——新时代新作为新篇章·习近平总书记关切事）

新华社北京 2 月 18 日电　民生连着民心，民生凝聚人心。习近平总书记强调，越是发生疫情，越要注意做好保障和改善民生工作。

合力抗疫情，全力保生产。在加强疫情防控的同时，全国各地推出迅捷有力、细致温暖的保民生、保生产举措，努力保持生产生活平稳有序，为阻击疫情筑起坚强后盾。

2 月 10 日是南方大部分地区中小学开学的日子。各地推广在线教学，“停课不停教、停课不停学”，全力降低疫情影响。

开学第一天，武汉百万中小学生都在家里参加了统一组织的升旗仪式。在武汉市第四十九中学举行的网上开学典礼上，由 10 余位师生利用网络共同演唱的《我们不孤单》，为新学期加油鼓劲。

相关线上平台统计显示，2 月 10 日开学第一天，全国 300 多个城市的学校通过群直播功能开展教学，覆盖全国约 5000 万学生。

链接：

https://article.xuexi.cn/articles/index.html?source=share&art_id=13648108119236448063&study_style_id=feeds_default&share_to=wx_single&study_comment_disable=0&ptype=0&item_id=13648108119236448063&from=singlemessage

【媒体报道】

今日起，3 万余名武汉高三学生全部“网上开学”

（人民日报转载楚天都市报，2020 年 2 月 1 日，节选）

楚天都市报记者今日在采访中发现，不少高中已提前排定线上课程计划，衔接课、复习课等全面推进，老师们通过教育云、QQ 群、B 站等多种网络平台开展在线教学，很多网络课程还可以反复看回放。

武汉市四十九中：以班级为单位开展网上教学

“小绿小蓝小黄在干什么？宅在家中的中国网友们做起了武汉火神山医院的‘云监工’”……1 月 30 日上午 8:30，武汉市四十九中高三年级空中课堂全面开播，该校以班级为建制，每学科开展网上教学和指导，与以往不同的是教室换成了网络平台。

该校高三英语老师侯桂骅说，为了让网上课堂更加鲜活，英语组备课老师们在组长蒋婷老师的带领下，提前在微信群里集体备课了几天，进行了不少有意思的课程设计。“比如我们上课的前 5 分钟有一个结合时事的课程导入，这次就以武汉抗击新冠肺炎疫情为背景，设计了关于火神山医院的云监工这一话题的语法填空题，吸引学生们理解阅读。”

学校高三年级书记刘巍介绍，因为疫情原因，春节期间该校就研究在不能正常开学情况

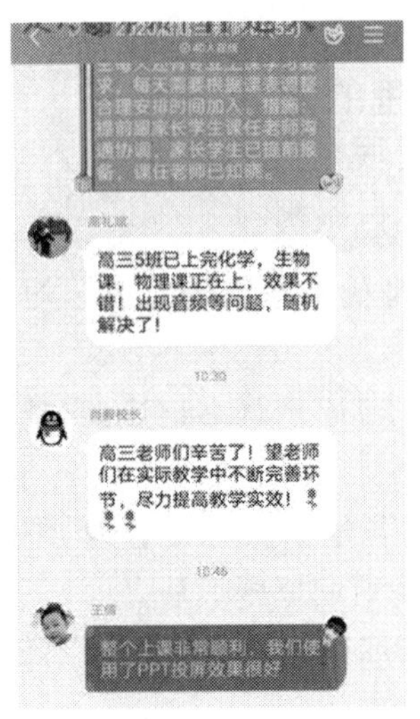

图 19-14　四十九中空中课堂教学反馈

下，如何集中学习辅导。该校高三年级历史、生物等学科先行开设了空中课堂，利用 QQ 群对学生进行集体远程授课、个别微课答疑以及个别的远程辅导，“老师反映效果还不错”。

高三(6)班学生张宇婷表示，相比自己在家埋头复习，有老师远程指导学习效率更高，“大家一起上网课都很兴奋。”张宇婷的爸爸表示，作为高三学生家长，因为疫情影响孩子学习进度，一度非常焦虑，目前学校及时开展网上课堂，家长安心不少，孩子也觉得效果不错。

链接：

https://wap. peopleapp. com/article/5096764/4992466? from=timeline

【媒体报道】

十年后，我在江城的春天等你

（人民日报，2020 年 4 月 12 日）

In ten years, I'll be right here waiting for you in Wuhan in spring

十年后的自己

Dear future me in ten years,

见字如晤！

I hope this letter finds you well!

2020 年，“新冠”肆虐时，我曾与你相约，

In 2020, when COVID-19 was rampant, I made an appointment with you.

十年后，在江城的春天等你。

In ten years, I'll be right here waiting for you in Wuhan in spring.

我做过无数的想象，

I have imagined so many times

此时的你可能正穿着白大褂，

you, at the moment, may be wearing a doctor's overall,

巡查在洒满阳光的病房；

on a daily ward round with the sun shining,

可能作为志愿者，战斗在异国他乡，

or may be volunteering to fight on a foreign land

作为人类命运共同体的一员，

as a member of the community with shared future for mankind,

为世界和平与安宁贡献力量；

making contributions to world peace.

可能站在三尺讲台，

You may be standing in front of a three-foot platform,

带领莘莘学子遨游书海；

guiding students on a reading tour.

可能身着不太干净的工装，

You may be dressed in workwear

挥汗如雨在基建的工地；

sweating heavily on a construction site.

可能一帆风顺，春风得意，

Your life seems to be a bed of roses, and you're riding on the crest of success.

也可能不太顺心，平凡如芥。

Your life seems not to be plain sailing, and you are just common or garden.

但不管是怎样的生活，你都会觉得幸福，

But whatever life you live, you will feel happy.

因为，十年前，你曾经和家人一起相守，

Because ten years ago, you used to stay with your family

响应国家的号召，

in response to our homeland's call,

把病毒"闷死"在摇床。

nipping the virus in the bud.

我不会忘记，

Never shall I forget that

2020 年 2 月 4 日，

on February 4, 2020,

在我们四十九中人抗击疫情最紧张的时刻，

when we, members of Wuhan No. 49 High School, were fighting against the epidemic most fiercely,

来自英国威尔士斯旺西高尔中学的致意。
we received regards from Gower College Swansea.
诚挚的问候和支持，
The sincere greetings and support
温暖我们的心底。
warmed us deeply.
我不会忘记，
Never shall I forget that
2018 年初春梅姨访问武汉
Theresa May visited Wuhan in the early spring of 2018.

“中英灵动青春盛典”的接见中，
At the UK-China Spirit of Youth Festival,
有我们的学姐向雨祺。
five students from our school had a cordial talk with the then British Prime Minister.
我不会忘记 2018 年暑期，
Never shall I forget that
我们四十九中获邀访问剑桥，
our school was invited to visit Cambridge University
进行科技与文化的深入交流；
and did an in-depth sci-tech and cultural exchange.
我不会忘记，

Never shall I forget that
2019年阳春三月，
in March,2019,
吕向东校长回访高尔中学，
Principal Lyu Xiangdong paid a return visit to Gower College Swansea
人文交流，续写友谊。
for humanistic exchanges and the continuation of friendship.
高尔人送来的不仅仅是慰问与关切，
From Gower were sent not only greetings and wishes,
而是面对疫情的同气连枝，
but also great empathy for the shared future
命运一体。
in the face of the epidemic.
尽管封城会带来许多不便，
Though lockdown of Wuhan does bring inconvenience,
但我们为国际社会共同解决疫情，
for the whole world to resolve the epidemic
创造了宝贵的窗口期。
we created a window period of great value.
"中国把99%的发病率完全限制在中国境内
China has curbed almost 99% of reported cases in China,
用行动为世界防疫事业设立了新标杆。"
"In many ways,China is actually setting a new standard for outbreak response",
世卫组织总干事谭德塞先生的话掷地有声
firmly said Director-General of the World Health Organization Dr. Tedros.
世卫高级顾问布鲁斯·艾尔沃德说，
Bruce Aylward,Senior Adviser to Director-General said,
"武汉人民，世界欠你们的"
"To the people of Wuhan,it is recognized that the world is in your debt."
我们不感到被亏欠，
Actually,we don't think we are creditors.
"与子同裳，岂曰无衣。"
"Fear not the want of armor,for mine is also yours to wear."
"山川异域，风月同天"，
"Lands apart,sky shared."
一衣带水的日本人民，
Japanese people are our close neighbors separated only by a strip of water.
一起战斗的我们，

They are fighting with us.

一定会迎来“辽河雪融，富山花开”的美好春日。

Together, we will definitely enjoy the arrival of spring when "snow disappears along Liao River and flowers appear on Fuji Mountain".

倾尽全国之力，拿出所有家底，

With all the strength and resources of the country,

山川相连的巴基斯坦与我们战斗在一起；

Pakistan, linked to us by mountains and rivers, is fighting with us.

十天三次援华，第一时间运来23吨医用物品，

They sent medical supplies weighing 23 tons to us without any hesitation and offered their help three times in ten days.

战斗民族俄罗斯与我们战斗在一起；

Russia, a warrior nation, is fighting with us.

哪怕只是100欧元，

Even if it's only 100 euros,

也是支援我们战胜疫情的拳拳心意，

it stands for their sincere concern and support for us to win the battle.

非洲科摩罗人民与我们战斗在一起。

The Comoran people in Africa are fighting with us.

是啊，“青山一道同云雨，明月何曾是两乡”，

"Together with green mountains, in windy showers are you and I bathed;

lying in different parts, the same bright moon we admire along."

我们不是一个国家在战斗，

Our nation is not fighting alone,

我们身后有强大的“人类命运共同体”！

because we are backed by "the Community with Shared Future for Mankind"!

现在，晨雾散去，

Now, as the morning mist lifts,

阳光升起，

and the sun rises,

我坐在窗下，写信给你。

I sit beside the windowsill, writing to you.

我要告诉你，

I want to tell you,

生于“非典”肆虐之年，

born in the year when SARS was raging,

长于“新冠”封城之城，

and growing up in the city stalked by COVID-19,

这真是你人生中难得的经历，

you will surely remember these experiences forever.

而生命，因经历而美好；

Your life will be much more glorious because of these experiences.

人类，由携手而拥抱未来。

Mankind embraces the future because of joining hands.

祝

一切都好！

Wishing you all the best!

十年前的你

You yourself ten years ago

2020 年 4 月 8 日清晨武汉重启之际

链接：

https://www.hubpd.com/c/2020-04-12/956126.shtml? from=groupmessage

【媒体报道】

绿色驿站复工，四十九中的老师们代学生种下希望

（人民日报，2020 年 4 月 24 日）

为迎接即将复学的高三学子，4 月 23 日上午，武汉市第四十九中学的老师和绿色驿站的志愿者共 20 余人，在校园内种下了月季、茶花、金橘、天竺葵等 350 余株植物，迎接即将返校的学生。

本次“绿色驿站进校园，种下一片希望林”活动由武汉市绿委办、青山区绿委办、市四十九中共同举办，是武汉市 2020 年绿色驿站的首场共建活动。为了让学生们不错过春天，校方在学生中广泛宣传，以征集学生的植树心愿，由老师代植“云认养”的方式组织本次活动。同学们非常踊跃，从中优选了 20 条心愿写在心愿卡上。

吕校长说，等高三学生重返校园时，既能看到校园的新气象，也能看到我们一起携手种下的这片绿色，不忘记这个春天，不忘记为了重返校园所有人的努力。我们要让学生们记住困难，更要从困难中学会成长，成就最好的自己。

上午 9:30，在技术人员的指导下，老师和志愿者们开始挥锹挖坑、栽种回土、围堰浇水……栽好以后，现场视频连线学生代表，将他们的植树心愿分别挂到每一株小树上。高二三班的胡曾琪同学写到“希望这棵小树的每片绿叶都将飘荡到全世界，带去和平美好的祝福”。

活动最后，市绿委办、青山区绿委办向老师代表颁发植树尽责证书。市绿委办负责人向老

师及志愿者讲述了证书背后的故事，鼓励四十九中的学子学习之余积极参加植树尽责活动，在心里种下爱绿护绿的种子，给校园生活留下一份美好的回忆。

市四十九中“造梦花园”绿色驿站于2018年5月22日建成开放，是武汉市首个校园绿色驿站，也是青山区最早建设的绿色驿站。由该校生物老师带领学生们集体设计、共同建造完成的，建成后不仅成为学校一处靓丽的景观，也成为学生们的第二课堂，他们在这里认识植物、养护植物，学会如何与自然相处。

利用绿色驿站，市四十九中积极开展环保教育，倡导绿色低碳生活，让学生参与校园环境的改善，进一步了解校园环境问题、学习环境和社会的知识，提高环境素养，发展学生的核心素养。希望学生在自己动手植树的过程和行动中养成热爱自然、保护自然、珍爱生命的信念和习惯。

记者获悉，绿色驿站是2018年武汉市为方便市民履行义务植树，落实全民义务植树多种尽责形式的探索性工作，截至目前，已建成100个，开展绿色共建活动1000余场次。武汉市绿委办负责人介绍，绿色驿站是由武汉市绿化委员会办公室倡导推进，组织社区群众、学生、老师以共建共享共治的方式对现有环境进行微改造，其特点是不改变现有绿地权属，引导和鼓励公众参与身边绿化环境的设计、建设和管理，提升公众参与性，从而拓展生态惠民的范围，目前主要建设在社区和校园。

今年，武汉市绿委办将依托绿色驿站这一公共空间，继续组织专家、园艺达人、志愿者深入社区开展植物医生问诊、家庭园艺咨询等活动。为丰富市民的居家生活，5月起，绿色驿站将联合部分社区陆续推出“云课堂”，重点开展插花花艺教学、家庭园艺分享和植物医生问诊等。

【媒体报道】

厉害了少年！15000个“加油”拼出钟南山头像！

（央视新闻，2020年3月2日）

近日，来自武汉的高二学生涂宇恒写下15 000个“武汉加油”“中国加油”拼出了钟南山院士的头像，为完成这幅画，他用时4天，写废了4支笔。

链接：

https://mp.weixin.qq.com/s?__biz=MTI0MDU3NDYwMQ==&mid=2656855803&idx=2&sn=cd562f447b56362a608713d26fa365f2&chksm=7a669b1d4d11120b72ea5f3596fb73d934b88714cae0e7863ab8cca217eedd953424e0a27870&mpshare=1&scene=23&srcid=&sharer_sharetime=1583157119078&sharer_shareid=2538c56bb2e73c72ee71a192255b0ef3

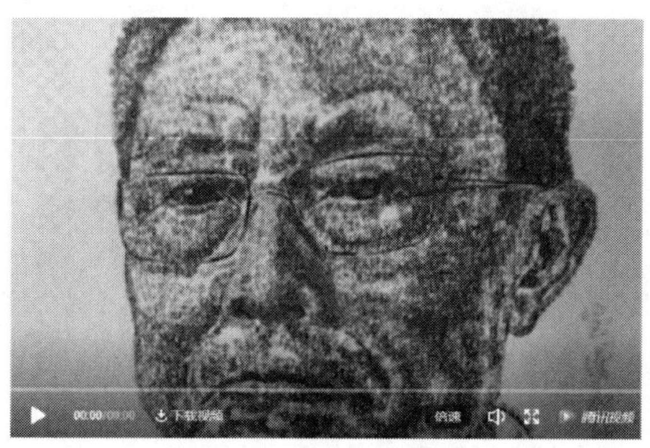

附:创作背景及各界反响

登热搜榜首位,源自对生命的敬畏、对勇者的敬佩!

2020 年 3 月 1 日晚间,一张用 15 000 个“武汉加油”“中国加油”字样拼绘、致敬钟南山院士的《武汉加油》画作横空出世,在网络上爆红,迅速登上热搜榜第一名,被环球网、央视新闻、人民日报、光明网、中国经济网、中青网、凤凰视频、新浪视频、长江云、长江日报、武汉教育等多家主流媒体相继报道、转载。仅央视新闻就有 4.1 亿人次阅读,讨论 5.4 万次,转发 3 万次,点赞 56 万次。该作品是由武汉市第四十九中学高二(9)班涂宇恒同学于春节期间用时四天、用废四支笔创作完成。

在创作中,涂宇恒用大字描绘轮廓,坚持用小字表现细节,特别是眉眼、嘴角等地方需要用非常小的字一点点勾勒出人物的表情,难度非常大,既考验美术功底又考验视力和文字书写。他说,疫情来了,我不能为武汉做什么大的贡献,我就做好我自己能做的,创作出“精神食粮”,用武汉人的不屈服来激励大家,疫情面前,我们不会退缩的。

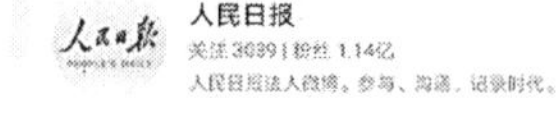
人民日报

关注 3039 | 粉丝 1.14亿

人民日报法人微博。参与、沟通、记录时代。

【#中学生写1.5万个加油拼出钟南山#】昨天下午，武汉市第四十九中学“空中德育课堂”上，高二学生涂宇恒展示了一幅特别的画，他4天写下1.5万个“武汉加油”“中国加油”，拼出钟南山头像。长江日报的微博视频

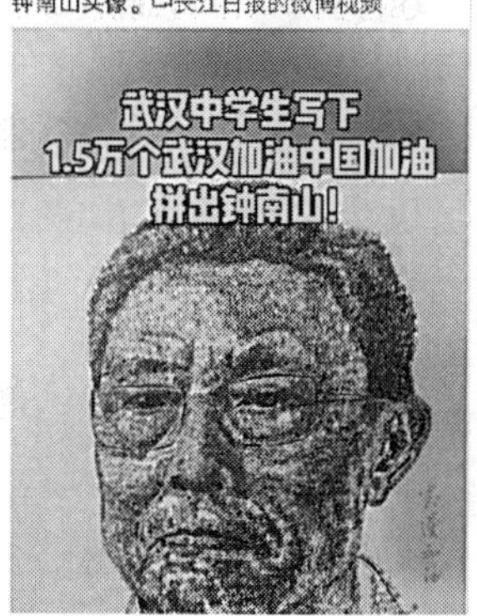

4天写废4支笔，武汉中学生写1.5万个加油拼出钟南山头像

中青网教育　昨天

3月1日，武汉市第四十九中学“空中德育课堂”上，高二学生涂宇恒展示了一幅特别的画，他4天写废4支笔写下1.5万个“武汉加油”“中国加油”，拼出钟南山头像。

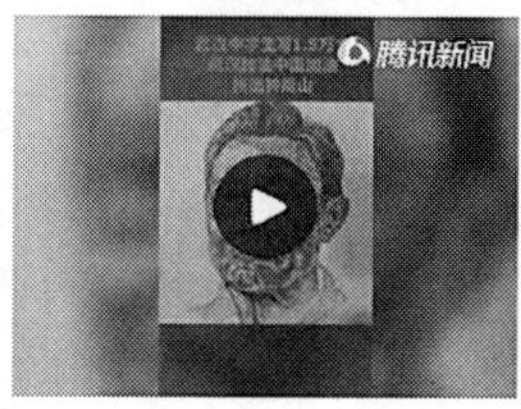

来源：中国青年网、青蜂侠

震撼！15 000个武汉加油中国加油拼成钟南山

光明网　03-02 08:55　+关注

【震撼！15 000个武汉加油中国加油拼成钟南山】来自武汉的高二学生涂宇恒，写下1.5万个“武汉加油”、“中国加油”，拼出钟南山头像。为完成这幅画，他用4天写废了4支笔。让我们一起为武汉加油，为中国加油！

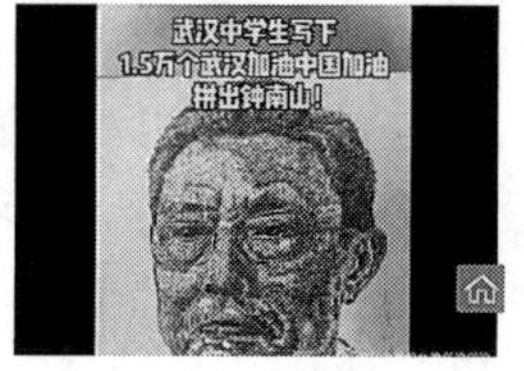

15 000个“武汉加油”“中国加油”！武汉高中生画出偶像钟南山

环球网　关注

近日，武汉高中生涂宇恒用15 000个“武汉加油”“中国加油”画出钟南山院士的新闻上了热搜。长江日报记者了解到，涂宇恒是武汉市第四十九中学高二（9）班学生，这幅速写是他花费整整4天完成的。

涂宇恒告诉记者，他是土生土长的武汉人，2003年非典期间出生，抗击非典的第一功臣钟南山一直是他的童年偶像。2020年，新冠肺炎疫情爆发后，80多岁的钟院士再次挺身而出，亲自来到武汉参与抗疫，这让涂宇恒非常感动。尤其是钟院士那张饱含热泪的照片、深情而坚定的眼神

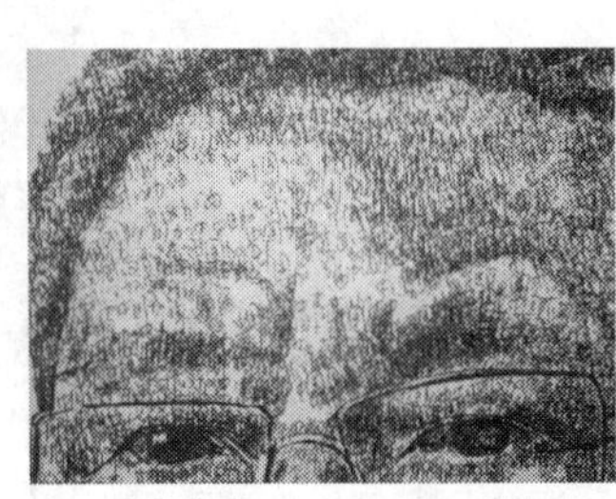

【媒体报道】

中高考延期，备考“加时赛”怎么打

（中国教育报，2020 年 4 月 28 日，节选）

面对疫情压力下的中高考延期，学校、教师、学生、家长如何因势而动、积极备考，打好接下来的“加时赛”？

学校：严把防控关口，确保教学正常开展

在疫情“震中”湖北武汉，为迎接 5 月 6 日全省普通高中毕业年级（含中职学校和技工学校毕业年级）开学，各学校都在按照武汉市教育局下发的《学校防疫手册》做准备。

“目前我们学校所有参与高三学生复课工作的教职员工已全部接受核酸检测，且结果无异常。4 月 28 日，全体高三学生也将接受核酸检测。”武汉市第四十九中学教务处主任助理、高三年级生物教师王家太说。

学生：回归教材基础，调整心理状态

回归教材知识点、回归基础，同样是经验丰富的校长、教师反复强调并实践的备考策略。

“教师要注意总结近几年来的试题特点，在剩下的两个月里精选练习题，围绕教材核心知识点，不要去抓偏门，节约学生的备考时间，引导他们高效率、精准备考，少做无用功。”王家太建议。

此外，部分教师也表示，无论中考还是高考，都越来越注重对问题解决能力的考查，这一方向需要提醒学生注意。

“高三学生备考，要注重思维训练，培养核心素养。”王家太解释，所谓“核心素养”，就是能在复杂情境中去解决问题的能力。他研究后发现，2017 年以后的高考试题，特别注重考查考生是否能把知识拿来用。

技术性的备考策略之外，如何引导学生保持良好的学习状态特别是心态，同样备受关注。

“身处疫情中心，我们特别重视师生心理健康，从 2 月中旬开始组织了一系列以‘心理战疫’为主题的线上心理讲座，向师生介绍心理调适方法，并对患病学生进行心理干预。”武汉四十九中心理教师曹非说，“开学后，我们将通过心理学中的《SCL90》检测量表，对每名学生的心理健康水平进行筛查。对心理健康水平较低的学生，将与班主任和学生导师一起，制定下一步心理辅导工作的具体方案。”

家长：缓解焦虑情绪，身教代替言传

“怎么保证班里每个学生都不乘坐公共交通工具上下学？”“孩子在教室里长时间戴口罩，大脑缺氧怎么办？”开学复课在即，个别家长提出的问题，有时会让王家太感到无奈。

同为高三考生家长，王家太能够理解个别家长的担忧。在回应这种担忧时，他始终坚持一句话：“按照学校的规定去做，顺其自然。”

家长比学生焦虑，似乎已成为教育领域的普遍现象。疫情叠加大考，更放大了这种焦虑。

多位校长、教师提及，“停课不停学”期间曾频繁接听家长来电，“管不住”“闹矛盾”“何时开学”是其中的关键词。而随着疫情平稳、各地开学、“神兽回笼”，目前家长们的焦虑情绪已在很大程度上缓解。

王家太给出的建议更为具体：“家长不要把自己实现不了的强加给孩子，说做什么事都是为了孩子。凡事要忍耐，不插言、不多话、不干扰，更多地给孩子鼓励。不要过度关注孩子，自己该工作工作、该散步散步，只当家里没有一个高三考生。”

链接：

http://paper.jyb.cn/zgjyb/html/2020-04/28/content_579159.htm?div=-1

【媒体报道】

架起有温度的“空中课堂”

（中国教师报，2020 年 3 月 25 日）

肖建锋

由于防控疫情的需要，在家上学成为学生成长的“刚需”。自教育部门发出“停课不停学”通知以来，各地迅速行动，整合各种资源架设的“空中课堂”成为学生居家学习的主阵地。

学生在哪里，课堂就在哪里。但一种担心随之而来，在实施过程中，一些网课有点变味了，线下的课堂教学方式被完整复制到线上，部分空中课堂有了“线上满堂灌”的倾向。

那么，我们该如何改变现状？

空中课堂，育人功能不能空。生活即教育。空中课堂需要的不是一“智”独秀，其特有的育人功能不能空。

突发的新冠肺炎疫情，是一场重大公共危机，对于正在经历中的学生而言，更是培养其世界观、人生观、价值观的教育契机。疫情背景下“停课不停学”的“学”，从学习方式上说是沉浸其中，而不是两耳不闻窗外事的“学”。从学习内容上说，既是学科知识的“学”，又是信念和媒介素养的“学”、生命和心理健康的“学”、公共安全和自我防护的“学”、责任担当和感恩的“学”。

作为疫情重灾区武汉的一所中学，我们引导学生用研究的眼光看待正在发生的历史，除了学科知识，还引导学生学会思考，学会形成自己的观点。

学校用云端开学典礼、升旗及网上开班会等形式，增强教育的仪式感。冉冉升起的国旗、校旗，见证师生内心涌动的爱国爱校之情；即兴诗句“共在线上探新知，济胜相约把校还”的勉励，体现共克时艰的豪情；“读书声、家国情”主题班会的讨论，让学生领悟“艰难困苦，玉汝于成”的道理……

同时，教师面对疫情也敞开课堂：历史教师引导学生将新冠肺炎与中外历史上重大疫病防治的背景、特点、应对措施和影响进行对比；数学教师和学生一起建模，分析预测数据走向，预测发展趋势；化学教师用项目学习的方式，与学生一起探讨气溶胶如何传播病毒以及家庭常见消毒剂的正确使用；心理教师开通心理援助热线，开展学生心理应激调试，从人文的角度去思考生命……

空中课堂，适当留空不能少。“停课不停学”的初衷，就是在打好防疫战的前提下，满足学生源源不断的学习需求，但“停课不停学”也要防止在落实和执行过程中的异化和走偏。一些学生手机中塞满了各种在线教育软件，整天紧盯屏幕赶网课、打卡、传学习视频……一切被塞得满满当当，“不停学”演变成了“不停地学”。

为了把更多的学习自主权和时间交给学生，学校在鼓励学生开展自主学习、探究学习、问题学习、项目学习的同时，尝试在空中课堂以“留白”的形式实施“五个一”工程：组织“防疫小能手”知识竞赛，与家人一起比一比；推介居家健身项目，与家人一起动一动；围绕“疾疫无情，人间有爱”主题征文，与家人一起写一写；组织“艺起携手，共克疫情”书画网展，与家人一起画一画；发起“同舟共济，疫中同行”歌曲创作大比拼，与家人一起唱一唱。

因为疫情，空中课堂承载了特殊而厚重的教育使命。我们既不能“满堂灌”，也不能“灌满堂”。如何发挥好空中课堂的育人功能，是对教育工作者一个新的挑战。

链接：

http://paper.chinateacher.com.cn/zgjsb/html/2020-03/25/content_577492.htm? div=-1

【媒体报道】

武汉四十九中老师带领学生在诗文中领略一座英雄的城市

（今日头条，2020 年 3 月 11 日）

“问母抗疫何时还？只言舍身为社会。但见慈母成勇士，辰时离家酉时回。”高一(6)班周宇洁同学在分享自己模仿刚学的《蜀道难》所写的《抗疫难》时，联想到母亲和她的同事们在抗疫一线奋战的点点滴滴，几度哽咽落泪。

“雷鸣焰动山河定，天疫尚需凡人平。白袍战士激伟力，勇盖关张向险行。”李宸飞同学结合武汉抗疫前线勇士们的事迹即兴创作《逆行》诗作后满怀深情地说，这不是我“创作”的诗，这是无数奋不顾身英勇逆行者们以行动“书写”的诗篇，我只是用涌动的热情和稚嫩的语言为他们“代言”。

这是2020年3月10日市四十九中“主体间性智慧空中课堂”教学模式的研讨课上呈现的一幕幕场景。语文教师张靓带领着学生们开启了一趟特殊的语文探究旅程，师生在诗文中一起领略一座英雄的城市。课上，师生们共同鉴赏武汉历史长流中涌现的人文经典诗词，感受武汉城市魅力，教师解读与学生品读相结合，诗歌鉴赏与诗歌创作相结合。有热点、有泪点、有文气、有情感，既立足语文课本诗词鉴赏的学科知识点，又结合武汉战疫中青少年的责任感，呈现了一堂异彩纷呈的语文学科智慧空中课堂。

这堂语文课立足学科思政的基点，紧扣学习任务群目标，浓浓的语文味沉浸其中，也践行了学校关于探索“主体间性智慧空中课堂”的理念。张老师通过关于“武汉是一座英雄的城市”的论述入手，巧妙回应化解了疫情期间关于武汉的各类质疑。课堂的各个环节中，也将疫情间的武汉人拼搏奋进的故事穿插其中，让学生身临其境。

张老师示范讲解了毛泽东《水调歌头·游泳》，诗歌的韵味呼之欲出。随后，教师将课堂交给了学生自主探究。通过连线，方彬宸同学讲解《三烈士赞》，学生整个讲解过程中，老师有评有点，还追问了关于诗歌鉴赏的知识点，紧扣学科特点。学生自主鉴赏1958年武汉特大洪水中的《浪淘沙》（杨淑子）和2020年新冠疫情的组诗，充分尊重了学生的主体地位。通过选择题和评论区发言，来引导学生自主鉴赏。

在课堂中，张老师熟练地运用网络技术，空中课堂的互动性得到了很好的诠释。讲解知识点，充分运用平台答题和实时数据统计紧抓学情；评价学生前期诗文创作，与医护人员子女连线，通过师生的互动，让当堂课的教师和学生都为之落泪；展示学生学习成果，现场让学生修改原创诗歌，更是在后面的时间，由学生来分享诗歌，表达情感。一首又一首原创诗词在这堂课上精彩纷呈。课程小结时，张老师填词一首《鹧鸪天·空中课堂感怀》，以“犹言医者旌旗举，更愿青衿志向攀”等诗句勉励同学们实践“国之所需，吾之所向”的宏愿。

在整堂课的设计上，张老师充分准备、独具匠心。课程选文都是她结合武汉历史特点，从武昌首义、1958年抗洪、武汉长江大桥、2020新冠肺炎疫情的历史典籍中选取。张老师说：“空中课堂以来，社会给予我们很多的便利，许多资源都免费开放，这节课的每一首选文我都是广泛地查阅了各大文献网站，再进行课堂的设计。”同时，对于学生的发展她也考虑其中。空中课堂开展以来，每一个学生的作业与变化，她都记录在案；每一个学生的家庭情况她也牢记在心，学生的能力层级都在这堂课上得到了发展。

在学校说课评课环节，高二语文备课组肖怀贞老师用诗意的选文、诗意的语言高度评价了这节课。高三语文备课组王罡老师也认为，这是一堂结合语文新课改、有效落实新高考学科任务群的生动尝试。语文教研组王海玉老师从校本课程、诗歌教学、传统文化、发展课堂等六个角度指出了这节课的“不一样”，他说：“正是张老师在疫情期间关注每一个学生，这堂课才有许多细节让我们感受到作为老师的人文关怀。”同时，同组语文老师都给予了肯定，同时，对于课堂内容也进行了深入的交流与探讨，提出了宝贵的建议。

教导处彭维清主任及学校领导胡正茂书记、柯汉阳副书记、肖毅副校长等对张老师这堂课

从教学设计的紧扣时事、文章选材的大气磅礴、师生互动的流畅自然等方面给予了高度评价。

最后，吕向东校长对张老师这堂课作了概要点评，进行了充分地肯定，也希望各学科都进行这样的有效尝试，同时他从增强变“危机”为“契机”的紧迫意识、努力成就最好的自己，增强“主体间性智慧空中课堂”教学探索、努力解决教学中的困难与问题，增强学科课标，努力围绕学科核心素养提高教学质量等几个方面对学校老师提出了更高的要求。

链接：

https://m.toutiaocdn.com/i6802812637487825422/?app=news_article×tamp=1583930769&req_id=202003112046090100140411161323F5D2E&group_id=6802812637487825422&wxshare_count=1&tt_from=weixin&utm_source=weixin&utm_medium=toutiao_android&utm_campaign=client_share&from=singlemessage

【媒体报道】

武汉市第四十九中学师生开展新冠肺炎科学常识测试

（中国教育在线，2020 年 3 月 19 日）

日前，一套不寻常的有关新冠肺炎科学常识的在线测试受到了武汉市第四十九中学师生们的广泛关注。说其特别，是这套试题由在校高二学生征集编制，即学生是出卷人，而答卷者不仅是在校的学生，还有老师们。

那么，这套学生编制的试题质量如何呢？

给高三同学一些惊讶。专心复习备考的高三(8)班严静怡同学抽空完成在线检测后点评道：“这个测试既能立足我们所学的教材知识又能与当前时事热点联系，从疾病防控的常识到病毒本质的专业知识，涉及面宽广，内容丰富。在帮助我们进行生物学复习备考的同时，也坚定了我们夺取战‘疫’的信心。高二的学弟学妹能编制这样的题目真让人刮目相看！”

让高一、高二同学感到亲切。相当多的题目是以学生熟悉的真人真事或者热门话题为问题情境，武汉市第一位感染新冠病毒治愈后参与献血的公安民警新沟桥派出所宋晓波、在微信朋友圈广为传播的防疫偏方等纷纷入题。高二(3)班的丁跃洋同学更是有些兴奋:“我们班主任胡老师怕我们在家宅出病,要求家长每天把我们早锻炼、做眼保健操的照片、视频发班级群,哈哈,没想到这个也考了。”

令老师们感觉自豪。作为跨专业的语文学科殷老师感觉题目还是有难度,虽然自己的得分不高但仍然为学生喝彩:“同学们立足学科学业实际,以在线检测题方式普及宣传新冠肺炎的科学常识,是师生落实中央精神、共同抗击疫情的校本化实践活动,是学科思政的生动形式,让我这个文科出身的老师也进一步提升了科学素养。我要为同学们开展这样有意义的活动点一个大大的赞!”

讲好疫情防控,生物学科大有可为。

本次活动的组织者高二生物备课组的李葳、罗艳老师介绍,掌握新冠肺炎的基本科学知识,对于防控疫情、理解并自觉遵守政府的各项抗疫法规具有重要意义。在学生中广泛征集试题,有利于学生更加积极主动地去了解有关科学知识;在全校师生中开展这个在线测试,拓宽了活动的范围和影响力,对同学和老师都是一个不错的学习契机。

新冠肺炎疫情是新中国成立以来在我国发生的传播速度最快、感染范围最广、防控难度最大的一次重大突发公共卫生事件。疫情发生以来,习总书记提出“坚定信心、同舟共济、科学防治、精准施策”的总要求,把科学防治放在极为重要的位置。

在这场没有硝烟的疫情防控战争中,武汉市第四十九中学生物教研组结合学科内容,积极开展系列特色课程活动,深刻讲解疫情防控中体现的科学防控与精准施策,教育引导学生要尊重事实、崇尚科学、努力提高科学素质、培育科学精神和科学态度。

据悉,市四十九中生物教研组在“停课不停学”中,积极完善“主体间性智慧空中课堂”模式。高一生物备课组刘海艳老师执教的“基因在染色体上”网络研讨课注重疫情期间对学生进行心理疏导和科学精神的教育,受到听课老师高度好评。生物教研组分享的“武汉四十九中网课资源与做法”经验交流深受武汉市高中生物教育同仁们的热烈欢迎与充分肯定。

链接:

http://www.eol.cn/hubei/bfxy/202003/t20200319_1717407.shtml? from=timeline

【媒体报道】

武汉市四十九中开展网络“说课评课”活动!

(中国教育在线,2020年4月2日,节选)

4月1日下午,按照武汉市四十九中学教导处统一部署,高二语文组给学生和全体听课教师呈现了一场脍炙人口的视听盛宴。展示课主讲老师成伶利经过认真准备,吸纳备课组集体意见,利用空中课堂给高二(3)班、(4)班同学精彩分享了《史记-项羽之死》。

课后,由语文教研组长王海玉老师主持,进行了为时一小时的说课评课活动。吕向东校长、柯汉阳副书记、肖毅副校长全程参与指导,教学领导、专家、全体语文教师及各学科教师代表参加了此次听评课活动。

语文组本次教学研讨活动得到了各位领导、老师们的高度评价,大家充分肯定了成伶利老师的展示课。

肖校长认为,这节课的最大成功在于教学设计酣畅淋漓,师生活动兴味盎然,极具现场感,极具感染力，听罢意犹未尽。在网络技术运用、视听效果营造、学生思维养成等方面，肖校长也予以充分肯定。

作为本次教研活动的主体——语文老师们不仅专注听课，而且在评课环节中畅所欲言，不客套，不掩饰。邬晗、张伟、陶红兵、王罡、王海玉、喻宜发等老师分别予以精彩点评。大家一致认为，这样的课很真实，具有操作性和引领性。将“以人为本”的理念自然体现于学科教学活动之中，彰显了语文教师浓厚功底以及语文课的人文学科魅力，契合了新课程改革精神与我校主体间性教育思想。尤其注重培养学生的自主学习能力和创新思维能力。

参与听评课的学校领导、老师也从进一步处理好语文学科人文性与工具性的关系、进一步提升学生学科素养、进一步多渠道地实现每一个学生参与教学等方面提出了中肯的建议。

活动后，吕校长专程通过电话对本次活动作了精要点评。一是这节课非常成功，充分体现了成伶利老师教学水平的日益精进，展现了双重备课的预期成果，真正起到了启发与引领作用；二是课堂有效互动是这节课的最大亮点，较好地体现了新课程理念，建议老师们在后段教学中更好地关注全体学生，更准确地把握学情，努力提高教学针对性与实效性；三是网络教学中，教师要善于把握成长契机，要不断提高自身素养，要形成个性魅力，多思考，勤动笔，努力成为专家型教师、学者型教师。

链接：

http://www.eol.cn/hubei/bfxy/202004/t20200402_1719629.shtml? from=timeline

【媒体报道】

从饮食生活看时代变迁，武汉四十九中引领学生用历史照亮现实！

（中国教育在线，2020 年 4 月 7 日，有删改）

2020 年 4 月 8 日，武汉将解除离汉通道的管控。武汉在抗击新冠肺炎疫情取得阶段性胜利以后，城市即将有序重启，真可谓“寒尽阳生春始立，否极泰来终有期”。

回望过去的 70 多个日夜，以习近平同志为核心的党中央运筹帷幄，全国上下众志成城，广大人民宅家战“疫”，充分展现了当今中国面对重大突发公共卫生事件时的沉稳与自信。国家的自信是基于改革后的富强，人民的自信是发自于对国家的信任，这一切都是战“疫”胜利的根基。因为有信任，所以有信心；因为物资充足，百姓居家抗疫更安心。

4 月 7 日上午，市四十九中学历史教研组张琛老师通过一节“主体间性智慧空中课堂”研讨课——“从饮食生活看时代变迁”，引领学生用历史照亮现实，她与学生一起探讨饮食生活所反映的时代背景，感知抗疫背后的当今中国，感悟大疫之下身处中国乃人生之大幸。

张琛老师以武汉教育云平台为依托，结合了其他即时通信工具和问卷平台进行了教育教学的组织。她首先以学生宅家抗疫期间的饮食视频导入，激发学生参与课堂的热情。然后以时空为主线，分别从中国古代、鸦片战争后、新中国成立后、改革开放后四个时期展现中国的饮食文化和变迁历史，并从时代背景的角度引导学生进行思考和分析，落实历史学科、历史解释和唯物史观的核心素养。

教学活动中，通过一系列历史图片、史料、视频，让学生主动“动”起来，积极“学”起来，运用史料实证的方法践行教师主导、学生主体的教育教学思想。让学生从饮食的变化中感受时代的变迁，并揭示其背后经济、政治和思想文化的发展演变，深入了解当今中国的富强和担当，从

而升华为家国情怀。

当天下午两点，在历史教研组长张尊健老师主持下，全体听课教师在学校企业微信号上进行评课研讨。张琛老师简要介绍这节课的选题立意、教学组织设计和集体备课、研课的相关情况，以及自己的课后反思。在评课环节，湖北省特级教师、青山区首届名师刘飞老师从教材处理的创新和史料选择的新颖，以及新课程理念的实施对本节课进行了肯定。武汉市优秀青年教师高婕老师从切入角度的新颖、现代教学手段的熟练运用、学科思政渗透等角度对本课进行了评析。高老师认为这堂课是立足历史学科探索课程育人的成功尝试，它以空中课堂的特殊形式，整合历史新旧课程与饮食资源，融会传统文化和时代精神，以丰富多样的方式展开，既增强学生关注社会和勇于担当的意识，又充分体现历史课程改革培养学生创新思维和家国情怀的价值取向。高二历史备课组组长夏艳老师从教学中师生氛围融洽，课前让学生自己动手制作食材的体验式的教学手段，及教学中运用了多维评价的方式，帮助学生在自我满足和快乐中不断提升。

武汉市学科带头人、历史教研组组长张尊健老师用四个特点对本节课进行了点评，娓娓道来的原因分析突显合乎逻辑的历史推理意识；时空、古今南北东西的陈述突显准确通达的历史时空观念；图文并茂的历史材料突显求真求实的历史证据意识；从历史阶段特征分析突显回到现场的历史思维特征。各位老师在评课中也提出了这节课在学科和技术运用上进一步提升的方向。

湖北省特级教师、教导处主任彭维清用“有备、有趣、有理、有效、有思政”高度概括了本节课的亮点，他还指出本节课注重培养学生正确的思想政治立场与历史方法论，展现了中国悠久灿烂的历史文化，讴歌改革开放成果和当下抗疫的伟大胜利。此外，肖毅副校长从情境教学和历史核心素养方面，柯汉阳副书记从现代化教育技术的应用方面对本课进行了肯定，并指出了进一步提升的方向。

吕向东校长认为空中课堂条件下落实“双备双评”，强化远程教学的有效性，上次夏艳老师和今天张琛老师呈现的历史课，既体现了两位老师的个人业务能力，又反映了教研组集体备课的深度和协同教研的广度。希望历史教研组充分弘扬防疫抗疫精神，在思政的宽度、学科融合和校本课程的利用上取得更大的成绩。

这节公开课是历史教研组“优化历史课程资源，弘扬防疫斗争精神”系列思政活动之一，全组老师先后三次开展集体备课，教研组杨晖、康雪松、李荣、张宗炳、周智金等老师积极出谋划策，此次活动还得到了智教中心的技术指导。

链接：

http://www.eol.cn/hubei/bfxy/202004/t20200407_1720335.shtml? from=timeline

【媒体报道】

通过“空中课堂”，这位高中老师带领学生揭秘“核酸检测”！

（中国教育在线，2020年4月17日，有改动）

“核酸检测”是抗疫期间的热门话题，人们关注的焦点事物。作为中学生，对核酸检测的原理和过程又了解多少呢？

4月16日上午，武汉市第四十九中学高二生物备课组的唐慧老师，执教了“主体间性智慧空中课堂”二轮研讨课——“多聚酶链式反应扩增DNA片段”，带领着学生们揭开了“核酸检测”的神秘面纱。

唐慧老师熟练运用武汉教育云平台，并结合了QQ群和微吼平台等网络工具软件的优势，首先通过一个简短的新闻视频提出病毒核酸检测的设备“荧光定量PCR仪”快速引出本课学习内容。采用问题驱动的教学策略，以一系列问题帮助学生回顾基础知识、阅读教材自学PCR的过程与条件。

她组织学生对问题进行交流、讨论突破教学重难点内容，通过在线检测及时对学习内容进行当堂巩固，并以更详细的新闻视频为材料，引导学生归纳新冠病毒核酸检测的环节、解释PCR在检测中的应用。

唐老师在充分展示生物学技术在抗疫中的重要应用后，鼓励学生努力学习，积极投身科学事业，德育渗透水到渠成，学科思政效果良好。首尾的两段视频前后呼应，显示出课堂设计的巧妙性和完整性。

当天下午，生物教研组李葳老师主持网络评课活动，吕向东校长、柯汉阳副书记、肖毅副校长、学科专家以及各科老师60余人参加了评课研讨。

主评教师王家太认为，这节课目标明确，导向性强，过程顺畅，多种技术融合到位。教学设计巧妙，展示生物学知识在抗疫中的作用，体现学科特色。主体间性教育理念体现明显，组织学生的活动落实到位，利于发展学生生物学科核心素养。

特级教师、教导处彭维清主任也对这节课给予了很高的评价。他认为这节课展示了学校优秀年轻老师的个人能力与素养，做到了“三结合”：一是多种平台与技术手段相互结合，教学内容丰富，达到互动的要求；二是抗疫热点与学科思政结合，以学科教学内容为重点，充分体现学科特点；三是在线检测与教学过程相结合，问题导向式教学非常适合网络课堂，在完成教学任务的同时也起到监测学生的作用。

肖毅副校长将本节课评为“精品课程”，他从“问题设置准确有导向、对问题的讨论完备、学生自学时间充裕”等15个小细节深入分析了本课的亮点，认为本课很好地体现了老师的主导性和学生的主体性，值得大家学习。

唐慧老师的这节研讨课是高二生物备课组全体老师辛勤的结晶，本课的成功离不开组内老师的协助与打磨。生物教研组将继续贯彻学校的“备知识，备技术”双备课理念，团结协作，积极钻研网络教学，让学生学有所得、学有所获。

链接：

http://www.eol.cn/hubei/bfxy/202004/t20200417_1722103.shtml?from=groupmessage

【媒体报道】

战“疫”，是每位学生的必修课！武汉27位校长寄语师生要上好这一课

（长江日报-超级云课堂，2020年2月11日，节选）

武汉中小学百万学生开课了
不同以往
今年各校以“网上开学典礼”开启新学期
为学生们留存了一份可载入记忆的仪式感
当下
正是城市危难之时 国家艰难之际
一场战役，就是一本最厚的教科书
也是每位学生的必修课
武汉市的校长们
在开学典礼上寄语师生
鼓励大家上好这一课
传递爱与信念
拥抱新学期
待春暖花开时，相约校园见！

珍惜

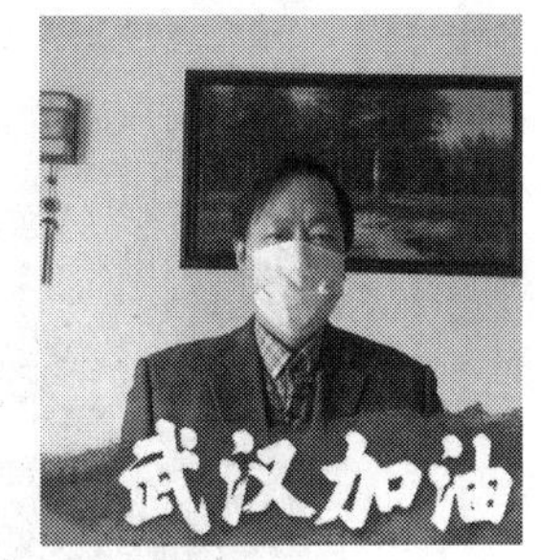

武汉市第四十九中学校长吕向东

向阳花开待春来，东轩雨滴仍岁寒。与君成城战疫情，您我加油克险难。同城虽已不相往，舟车送来八方暖。共在线上探新知，济胜相约学校还。

2020年，只争朝夕，不负韶华，希望师生能够共同战胜疫情期间学习、工作和生活中的各种困难，在抗击疫情中努力成就最好的自己。

没有哪个冬天不可逾越，没有哪个春天不会来临。同学们，请珍惜生命中的最好年华，把握千载难逢的最好时代，担当责无旁贷的历史使命！

链接：

https://mp.weixin.qq.com/s?__biz=MjM5NDAzMDU4Ng==&mid=2651356104&idx=1&sn=3f0f715a4e1b816c7ad8e4af2c254569&chksm=bd712d5d8a06a44b8cfc4a4b2f9d05ead3be75f1e5d8a591a11705d0cb80aa7d48f4ac49e354&mpshare=1&scene=23&srcid=&sharer_sharetime=1582725302499&sharer_shareid=2538c56bb2e73c72ee71a192255b0ef3

【媒体报道】

家庭如何消毒？这所学校上了一节实用化学课

（楚天都市报，2020 年 2 月 21 日，有改动）

楚天都市报 2 月 21 日讯（记者肖杨 通讯员殷卫国）“请问酒精消毒剂专家小组，酒精消毒是不是越浓越好？84 消毒液和医用酒精同时用，消毒是不是更彻底？”19 日下午，武汉市第四十九中学高一（5）班，上了一节特殊而又实用的网上化学课。

这节基于新冠肺炎背景的项目式学习课，以“做好家庭消毒，加强自我保护”为主题。课前，同学们分组合作，收集整理新冠肺炎和家庭消毒知识的资料、并制作展示的 ppt。上课时，涂宇航、骆安琪、匡俊杰、张恩等四位小组长分组汇报了对不同消毒剂的研究成果。

记者看到，课上，骆安琪同学在讲解酒精消毒知识时，特意引入了一个小实验——口罩装水，水没有滴漏，喷洒酒精后，水反而滴漏下去，特此提醒大家不能用酒精给口罩消毒，会降低口罩的防护效果。

而在使用酒精时，要脱掉毛衣等易起静电衣服的提醒，也让学生们对酒精的性质展开讨论——酒精可做燃料，生活中的乙醇汽油燃料、酒精火锅，都体现了其易燃烧的特性，不少学生进行知识拓展，想到了加油站严禁烟火。

课堂上，该校 2019 级毕业生杨浩哲也准时上线参与了直播课堂，作为援学志愿者，和学弟学妹进行了探讨交流，杨浩哲目前在湖北工业大学材料与化学工程学院化工与制药专业就读，从 1 月 29 日开始，就参与对学弟学妹的辅导学习。

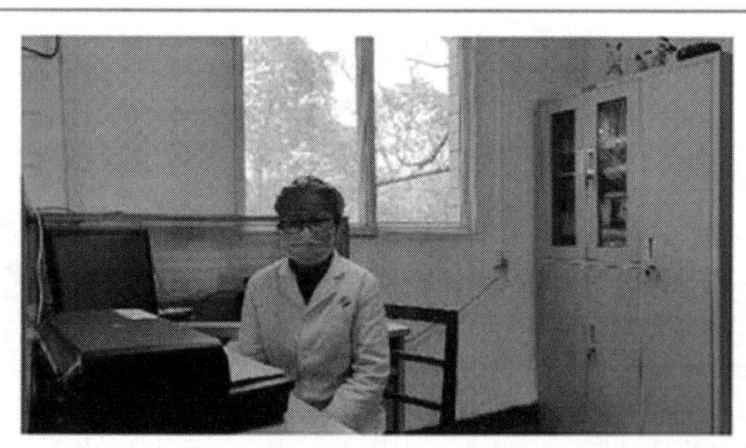

基于新冠肺炎家庭消毒的项目学习——防疫一线的学生家长寄语

该班学生桂凡景的妈妈，作为抗战在防疫一线的医务人员，还提前录制视频，发来问候和专业建议。记者看到，整个“空中课堂”，老师旁征博引，学生热烈讨论，虽然隔着屏幕，课堂氛围依然生动活泼。

“眼前的疫情也是一本真实的教科书。”化学老师肖建锋介绍，武汉封城后，不少同学在外地，身边也没有课本，加之“战疫”时间比预期拉长，一些同学难免产生焦虑情绪。消毒的知识与化学紧密结合，以此为切入点，能让学生自主去探究。

涂宇航同学表示，化学不仅仅只限于实验室，更包括了整个生活，这次疫情中急需的许多医用品，也都和化学息息相关。通过这次详细的讲解，自己更懂得如何去做好一个跟疫情面对面的人。

学生王思琳则感慨道："这节课所学的知识，能更好地帮助我们远离病毒侵害。而医生家长的致辞，让我对这些逆行者充满敬意！"

喜欢做化学实验的陈宇亭，对肖老师在课堂结尾时说的一句话留下了深刻印象——"待冬天过去，我在校园里迎接你们，升最美的旗，唱最动听的歌，做最酷的实验！"

链接：

http://www.ctdsb.net/html/2020/0221/hubei292872.html?mobid=FJqH1&from=timeline

【媒体报道】

开课了！武汉家长们担心的问题，学校给出了答案

（长江日报-超级云课堂，2020 年 2 月 10 日，节选）

武汉市中小学"空中课堂"开课首日，全市共组织了 426 节网络公开课，100 多万名学生和家长参与了"空中课堂"。市教育局相关负责人表示，"空中课堂"首日运行状况总体平稳，也出现了平台不稳定，偶有卡顿、黑屏等问题。下一步，将迅速研究，对相关问题进行改进完善，确保"停课不停学"。

面对家长们的担忧，"医护人员子女怎么办？学习效率有保障吗？""设备、网络、软件 bug 问题如何解决？"各校都给出了答案。

市四十九中语文老师张靓则通过制作抖音小视频的方式，解决网络课堂互动性不强，容易"满堂灌"的问题。不少学生说："视频听得正起劲，不知不觉就下课了。"张靓认为，武汉教育云的空中课堂功能比较全面，她选择了分组学习、课前导学、空中课堂、课后作业等几个内容应用到教学中。在布置作业时，她还会公开优秀作业，让同学互相查看、学习。

链接：

https://mp.weixin.qq.com/s?__biz=MjM5NDAzMDU4Ng==&mid=2651356068&idx=1&sn=4d77d2247a630963b9a25ec031318ed6&chksm=bd712d318a06a427f04416d56c957fc6646255c4a04fd99f2b5029328c64bac0d24f2609ed51&mpshare=1&scene=23&srcid=&sharer_sharetime=1582725239334&sharer_shareid=2538c56bb2e73c72ee71a192255b0ef3

【媒体报道】

愿我江城无恙！高中生创作歌曲、诗歌为武汉加油

（楚天都市报，2020 年 2 月 6 日，有改动）

楚天都市报 2 月 6 日讯（记者肖杨 通讯员殷卫国）"我看见这一座城，风雪肆虐的冬季，融融暖意在心头泛痕，是你们用青春书写大好的前程，不计生死临危受命……"2020 年的春节，武汉市第四十九中学高二(3)班学生创作了 2 首歌曲和 13 首诗歌，为武汉抗击疫情加油鼓劲。

班主任胡慎友老师介绍，本来寒假作业里也布置了诗词创作的内容，疫情暴发后，临时要求班刊第二期征集“抗击疫情武汉必胜”专刊文章，向全体学生及家长征集文章、诗词、歌曲、视频等作品，“目的在于调节学生紧张情绪，充实学生的假期生活，鼓舞信心。”

据悉，学生创作的两首歌曲《愿我江城无恙》《白衣飘飘》，歌词和演唱都由学生原创。学生以小组为单位，通过网络分工合作，不断打磨，精益求精，用时一周完成创作任务。

该班学生谭丽君说，班上8名同学组成了一个小组，定好作品讴歌奉献者的基调后，分头写好歌词，请专业人士帮忙编曲后，因为不能出门，手机录歌后发现合唱效果一般，就由她一人演唱《愿我江城无恙》，“录歌录了很久。”

学生周雪莹说，她们组很希望能为抗击疫情做点什么，就把《白衣飘飘》的词改了，改为对医护人员的感谢。

13首诗歌则是学生在寒假前一天在教师的指导下完成的，作品大多以歌颂奋战在抗疫前线的“英雄”，以及武汉人民众志成城抗击疫情的决心为主题，给读者传递战胜疫情的信心与勇气。

此外，胡慎友还邀请往届学生录制了励志视频，在网课上向全体学生播放，引导学生正确对待疫情，疏导负面情绪，不信谣，不传谣，做好自我防护，为武汉抗击疫情做出一份贡献。

愿我江城无恙

我看见这一座城
风雪肆虐的冬季
融融暖意在心头泛痕
是你们
用青春
书写大好的前程
不计生死临危受命
呕心沥血只为四方安宁
怀一颗赤子之心
领略着世间情　逆风的方向
是你们挥手剑指锋芒
赤诚的心
给予了无数人希望
驱散迷茫带走泪光
纵使万难也难阻挡
绝不投降
用万家灯火
燃尽寒风肆虐的荒凉
你是黑夜的一束光
扭转生与死的方向
那些拔地而起的希望
是你们用信念撑起的城墙

我们用微笑抵挡的风霜
都化作时光流水写成诗行
呕心沥血只为四方安宁
怀一颗赤子之心
领略着世间情　逆风的方向
是你们挥手剑指锋芒
赤诚的心
给予了无数人希望
驱散迷茫带走泪光
纵使万难也难阻挡
绝不投降
用万家灯火
燃尽寒风肆虐的荒凉
你是黑夜的一束光
扭转生与死的方向
那些拔地而起的希望
是你们用信念撑起的城墙
愿华夏山河无恙
让膏壤沃野遍布芬芳

链接：

https://www.toutiao.com/i6790288521505538574/?tt_from=weixin&utm_campaign=client_share&wxshare_count=2&from=timeline×mp=1581042506&app=news_article&utm_source=weixin&utm_medium=toutiatao_ios&req_id=2020020710282601001602303500090 7C5&group_id=6790288521505538574&pbid=6786963282965431822

【媒体报道】

停课不停学　这位老师有准备

（武汉教育电视台，2020 年 2 月 1 日）

一场新型冠状病毒感染的肺炎，使武汉市中小学春季开学时间延迟。为了保证开学推迟但教学不停，我市一些学校按照市教育局有关要求，借助武汉教育云，建立起了“空中课堂”。

就在很多老师为一时难以找到易用适用的学科教学资源而焦头烂额时，武汉市第四十九中学的肖建锋老师却早有准备——由他主创的慕课《高中化学》被武汉教育云列为“精品慕课”，并作为优质资源向全市教师同行推介。慕课《高中化学》共 100 集，涵盖了高中化学新课标的必修内容。

“肖老师，你能不能把高中化学重要的知识点做成微课？这样我们在家有不清楚的也可以随时学习了！”2019 届学生在课堂上随口的一句话让肖建锋茅塞顿开。

在市教科院指导下，肖老师联合了一批教师说干就干，历时一年，终于将 100 节微课《高中

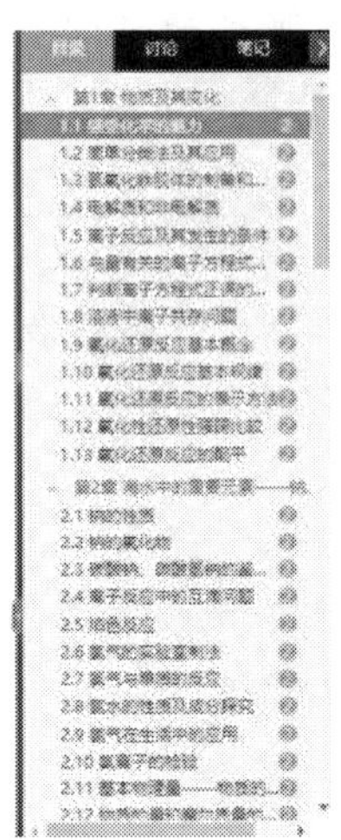

化学》录制完成。

“如果在抗击新型冠状病毒感染的肺炎的这场战斗中，我参与主编制作的慕课能为学生学习起到一点作用，那是我最大的荣耀！”肖老师说。

链接：

http://www. appwuhan. com/folder352/2020-02-01/288843. html? _ hgOutLink = news/NewsDetail&id=288843&from=timeline

【媒体报道】

感动！这些学生在英语新闻课中走近英雄

（武汉教育电视台，2020 年 3 月 1 日，有改动）

日前，武汉市第四十九中学高一（4）班英语教师罗秀芳将武汉教育云平台和微信视频功能相结合，讲授了一节特别的英语学科育人课，主题为“Heroic City, Heroic People—English News Reading & Speaking”（英雄的城市，英雄的人民——英语新闻读说）。

疫情期间，武汉市四十九中鼓励教师在教书育人的过程中将抗击疫情与加强爱国主义教育融合起来，将学科教学和立德树人相结合。

2 月 25 日的《人民日报》中，习近平总书记指出，“武汉是英雄的城市，湖北人民、武汉人民是英雄的人民！”2 月 26 日的《China Daily》（《中国日报》）一则题为“In coronavirus fight, the world learns from China”的报道里，世卫组织官员谈到武汉时说，“Wuhan, the world is in your debt.”

疫情胶着，作为教育人，我们有能力把目前危机转化为教育的契机。罗老师认为，这些都是武汉的学生要学习和了解的，学生要在学科学习的过程中，孕育家国情怀。

自疫情网课启动以来，罗老师所带的高一（4）班就有每周六上午开一节英语新闻选修课（学生自愿参加）的“传统”。

2 月 29 日当天的这节英语新闻课上，罗老师首先以世卫组织官员对话武汉的视频导入，再现“武汉，世界欠你们的”情境，师生在新闻阅读环节一起分析和总结了新闻文体的写作风格。在后面的网络自学新闻过程中，同学们发现近期的许多新闻都与“武汉”“英雄”关键词有关，便产生了了解武汉英雄的欲望。

同学们通过自学和小组讨论，对3500年前的盘龙城的历史非常惊叹，为2000多年前楚地屈原爱国投江而感动，对近代辛亥革命、武汉会战、两次洪水面前武汉人民的英勇不屈深表敬佩……武汉的历史，展现在同学们面前的就是英雄城市和英雄人民的历史，武汉一直就是一座英雄的城市！

互动环节中，该班身处抗疫一线作为医护人员的黄成非的妈妈，以及武钢电力部门一线工作人员吴彤羽的爸爸，分别从自己的工作和生活的角度，与同学们分享了应对疫情开展的工作情况和感悟。他们对责任的坚守，直面困难和挑战不退缩的精神，对于城市和国家的大爱，深深打动了同学们和家长代表。

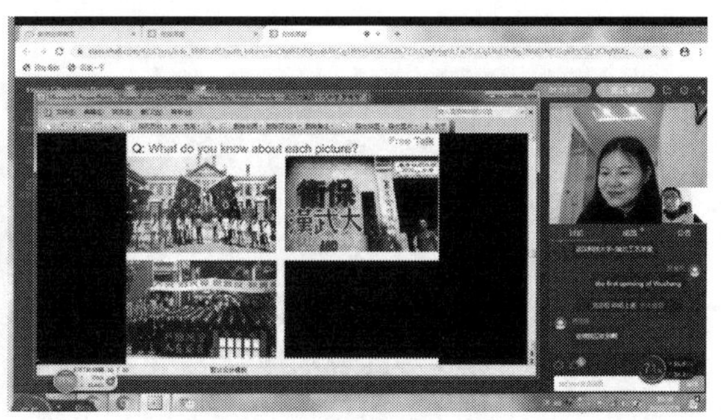

学生冯果说：“早就听说我们班有家长直面病毒逆行上班，但今天看到视频还是热泪盈眶！”陈宏珊的妈妈则是“眼泪一直在眼眶里打转”。同学们发现，我们的身边，有这么多平凡英雄。

英语课在同学们慷慨激昂和流利感人的配音作品《We are all fighters》以及师生制作的MV作品《我们不孤单》的歌声中结束。大家都坚信，正如歌中所言，“我们不孤单，虽然经历着病毒的肆狂，我们一定能等来明媚的春光”。

课下同学们还意犹未尽地在讨论区交流。肖雨婷同学说：“每当灾难来临，对一个词语的理解就会变得更加深刻——‘英雄’，从战斗在一线的军人、医生，到为了维护社会正常运转的普通电厂工人、外卖小哥、环卫工人、老师等，他们都是这个社会的英雄。”

通过课程，同学们都意识到了平凡英雄的可贵，认识到英雄的武汉是由无数的英雄的武汉人所成就的，我们也可以是这样的英雄。

链接：

http://www.appwuhan.com/folder352/2020-03-01/295286.html?_hgOutLink=news/NewsDetail&id=295286&from=singlemessage

【媒体报道】

“艺”起携手 共克疫情

（武汉广播电视台，2020年2月12日，有改动）

面对突如其来的疫情，武汉市第四十九中学积极部署，要求各学科结合实际引导学生关注疫情，为武汉加油、湖北加油。1月28日，学校下发了《武汉市第四十九中学关于开展“疾疫无情，人间有爱”主题作品征集评比的通知》。作为武汉市有影响的特色学科课程之一，武汉市第四十九中学美术组积极落实学校这次主题创作活动的详细要求，发送到每一个班级群里，并提出参与创作的倡议，希望全体美术生（尤其是高一、高二年级）以最大的热情投入这次创作活动中来，以积极向上、主题突出、表现形式丰富，高质量的创作作品支持此次活动。

市四十九中美术组共有五名教师，他们积极主动地承担了每一个班级的学生辅导工作。在这一个特殊的时期，他们利用互联网工具、空中课堂教学的形式对学生创作进行辅导。尤其是曾垂武、魏刚毅两位男教师，他们在第一时间接受了学校驰援社区抗疫工作的同时，利用晚上的休息时间给学生进行创作指导。因为假期特殊，很多学生并没有把绘画工具带回家，但这个并没有打消学生创作的积极性，不少同学就在家自学起了电脑设计，最终交出了出色的作品。

在此次作品征集中，一共收到了近60幅作品，作品虽显稚嫩，但情感深沉、真挚。同学们用画笔讴歌抗“疫”英雄，礼赞抗“疫”事迹，用艺术的笔触，凝聚起人民群众抗击疫情的强大精神力量，用实际行动响应国家号召，与全国人民一道抗击疫情。

链接：

http://www.appwuhan.com/folder1/folder8/2020-02-12/291349.html?_hgOutLink=news/NewsDetail&id=291349&from=timeline&isappinstalled=0

【媒体报道】

学生视疲劳怎么办？市四十九中教师有妙招！

（武汉教育电视台，2020年3月1日，有改动）

学生天天上网课，担心视力受影响。近日，市四十九中高二(3)班班主任胡慎友的一套办法，对缓解学生视疲劳有很好的效果。

胡慎友要求学生保护视力要与身体锻炼相结合，早上要有早锻炼时间。而学生在自己家中，怎么督促呢？胡老师说："班级有个规定，每天请家长把学生早锻炼的照片晒在群里。"果然，这招一出，班上所有同学都积极进行早锻炼。这一招，既监督了学生，也约束了家长，更成了家长监督学生的一把"利器"。

除了早锻炼拍照报平安之外，每天上午11:55—12:00，学生集中做眼保健操，班主任统一播放音乐，家长每天拍一分钟视频上传。

下午4点—4点半，集中课间操，统一播放视频，家长拍2分钟视频上传。每天如此。

课间操是在网上找的，学生感兴趣的健身操、瘦身操，定期还会更换。另外，周末也有课间操时间，内容是学习咏春拳，帮助大家强身健体的同时，让学生掌握自我保护的技术。

学生胡雨洁的家长说："对于上网课的孩子们而言，对着电子产品上课无疑对眼睛的伤害很大，所以每天集中做眼保健操是一个很好的措施，可以缓解眼部疲劳，继续接下来的学习任务；早晨和下午的锻炼对长期坐着学习的孩子们来说也是百益而无一害的，望继续坚持，早日打赢这场疫情攻坚战！"

学生马琴说："一日之计在于晨，每天早上的锻炼，中午的眼保健操，下午的瘦身操，让我一天不再无所事事，变得积极向上，很有意义。"

链接：

http://www.appwuhan.com/folder352/2020-03-01/295202.html?_hgOutLink=news/NewsDetail&id=295202&from=singlemessage

参考文献

[1] 中华人民共和国教育部.关于开展“共抗疫情、爱国力行”主题宣传教育和网络文化成果征集展示工作的通知[Z].教思政厅函〔2020〕2号.

[2] 中华人民共和国教育部.关于做好2020年春季学期中小学教育教学工作的通知[Z].教基厅函〔2020〕5号.

[3] 中华人民共和国教育部.中小学德育工作指南[S].2017-08-17.

[4] 中华人民共和国教育部.普通高中课程方案和语文等学科课程标准(2017年版)[S].2018-01-5.

[5] 中华人民共和国教育部.普通高中课程方案和语文等学科课程标准(2017年版2020年修订)[S].2020-05-11.

[6] 成尚荣.学科育人的意蕴[J].教育研究与评论(中学教育教学),2018(5).

[7] 李泽林.普通高中育人方式改革的关键在课堂——兼论高中课堂的危机与变革[J].当代教育与文化,2019(4):57-62.

[8] 吴颖惠.构建以“育人”为核心的课程体系[N].中国教师报,2019-03-06(14).

[9] 柳夕浪.从课堂改革走向学科育人[N].中国教师报,2018-06-06(05).

[10] 罗海风,周达,刘坚.以立德树人为目标构建学科育人体系——从学科核心素养促进学科教育转型谈起[J].中小学教师培训,2018(9):1-5.

[11] 王锋.高中语文教学中如何实施立德树人[J].新课程(下),2019(1)

[12] 何文文.中学语文史传文学作品教学中的民族精神传承研究[D].南宁:广西民族大学,2019.

[13] 徐缨.高中语文育人价值的拓展[J].文学教育(上),2011(3).

[14] 周明鉴.史传类课文的“语文定位”——以《项羽之死》为例[J].语文建设,2018(9).

[15] 万建武.毛泽东是怎么打疫病防治战争的[J].小康,2020(11):10-11.

[16] 姬梁飞.核心素养理念下的数学学科德育视野探究[J].教育导刊.2017(10).

[17] 徐开权.数学教师的数学价值观[J].少年智力开发报.2012(32).

[18] 赵静华.高等院校德育评价体系构建研究[J].信阳农业高等专科学校学报.2014(1).

[19] 李建波.如何在数学教学中渗透德育教育[J].数学学习与研究.2019(6).

[20] 黄佳运.中小学德育评价体系研究[D].昆明:云南师范大学,2016.

[21] 余文森.核心素养导向的课堂教学[M].上海:上海教育出版社,2017.

[22] 汪瑞林.改进中小学德育评价的方向性思考[J].课程.教材.教法,2019(7):89-93.

[23] 吴雪峰.指向育人的高中英语德育实施路径探究[J].福建教育学院学报,2018(8):71-73.

[24] 管向群.中国教育最需要的新理念[M].南京:南京大学出版社,2010.

[25] 秦毅.高中英语德育渗透教学例谈[J].读与写(教育教学版),2016(3):138.

[26] 东雪珍.以德育为魂的高中英语多维互动教学[J].基础外语教育,2019(3):85-90+110.

[27] 韩震,朱明光.普通高中思想政治课程标准(2017年版)解读[M].北京:高等教育出版社,2018.

[28] 李明凤.德育教育在高校思想政治课教学中的渗透[J].才智,2019(9):172+174.

[29] 韩震.用习近平新时代中国特色社会主义思想铸魂育人——统编普通高中思想政治教材的编写背景及主要特点[J].基础教育课程,2019(19):48-52.

[30] 刘媛.理解好统编高中思想政治教材,实现学科育人[J].北京教育(普教版),2020(1):77-80.

[31] 谭晓爽.课程思政的价值内涵与实践路径探析[J].思想政治工作研究,2018(4):44-45.

[32] 朱志芸.高中政治课社会实践活动意义与路径探析[J].科教文汇(中旬刊),2019(7):144-145.

[33] 徐妍艳.思想政治理论课与日常思想政治教育协同育人的理论思考[J].法制与社会,2018(15):192-193.

[34] 张晓霞,丛晓峰.推进课程思政建设构建思政育人大格局——济南大学课程思政建设的探索与实践[J].山东教育(高教),2019(12):30-31.

[35] 沈树永.基于思想政治教育视角的"课程思政"[J].教书育人(高教论坛),2019(6):72-73.

[36] 刘洋."课程思政"的价值内涵分析研究[J].传播力研究,2019(34):13.

[37] 黄珊.从思政课程到课程思政的价值内涵研究[J].才智,2019(15):191.

[38] 杨显俊.如何转化初中历史学科的学困生[J].课程教育研究:学法教法研究,2019(11).

[39] 中央党史和文献研究院.反对历史虚无主义论丛(第1辑)[M].北京:中共党史出版社,2018.

[40] 刘道梁.中学历史教学伦理研究[M].北京:中国言实出版社,2018.

[41] 陈聪贵.如何培养高中生的历史学科核心素养[J].西部素质教育,2017(18):84-85.

[42] 舒志定.马克思教育思想的当代阐释[M].北京:学习出版社,2013.

[43] 王雄.中学历史教育心理学[M].长春:长春出版社,2012.

[44] 蒋品英.浅谈中学历史学科在教育中的地位[J].时代报告:学术版,2012(4X):227.

[45] 徐金华.谈历史教学中的"挫折教育"[J].湖南教育,2004(19):42.

[46] 郭锋涛.中学地理学科育人价值研究[D].华东师范大学,2015.

[47] 周彬.论指向立德树人的教学论建构[J].湖南师范大学教育科学学报,2019(3):82-87.

[48] 陈杰.地理学科德育实施的五个维度[J].现代教学,2015(24):16-17.

[49] 陈胜庆.地理课程的核心素养与育人价值[J].地理教学.2015(4):12-14.

[50] 〔美〕苏珊·汉森.改变世界的十大地理思想[M].北京:商务印书馆,2009.

[51] 马云鹏,李广,刘学智.新课程理念下的学科素养评价研究[M].长春:东北师范大学出版社,2007.
[52] 林崇德.学生发展核心素养:面向未来应该培养怎样的人?[J].中国教育学刊,2016(6):1-2.
[53] 廖伯琴.《普通高中物理课程标准》(2017年版)要点解读[J].物理教学,2020(2):2-5.
[54] 张颖.深刻领会《指南》扎实做好德育——《中小学德育工作指南》解读[J].辽宁教育行政学院学报,2018(3):44-47.
[55] 范佳午.深化课程改革背景下STEM教育的育人价值和实施[J].新课程研究(上旬刊),2016(8):43-44.
[56] 刘焕奇.基于物理学史情景下的科学探究[J].中学物理教学参考,2016(16):37-38+2.
[57] 陆良荣.渗透物理学史教育 提高课堂教学效益[J].物理教师,2017(6):22-24.
[58] 马祥勇.解读肖川关键词——读《教师的幸福人生与专业成长》[J].教师博览,2010(7):40-42.
[59] 吴忠朝.基于新课程理论下的高中物理德育渗透研究[J].中国校外教育,2019(22):59-60.
[60] 周松.在高中物理教学中实施德育教育的几点体会[J].科技信息,2009(33):320.
[61] 赵占良,谭永平.聚焦学科核心素养,彰显教材育人价值——普通高中生物学教材修订的总体思路[J].课程.教材.教法,2020(1):82-89.
[62] 赵占良.试论中学生物学的学科本质[J].中学生物教学,2016(Z1):4-8.
[63] 张冲.中小学德育评价与创新研究:现状·问题·建议[J].中国特殊教育,2019(11):75-80.
[64] 李文送.高中生物学课程标准的五大教学取向[J].教师教育论坛,2018(6):25-28.
[65] 徐岩,吴成军.中学生物学科中的表现性评价及其实例[J].课程·教材·教法,2011(8):75-80.
[66] 王明芬,孙国忠.浅谈高中学科教学中思政教育的有效渗透[J].科学咨询(教育科研),2019(7):127.
[67] 子房先生.【战“疫”说理】疫情为镜,我们需要怎样的科学素养?[N].经济日报-中国经济网 2020-03-06. http://views.ce.cn/view/ent/202003/06/t20200306_34416293.shtml.
[68] 新一代信息技术助力抗“疫”攻坚战[EB/OL].腾讯新闻,2020-02-20. https://xw.qq.com/cmsid/20200220A07LG000.
[69] “上岗”抗疫,人工智能如何“显神通”[EB/OL].腾讯新闻,2020-02-20. https://new.qq.com/omn/20200216/20200216A04NP900.html.
[70] 科学的“硬核力量”——来自抗疫一线的报告[EB/OL].中国政府网,2020-02-16. http://www.gov.cn/xinwen/2020-02/16/content_5479742.htm.
[71] 范佳午.深化课程改革背景下STEM教育的育人价值和实施[J].新课程研究(上旬),2016(8):43-44.
[72] 高中信息技术学科的价值追求:数字化学习与创新[EB/OL].个人图书馆,2016-12-31. http://www.360doc.com/content/16/1231/20/33357069_619164051.shtml.
[73] 信息科技学科育人价值研究报告[EB/OL].百度文库,2012-06-18. https://wenku.

baidu. com/view/aeb63744336c1eb91a375dc9. html.
[74] 顾枫. 浅谈信息技术学科育人价值的挖掘[J]. 科学咨询(科技·管理),2014(9).
[75] 习近平. 为打赢疫情防控阻击战提供强大科技支撑[J]. 网信军民融合,2020(3):8-10.
[76] 毕文健,顾建军. 乐学思想与新时代劳动教育课程建设策略探析[J]. 中国教育科学(中英文),2020(1):85-92.
[77] 邢志芳. 普通高中通用技术课程价值及实现研究[D]. 长春:东北师范大学,2011.
[78] 张鹏. 教育技术装备助力通用技术课程教学——访教育部普通高中技术课程标准研制组组长、南京师范大学教育科学研究院副院长顾建军教授[J]. 中国现代教育装备,2008(9):160-161.
[79] 杨芳. 基于学科素养的高中音乐课程评价的构建研究[J]. 课程教育研究,2016(36):179-181.
[80] 戴娱. 基于学科核心素养的音乐教学评价研究[J]. 课程·教材·教法,2019(10):138-143.
[81] 王川. 浅谈音乐教学评价的内容与方法[J]. 北方音乐,2019(24):139+141.
[82] 吴洪晶. 关注学科育人价值,在音乐中茁壮成长[J]. 北方音乐,2018(20):199+201.
[83] 李琦兰. 高中音乐课程模块的落地与实施建议——基于《普通高中音乐课程标准》的思考[J]. 黄河之声,2019(11):77.
[84] 博文. 哈佛学生必须具备的 15 种优秀品质[M]. 北京:光明日报出版社,2011.
[85] 陈森. 从音乐美学到音乐美育——音乐社会功能的浅析[J]. 北方音乐,2014(9):225-226.
[86] 高平叔. 蔡元培教育论著选[M]. 北京:人民教育出版社,2017.
[87] 席勒. 美育书简(中德双语·附文本解读·典藏版)[M]. 徐恒醇,译. 北京:社会科学文献出版社,2016.
[88] 赵伶俐. 人生价值的弘扬:当代美育新论[M]. 成都:四川教育出版社,1991.
[89] 徐雨. 美术特色学校"以美育德"德育模式探索——以广州市美术中学为例[D]. 广州大学,2016.
[90] 胡知凡. 核心素养是世界中小学美术课程的首要目标[J]. 课程. 教材. 教法,2017(3):116-121.
[91] 李茹. 高中美术视觉传达设计教学提升图像识读素养的探究与实践[D]. 西安:陕西师范大学,2017.
[92] 戴少宏. 普通高中美术课程内容与美术作业设计[J]. 美术大观,2013(9):160-161.
[93] 李宁. 数字媒体技术在中小学美术教学中的运用[D]. 上海:华东师范大学,2009.
[94] 周燃. 读图时代高中美术教学方法研究——以"摄影·摄像"课程为例[D]. 桂林:广西师范大学,2016.
[95] 吕向东. 对美国中小学德育的观察与借鉴[J]. 学校党建与思想教育,2011(27):30-32.
[96] 季浏. 促进学生身心健康、体魄强健、全面发展——关于《课程标准(2017 年版)》课程性质和基本理念的解读[J]. 中国学校体育,2018(3):6-9.
[97] 钟秉枢. 树立健康第一的教育理念,建立促进学生身心健康全面发展的长效机制[J]. 中国学校体育,2019(1):10-11.

[98] 种青.创新体育活动形式　促进学生身心健康发展[J].中国学校体育,2018(5):19.
[99] 刘海元.《国务院办公厅关于强化学校体育促进学生身心健康全面发展的意见》解读[J].中国学校体育,2016(6):6-11.
[100] 陈智勇.对《关于强化学校体育促进学生身心健康全面发展的意见》的思考[J].中国学校体育,2016(6):15-16.
[101] 马凌,李忠诚.抓住历史机遇,守住保障学生身体健康的底线——试论如何“强化体育课和课外锻炼,促进青少年身心健康、体魄强健”[J].中国学校体育,2014(1):14-17.
[102] 朱其颂.高中体育教学中渗透德育的策略探讨[J].成才之路,2019(18):16.
[103] 谢丽云.让核心素养在高中体育教学中落地生根的策略[J].当代体育科技,2019(19):155-156.
[104] 徐业栋,杜海文.上海市“三化”课程改革背景下高中体育教学德育关注点实践研究——以上海理工大学附属中学为例[J].当代体育科技,2019(19):75-78.
[105] 林崇德.心理和谐:心理健康教育的指导思想[J].西南大学学报(社会科学版),2012(3):5-11+173.
[106] 刘金明,孟四清.学生心理健康核心素养体系的结构与要素[J].天津市教科院学报,2016(5):40-43.
[107] 申喆.中小学心理核心素养的内涵与构成[J].中小学心理健康教育,2017(13):67+69.
[108] 许贞信.高中德育教育与心理健康教育的融合[J].课程教育研究,2019(18):64.
[109] 董书涵.中小学心理健康教育课程评价体系研究[J].科教导刊(中旬刊),2015(7):158-159.
[110] 俞国良.我国中小学心理健康教育的现状与发展[J].教育科学研究,2001(7):62-65+69.
[111] 陈玲玲.心理健康教育在中学德育过程中的功能初探[D].苏州:苏州大学,2010.
[112] 孙莹.高职心理健康教育融入“课程思政”的思考[J].辽宁高职学报,2019(9):100-103.
[113] 戴锐,吴树烈.社会实践德育问题的探讨[J].中国教育学刊.2006(3):28-31.
[114] 岳威.大学生社会实践活动评价内容研究[J].兰州教育学院学报,2013(6):74-76.
[115] 王佳佳.高中思想政治课志愿服务活动教学的问题及对策研究[D].武汉:华中师范大学,2019.
[116] 吴文劼,孙慧敏.大学生志愿服务品牌塑造之困境、原因及对策[J].山西青年,2017(24):231.
[117] 钟良.中学生志愿服务与践行社会主义核心价值观的实践探索[J].基础教育参考,2017(10):73-74.
[118] 匡璧民,赵文清.国防教育[M].南昌:江西高校出版社.2010.
[119] 吴刚平.校本课程开发[M].成都:四川教育出版社,2002.
[120] 田冬.校本课程的探索与实践[M].沈阳.辽宁民族出版社.2004.
[121] 门秀萍.中小学校本课程开发的理论与实践[M].北京.开明出版社.2003.
[122] 崔允漷.校本课程开发:理论与实践[M].北京.教育科学出版社.2000.

附录

附录 A 《中小学德育工作指南》(节选)

为深入贯彻落实立德树人根本任务，加强对中小学德育工作的指导，切实将党和国家关于中小学德育工作的要求落细落小落实，着力构建方向正确、内容完善、学段衔接、载体丰富、常态开展的德育工作体系，大力促进德育工作专业化、规范化、实效化，努力形成全员育人、全程育人、全方位育人的德育工作格局，特制定本指南。

一、指导思想

全面贯彻党的十八大和十八届三中、四中、五中、六中全会精神，深入贯彻习近平总书记系列重要讲话精神和治国理政新理念新思想新战略，始终坚持育人为本、德育为先，大力培育和践行社会主义核心价值观，以培养学生良好思想品德和健全人格为根本，以促进学生形成良好行为习惯为重点，以落实《中小学生守则(2015 年修订)》为抓手，坚持教育与生产劳动、社会实践相结合，坚持学校教育与家庭教育、社会教育相结合，不断完善中小学德育工作长效机制，全面提高中小学德育工作水平，为中国特色社会主义事业培养合格建设者和可靠接班人。

二、基本原则

(一) 坚持正确方向

加强党对中小学校的领导，全面贯彻党的教育方针，坚持社会主义办学方向，牢牢把握中小学思想政治和德育工作主导权，保证中小学校成为坚持党的领导的坚强阵地。

(二) 坚持遵循规律

符合中小学生年龄特点、认知规律和教育规律，注重学段衔接和知行统一，强化道德实践、情感培育和行为习惯养成，努力增强德育工作的吸引力、感染力和针对性、实效性。

(三) 坚持协同配合

发挥学校主导作用，引导家庭、社会增强育人责任意识，提高对学生道德发展、成长成人的重视程度和参与度，形成学校、家庭、社会协调一致的育人合力。

(四) 坚持常态开展

推进德育工作制度化常态化，创新途径和载体，将中小学德育工作要求贯穿融入学校各项日常工作中，努力形成一以贯之、久久为功的德育工作长效机制。

三、德育目标

（一）总体目标

培养学生爱党爱国爱人民，增强国家意识和社会责任意识，教育学生理解、认同和拥护国家政治制度，了解中华优秀传统文化和革命文化、社会主义先进文化，增强中国特色社会主义道路自信、理论自信、制度自信、文化自信，引导学生准确理解和把握社会主义核心价值观的深刻内涵和实践要求，养成良好政治素质、道德品质、法治意识和行为习惯，形成积极健康的人格和良好心理品质，促进学生核心素养提升和全面发展，为学生一生成长奠定坚实的思想基础。

（二）学段目标

……

高中学段

教育和引导学生热爱中国共产党、热爱祖国、热爱人民，拥护中国特色社会主义道路，弘扬民族精神，增强民族自尊心、自信心和自豪感，增强公民意识、社会责任感和民主法治观念，学习运用马克思主义基本观点和方法观察问题、分析问题和解决问题，学会正确选择人生发展道路的相关知识，具备自主、自立、自强的态度和能力，初步形成正确的世界观、人生观和价值观。

四、德育内容

（一）理想信念教育

开展马列主义、毛泽东思想学习教育，加强中国特色社会主义理论体系学习教育，引导学生深入学习习近平总书记系列重要讲话精神，领会党中央治国理政新理念新思想新战略。加强中国历史特别是近现代史教育、革命文化教育、中国特色社会主义宣传教育、中国梦主题宣传教育、时事政策教育，引导学生深入了解中国革命史、中国共产党史、改革开放史和社会主义发展史，继承革命传统，传承红色基因，深刻领会实现中华民族伟大复兴是中华民族近代以来最伟大的梦想，培养学生对党的政治认同、情感认同、价值认同，不断树立为共产主义远大理想和中国特色社会主义共同理想而奋斗的信念和信心。

（二）社会主义核心价值观教育

把社会主义核心价值观融入国民教育全过程，落实到中小学教育教学和管理服务各环节，深入开展爱国主义教育、国情教育、国家安全教育、民族团结教育、法治教育、诚信教育、文明礼仪教育等，引导学生牢牢把握富强、民主、文明、和谐作为国家层面的价值目标，深刻理解自由、平等、公正、法治作为社会层面的价值取向，自觉遵守爱国、敬业、诚信、友善作为公民层面的价值准则，将社会主义核心价值观内化于心、外化于行。

（三）中华优秀传统文化教育

开展家国情怀教育、社会关爱教育和人格修养教育，传承发展中华优秀传统文化，大力弘扬核心思想理念、中华传统美德、中华人文精神，引导学生了解中华优秀传统文化的历史渊源、发展脉络、精神内涵，增强文化自觉和文化自信。

（四）生态文明教育

加强节约教育和环境保护教育，开展大气、土地、水、粮食等资源的基本国情教育，帮助学生了解祖国的大好河山和地理地貌，开展节粮节水节电教育活动，推动垃圾分类的实行，倡导绿色消费，引导学生树立尊重自然、顺应自然、保护自然的发展理念，养成勤俭节约、低碳环保、自觉劳动的生活习惯，形成健康文明的生活方式。

（五）心理健康教育

开展认识自我、尊重生命、学会学习、人际交往、情绪调适、升学择业、人生规划以及适应社会生活等方面教育，引导学生增强调控心理、自主自助、应对挫折、适应环境的能力，培养学生健全的人格、积极的心态和良好的个性心理品质。

五、实施途径和要求

（一）课程育人

充分发挥课堂教学的主渠道作用，将中小学德育内容细化落实到各学科课程的教学目标之中，融入渗透到教育教学全过程。

严格落实德育课程。按照义务教育、普通高中课程方案和标准，上好道德与法治、思想政治课，落实课时，不得减少课时或挪作他用。

要围绕课程目标联系学生生活实际，挖掘课程思想内涵，充分利用时政媒体资源，精心设计教学内容，优化教学方法，发展学生道德认知，注重学生的情感体验和道德实践。

发挥其他课程德育功能。要根据不同年级和不同课程特点，充分挖掘各门课程蕴含的德育资源，将德育内容有机融入到各门课程教学中。

语文、历史、地理等课要利用课程中语言文字、传统文化、历史地理常识等丰富的思想道德教育因素，潜移默化地对学生进行世界观、人生观和价值观的引导。

数学、科学、物理、化学、生物等课要加强对学生科学精神、科学方法、科学态度、科学探究能力和逻辑思维能力的培养，促进学生树立勇于创新、求真求实的思想品质。

音乐、体育、美术、艺术等课要加强对学生审美情趣、健康体魄、意志品质、人文素养和生活方式的培养。

外语课要加强对学生国际视野、国际理解和综合人文素养的培养。

综合实践活动课要加强对学生生活技能、劳动习惯、动手实践和合作交流能力的培养。

用好地方和学校课程。要结合地方自然地理特点、民族特色、传统文化以及重大历史事件、历史名人等，因地制宜开发地方和学校德育课程，引导学生了解家乡的历史文化、自然环境、人口状况和发展成就，培养学生爱家乡、爱祖国的感情，树立维护祖国统一、加强民族团结的意识。

统筹安排地方和学校课程，开展法治教育、廉洁教育、反邪教教育、文明礼仪教育、环境教育、心理健康教育、劳动教育、毒品预防教育、影视教育等专题教育。

……

附录 B 《普通高中课程方案(2017 年版 2020 年修订)》(节选)

前言

习近平总书记在全国教育大会上强调,要在党的坚强领导下,全面贯彻党的教育方针,坚持马克思主义指导地位,坚持中国特色社会主义教育发展道路,坚持社会主义办学方向,立足基本国情,遵循教育规律,坚持改革创新,以凝聚人心、完善人格、开发人力、培育人才、造福人民为工作目标,培养德智体美劳全面发展的社会主义建设者和接班人,加快推进教育现代化、建设教育强国、办好人民满意的教育。

基础教育课程承载着党的教育方针和教育思想,规定了教育目标和教育内容,是国家意志在教育领域的直接体现,在立德树人中发挥着关键作用。

2003 年,教育部印发的普通高中课程方案和课程标准实验稿,指导了十余年来普通高中课程改革的实践,坚持了正确的改革方向和先进的教育理念,基本建立起适合我国国情、适应时代发展要求的普通高中课程体系,促进了教育观念的更新,推进了人才培养模式的变革,提升了教师队伍的整体水平,有效推动了考试评价制度的改革,为我国基础教育质量的提高作出了积极贡献。但是,面对经济、科技的迅猛发展和社会生活的深刻变化,面对新时代社会主要矛盾的转化,面对新时代对提高全体国民素质和人才培养质量的新要求,面对我国高中阶段教育基本普及的新形势,普通高中课程方案和课程标准实验稿还有一些不相适应和亟待改进之处。

2013 年,教育部启动了普通高中课程修订工作。本次修订深入总结 21 世纪以来我国普通高中课程改革的宝贵经验,充分借鉴国际课程改革的优秀成果,努力将普通高中课程方案和课程标准修订成既符合我国实际情况,又具有国际视野的纲领性教学文件,构建具有中国特色的普通高中课程体系。

一、修订工作的指导思想和基本原则

(一)指导思想

以马克思列宁主义、毛泽东思想、邓小平理论、“三个代表”重要思想、科学发展观、习近平新时代中国特色社会主义思想为指导,深入贯彻党的十八大、十九大精神,落实全国教育大会精神,全面贯彻党的教育方针,落实立德树人根本任务,发展素质教育,推进教育公平,以社会主义核心价值观统领课程改革,着力提升课程思想性、科学性、时代性、系统性、指导性,推动人才培养模式的改革创新,培养德智体美劳全面发展的社会主义建设者和接班人。

(二)基本原则

1. 坚持正确的政治方向。坚持党的领导,坚持社会主义办学方向,充分体现马克思主义的指导地位和基本立场,充分反映习近平新时代中国特色社会主义思想,有机融入坚持和发展中国特色社会主义、培育和践行社会主义核心价值观的基本内容和要求,继承和弘扬中华优秀传统文化、革命文化，发展社会主义先进文化，加强法治意识、国家安全、民族团结、生态文明和海洋权益等方面的教育，培养良好政治素质、道德品质和健全人格，使学生坚定中国特色社会主义道路自信、理论自信、制度自信和文化自信，引导学生形成正确的世界观、人生观、价值观。

2. 坚持反映时代要求。反映先进的教育思想和理念，关注信息化环境下的教学改革，关注学生个性化、多样化的学习和发展需求，促进人才培养模式的转变，着力发展学生的核心素养。根据经济社会发展新变化、科学技术进步新成果，及时更新教学内容和话语体系，反映新时代中国特色社会主义理论和建设新成就。

3. 坚持科学论证。遵循教育教学规律和学生身心发展规律，贴近学生的思想、学习、生活实际，充分反映学生的成长需要，促进每个学生主动地、生动活泼地发展。加强调查研究和测试论证，广泛听取相关领域人员的意见建议，重大问题向权威部门、专业机构、知名专家学者咨询，求真务实，严谨认真，确保课程内容科学，表述规范。

4. 坚持继承发展。对十余年普通高中课程改革实践进行系统梳理，总结提炼并继承已有经验和成功做法，确保课程改革的连续性。同时，发现并切实面对改革过程中存在的问题，有针对性地进行修订完善，在继承中前行，在改革中完善，使课程体系充满活力。

二、修订的主要内容和变化

（一）关于课程方案

1. 进一步明确了普通高中教育的定位。我国普通高中教育是在义务教育基础上进一步提高国民素质、面向大众的基础教育，任务是促进学生全面而有个性的发展，为学生适应社会生活、高等教育和职业发展作准备，为学生的终身发展奠定基础。普通高中的培养目标是进一步提升学生综合素质，着力发展核心素养，使学生具有理想信念和社会责任感，具有科学文化素养和终身学习能力，具有自主发展能力和沟通合作能力。

2. 进一步优化了课程结构。一是保留原有学习科目，调整外语规划语种，在英语、日语、俄语基础上，增加德语、法语和西班牙语。二是将课程类别调整为必修课程、选择性必修课程和选修课程，在保证共同基础的前提下，为不同发展方向的学生提供有选择的课程。三是进一步明确各类课程的功能定位，与高考综合改革相衔接：必修课程根据学生全面发展需要设置，全修全考；选择性必修课程根据学生个性发展和升学考试需要设置，选修选考；选修课程由学校根据实际情况统筹规划开设，学生自主选择修习，学而不考或学而备考，为学生就业和高校招生录取提供参考。四是合理确定各类课程学分比例，在毕业总学分不变的情况下，对原必修课程学分进行重构，由必修课程学分、选择性必修课程学分组成，适当增加选修课程学分，既保证基础性，又兼顾选择性。

3. 强化了课程有效实施的制度建设。进一步明确课程实施环节的责任主体和要求，从课程标准、教材、课程规划、教学管理，以及评价、资源建设等方面，对国家、省（自治区、直辖市）、学校分别提出了要求。增设“条件保障”部分，从师资队伍建设、教学设施和经费保障等方面提出具体要求。增设“管理与监督”部分，强化各级教育行政部门和学校课程实施的责任。

（二）关于学科课程标准

1. 凝练了学科核心素养。中国学生发展核心素养是党的教育方针的具体化、细化。为建立核心素养与课程教学的内在联系，充分挖掘各学科课程教学对全面贯彻党的教育方针、落实立德树人根本任务、发展素质教育的独特育人价值，各学科基于学科本质凝练了本学科的核心素养，明确了学生学习该学科课程后应达成的正确价值观、必备品格和关键能力，对知识与技能、过程与方法、情感态度价值观三维目标进行了整合。课程标准还围绕核心素养的落实，精选、重组课程内容，明确内容要求，指导教学设计，提出考试评价和教材编写建议。

2. 更新了教学内容。进一步精选了学科内容，重视以学科大概念为核心，使课程内容结构化，以主题为引领，使课程内容情境化，促进学科核心素养的落实。结合学生年龄特点和学科特征，课程内容落实习近平新时代中国特色社会主义思想，有机融入社会主义核心价值观，中华优秀传统文化、革命文化和社会主义先进文化教育内容，努力呈现经济、政治、文化、科技、社会、生态等发展的新成就、新成果，充实丰富培养学生社会责任感、创新精神、实践能力相关内容。

3. 研制了学业质量标准。各学科明确学生完成本学科学习任务后，学科核心素养应该达到的水平，各水平的关键表现构成评价学业质量的标准。引导教学更加关注育人目的，更加注重培养学生核心素养，更加强调提高学生综合运用知识解决实际问题的能力，帮助教师和学生把握教与学的深度和广度，为阶段性评价、学业水平考试和升学考试命题提供重要依据，促进教、学、考有机衔接，形成育人合力。

4. 增强了指导性。本着为编写教材服务、为教学服务、为考试评价服务的原则，突出课程标准的可操作性，切实加强对教材编写、教学实施、考试评价的指导。课程标准通俗易懂，逻辑更清晰，原则上每个模块或主题由“内容要求”“教学提示”“学业要求”组成，大部分学科增加了教学与评价案例，同时依据学业质量标准细化评价目标，增强了对教学和评价的指导性。

本次修订是深化普通高中课程改革的重要环节，直接关系育人质量的提升。普通高中课程方案和课程标准必须在教育教学实践中接受检验，不断完善。可以预期，广大教育工作者将在过去十余年改革的基础上，在丰富而生动的教育教学实践中，不断提高课程实施水平，推动普通高中课程改革不断深化，共创普通高中教育的新辉煌，为实现国家教育现代化、建设教育强国作出新贡献。

……

普通高中课程建设坚持全面贯彻党的教育方针，落实立德树人根本任务，发展素质教育，推进教育公平，努力构建具有中国特色、体现国际发展趋势、充满活力的课程体系，培养德智体美劳全面发展的社会主义建设者和接班人。

一、培养目标

普通高中课程在义务教育的基础上，进一步提升学生综合素质，着力发展学生核心素养，使学生成为有理想、有本领、有担当的时代新人。

1. 具有理想信念和社会责任感

初步形成正确的世界观、人生观和价值观。热爱祖国，拥护中国共产党。弘扬中华优秀传统文化，继承革命文化，发展社会主义先进文化，培育和践行社会主义核心价值观，增强文化自信，树立为中国特色社会主义、人民幸福、民族振兴和社会进步作贡献的远大志向。

遵纪守法，履行公民义务，行使公民权利，维护社会公平正义，具有法治意识、道德观念。

热心公益、志愿服务，具有奉献精神。尊重自然，保护环境，具有生态文明意识。维护民族团结，树立国家总体安全观，捍卫国家主权、尊严和利益。

2. 具有科学文化素养和终身学习能力

掌握适应时代发展需要的基础知识和基本技能，丰富人文积淀，发展理性思维，不断提升人文素养和科学素养。敢于批判质疑，探索解决问题，勤于动手，善于反思，具有一定的创新精神和实践能力。

具有强烈的好奇心、积极的学习态度和浓厚的学习兴趣。能够自主学习，独立思考，形成良好的学习习惯和适合自身的学习方法。学会获取、判断和处理信息，具备信息化时代的学习与发展能力。

3. 具有自主发展能力和沟通合作能力

坚持锻炼身体，养成积极健康的行为习惯与生活方式，珍爱生命，强健体魄。自尊自信自爱，坚韧乐观，奋发向上，具有积极的心理品质。具有发现、鉴赏和创造美的能力，具有健康的审美情趣。学会独立生活，热爱劳动，具备社会适应能力。正确认识自我，具有一定的生涯规划能力。

文明礼貌，诚信友善，尊重他人，与人和谐相处。学会交流与合作，具有团队精神和一定的组织活动能力，具备全球化时代所需要的交往能力。尊重和理解文化的多样性，具有开放意识和国际视野。

二、课程设置

1. 学制与课时

普通高中学制为三年。每学年 52 周，其中教学时间 40 周，社会实践 1 周，假期(包括寒暑假、节假日和农忙假)11 周。每周 35 课时，每课时按 45 分钟计。18 课时为 1 学分。

2. 课程类别

普通高中课程由必修、选择性必修、选修三类课程构成。其中，必修、选择性必修为国家课程，选修为校本课程。

必修课程，由国家根据学生全面发展需要设置，所有学生必须全部修习。

选择性必修课程，由国家根据学生个性发展和升学考试需要设置。参加普通高等学校招生全国统一考试的学生，必须在本类课程规定范围内选择相关科目修习；其他学生结合兴趣爱好，也必须选择部分科目内容修习，以满足毕业学分的要求。

选修课程，由学校根据学生的多样化需求，当地社会、经济、文化发展的需要，学科课程标准的建议以及学校办学特色等开发设置，学生自主选择修习。

3. 开设科目与学分

普通高中开设语文、数学、外语、思想政治、历史、地理、物理、化学、生物学、技术(含信息技术和通用技术)、艺术(或音乐、美术)、体育与健康科目和综合实践活动、劳动等国家课程，以及校本课程。具体学分安排如下：

科　　目	必修学分	选择性必修学分	选修学分
语文	8	0～6	0～6
数学	8	0～6	0～6
外语	6	0～8	0～6
思想政治	6	0～6	0～4
历史	4	0～6	0～4
地理	4	0～6	0～4
物理	6	0～6	0～4
化学	4	0～6	0～4
生物学	4	0～6	0～4
技术(含信息技术和通用技术)	6	0～18	0～4
艺术(或音乐、美术)	6	0～18	0～4
体育与健康	12	0～18	0～4
综合实践活动	8		
劳动	6		
合计	88	⩾42	⩾14

说明:校本课程不少于14学分。其中,在必修和选择性必修基础上设计的学科拓展、提高类课程之外的课程不少于8学分。

4. 科目安排

科目内容根据学科自身特点和学生学习需要设计。必修内容原则上按学期或学年设计,选择性必修和选修内容原则上按模块设计。模块之间既相对独立,又体现学科内在逻辑。模块教学时间根据实际需要设定,一般为18课时的倍数。

外语包括英语、日语、俄语、德语、法语、西班牙语。学校自主选择第一外语语种。鼓励学校创造条件开设第二外语。

技术包括信息技术和通用技术,其必修内容分别按3学分设计模块。

艺术可与音乐、美术两科相互替代,具体开设科目由学校自行确定。

体育与健康的必修内容,必须在高中三学年持续开设。

综合实践活动共8学分,包括研究性学习、党团活动、军训、社会考察等,研究性学习6学分(完成2个课题研究或项目设计,以开展跨学科研究为主)。劳动共6学分,其中志愿服务2学分,在课外时间进行,三年不少于40小时;其余4学分内容与通用技术的选择性必修内容以及校本课程内容统筹。

5. 毕业学分要求

学生完成相应课程规定课时的学习并考试(考核)合格,即可获得相应学分。学生毕业学分最低要求为144学分。其中,必修课程88学分,选择性必修课程42学分,选修课程14学分。

……

四、课程实施与评价

……

6. 充分开发与利用课程资源

统筹各方力量,创设课程实施条件和环境,开发课程实施所需的资源,为学生提供丰富、便利的实践体验机会。课程资源可以由学校独立开发,也可与其他学校、科研院所、企事业单位等联合开发,鼓励共建共享。学校要系统规划校内外课程资源的使用,提高课程资源的有效性和利用率。

附录C　编写人员分工

一、总负责人

吕向东:负责全书的主题策划、组织编写、章节修订,负责全书统稿。

二、审稿分工

审稿负责人:吕向东刘飞

审稿人员名单如下:

内　　容	审　稿　人
第一章　普通高中课程育人探索总论	吕向东　肖　毅　张尊健
第二章　普通高中语文课程育人探索	吕向东　喻宜发　张尊健
第三章　普通高中数学课程育人探索	肖　毅　刘　飞　张尊健
第四章　普通高中英语课程育人探索	吕向东　肖　毅　张尊健
第五章　普通高中思想政治课程育人探索	胡正茂　伍代雁　刘　飞
第六章　普通高中历史课程育人探索	伍代雁　刘　飞　张尊健
第七章　普通高中地理课程育人探索	伍代雁　刘　飞　李　葳
第八章　普通高中物理课程育人探索	胡正茂　肖　毅　李　葳
第九章　普通高中化学课程育人探索	胡正茂　彭维清　李　葳
第十章　普通高中生物学课程育人探索	柯汉阳　刘　飞　李　葳
第十一章　普通高中信息技术课程育人探索	柯汉阳　刘　飞　李　葳
第十二章　普通高中通用技术课程育人探索	柯汉阳　刘　飞　皮佳荔
第十三章　普通高中音乐课程育人探索	吕向东　刘　飞　彭维清
第十四章　普通高中美术课程育人探索	吕向东　刘　飞　彭维清

续表

内　　容	审　稿　人
第十五章　普通高中体育与健康课程育人探索	吕向东　刘　飞　彭维清
第十六章　普通高中心理健康教育课程育人探索	吕向东　刘　飞　李　荣
第十七章　综合实践活动课程育人探索	吕向东　肖　毅　肖建锋
第十八章　校本课程育人探索	吕向东　肖　毅　肖建锋
第十九章　课程育人研讨和报道	吕向东　刘　飞　李　荣

三、执笔人与统稿人

执笔人与统稿人名单如下：

内　　容	分　　工	责　任　人
第一章　普通高中课程育人探索总论		
第一节　课程育人价值的再认识与探索	执笔人	陈俊才
第二节　新课程改革背景下的课程育人	执笔人	彭自来
第三节　武汉市第四十九中学课程育人方案	执笔人	王家太
第四节　抗疫视角下的课程育人	执笔人	王家太
	统稿人	张尊健
第二章　普通高中语文课程育人探索		
第一节　语文课程的育人价值	执笔人	邬　晗
第二节　语文课程育人实施建议	执笔人	陶红兵
第三节　语文课程育人评价初探	执笔人	王海玉
第四节　语文课程育人探索案例	执笔人	刘萍、成伶利、王罡
	统稿人	王　罡
第三章　普通高中数学课程育人探索		
第一节　数学课程的育人价值	执笔人	周　镜
第二节　数学课程育人实施建议	执笔人	张　丹
第三节　数学课程育人评价初探	执笔人	岳露丽
第四节　数学课程育人探索案例	执笔人	王华、徐方
	统稿人	周　镜
第四章　普通高中英语课程育人探索		
第一节　英语课程的育人价值	执笔人	望　明
第二节　英语课程育人实施建议	执笔人	罗秀芳
第三节　英语课程育人评价初探	执笔人	张　凤

续表

内　　容	分　工	责　任　人
第四节　英语课程育人探索案例	执笔人	徐智勇、李祎琳
	统稿人	望　明
第五章　普通高中思想政治课程育人探索		
第一节　思想政治课程的育人价值	执笔人	曾　珍
第二节　思想政治课程育人实施建议	执笔人	黄慧敏
第三节　思想政治课程育人评价初探	执笔人	刘国新
第四节　思想政治课程育人探索案例	执笔人	胡慎友
	统稿人	刘国新
第六章　普通高中历史课程育人探索		
第一节　历史课程的育人价值	执笔人	杨　晖
第二节　历史课程育人实施建议	执笔人	张尊健
第三节　历史课程育人评价初探	执笔人	张尊健
第四节　历史课程育人探索案例	执笔人	夏艳、高婕、周智金
	统稿人	张尊健
第七章　普通高中地理课程育人探索		
第一节　地理课程的育人价值	执笔人	李绵勇
第二节　地理课程育人实施建议	执笔人	杜小波
第三节　地理课程育人评价初探	执笔人	周嘉静
第四节　地理课程育人探索案例	执笔人	彭自来、尤奇志、郑文兵
	统稿人	李绵勇
第八章　普通高中物理课程育人探索		
第一节　物理课程的育人价值	执笔人	聂　勉
第二节　物理课程育人实施建议	执笔人	刘　巍
第三节　物理课程育人评价初探	执笔人	胡　贝
第四节　物理课程育人探索案例	执笔人	陈卫东、蔡红斌
	统稿人	蔡红斌
第九章　普通高中化学课程育人探索		
第一节　化学课程的育人价值	执笔人	王　玲
第二节　化学课程育人实施建议	执笔人	罗义生
第三节　化学课程育人评价初探	执笔人	杨桂香
第四节　化学课程育人探索案例	执笔人	齐琳、高礼斌
	统稿人	高礼斌
第十章　普通高中生物学课程育人探索		

续表

内　　容	分　　工	责　任　人
第一节　生物学课程的育人价值	执笔人	唐　慧
第二节　生物学课程育人实施建议	执笔人	刘海艳
第三节　生物学课程育人评价初探	执笔人	李　葳
第四节　生物学课程育人探索案例	执笔人	罗艳、刘海艳
	统稿人	李　葳
第十一章　普通高中信息技术课程育人探索		
第一节　信息技术课程的育人价值	执笔人	郑华强
第二节　信息技术课程育人实施建议	执笔人	朱光春
第三节　信息技术课程育人评价初探	执笔人	张　娟
第四节　信息技术课程育人探索案例	执笔人	陆　航
	统稿人	郑华强
第十二章　普通高中通用技术课程育人探索		
第一节　通用技术课程的育人价值	执笔人	刘明刚
第二节　通用技术课程育人实施建议	执笔人	汪　涛
第三节　通用技术课程育人评价初探	执笔人	汪　涛
第四节　通用技术课程育人探索案例	执笔人	刘明刚
	统稿人	刘明刚
第十三章　普通高中音乐课程育人探索		
第一节　音乐课程的育人价值	执笔人	周晓雯
第二节　音乐课程育人实施建议	执笔人	周晓雯
第三节　音乐课程育人评价初探	执笔人	郭彦希
第四节　音乐课程育人探索案例	执笔人	付嘉碧
	统稿人	唐健梅
第十四章　普通高中美术课程育人探索		
第一节　美术课程的育人价值	执笔人	姜　洁
第二节　美术课程育人实施建议	执笔人	雷　玲
第三节　美术课程育人评价初探	执笔人	叶向阳
第四节　美术课程育人探索案例	执笔人	魏刚毅、叶向阳、曾垂武
	统稿人	曾垂武
第十五章　普通高中体育与健康课程育人探索		
第一节　体育与健康课程的育人价值	执笔人	彭富红
第二节　体育与健康课程育人实施建议	执笔人	李　杏
第三节　体育与健康课程育人评价初探	执笔人	刘　波

续表

内　　容	分　　工	责　任　人
第四节　体育与健康课程育人探索案例	执笔人	郑国伟
	统稿人	郑国伟
第十六章　普通高中心理健康教育课程育人探索		
第一节　心理健康教育课程的育人价值	执笔人	曹　非
第二节　心理健康教育课程育人实施建议	执笔人	钱淑君
第三节　心理健康教育课程育人评价初探	执笔人	钱淑君
第四节　心理健康教育课程育人探索案例	执笔人	钱淑君
	统稿人	曹　非
第十七章　综合实践活动课程育人探索		
第一节　综合实践活动课程育人探索概述	执笔人	李　荣
第二节　研究性学习育人探索	执笔人	肖建锋
第三节　社会考察育人探索	执笔人	李　荣
第四节　党团活动和志愿服务育人探索	执笔人	黄佳玮
	统稿人	肖建锋
第十八章　校本课程育人探索		
第一节　校本课程育人探索概述	执笔人	肖建锋
第二节　校本课程《我军宗旨史论与战“疫”实践》育人探索	执笔人	张尊健
第三节　校本课程《低碳生活与海绵学校》育人探索	执笔人	彭自来
第四节　校本课程《生命科学与品质生活》育人探索	执笔人	李　葳
	统稿人	肖建锋
第十九章　课程育人研讨和报道		
第一节　学校德育节活动概述(2016—2019年)	统稿人	李　荣
第二节　课程育人论文选编	统稿人	李荣、王家太
第三节　课程育人研讨活动选编	统稿人	彭维清
第四节　课程育人媒体报道选编	统稿人	殷卫国
	统稿人	李　荣

后记

浩浩长江水，巍巍黄鹤楼，见证着这座英雄城市的保卫战。《普通高中课程育人探索》的正式出版，与其说是武汉市第四十九中人非常时期培养青年学生的生动见证，不如说是在向非常时期承担各种抗疫任务、坚持“空中课堂”在线教育的教育工作者致敬。沉甸甸的书稿，满载着他们始终坚守“培养什么人、怎样培养人、为谁培养人”的教育本真，厚植的教育情怀；满载着他们善抓“可教时机”，立足课堂这个主阵地，坚持课程育人的探索；满载着他们引导学生将国家命运与个人发展有机结合起来，帮助学生形成正确的价值观、扣好人生的第一粒扣子的点点滴滴。

本书的编写，得到省市区各级教育行政主管部门、青山区委区政府的热情帮助和大力支持，在此表达我们崇高的敬意。借本书和广大教育工作者见面之际，我们还要特别感谢武汉大学教育科学学院院长程斯辉，华中师范大学教育学院院长雷万鹏，华中师范大学心理学院郑晓边教授、熊俊梅副教授，华东师范大学公共管理学院李伟胜教授，中国教育后勤协会副会长钱昌炎，湖北省中小学学校文化研究会会长刘勇、副会长赵家明，武汉市教育局夏春胤副局长、基教处朱俊处长、体卫艺处朱思称处长，武汉市教育工会许芬主席，武汉市教育科学院党委书记、院长李碧武及该院专家曹松林、张汉强、王一凡、华林飞、雷钢、李立新等，感谢您们长期以来对武汉市第四十九中学育人工作的悉心指导！

非常时期，四十九中人越是艰险越向前。本书凝聚了四十九中广大干部、教师的智慧和心血，向所有参编人员表示敬意和衷心的感谢！

虽几易其稿，也难免有疏漏之处，敬请读者批评指正。

大江流日夜，慷慨歌未央。这是一座英雄的城市，这里生活着英雄的人民，我们将继续坚守育人岗位，践行“问津求真、追求卓越、立德树人”的武汉教育精神。